诸暨年鉴 2022

诸暨市地方志编纂委员会　编

方志出版社

图书在版编目（CIP）数据

诸暨年鉴．2022 / 诸暨市地方志编纂委员会编．—
北京：方志出版社，2022.10
ISBN 978-7-5144-5328-7

Ⅰ．①诸…　Ⅱ．①诸…　Ⅲ．①诸暨－2022－年鉴
Ⅳ．①Z525.54

中国版本图书馆 CIP 数据核字（2022）第 220807 号

责任编辑：刘方圆
责任校对：刘玉霞
责任印制：梅中英
出 版 者：方志出版社
地　　址：北京市朝阳区潘家园东里 9 号（国家方志馆 4 层）
邮　　编：100021
网　　址：http://www.zgfzcb.cn
发　　行：方志出版社图书营销中心（010-67110500）
印　　刷：绍兴市越生彩印有限公司
开　　本：889 毫米 ×1194 毫米　　1/16
印　　张：26.25
字　　数：722 千字
版　　次：2022 年 10 月第 1 版
印　　次：2022 年 10 月第 1 次印刷
定　　价：290.00 元

诸暨市地方志编纂委员会

《诸暨年鉴》编辑部

编辑说明

一、《诸暨年鉴(2022)》(以下简称本年鉴)以马克思列宁主义、毛泽东思想、邓小平理论、“三个代表”重要思想、科学发展观、习近平新时代中国特色社会主义思想为指导,坚持辩证唯物主义和历史唯物主义的立场、观点和方法,全面、系统、客观地记载2021年度诸暨市自然、经济、政治、文化、社会等方面的基本情况,为各界人士了解和研究诸暨提供基本资料。

二、本年鉴采用分类编辑法,百科部分设类目、分目、条目三个层次。在保持上年度框架结构基本稳定的基础上结合诸暨实际对部分内容作适当调整,本卷在工业类目中新增省级特色小镇分目,百科部分排版由二栏改为三栏。卷首彩图根据年度热点和地方特色分类设置。

三、本年鉴所用文字、称谓、纪年、计量单位等,按国家有关规定执行。考虑到社会使用习惯,保留“亩”作为农田土地面积的计量单位。

四、本年鉴所采用的稿件由各单位提供,并经各单位审核。文中所列数据,均保持各单位提供时的原貌,不作省略或修改。有的因统计方法或口径不同,不同部门提供的同项数据或有不一致的,以统计部门公布的数据为准。

五、本年鉴设置目录和索引双重检索系统。目录详至条目,索引分为正文索引和图表索引两种。

诸暨市

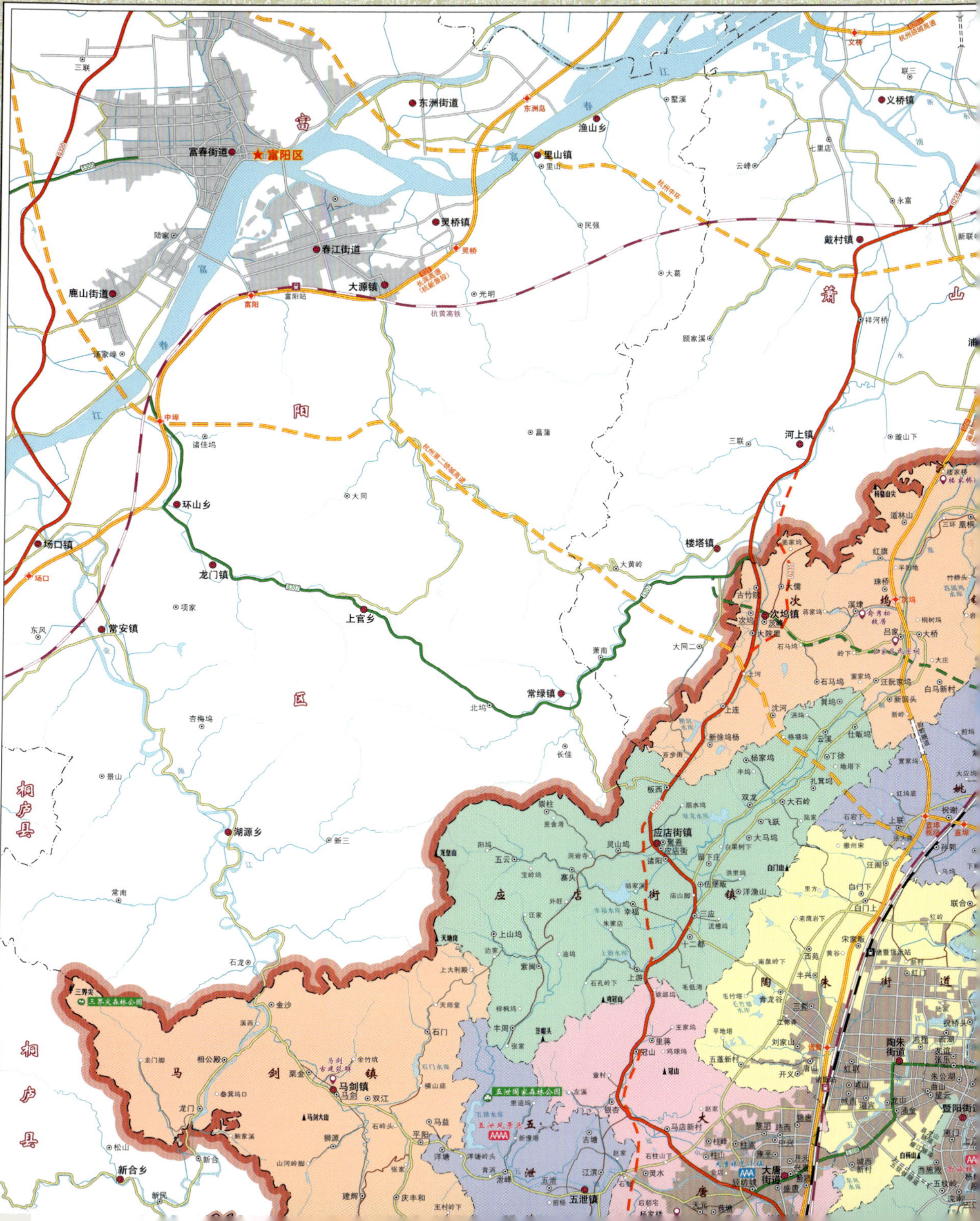

三联
富春街道
富阳区
东洲街道
东洲岛
渔山乡
里山镇
里山
灵桥镇
春江街道
大源镇
富阳
富阳站
鹿山街道
光明
杭黄高铁
杭州中环
义桥镇
戴村镇
七里店
云峰
永富
民强
大葛
祥河桥
顾家溪
河上镇
三联
中埠
诸佳坞
环山乡
大同
场口镇
场口
龙门镇
上官乡
常安镇
东风
项家
楼塔镇
大黄岭
次坞镇
大同二
萧南
常绿镇
北坞
杏梅坞
长佳
景山
湖源乡
新三
常南
石龙
桐庐县
应店街镇
马剑镇
马剑
双江
新合乡
松山
新合
五泄镇
大唐街道
陶朱街道
暨阳街道

地图

内部用图

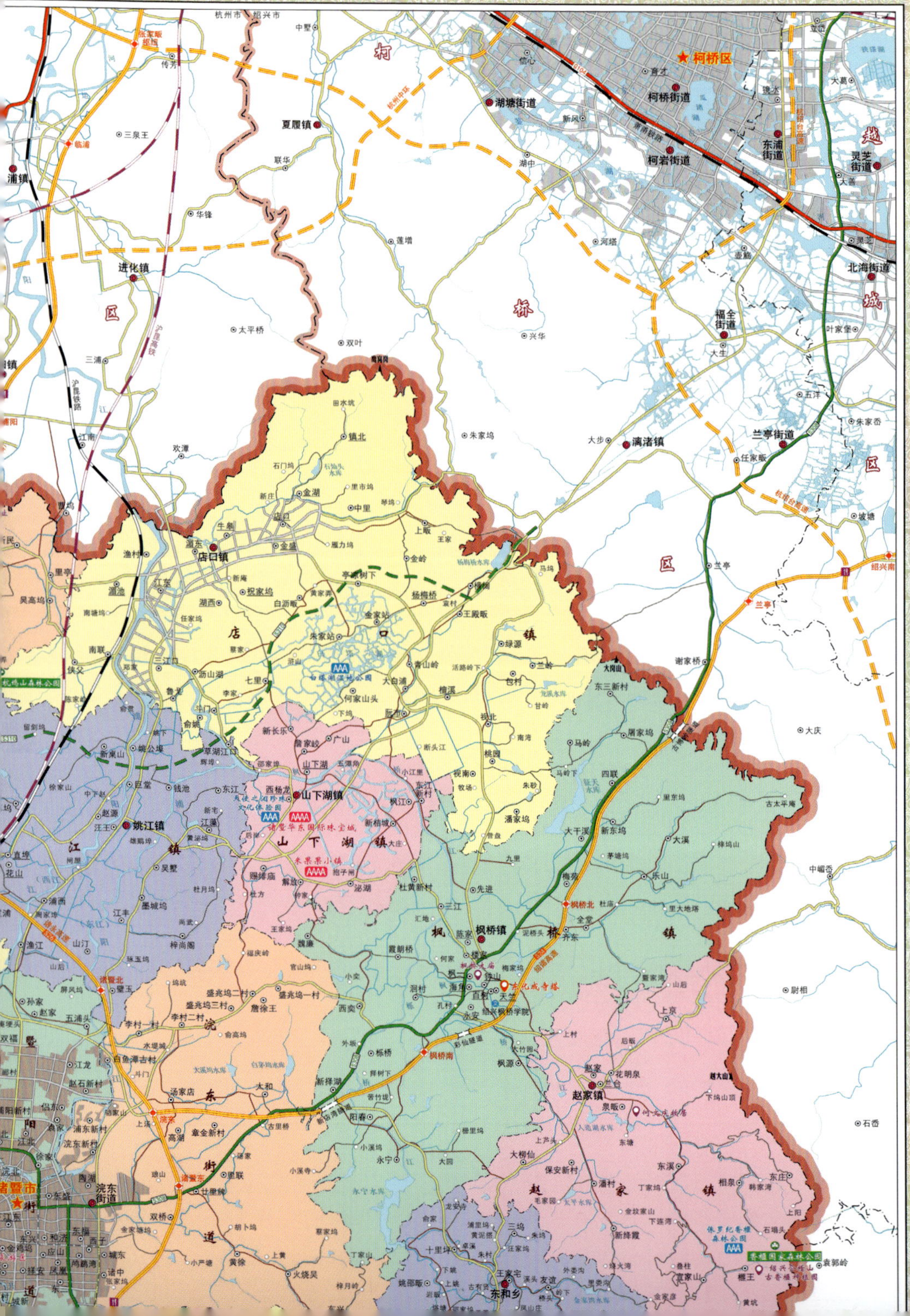

杭州市
绍兴市
柯桥区
柯桥街道
柯岩街道
湖塘街道
东浦街道
灵芝街道
北海街道
福全街道
兰亭街道
夏履镇
进化镇
漓渚镇
店口镇
山下湖镇
姚江镇
枫桥镇
赵家镇
东和乡
浣东街道
诸暨市
店口镇
山下湖镇
枫桥镇
赵家镇

诸暨市风景名胜区分布图

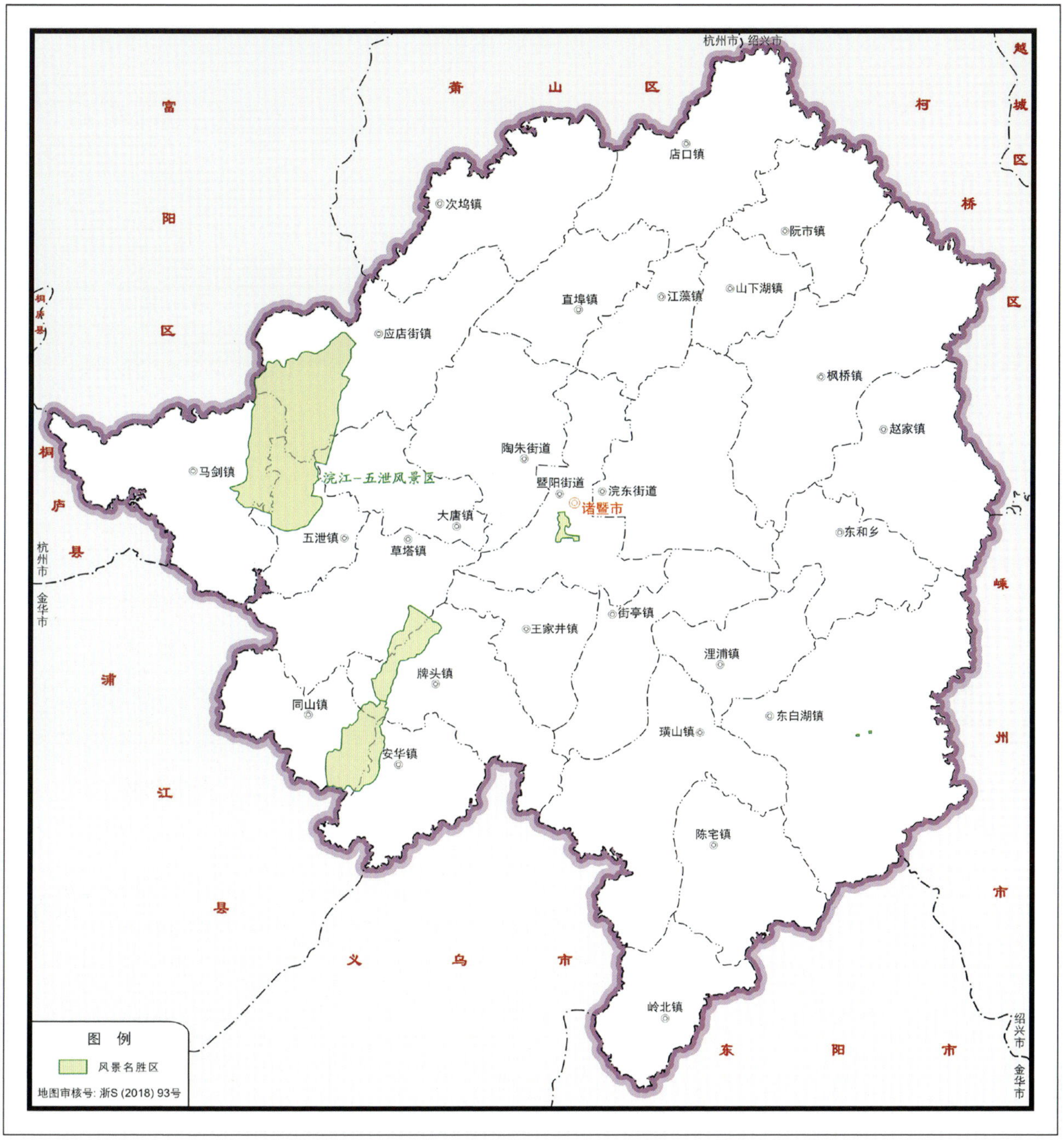

比例尺 1:350000

2021 年 7 月 28 日，中共诸暨市委十六届十三次全体（扩大）会议召开

2021 年 3 月 5 日，市委经济工作会议召开

2021 年 3 月 16 日，诸暨市义警表彰大会暨见义勇为先进人物颁奖仪式举行（融媒体中心提供）

2021 年 3 月 26 日，新时代“枫桥经验”指数项目启动新闻发布会举行（融媒体中心提供）

2021 年 6 月 20 日，庆祝中国共产党成立 100 周年暨新时代“枫桥经验”的使命与担当理论研讨会举行（融媒体中心提供）

2021 年 6 月 24 日，经典原创越剧剧目江浙巡演在诸暨市西施大剧院拉开序幕，图为诸暨市文化艺术中心复排的经典剧目《西施断缆》剧照（文广旅游局提供，徐可良摄）

2021 年 7 月 29 日，枫桥学院启用仪式举行（融媒体中心提供）

2021 年 7 月，枫桥学院新校区俯瞰（党校提供）

2021 年 7 月 26 日，高湖分洪闸时隔 59 年再次开闸分洪（水利局提供，郭斌摄）

2021 年 8 月 18 日，诸暨市第二批招商选资重大产业项目集中签约仪式举行（融媒体中心提供）

2021 年 9 月 30 日，西子（诸暨）新能源装备有限公司建设项目——诸暨零碳工厂装备制造基地开工典礼举行（融媒体中心提供）

2021 年 10 月 3 日，世界淡水珍珠博物馆“十一”光影秀（山下湖镇提供）

2021 年 10 月 28 日，中国大唐国际袜业博览会走秀现场（大唐街道提供）

2021 年东京奥运会上，中国队夺得女子三人篮球赛铜牌，图中右 2 为诸暨籍女篮运动员万济圆（教体局提供）

陈蔡江浬浦集镇段夕照(浬浦镇提供,摄于 2021 年)

建设中的茅渚埠桥(何伟江摄于 2021 年 11 月 25 日)

诸暨市布谷湖一角(郦以念摄于 2021 年 11 月)

诸暨市枫桥镇杜黄新村连片粮食功能区(农业农村局提供，摄于 2021 年 11 月 12 日)

目录

农业·农村

工业

建筑业·房地产业

商贸·现代服务业

旅　游

对外经贸

城乡建设

财政·税务

综合监督管理

中共诸暨市委员会

诸暨市人民代表大会

诸暨市人民政府

政协诸暨市委员会

中共诸暨市纪律检查委员会诸暨市监察委员会

民主党派

群众团体

军 事

科学技术

教 育

文　化

医疗卫生

体　育

人力资源·社会保障

社会·民生

镇乡街道

人　物

附　录

索　引

聚力全面贯通　打造硬核成果
诸暨市体系化规范化推进数字化改革

2021 年是浙江数字化改革起始之年。诸暨市全面落实省委关于数字化改革的总体部署，紧扣"解决矛盾、塑造变革"的核心要义，聚焦共同富裕、"枫桥经验"大场景，坚持"全面贯通、创新创优、实战实效"，体系化规范化推进数字化改革向纵深发展，初步实现党的全面领导加强、经济发展活力激发、治理现代化水平提升、干部塑造变革能力提高、群众获得感增强等多重效应。已有共 32 个场景上跑道，27 个应用获省级部门重点培育，形成理论和制度成果 74 项，相关改革做法分别在中央改革办《改革情况交流》《数字化改革（领跑者）》《竞跑者》多次刊发，2 个项目获评省"最佳应用"，3 个项目分别获省"改革突破奖"银奖、铜奖及提名奖，获奖数居全省县市区第一，全面深化改革（数字化改革）考核全省优秀。在 2022 年 2 月 28 日全省数字化改革推进会上，省委袁书记特别提到"诸暨等县市区为全省改革大局作出的突出贡献"，对诸暨的改革工作给予最高评价。

一、坚持在正确跑道上快跑竞跑，着力提升整体贯通力。遵循"自上而下"与"自下而上"相结合的改革规律，推动改革在统筹中推进、在贯通中落实。一是以"理念贯通"广泛汇聚合力。组织全市开展"解放思想、开放发展"学习讨论活动，大力喊响以改革之问为首的"发展十问"，强化"允许改革有失误但不允许不改革"的鲜明导向，发出以数字化改革破解难题、激发活力、重塑优势的动员令，进一步凝聚推进数字化改革的共识。举办暨阳论坛、全市领导干部数字化改革培训班，推行数字化改革双月例会、重点场景月度汇报会及重点项目市领导主抓直管等机制，大幅提升改革考核比重（其中数字化改革考核占全年重点工作考核比重为 46%），开展改革突出贡献奖评选，进一步汇聚推进数字化改革的合力。二是以"体系贯通"推动系统重塑。聚焦平台贯通，高标准打造"1+3"市镇数据仓、城市服务频道和数字孪生基座，数字化改革总门户和分门户实现三级贯通，一体化智能化公共数据平台评价居全省前列、绍兴首位。聚焦应用贯通，推动实现"七张问题清单""无废城市"等 63 个应用落地，其中"七张问题清单"问题整改完成率达 96.8%，管控力指数居绍兴首位。聚焦机制贯通，配套相关政策文件 43 个，初步形成保障应用落地的制度闭环。三是以"一地创新"服务全省共享。坚持在省定大跑道、省建大场景内争先创优、互补创新，优化开发一批兼容性特色性场景，为省级重大应用“一本账”提供诸暨经验。如依托浙里救助跑道，谋划建设困难群众救助“一件事”应用，其“走访关爱”子场景被省民政厅吸收嵌入至省“幸福码”应用（已全省贯通）；依托省“破产智审”平台，拓展开发“府院智破”系统，打造企业联审、企业接管、资产变价、涉税办理、协作共享、风险门诊等更具操作性、实用性的六大模块，破产工作全流程时间成本、财务成本分别同比压缩90%、80%。经与省高院对接，拟将该系统纳入省级应用，以进一步填补功能空白、提升系统成熟度。

二、坚持在“枫桥经验”场景上创新创优，全面提升整体智治力。始终把数字化改革作为坚持发展新时代“枫桥经验”的“关键一招”，聚焦构建“枫桥式”数改矩阵，深化完善“枫桥指数”评价体系，谋划打造矛调“枫桥经验”、数字诉服等一批多跨场景，有效推动基层治理机制迭代、体系重塑、短板补齐、效能提升。2021年，诸暨市平安指数达96.05，远高于全省平均水平，创成平安中国建设示范县并捧得“长安杯”。其中，聚焦破解“执行难”问题，联合省高院开发执行“一件事”应用，集成建设“信息联审”“事项协助”“联合惩戒”三大核心场景，执行天数同比下降18.27天，盘活沉淀工业用地60.3万平方米，司法拍卖一拍成交率和溢价率分别提高13.25%和32.3%，拍卖资产问题发生率降至零，相关经验做法获最高人民法院全国推广，获评省“最佳应用”，获评省改革突破奖银奖。聚焦青少年违法犯罪“预防难”问题，定义青少年新型违法犯罪内涵，开发预防青少年新型违法犯罪应用，打造普遍性预防、防范性预防、延续性预防三大场景，构建前端预警、中端干预、后端持续预防的全链条闭环预防机制，累计预警11.3万青少年，本地青少年新型违法犯罪人数、再犯率分别同比下降18%、59%，获评省“最佳应用”，获评省改革突破奖提名奖。聚焦人口“管服难”问题，在省级精密智控系统“一人一档一码”应用基础上，开发实有人口全息感知平台，构建流动人口精准管服、重点人员主动预警、部门联动协同共治三大核心场景，构筑风险识别、监测、预警前端防线，实现全市140万实有人口的行动轨迹精准感知、生存状况精准“画像”，广泛提供信访维稳、疫情防控、医疗教育等基于人口变化的定制化服务。疫情期间，通过平台数据比对碰撞，30分钟内排查出核酸检测“应检未检”人员2.7余万人，确保“一个不漏”。

三、坚持在共同富裕场景上出新出彩，着力推动高质量发展。始终聚焦在共同富裕大场景中推动改革先行，使数字化改革真正成为实现共同富裕的“船”和“桥”。围绕提升传统产业转型新动能，聚焦推动数字经济和实体经济深度融合，结合诸暨传统产业转型实际，依托“产业大脑＋未来工厂”，加快建设数字供应链特色应用，建成投用袜业、珍珠工程师协同创新中心，全面重塑袜业、珍珠等传统产业竞争优势。工业强市综合排位居全省第三，袜业产业集群新智造试点、珍珠产业发展创新示范建设试点被列入省级名单，规上工业增加值、高新技术产业增加值、战略性新兴产业增加值、规上数字经济核心产业增加值增速分别达21.4%、22.7%、32.5%和32.9%，均居绍兴市首位。围绕提升群众数字生活幸福感，精准聚焦群众身边高权重的“关键小事”，创设“50+X”民生服务应用“大礼包”，梳理惠民清单17项，推动数字化改革向日常生活渗透覆盖，成为绍兴唯一的全省数字生活新服务标杆县试点。如聚焦社会侧高频服务，打造“诸事帮”数字生活应用，重点开发家政保洁、家庭维修、居家养老、住家服务、母婴护理、医院护工6大功能模块，构建“15分钟服务圈”，老百姓动动手指即可享受到6大类114项优质服务，同步解决872名有相应技术的闲散劳动力就业问题，切实提升群众数字生活获得感、幸福感。围绕提升干部推进共富新能力，以建设全省共同富裕精神文明高地领域首批试点、“县乡一体、条抓块统”县域整体智治改革试点为依托，建设上线“浙里兴村（治社）共富”应用场景，通过构建事项一口归集、任务一贯到底、监管一览无余、共富一榜统揽、评价一体联动的制度体系，推动发展、美丽、平安、民生、文明等五大共富场景在村社集成落地，推动实现县乡村三级联动、兴村共富的良好格局。应用自2021年6月上线后，累计派单流转事项6.3万余件，落地集体经济发展项目45个，整合各类村社资金19.3亿元，村级创业承诺完成率提速20%以上，相关做法在绍兴全市复制推广，获《数字化改革（领跑者）》《竞跑者》刊发，获评省改革突破奖铜奖，拟列入2022

年省级牵一发动全身的重大改革项目清单。

（数字化改革专班提供）

全面展现“诸暨风采”，在建设社会主义现代化先行省中走在前列（摘要）

“十四五”时期是我国全面建成小康社会、实现第一个百年奋斗目标之后，乘势而上开启全面建设社会主义现代化国家新征程、向第二个百年奋斗目标进军的第一个五年。全市将以更高的站位、更宽的视野谋划未来、主动担当，努力在杭绍同城、全面融入长三角战略中先锋示范，在高质量发展中走在前列，为高水平现代化建设开好局、起好步。

（一）高水平全面建成小康社会取得决定性成就

“十三五”时期是全面建成小康社会的决胜五年。面对大变局大变革大事件的深刻影响，全市上下坚持以习近平新时代中国特色社会主义思想为指导，坚决贯彻落实中央和省委省政府、绍兴市委市政府决策部署，坚持“八八战略”再深化、改革开放再出发，扎实推进接沪融杭同城化、产业转型数字化、美丽建设全域化、社会治理现代化，较好地完成了“十三五”规划安排的各项目标任务。

综合实力迈上新台阶。全市生产总值达到1362亿元，人均生产总值超过12.5万元，工业强市排名全省第三，服务业占比首次超过第二产业占比，建筑业税收创出新高，成功创建“国家现代农业产业园”、“两化”深度融合国家示范区，市场主体达17.89万家，经济综合竞争力提升至全国百强县第11位。

融杭发展形成新格局。交通互联先行先导，“西施号”通勤高铁、诸暨至北京始发高铁和诸杭、诸义城际公交开通运行，杭州绕城高速西复线诸暨段建成通车，诸杭交通步入同城化。产业承杭多元拓展，与华为、海康威视、杭钢集团等签订战略合作协议，启动阿里巴巴·诸暨袜业产业带数字战略合作，“诸暨岛杭州港”有效发挥引才聚资作用。服务联杭扩面深化，合作办学办医持续推进，建立西湖—西施旅游长效合作机制，出台实施高速免费、杭州市民免费游诸暨政策，同城化效应不断加强。

城乡建设迈出新步伐。市域路网进一步织密，三环线全线建成通车，建成一批总部楼宇、商贸主体、物流市场。成功创建首批浙江省“无违建县市”，入选县城新型城镇化国家级试点。推进乡村振兴战略，连续2年获评省级、绍兴市级乡村振兴优秀县市，连续11年获评省级新农村建设优秀单位。部分行政区划、行政村调整顺利完成，行政村年经营性收入30万元实现全覆盖，综合交通设施不断完善，成功创建浙江省美丽乡村示范县、“四好农村路”省级示范县，跻身全国“绿水青山就是金山银山”发展百强县第3名。

民生福祉取得新进步。创成全国文明城市，成为全国新时代文明实践“先行试验区”。创成全国义务教育发展基本均衡县（市）和省教育基本现代化县（市）。建立与全面小康社会相适应的医疗卫生健康服务体系，新冠疫情防控取得阶段性成果，城乡居民基本养老和医疗保险提标扩面，市内医疗机构开通跨省异地就医直接结算。农村居民人均可支配收入增幅连续13年超过城镇居民，城乡居民人均收入比缩小至1.67∶1，全面小康指数提升至全国百强县第10位。

生态环境呈现新风貌。生态环境状况指数（EI）连续多年为优，创成国家生态文明建设示范市、国家生态园林城市，成为全省首个全域通过小城镇环境综合整治考核验收的县（市）。“五星达标、3A争创”成效彰显，形成了“点上盆景、线上风景、面上胜景”的美丽乡村发展格局。

社会治理打开新局面。深入开展“枫桥式公安派出所”创建，全面推行信访代办制，建成市、镇、村三级社会矛盾纠纷调处化解中心，“三服务”活动常态化推进，枫桥学院主体完工，与浙江大学共建浙江新时代“枫桥经验”研究院，平安诸暨、法治诸暨建设全面深入推进，获得“一星平安金鼎”，省平安县市创建实现“十五连冠”。

改革驱动增添新活力。强化机构编制管理刚性约束，全面完成新一轮机构改革。个人和企业全生命周期“一件事”、全流程“最多跑一次”纵深推进，网上自助办、掌上移动办、无证刷脸办、镇乡（街道）“无差别全科受理”、网上全流程招投标均实现全覆盖。创新实施综合执法“首发响应”机制，完成全国集体产权改革试点。开发区、高新区扩容提质，袜艺小镇、珍珠小镇等特色小镇成为诸暨金名片。

在取得成绩的同时，也要清醒地看到：经济社会发展中不平衡不充分问题仍然突出，主要表现在产业动能不够，传统产业改造升级和新兴产业培育发展不快；城市能级不够，融入区域一体化大战略任重道远；创新活力不够，在平台建设、人才引育、氛围营造等方面有待突破；重点领域关键环节的改革任务仍然艰巨，经济发展、生态环保、民生保障、社会治理、安全生产、防灾减灾等领域仍存在短板弱项。针对这些问题，我们必须胸怀“两个大局”，服务“两件大事”，深刻把握国家和省市重大战略的大背景、创新成为核心地位的大环境、数字化变革的大趋势、系统推进社会治理的大要求、实现共同富裕的大目标，找准方向、找准方位、找准路径，努力实现经济社会的持续健康发展。

诸暨市“十三五”经济社会发展主要指标完成情况表

表 1

类别	指标名称	2015 年	2020 年规划目标		2020 年完成情况	
			目标数	年均增长（%）（提高）	实绩数	年均增长（%）（提高）
综合实力	全市生产总值（亿元）	1007.26	1470 ~ 1510	7.5 ~ 8	1362.36	6.5
	人均生产总值（万元）	9.51	13.4 ~ 13.7	7.2 ~ 7.7	12.57	6.4
创新发展	发明专利授权量	441	260	—	807	—
	服务业增加值占地区生产总值比重（%）	42.2	46	0.8	50.9	1.94
	研究与试验发展经费支出占地区生产总值比重（%）	2.66	2.9	[0.24]	1.88（2019）	[−0.78]
协调发展	城镇常住居民人均可支配收入（元）	49545	73000	8	70740	7.38
	农村常住居民人均可支配收入（元）	27885	42000	8.5	42296	8.69
	城市公共交通出行分担率（%）	17.8	20	[2.2]	20.5	[2.7]
绿色发展	活立木蓄积量（万立方米）	440	505	3.3	754.9	11.4
	河流Ⅲ类及以上水质断面比例（%）	100	100	—	100	—
	细颗粒物（$PM_{2.5}$）年平均浓度（微克 / 立方米）	53	45	—	29	—
	耕地保有量（万亩）	83.32	77.26	—	81.47	—
	单位生产总值能耗（吨标煤 / 万元）	0.4	完成上级下达指标		完成上级下达指标	

续表 1

<table>
<tr><th rowspan="2">类别</th><th rowspan="2">指标名称</th><th rowspan="2">2015 年</th><th colspan="2">2020 年规划目标</th><th colspan="2">2020 年完成情况</th></tr>
<tr><th>目标数</th><th>年均增长(%)(提高)</th><th>实绩数</th><th>年均增长(%)(提高)</th></tr>
<tr><td rowspan="9">绿色发展</td><td>单位生产总值二氧化碳排放量(吨/万元)</td><td>0.966</td><td colspan="2" rowspan="6">完成上级下达指标</td><td>完成上级下达指标</td><td>—</td></tr>
<tr><td>单位生产总值用水(立方米/万元)</td><td>45</td><td>30.4</td><td rowspan="5">完成上级下达指标</td></tr>
<tr><td>化学需氧量(吨)</td><td>12003</td><td rowspan="4">完成上级下达指标</td></tr>
<tr><td>二氧化硫排放量(吨)</td><td>6902</td></tr>
<tr><td>氨氮排放量(吨)</td><td>1789</td></tr>
<tr><td>氮氧化物排放量(吨)</td><td>7619</td></tr>
<tr><td>城区污水处理率(%)</td><td>87.5</td><td>95</td><td>[7.5]</td><td>95.4</td><td>[7.9]</td></tr>
<tr><td>环境空气质量优良率(%)</td><td>73.5</td><td>85</td><td>—</td><td>93.2</td><td>—</td></tr>
<tr><td>森林覆盖率(%)</td><td>59.3</td><td>61</td><td>[1.7]</td><td>60.24</td><td>[0.94]</td></tr>
<tr><td rowspan="3">开放发展</td><td>互联网普及率(%)</td><td>65</td><td>80</td><td>[15]</td><td>94</td><td>[29]</td></tr>
<tr><td>实际引进市外境内资金(亿元)</td><td>111.6</td><td>[500]</td><td>—</td><td>[704.2]</td><td>—</td></tr>
<tr><td>进出口总额(亿美元)</td><td>46.93</td><td>[280]</td><td>—</td><td>[303.9]</td><td>—</td></tr>
<tr><td rowspan="5">共享发展</td><td>人均期望寿命(年)</td><td>80.44</td><td>81.0</td><td>—</td><td>81.98</td><td>—</td></tr>
<tr><td>新增城镇就业人数(万人)</td><td>2.52</td><td>[10.5]</td><td>—</td><td>[15.87]</td><td>—</td></tr>
<tr><td>城镇保障性安居工程建设(套)</td><td>5172</td><td>[6850]</td><td>—</td><td>[13839]</td><td>—</td></tr>
<tr><td>亿元生产总值生产安全事故死亡率(人/亿元)</td><td>0.13</td><td>逐年下降</td><td>—</td><td>0.0147</td><td>—</td></tr>
<tr><td>每千名老人拥有养老床位数(张)</td><td>39.83</td><td>45</td><td>[2.6]</td><td>49.54</td><td>[4.88]</td></tr>
</table>

注:[ ]表示累计指标。

（二）二〇三五年远景目标

展望二〇三五年，全市将基本实现高水平现代化，综合实力争进全国百强县前十，培育若干国家级产业集群，形成经济高效运行、社会和谐富足、全民健康幸福、全域整体智治、区域高度融合的发展新格局，基本实现“五个化”：

——转型发展“新四化”，成为全国经济高质量发展强市。高质量发展迈上新的大台阶，人均生产总值力争达到发达经济体水平，跻身全省创新型城市前列，形成数字引领的现代产业体系，基本实现新型工业化、信息化、城镇化、农业农村现代化。

——公共服务优质化，成为全国数字服务共享城市。实现数字赋能服务全领域发展，率先实现教育现代化、卫生健康现代化，争创体育强市，文化软实力全面增强，社会主义精神文明和物质文明全面协调发展，公民素质和社会文明程度达到新高度，全面建成数字便利共建共享的幸福智慧之城。

——美丽环境全域化，成为全国美丽生态示范城市。建成生产空间集约高效、生活空间宜居适度、生态空间山清水秀的“好美诸暨”大花园，基本实现人与自然和谐共生的现代化。

——居民生活品质化，成为全国美好生活样板城市。人的全面发展、全体人民共同富裕取得更为明显的实质性进展，居民人均收入与人均生产总值之比达到发达经济体水平，中等收入群体显著扩大，城乡区域发展和居民生活水平均衡度持续领先，建成国内现代化高品质的宜居宜游胜地。

——县域治理现代化，建成全国治理现代化标杆城市。新时代“枫桥经验”全面创新、全域提升，建成更高水平的法治诸暨、平安诸暨，共建共治共享的社会治理格局更加完善。基本建成党建统领的整体智治体系，全面从严治党持续深入推进。

（三）“十四五”时期经济社会发展的总体要求

以习近平新时代中国特色社会主义思想为指导，深入贯彻党的十九大和十九届二中、三中、四中、五中全会精神，坚持党的全面领导，坚持以人民为中心，坚持新发展理念，坚持深化改革开放，坚持系统观念，坚持稳中求进工作总基调，以推动高质量发展为主题，以深化供给侧结构性改革为主线，以改革创新为根本动力，以满足人民日益增长的美好生活需要为根本目的，紧扣打造“融杭品质城、都市金南翼”总目标，主动服务和融入新发展格局，全力打开临杭城市向融杭城市跃迁的通道、传统产业向现代产业跃迁的通道、要素驱动向创新驱动跃迁的通道，推动高质量发展、打造高品质生活、实现高效能治理，努力在忠实践行“八八战略”、奋力打造“重要窗口”中展现更多诸暨风采，高水平全面开启社会主义现代化建设新征程。

贯彻上述指导思想，必须坚持党的全面领导、以人民为中心、新发展理念、系统观念、深化改革开放、整体智治的原则，重点实施五大发展路径：

坚持创新驱动，力推“全域数字化”。突出创新主动力，聚焦数字经济与智能制造相融合、数字城市与5G应用相融合、数字政务与服务转型相融合，推进产业集群化品牌化标准化发展，引导城市智慧化现代化发展，促进服务高效化定制化发展，全面拓展创新发展新空间。

坚持融合互动，力推“都市同城化”。突出融杭主方向，强化共赢思维，挖掘区域需求，放大自身优势，加快创新对接、服务共享、产业衔接，打造多层次多元化互动通道，形成紧密互协互利的合作共生体系，实现由临杭向融杭、由“拓展借杭”向“开放共赢”、由县域经济向都市经济的全面转型。

坚持开放带动，力推“市场多元化”。突出扩大内需的战略基点，融入双循环发展格局，大力推进产业融合、产品升级，贯通生产、分配、流通、消费各环节，主动培育商业新模式新业态，逐步推动贸易方式转型，有效衔接上下游、产供销，有效贯通内外贸市场，借船出海、借势发力，深度参与“一带一路”建设，全面提升对内对外双向开放总体水平。

坚持统筹促动，力推“环境品质化”。突出生态优先思维，增强经济社会与环境发展的系统性和协调性，做优自然环境秀美、人文环境和美、营商环境至美的文章，擦亮“西施故里好美诸暨”品牌，建设生产、生活、生态“三生融合”、人与自然和谐共处的品质之城和花园样板。

坚持全域联动，力推“治理现代化”。突出整体智治导向，以人的现代化为起点，以传承和创新“枫桥经验”为抓手，拓展“最多跑一次”理念方法，优化“最多跑一地”机制，改进社会治理方式，防范化解公共安全风险，全面提升社会治理社会化、法治化、智能化、专业化水平，建设幸福和美的人民城市。

（四）“十四五”时期经济社会发展的主要目标

锚定二〇三五年远景目标，聚焦聚力高质量、竞争力、现代化，推动系统赋能、数智赋能、改革赋能、创新赋能、开放赋能，率先破解发展不平衡不充分问题，加快实现更高质量、更有效率、更加公平、更可持续、更为安全的发展，努力形成具有诸暨辨识度的标志性成果，在建设社会主义现代化先行省中走在前列。重点打造七大目标新区：

——打造县域高质量发展先行区。在质量效益明显提升基础上实现经济持续健康较快发展，综合实力争先进位，全市生产总值确保1750亿元、冲刺2000亿元，人均生产总值确保15万元、冲刺20万元。经济结构更加优化，产业基础高级化、产业链现代化水平显著提升，推动先进制造业与现代服务业双轮驱动、数字经济与实体经济两翼齐飞，全面构建以二产为主体、三产为支撑一、二、三产融合发展的现代产业体系，以数字化改革牵引全面深化改革，营商环境指数保持全省前列，成为全省县域经济向都市区经济转型的先行示范。

——打造融杭接沪示范区。初步建成全方位、一体化、高质量的都市区深度融合发展格局，加快推进交通无缝式接轨、产业互补式联动、要素全链式承接、服务多元式共享，“杭绍同城”取得全面突破。积极对接上海“四大功能”“五个中心”建设，打通要素联接、市场联通、创新联动的战略通道，成为长三角一体化发展重要节点城市。

——打造数智创新集聚区。数字诸暨和创新型城市的牵引作用更加明显，数字经济增加值占地区生产总值比重超过50%。创新型人才队伍建设、体制机制改革、重大平台打造、创新主体培育等取得重大突破，全社会R&D经费支出占地区生产总值比重达3.3%，创新型城市和科技强市、人才强市建设取得重大进展，科技创新综合实力保持全省前列，成为杭州都市区数字智造发展重心。

——打造文化文明实践区。形成古越底蕴、西施韵味、诸暨气派的文化强市新格局，社会主义核心价值观融入社会发展各方面，市民道德素质和社会文明程度全面提升，公共文化服务体系更加完善，文化事业更加繁荣、文化产业更加发达、文化服务更加充分，文化软实力和影响力显著提升，文化产业增加值突破90亿元，率先成为新时代文明实践先行区。

——打造全域好美样板区。国土空间开发保护格局持续优化，自然生态体系持续完善，生态环境质量持续提升，资源能源利用效率不断提高，绿色低碳生活生产方式深入人心，绿色产业成为新的增长点，全域旅游系统推进，城乡人居环境更加优美，美丽城镇和美丽乡村建设走在全省前列，力争创成“绿水青山就是金山银山”实践创新基地，“好美诸暨”全域大景区大花园格局基本形成。

——打造县域治理窗口区。以新时代“枫桥经验”为内涵特色的县域治理制度体系更加完善，各领域法治化水平全面提升，“整体智治、唯实惟先”的现代政府基本建成，“县乡一体、条抓块统”的高效协同治理格局全域覆盖，重大风险防范化解能力、突发公共事件应急能力、防灾减灾救灾能力显著增强，安全发展体制机制不断完善，率先建成平安中国先行示范区和全国基层治理示范区，成为全国县域治理现代化的重要窗口。

——打造美好生活品质区。城乡区域发展协调性明显增强，常住人口城镇化率达66%左右。实现更加充分更高质量就业，居民收入增长和经济增长基本同步，城乡收入差距进一步缩小，率先推动全市人民走向共同富裕。高质量教育体系、健康诸暨基本建成，社会保障和养老服务体系更加健全，基本公共服务率先实现均等化，人均预期寿命超过82岁，全市人民在共建共享发展中获得感幸福感不断提升，打造全国最具幸福感城市。

诸暨市“十四五”经济社会发展规划指标一览表

表 2

一级指标	序号	二级指标	单位	2020 年（实绩）	2025 年（目标）	指标属性
县域高质量发展先行区	1	地区生产总值（GDP）	亿元	1362.36	确保 1750 冲刺 2000	预期性
	2	制造业增加值占 GDP 比重	%	36.3	39	预期性
		规上战略性新兴产业增加值占规上工业增加值比重	%	34.5	42	预期性
	3	一般公共预算收入	亿元	90.3	123.13	预期性
	4	全员劳动生产率	万元／人	17	23.5	预期性
	5	常住人口城镇化率	%	61	66	预期性
	6	亩产税收	万元	18.4（2019 年）	27	预期性
融杭接沪示范区	7	社会消费品零售总额年均增速	%	1	＞6	预期性
	8	市场主体活力指数	点	104.5	＞107	预期性
	9	服务贸易进出口总额	亿元	21.78	27	预期性
	10	实际利用外资总额	亿美元	1.125	[10]	预期性
数智创新集聚区	11	数字经济增加值占 GDP 比重	%	40	＞50	预期性
		其中：数字经济核心产业增加值占 GDP 比重		1.5	5	
	12	R&D 经费支出占 GDP 比重	%	1.88（2019 年）	3.3	预期性
数智创新集聚区	13	每千家企业中科技型中小微企业数	家	52.08（2019 年）	110	预期性
		每千家企业中高新技术企业数	家	10.86（2019 年）	25	预期性
	14	人才资源总量	万人	32.2	39	预期性
文化文明实践区	15	每万人发明专利拥有量	件	19.5	30	预期性
	16	文化产业增加值	亿元	65.2	＞90	预期性
	17	人均文化设施面积	平方米	0.67	0.73	预期性

注：[　]表示五年累计指标。

城市社区治理和服务功能提升的调研

城市社区是城市基层治理的基本单元,城市社区治理事关居民切身利益,是基层社会治理的重点。习近平多次强调,要推进治理重心下移、力量下沉,着力解决人民群众关心的突出问题,在城市治理上下好“绣花”功夫。为了解诸暨城市社区治理的现状,探索城市社区建设和发展的方向,诸暨调查队对诸暨东盛共享社区开展重点走访调研,同时通过问卷调查、电话调查等形式对苎萝古村等6个社区开展相关课题调研,在分析现行社区治理普遍存在的问题和困难的基础上,总结共享社区试点经验,提出完善城市社区治理的意见建议,为加快打造基层社会治理共同体、坚持和发展新时代“枫桥经验”提供思路。

一、基层社区治理存在的问题和困难

(一)社区人员力量和经费配备不足。通过社区走访调研和问卷调查,普遍反映社区治理存在人员和经费不足。如暨阳街道东兴社区,常住人口13000人左右,目前有工作人员10人,不仅要承担社区卫生、文化、环境、治安等各项日常管理事务,还要落实上级布置的各类行政工作,同时还有防汛抗台、疫情防控等应急工作,琐碎且繁杂,周末加班也成为常态,导致工作人员流动性较大。此外,经费不足成为社区面临的一致问题。在问卷调查的6个社区中,两个社区表示没有经费收入,3个社区年收入不足以抵充支出,仅有1个社区收支基本平衡。目前社区经费统一归口至街道,由街道统一划拨,而且各项经费都有严格审核把控,有些项目资金常常需要社区现行垫付,审批流程较长。且社区除去政府专项投入外,在自筹资金方面较为困难,企事业单位、社会福利募捐和个人资助等社会性集资的数量十分有限,经费不足很大程度制约了社区治理功能的完善。

(二)社区服务功能不够突出。社区工作人员的重点应该在于通过搭建居民参与的平台,满足居民更多样化的需求,实现社区更好的自治。但在现行社区经费、人员工资都由政府保障的前提下,社区治理的行政化问题始终存在,社区大部分都是按照政府的统一部署和规划落实,许多部门、乡镇工作的落脚点在于社区,社区承担的行政业务繁重,在会议、报表、检查、考核压力下,社区自治组织过度的行政化,导致其过度依赖政府,缺乏自我管理、自我发展的动力。此外,社区工作以行政性工作为主,无法投入大量精力到社区文体活动、民事调解、社区服务等自治性的工作中,较少考虑到社区居民的现实需求,这让社区居民对社区参与抱有观望、犹豫、怀疑或抗拒态度。同时,居委会实行与国家机关相同的作息时间制度,这种工作方式也不利于为居民办事和服务。

(三)参与主体相对单一。在社区人员力量有限的情况下,需要鼓励各方社区主体参与社区治理,形成参与主体多元化的社区治理格局。但实际工作中,业主委员会、物业等组织对社区工作的参与度不高,一方面是因为多与居民打交道,常常面对矛盾纠纷,显得吃力不讨好,另一方面参与社区事务并无报酬,参与主体也无资金保障,很大程度上影响了积极性。社区业主委员会、物业公司和社区居委会之间也因为利益不同、职责不清经常发生矛盾,很难协调。此外,居民对社区治理参与不足,据7个社区了解,虽然都建立了志愿服务队,但人数在16人至485人之间,大多社区居民参与意愿不高,如江新社区志愿服务队16人,其中党员占了一半,平时开展活动、提供服务也会受到影响。

二、东盛共享社区试点经验

东盛社区是2020年调整辖区后组建的新社区,下辖阳光花园等9个住宅小区,常住人口13000余人。作为全市打造共享社区建设的试点,东盛共享社区于2020年4月开始建设,致力打造社区生命体、治理共同体、生活综合体“三位一体”,党群服务中心、便民服务中心、综合治理中心、邻里休闲中心、健康养老中心、商业服务中心“六大中心”,相较于普通社区,东盛社区着力突出了三个优势。

(一)功能服务设施更为完备。东盛共享社区有完整独立的社区办公地点以及配套服务场所,面积4500多平方米,是在原有物业用房基础上改造的,不仅建有便民服务中心、党群服务中心、社区管家中心、和合议事厅、档案室等基本服务设施,还配备了健身小屋、儿童游乐区、书房等活动区域。此外还有很多耳目一新的体验，如设立社区模拟法庭，就地公开审判部分调解无果的社区矛盾纠纷；开设24小时自助洗衣房、24小时自助菜场、共享食堂、共享集市等，形成健全的社区商业生态服务体系；开设老年大学，组织公益课堂、健康体检、心理咨询、亲子活动等各类服务，社区居民可以在这里集中享受多种体验，丰富精神文化生活。

（二）形成共建共享的良性循环。支撑东盛社区活动开展的，是其背后一批强大的社区志愿者，东盛社区共有485名社区志愿者，参与到社区活动的组织、社区治理各个环节，一定程度上减轻了社区工作人员的工作负担，也带动了社区居民参与社区各项活动。据社区负责人王杜方介绍，社区注重在人口普查、防疫防台等活动中培育一批热心的居民成为志愿者，通过挖掘一批，带动一批，再从社区孵化的公益组织中推选一批，形成了东盛社区现有的志愿者队伍。同时为调动群众积极参与社区治理，形成社区共建、共治、共享的良性格局，东盛社区推出爱心“时间银行”，将居民参加志愿服务的时间以积分的形式储存起来。当“储户”需要帮助时，可用存折积分兑换爱心帮助，也可兑换爱心实物，如换取共享食堂免费餐券、舞蹈班课时、健身券，等等。

（三）数字化建设提升治理效能。东盛共享社区结合智慧建设，正在推进智慧安防小区建设，完善居民信息的同时建立智慧化入户走访系统，推行人脸抓拍、车辆抓拍、智能消防感知、高空抛物监控等安防措施。同时，共享东盛App正在试运行中，居民可以体验“点单式服务”，如找物业、找律师、找志愿者等；每个居民还可以化身监督员，将发现的问题通过小程序实时提交给网格员；居民之间还可以共享家中的闲置物品。正如社区负责人王杜方所说，理想的社区治理模式应该是实现人与人优质关系的共享，数字化手段服务于社区治理，不仅能打破社区居民之间的空间、时间距离，在提升居民参与感、安全感上也有很大带动作用。

三、对于如何实现社区治理和服务功能提升的建议

城市社区治理是城市治理的关键，新时期解决和满足城市居民的美好社区生活需求，不仅要在硬件设施的配套上下功夫，也要在治理软件的改善上多思考，着力提升社区治理质量。

（一）转变政府职能，推动多元治理。一是切实发挥党建引领作用，进一步完善以街道党工委为核心、社区党组织为基础、驻区单位党组织、党员干部共同参与的区域化党建格局。突出党的政治优势、组织优势，完善基层党组织参与社区建设的新机制。根据调研反馈，现行的社区共建单位党组织参与社区“契约化”共建活动以及先锋微家—党员亮旗活动实际效果较好，共建单位和社区通过双向认领“四张清单”，能有效参与社区反诈骗宣传、困难慰问等志愿服务活动。同时通过“先锋微家”微信小程序带动了机关党员干部参与所在地社区志愿服务活动的积极性。二是推动建立和完善政府行政功能同社会自治功能互补、政府管理力量同社会调节力量互动的社会管理网络。充分发挥物业公司、业主委员会第三方组织，社区合唱团、舞蹈队等居民活动组织，以及社区义务劳动团体、爱心救助等志愿组织在社区治理中的主体作用，让民间组织充分参与到社区公共事务中，一方面降低了政府的行政成本，减轻政府负担；另一方面弥补了政府管理的不足，为政府职能转变以及政府社会关系理顺奠定良好的基础。同时对于推进社会发展起到积极作用。

（二）加强社区治理保障，完善社区功能。一是加强社区治理专业化队伍建设。一方面，设置专业社会工作岗位，在社区工作人员选拔、聘用环节注重业务能力的考察，积极选拔年轻力量加入社区治理工作，切实保障人员力量与社区工作量相匹配；另一方面，积极组织开展社区工作人员业务能力培训，强化实务训练，着力培养一批一岗多能的综合性社区治理人才。二是积极挖掘社区特色人才。社区党组织、居委会通过对居民进行基本信息调查，发放调查问卷、电话访问等形式，更多了解居民的家庭情况、兴趣爱好，掌握居民关于社区治理和社区参与的熟悉程度，有针对性地对居民进行社区参与培训，通过日常工作接触和着力挖掘建立完善“人才储备库”，吸收各行各业的优秀人才，以及对社区工作有热情有能力的居民，在举办社区活动或解决社区问题时可以发挥他们的特长。三是加强社区相关资金保障。开展社区建设不仅要靠政府拨款、社会资助，根本的办法是要大力发展社区经济，增强社区实力。一方面政府要在社区基础设施建设、人员工资、场地供应、必要经费上做好保障；另一方面，拓宽社区资金收入渠道，用经营社区的思路，从地域特点和居民群众的需求出发，增加服务项目，拓宽服务领域，坚持街道搭桥、社区参与、全民受益，使社区服务成为城市经济新的增长点，为社区建设提供自身发展的经济来源。比如东盛社区的爱心食堂，引导企业参与社区食堂管理，在实现社区、企业收益的同时，切实为社区居民提供生活便利，解决部分居民用餐的实际问题。

（三）优化社区治理模式，打造优质人居关系。一是注重培育居民社区意识。政府各级层面都要当好社区建设的宣传员，营造舆论氛围，如利用广播电台探讨社区建设、向居民发放宣传资料、网格员下沉服务等加强社区教育，培养提高公民和社团组织的责任意识、参与意识，逐渐形成“社区是我家，建设靠大家”的良好局面。要积极拓宽居民参与的渠道和途径，通过定期组织联席会议、居民代表会议畅通沟通反馈的渠道，建立社群之家、管家中心让居民表达自己对社区建设的要求和建议，加强对社区工作的支持和配合。通过社区的娱乐设施及文化活动来丰富居民的精神生活，增进居民之间的交往和友谊，如东盛社区举办老年大学、共享集市、亲子活动、心理咨询、舞蹈健身课程等各类活动，增强了居民对社区工作的参与和认同。二是推进数字化建设在社区治理中的应用。近几年，浙江省深化“最多跑一次”改革推进政府数字化转型工作一直在各级层面深入推进，政府部门间的信息共享不断扩大，要充分借助这一东风，解决好社区信息平台的互联互通，打通相关部门和社区之间的“最后一公里”，切实减少社区反映的报表文字工作多、重复劳动多等问题，减轻社区干部行政工作压力，切实提高工作质效。同时通过搭建数字化精益平台等手段，推动智慧社区建设。

（国家统计局诸暨调查队）

大事记

1月

1日　华夏金石学馆开馆仪式举行。浙江省政协原主席周国富，绍兴市委书记马卫光及诸暨市领导徐良平、胡华良、姚汉松、郭浩良等出席开馆仪式。华夏金石学馆不仅是专业型学馆，也是集市民休闲、游客参观、校外教育等多种功能于一体的综合类学馆。

4日　《诸暨日报》报道，浙江省省长郑栅洁深入诸暨市社区和企业开展“三服务”活动。绍兴市领导马卫光、盛阅春及诸暨市领导徐良平、胡华良等参加。

7日　《诸暨市志(1979—2012)》首发仪式举行。

8日　诸暨市举行第六届“身边的道德模范”表彰暨新时代文明实践创新项目颁奖典礼。诸暨市领导徐良平、胡华良、姚汉松、郭浩良等出席并分别为获奖者颁奖。8名助人为乐模范、6名见义勇为模范、5名诚实守信模范、8名敬业奉献模范和8名孝老爱亲模范受到表彰。

12日　中国人民政治协商会议诸暨市第十四届委员会第五次会议在西施大剧院开幕。14日闭幕。

13日　诸暨市第十七届人民代表大会第五次会议在西施大剧院开幕。14日闭幕。

21日　国际紧急调派研究院绩优中心视频对话诸暨市急救中心，点赞MPDS（医疗优先分级调派系统——一种紧急事故调派智能软件）的运行情况，并宣布该中心成为“ACE绩优急救中心”。市急救中心成为全球第290个、中国第25个、绍兴首个绩优急救中心，标志着急救中心调度规范化、专业化能力达到国际先进水平。

28日至2月1日　市供销社利用网上农博平台举办诸暨市网上农博暨年货节，邀请全市42家农业经营主体，近200种农特产品、特色小吃参展。同时组织10家企业参加直播活动，直播场次达50余场。

29日　《诸暨日报》报道，1月28日是2021年春运的第一天，诸暨火车站客发量创下历年春运首日最低，约5000人，同比减少约一半。

30日　市委召开全市领导干部会议，宣布浙江省委、绍兴市委关于调整诸暨市委主要领导的决定。省委决定：沈志江任中共绍兴市委常委，中共诸暨市委委员、常委、书记；徐良平任中共台州市委委员、常委，提名为台州市人民政府副市长人选。

2月

2日　《诸暨日报》报道，市文旅局、市融媒体中心联合组织编制的诸暨首张手绘地图正式发布，同时它也是绍兴市首张文化源流艺术图。作品融合传统手绘、专业地图制图等技术，以浦阳江及其支流为绘制范围，全方位、多尺度展现诸暨各个时代的文化遗址，以及特色标志性建筑。该地图已通过专业部门的审图。

5日 《诸暨日报》报道，诸暨市建成社会心理服务业务指导中心1个、镇村社会心理服务站(室)509个，实现市、镇、村三级全覆盖。同时，在教育、卫健、公安、司法、信访、民政、残联等特定群体比较集中的重点部门设立195个社会心理服务室，形成纵向综治三级平台，横向重点区域、重点单位、特殊点位多点平台的社会心理服务网络。

18日 《诸暨日报》报道，省水利厅发布2020年度全省水利工作综合考核结果，诸暨市获得优秀等次，总分位列全省县(市、区)第二，这是诸暨市连续第7年获评全省水利综合考核优秀。

26日 《诸暨日报》报道，工信部公布2020年第五批制造业单项冠军企业和单项冠军产品名单。在已公布的5批制造业单项冠军企业(产品)名单中，诸暨市累计共有4家(个)单项冠军企业(产品)。其中，单项冠军示范企业1家，为全兴精工集团有限公司；单项冠军产品3个，分别为菲达环保除尘设备、海亮股份铜管、越隆缝制刺绣机。单项冠军企业(产品)总数居绍兴第一。

3月

1日 诸暨市召开建筑业发展大会。绍兴市委常委、诸暨市委书记沈志江强调，要始终保持全局的视野、敏锐的意识、前瞻的眼光，进一步解放思想、开放发展，创新转型、提质增效，不断提升诸暨建筑业现代化水平。

7日 以“巾帼心向党·建功十四五”为主题的暨阳巾帼联盟成立仪式在诸暨市妇女儿童活动中心举行。“暨阳巾帼联盟”成员由历年市级以上三八红旗手(集体)、巾帼建功标兵(集体)、巾帼文明岗等女性成员94人(集体)组成，旨在团结引领广大妇女听党话、跟党走，引领联盟成员在建设社会主义现代化先行省中当好“领头雁”“先行者”。

8日 全市基层第一台法律服务机器人“小蓝”亮相枫桥司法所，它作为公共法律服务智能终端一分子，为公众提供更加便捷的法律宣传、人民调解、法律援助等咨询服务和线上办理功能。

16日 诸暨市举行诸暨市义警表彰大会暨见义勇为先进人物颁奖仪式。绍兴市委常委、诸暨市委书记沈志江，诸暨市委副书记、市长胡华良专程看望、接见优秀义警和见义勇为先进人物代表并合影。

同日 《诸暨日报》报道，枫桥镇栎桥村获第八批全国民主法治示范村称号。全市已有3个全国民主法治示范村，另两个分别为山下湖镇新长乐村、暨南街道新南村。

18日至20日 诸暨市新春就业大篷车开进贵州省毕节市，开展店口镇企业专场招聘。

19日 诸暨市在浙江省内率先发布《食品生产企业落实食品安全主体责任指南》，为食品生产企业落实主体责任提供专业指导。

同日 《诸暨日报》报道，省政府发文通报表彰第二十二届水利“大禹杯”竞赛活动优胜单位，诸暨市榜上有名，荣获金杯奖。这是诸暨市继1995年、2005年、2013年、2017年后，第五次喜捧金杯，也是全省唯一五冠县市。

19日至21日 以“产城融合，美丽蝶变”为主题的第二届水暖博览会在店口召开。博览会集产品展览、技术交流、专题研讨、经贸洽谈活动于一体。现场成交额突破6000万元。

22日 诸暨市税务局构建公职律师团，参与税收执法“体检”、重大事务处理法律论证等事务，为精准执法提供专业、规范、系统的法务保障。

23日 《诸暨日报》报道，在省“小微企业三年成长计划工作”2020年考核结果通报中，诸暨市再次被表彰为优秀县市，这是自2015年小微企业三年成长计划工作连续实施两轮来，诸暨市第四次夺取省优秀县市的称号。此前，诸暨市分别在2015年、2017年、2019年获此殊荣。

26日 新时代“枫桥经验”指数项目启动新闻发布会在浙江大学举行。新时代“枫桥经验”指数主要用来评估基层治理中坚持和发展新时代“枫桥经验”的状况，属国内首创。

27 日　第一届白塔湖醉美花潮节举办，活动持续到 4 月 11 日。

4 月

2 日　阿富汗驻华大使贾维德·卡伊姆一行 8 人到访诸暨，考察中国坚果炒货食品产业园，与坚果炒货企业进行座谈，表达进行阿富汗松子加工和贸易合作的意向。

5 日　《诸暨日报》报道，国家卫健委公布新一轮三级公立医院绩效考核成绩。在全国 2413 家三级综合性医院中，诸暨市人民医院得分 721.1 分，考核等级 A，位列第 191 名，全国排位较上年度跨越式上升 189 位；诸暨市中医医院位列全国三级中医医院第 98 位，进步 39 位。

6 日　《诸暨日报》报道，省卫健委发布《浙江省二级医院（DRG）质量绩效分析报告（2020 年）》，诸暨市妇幼保健院在全省 32 家二级妇幼保健专科医院 CMI（疾病组综合指数）值排名第一位。这是自 2017 年浙江省推行 DRG 评价以来，该院 CMI 值连续 4 年位居同类医院第一。

7 日　根据全省"县乡一体、条抓块统"改革试点工作有关部署要求，诸暨市编办起草的《诸暨市关于科学规范镇乡（街道）"属地管理"的实施意见》由市委办、市府办印发，明确部门和镇乡街道 72 个事项责任，进一步厘清工作界面，强化履职尽职要求，推动清单事项落地。同时，开展镇乡街道基层治理"一件事"梳理工作，梳理形成 20 项跨部门、跨领域、跨层级的基层治理"一件事"事项，并统筹抓好事项办事指南及工作规程编制指导工作。

同日　市红十字会根据健康浙江建设和市政府的相关考核要求，制定《关于征求 2021 年公共场所配置 AED 需求的通知》，随后走访听取相关意见建议，并会同市卫生健康局、市应急管理局对申报的 25 个设置点进行研究，最终根据财政保障情况确定 2021 年公共场所配置 AED（自动体外除颤器）设点单位 29 家。

9 日　《诸暨日报》报道，市交通运输局为浙江金步甲网络科技有限公司颁发"网络货运"经营许可证，标志着诸暨市首张"网络货运"牌照诞生。诸暨放宽市场准则，鼓励数字经济新业态发展，物流行业将进入平台化、物联化、智能化新时代。

同日　"五彩唤醒　好美诸暨"——2021 诸暨春季文旅新品发布会暨五泄观瀑节启动仪式在杭州举行，向杭州游客推介多项春季文旅产品和活动。当天，"五光十色·春光乍泄"——第二十二届五泄观瀑节在五泄风景区同步开幕。

15 日　《诸暨日报》报道，诸暨市妇幼保健院为一名出生 43 天的男婴，顺利实施腹腔镜下幽门环肌切开术。该男婴为诸暨市接受此项微创手术的最小患者。

16 日　陈宅镇举办首届诸暨陈宅茶艺节，利用微信、抖音等媒介数字化手段，推介陈宅的茶、景和美食。活动被新华社等媒体宣传报道，转载量百万次。

19 日　诸暨市举行 2021 年首批招商选资重大项目集中签约仪式，计划总投资 285.1 亿元的 21 个重大项目签约落户。涵盖数字装备、人工智能、光电产业、航空技术等多个领域。绍兴市委常委、诸暨市委书记沈志江讲话，市委副书记、市长胡华良主持，姚汉松、郭浩良等市四套班子领导参加。

21 日　全国首个珍珠行业知识产权保护中心在诸暨市山下湖镇成立并揭牌。同时，市市场监管局、市人民法院、市发改局、市新闻出版局联合召开"关于建立知识产权严重侵权人名单及信用惩戒的实施意见"新闻发布会并公布第一期知识产权严重侵权人名单。

同日　诸暨市公布市第五批文物保护点 20 处，完成文物保护工程 17 项，总计投入资金约 2100 万元。

22 日　东白湖镇人民政府工作人员麻奇军捐献造血干细胞。

26 日至 28 日　诸暨市召开全省旱粮油菜绿色高产高效生产技术观摩培训会，浙江省各市、有关县（市、区）农技（农作、粮油）中心（站）负责人和有关团队专家参加会议并现场观摩。

28 日　诸暨次坞打面安昌古镇旗舰店开业。全年新建"诸暨次坞打面"安昌古镇、鲁迅故里、大连市 3 家旗舰店后，全市共有"诸暨次坞打面"旗舰店 5 家、示范店 306 家。"诸暨次坞打面"相关经验做法得到分管副省长刘小涛的批示肯定。

5月

6日　诸暨市关心下一代工作委员会成立三十周年，在会展中心召开庆祝会，省关工委副主任徐全升，绍兴市委常委、诸暨市委书记沈志江出席并讲话。

7日　诸暨市印发中共浙江省诸暨经济开发区工作委员会、浙江省诸暨经济开发区管理委员会"三定"规定，调整优化经济开发区和现代环保装备高新技术产业园区管理运行体制机制，整合管理机构，实现"两区合一"。6月9日，浙江省诸暨经济开发区管理委员会增挂诸暨现代环保装备高新技术产业园区管理委员会牌子。

同日　《诸暨日报》报道，"五一"小长假期间，诸暨市接待游客数创新高，共接待游客87.39万人次。实现旅游收入8.26亿元。

10日　诸暨至杭州"西施号"G7328通勤列车，恢复通行。"西施号"是2016年9月诸暨市通过政府购买服务的方式开通的一趟城际通勤高铁。2021年4月10日，因诸暨到上海南增开6列城际列车复兴号"绿巨人"停靠杭州城站而暂停"西施号"班次。

同日　诸暨市在枫桥镇枫源村建立绍兴市首家"枫桥式"妇女之家，提炼"妇女平安、家庭小安、社会大安"的基层社会治理理念，7月在暨阳、陶朱、浣东、大唐、暨南5个街道试点，10月全域推开。

12日　浙江省副省长高兴夫到诸暨市调研，并实地走访枫桥镇栎桥村、枫桥司法所、"枫桥经验"陈列馆等地。绍兴市委常委、诸暨市委书记沈志江陪同调研。

14日　诸暨市印发《优化完善综合行政执法管理体制的实施意见》和诸暨市综合行政执法大队"三定"规定，优化调整综合行政执法大队设置，将直属中队整合为1个机动中队、3个专业执法中队，乡镇街道按照"一镇一中队"模式设立23个基层中队。12月29日，在诸暨市综合行政执法局增挂市综合行政执法指导办公室牌子，并在镇乡街道设立综合行政执法队，撤销市能源监察大队、市民政行政执法大队、市劳动保障监察大队、市建设市场稽查队、市水政执法大队、市统计执法稽查队，构建形成综合行政执法队、五大领域执法队（市场监管、生态环境、文化市场、农业、交通运输）以及卫生健康、应急管理、自然资源执法队的"1+8"行政执法组织架构，不再保留部门专业执法队伍。

同日　《诸暨日报》报道，浙江组织实施为期3年（2021—2023年）的数字生活新服务样板县专项激励，经各地申报、现场汇报答辩、专家评审、公示，确定20个县（市、区）为样板县，诸暨市成为绍兴地区唯一入选县市。

17日　诸暨市获2020年度"五水共治"（河长制）工作"大禹鼎"银鼎、美丽浙江建设（生态文明示范创建行动计划）工作考核优秀单位两项荣誉。

20日　"西施号"App改名为"西施眼"。至11月10日，"西施眼"App总装机用户为176051人。

21日　四川省金川县委书记卞思发率金川县党政代表团到诸暨市开展感恩回访活动。市领导沈志江、钱勇军参加。

22日　诸暨市协助绍兴外事办与绍兴市人民对外友好协会，承办"绍兴印象——国际友人美丽乡村行"活动，10多个国家的57名外国友人到访诸暨。

24日　上午9时，诸暨市首张第三代社会保障卡在办证中心社保窗口领出。第三代社会保障市民卡是新一代的集成电路(IC)卡，和第二代卡一样具有"一卡通用、多卡合一、便民利民、安全可靠"的特点。新加载交通一卡通的应用功能，与全国300多个地级以上城市实现交通一卡通互联互通。

24日至28日　"西施杯·印象诸暨"歌词原创作品全国大赛启动，活动由诸暨市委宣传部、诸暨市文学艺术界联合会主办。10月底，完成版权协议，发放获奖证书、奖金。前三名获奖作品配曲。

28日　《诸暨日报》报道，浬浦中学国防教育展示馆正式开馆。这是诸暨市首个投入运用的学校国防教育展示馆。展示馆占地800多平方米，由"国防教育内容、难忘金萧红色小东、军旅英杰"3个展示区组成。展品包括金萧支队使用过的战斗物品、生活用品、金萧支队队旗，以及纪念勋章和当时的流通货币等。

6月

1日　6月起，凡是在诸暨购买住宅、商业、商住、商务（办公）类不动产的杭州市户籍居民，均可以享受诸暨—杭州高速公路不限次数免费通行。再一次对能享受该政策的受众进行扩面。

2日　绍兴市委书记马卫光到诸暨市调研基层党建、基层治理、“共同富裕”等情况。他强调，要坚持以数字化改革引领新时代“枫桥经验”创新发展，不断提升基层治理现代化水平，率先走出全域覆盖、上下贯通的整体智治之路，以优异成绩迎接中国共产党成立100周年。诸暨市领导沈志江、姚汉松、潘超英等参加。

3日　《诸暨日报》报道，工信部发布2021年第十四批电信网号码资源使用证书颁发结果，浙江富润数链科技有限公司的短消息类服务接入代码获得批准，成为全省为数不多获批的企业之一。这意味着富润数链具备开展5G消息业务的资格。

4日　全省首个绿色发展司法服务基地在牌头环保小镇成立。

7日　“学党史、悟思想、汲力量——庆祝中国共产党成立100周年”诸暨党史百年百事大型图片展在诸暨市档案馆一楼展厅展出。展览共分“革命—敢教日月换新天”“建设—地动三河铁臂摇”“改革—东方风来满眼春”“筑梦—弄潮儿向涛头立”四大版块，选取250多张图片，全面展示1921—2021年中国共产党在诸暨领导人民革命建设的奋斗史。

8日　诸暨市举行G60创新港暨白大线项目开工仪式。绍兴市委常委、诸暨市委书记沈志江宣布开工。项目规划总面积为6474亩，预计总投资约300亿元，共分3期实施。白大线（白门至大路杨）是G60创新港的基础建设和启动项目。

同日　诸暨市承办绍兴市特色产业工程师协同创新中心现场推进会。

10日　五泄风景区因暴雨造成基础设施损毁而闭园，至9月25日重新开园。

同日　中国工商银行股份有限公司诸暨支行发放首笔跨境金融区块链融资——风险参贷项下出口发票融资3000万元。

15日　诸暨市中心医院医生王荣捐献造血干细胞。

17日　按照中央和省、绍兴市委市政府决策部署，经绍兴市委编办批复同意，诸暨市农业农村局增挂诸暨市乡村振兴局牌子。

18日　诸暨市交通投资集团有限公司主办的诸暨公交党员示范线启动仪式在公交东站举行。诸暨市首条以“红船精神”为指引的公交示范线路开通。诸暨公交党员示范线由旅游观光线Y1路（原5路）升级定制，始发站与终点站均为建银大厦公交首末站，配备10辆公交车，每天双向对开130趟次，全程14.4千米。按照“一车一主题”原则配置。线路途经市政府、城市广场、体育馆、市委党校、博物馆、西施故里景区、烈士陵园、客运中心等处。

同日　诸暨市首单慈善信托项目——“日心月益”慈善信托项目签约仪式在诸暨市社会组织服务中心举行。该慈善信托由市慈善总会出资30万元委托万向信托股份公司设立，用于开展慈善助学活动，促进儿童教育和特殊教育事业发展。

20日　庆祝中国共产党成立100周年暨新时代“枫桥经验”的使命与担当理论研讨会在诸暨举行。省公安厅原副厅长、一级巡视员，浙江省新时代枫桥经验研究院院长，浙江大学新时代枫桥经验研究院院长金伯中；省委党史和文献研究室副主任、一级巡视员王祖强；浙江大学光华法学院常务副院长、浙江大学新时代枫桥经验研究院院长胡铭等出席。绍兴市委常委、诸暨市委书记沈志江，市委副书记、政法委书记潘超英参加。会上，举行新时代枫桥经验研究院学术委员会增补委员和特邀研究员聘任、基层社会治理创新实践基地揭牌、《“枫桥经验”史料整理与研究丛书》（十卷本）编撰启动等仪式。

21日　《诸暨日报》报道，浙江省商务厅发布全省首批内外贸一体化“领跑者”企业和改革试点产业基地培育名单。经过评审，以大唐袜业为代表的诸暨市整体袜业产业被认定为首批内外贸一体化改革试点产业基地。

同日　璜山镇新四军浙东游击纵队金萧支队纪念馆开馆。

25日　中国设计红星奖（诸暨）产品设计大赛——2021珍珠大赛在诸暨启动。通过打造高品质、专业化、权威性的设计大赛，鼓励和弘扬诸暨特色产业自主创新精神。大赛分为珍珠产品类与珍珠概念类 2 个类别。作品征集时间至 9 月 25 日，设一、二、三等奖和概念奖。

同日　诸暨市承办“党史中的浙江地名·绍兴篇”展览活动。本次活动旨在统筹推进浙江省党史学习教育与地名文化保护工作，深入挖掘红色地名资源。各地以专篇的形式组织“党史中的浙江地名”系列展览，诸暨市为其中一站。

又日　诸暨市联合杭州西湖郭庄荷展推出“2021 西湖·西施荷花展”。活动持续至 7 月 15 日。

28 日　诸暨市政务服务办与贵州省麻江县、丹寨县政务服务中心签订“跨省通办”政务服务战略合作协议。至此，诸暨市政务服务“跨省通办”朋友圈将扩大到 5 个地区（另 3 个为贵州省榕江县、湖南省靖州县、湖北省枝江市）。签订“跨省通办”协议后，来自贵州省麻江县和丹寨县的“新诸暨人”在办理政务业务时，不用再返乡奔波。

同日　“庆祝中国共产党成立 100 周年诸暨市文艺界诗书画作品展”开展，诸暨网上艺术馆同时展出。

7 月

1 日　绍兴枫桥学院新校区投用。枫桥学院位于诸暨市枫桥镇枫一社区、海角社区，总占地 20.67 公顷，总建筑面积约 6.5 万平方米，总投资约 7.5 亿元。

2 日　全省首个直播电商党支部在诸暨市山下湖镇成立。

2 日至 28 日　第 6 号台风“烟花”影响诸暨市，该台风雨量指标破极值，赵家镇钟家岭站达 649.3 毫米，为诸暨有气象记录以来最强台风，雨量创历史极值。

8 日　《诸暨日报》报道，诸暨法院一起“互联网 + 虚拟货币 + 物流寄递”手段贩卖毒品的典型案例入选最高人民法院发布的 2021 年十大毒品（涉毒）犯罪典型案例。

9 日　斯洛伐克驻上海总领事伊凡娜·瓦拉·玛格托娃一行 2 人到访诸暨，参观华东国际珠宝城和山下湖镇新长乐村。

10 日　诸暨市撤并东白湖镇中、陈宅镇中、璜山镇中和浬浦镇校初中部设立首所区域初中——诸暨市实验初中教育集团，校区设在原璜山镇中。

12 日　《诸暨日报》报道，诸暨市首张企业特种设备分布图出炉。该图以公司平面图为基底，详细标注特种设备名称代码、使用位置、使用数量、使用证编码等，对特种设备全覆盖监管检查和企业日常监管有重要作用。

13 日　13 时 18 分，诸暨市 2021 年最高用电负荷时间点出现，用电负荷达 176.266 万千瓦，同比增长 7.93%。

14 日　诸暨市建成启用市“统战之家”，绍兴市委常委、统战部部长叶卫红与绍兴市委常委、诸暨市委书记沈志江出席揭牌并致辞，进驻民主党派与统战社团 14 个。

22 日　诸暨全市制造业高质量发展大会召开。绍兴市委常委、诸暨市委书记沈志江强调，制造业是诸暨的立市之本、强市之基，要全面激发增创诸暨制造新优势的强大动能，奋力推动诸暨制造系统化重塑、整体性提升，为打造浙江高质量发展建设共同富裕示范区诸暨范例提供更多硬支撑。

26 日　上午 9 时，诸暨市时隔 59 年再次启用高湖蓄滞洪区分洪，分洪 530 万立方米，最大分洪流量 200 米 ^{3}/ 秒，约占浦阳东江流量的 50%。

28 日　中共诸暨市委十六届十三次全体（扩大）会议召开。市委常委会主持会议。绍兴市委常委、诸暨市委书记沈志江代表市委常委会向全会作题为《深入学习贯彻习近平总书记“七一”重要讲话精神　勇扛使命　勇闯新路　勇当先锋　奋力打造浙江高质量发展建设共同富裕示范区诸暨范例》的工作报告。

同日　东京奥运会上，诸暨市输送的运动员万济圆在女子三人篮球赛中帮助中国队夺得铜牌，实现浙江省在奥运会篮球项目上奖牌零的突破。

30 日　诸暨市慰问二等功臣赵宣东家属。

31 日　海亮初中男子篮球队夺得 2020—2021 赛季中国初中篮球联赛（男子组）总冠军。

8 月

2 日　诸暨市发布《诸暨市市场监督管理局“首违

不罚”指导意见(2021年修订)》,将市场监管领域的“首违不罚”从仅适用于浙江省重大突发公共卫生事件期间改为常态化适用,对29种轻微违法行为实行“以教代罚”。

同日　次坞镇政府会议决定与浙江农林大学开启战略合作,建设碳和万物产业园。利用全镇超过2万亩的毛竹林资源,探索竹林碳汇成果在基层的落地应用。该园规划面积约3万亩,由专业化公司运行,集成竹林碳汇、竹林产业、康养产业等板块。园区建成后每年碳减排量理论值为1500吨。

4日　海关诸暨办市场采购贸易首单开通仪式举行,标志着市场采购贸易在诸暨的启动。

10日　《诸暨日报》报道,市供电局与西北政法大学合作研究的课题《企业“枫桥经验”研究》出版发行。作为企业“枫桥经验”研究领域的第一本学术著作,该书的出版发行,深化新时代“枫桥经验”的研究领域,也为构建中国特色现代企业制度提供理论和实践样本。该书共分为5章,共计20万字。

18日　诸暨市举行2021年第二批招商选资重大产业项目集中签约仪式,计划总投资286.6亿元的21个重大产业项目落户诸暨。绍兴市委常委、诸暨市委书记沈志江出席并讲话。本次签约新兴产业项目占总投资额的80%。既涉及智能制造、航空航天、数字经济、现代农业等前沿领域,也包含时尚袜艺、美丽珍珠、铜材精密制造三大传统产业改造提升,标志着诸暨以构建现代化产业体系为引领、产业链精准招商为措施、“高大新”为主攻方向、“专精特新”为突破的招商思路日趋成熟。

同日　《诸暨日报》报道,市文物部门对全市92处市保以上不可移动文物安装106块文物安全直接责任人公告公示牌。文物保护监督开启“全民时代”。

19日　《诸暨日报》报道,省委、省政府健康浙江建设领导小组办公室通报2020年健康浙江建设考核结果,诸暨市再获优秀等次。诸暨连续3年获健康浙江建设考核优秀,考核成绩位列绍兴第一。

21日　市委统战部牵头成立绍兴市首家县市区欧美同学会诸暨市海外留学人员联谊会,搭建留学归国人员新平台。首批会员113名。

24日　全省首个智慧法庭在诸暨法院上线。

25日　浙江省社科联发布《关于建立第二批市县建设“重要窗口”社科调研基地的通知》,诸暨市被确定为省级社科调研基地,成为全省19个之一、绍兴市唯一的省级社科调研基地。

27日　诸暨市查处绍兴地区首起在中小学周边非法设置卷烟销售网点案件。

30日　诸暨市的绍兴袜业产业知识产权联盟,通过省局备案,获批为2021年第一批省级产业知识产权联盟。

同日　《诸暨日报》报道,诸暨市通过国家卫生城市复审。

31日　诸暨市工商联联合市司法局、绍兴律师协会诸暨分会启动“百所联百会”活动,与市司法局、绍兴律协诸暨分会签订“百所联百会”战略合作框架协议,新企联、牌头商会、江西商会、温州商会和徽商企业联合会5个商会与律协分会及4家律师事务所签署法律顾问合同。

9月

1日　诸暨市公交公司开通首辆定制公交“通勤1号”,定制公交采用“点对点、一站式”营运模式,定人、定时、定点接送暨阳街道赵石新村在暨阳初中就读的学生。

2日　诸暨市党政代表团赴遂昌参加遂昌—诸暨山海协作联席会议。绍兴市委常委、诸暨市委书记沈志江出席会议并讲话。会上,双方签订遂昌—诸暨2021年山海协作年度工作任务书、乡村振兴示范点共建协议书,并举行山海协作项目建设资金捐赠仪式。

6日　以“汇集慈善力量·助力共同富裕”为主题的2021年诸暨市“慈善一日捐”(关爱基金)活动启动仪式在市会展中心举行,绍兴市委常委、诸暨市委书记沈志江,市人大常委会主任姚汉松,市政协主席郭浩良,市委副书记潘超英等市四套班子领导及人武部政委、法检两长参加启动仪式并带头捐款。共收到捐款314笔,捐款金额4975331.1元。

同日　《诸暨日报》报道,浙江省商务厅发布《2020

年度浙江省经济开发区综合考评报告》，诸暨经济开发区进入全省前十强，位居省级开发区考评第 7 位，前进 16 位，是全省进位最快的开发区。

8 日 《西施传说》纪录片在浙江公共新闻频道播出。该纪录片为浙江省委宣传部、省政协文化文史和学习委、浙江广电集团联合策划首批 20 项“浙江文化印记”之一。

9 日 诸暨市供销合作总社牵头组建诸暨市小吃产业协会，吸收 57 个诸暨市传统特色小吃产业企业作为会员，同时成立小吃产业农合联。小吃产业协会联合上海新百越餐饮管理有限公司，在上海浦东新区建设完成首家集诸暨次坞打面和农家传统特色小吃的门店，成为诸暨传统特色小吃在上海展示的一个重要平台。

同日 绍兴法院第二批“共享法庭”启用仪式暨浣东街道东盛社区“共享法庭”揭牌仪式举行，东和乡、枫桥镇枫源村、大唐街道袜业市场、山下湖镇珍珠市场 4 个“共享法庭”通过视频连线方式同步启用。共享法庭通过“一屏、一线、一终端”，将基层人民法院及人民法庭的工作触角延伸至镇街、村社。

15 日 店口镇成立全市首个新就业群体党支部，2300 余家市场主体纳入功能型企业联合党支部管理，覆盖率达 95% 以上。

16 日 诸暨市发布《诸暨市生态环境保护“十四五”规划》。9 月 27 日，发布实施《深化生态文明示范创建高水平建设新时代美丽诸暨规划纲要(2020—2035)》。

17 日 诸暨市完成绍兴市首例一手房“税证全程网办”，实现购买新房“足不出户、完税领证”。

18 日 民革诸暨市基层委开展“台北・诸暨两岸同胞云上共度中秋”活动，两岸同胞视频对话，共叙乡情，民革党员宣利清向台胞捐赠剪纸作品。

22 日 浙江省农业农村厅关于公布 2020 年度农业科技奖励项目，诸暨市农业技术推广中心参与完成的水稻害虫生态控制技术研究与示范推广、优质籼粳杂交稻“嘉丰优 2 号”产业化应用、基于定额施肥的水稻化肥减量增效技术集成与推广应用被列入 2020 年度浙江省农业丰收奖奖励项目；诸暨市农业技术推广中心参与完成的优质高油油菜新品种浙大 630 育成及高质高效配套技术集成应用被列入 2020 年度浙江省农业农村厅技术进步奖奖励项目。

22 日至 23 日 省劳模工匠学习贯彻习近平总书记“七一”重要讲话交流暨 2021 年第一期工匠沙龙活动在诸暨市举行。

23 日 中国农民丰收节绍兴庆丰收活动在诸暨市枫桥镇杜黄新村举行，绍兴市农业农村局、诸暨市相关领导以及各区、县(市)农业农村局分管领导、科室负责人参加。

27 日 诸暨市人民政府主办的“沪上域见・好美诸暨”2021 诸暨文旅长三角(上海)推介会举行。会上，2021 年诸暨市金秋惠游季系列活动启动，同时宣布“好美诸暨”金秋惠游季美团秒杀活动发布，“寻美西施故里”万人游活动发团。

28 日 诸暨市飞燕食材商行员工潘水明捐献造血干细胞。

同日 《诸暨日报》报道，市委宣传部、市教体局、市文广旅游局等单位联合开展校外培训机构专项检查。重点检查培训机构是否存在占用国家法定节假日、休息日及寒暑假期组织学科类培训行为，是否违规使用教材教辅等。

30 日 诸暨零碳工厂装备制造基地在开发区正式开工。绍兴市委常委、诸暨市委书记沈志江出席开工仪式并为项目奠基培土。该基地总投资 10 亿元，占地 9.67 公顷，计划 2 年建成绿色和智能工厂，每年可为“零碳电厂”“零碳钢厂”提供上百套的“零碳”设备，帮助产业链上下游共同实现“零碳”目标。

同日 诸暨市完成绍兴市第一笔二手房交易“网上办”“掌上办”业务。

10 月

8 日 《诸暨日报》报道，2021 年中国中小城市高质量发展指数研究成果发布，诸暨入围 2021 年度全国综合实力、绿色发展、科技创新、新型城镇化质量百强县市名单。分列第 13 位、第 10 位、第 16 位、第 10 位。该排名由中国中小城市高质量发展指数研究课题组国信中小城市指数研究院发布，是中国官方机构发布的权威排行榜。另有店口、枫桥、山下湖、牌头、应店街、次坞、姚江、璜山入围全国千强镇名单。

11日　2021—2022赛季中国男子篮球职业联赛(CBA)季前赛首场比赛在暨阳学院篮球馆举行。

13日　在北京人民大会堂召开的第十次全国律师代表大会上，司法部对全国优秀律师事务所及全国优秀律师进行表彰，诸暨市的浙江浣纱律师事务获全国优秀律师事务所荣誉称号，也是浙江省县域律所首次获此殊荣。

18日　《诸暨日报》报道，诸暨市发布《诸暨市小微企业三年成长计划(2021—2023年)》，计划到2023年底，全市累计新增小微企业12000家以上，其中数字经济、环保、健康、旅游、时尚、金融、高端装备制造和文化等八大万亿元产业小微企业3000家以上。实现县(市)级小微企业培育库入库企业4000家。

19日至21日　2021第四届半导体才智大会暨"创芯中国"集成电路创新挑战赛总决赛在诸暨温德姆酒店举办。大会发布《中国集成电路产业人才发展报告(2020—2021年版)》。2021"创芯中国"集成电路创新挑战赛总决赛，共有50多支团队参赛。共评出一等奖6名、二等奖11名、三等奖17名。

22日　中国少年先锋队第72个建队日，诸暨市举办"红领巾心向党，争做新时代好队员"主题队日活动。

26日　诸暨市政府与中国银行浙江省分行签订战略合作协议，5年拟投放信贷资金500亿元。中国银行浙江省分行党委书记、行长吴敏，绍兴市委常委、诸暨市委书记沈志江出席签约仪式。

27日　第六届中国创新挑战赛暨2021年浙江省技术需求"揭榜挂帅"大赛生物医药行业现场赛在诸暨举办。

同日　诸暨市首张电动自行车"身份证"——"码牌合一"数字化车牌发放。"码牌合一"是指以电动自行车车架号、蓄电池序列号为唯一标识生成产品二维码，在上牌登记环节，将车辆、电池、所有人三方信息集成并关联绑定，发放"码牌合一"的数字化车牌，实现一码知全貌。"码牌合一"数字化车牌是"浙江e行在线"的"合体登记"应用场景。

28日至30日　第十五届中国·大唐国际袜业博览会在诸暨国际商贸城举办。以"大唐袜业，温暖有你"为主题。以数字化、绿色化为引领，突出"高质量办展、全方位呈现、品质化服务"三大特点。展会整体规模1万平方米，吸引近200家参展企业。博览会期间举办第二届"大唐杯"国际袜业机械装备大赛、全国"十佳优秀纱线供应商"评选、云上袜博会、袜业供应链产品展销会、人才交流会等活动。

11月

2日至5日　诸暨市第十七届"茂阳杯"中小学生体育节田径运动会在职教中心举行。全市中小学的101支代表队、1399名运动员参赛。决出金牌275枚，76人次破市运会纪录。

3日至5日　诸暨市小包装食盐市场出现异常波动，形成市场紧张情绪，诸暨市采取措施紧急采购盐产品，保障市场供应。3天共销售食用盐600多吨，日均销量为平均日销量的20倍。

4日　《诸暨日报》报道，华东国际珠宝城在国家市场监督管理总局、浙江省人民政府主办的第12届中国商品市场峰会上，获评"中国商品市场十大数字化领跑者"。此外，华东国际珠宝城和浙江大唐轻纺袜业城还入围"中国商品市场综合百强"。这是华东国际珠宝城在首次"中国商品市场十大数字化领跑者"评选中上榜。

9日　诸暨市人民政府与农行浙江省分行签订服务乡村共同富裕战略合作协议。农总行首席专家、省分行党委书记、行长冯建龙，绍兴市委常委、诸暨市委书记沈志江出席签约仪式并分别致辞。未来五年，农行将向诸暨市提供总额不低于700亿元的意向性专项融资，推进诸暨市乡村共同富裕。

11日　中共第十九届中央委员会第六次全体会议上，新时代"枫桥经验"写入《中共中央关于党的百年奋斗重大成就和历史经验的决议》。自2019年后，新时代"枫桥经验"已连续被写入中共十九届四中全会《中共中央关于坚持和完善中国特色社会主义制度、推进国家治理体系和治理能力现代化若干重大问题的决定》和十九届五中全会《中共中央关于制定国民经济和社会发展第十四个五年规划和二〇三五年远景目标的建议》等中共中央全会审议通过的文件中。这标志着“枫桥经验”不仅成为坚持和完善中国特色社会主义制度，推进国家治理体系和治理能力现代化的有机组成部分，也成为了党的百年奋斗重大成就和历史经验重要组成部分，具有里程碑的意义。2021年，新时代“枫桥经验”还被写入中共中央印发的《法治中国建设规划（2020—2025年）》《中共中央、国务院关于加强基层治理体系和治理能力现代化建设的意见》及《关于支持浙江高质量发展建设共同富裕示范区的意见》等重要文件中，并写入全国17个省及直辖市自治区的政府工作报告中。

15日　诸暨市在全市范围内开展2021年度根治欠薪冬季专项行动。各镇乡街道担负根治欠薪主体责任。专项行动期间，全市共排查用人单位7641家，涉及劳动者20.72万人次，共处理工资纠纷案件504起，为2202名劳动者追讨工资6528.75万元。专项行动持续至春节前。

16日　诸暨市推出全省首个“暨阳法顾”法律在线微信小程序，把法律服务端口前移，对全市市场主体法律顾问网格实行智慧化管理，构建“线上线下同步进行”的法律顾问服务业态。实现法律服务“随时在线”。内置法律法规学习、法律文书下载、法律小工具、律证查询等模块，可通过点对点通信技术，实现实时法律咨询。

同日　中共诸暨市委和诸暨市人民政府印发《关于在全市公民中开展法治宣传教育的第八个五年规划（2021—2025年）》，标志着诸暨市“八五”普法规划开始实施。

22日　全省首个“浙里办”县级城市频道“好美诸暨”上线。诸暨频道开设“诸事报”“诸事办”“诸事查”等栏目，迁移上线16个应用，出生、就学、就医、养老等民生问题，以及商事登记、投资审批、清算注销等企业事项，足不出户就可查询办理，实现办事服务应用及事项的一站式集成。

25日至26日　诸暨市首届“西施有礼”网络香榧节在赵家镇宣家山村香榧文化会馆和东白湖镇笔架山庄举行。旨在推进诸暨市香榧产业绿色、健康、稳定发展，提升诸暨香榧的知名度和市场影响力。“西施有礼”网络香榧节暨“我为家乡带个货”活动推广内容在短视频平台累计播放量约98.3万人次，销售额27.3万元。

27日　全国加强家庭家教家风建设工作推进会现场考察在诸暨进行，全国人大常委会副委员长、全国妇联主席沈跃跃率31个省（自治区、直辖市）和新疆生产建设兵团妇联主席、全国妇联相关部门负责同志现场考察枫桥经验陈列馆和枫桥镇枫源村。

同日　诸暨市供电公司承办全省首届新时代“枫桥经验”与企业社会责任研讨会。

29日　诸暨市发布《关于高水平建设科技创新强市的政策意见》，构建“产学研用金、才政介美云”十联动的创新创业生态系统，率先在全省建成创新型城市。

同日　浙江省粮食安全和推进农业现代化领导小组农业“两区”办公室公布第四批省级特色农业强镇，诸暨市赵家香榧特色农业强镇入选第四批省级特色农业强镇名单。

12月

3日　诸暨市第四个宪法宣传周暨第八个国家宪法日宣传活动，开展“宪法宣传周”暨“法润诸暨”干部学法用法平台启动仪式。

6日　华东国际珠宝城有限公司的“‘互联网+’模式下的珠宝专业交易市场转型升级”案例，入选浙江省2021年数字赋能促进新业态新模式平台典型案例。

7日　《诸暨日报》报道，省生态环境厅组织开展全省第一批低（零）碳乡镇、村及减污降碳协同试点申报评审工作。全省共评选出24个低（零）碳乡镇（街道）试点创建单位。诸暨市山下湖镇入选乡镇试点创建单位名单，为绍兴市唯一入选的乡镇。

10日　中国县市报研究会第七届理事会第一次会议通过视频会议的形式召开，全国90家县级融媒体中心的负责人在线参加会议，选举产生新一届常务理事会和领导班子，诸暨市融媒体中心蝉联会长单位。

10日至11日　诸暨市首次举办网上文学笔会，邀请多位杂志社编辑老师通过微信群直播点评指导。

15日　诸暨市在北京召开的平安中国建设表彰大

会上被授牌命名为平安中国建设示范县，同时还被授予全国平安建设最高奖——“长安杯”。这是诸暨在平安县市建设工作领域，首次获得 2 项国家级荣誉。诸暨市已连续 4 次获“长安杯”，16 次蝉联浙江省平安县市，还获首批“平安金鼎”。

17 日　《诸暨日报》报道，2020 年度浙江省城市慈善发展指数报告发布，诸暨市以 82.07 分的总分位于区县市慈善发展指数首位。其中，2020 年全市社会捐赠款物 110895.34 万元，在区县市社会捐赠款物合计总金额这一分项中位居第一。

20 日　诸暨市“打造‘一网两中心三平台’完善县域商业体系”入选全省商务领域共同富裕试点县市项目，为绍兴市唯一。

28 日　诸暨人力资源服务产业园试运营。围绕“集聚产业、拓展服务、孵化企业、培育市场”四大核心功能，实现人力资源市场、人才公共服务“一站式”窗口、人才市场标准化档案室等公共服务全提升，同时构建全方位、多层次的产业服务链，线上线下同步打造人力资源服务产业生态圈。

29 日　诸暨市设立中共诸暨市委社会建设委员会，为市委派出机关，与诸暨市发展和改革局合署办公；设立诸暨市人民政府对外友好协会机关，与诸暨市人民政府办公室（诸暨市外事办）合署办公；恢复浙江五泄旅游度假区管委会独立运行并更名为诸暨西施故里省级旅游度假区管委会。

同日　浙江省农业农村厅公布第一批数字农业工厂认定结果，诸暨市浙江蓝美技术股份有限公司蓝美产业化数字工厂、诸暨市浩隆农业开发有限公司浩隆生猪数字牧场、浙江佰瑞拉农业科技有限公司珍珠贝数字化养殖工厂、浙江清湖控股集团有限公司珍珠靶向养殖数字化渔业基地被列入第一批数字农业工厂认定名单。

31 日　援助上虞医疗队返回诸暨。

历史

【市名由来】诸暨为中国古越民族聚居地之一。先秦无诸暨之名，自秦王政二十五年(前222)设会稽郡置诸暨县，除新始建国年间(9—23)、唐光启年间(885—888)、元至正十九年(1359)曾一度改为疏虏、暨阳、诸全州以外，均以诸暨之名见于典籍，直至今日，为浙江望县。

关于诸暨县名的来历，历来众说纷纭，向无定说。清乾隆《绍兴府志》及光绪《诸暨县志》对前人陈说作了概括，但未能统一说法。《绍兴府志·地理志》载："(诸暨)周为越允常之都。《路史》：夏后氏后。诸暨有诸山暨浦，允常之都。春秋时句无地，或曰夫概王之故邑，先名上诸暨，亦曰句吴。《国语》：句践之地，南至句无，韦昭解：今诸暨有句无亭是也。《水经注》：诸暨县，古越地也，夫概王之故邑，先名上诸暨，亦曰句吴矣。寇仲温《诸暨县记》：诸暨，槠概也，吴王阖闾弟夫概所封之地。"

光绪《诸暨县志·沿革表》基本沿袭《绍兴府志》说法。

有一种说法是：县西有山，山上多槠木，所以称为槠山，省而为诸山，又有概浦，省而为既浦，转音为暨浦，诸暨因此而得名。另有一种说法是：境有五泄山、七十二峰、峰峦林立，认为诸山即诸多山峰，又有概浦，因称诸暨。明隆庆《诸暨县志》则曰："诸者，众义；暨者，及也。或曰禹会计而诸侯毕及也。"意即因禹及众诸侯到达停留于此，故称"诸暨"。此外还有因诸国、暨国得名，因诸物萃聚得名等说法。

【建置沿革】秦王政二十五年设县，属会稽郡。西汉属扬州刺史部会稽郡。新始建国年间更名疏虏，东汉建武元年(25)复原名。西晋属会稽郡，东晋属会稽国，南朝复属会稽郡。隋文帝开皇中属吴州，大业中仍属会稽郡。唐属会稽郡及越州，唐光启三年(887)改称暨阳。五代属吴越国越州东府。吴越王天宝三年(910)复名诸暨。宋初属两浙东路越州，绍兴元年(1131)属绍兴府。孝宗乾道八年(1172)，分东北十乡置义安县，治枫桥。淳熙元年(1174)废义安，其地复入诸暨。元属江浙等处行中书省绍兴路。成宗元贞元年(1295)升为诸暨州，至正十九年(1359)改名诸全州。明洪武二年(1369)改诸全州为诸暨县。明、清属绍兴府。

民国元年(1912)废府，直属浙江省。民国3年(1914年)省下设道，诸暨属会稽道。民国16年(1927)废道，直属浙江省。民国24年(1935)9月至37年(1948)4月属浙江省第三行政督察区，民国37年4月至1949年5

月5日属浙江省第二行政督察区。

1949年5月6日诸暨解放，诸暨属中共萧绍诸杭临时委员会领导。6月23日至11月26日归浙江省第十专署管辖，其后属绍兴专区。1952年1月绍兴专区撤销，直属省。1953年2月划归金华专区。1957年9月划归宁波专区。1964年9月，复属绍兴专区。1968年5月属绍兴地区。1983年7月起属绍兴市。1989年9月，经国务院批准，撤销诸暨县，设立诸暨市，由绍兴市代管。

【越国古都】诸暨春秋时属越国，越王允常曾先后在境内埤中（今次坞镇、店口镇、阮市镇一带）、大部（今枫桥镇一带）、勾乘（今牌头镇一带）建都，子句践迁都会稽（今绍兴）。诸暨为越国古都早于绍兴，诸暨为都时，绍兴为诸暨属地。

【西施故里】西施，本名施夷光，越国美女。春秋末期出生于诸暨苎萝村。苎萝有东西二村，夷光居西村，故名西施。其父卖柴，母浣纱，西施亦常浣纱于溪，故溪又称浣纱溪。南北朝刘宋孔灵符《会稽记》云："诸暨苎萝山，有西施浣纱石。"

《舆地志》《十道志》《嘉泰会稽志》载："句践索美女以献吴王，得诸暨苎萝山卖薪女，曰西施。山下有西施浣纱石。"

在当年西施浣纱之处，有一大方石，古朴苍褐，上镌"浣纱"二字，为东晋大书法家王羲之手笔。

西施故里现已辟为旅游区，主要由西施殿、范蠡祠、中国历代名媛馆、鸬鹚湾古渔村、郑氏宗祠、民俗馆等景点组成，是国家级风景名胜区——浣江·五泄景区的重要组成部分。

【诸暨三贤】王冕、杨维桢、陈洪绶被称为"诸暨三贤"。因三人均系枫桥人，故又称"枫桥三贤"。

王冕(1287—1359)，元代诗人、文学家、书法家、画家，字元章，号煮石山农，诸暨枫桥栎桥村人，以画梅著称，尤以墨梅见长，亦擅竹石，兼能治印，著有《竹斋集》《墨梅图题诗》等。

杨维桢(1296—1370)，元末明初著名文学家、书法家，字廉夫，号东维子、铁崖、铁雅等，诸暨枫桥全堂人，为元末诗坛领袖，"诗名擅一时，号铁崖体"，在元文坛独领风骚40余年。书法以行草最工，有真迹传世。

陈洪绶(1296—1370)，明末清初书画家、诗人，字章侯，号老莲，诸暨枫桥陈家村人。一生以画见长，尤工人物画，人谓"明三百年无此笔墨"，有《九歌》《西厢记》插图及《水浒叶子》《博古叶子》等版刻传世。兼擅诗书，有《宝纶堂集》。

地理

【地理位置】诸暨市位于长江三角洲南翼、浙江省中北部、钱塘江流域中段，地处北纬29°21′26″～29°59′5″、东经119°53′3″～120°32′10″，东接绍兴、嵊州，南连东阳、义乌，西毗浦江、桐庐、富阳，北邻杭州、萧山。浙赣铁路、杭金衢高速、诸永高速、绍诸高速、金杭公路贯穿全境，距上海200千米、杭州90千米，距萧山国际机场60千米。

【地形地貌】诸暨地处浙东与浙西丘陵山区两大地貌类型的交接地带，有山地、丘陵、河谷盆地3种类型，分别占境内地域总面积的28.96%、43.12%、27.92%。境内最高峰为东南部的东白山（太白尖），海拔1194.6米，最低平原为东北部的白塔湖，平均高度为海拔4.3米，最低高度为3.1米。

山地和丘陵紧密相连，犬牙交错，集中分布在市境东南部（会稽山地）和西部（龙门山地）。

中部为河谷盆地，多沃土良田；北部为河网平原，水资源充沛。浦阳江纵贯南北，境内干流长67.6千米，东西8条支流呈叶脉形展开。

中部浦阳江河谷盆地位于市域中南部，浦阳江中游，南与浦江—苏溪盆地接壤，北至大侣湖，与"诸暨湖田熟"的河网平原接壤，东起高湖，西至筏畈。南北长36千米，东西宽19千米，呈北东狭长槽形。面积83万亩，占市域面积的23.96%。区内地势平缓，海拔8～50米，两侧向中部倾斜，西南向东北倾斜。浦阳江河道弯曲，多河漫滩地，构成冲积平原阶地。盆地两侧为第四纪红土砾石层、白垩纪砂岩地层的基托阶地，和东部、西部丘陵阶地相接。

北部湖畈河网平原位于浦阳江中下游，南起连七湖，北与萧绍平原接壤；东起东泌湖，西至朱公湖。南北长16千米，东西宽14千米，面积33万亩，占市域面积的 9.47%。浦阳江自西南向东北、枫桥江由东南向西北穿流全区。河网如织，湖荡密布，田畈多为围湖而成，海拔多为 5.5 ～ 6.5 米，故称“诸暨湖田”。

【山脉水系】诸暨境内主要有两大山脉、两大水系。两大山脉即会稽山脉和龙门山脉；两大水系即浦阳江水系和壶源江水系。

会稽山脉在诸暨境内以会稽山地为主，位于市境东部，呈西南—东北走向，与义乌、东阳、嵊州、绍兴、萧山接壤，属浙东南丘陵山区地貌单元，面积 148 万亩，占市域总面积的 42.47%，其中海拔 500 米以上低山 15.2 万亩，占 10.27%。全区受开化江、枫桥江等大小溪流切割，重峦叠峰，幽谷深涧，形成众多的河谷盆地和冲积扇。主峰东白山，为诸暨、嵊州、东阳三市交界处。山巅缓坡宽谷，西侧山坡变陡，属于浦阳江河谷盆地东缘，主脉南、北山势渐低。干脉以东白山为起点，分北干脉、南干脉两路。北干脉（东白山—大山坞）由东白山向东北达于诸暨、嵊州市界，主要高峰有螺蛳屁股（900 米）、白玉尖（990 米）、湖塘冈（861 米）、雾露尖（849.5 米）、走马岗（835 米）、龙头顶（737 米），龙头顶为诸暨、嵊州、绍兴三市（县）界山。并有越大山（679 米）、刻石山（763.8 米）、古博岭。西至大北坞山，为诸暨、绍兴、萧山三市（县）界山，自此入萧山、绍兴界。南干脉（东白山—道人山）由东白山向西南达于诸暨、东阳界，主要高峰有南园尖（1090 米）、菜塔尖（758.5 米）、灵岩山（906.6 米），灵岩山为诸暨、东阳、义乌三市界山。沿诸暨、义乌界有大坞尖（825 米）、龙花冈（789 米）、青山尖（803 米）、风车（621 米）共 4 个口，风车口为诸暨、义乌、东阳三市交道口。经道人山，入义乌境。支脉大体分为 19 路，其中最长的为走马岗—小孤山支脉，长 50 余千米。

龙门山脉位于市境西部，呈西南—东北走向，与浦江、桐庐、富阳、萧山接壤，属浙西北丘陵山区地貌单元，面积 84 万亩，占市域面积的 24.1%，其中海拔 500 米以上低山 6.44 万亩，占 7.6%。全区为龙门山脉所构成。因受壶源江、五泄江、凰桐江等溪流切割，形成众多丘间谷地和冲积扇。龙门山脉属仙霞岭山系，主峰三界尖（海拔 1015.2 米），跨诸暨、桐庐、富阳三市界，为市境西部第一高峰。干脉以三界尖为起点，分东北、东南两路。东北干脉（三界尖—大龙冈）由三界尖向东北达于诸暨、富阳两市界，为浦阳江与富阳江分水岭。主要高峰有龙门冈（700 米）、船坞头（518 米）、双珠形（781 米）、天塘冈（943.6 米）、全泄（826 米）、高泄（882.8 米）、大岭尖（938.9 米）、龙皇山（831 米）、鸭坞大山（839.3 米）、五云岭（714 米）、茶叶岭（749 米）、风桐岭（740 米）、大龙冈（788.4 米）、自大龙冈西入富阳境。东南干脉（三界尖—日入柱山）由三界尖向东南达于桐庐、浦江界。主要高峰有南部岭（840 米）、仰天湾（857.3 米）、龙门大山（824 米）、鸯头山（694 米），鸯头山为诸暨与桐庐、浦江界山。沿诸暨、浦江有大来山（507 米）、日入柱山（631 米）。支脉，大体分为 5 路，其中最长的支脉为天塘冈—杭坞山支脉，全长 40 余千米。

浦阳江发源于浦江县花桥乡高塘村天灵岩南麓，干流总长 151 千米，流域面积 3431 平方千米。诸暨境内干流流长 67.6 千米，流域面积 2194.8 平方千米，常年流量 36.8 米 ^{3}/ 秒。干流呈南北走向，于同山镇界牌宣入境，至安华纳大陈江；向东北至丫江杨，纳开化江；流经苎萝山下至茅渚埠，分东、西两江。西江为浦阳江主流，向北至祝桥，纳五泄江，北流至店口镇，与东江相汇。东江自茅渚埠分流，往东折北经五浦头，至草江村，纳枫桥江；经白塔湖斗门，北流至店口镇，与西江合流。其下，至免石头出境，入萧山区。境内西北部次坞溪、凰桐江亦属浦阳江支流。次坞溪经次坞镇出境，入萧山区；凰桐江经陶湖出境入萧山区。浦阳江上流坡陡流急，中游河道弯曲。古江道原东流绍兴钱清，出三江入海，水势顺畅；自明代麻溪筑坝后，宣泄不畅。境内浦阳江主要支流有 5 条，东部集会稽山脉西麓诸水相汇的有大陈江、开化江、枫桥江；西部集龙门山脉东麓诸水相汇的有五泄江、凰桐江。

壶源江源出浦江县与建德交界处天灵岩西麓，经桐庐县入境，向东北流经市境西部马剑镇境内，至富阳市场口注入富春江。全长 83 千米，境内流程 7 千米，流域总面积 848 平方千米，境内面积 105 平方千米。支流马剑江经马剑小溪口入壶源江。壶源江在境内河段弯曲，坡降大，水流急，水位暴涨暴落，西岸冲刷严重。

资源

【矿产资源】诸暨境内矿藏资源丰富，主要矿种30余个，有金、银、铅、锌、铜、铀、钼、萤石、大理石等，多分布于南部；石煤、石灰石、锰、磷、钾等多分布于西北部；高岭土、石墨、地开石、白云石、黄沙等分布境内各处。有石煤、石灰石矿带6条，黄金矿带3条，为浙江省有色金属及建材矿产主要产地。

【野生动植物资源】植物资源主要有香果树、浙江七子花、杜仲、天目木姜子、天目木兰、凹叶厚朴、天目紫茎、花榈木等。

野生动物主要有80多科300多种，其中环节动物门7种、软体动物门14种、节肢动物门4纲88种、脊椎动物亚门5纲139种。

【水资源】境内水资源总量27.75亿立方米，其中自产水资源多年平均为17.20亿立方米，入境水资源量9.80亿立方米，引潮提灌水量0.75亿立方米。境内水能资源因有山高与湖低的有利因素，水力发电蕴藏量4.63万千瓦，已开发2.18万千瓦，占可开发量的58.97%。

【特产】诸暨土特产有枫桥香榧、淡水珍珠、板栗、银杏、短柄樱桃、茶叶等。

诸暨是中国香榧主要产地，产量占全国一半以上，质量居全国之首，尤其是枫桥香榧，壳薄仁满，风味独特，品质优良，驰名中外。“枫桥香榧”获评国家农产品地理标志。枫桥香榧主产于会稽山脉中段的赵家镇相泉、钟家岭、西坑、黄坑、里宣、外宣、杜家坑一带，建成以香榧为主的省级农业综合区1个、省级香榧产业主导示范区2个、省级香榧特色精品园6个。在离枫桥镇东南10千米的会稽山脉深处，建有国家级香榧森林公园。

诸暨有“中国珍珠之都”美誉，山下湖淡水珍珠年产量占世界总产量的73%、占全国总产量的80%，山下湖镇是世界上最大的淡水珍珠生产、加工、销售中心，华东国际珠宝城、浙江诸暨珍珠产业园区均设在该镇。

短柄樱桃是诸暨传统名果之一，因其果柄较短，故称短柄樱桃。与长柄樱桃相比，短柄樱桃具有果形大、色美味甜和成熟期早2～3天、可溶性固形物比长柄樱桃多2%左右等优点。诸暨为浙江省短柄樱桃主要产区，近年以同山、赵家等镇为主要产地，年产量超过4000吨。诸暨市自2016年开始申请登记“诸暨短柄樱桃”为国家农产品地理标志，保护地域范围为全市27个镇乡(街道)所有行政村，申请保护面积26万亩。2017年12月22日，中华人民共和国农业部正式批准对“诸暨短柄樱桃”实施农产品地理标志登记保护。

西施石笕茶产于西施故里诸暨，以高山茶树鲜叶为原料，按石笕茶工艺制作，定位于中高端茶。其外形挺秀，绿翠显毫，香味鲜嫩，叶底细嫩成朵，汤色嫩绿明亮。西施石笕茶原主产于诸暨市东白山麓，后逐步发展到东白湖镇、陈宅镇、同山镇、璜山镇、浬浦镇、暨南街道、东和乡、枫桥镇等镇乡(街道)，总种植面积约4万亩，年产量758吨，年产值1.64亿元，远销杭州、上海、江苏等地。代表品牌有“龙门顶”“东珍”“逸露”“西施银芽”“越江”等。

【旅游资源】诸暨旅游资源丰富，风景名胜众多，以西施故里旅游区、五泄风景区、斗岩・汤江岩风景区等组成的浣江・五泄景区为国家级风景名胜区。

五泄禅寺。坐落于五泄风景区核心地带，是越中有名的古刹，由唐五台山高僧灵默禅师初建。17岁的诸暨人良价拜灵默为师，随师研修13年，后云游四方，最终与其弟子曹山本寂同创曹洞宗，成为禅宗五家的重要一派，其影响远及日本，今日本曹洞宗，以永平寺、总持寺为两大本山，据称拥有1000万名信徒，为日本最大的佛教宗派。

小天竺。位于枫桥镇紫薇山西麓，始建于明嘉靖十三年(1534)，原为处士骆骖别墅，其子骆问礼(湖广按察使副使)重修。整座建筑凿磐石为基，依山势而建，极林泉之胜。中以“见大亭”为最，亭前有碑廊，壁嵌有陈洪绶、祝允明、文徵明、董其昌、王守仁等撰写的贴面，水池岩壁上，镌有“海眼”“枕流漱石”，为海瑞亲笔。

气候

【概况】诸暨市地处浙中内陆，属亚热带季风气候区，四季分明，雨水较多，光照充足，年温差大于同纬度邻县，小气候差距显著，具有典型的丘陵山地气候特征。气温年平均为16.9℃，常年平均降水量约1380.4毫米，降水日年均 156 天，相对湿度 79.5%，日照年均 1763.4 小时。

2021 年，年平均气温 18.8℃，比常年同期偏高 1.9℃，各月平均气温均比常年同期偏高，其中 2 月异常偏高 4.8℃，创历史极高值。年极端最高气温为 38.1℃，出现在 7 月 15 日；年极端最低气温为 −7.4℃，出现在 1 月 9 日。全年共有日极端最高气温≥ 35.0℃的高温天数 42 天，较常年(26.6 天）偏多 15.4 天，日最低气温低于 0℃的冰冻天数为 17 天。全年无霜，无霜期 365 天。年降水量 1939.9 毫米，比常年(1380.4 毫米）偏多 559.5 毫米。年内降水月、季分布不均匀，其中 3 月、6 月至 8 月雨量异常偏多，而 1 月、12 月雨量异常偏少。年雨日 213 天，比常年(156 天）偏多 57 天。年日照时数 1452.4 小时，比常年(1764.4 小时）偏少 311.0 小时。全年共有降雪 3 天，年雾日 34 天，霾 16 天，大风 2 天。

【2021 年异常气候现象】倒黄梅。2021 年 8 月 9 日至 17 日诸暨市出现“倒黄梅”，其间全市平均雨量 186.7 毫米，应店街镇、五泄镇等镇累计雨量超过 200 毫米，最大马剑镇近家山 292.7 毫米，最大小时雨强浬浦镇 56.4 毫米。

强对流天气影响严重。受强对流云团影响，诸暨市中北部自 5 月 14 日 21 时 50 分起自西向东普遍出现强雷电、8 ～ 10 级雷雨大风、短时强降水等强对流天气。其中店口阮市站出现 10 级大风(22 时 5 分)，店口阮市站最大小时雨强 46.4 毫米。6 月 9 日夜里诸暨西北部出现大暴雨，个别站出现 8 级雷雨大风。其中 21 时至 10 日 3 时，诸暨市西部的马剑镇、应店街镇、五泄镇等镇 6 小时累计雨量超过 150 毫米，局部地区超过 200 毫米，最大为陶朱街道白门和应店街镇紫阆，均为 204.8 毫米。此次暴雨过程具有局地性强、强降水时段集中、降水强度强、强回波稳定少动等特点。位于暴雨中心的陶朱街道白门连续 4 小时、应店街镇紫阆连续 5 小时出现小时雨强≥ 20 毫米的强降水，暴雨中心的强降水时段主要出现在 9 日 22 时至 10 日 1 时。过程最强小时雨强五泄水库（水文站)109 毫米，姚江镇祝园村（气象站）89.7 毫米。受强降水云团影响，6 月 12 日夜出现大暴雨过程，12 日 14 时至 14 日 13 时，全市平均雨量 79.8 毫米，其中枫桥镇、赵家镇、姚江镇、店口镇、东白湖镇、暨阳街道、浬浦镇等累计雨量超过 120 毫米，最大枫桥大溪（水文站）174.5 毫米、枫桥征天水库 172.2 毫米，其中最大小时雨强暨阳街道西施滩 87.8 毫米。8 月 1 日下午至 2 日早晨东白湖镇、璜山镇出现小时雨强超过 40 毫米的短时暴雨；8 月 21 日傍晚到夜里诸暨市出现强雷电、短时暴雨等强对流天气，中部和北部地区出现暴雨，局部大暴雨，最大暨阳街道 135.3 毫米，浣东双桥 121.7 毫米，最大小时雨强暨阳街道五浦头 92.8 毫米；8 月 26 日傍晚到夜里受强对流云团影响，最大牌头镇金龙塔 140 毫米、璜山镇齐村 125.6 毫米、暨南街道王家井 125.4 毫米，最大小时雨强璜山镇齐村 67.8 毫米、牌头镇金龙塔 66.7 毫米、璜山镇刀鞘坞 66.2 毫米、马剑镇近家山 65.2 毫米。9 月 3 日傍晚到夜里，受强对流云团影响，诸暨市暨南街道、陈宅镇、大唐镇出现短时暴雨，累计雨量最大暨南街道凤仪 55.6 毫米，最大小时雨强暨南街道凤仪 54.3 毫米。9 月 10 日下午到夜里，受强对流云团影响，最大累计雨量马剑镇近家山 124.8 毫米，最大小时雨强同山镇西源 78.1 毫米，次坞镇、同山镇、牌头镇、五泄镇、应店街镇、大唐街道、暨南街道等出现暴雨；大唐街道出现冰雹。

高温时间长。2021 年，诸暨站共出现 42 天高温（日最高气温≥ 35℃），较常年偏多 15.4 天。集中出现在 6 月至 10 月初，其中 38℃以上的高温日数 1 天。8 月 26 日至 9 月 2 日连续出现晴热高温天气。

上年冬旱连续。1 月诸暨市降水异常偏少，8 日至 21 日诸暨市持续 14 天无降水，大部分地区出现中旱，局部重旱。

冬季冷空气活动频繁。2021 年 10 月 15 日至 17 日受较强冷空气影响，出现明显的降温，过程降温幅度达 10.2℃。11 月 7 日受寒潮影响，日平均气温过程降温幅度达 10.5℃。21 日受强冷空气影响，日平均气温过程降温幅度 8.4℃。29 日受冷空气影响，也出现明显的降温和大风。冷空气过后，早晨最低气温较低，部分地区出现霜或霜冻，山区有薄冰或冰冻。12 月 16 日至 18 日受强冷空气影响，日平均气温过程降温幅度达 8.1℃。24 日至 26 日受寒潮天气影响，日平均气温过程降温幅度 10.3℃，其中 25 日出现降雪，部分高海拔山区有 1 ～ 2 厘米积雪，寒潮过后，早晨最低气温低，普遍出现冰冻或严重冰冻，山区道路有道路结冰现象发生。

【2021年重要性灾害性天气】全年暴雨（日雨量≥50毫米）共7次，分别出现在6月10日、6月13日、6月20日、7月24日、7月25日、8月21日、8月22日，最大降水量为130.6毫米，出现在6月13日。

梅雨。诸暨市于6月10日入梅，7月5日出梅，梅雨期25天，平均梅雨量328.2毫米，比常年偏多44%，有4个站超过500毫米，最大的为姚江镇祝园598.5毫米，小时雨强最大的为五泄水库100.5毫米。梅汛期降雨量呈“西北多、东南少”的分布特征，主要出现在3个阶段：6月9日至13日、6月17日至20日、6月26日至7月4日。6月13日前强降雨呈现分散性、局地性、极端性等特征，局部伴有短时暴雨、强雷电、8级雷雨大风等强对流天气；6月17日至20日局部地区出现大雨和暴雨，其中20日全市普遍出现暴雨；6月26日至7月4日多阵雨或雷阵雨天气，局部出现短时暴雨，其中7月4日夜里出现强雷电。

台风。2021年有2个台风对诸暨产生明显影响。第6号台风“烟花”于7月2日至28日影响诸暨市，7月22日8时至28日8时全市平均雨量为341.9毫米，降水量东部最多，北部、西部次之。有9个乡镇面雨量超400毫米（东白湖、赵家、陈宅、枫桥、店口、姚江、次坞、应店街、马剑），其中赵家镇和东白湖镇超过600毫米（赵家镇钟家岭649.3毫米、东白湖镇上家湖601.9毫米）。共有6个测站超过500毫米（分布在赵家、东白湖、店口、次坞），最大为赵家镇钟家岭站达649.3毫米。全市多地出现8～9级阵风，最大为东白湖镇龙门顶站11级（32.3米/秒）。台风“烟花”主要特点为移速慢、影响时间长、累计雨量大、大风强度强。一是雨量指标破极值，钟家岭站达649.3毫米，为诸暨有气象记录以来最强台风，雨量创历史极值；二是强降雨面积广，近13个镇乡街道雨量超300毫米；三是影响时间超长；影响诸暨市时间达6天；四是移动路径复杂，受复杂的环流形势影响，台风入东海后多次变向，西折—北上—停滞反复变化，在舟山、嘉兴两次登陆。第14号台风“灿都”，9月12日至14日影响诸暨市，受其影响全市平均雨量58.8毫米，其中赵家镇、东白湖镇、陈宅镇、店口镇、次坞镇等累计雨量超过100毫米，最大赵家镇钟家岭171.6毫米、赵家镇西坑155.5毫米、东白湖镇西岩135.4毫米、陈宅镇开化131.2毫米。（气象局　许金凤）

行政区划

【边界线】诸暨市边界线总长411.72千米。境内有市际线2条（杭绍线诸暨萧山段长63.1千米、诸暨富阳段长40.3千米、诸暨桐庐段长28.56千米，绍金线诸暨浦江段长55.5千米、诸暨东阳段长41.56千米、诸暨义乌段长61千米），共290.02千米；县际线2条（诸绍线长73.9千米、诸嵊线长47.8千米），共121.7千米；市际三交点1个，县际三交点7个，边界线界桩20个。

【行政区划现状】2021年，全市共设有5个街道、17个镇、1个乡。分别为暨阳街道、陶朱街道、浣东街道、暨南街道、大唐街道，店口镇、枫桥镇、牌头镇、次坞镇、山下湖镇、璜山镇、应店街镇、姚江镇、安华镇、浬浦镇、东白湖镇、五泄镇、岭北镇、陈宅镇、同山镇、赵家镇、马剑镇，东和乡。全市有397个村民委员会，118个居民（社区）委员会，共515个群众自治组织。

（民政局　徐建锋）

人口

【户籍人口】2021年年底，全市有户籍人口1079524人，出生申报6156人、死亡注销7826人。

【老年人口】2021年，全市60周岁以上老年人口292547人，人口老龄化为27.10%，其中65周岁以上220333人，80周岁以上高龄老人38190人，百岁老人96人（女性70名、男性26名），最长寿老人107周岁，为大唐街道大地村陈美兰（女）。（公安局、民政局提供）

诸暨市主要组织机构及负责人名录（2021年底）

中共诸暨市第十六届委员会

书　记　沈志江（绍兴市委常委）

副书记　张昆仑　潘超英（女）

常　委　沈志江　张昆仑　潘超英（女）　孟国锋
董海潮　王　琤　王孔羽（女）
李海裕　高　雷　郦小飞　董光辉

诸暨市第十七届人民代表大会常务委员会

主　任　姚汉松

党组书记　郭浩良

副主任、党组副书记　杨元清

副主任　陈　焕（女）　何鸿成　洪中行
朱红伟　陈迪锋

诸暨市第十七届人民政府

代市长、党组书记　张昆仑

常务副市长、党组副书记　郦小飞

副市长　俞　越（女）　陈军卫　楼　闯
谢　琦　陈益峰　应国伟
童云英（女）

政协诸暨市第十四届委员会

主　席　郭浩良

党组书记　孟国锋

党组副书记（兼）　楼　闯

副主席　袁岳军　王祖勇　徐可以（女）
袁志刚　杨　雷

市委部门

市纪律检查委员会（市监察委员会）

书　记　李海裕

副书记　徐亚萍（女）　徐剑森

常　委　李海裕　徐亚萍（女）　徐剑森
赵亦良　宣　龙　寿玉萍（女）

市监察委员会主任　李海裕

副主任　徐亚萍（女）　徐剑森

委　员　赵亦良　宣　龙　许　斌
徐军能

市委巡察办主任　徐剑森

副主任　傅鲁刚

案件审理室主任　周春松

干部室主任　赵　娅（女）

党风政风监督室主任　俞　科

信访室主任　傅晓瑛（女）

办公室主任　胡杨光

第一纪检监察室主任　傅泽军

第二纪检监察室主任　陈　厦

第三纪检监察室主任　张　金

第四纪检监察室主任　黄　斌

第五纪检监察室主任　徐叶龙

派驻第一纪检监察组组长　戚新华

副组长　屠叶芳（女）　杨建清

派驻第二纪检监察组组长　陶志勇

副组长　俞　琴（女）　钱志伟

派驻第三纪检监察组副组长　俞国桥　章杭芳（女）

派驻第四纪检监察组副组长　俞新初　宣晓临（女）

派驻第五纪检监察组组长　陈国超

副组长　斯咏梅（女）　王　明（女）

派驻第六纪检监察组组长　余光明

副组长　丁光飞　邵小刚

派驻第七纪检监察组组长　王建钢

派驻第八纪检监察组组长　陈鉴霖

派驻市教育体育局纪检监察组组长　朱建锋

派驻市公安局纪检监察组组长　柴海平

派驻市人民法院纪检监察组组长　郑江宏

派驻市人民检察院纪检监察组组长　陈仙萍（女）

市委办公室

主　任　戚中强

副主任　屠永生　许晓峰　冯桢栋　吴舒峰
杨建江　徐　毅　王　跃（兼）

市委机要局（市密码管理局）局长　杨建江

市委市政府接待服务中心主任　毛晓华（女）

市委组织部

部　长　王　琤

副部长　何浩明　陈初明　陈九平（女）
汪均德　杨纪誉（兼）　陈锡均（兼）

市委新经济与新社会组织工作委员会书记　陈初明

市公务员局副局长　翁叶江

市委直属机关工作委员会书记　王　琤

副书记　赵升平

部务会议成员 叶　雯（女）
市委宣传部
部　长 王孔羽（女）
常务副部长 郭剑扬
副部长 石坚钢　俞　燕（女）　张利虎
市社会科学界联合会主席 郭剑扬
副主席 章飞燕（女）
市政府新闻办公室主任 石坚钢
市互联网信息办公室主任 俞　燕（女）
副主任 王明丽（女）
市精神文明建设委员会办公室主任 郭剑扬
市新闻出版局局长 张利虎
市委统一战线工作部
部　长 楼　闯
常务副部长 蒋志军
副部长 周炜平　周高仁　杨学丽（女，兼）
姚江海（兼）
市政府侨务办公室主任 周炜平
副主任 梁国其
市民族宗教事务局副局长 吴伟东
市委政法委员会
书　记 潘超英（女）
副书记 郦小飞（兼）　谢　琦（兼）
吴建人（常务）　朱　蕾（女）
柴小江
市法学会副会长 汤国建
政治处主任 徐　杰
市委机构编制委员会办公室
主　任 杨纪誉
副主任 章建革　周明建
市委台湾工作办公室
主　任 杨学丽（女）
副主任 余燕明　蒋柔刚　周宏伟
邵海潮
市委、市政府信访局
局　长 王　跃
副局长 邵　伟　方建峰　许旭明
信访督查专员 李国女（女）

市委老干部局
局　长 陈锡均
副局长 陈　伟　寿武峰　周阳生
市关心下一代工作委员会
主　任 周雪芬（女）
副主任 林　捷（女）

市人大办及工作委员会

人大常委会办公室
主　任 杨永水
副主任 周建江　杨建波　骆　强　周　威
孙水平（女）
监察和司法工作委员会
主　任 金利顺
副主任 周解荣　张怀斌
财经工作委员会
主　任 戚志军
副主任 王玉英（女）
教科文卫工作委员会
主　任 叶乃坤
副主任 吴江辉　俞淑珍（女）
代表工作委员会
主　任 章新康
副主任 沈立新　陈正羽　王　增　孟优娣（女）
农经工作委员会
主　任 蒋国辉
副主任 黄章才
城建环保工作委员会
主　任 张小明
副主任 倪敏利（女）　王学平
社会建设工作委员会
主　任 张尧国
副主任 周国忠　孟大善　杨可锋

市政协秘书长、办公室及专门委员会

秘书长 钟力群
政协办公室
主　任 孟东灼

副主任 张全民 何焕军

研究室

主　任 陈星明

副主任 张　跃 傅建如（女）

委员工作委员会

主　任 方国恩

社会和法制委员会

主　任 赵国成

副主任 吴勇浩

提案委员会

主　任 赵　强

副主任 王迪永

经济委员会

主　任 何立炯

副主任 张凯歌（女）

港澳台侨委员会

主　任 雷剑锋

教育科技卫生体育委员会

主　任 阮　锋

人口资源环境委员会

主　任 黄文彩（女）

副主任 徐珏燕（女）

农业和农村委员会

主　任 倪永建

文化文史和学习委员会

主　任 周秀云（女）

市政府工作部门

市政府办公室

主　任 方　铭

副主任 吴　伟（女） 吕建东 吕靖江 袁建红（女） 周文彬 蔡天军 寿晓东 寿旺达 徐林焕（兼）

市政府外事办公室副主任 吴　伟（女）

市发展和改革局

副局长、党组副书记 黄雁飞

副局长 蔡利民 俞　露（女） 傅春江 陆琪军

市经济和信息化局

局长、党组书记 寿浩波

副局长 周鹏飞 詹晓春（女） 冯晓勇 王仕委

总工程师 蔡暄盛

市教育体育局

局长、党委书记 孙一江

党委副书记 章妙锋（女）

副局长 戚梦蛟 杨均力 胡伟霞（女）

市科学技术局

党组书记、局长 杨华凤（女）

副局长、党组副书记 赵旦丹（女）

副局长 阮志浩 傅宇峰

市公安局

局长、督察长、党委书记 谢　琦

政委、党委副书记 冯建飞

常务副局长、党委副书记 杨叶峰

副局长 詹坚均 石国红（女） 徐岳新 陈军涛

政治处主任 詹国洪

交通警察大队大队长 魏肖飞

教导员 张　永

市民政局

局长、党组书记 朱玉荣（女）

副局长 陈　伟 毛军超 钟利伟 洪一爆

市司法局

局长、党组书记 张建平

副局长 卢文荣 黄华江 黄海啸 赵志万

市财政局

副局长 戚俏新 杨列伟 朱向前

总会计师 斯　巍

市人力资源和社会保障局

副局长 叶纯青 宋健珍（女） 应仲九

市社会保险事业管理服务中心主任 周国苗

市自然资源和规划局

局长、党委书记 钱光辉

党委副书记 陈　勇

副局长 胡建良 寿张松 赵　辉

专职市自然资源和规划副督察 戚张力

总规划师 梁 新
市不动产登记服务中心主任 赵 汫
市住房和城乡建设局
局长、党委书记 朱坚阳
副局长 蔡国烽 周志其 王 君
总工程师 郦 挺
市人民防空办公室副主任 章林科
市交通运输局
局长、党委书记 陈国锋
副局长 朱福军 孙国建
总工程师 彭家春
市交通运输综合行政执法队队长 陈叶飞
市交通运输管理中心主任 赵海明
市水利局
局 长 吴国强
副局长 柴铁飞 蔡建根 傅海康
总工程师 章汉军
市农业农村局
局长、党组书记 张国锄
副局长、党组副书记 郦少刚
副局长 赵 坚 寿 霁（女） 吴 挺
市农业综合行政执法队队长 孟秀飞（女）
市商务局
局长、党组书记 黄 茹（女）
副局长 姚勇琪 刘建军 周益锋 丁国伟
市文化广电旅游局
局长、党组书记 何永钢
副局长 郑轩扬 毛桂舟 张 琪 骆仁东
市文化市场综合行政执法队队长 郭 裕
市卫生健康局
局长、党委书记 楼云成
党委副书记 郑 伟
副局长 蔡榆军 俞 明
市计划生育协会副会长 章燕丽（女）
市退役军人事务局
局长、党组书记 寿培松
副局长、党组副书记 邱国炯
副局长 王铁路 邵泽明

市应急管理局
局长、党委书记 余海生
副局长 张建烽 孙朝江 陈小波 陈杰锋
总工程师 杨国贤
市审计局
局长、党组书记 边平浪
副局长 戚圣云 赵 薇（女）
总审计师 孙巍峰
市市场监督管理局
局长、党组书记 斯朝阳
副局长 郭舜尧 孙永祥 朱利强
总工程师 詹 飞（女）
市市场监管综合行政执法队队长 顾定建
市政府金融工作办公室
主任、党组书记 边云峰
副主任 冯 国 卢益刚 斯 晔
市统计局
局长、党组书记 章 辉
副局长 俞栋泉 楼满国 黄美丽（女）
市医疗保障局
局长、党组书记 俞海英（女）
副局长 钱伟江 侯科红（女）
市综合行政执法局
局长、党组书记 赵益军
副局长、党组副书记 赵申易
副局长 何斌峰 何耿泽 冯 涛 吕 栋
市综合行政执法大队副大队长 罗伟国 葛勇军

事业单位

市委党校（市行政学校、市社会主义学校、绍兴枫桥学院）
校 长（院长） 王 琤（兼）
常务副校长（副校长、副院长） 田海斌
副校长（副校长、副院长） 何勇武 张 力 斯伟峰
市党史和地方志研究室
主 任 屠永生
副主任 占志锋

市档案馆
馆　长　冯桢栋
副馆长　寿永江　管伟敏　宣迪梁
市融媒体中心
主　任　陈仲明
总编辑　叶淑秀（女）
副主任　宣浩军　毛红卫　周海荣
浙江新时代“枫桥经验”研究院
执行院长　屠永生
副院长　王　强
市社会矛盾纠纷调处化解中心
主　任　潘超英（女，兼）
副主任　陈　挺　吴建人（兼）
　　　　王　跃（兼）
市改革研究促进中心
主　任　许晓峰
市机关事务服务中心
主任、党组书记　孟　钧
副主任　叶若帆　王　棘
市供销合作总社（市农民合作经济组织联合会执行委员会）
主　任　俞碧超（女）
副主任　杜　洁（女）　李国标
市大数据发展管理中心
主任、党组书记　徐林焕
副主任　阮伯虎
市招商投资促进中心
主任、党组书记　黄一海
副主任　方向前　楼　斌
绍兴市住房公积金管理中心诸暨分中心
主任、党组书记　孟　龙
副主任　俞建东　何齐永

派出机构

绍兴市生态环境局诸暨分局
局长、党组书记　俞　军
副局长　黄拥冈　俞坚松　陈建锋　蔡鲁晟
市生态环境保护综合行政执法队队长　应俊杰

浙江诸暨经济开发区管理委员会
党工委书记　董光辉
主任、党工委副书记　吕朝阳
副主任、党工委副书记　阮晓辉　赵玉丽（女）
副主任　何科家　徐天培
诸暨商贸城建设管理委员会
党工委书记　董海潮
副主任　周玉华（女）　詹　飞
诸暨高湖建设管理委员会
党工委书记　钟亦飞（兼）
主任、党工委副书记　陈　勇
副主任　叶武斌　寿建江　骆　超　蒋建新　徐建军
市政务服务办公室
主　任　郦小飞（兼）
副主任　姚东海　陆建勇　袁　金
市公共资源交易管理委员会办公室
主任、党组书记　屠鉴栋
副主任　边黎明　章忠潮　褚丰华
诸暨科技城建设管理办公室
主任、党工委书记　何宇彬
副主任、党工委副书记　黄伟刚
副主任　楼欢燕（女）　杨　斌
诸暨西施故里省级旅游度假区管理委员会
主任、党工委书记　周小峰
副主任　郑文明　钱海锋

市属国有企业

市国有资产经营有限公司
董事长、党委书记　楼文钢
总经理、党委副书记　斯利灿
党委副书记、纪委书记　刘建军（挂职）
副总经理　张钟亮　金　炯
市建设集团有限公司
董事长、党委书记　郭剑波
总经理、党委副书记　叶鹏飞
副总经理　王钢锋　宣建慧（女）　黄天宇
市水务集团有限公司
董事长、党委书记　金伯渔

总经理、党委副书记 胡建法
党委副书记、纪委书记、监事会主席 杨利光
副总经理 王海江 金 益 骆 平

市文化旅游集团有限公司
董事长、党委书记 张晓满
总经理、党委副书记 冯正满
党委副书记、纪委书记 骆仁东（挂职）
副总经理 赵 梅（女）
浙江浣江传媒集团有限公司
董事长 陈仲明
总经理 王建军
副总经理 吴作浩
市金融控股有限公司
董事长 楼文钢（兼）

法、检

市人民法院
院长、党组书记 陈 键
副院长 何炯珉 叶 剑 赵敏凯
政治部主任 赵妍妍（女）
执行局局长 傅铁军
审判委员会专职委员 王彬礼 郦武亮
市人民检察院
代检察长、党组书记 张 芸（女）
副检察长、党组副书记 叶建平
副检察长 王建华 陈 勇
政治部主任 孙永武
检察委员会专职委员 毛洪斌 沈佳丽（女）

群众团体、民主党派

市总工会
主席、党组书记 孙陈超
副主席 王大军 吴旭东 周卓平（女） 陈海裕
共青团诸暨市委员会
书 记 周 天
副书记 段松长 魏羽佳（女）

市妇女联合会
主席、党组书记 杨军燕（女）
副主席 王 莉（女） 祝俞峰（女）
市归国华侨联合会
主 席 王祖勇（兼）
副主席 蒋超群 孟建江
市工商业联合会
副主席、党组书记 姚江海
主 席 赵林中
副主席 章国平 邵永建 丁守智 丁仁元
市科学技术协会
主席、党组书记 孟志康
副主席 余 群（女） 周小龙
市残疾人联合会执行理事会
理事长、党组书记 冯伟明
副理事长 徐永达 杨建梁 陈伟龙 戚全均
市文学艺术界联合会
主 席 杨国忠
副主席 蔡 英（女）
市红十字会
执行委员会党组书记、副主任 钟炜颖
执行委员会主任 吕寒平（女）
执行委员会副主任 陈伟东
监事会监事长 俞淑珍（女，兼）
监事会副监事长 傅益江
市欧美同学会（市留学人员联谊会）
会 长 陈 江
常务副会长 马 键
专职副会长 马 沙

街道、镇乡

暨阳街道
党工委书记 骆 杰
副书记、办事处主任 慎 杰
人大工委主任 杨涌涛
监察办公室主任 朱建刚
陶朱街道
党工委书记 蒋宏伟

副书记、办事处主任 柴　锦
人大工委主任 赵佳水
监察办公室主任 张　佳
浣东街道
党工委书记 钟亦飞
副书记、办事处主任 杨高峰
人大工委主任 孟一微（女）
监察办公室主任 朱　锋
大唐街道
党工委书记 楼征三
副书记、办事处主任 杨漫君
人大工委主任 应鲁潮
监察办公室主任 骆　鑫
暨南街道
党工委书记 董海潮（兼）
副书记、办事处主任 陈文乌
人大工委主任 陈建平
监察办公室主任 柴光丰
店口镇
党委书记 张　营
副书记、镇长 赵钦华
人大主席 陈　浩
监察办公室主任 宣戈飞（女）
枫桥镇
党委书记 傅海林
副书记、镇长 何曙升
人大主席 陆武军
监察办公室主任 陈　霞（女）
牌头镇
党委书记 胡　冰
副书记、镇长 朱庭传
人大主席 周学军
监察办公室主任 方飞霞（女）
次坞镇
党委书记 徐　庆
副书记、镇长 张　纲
人大主席 周普伟
监察办公室主任 赵立港
山下湖镇
党委书记 余灵君（女）
副书记、镇长 郭　南
人大主席 何培忠
监察办公室主任 赵继君
璜山镇
党委书记 袁新江
副书记、镇长 吴海滨
人大主席 王少锋
监察办公室主任 郭玉烨（女）
应店街镇
党委书记 郭　昌
副书记、镇长 蒋　帅
人大主席 周伟永
监察办公室主任 蒋　艳（女）
姚江镇
党委书记 周少雄
副书记、镇长 葛高烽
人大主席 张　潮
监察办公室主任 季　垲
安华镇
党委书记 郭剑东
副书记、镇长 郑　来（女）
人大主席 骆赵军
监察办公室主任 周建儿（女）
浬浦镇
党委书记 何　慧
副书记、镇长 戴梦喆
人大主席 章华卫
监察办公室主任 朱海浪
东白湖镇
党委书记 何　军
副书记、镇长 杨泽南
人大主席 王金飞
监察办公室主任 陈莹飞
五泄镇
党委书记 周　艳（女）
副书记、镇长 许栋海

人大主席 戚伟平

监察办公室主任 周 龙

岭北镇

党委书记 石海斌

副书记、镇长 吴鹏锋

人大主席 周向忠

监察办公室主任 黄徐天娃（女）

陈宅镇

党委书记 王其军

副书记、镇长 周功良

人大主席 谢新军

监察办公室主任 兰传亮

同山镇

党委书记 寿浙翔

副书记、镇长 张 薇（女）

人大主席 戚永欢

监察办公室主任 赵 博

赵家镇

党委书记 杨学锋

副书记、镇长 边立松

人大主席 周春蕾（女）

监察办公室主任 许伟峰

东和乡

党委书记 寿军岳

副书记、乡长 何 威

人大主席 顾杰峰

监察办公室主任 王明慧（女）

马剑镇

党委书记 徐航锋

副书记、镇长 张宝庭

人大主席 陈兴均

监察办公室主任 赵 娜（女）

（市委组织部提供）

农业 · 农村

2021 年，全市农林牧渔业总产值达 78.0 亿元，增速 3.5%，居绍兴第一。农村常住居民人均可支配收入达 46535 元，增长 10.0%，绝对值居全省县（市）第一位，城乡居民收入倍差缩小至 1.66。

2021 年，全市村集体经济总收入 9.85 亿元，其中经营性收入 4.14 亿元，村均 90 万元，353 个村经营性收入达 50 万元以上，占总村数的 76.74%。

种植业

【粮食】2021 年，全市粮食播种面积 51.68 万亩，早稻播种面积 3.63 万亩，晚稻播种面积 31.49 万亩，粮食总产量 23.2 万吨，同比增长 2.65%，粮食生产面积和总产量均位列全省前两名。全市共建立百亩早稻示范方 86 个，面积 1.33 万亩。建立百亩以上春粮示范方 21 个，总计面积 0.37 万亩。建立 100 亩以上晚稻示范方 125 个，面积 2.06 万亩。

【茶叶】2021 年，全市茶园面积 10.2 万亩，茶叶总产量 3164.5 吨，同比减产 17.7%，总产值 4.44 亿元，同比增长 4.98%。其中名优茶产量 1873.6 吨，产值 4.3 亿元，分别同比增长 1.3% 和 9.26%。

【蔬菜】全市蔬菜播种面积 11.54 万亩，同比增长 2.12%；总产量 16.82 万吨，同比增长 0.72%；总产值 7 亿元，同比增长 7.7%。

【水果】全市园林水果种植面积 3.68 万亩，总产量 2.62 万吨，同比

2021 年 9 月 23 日，“庆丰收、感党恩、奔共富”2021 年中国农民丰收节绍兴庆丰收活动在诸暨市枫桥镇杜黄新村举行（市农业农村局提供）

东白湖镇越红博物馆茶叶研学游(农业农村局提供,摄于2021年3月)

减少1.2%;总产值3.74亿元,同比增长3.1%。

林业

【概况】2021年,诸暨市继续践行绿水青山就是金山银山的理念,保护、培育并合理利用森林资源,继续以新修订的《中华人民共和国森林法》实施为契机,推进国土绿化,建设生态文明。完成全市7个自然保护地的优化整合工作。全年完成国土绿化新造林4450亩。全年全市林业行业总产值141.5亿元,其中第一产业29.9亿元、第二产业76亿元、第三产业35.6亿元。全市有香榧栽培面积13.8万亩,香榧古树资源总量占全国60%以上。全年全市香榧干果产量3000吨,产值达10亿元。被省政府评为2021年度森林浙江建设目标责任制考核优秀单位。

【森林系列创建】2021年,诸暨市创建成省级森林城镇1个(应店街镇),全市省级森林城镇达到13个;创建成"一村万树"示范村5个(浣东街道李村二村、牌头镇越峰村、应店街镇丁徐村、应店街镇十二都村、同山镇王沙溪村)。创建成省级林下道地中药材种植基地1个(浙江禾兮中药材股份有限公司)、省级"一亩山万元钱"科技推广高质量示范基地2个(浙江天珍农业开发有限公司、浙江豪神香榧有限公司)、国家林下经济示范基地1个(浙江禾兮中药材股份有限公司)。

【珍贵彩色森林建设】2021年,继续强化赠苗造林机制,在全市10个行政村(单位)完成年度珍贵彩色树种赠苗造林任务2.8万株。

【森林资源保护】2021年,继续加强森林资源保护,推进生态文明建设。开展2021年度森林督查暨森林资源管理"一张图"年度更新工作。调查结果显示,至2020年年末,全市森林总面积208.87万亩,生态公益林面积68.94万亩,林木蓄积量为791.76万立方米,森林覆盖率为60.24%。继续加强林木采伐管理,禁止天然林的商品性采伐,完成"十四五"期间年森林采伐限额编制和全市林草湿数据与第三次全国国土调查数据对接融合等工作。完成2020年度征占用省级公益林共221亩林地的变更调整工作,维持省级公益林保有量688219亩,发放2021年度公益林补偿资金1957.42万元。

【野生动物管控】2021年12月初,绍兴市突发新冠肺炎疫情,诸暨市启动重大公共突发卫生事件一级响应,自然资源和规划局第一时间印发《关于疫情期间进一步加强野生动物巡查监测和处置工作的通知》,并联合公安局、市场监管局、农业农村局等相关部门,开展"网剑行动",加强对野生动物相关经营活动的管控。12月10日开始,6个野生动物监测点,全市所有农贸市场、宾馆饭店、农家乐等野生动物交易易发区域,实行管住山头、管住市场、管住养殖场、管住嘴巴"四个管住"措施,全方位强化新冠肺炎疫情期间野生动物管控。至12月底,累计派出野生动物疫情防控人员152人次,检查农贸市场、饭店宾馆等单位53家次,检查野生动物人工繁育场所5家次,检查野生动物野外活动区域21处,全年累计救护收缴野生动物300多只。

【有害生物防治】2021年9月的秋季普查显示,全市松材线虫病发生面积85519亩,病死松树63117株,相比前一年都有明显下降。主要涉及23个镇乡街道和2个国有林场,214个行政村,发病小班为1026

个。为保证松材线虫病秋季普查质量，诸暨市2021年委托第三方采用无人机监测及卫星遥感等技术，对全市松材线虫病发生情况进行普查。普查准确率明显提高，除治质量得到保证。

2021年，继续加强综合防控，遏制松材线病的蔓延和扩散。继续建设松材线虫病一体化防治示范区，对2万亩斗岩景区和陶朱山公园松材线虫病一体化防治示范区实施综合防控；对古松树及景区城区松树进行打孔注药保护，用药6.7万瓶，涉及2万株松树；由属地镇乡街道组织专业除治队伍，开展年度枯死松树清除工作，全年共清理疫木1086万公斤。委托第三方核查机构，在松材线虫除治期间对各除治单位进行实时核查，确保除治质量。

继续完善林业有害生物监测系统，新配置20个美国白蛾诱捕器、20个松墨天牛诱捕器，更换诱芯50个。日常加强对毛竹、板栗、苗木等主产地的联系和巡查，了解和掌握全市主要经济林、用材林、苗木等病虫害的发生动态。全面掌握病虫动态，及时发布病虫信息，共发布《诸暨森防简报》4期。

诸暨市委托具有有害生物防治资质的单位开展森林医生服务，森林医生累计出诊25次，对主要经济林、绿化树种、庭园景观树木等的病虫害进行诊断和防治，对部分古树名木进行检查，提出保护方案，参与保护工作。

【香榧产业发展】2021年，香榧国家林木种质资源库新增香榧（榧树）种质资源15份，自选优株5个，培育、改接品种苗2000株。诸暨市林业科学（香榧）研究所全年在研厅局级以上香榧科研项目4个，其中新申报中央财政林业科技推广示范资金项目1个，为第二参与单位，浙江省"十四五"农业新品种选育重大科技专项1个，为子课题主持单位。贯彻《绍兴会稽山古香榧群保护管理规定》，推进古香榧群保护利用工作，与柯桥区开展两地香榧古树保护技术交流活动2次。11月1日至4日，在义乌森博会上首次开设面积达225平方米的"枫桥香榧"特装馆，11家香榧企业参展。诸暨市与浙江农林大学联合开展香榧后熟库研发与建设工作，引进香榧智能化温湿度控制后熟库一套，面积250平方米。开展手剥香榧加工工艺研发和推广工作，全市多家企业开发手剥香榧，手剥香榧上市流通。开展科技下乡工作，全年开展香榧古树保护、香榧林地抚育管理、香榧后熟及加工技术等科技服务工作100余次，培训榧农800人次。

【东白山省级自然保护区管理】2021年，继续抓日常管护，坚守保护底线。开展省"绿盾2021"自然保护地监督行动，完成"绿盾2021"专项行动监督检查10多次。加强日常巡查管护，做好责任区域的巡查，完成山林管护、动植物资源管护、森林防火、保护区设施设备等检查19次。

继续抓项目实施，促进保护管理。按照浙江省林业局要求，做好自然保护地整合优化后期数据修订，进一步优化保护区边界范围和功能分区，修正保护区边界范围数据，修订保护区范围图、功能区域图、地理信息矢量图，绘制保护区影像图件，完善保护区边界范围矢量信息，建立矢量化数据库。2月，启动东白山省级自然保护区"十四五"规划综合科学考察项目。8月底，综合科学考察项目完成公开招投标和合同签订。11月，"东白山自然保护区木本类植物资源分类调查项目"完工，成果通过专家评审，该项目制作保护区木本植物标本100份；查清木本植物624种，其中野生464种、栽培160种；查清木本裸子植物8科、17属、30种，木本被子植物77科、242属、594种；调查记录国家重点保护树种7种，省级重点保护植物3种。继续推进东白山自然保护区总体规划修编项目，深入保护区廖宅村、里四村、东白山村、东白湖环湖等区域的野外规划调查作业13次，对保护区首期总体规划实施情况进行评估、分析、总结，并提出总体规划修订措施，补充相关资料数据。

继续抓宣传教育，增强保护意识。修订宣传标语若干，实地设立不锈钢宣传标牌9块，累计完成宣传资料发放61份。5月22日国际生物多样性日，在《诸暨日报》上设专栏，以《东白山自然保护区，一个原生态的自然博物馆》为题，普及保护区生物多样性、重点保护动植物名录等相关知识，刊登《自然保护区管理条例》《中华人民共和国森林法》《中华人民共和国野生动物保护法》等相关法律条规，发布严禁滥挖、乱挖、盗挖野生植物公告。

【森林消防建设】2021年，总投入169万元，开展森林火灾风险普查和森林防火"十四五"规划编制工作；按要求开展林区输配电设施火灾隐患专项排查治理工作。按照"属地管理，分级负责"原则，签订森林消防责任书26份，确保"山有人管、林有人护、火有人扑、责有人担"。全年总投入50余万元，以资金补助的方式，指导全市6个镇乡街道以政府购买服务的方式，建立专业森林防火救火队伍，提升森林防火和森林火灾扑救处置能力。在汤江岩风景区、斗岩风景区新增防火码卡口2个，并及时更新原有卡口的二维码，完善信息数据，调整出入口设置。在牌头镇、安华镇等重点地区开展森林防火蓄水池工程建设，获得绍兴市级财政资金补助近20万元。加大森林消防宣传，组织开展"3·19"森林消防宣传日、"5·12"防灾减灾日等活动，利用短信平台发布森林消防警示短信累计30余万条。在全市重点林区、风景旅游区建设高位监控50只，并接入平台使用。在涉林旅游景点、重点林区新增森林防火电子卡通警察30只，对进入林区人员自动语音提醒警示。全年未发生森林火灾，实现"零火灾、零事故、零伤亡"目标任务。

【林业执法】2021年，全市推进"禁种铲毒""绿盾2021""清风浙江2021""打击毁林专项行动""疫木执法检查""种子种苗质量检查"等专项行动的查处工作，不断加大打击破坏森林资源和野生动植物资源违法行为的力度，对松疫木、种子种苗类事项进行联合监管及时查处，维护美丽诸暨建设。全年共查处涉林行政案件38起，办结34起（当事人失联1起，3起未办结），处罚个人（组织）共38人次，收缴行政罚没款66.5万余元，没收野生动物81只，拆除、收缴非法猎捕工具50余件。

（自然资源和规划局　张瀚阳）

畜牧业·渔业

【畜牧业】2021年年末，生猪存栏14.49万头，同比增长40.7%；出栏15.51万头，同比减少15.7%；年末家禽存栏185.09万羽，同比减少5%；出栏243.69万羽，同比增长26.2%。

【渔业】2021年，全市水产养殖面积3331公顷，实现水产品总产量27650吨，同比增长3.60%；渔业产值77324万元，同比增长6.08%。

水利

【概况】2021年，诸暨市水利局全年完成水利投资16.5亿元，向上争取资金2.23亿元。省重点工程浦阳江治理二期工程完工验收。陈蔡水库加固改造工程提前1个月完成"5·15"下闸蓄水目标，12月30日获评2021年度浙江省水利文明标准化工地。安华水库扩容提升工程列入水利部《"十四五"水安全保障规划》《浙江省水安全保障"十四五"规划》《长江三角洲区域一体化发展水安全保障规划》，完成设计专题报告。浦阳江治理三期工程开展前期工作，完成可行性研究报告审查。完成16座小型水库山塘除险整治任务，水利民生实事工程获人大常委会满意度测评并列第一。推进农村供水工程提档升级，完成0.2万人饮水提升。完成8个河道综合治理工程、3个电排改造工程年度考核任务。

2021年3月，诸暨市夺得浙江省第22届水利"大禹杯"金杯奖，为全省唯一五冠县市。4月，连续第3年获中央财政水利发展资金绩效评价优秀，被列入浙江省2021年度幸福河湖试点县。5月，第4次获评浙江省"五水共治"（河湖长制）工作优秀县市"大禹鼎"。11月，被列入全国水系连通及水美乡村建设试点县。12月，获评全省"五水共治"工作先进集体。连续第4年获得全省农业水价综合改革工作年度绩效评价优秀。连续第8年获得全省水利综合考核绩效评价优秀。诸暨水利形象片《水·利诸暨》在多个媒体发布，获市领导点赞。水利"强宣传"工作排名全省第三。

【水利规划】2021年8月26日，《诸暨市水安全保障"十四五"规划》由市发改局批复印发。12月9日印发《诸暨市节约用水"十四五"规划》。《诸暨市水域保护规划》完成规划指标报送和规划送审稿编制。完成《2021—2022年水利工程"三化"改革试点县方案》编制，并经市政府常务会议同意。5月11日，诸暨市人民政府办公室印发

2021 年 3 月 20 日，陈蔡水库加固改造工程库尾清淤（水利局提供，郭亮辰摄）

《诸暨市 2021—2024 年小型水库系统治理工作方案》。

【水灾害防御】2021 年，诸暨市汛期（4—10 月）全市平均降水量 1522 毫米，较往年同期（998 毫米）偏多 52%，7 次启动应急响应。防御“6·10”强降雨、“烟花”台风及其他多次强降雨。浦阳江干流发生超警戒洪水 1 次，7 月 26 日 9 时时隔 59 年再次启用高湖蓄滞洪区分洪。

诸暨市 6 月 10 日入梅，7 月 5 日出梅，梅期 25 天（比常年偏多 20 天），6 月 9 日 20 时至 7 月 5 日 8 时，全市平均梅雨量 328.2 毫米，比上年偏多 44%。6 月 9 日夜至 10 日凌晨诸暨市西北部出现暴雨、部分大暴雨（“6·10”强降雨）。至 10 日 10 时，全市平均雨量 61.7 毫米，其中西部马剑、陶朱、姚江、五泄、应店街等镇乡街道累计雨量超过 170 毫米，最大为陶朱白门 243.3 毫米，最大小时雨强为姚江祝园的 95.8 毫米。其间，共发生民房倒塌 32 间，损毁民房 1 间，4 人死亡，道路冲毁 32 处，水稻受灾面积共计 16823 亩，累计转移人员 1941 人。

7 月 22 日至 29 日诸暨全市抗击“烟花”台风。全市过程雨量 359.2 毫米，降雨主要集中在浦阳江中下游及两侧山区支流枫桥江、凰桐江。受持续强降雨和高潮位顶托叠加影响，太平桥站 25 日 16 时 25 分最高水位达 11.94 米，超警戒水位 1.3 米，超警 57 小时，实测最大流量 815 米^3/ 秒；湄池站 26 日 7 时 5 分最高水位达 10.58 米（略高于 20 年一遇的 10.53 米）超保证水位 0.88 米，超保 43 小时，超历史最高水位 0.10 米（1997 年 7 月 9 日最高水位 10.48 米）；枫桥江枫桥站 25 日 23 时 10 分最高水位达 12.60 米（10 年一遇 13.05 米，20 年一遇 13.8 米），超过历史实测最高水位 0.05 米（2012 年 8 月 8 日最高水位 12.55 米），实测最大流量 334 米^3/ 秒（20 年一遇 329 米^3/ 秒）。受“烟花”台风影响，全市出现部分险情灾情。主要有：枫桥江、凰桐江及其支流出现 4 处决口，部分堤防出现渗漏及管涌；浦阳江东江堤防出现 7 处渗漏或管涌，主要位于姚江镇的月塘湖、船塘湖等，下四湖水位接近堤顶；台风导致房屋损坏 53 间、老房倒塌 68 间，发生各类塌方 198 处，其中地质灾害险情 23 起，道路受损 81 处，累计造成 116739 户停电，4630 户断水。全市共转移人员 49993 人次，开放避灾场所 303 处。

浦阳江治理二期工程完工后的大侣湖西段（余斌摄于 2021 年 4 月 21 日，水利局提供）

诸暨市水美乡村建设——枫桥镇枫江村(水利局提供,摄于2021年5月29日)

【水生态治理提升】2021年,诸暨市继续坚持做好水系文章,逐步构建具有诸暨范、西施味、江南韵的幸福河湖格局,签署浦阳江、壶源江流域上下游协同共治协议,形成共治共管机制;完成8个镇街"污水零直排区"建设,全域达到"污水零直排区"建设标准;泉安水电站、石壁水库电站获水利部授予的"绿色小水电"称号;全年查处涉水违法行为24起,河湖"清四乱"销号问题44个,排名全省第二。浦阳东江、安华水库、浦阳西江、枫溪江、冠山溪5条河湖上榜省级美丽河湖,为全省获评数量最多的县市。

【水利改革】2021年11月,诸暨市以建设"三化"改革省级试点县为抓手,完成小型水库系统治理第一阶段任务,超额完成72座水库安全鉴定清零任务,启动20座小型水库除险加固清零工作,逐步推动水利工程产权化、物业化、数字化。投资5000余万元,开展智慧水利二期项目建设,12月完成诸暨市小流域山洪预警及应急联动场景应用省级数字化改革试点项目建设,迈出多跨协同重要一步,在全省水利改革发展中树立标杆。

(水利局　张愉翊)

农业监管与服务

【农业执法】2021年,开展浙江省部署的"绿剑"系列、打假保春耕、检打联动防控流行病、蓝盾护渔等集中执法行动,并自行开展种子繁育、夏季水产品养殖、诊疗机构医疗废物处置、兽药饲料隐性成分添加等专项执法行动,全年出动执法2459人次,检查生产经营场所766个,查办案件94起,办结违法案件83起,移送5起,年底在办6起,规定时限内案件办结率达100%。

【农产品质量监管】2021年,继续做好规模主体农产品质量安全巡查、监测,配合上级部门开展抽样471份,合格率100%。完成全市农产品定量抽检样品1200份,其中完成监督抽查样品600份,合格率都为100%。完成全市农产品农药残留快检2.4万份,合格率99.98%。推进"三品一标"认证,完成绿色食品认证4个、绿色食品续展10个,无公害农产品复查换证50个。

【农机监管与服务】2021年,继续开展变型拖拉机提前报废淘汰专项治理行动,完成全市1625台变型拖拉机报废淘汰清零工作。严格落实变型拖拉机限行规定和行业禁入要求,实行全域变型拖拉机道路限行,在矿山开采、建筑、交通运输等行业领域全面禁入。联合公安交警、交通等部门开展联合整治行动29次,派出人员350余人次,完成在县域边界及城区主要道路设置安装限行标牌25块,发放限行通告650份。全面梳理历年来报废农机信息,在全国变型拖拉机信息管理系统中注销拖拉机

2363台。继续推动“机器换人”，全年新增补贴机具2800余台，开展植保无人机社会化服务25万亩次，建设农业数字化基地6个、省级数字农业工厂1家、数字化牧场2家，主要农作物耕种收综合机械化率达82.76%。

【农技推广】2021年4月26日至28日，诸暨市召开全省旱粮油菜绿色高产高效生产技术观摩培训会，浙江省各市、有关县（市、区）农技（农作、粮油）中心（站）负责人和有关团队专家参加会议并现场观摩；7月8日至9日，承办中国水稻所举办的“中组143”高产栽培示范现场观摩会，浙江省科技厅、浙江省农业农村厅相关单位领导和专家、相关地市种子管理（推广）单位相关负责人以及浙江、江西和安徽等省有关种业企业、家庭农场、专业合作社、种粮大户代表参加会议；7月15日至16日，召开全省绿色安全高效肥料研发与使用的多功能生物有机肥和有机包膜缓释肥研发及其产业化项目现场交流会，有关市、县（市、区）化肥减量工作技术人员参加会议并现场观摩；9月23日，开展中国农民丰收节绍兴庆丰收活动，绍兴市农业农村局、诸暨市相关领导以及各区、县（市）农业农村局分管领导、科室负责人参加；9月25日至26日，浙江省植保检疫与农药管理总站举办的省水稻白叶枯病防控工作研讨会，有关市、县（市、区）植保机构负责病虫害防控工作的负责人和浙江大学、浙江省农科院、宁波市农科院等科研机构专家参加会议；9月28日至30日，召开优质高产水稻新品种观摩会，来自浙江省种业管理部门、中国水稻研究所、嘉兴市农业科学研究院、浙江省相关地市县级推广（种子）等部门相关领导以及浙江省、江西省、湖南省、湖北省、安徽省、江苏省、上海市、广西壮族自治区的代理商代表参加会议并现场观摩水稻新品种示范展示基地。

农业现代化和绿色生态农业建设

【农业现代化建设】2021年，完成3.15万亩粮食生产功能区“非粮化”整治，新建（提升）高标准农田项目2.53万亩。5月10日，浙江省粮食安全和推进农业现代化领导小组农业“两区”办公室发文公布省级现代农业园区认定名单，诸暨市省级现代农业园区成功通过省级认定。9月22日，浙江省农业农村厅公布2020年度农业科技奖励项目，诸暨市农业技术推广中心参与完成的水稻害虫生态控制技术研究与示范推广、优质籼粳杂交稻“嘉丰优2号”产业化应用、基于定额施肥的水稻化肥减量增效技术集成与推广应用被列入2020年度浙江省农业丰收奖奖励项目；诸暨市农业技术推广中心参与完成的优质高油油菜新品种浙大630育成及高质高效配套技术集成应用被列入2020年度浙江省农业技术进步奖奖励项目。11月29日，浙江省农业农村厅公布2021年浙江省渔业健康养殖示范创建结果，诸暨市科均家庭农场、诸暨市超群家庭农场、诸暨市润丰龟鳖繁育基地、诸暨市山下湖枫江珍珠养殖场、诸暨市江德生态农业发展有限公司、诸暨市建根水产养殖有限公司、诸暨市俞军家庭农场、诸暨市陶朱街道先法水产养殖场、诸暨市诸力家庭农场入选。11月29日，浙江省粮食安全和推进农业现代化领导小组农业“两区”办公室公布第四批省级特色农业强镇，诸暨市赵家香榧特色农业强镇入选第四批省级特色农业强镇名单。12月2日，浙江省农业农村厅公布第二批省级农业产业化联合体名单，诸暨市绿剑茶产业化联合体入选。12月29日，浙江省农业农村厅公布第一批数字农业工厂认定结果，诸暨市浙江蓝美技术股份有限公司蓝美产业化数字工厂、诸暨市浩隆农业开发有限公司浩隆生猪数字牧场、浙江佰瑞拉农业科技有限公司珍珠贝数字化养殖工厂、浙江清湖控股集团有限公司珍珠靶向养殖数字化渔业基地被列入第一批数字农业工厂认定名单。

【绿色生态农业建设】2021年，继续推进农业绿色化发展，全年新建省级绿色防控（农药定额）示范区2个、绍兴市级化肥定额制示范区2个，新认定省级水产健康养殖示范场9家、省级美丽牧场2家，推广配方肥与按方施肥2.04万吨，减少不合理化肥施用量290吨。开展主要农作物病虫害统防统治，对全市20亩以上种植大户等主体参与作业备案，发布化学农药定额制施用标准和技术指导意见，全年统防统治面积达20.6万亩，实现农药减量15.3吨，主要农作物测土配方施肥技术覆盖率达95.2%，受污染耕地安全利用率达93.57%，“浙样施（诸暨）”智慧施肥系统耕地土壤实现全覆盖，创成省级“肥药两制”改革综合试点县。开展病死动物无害化处理监管，共收集处理病死猪44509头，无害化处理率达100%。开展示范性家庭农场培育，诸暨市街新爱家家庭农场、诸暨市杨佰根家庭农场、诸暨市千坞家庭农场等11个农场被认定为2021年省级示范性家庭农场；诸暨市梦琦家庭农场和诸暨市店口金朱家庭农场被认定为2021年绍兴市示范家庭农场。加快无公害水产品认证，诸暨市诸力家庭农场大口黑鲈、诸暨市科均家庭农场红鲌、诸暨恩裕水产养殖有限公司红鲌等6个产品被列入2021年度浙江省第二批无公害水产品认定名单。

新农村建设

【美丽乡村建设】2021年，持续深化“千万工程”，集中政策、力量、资金，探索美丽乡村片区化、组团式建设模式，成功培育枫桥镇杜黄新村、五泄镇十四都村、山下湖镇枫江—新桔城村等3个“乡村振兴先行村”，创成省级美丽乡村精品村70个、省级高标准垃圾分类示范村4个，累计拥有“五星达标村”437个、“3A示范村”42个，诸暨市枫和里美丽乡村景观带被列入2021年度浙江省美丽乡村风景线，获评2021年度全省深化“千万工程”建设新时代美丽乡村（农村人居环境提升）工作优胜县（市、区）。引入第三方传统村落保护专家，挖掘当地特色文化资源，新增6个村入库省历史文化（传统）村落保护利用名单。

【农村人居环境治理】2021年，继续推进“一分两清三化”常态化巡查，建立发现问题、整改落实、审核认定的闭环管理机制，整改问题323条。强化农村公厕长效管护，省内率先开发使用农村“智慧公厕云平台”系统，创建省级星级公厕40座、省级示范性公厕3座。提升农村生活垃圾分类智慧管理水平，绍兴市内率先建设农村生活垃圾分类大数据监管平台，实现分、收、集、运、处全流程数字化监管和站点安全实时预警，共覆盖110个行政村，获评2021年全省农村生活垃圾分类处理工作优胜县（市、区）。

【农村集成改革】2021年，推进国家农村宅基地制度改革，成立诸暨市未来乡村开发建设有限公司，用于保障房建设和农村低效土地及闲置资源收储。明确“深化枫桥经验、助推乡村振兴、促进共同富裕”三条改革主线和五美村、石壁湖村、溪埭村三个首轮试点，改革相关做法成效获中央农村工作领导小组办公室专职副主任吴宏耀的批示肯定。推进数字化改革，浙农优品、数字畜牧、低收入农户帮促等一批多跨应用场景投入使用，“浙农码”全年赋码量达1.88万个。巩固提升全国集体产权改革试点建设成果，提升市、镇两级产权交易平台建设，实现产权交易1949笔，交易额1.85亿元。探索农村金融改革，巩固农村集体产权制度改革试点成果，累计发放各类产权贷款12329户，贷款余额15.38亿元。推广农户小额普惠贷款，全市农户小额普惠贷款授信覆盖率达100%。深入推进闲置农房激活，共激活农房516幢，吸引各类投资4.72亿元，东白湖镇和同山镇被列入2021年绍兴市“闲置农房激活”先进乡镇街道名单，同山镇布谷村和岭北镇梅坞村被列入2021年绍兴市“闲置农房激活”示范村。

【“三资”管理】2021年，继续推进第三轮村级财务审计，共审计170个村，其中镇级轮审村149个、市级抽审村21个。完成省版农村集体经济数字管理系统基础数据归集录入工作，财务管理模块实现所有村（居）全覆盖。在全省率先推开全域村级务工库建设，从源头上杜绝各村在临时务工用工方面优亲厚友、随意用权等问题，实现所有村（居）务工库全覆盖。

（农业农村局　邱珈铖）

工 业

2021年，诸暨市聚焦数字化改革，全力推动制造业高质量发展。工业强市综合排位全省第三。全市1120家规上工业企业实现工业增加值314.87亿元，同比增长21.4%；实现产值1409.14亿元，同比增长24.8%。实现利税总额119.28亿元，同比增长32.3%；利润总额86.64亿元，同比增长31.85%。高新技术产业增加值149.64亿元，同比增长22.7%，占规上工业增加值比重47.5%。产值超亿元企业247家，超10亿元企业14家。海亮集团在世界500强企业排名中居428位。全市拥有国家级企业技术中心4个，省级企业技术中心近30家，省级创新服务综合体2个。诸暨市聚焦实施“六大行动”加快推进企业“长高长壮”的做法，先后得到郑珊洁、高兴夫等浙江省领导的批示肯定。袜业产业集群新智造试点被列入2021年浙江省产业集群（区域）新智造试点名单。

诸暨市初步构筑普惠政策、数字专项和精英培育“三位一体”制造业高质量发展政策体系。7月22日，召开全市制造业高质量发展大会，发布“长高长壮”实施意见以及扶持政策，进一步引导企业走高质量发展道路。狠抓重点镇乡街道、龙头企业、电税水气“三张报表”，做到每周一分析、月月有例会，进一步拉高标杆、强化指导，确保主要指标运行稳定、节奏合理。编制《诸暨市“十四五”制造业高质量发展规划》，六易其稿，联合评审，进一步明确“十四五”时期诸暨制造业“特色产业链优势再造引领地”“制造业数字化转型示范地”“环杭州现代制造业基地”三大战略定位。

诸暨市推进小微企业园建设，组织开展小微企业园建设提升培训会、园区数字化转型管理提升专题培训，引导园区找准定位、实施数字化改造、提升管理服务水平，辅导园区做好省级认定、绩效评价和星级评定工作。推进放水养鱼库建设，实施雄鹰、雏鹰行动，加快培育单打、隐形冠军，推送“放水养鱼”优质企业。2021年新增专精特新“小巨人”企业4家，全市“放水养鱼”企业入库54家。推进长高长壮培育库。聚焦发展意识强烈的龙头企业、专精特新的成长冠军、快速崛起的科创企业，“办小班”、育尖子，首批入库长高长壮培育库企业10余家。推进“小升规”企业培育库。充实优质小微企业进入小升规培育库，已入库企业195家，全年新升规企业突破110家。

诸暨市加快企业码专区建设推广。企业码诸暨专区完成全面改版升级，新增应用模块，诸暨专区政策集粹应用（改版后为政策发布）被列入省企业码典型应用案例，企业码综合应用排名绍兴第一。丰富企业码应用集成。诸暨被列入企业码驻企服务应用绍兴试点，联合组织部召开动员部署会，全面启动企业码“驻企服务”创新应用试点工作。企业码诸暨专区构建“码上政策”集成化服务专区，通过政策发布、部门解读、线上兑现、奖励公示等特色服务，推动实现政策展示条目化、政策查询便利化、政策申报在线化，实现惠企政策“零跑腿”。开通码上政策申报项目，推动超600家（次）企业实现政策申报“零跑腿”，涉及奖补金额超亿元。

诸暨市加强项目投资监测，以摸排梳理2017年后已供地未开工项目为突破口，开展项目跟踪，加强服务力度，狠抓项目入库。绍兴重点工业项目开工率达100%。争创省级重点项目。推进欧意数字化家电家居生产、海亮股份高性能汽车换热及供电系统用精密铝制品建设项目、富润印染搬迁技改项目等一批重点项目建设。120个项目被列入省千亿元技改投入项目，2个项目入选省生产制造方式转型示范项目。争创智能制造场景。引导企业“机器换人工”“自动换机械”“成套换单台”。

诸暨市实施数字大改革，激发数字经济新活力。承接省、绍兴市数字化改革工作任务，4月15日上线数字经济系统综合门户。创建产业大脑。“袜业大脑”被列入省首批细分行业产业大脑“揭榜挂帅”目录，“珍珠大脑”被列入绍兴历史经典“产业大脑”建设试点，两个“大脑”正在向省厅争取揭榜挂帅。迪艾智控入围绍兴市“未来工厂”培育企业名单，正争取省级“未来工厂”特色场景应用。创建数字化车间。海亮股份、全兴精工、迪艾智控、盾安禾田入选省级数字化车间；合计7家企业入围省级工业互联网平台创建名单，全兴精工、迪艾智控2家企业工业互联网平台通过省级验收，均居绍兴市首位。创建数字新基建。数智安防产业园区进行一期9个项目建设，总投资10亿元，规划用地200亩，2021年意向新签约数字经济核心产业项目10家；发展5G等新型基础设施建设，制定印发全市5G基站建设审批“一件事”改革实施方案，累计新建开通5G基站超1400个。

诸暨市深化亩均论英雄改革，有序做好亩均效益评价。2020年度规上工业企业亩均增加值为103.8万元，较2019年增长1.5%；高标准开展全域治理落实四色管，实施分类整治，推进以陶朱街道为试点的工业全域治理行动，合计排查工业地块575块、企业878家，摸排出问题企业384家。高强度推动落后产能治理。加快落后产能淘汰，完成淘汰落后产能企业（项目）15个，整治低散乱企业作坊95家。高质量推进企业绿色发展。上半年，推荐金海环境等9家企业申报绍兴市“绿色工厂”，上峰水泥等4家企业申报“省级节水型企业”，指导海亮集团等3家国家级“绿色工厂”完成自我声明工作，指导全兴精工绿色集成项目的验收申请工作。

2021年诸暨市主要工业经济指标一览表

表3

指标名称	全年累计	同比增长(%)
规上工业企业单位数（家）	1120	—
规上工业企业工业产值（亿元）	1409.1	24.7
规上工业企业新产品产值（亿元）	658.8	38.5
规上工业企业销售收入（亿元）	1554.9	26.2
规上工业企业利润总额（亿元）	86.6	31.9
规上工业企业利税总额（亿元）	118.6	31.5

续表 3

指标名称	全年累计	同比增长(%)
规上工业企业从业人员平均人数(人)	104540	3.4
规上工业企业资产总计(亿元)	1565.1	11.9
规上工业企业负债合计(亿元)	904.2	15.4

规上工业主导行业 2021 年 1—2 月主要经济指标进度一览表

表 4

行业名称	企业家数（家）	产值（亿元）	同比(%)	利润（亿元）	同比(%)
环保新能源	42	81.2	18.26	3.9	−32.99
智能装备制造	286	259.1	24.55	15.2	21.23
铜加工及新材料	129	379.2	32.21	12.7	4.23
袜业	264	222.5	32.95	23.0	331.20
纺织服装	177	114.5	11.05	3.8	63.81
珍珠	4	2.6	−28.36	—	—
主导行业合计	902	1059.2	26.44	58.5	55.10
主导行业占比(%)	80.5	75.7		67.6	
2000 万元以上企业合计	1120	1409.1	24.7	86.6	31.85

特色工业产业

【概况】2021 年，环保新能源产业、智能装备制造业、铜加工及新型材料业、纺织服装业、袜业和珍珠业等六大工业主导产业规上工业企业合计实现工业产值 1059.2 亿元，增长 26.44%，占全市规上工业企业总产值的 75.7%。

【大唐袜业】袜业是全市区域最广、从业人数最多和提质升级力度最大的特色产业。通过规范整治、内涵提升、数字转型、互联网经济发展，稳固“国际袜都”制造优势，同时持续打响原料基地、装备平台和设计中心三块牌子。2021 年，全市共有制袜企业上万家，规上企业 264 家，规上企业完成工业产值 222.5 亿元，同比增长 32.95%。年产袜子超 220 多亿双，占全球产量的 35%。大唐袜业产业集群新智造试点被列入 2021 年浙江省产业集群（区域）新智造试点名单。创新建设“袜业大脑”，初步实现区域工业互联网内行业需求、资源要素的快速推送、集聚集成。组建的袜业工程师创新中心，引进国内外 45 家高校院所、行业协会工程师 158 人，累计服务企业 1753 家次、应用成熟技术 50 项。

【美丽珍珠产业】诸暨市的珍珠主要是淡水珠，其产量约占全国的 80%，仅山下湖镇就有珍珠产业从业人员 1 万余人，被誉为“中国珍珠之乡”。2021 年，全市珍珠业共有规上企业 4 家、上市公司 1 家，拥有阮仕、千足、天使之泪、长生鸟等一批行业骨干企业和国内最大的珍珠交易市场——华东国际珠宝城，有注册市场主体6801家，胡润全球珍珠企业创新品牌榜50强企业占据1/3。建有两个抖音培训仓，培育线上珍珠销售市场主体5000余家，全年线上销售额破170亿元。形成从养殖加工到产品设计、衍生品研发等较为完整的产业链。2021年，珍珠产业继续受到市场环境影响，全行业4家规上企业仅完成产值2.6亿元，同比下降28.36%。

【铜材精密制造产业】诸暨市是国内重要铜加工研发生产制造基地，拥有规上企业129家，上市公司3家（海亮股份、盾安环境、露笑科技），世界500强企业1家（海亮集团）。规上企业完成工业总产值379.2亿元，同比增长32.2%，实现利润12.7亿元。全市铜材精密制造产业从传统的有色金属加工向精密新材料制造提升，由传统制造向数字化智能化迈进。

【环保新能源产业】环保新能源产业先后被命名为国家重大技术装备国产化基地、中国环保机械行业眼理事长单位，涵盖大气污染治理、水污染处理、固废处理等领域。新能源产业集中于新能源电池原材料、电控及新能源汽车电子集成线束等配套设备研发生产及分布式光伏电站建设。全市有规上企业42家，实现规上产值81.2亿元，同比增长18.26%；实现利润3.9亿元，同比下降32.99%。

省级特色小镇

【珍珠小镇】珍珠小镇东至03省道东复线珠宝城支线，西至诸山路，南至枫山线，北至珍珠湖北规划道路。山下湖淡水珍珠历经五十余年发展，成为世界最大的淡水珍珠产销中心，年产珍珠占到世界淡水珍珠总产量的73%、全国总产量的80%，被国务院发展研究中心命名为“中国珍珠之都”。拥有国际国内最大的珍珠集散中心——华东国际珠宝城，入驻商户近1500家。投资15亿元建成世界淡水珍珠博物馆、珍珠文化街区、珍珠创意工坊、珍珠湖、工业4.0等项目。淡水珍珠区域品牌价值达560亿元，胡润全球珍珠企业创新品牌榜50强企业占据1/3。

2021年，珍珠小镇建成珍珠产业大脑一期、工程师协同创新中心和珍珠产业创新服务综合体，落地国家级学会服务站1个、院士工作站2家、研究机构12家，3600余家市场主体“上云上平台”，产业链、创新链和数字链融合。引进淘宝等五大新零售平台，新建2个抖音培训仓，培育线上珍珠销售市场主体5000余家，线上销售额突破170亿元，占总销售额的55%。珠宝城商业广场二期、数字化物流基地项目全面开工，创意工坊一期精品民宿开始运营。

华东国际珠宝城在册外来人口数量新增超5000人，大学生占比超50%。珠宝城建立国际精品区，鼓励企业引进国内外珠宝品牌入驻，共引进10家国际品牌、20家国内品牌，独立设计师门店23家，珠宝城市场更加细化。以浙江省首个淘宝珠宝基地成功运行为基础，深化与阿里巴巴系数字产业合作，丰富网络销售模式，探索发展新零售、移动端模式。引进10名大师级工作室，引进20名新锐设计师，形成100人次以上的整体设计队伍，开展珠宝设计、珠宝鉴定、珠宝营销等特色培训，推行珠宝设计知识产权保护和交易，在产业档次上求突破。

2021年，珍珠小镇累计检查企业170余家，派出检查人员388余人次，清理低小散加工作坊16处。全年处理环保投诉案件20件，同比下降50%，处理率达到100%，满意率达90%以上。山下湖镇“服务企业服务群众服务基层”的“三服务”活动，聚焦企业反映的困难和问题，通过针对性、有效性帮扶措施，帮助企业解决经营发展中的痛点、难点。组建企业走访组8个，下派驻企服务员42人，开展企业走访活动92次，摸排问题97件，办结率100%。（山下湖镇　朱亭廷）

【袜艺小镇】诸暨袜艺小镇位于大唐街道集镇区域。小镇规划面积2.96平方千米，按照“产业与城市、经济与人文、资源与环境互融共促、集成转型”的主题，通过建设“智造硅谷、时尚市集、众创空间”三大区域，打造全球唯一的以袜子为图腾的特色小镇，力争成为全球最先进的袜业制造中心、全球最顶尖的袜业文化中心、全球唯一的袜业旅游目的地。2018年9月，诸暨袜艺小镇成为绍兴市首个被浙江省政府命名授牌的特色小镇。2019年“袜艺小镇开辟传统产业转型升级新路径”被国家发改委收录为全

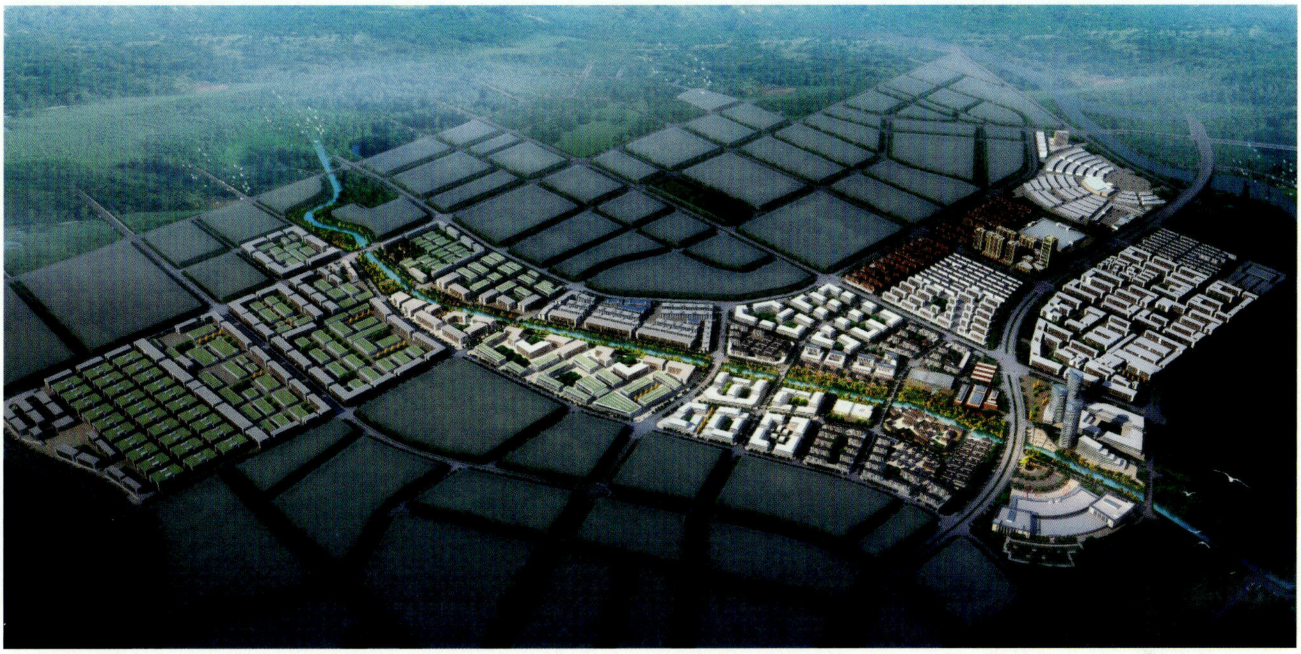

“一只袜子”——大唐街道袜艺小镇效果图(大唐街道提供,摄于 2021 年)

国特色小镇典型经验。

2021 年,诸暨袜艺小镇继续坚持前端发力于“人才 +”“创新 +”“创意 +”,终端发力于“互联网 +”“数据 +”,生产端发力于智能制造和数字化工厂建设,完成投资 5.57 亿元,历年累计完成各类投资 65.28 亿元。全年实现规上工业总产值 34 亿元。

小镇重点项目大唐国际智能制造产业园占地 21.73 公顷,计划总投资 13.6 亿元,项目累计完成投资 7.67 亿元,被纳入省六个千亿元产业项目库及特色小镇重大项目库。2021 年 4 月,大唐袜业产业工程师协同创新中心完成建设,入驻产业工程师 156 名。10 月 28 日,“袜业大脑”上线启用,综合集成各方数据,初步实现区域工业互联网内行业需求、资源要素的快速推送、集聚集成。　(大唐街道　魏永杭)

【环保小镇】诸暨环保小镇位于牌头镇,规划面积 3.53 平方千米,其中规划绿地和生态用地 851 亩,水域 161 亩,区域交通设施用地 249 亩,其他城镇建设用地 4043 亩。环保小镇依托牌头环保产业集群优势,打造大气除尘、水环境处理、新能源新材料、家用节能环保产业等四大板块的全产业链。有菲达环保、天洁环境 2 家上市公司在内的 61 家企业。环保小镇是省级优秀培育小镇、第三批省级特色创建小镇。

2021 年,环保小镇继续以“环保”为理念推进 AAA 级景区建设。融合工业集镇景观、人文民俗景观和自然山水景观,以环保产业和环保服务为载体,突出工业体验、产业展示、文化旅游窗口等功能。启动小镇客厅建设,完善小镇特色展示窗口。环保小镇致力于招引环保类、新能源类重点项目。新能源智能交通工具项目,通过市级项目筛评,将供地新建。“双碳”目标落地的几项重点领域:光伏等绿色能源的开发、碳捕捉及碳固定技术的应用、储能技术和智能电网的应用、新能源交通工具及配套产业等,都在牌头环保小镇得到布局。环保小镇力争打造“双碳”目标项目的聚集地和镇级范本,在新能源产业项目布局上走在全市甚至全省前列。　(牌头镇　宣品晶)

浙江诸暨经济开发区

【概况】2021 年,浙江诸暨经济开发区紧扣“融杭新城、创新产城”的定位,统筹抓好疫情防控和经济社会发展,充分发挥平台整合优势,优化体制机制,集中力量抓好双招双引、项目建设、产城融合等重点工作。全年开发区(含原高新区）制造业投资107.2亿元；财政收入71.02亿元，同比增长8.6%；基础设施投资16.15亿元，同比增长47.04%；出口总额363.9亿元，同比增长16.6%；规模以上工业增加值230.5亿元，同比增长27.9%；全年实现规模以上工业总产值1042.8亿元，占全市的74%，同比增长27.6%，成为"千亿级"大平台。

4月，开发区与诸暨现代环保装备高新技术产业园区实现"两区合一"。进一步优化运行体制机制，通过科学规划、功能整合，更加突出产业培育、招商选资等经济职能。优化调整"三定"方案，在设立招商处、人才科技处统筹招商引智的基础上，按照产业集群发展思路设立投资环境促进、新兴产业、智造产业、数字产业、服务业、重大项目等6个服务中心，从体制上加强队伍的专业化培养，使招商服务相对专业。12月6日，发布《开发区招商选资项目全生命周期服务机制》，进一步完善招商引资工作体制机制，规范项目准入，加速项目落地，优化项目服务，提升招商引资工作效率和服务水平。发挥两区整合优势，对标国家级开发区争创标准编制三年行动计划，谋划申报省机器视觉"万亩千亿"新产业平台，推动平台扩容提质、进位晋级。省级开发区2020年度综合考评位列第7名，上升16位（全省上升最快）。2021年新增省级众创空间1家［启迪之星（诸暨）众创空间］、绍兴市级孵化器1家（诸暨瑞祥孵化器）、省级高新技术企业研究开发中心13家。建成投运集成电路产教融合基地、九栖科创中心等一批科创平台。中俄科技人才交流国际科技合作基地、高端滑动轴承研发与应用国际科技合作基地等2家企业基地被认定为省级国际科技合作载体。中俄联合（诸暨）国际实验室签约落地。9月16日至17日，在北京举办首届中国先进复合材料产业及发展论坛。10月19日至21日，在诸暨温德姆酒店举办2021第四届半导体才智大会暨"创芯中国"集成电路创新挑战赛总决赛。

2021年诸暨经济开发区新增省级高新技术企业研究开发中心一览表

表5

开发中心名称	所属企业
浙江省艾依诺气雾剂高新技术企业研究开发中心	艾依诺科技有限公司
浙江省盾安机电制冷空调高新技术企业研究开发中心	浙江盾安机电科技有限公司
浙江省金昌高性能弹簧高新技术企业研究开发中心	浙江金昌弹簧有限公司
浙江省巨马摩天轮高新技术企业研究开发中心	浙江巨马游艺机有限公司
浙江省来源传动机械高新技术企业研究开发中心	浙江来源机械有限公司
浙江省上峰包装新材料高新技术企业研究开发中心	浙江上峰包装新材料有限公司
浙江省天伟结冷胶新技术高新技术企业研究开发中心	浙江天伟生物科技股份有限公司
浙江省中地净土土壤污染修复治理产品高新技术企业研究开发中心	浙江中地净土科技有限公司
浙江省乐业绣花机高新技术企业研究开发中心	诸暨市乐业机电有限公司
浙江省华海差别化氨纶高新技术企业研究开发中心	诸暨华海氨纶有限公司
浙江省盾安轨交列车智能流体机械高新技术企业研究开发中心	浙江盾安轨道交通设备有限公司
浙江省镨美科智能电脑刺绣机高新技术企业研究开发中心	浙江镨美科智能刺绣设备有限公司
浙江省康宇高性能汽车弹簧高新技术企业研究开发中心	诸暨市康宇弹簧有限公司

【双招双引】2021年，坚持围绕产业链精准招商，重点聚焦数智安防、新材料、生命健康、航空航天等战略性新兴产业项目招引。全年新引进项目61个，总投资超250亿元，其中50亿元以上项目2个，10亿元以上项目10个，科技型项目30个。总投资15亿美元的新宜中国数字装备智慧产业园、总投资50亿元的北京璞剑产业化项目等重大项目签约落地。实际到位内资32.32亿元，实到外资3506万美元，引进合同外资约2.3亿美元。人才引育方面，入选“诸暨英才”人才计划人才14名，申报绍兴“名士之乡英才计划”人才30名，申报国家引才计划人才2名、省级引才计划人才10名，申报入选省级海外工程师2名，引进落地国家级、省级重点人才计划人才创业项目15个。

【项目建设】2021年，围绕“一核一廊五园”建设，重点推动数智安防、半导体、生命科学、航空航天等新兴产业集群发展。共有在建工业及服务业项目98个(其中新建44个、续建54个)，智能制造和节能环保、生命科学、半导体等新兴产业集聚园区建设稳步推进。新开工亿元以上项目30个，8个项目参加全省高质量发展建设共同富裕示范区重大项目集中开工，开工率100%，建成投运帕瓦新能源、幄肯新材料、至美环境等一批重点项目。新宜中国、篮球中心、国际商业航天飞控中心、零碳工厂装备制造基地等一批大新项目开工建设。新增县市长项目4个、省级笼子项目4个。数智安防产业基地被评为省二季度“红旗”项目。

【“诸暨岛”建设】2021年，坚持强化区域联动，推进共同富裕示范区建设。通过在杭州、上海等地设立“诸暨岛”，在本地建设“杭州港”，承接沪杭都市区溢出效应，破解人才招引难题，推动两地人才创新创业、共同富裕，形成“异地研发孵化—本土转化生产”的产业协同发展模式。飞地模式进一步深化，中韩科创中心建成投运，上海、深圳“诸暨岛”落地运行，各飞地平台累计新引进人才科技项目26个。诸暨岛—杭州港区域联动创新园申报为2021年杭州都市圈共同富裕先行示范创新样本，“诸暨岛—杭州港”创新园共汇聚两地企业80多家、省级以上人才22名，带动两地就业1000余人。

【产城融合发展】2021年，继续坚持产城一体化融合发展理念，推进“杭绍同城”，以七大城市客厅建设为主抓手，加大基础设施投资，

位于诸暨市聚力路的杭州港一角(开发委提供，摄于2021年10月)

完善城市功能配套，经多年建设和完善，开发区逐渐摆脱固化的工业区标签，告别生活配套设施匮乏局面。累计完成基础设施投资超15亿元。诸暨至上海南绿巨人通勤列车开通。宝龙广场建成投运。华夏金石学馆、人力资源服务产业园等一批城市地标项目落成，篮球中心、崇真初中、温德姆二期等一批高端配套项目实施。发展空间不断拓展激活，区内生产、生活、生态环境不断改善，商贸、居住人气持续集聚。

2021年10月19日，第四届半导体才智大会现场（开发委提供）

【第四届半导体才智大会暨“创芯中国”集成电路创新挑战赛总决赛】2021年10月19日至21日，2021第四届半导体才智大会暨“创芯中国”集成电路创新挑战赛总决赛在诸暨举行。大会发布《中国集成电路产业人才发展报告(2020—2021年版)》。中国科学院院士杨德仁、集成电路产教融合发展联盟常务副理事长严晓浪分别以《半导体材料产业现状及人才培养》《产教融合 创新创业》为题作专题报告。诸暨市与4家公司签署项目合作协议，并就集成电路产业发展作生态推介。会议期间，诸暨举办2021“创芯中国”集成电路创新挑战赛总决赛，共有50多支团队参赛。共评出一等奖6名、二等奖11名、三等奖17名。

（开发委　章江平）

建筑业 · 房地产业

建筑业

【概况】2021 年，诸暨市完成建筑业总产值 1212 亿元，同比增长 10.1%，其中省内产值 665 亿元，同比增长 28.6%；建筑业上缴税收 14.5 亿元，占全市税收总数的 10.4%，同比增长 1.74%。诸暨市指导服务企业做好资质升级和技术中心创建工作，4 家企业（宏坤建设、金业建工、金誉建设、建盛建设）晋升施工总承包一级资质，居绍兴第一；3 家企业（展诚集团、平安交通、全成国鼎）被认定为国家高新技术企业，2 家企业（八达建设、荣呈建设）通过绍兴技术中心专家审核。

【装配式建造项目】2021 年，新签订总投资近 50 亿元的装配式产业园项目 2 个（展诚建设、祥生建设）。全市新开工装配式民用建筑 166.52 万平方米，占新开工民用建筑比例达 62.96%。实施绿色建筑 46 项，建筑面积 250.82 万平方米，二星级及以上绿色建筑占新建民用建筑比达 54.3%。确定绿色建材试点项目 6 个。全市首个钢结构装配式住宅项目——香榧公寓开工建设。新开工农村钢结构装配式住宅 27 户，建筑面积超 1.2 万平方米。

【品牌建设】2021 年，全市建筑业共创省级及以上优质工程 3 项，其中钱江杯 1 项，湖北楚天杯 1 项，浙江省市政金奖 1 项；创省级及以上优质安装质量、优秀园林工程奖 19 项，其中中国安装工程优质奖 1 项，参建国优工程 1 项。全行业共获授权专利 47 项；获评国家级 QC（质量控制）成果 2 项，省级 QC 成果 25 项；创成省级工法 7 项；参编国家级标准 1 项，省级标准规范 2 项。诸安集团获评全国建筑业 AAA 级信用企业，7 家企业获评浙江省 AAA 级“守合同重信用”企业。

【行业管理】2021 年，诸暨市常态化开展疫情防控工作，指导行业企业落实防控措施。持续开展安全隐患大排查大整治，实现隐患点动态“清零”。累计检查在建工程 220 余个，停工整改项目 34 个，立案查处 17 个。推进渣土消纳场建设，建成投运消纳场 2 个。加强渣土运输日常管理，累计向 56 个建设工地、296 辆渣运车办理准运证 4297 张。联合执法，累计开展专项整治行动 2391 次，查扣车辆 1198 辆次，立案查处 642 起，罚款 673.71 万元。“蓝天保卫战”建筑工地扬尘管控专项整治行动累计检查工地 2500 余次，出具整改通知单 394 份，出具停工整改通知单 117 份，罚款 20 万元。深化“枫桥经验”在建筑领域的应用推广，依托建筑业矛盾纠纷调解中心化解纠纷案件。

2021 年诸暨经济开发区新增省级高新技术企业研究开发中心一览表

表 6

工程项目	施工单位	获得奖项
花园雷迪森大世界机电安装工程	浙江诸安建设集团有限公司	国家优质工程(参建)、中国安装工程优质奖
袍江新区 G30 号地块商务楼建设工程	浙江祥生建设工程有限公司	钱江杯
祥生·观澜府 37# 楼	浙江祥生建设工程有限公司	楚天杯
义乌市城北路延伸(紫金南路—通宝路)市政工程二标	浙江宏达建设集团有限公司	浙江省市政金奖
上海理工大学南校区新建一期工程(卓越工程研究生院)	浙江省东海建设有限公司	上海市白玉兰(参建)
上海市检测中心二期 1# 计量实验楼	浙江华汇安装股份有限公司	上海市白玉兰(参建)
广川 A 地块商品房项目 T3 塔楼	浙江诸安建设集团有限公司	上海市白玉兰(参建)
普洛斯外高桥物流园区一期项目—仓库一	浙江诸安建设集团有限公司	上海市白玉兰(参建)
普洛斯外高桥物流园区一期项目—仓库二	浙江诸安建设集团有限公司	上海市白玉兰(参建)
钱江世纪城盈二安置小区 BT 项目机电安装工程	浙江诸安建设集团有限公司	浙江省优秀安装质量奖
上海市检测中心二期空调系统工程	浙江华汇安装股份有限公司	浙江省优秀安装质量奖
湖州诺德地块住宅项目(西山宸院西区)机电安装工程	浙江华汇安装股份有限公司	浙江省优秀安装质量奖
诸暨市城东片区城中村改造一期工程	浙江建盛市政园林有限公司	浙江省优秀园林工程奖
迎宾路(沪杭立交至藕花洲大街)整治提升工程(EPC)总承包项目	浙江建盛市政园林有限公司	浙江省优秀园林工程奖
中南樾府园林景观工程	浙江双林古建园林工程有限公司	浙江省优秀园林工程奖
秦淮区明城墙内侧江宁路至张家衙地块建设项目仿古建筑工程	浙江双林古建园林工程有限公司	浙江省优秀园林工程奖
莘庄商务区块商务大楼机电安装工程	浙江诸安建设集团有限公司	上海市申安杯
浦东新城规划和公共艺术中心新建工程安装工程	浙江诸安建设集团有限公司	上海市申安杯
诸暨市陶朱街道明德小学周边附属工程	浙江宏达建设集团有限公司	绍兴市兰花杯
祥生金地花园市外环境景观配套工程	诸暨市祥生园林绿化工程有限公司	绍兴市兰花杯(园林绿化工程)
S103 东复线珠宝城支线江藻至山下湖段景观提升工程	浙江诸暨丰元园林建设有限公司	绍兴市兰花杯(园林绿化工程)

续表 6

工程项目	施工单位	获得奖项
中南樾府园林景观工程	浙江双林古建园林工程有限公司	绍兴市兰花杯(园林绿化工程)
宏发诸暨基地产业园场外绿化景观工程	浙江上匠园林建设有限公司	绍兴市兰花杯(园林绿化工程)
中南珑悦花园室外景观工程	浙江双林古建园林工程有限公司	绍兴市兰花杯(园林绿化工程)
诸暨市枫桥镇枫源村“五星达标、三A争创”建设项目 -3 标	浙江九紫市政园林有限公司	绍兴市兰花杯(园林绿化工程)
长兴(橡树庄园)三期市政景观绿化工程	浙江久城建设工程有限公司	绍兴市兰花杯(园林绿化工程)
水上旅游服务基地	浙江诸安建设集团有限公司	温州市瓯江杯(参建)
绍兴枫桥学院	浙江展诚建设集团股份有限公司	诸暨市珍珠杯
浙江帕瓦新能源股份有限公司 1#、2#、3# 厂房等建设工程	浙江展诚建设集团股份有限公司	诸暨市珍珠杯
诸暨市安顺保安服务有限公司浣东街道外来建设者管理服务中心	浙江天雄建设有限公司	诸暨市珍珠杯
诸暨市新城投资开发集团有限公司新城商务中心	诸暨永昌建设有限公司	诸暨市珍珠杯
诸暨东道商业管理有限公司东道家居市场项目	浙江宏坤建设集团有限公司	诸暨市珍珠杯
浙江埃布生物技术有限公司 1#、2# ~ 4#、5#、6# 楼	浙江展诚建设集团股份有限公司	诸暨市珍珠杯
诸暨三越特色小镇建设开发有限公司工业4.0展示区项目	浙江展诚建设集团股份有限公司	诸暨市珍珠杯
珍珠小镇核心区景观提升工程	浙江建盛市政园林有限公司	诸暨市珍珠杯
印象枫桥室外市政、景观绿化工程	浙江诸暨丰元园林建设有限公司	诸暨市珍珠杯
辰熙新语苑(西区)景观工程	浙江万达建设集团有限公司	诸暨市珍珠杯
新城华府二期项目大区景观工程	诸暨中越市政园林工程有限公司	诸暨市珍珠杯
城区道路路面改造项目—诸湄线(郭家立交桥—袁家菜场段)	浙江万吉建设有限公司	诸暨市珍珠杯
浣江水务股份有限公司绿化养护服务采购项目	浙江双林古建园林工程有限公司	诸暨市珍珠杯
诸暨市安顺保安服务有限公司开发区绿化养护工程(标段一)	浙江双林古建园林工程有限公司	诸暨市珍珠杯
新昌县南岩小学扩建工程(一期)	浙江久城建设工程有限公司	新昌县石城杯
安吉经济开发区地下综合管廊建设工程	浙江鼎峰建设有限公司	安吉县云鸿杯

诸暨市祥生建设承建的袍江新区 G30 地块商务楼建设工程获钱江杯(建设局提供)

房地产业

【概况】2021 年,诸暨市继续贯彻中央、省房地产调控决策部署,坚持“房住不炒”定位和“稳地价、稳房价、稳预期”要求,落实“一县一策”方案,开展房地产市场监测分析和市场行为检查。进一步推进房地产秩序维护和信访矛盾化解工作,着重解决重点楼盘问题风险,按照“一楼一策”方案统筹抓好项目建设、楼盘交付和权证办理等工作,房地产市场总体保持健康稳定发展。实现房地产税收收入 30.95 亿元,同比增长 1.19%,占全市总税收收入的 22.13%。

【房地产市场规模】2021 年,完成房地产开发投资 170 亿元,同比增长 15.5%(其中建安投资 87.79 亿元,同比增长 13.3%);实现商品房销售面积 234 万平方米,同比减少 11.07%;房地产从业人员工资 3.48 亿元,同比增长 19.8%。全年销售住宅 11237 套,同比下降 30.04%;住宅销售面积 167.74 万平方米,同比下降 24.42%。全年批准商品房预售面积 133.18 万平方米,同比下降 44.65%,其中住宅面积 125.74 万平方米,同比下降 38.95%。至 2021 年年末,全市可售商品房面积 193.36 万平方米,同比下降 5.42%,其中住宅面积 104.7 万平方米,同比下降 14.7%。商品房去化周期 14.08 个月,住宅去化周期 8.48 个月。

【房地产市场管理】2021 年,继续全面分析监测商品房价格波动,严格实行商品住房价格备案管理及房地产中介机构备案管理,规范房地产市场销售行为,联合媒体及时发布真实准确的市场行情数据。开展房地产市场专项执法检查 4 次,抽查检查在售及新开网签楼盘案场布置情况 502 次。全年房地产中介机构备案 239 家(包括续期备案和新增备案),物业服务合同备案 69 宗。加强物业专项维修资金和物业服务市场规范管理工作。实地检查物业管理住宅小区 200 余个,发放检查整改单 100 余份。

(建设局　徐雨婷)

商贸 · 现代服务业

2021 年，全市实现服务业增加值 758.53 亿元，同比增长 8.2%，占地区生产总值比重 49%。分行业看，批发业、零售业、住宿业、餐饮业、金融业、房地产业、营利性服务业、非营利性服务业、交通运输仓储和邮政业增加值分别增长 12.4%、10.3%、14.8%、17.5%、8.2%、0.4%、12.2%、5.3% 和 8.5%。全市旅游总人次（新口径）达 457.3 万，旅游总收入达 63.4 亿元。“万千百”景区化工程持续推进。全年实现社会消费品零售总额 500.54 亿元，同比增长 8.2%。其中限上社会消费品零售总额 151.24 亿元，同比增长 22.5%。全市实现批发业销售额同比增长 36.5%，其中限上批发业实现商品销售额 1036.85 亿元，同比增长 34.0%；零售业销售额同比增长 20.8%，其中限上零售业实现商品销售额 145.15 亿元，同比增长 24.3%。全市网络零售额263.2亿元，同比增长 13.2%，总量继续保持绍兴各区（县、市）第一。

“小升规”工作。其他营利性服务业企业“小升规”工作进行全面部署，提前做好摸排工作，提高“小升规”企业质量，全市年度新增企业 23 家。

“亩产效益”综合评价。完成全市 142 家规上服务业企业亩均效益评价工作，并首次在服务业企业城镇土地使用税减免中应用。全市 3 家企业入选绍兴市级“亩产效益”领跑者名单。

现代服务业创新发展区创建。诸暨珍珠数字贸易创新发展区入围全省首批浙江省现代服务业创新发展区名单。发展区将围绕“从珠到宝、商旅融合”主线，打造珍珠数字贸易全球中心、珠宝产业科技创新高地、长三角秀美亮丽珠乡小镇，引领诸暨市珍珠产业国际化、时尚化、生态化转型升级。

（发改局　袁伟娟）

供销合作

【概况】2021 年，诸暨市坚持从“三农”工作大局出发，牢记为农服务根本宗旨，持续推进“三位一体”综合改革，全年总经营性收入 1.6 亿元。

【“三位一体”综合改革】2021 年，诸暨市继续按照绍兴市深化“三位一体”农合联改革总体部署，启动诸暨市农合联指标建设两年翻倍计划，诸暨市供销合作总社（简称市供销社）牵头筹建绍兴市级产业农合联 7 家，建成诸暨市级产业农合联 5 家，依托国家现代农业园区，建立 1 个市级现代农业综合服务中心和 2 家庄稼医院，为农服务综合平台建设不断完善。完成全年农药10吨、化肥2390吨的储备任务，加强应急保障能力。推进以“农村寄递物流体系”建设为重点的村综合服务社提升工程，完善农村生产消费服务体系建设，完成市155家村级综合服务社改造提升工作，解决快递进村“最后一公里”问题，为农服务指标完成率增加50%以上。

【“诸暨次坞打面”产业发展和品牌推广】2021年9月26日，市供销社发布《2021年“诸暨次坞打面”专项资金使用管理办法》，对相关补助政策进行调整和完善。推进“诸暨次坞打面”走进机关、走进校园、走进商场、走进国企、走进服务区、走进景区的“六进”活动，3月起，“诸暨次坞打面”进驻浙江省行政中心、省委党校、省公安厅、省农业农村厅等机关食堂，依托省级机关食堂平台，提升“诸暨次坞打面”知名度。市供销社推进示范布点工作，新建“诸暨次坞打面”安昌古镇、鲁迅故里、大连市3家旗舰店，同时，发动镇乡街道力量推动示范店建设工作，共已建成“诸暨次坞打面”旗舰店5家、示范店306家。“诸暨次坞打面”相关经验做法得到分管副省长刘小涛的批示肯定。

【传统特色小吃产业发展】2021年9月9日，诸暨市供销合作总社牵头组建诸暨市小吃产业协会，选举吴其生为理事长，吸收57个诸暨市传统特色小吃产业企业作为会员，同时成立小吃产业农合联，推进诸暨农家特色小吃产业向经营规范化、工艺标准化、主体组织化、产品品牌化的方向发展。诸暨市小吃产业协会联合上海新百越餐饮管理有限公司，在上海浦东新区建设完成首家集合诸暨次坞打面和农家传统特色小吃的门店，成为诸暨传统特色小吃在上海展示的一个重要平台。

2021年4月28日，诸暨次坞打面安昌古镇旗舰店开业（供销社提供）

【农业农村类“诸暨工匠”评定培育】2021年，市供销合作总社联合人社局、总工会等多部门，做好第三届农业农村类“诸暨工匠”评定工作，在全市范围内征集、评定并表彰农业农村类“诸暨工匠”10名，传承与弘扬工匠精神，培育更多的能工巧匠。同时，结合工匠评定工作，挖掘和培育一批农家特色小吃，包括马剑美食小站、长澜老街、福发团圆饼等，依托网上农博平台等推介宣传诸暨美食。

【农产品供销服务】2021年1月28日至2月1日，市供销社利用网上农博平台举办诸暨市网上农博暨年货节，邀请全市42家农业经营主体，近200种农特产品、特色小吃参展，并组织10家企业参加直播活动，直播场次达50余场。举办“中国农民丰收节·绍兴市庆丰收”和诸暨市第九届网络葡萄节等线上展销活动，鼓励企业在各类平台上开展直播销售，拓展线上销售渠道。组织市农业企业参加浙江省茶叶博览会、中国国际茶业博览会、浙江省网上农博会等省内外重要展会，全年累计参加展会12场，邀请企业266家次，打开农产品销售渠道，解决农产品销售难题。

【农民素质培训】2021年，围绕诸暨市产业特色，对接农民和市场需求，因地制宜开展农村实用人才培育工作，全年共培训2248人次。做好职业技能鉴定工作，开展樱桃和烧酒产业职业经理人培训，为142人发放中级农业职业经理人证书，拓展农民增收致富渠道。挖掘特色培训，全年培训次坞打面从业人员 53 人次，提升农村富余劳动力创业就业能力。

（供销总社　蔡文珑）

粮油购销

【概况】2021 年，全市粮食工作坚持以确保粮食安全为出发点，以改善仓储条件为手段，以“广积粮、积好粮、好积粮”为目标，完成粮食安全的各项工作。

【粮食安全责任制考核】2021 年，继续严格执行粮食安全行政首长责任制，确保粮食播种面积、粮食总产量和粮食生产能力等考核指标全面落实。加强粮食市场的监测预警工作，合理布局粮情监测点，及时分析、掌握粮食市场的动态情况，全市共设置 10 家粮情监测点。落实粮食应急保障体系，完善粮食应急加工、应急供应工作，全市共设置 7 家粮食应急加工点和 31 家粮食应急供应点。

【粮食轮换和收购】2021 年，完成市级下达的储备粮油轮换计划共计 32405 吨，其中小麦 5000 吨、早籼谷 10080 吨、晚粳谷 13000 吨、晚粳米 4200 吨、菜籽油 125 吨。国有粮食收储公司全年粮油销售收入 1.297 亿元，资金回笼率 100%，年末库贷比例为 100%。全年收购采购各类粮食 51474 吨，加工稻谷 7253 吨。

【储备粮结构调整】2021 年，为进一步提高粮食安全保障能力，全市共增加 4200 吨储备，晚稻储备占比达到 40%。

【惠农政策和服务】2021 年，继续实行小麦、早晚稻最低收购价，小麦、早籼谷和晚粳谷的最低收购价格分别为每 50 千克 115 元（中等质量，下同）、125 元和 133 元。继续实行订单粮食奖励政策，小麦、早籼谷的奖励标准为每 50 千克（下同）30 元，晚粳谷为 20 元。完成市内粮农粮食种植意向和订单意向调查工作，共计调查种粮大户 336 户。继续开展“五送”（送订单、送定金、送政策、送科技、送信息）活动，发放早稻预购定金 49 户计款 523 万元；累计与 687 户种粮大户签订粮食订单 29523 吨，其中小麦订单 123 户计 2356 吨、早稻订单 253 户计 12167 吨，晚稻订单 311 户计 15000 吨。免费提供 19 台烘干机为农户烘干小麦、早籼谷和晚粳谷共计 2891 吨。开展粮食收购满意度调查，售粮农户收购满意率达 100%。

（发改局　侯基行）

专营专卖

【盐业专营】2021 年，浙江省盐业集团绍兴市盐业有限公司诸暨分公司共购入盐产品 8760 吨，同比增加 931 吨，其中小包装口食盐 4474 吨、食品加工用盐 3104 吨、工业盐 1182 吨。销售各类盐产品 7497 吨，同比减少 44 吨。其中小包装口食盐 3685 吨，同比减少 377 吨。在口食盐中，澳洲海盐 1990 吨，占 54%；精品盐 488 吨，占 13.2%。食品加工用盐 2747 吨，同比增加 205 吨；工业盐 1038 吨，同比增加 146 吨。实现营业收入 1778 万元，同比减少 155 万元。诸暨分公司回顾诸暨盐业的奋斗历程，完成“公司三十年大记事”编研工作。

盐业业务经营。2021 年 4 月，省盐业集团有限公司第二季度工作例会在诸暨召开，诸暨分公司在会上作经验交流。会后，与会人员分 4 条线走访诸暨市场。以此为契机，诸暨市继续牢固“渠道优先”思想，重点抓好盐产品的销售，在整体盐业市场较不稳定的情况下，提升精品盐占比率。加强对重点客户的分析，开拓销售新模式，重点抓商超、配送、零售终端。加强零售终端拓展，重点整治全市农贸市场，与 68 家超市签订排他性协议。收集 2000 多家客户资料，进行分类管理，营销直配比例进一步提高，直配比例达到 35% 以上（不包括直配连锁商超）。重点客户合作加强，新客户得到拓展，与全市 88 家经营户签订配送协议，使之成为公司配送网点。通过走访交流，了解市场情况，解决经营户难题，还通过季返、年返费用的形式，做到合作共赢。加强本土连锁超市管理，不定期对超市门店进行检查，发现问题协商解决，盐品销售基本稳定，精品盐比例呈上升态势。在疫情期间，连锁商超起到稳定市场的导向作用。做好食品加工用盐和小工业盐管理，加强与饲料加工厂、炒货厂联系，根据工业用盐量较少的情况，密切关注并防止不合格大包装盐冲击食品加工用盐市场，守住市场主导地位，保证食品加工用盐安全。

盐业市场监管。2021 年，做好

内蒙古雅布赖分公司在诸暨的销售情况统计，重点关注存放在枫桥镇的大包装“雪天”盐，关注公众平台动态、转让超市及新开设超市，特别是外地人开设的超市，关注炒货厂、饲料厂，关注腌制旺季用盐情况，特别是岭北火腿腌制用盐情况，做好盐品供应。4 月，联合经信局、市场监管局、公安局、商务局对重点单位、重点市场进行检查，发现并阻止不正当竞争、非法竞争。5 月，诸暨市盐业管理办公室发出《关于公布我市食盐企业批发经营配送等方面问题投诉举报受理方式的通告》，发挥盐业管理办公室的作用，公开举报受理联系人，开通联系电话。10 月，联合市场监管局立案查处城区沈鲜生百货超市违规销售未加碘盐行为，共查处违规销售未加碘盐 30 多箱，罚款 4000 元。

食盐专营法规宣传。2021 年 5 月、6 月、7 月，诸暨市分公司单独或联合市疾病预防控制中心到浣东街道东盛社区、大唐镇上下文村、暨阳街道凤凰社区开展宣传“四进”（进机关、进学校、进企业、进社区）活动。以“科学补碘，健康一生”为主题，进行碘缺乏危害宣传。通过“一对一”解释、摆放宣传牌、展示盐品、发放宣传资料的形式，回答用什么盐、怎么用盐，宣传用盐知识。全年开展“食盐放心消费”“四进”活动 4 次，力争使群众树立科学用盐理念，养成健康生活习惯。

储备盐管理。2021 年，继续落实储备盐进仓、堆放责任制，一年轮换 2 次，保质保量完成政府下达的食盐储备任务。多次与经信局、财政局沟通，签订“诸暨市食盐储备盐协议”。诸暨市财政拨付诸暨分公司政府储备盐补贴。

食盐抢购应对。2021 年 11 月 3 日至 5 日，部分消费者过度解读国家相关政策，致小包装食盐市场出现异常波动，形成一定的市场紧张情绪，诸暨市采取措施，紧急采购盐产品，全员加班加点保障市场供应，3 天销售食用盐 600 多吨（正常日销量约 10 吨），保障食盐供应安全。

第二轮混合所有制改革。根据《浙江省人民政府关于省盐业集团混合所有制改革方案的批复》（浙政函〔2018〕130 号），10 月 31 日，诸暨分公司办理被划入绍兴市绍盐商业管理有限公司人员相关手续，完成公司分立、内部重组、人员分流的第二轮混合所有制改革试点任务。 （周信忠）

【烟草专卖】2021 年，诸暨市烟草专卖局（分公司）在绍兴全市行业工作业绩考核中连续第 15 年获得第一。全年实现卷烟销售 4.973 万箱，同比增长 1%；单箱销售额 5.28 万元，同比增长 4.52%；累计实现批发销售额 26.25 亿元，同比增长 5.57%；税利 7.81 亿元，同比增长 5.56%。卷烟动销基本平稳，三、四类烟库存下降，主销规格市场价均高于 2020 年同期。累计建成现代终端 1846 户、加盟终端 111 户，5 家党员零售户打造为提供便民服务的红色驿站。安装吸烟柱 80 根。

卷烟市场监管。2021 年打假破网成效显著，破获“11·23”互联网销售加热不燃烧卷烟特级国标网络案和“8·10”互联网销售上头电子烟三级国标网络案，其中判刑 23 人，逮捕 4 人，取保候审 3 人。全年累计查获违法经营案件 979 起，查获各类违法卷烟 64681.5 条，其中假私烟案件 594 起，查获假私烟 44799.1 条，查获省外烟 6941 条，市场净化率 99.29%。累计查获重点籍户案件 29 起，退出 20 户；累计查获大户案件 132 起，取缔 43 户。8 月 27 日，查处绍兴地区首起在中小学周边非法设置卷烟销售网点案件。网上办证率达 99.97%，至年末，全市实际烟草专卖零售许可证持证数为 7468 本。

企业管理。2021 年，分公司开展数字化对标工作，在全省分层分类对标中取得小组第一的成绩。卷烟物流采用“11+2”（运用最优路径算法、邻域分析模型及配送工作量模型，以配送作业时间、车辆装载量和车次为主要阈值，通过零售客户多维度标签化管理为手段，划分固定送货区和弹性送货区，适配卷烟配送量起伏，实现配送线路的动态调度，平季采用 11 条基本线路，旺季采用 13 条线路运行）弹性线路运行模式，实现单车次配送量同比增长 7.69%，单车次配送户数同比增加 16 户，实现降本增效。全年参与绍兴市局创新项目，《基于数字化技术的配送线路动态调度模式研究》《基于枫桥经验的烟草微腐败治理机制》创新项目分别获全市系统二等奖、三等奖，《降低客户经理咨询服务时间》QC 项目获省质协一等奖，QC 项目分获全市系统二等奖 3 个，金名片项目分获全市系统二等奖 1 个、三等奖 9 个。（烟草专卖局 陈楠）

电子商务

【电商成果】2021 年，全市网络零售额 263.2 亿元，同比增长 13.2%，总量继续保持绍兴各区（县、市）第一。12 月 23 日，入选全省首批数字生活新服务样板县，为绍兴市唯一。12 月 6 日，华东国际珠宝城有限公司的“‘互联网 +’模式下的珠宝专业交易市场转型升级”案例，入选浙江省 2021 年数字赋能促进新业态新模式平台典型案例。12 月 20 日，“打造‘一网两中心三平台’完善县域商业体系”，入选全省商务领域共同富裕试点县市项目，为绍兴市唯一。全年创成 2 个省级数字生活新服务特色镇，2 个特色产业直播间，4 家省级新零售示范企业，3 个社区数字生活服务中心（含农村社区）。

【数字化改革】2021 年，商务局打造本地家庭生活服务平台“诸事帮”，同时建立“数字生活服务监管平台”提升行业治理水平，9 月被浙江省数字生活新服务工作联席会议办公室确定为浙江省数字生活新服务 16 个重点场景应用名单之一，入选全省商务领域数字化改革优秀案例。全年平台注册激活用户达 3.4 万余人次，订单交易量突破 6000 余单，社区覆盖率达 94.0% 以上，入驻服务人员达 1800 余人。行业监管平台打通 6 个部门 2.3 万余条数据，协同集成 5700 余条诚信记录，智慧化监管效率提高 300% 以上。（商务局 孟丹萍）

邮政 · 寄递

【概况】2021 年，诸暨市寄递行业稳步发展，累计业务量超 5.67 亿件，同比增长 42.5%，业务量位居绍兴地区第一，累计业务收入超 13.12 亿元。全市共有国有、民营快递品牌 15 个，法人企业或在诸暨的分公司 18 家，分拣中心 16 个，营业网点 176 个（标准化率达 100%），从业人员 3000 余人，智能快件箱 327 个。

2021 年，全市共有村邮站 479 个，信息化村邮站运营率 80%。全市受理各类缴费业务 33.37 万笔，金额 3823.52 万元。邮政传统业务全年累计完成邮务类业务收入 2192 万元，其中集邮收入 456 万元、函件收入完成 443 万元、报刊收入完成 1293 万元。

2021 年，诸暨邮政分公司实现业务收入 4.59 亿元，同比增长 11.32%，完成省公司计划的 103.66%，列全省县市公司第 4 位；累计完成净利润 5690 万元，达成全年计划的 104.93%，列全省县市公司第 2 位。

【行业安全生产监管】2021 年 3 月 12 日，诸暨市组织召开全市邮政业安全生产工作会议，全市 18 家法人企业或在诸暨的分公司主要负责人及安全员参加，签订《安全生产责任书》，明确责任主体，落实工作措施。全年累计派出检查人员 176 人次，开展例行检查 88 次，检查营业网点 468 家，发现并整改安全隐患 128 处，约谈企业 38 家次，下发责令整改通知书 38 份，立案查处企业 20 家次。全年分 9 次对 13 家配备 X 光机企业突击检查，发现并整改安全隐患 3 处。开展陌生人暗访 4 轮，检查网点 620 家，

“邮你香伴 榧你莫属”——邮政农村电商直播助力宣传农产品（赵家镇提供，摄于 2021 年 11 月）

发现并整改安全隐患 30 处。

【部门联合执法检查】2021 年，邮政管理局联合烟草专卖局开展执法检查 7 次，查获各类假私卷烟 253.7 条。4 月，联合公安部门在大唐街道打击 2 起跨区域揽件行为，规范快递市场秩序。

【快递进村】2021 年，围绕“搭架构、建通道、定模式、抓重点”的总思想，探索适合诸暨实际的快递进村模式。发挥邮政企业在农村的基础支持作用，整合末端投递资源，主推邮快合作模式，鼓励探索“快快合作”“邮交合作”“邮商合作”等多种配送模式。推进市镇村三级寄递物流体系建设，首期落实 370 万元项目建设资金；统筹农村地区寄递物流资源，推动村邮站改造升级，鼓励不具备升级条件的村邮站与便民服务中心、文化大礼堂、商超等整合，实现功能叠加、服务升级；强化村邮员业务培训指导，健全监督考核机制，提升服务效能。11 月，大唐街道、璜山镇两个镇级物流分拨中心均开始运营，服务覆盖马剑、五泄、岭北、陈宅、东白湖、璜山、浬浦 7 个偏远乡镇，日均投递进村包裹 2500 个。

【绿色邮政建设】2021 年，全市邮政营业网点国内快递产品一联电子面单使用率达 99.9%，主要电商平台国内特快专递产品和快递包裹产品一联电子面单使用率分别达 90%、99%。全市全年新增可循环包装箱(袋)0.68 万个以上，平均单个可循环包装物循环次数不少于 5 次，全市总循环量达 3.4 万次以上。

【邮政农村电商】2021 年，诸暨邮政分公司完成活跃站点 922 个，完成自营农产品销售金额 575.6 万元，年完成率 60%；完成全国基地农产品销售额 59.74 万元，年完成率 101.3%；完成农产品寄递收入 59.39 万元，完成率 174.7%；完成惠农简易险 59.2 万元，完成率 105.5%。

【警医邮】2021 年，全市有 33 个邮政网点开通公安交警、医疗机构、邮政寄递三方跨界融合服务，累计受理警医邮业务 54328 笔，实现业务收入 122.8 万元，换证体检业务占诸暨全市驾驶员体检业务量的 85%。（邮政管理局　楼麒烽）

诸暨电信

【概况】2021 年，中国电信诸暨分公司发挥网络强国“主导者”、数字诸暨“主力军”、网信安全“国家队”的作用，助推诸暨经济社会的数字化转型、高质量发展。落实国家新基建要求，全面实施集团公司云改数转战略，按照“网是基础、云为核心、网随云动、云网一体”的云网融合思路，加快云网基础设施建设，维护网络信息安全，为构建一体化智能化公共数据平台提供保障。继续推动 5G、云计算、大数据、物联网等信息化技术在浙江经济社会的全面应用，强化数字赋能、助建数字诸暨。继续致力于成为信息基础设施的保卫者、清朗网络空间的守护者、智能安全服务的提供者、网络安全生态的建设者。全年业务收入超 31500 万元，同比增长 4.6%。

【疫情防控助力】2021 年 12 月 7 日，绍兴市上虞区发生新冠肺炎疫情，根据市委市政府工作部署要求诸暨在 72 小时内完成防疫隔离舱建设。诸暨电信迅速集结队伍奋战，举全局之力保障网络搭设与工程建设同步进行。同时，以门磁、防疫立柱(道闸)、天翼大喇叭等技术防御替代人防，织紧织密防控网，做好疫情期间防控各重要场所通信服务保障。建立快速应急保障制度，确立 2 小时监控机制，保障核酸检测平台平稳运行。加大信息化支撑，强化疫情防控大数据支撑，支撑“健康码”“通信行程卡”“场所码”平稳运作。对部分大中小学校网络使用情况进行检测，保障线上教学正常进行。加大防疫产品普及，推广四合一防疫验码机，支持健康码、行程码、疫苗接种记录、核酸检测结果显示，还具备实时检测行人体温功能，核验数据实时保存至后台，便于人员统计及信息追溯。

【云网融合信息化基础设施建设】2021 年，诸暨电信加快 5G 建设。深化 5G 共建共享，具备 5G 能力基站超 500 个，实现全市主城区及重点乡镇的 5G 商用网络连片覆盖，重点场景和铁路线路的深度覆盖。推进云网融合。推进重点乡镇规模化千兆升级，实现 10 万 XGPON (一种宽带无源光接入设备，端口带宽 10 万兆)能力，打造千兆城市标杆。完成 IPv6 (互联网协议第 6 版)规模部署。4G、5G 网络 IPv6 用户占比分别达到 95%、100%，实现所有自营 App 完成改造。坚持绿色低碳高质量发展模式。贯彻落实浙江省政府双碳行动方案和集团公司“1236”双碳行动计划，建设绿色新型信息基础设施，赋能经济社会绿色发展，重点推进5G、数据中心等重点用能单元节能降碳。

【数字化改革智慧应用赋能】2021年，深度参与数字化改革。参与浙里预防青少年新型违法犯罪应用、党政智治系统等省市重大项目实施工作，其中“浙里预防青少年新型犯罪”应用项目入选省级榜单，推动卫健局健康云脑项目、上海城智慧小区项目、会展中心视频系统项目、水利水电局防汛会商系统等项目试点、签约和交付。应用信息化手段助力数字政府建设。借助浙江电信自研建设的“阳光厨房”等模块助力外卖市场监管，诸暨消费者在“美团”“饿了么”两大外卖平台上都可通过“阳光厨房”模块，实时查看商家后厨监控，实现透明化市场监督。诸暨电信一直致力于数字乡村的建设，共为全市超20个村提供数字乡村云平台建设。推动5G应用助推数字社会建设。承建教体局停课不停学在线教育精准教育平台，对学生成绩、知识点普及和每个学生的掌握情况进行大数据分析，提升对每个学生的个性化精准管控能力。持续升级农林大智慧校园系统，新建校园5G网络和WiFi无线网络，形成有线无线融合一体的智慧校园网络。推进“互联网＋医疗”云服务，助力搭建中医院“5G远程医疗”平台，实现中医院和上海肺科医院跨区域远程会诊，医患、医医之间通过5G网络实现移动图像、语音实时高清动态沟通、交流，提高医务工作效率和医疗卫生服务能力。

【网络信息安全保障】2021年，强化网络安全保障。推进全省资产脆弱性和“三无七边”整治、暴露面资产压降和集约化防护，完善网络安全监测和应急预案体系，定级备案完成率100%。深化电信网络诈骗防范治理。贯彻落实“断卡”行动要求，巩固电话实名制工作成效，从严落实行业防范治理各项重点任务。加快推进反诈技术能力整合，互联网反诈平台绍兴地区日均提醒1300万次，成功率达99.3%。落实用户个人信息保护和数据安全。建设数据安全管理平台，实施公司数据分类分级管理（四大类、三级）。开展App索权合规整治，严格落实用户个人信息保护要求。

【电信便民服务】2021年，继续坚持“人民邮电为人民”的初心使命，关注社会民生，把“让人民满意”作为衡量工作的标准，持续提升服务支撑能力。持续优化残联“爱心家园”通信服务。在爱心家园一期的基础上统一入口、增加端口、开发App并部署至政务网服务器，让用户沟通更便捷。为残障人士减少通信支出，诸暨电信特别向浙江省电信审批残疾人享受政策优惠，并且为全市2万多名残障人士免费组建区域虚拟网，可实现电信固话移动号码短号畅打，赠送虚拟网免费通话时长。助力残联“最多跑一次”服务向“零跑次”推进，为残疾人提供规范化、多元化、个性化、智能化的信息服务。至6月，共有约2.45万名残疾人享受爱心家园通信服务。推进适老化服务。建成岭北镇天翼康康“智慧养老平台”，助力地方提供优质适老服务。与诸暨市工会开展联合授牌活动，共计建成19家“爱心翼站”建设，开展幸福学堂20余场，服务超500人次。

诸暨电信继续以客户为中心，紧盯关键感知短板、狠抓问题溯源整改。全年有效申诉率同比下降20%，行风纠风指标同比下降50%。落实工信部“服务感知提升专项行动”和疫情期间服务保障，强化投申诉基础管理，杜绝突破红线底线事件发生。践行央企社会责任，快速接应公安联席办反诈工作布置，执行信息诈骗、骚扰电话整治要求，宣传违规案例，严肃考核追责。持续推进中小企业提速降费，互联网专线资费降幅12.96%，宽带资费降幅9.65%，惠及中小企业超万家。全市有线宽带千兆率达9.31%，同比上升5.96%。（电信　董金萍）

诸暨移动

【概况】2021年移动诸暨分公司（以下简称诸暨移动）围绕浙江省公司和绍兴市公司工作思路，坚持以高质量发展为主线，认真落实各项工作部署。优化党员岗区队建设，设立7个党员先锋岗、14个党员责任区和“4+X”支党员突击队，以“红枫引领”为纲开展党建工作，深化支部品牌与“枫桥经验”的融合，结合党史学习教育落地“五个引领”。诸暨移动与市公安刑侦大队、科超环保、灿根科技等单位结对并签订5G战略协议,“枫桥式网格”内不断推进与社区村委、企业单位的红网格联盟朋友圈,以“党建和创”推进重点项目提质增效。在扎实推进行业信息化项目建设的同时,诸暨移动持续推进、公安治安监控项目、村级“河长制”项目、视联网项目的全年支撑维护。以客户满意度为中心提升网络质量和窗口服务质量,深化营业窗口“最多跑一次”,落地服务领先“书记项目”“总经理接待日”等工作,以“我为群众办实事”为主题,以实际行动筑牢“以客户为中心”的服务理念,提升品牌凝聚力。

【客户服务】2021年,持续深化服务理念,传递服务正能量。设立社会监督员委员会,接受行业监督。开展“总经理接待日”,直面客户的声音。联合公安局、科协开展千场走进社区“银龄”活动,帮助老年人增强防诈意识。制作满意度小卡片、感谢信、装维名片等,多样式开展惠民服务举措宣传,提高触点用户服务满意度。完善投诉溯源和前置管控机制,快速响应客户需求。开展客户权益保护专项行动,遏制不知情定制等侵害客户利益的行为。持续深化执行不知情管控七级举措,健全服务底线处罚问责机制。加强信息安全管控,控制数据源头。建立内外两级管控机制,严厉打击违规外呼。以网格为抓手,摘牌整治投诉热点区域,结合网格化开展质差用户修复工作。同时优化业务规则,加强过程管控,细化业务稽核,从源头提升业务合规性。不断基于客户行为、产品行为和渠道行为的风险点完善稽核体系。

诸暨移动将党风廉政教育融入日常,重点整治基层违规违法行为专项行动。全员学法,在每月主题党日以及每季度党员亲情网格谈话中加入警示教育内容,开展相关法律、内部制度、警示案例等集中学习31次,增强全员合规意识。平台嵌入,全量继承更新风险点并发文,每季度末召开嵌入式廉洁风险防控会议进行季度总结和重要流程穿越,提升风险监督效率。对照自查,制定《诸暨分公司季度对照检查表》列举所有岗位可能涉及的职务、非职务违规事项清单,累计开展对照检查共计990人次,全年无重大违规事件发生。结合枫桥经验探索“枫桥式网格”建设,以“红枫引领”支部品牌为中心开展“一网格一品牌”创建,以暨阳网格为样板辐射推进网格建设,不断为网格赋能,将网格打造为一线服务阵地。完成暨阳网格全地区首个枫桥式网格试点,西施大街营业厅被推选为浙江移动服务明星班组。

围绕工作部署,以提升政企信息化收入为核心,聚焦拓展重点业务。传统产品是信息化收入的基石,业务稳中有进;新型业务是信息化收入增长的主力军,收入份额快速提升。利用IDC(互联网数据中心)机房启用契机,沟通布局诸暨市政府、离岸客户机房托管项目,推进业务发展,该部分实现收入447万元,地区份额43.57%,绍兴地区各县市排名第二。加大与政府及重点企业的合作,聚焦环保行业,助力绍兴无废城市建设,完成浙江科超环保小微企业危废收集信息化平台与诸暨城区公厕智慧化提升改造,完成全年高质量5G项目建设目标。枫桥镇人民政府5G平安小镇基层治理项目获集团5G行业龙头示范项目称号,获第四届“绽放杯”5G应用征集大赛全国优秀奖。抢占集团工作机份额,对每个项目都逢单必夺,进一步稳固集团市场。全年新签项目合同84个、同比增长20%,总金额1267万余元、同比增长68.93%,带动5G、物联网、大数据等业务的综合性发展。

【移动网络建设】2021年,诸暨移动抓网络运维不松懈,5G网络、4G网络不断补强,家庭宽带支撑能力、政企产品质量持续提升。

4G网络建设。诸暨移动以“深度有突破、厚度有保障、广度稳投入,感知为精品”为指导,通过持续开展双层网建设和扩大新技术应用,保障网络容量和提升用户感知,落实FDD(频分双工)组网结构调整,保持无线网络领先地位。全年新建扩容4G宏站64个,室内分布系统24个,小微站65个。累计达到宏站3332个,室内分布系统631个,小微站658个,实现诸暨所有行政村100%全覆盖,4G网络覆盖面和网络承载能力持续增强。

5G网络建设。从2月开始启动大规模5G基站建设,虽受疫情影响,但预定建设目标不变。至年底,开通351个5G基站(不含

700M 站点），同时新建 5G 机房 8 个，累计投资超过 1.5 亿元。开通量占诸暨 3 家运营商的 78%（电信联通为合建），实现诸暨主城区、百强镇区和高速 5G 全覆盖，非百强镇区部分覆盖。

家庭产品。坚持市场导向，持续推进有线宽带驻地网建设。家庭宽带支撑能力不断提升，完成 FTTH（光纤到户）改造 36 个小区，平移用户 6047 户；新增驻地网覆盖数 2.32 万户，累计覆盖达 80.32 万户，覆盖规模列绍兴地区第二。持续推进 ODN（光配网络）优化工作，优化网络结构，全年累计完成 13 个 ODN 区块优化，完成 5 个机房 OLT（光线路终端）搬迁工作，完成 2 个重载 OLT 业务分裂；推进大容量 OLT 部署及 OLT 链路扩容，提升网络承载能力，全年累计开通大容量 OLT 25 套，OLT 的 10G 链路扩容完成 89 套；聚焦用户感知，深化“网格化管理 + 微格化服务”，开展质差整治，全年累计完成质差整治 11069 单，家庭宽带万投比（广义）从 2020 年年均的 209 下降到 2021 年的 146，压降 30%。

政企项目。进一步加强全业务项目经理的现场支撑能力，全业务项目经理结对网格，结合专业细分，加强全业务项目经理的云支撑能力和 DICT 支撑能力；持续推行 VIP 施工维护队伍，实现重要集团固定队伍上门服务。优化网络承载质量，建立政企城域专网，提升裸纤接入能力及乡镇万兆接入能力，实现 AB 类集团 100% 深覆盖；建立端到端客户感知评价体系，完善客户主动关怀机制；城域网出口带宽扩容至 1600G，可满足全量客户升级至 1000M。

应急通信保障。诸暨移动践行社会责任，继续以构建科学高效的应急保障体系为目标，完善应急预案体系，组织开展应急演练、技能培训，提升应急通信保障和全方位灾害救援能力。全年主要完成台风“烟花”、商贸城袜业博览会、宝龙广场开业等通信保障工作。

【社会服务】2021 年，继续提升网络质量，将宽带品质提升大会战工作列入“书记项目”，主动上门服务和小区义诊，提升宽带品质和用户体验。在面对突发自然灾害时坚守一线抢修，保障群众网络通信需求。与联盟单位组建秀松志愿服务队，开展垃圾分类、门前三包、结对扶贫、一杯水等各项公益志愿服务活动，并以“党建和创”为契机结合断卡、反诈、银龄跨越数字鸿沟等开展专项活动 200 余场。参与政府工作，配合做好诸暨市全国文明城市复评工作，承建司法数字卷宗、智慧公厕等多个信息化项目，与市委政法委签约打造“枫桥经验”红色文化教育基地。在疫情发生时，利用信息化手段保障疫情防控措施布置落实到位。

（移动　朱杭燕）

旅 游

2021年，诸暨市坚持文旅融合、以文彰旅理念，深化文旅数字化改革，以全域旅游“微改造、精提升”行动为主抓手，推进省级文旅消费试点城市创建工作，推动诸暨文旅高质量发展。全年接待游客457.3万人次(新口径)，同比增长36.1%，实现旅游总收入63.4亿元，同比增长50.4%。至2021年年末，全市共有A级旅游景区16家，其中AAAA级景区4家、AAA级景区10家；共有星级饭店6家，其中五星级2家、四星级3家；等级民宿7家，其中浙江省金宿级民宿1家、浙江省银宿级民宿5家；旅行社总计40家。

旅游资源及建设

【概况】诸暨是中国优秀旅游城市、浙江省全域旅游示范县(市、区)。至2021年年末，拥有国家A级旅游景区16家，A级景区村庄412个(其中AAA级景区村庄28个)，国家级风景名胜区1处(浣江—五泄风景名胜区)，国家级湿地公园1处(白塔湖国家湿地公园)，全国重点文物保护单位2家(斯氏古民居建筑群、东化成寺塔)，省级生态旅游区2处(东白湖生态旅游区、白塔湖国家湿地公园)，省级旅游风情小镇2家(山下湖镇、同山镇)。9月，发布《诸暨市旅游业发展“十四五”规划》。

【“微改造、精提升”行动】2021年，实施旅游业“微改造、精提升”行

2021年诸暨市A级旅游景区一览表

表7

景区名称	等级	评定时间	主管部门
五泄风景区	AAAA	2002年7月	诸暨市文旅集团
西施故里旅游区	AAAA	2009年1月	诸暨市文旅集团
珍珠小镇	AAAA	2009年10月	诸暨市文旅集团
米果果小镇	AAAA	2017年6月	山下湖镇人民政府
汤江岩风景区	AAA	2010年11月	诸暨市文旅集团

续表 7

景区名称	等级	评定时间	主管部门
千柱屋景区	AAA	2011 年 12 月	东白湖镇人民政府
裕昌号民间艺术馆	AAA	2014 年 9 月	东白湖镇人民政府
白塔湖国家湿地公园	AAA	2014 年 9 月	诸暨市文旅集团
诸暨国际商贸城	AAA	2015 年 12 月	诸暨商贸城建设管理委员会
斗岩风景区	AAA	2016 年 12 月	诸暨市文旅集团
大唐袜艺小镇	AAA	2017 年 12 月	大唐街道办事处
浙江天使之泪珍珠文化体验园	AAA	2019 年 11 月	山下湖镇人民政府
春风十里小镇	AAA	2021 年 1 月	东和乡人民政府
沉香湖景区	AAA	2021 年 1 月	大唐街道办事处
诸暨市香榧森林公园	AA	2015 年 1 月	赵家镇人民政府
乐航科技机器人主题馆	A	2019 年 2 月	陶朱街道办事处

动，聚焦环境“精美”、设施“精良”、服务“精心”、体验“精致”、运营“精细”等五大方面改造提升，制订五年行动计划，助力诸暨全域旅游高质量发展。在各镇乡街道、相关部门的共同努力下，全市共实施“微改造”项目 352 个，完成投资 10.4 亿元，全面提升游客满意度和体验感，综合考评指数位列全省第一方阵。

【全域创建】2021 年，诸暨市被省政府正式命名为浙江省全域旅游示范县（市、区）。11 月，“浙江省五泄旅游度假区”被批准更名为“诸暨西施故里省级旅游度假区”。“万千百”工程纵深推进，主城区创成浙江省 AAAA 级景区城；全市 20 个乡镇街道创成景区镇（乡、街道），其中山下湖镇、同山镇为 AAAA 级景区镇、浙江省旅游风情小镇，五泄镇、枫桥镇等 18 个乡镇街道创成 AAA 级景区镇（街道）；累计创成浙江省 AAA 级景区村庄 28 个，A 级景区村庄实现全覆盖。推进咨询服务体系、标识系统、旅游厕所、智慧旅游等全域旅游基础设施建设，游客集散中心、全域旅游数据中心实现常态化运行。2021 年，全市新增景区城导览图、全域全景图 110 块，主要涉旅场所新增电子讲解点 244 处。

【旅游项目建设】2021 年，继续推进文旅项目库建设，全年全国文旅项目库入库数量达 47 个。14 个项目被列入浙江省“四十百千”文化和旅游重大项目库。其中，“云溪九里”文旅康养小镇项目、春风十里项目、珍珠小镇建设项目等 3 个项目被列入浙江省文化和旅游“四条诗路”类项目名单，枫桥经验文化旅游项目、“醉美”同山风情小镇、西施故里二期开发项目、五泄景区提升改造工程、尧舜度假养生谷等 5 个项目被列入浙江省百张文旅“金名片”类项目名单，历史文化村落保护利用项目、“百年乡村教育”研学游项目、三贤文化馆项目、飨街项目、诸暨市高湖综合开发项目、诸暨市文化中心等 6 个项目被列入“其他类”项目。

旅游业服务管理

【概况】2021 年，诸暨市成立文广旅游专业安委会，全市开展“平安护航建党 100 周年”系列行动，全面推进旅游领域遏重大控较大生产安全事故整治攻坚，重点围绕旅游市场执法检查攻坚行动、旅游行业安全生产攻坚行动，开展全市旅游领域安全隐患大排查大整治，针对旅游企业消防安全，旅游包车安全、燃气安全、危旧房安全隐患排查等行业薄弱点开展隐患闭环管理，全市旅游市场安全平稳有序。

【旅游市场疫情防控】2021 年，继续严格按照疫情防控要求，做好星级酒店、网吧、旅游景区等重点场所疫情防控“守小门”；根据疫情形势变化，及时对旅游企业开展信息摸排、疫情进展通报与旅游地引导；妥善处理与疫情有关的旅游合同争议，缓解疫情期间游客退团导致的矛盾问题，全年全市共受理旅游有效投诉30起，处置率为100%。

【饭店、民宿和旅行社评级】2021年，和瑞·温德姆酒店获评省级金桂级品质饭店，诸暨大酒店荣评全国金树叶级绿色旅游饭店，同方豪生大酒店通过国家星评委五星级复核。

【相关行业管理】2021年，持续推进文化旅游行业全国文明城市建设，在星级旅游饭店和等级民宿宣传推广使用“公筷公勺”、倡导文明餐桌；推进星级酒店垃圾分类和禁用“一次性消耗品”。组织开展全市宾馆酒店接收境外电视节目情况普查核查，继续推进开展全市非法卫星电视接收设施集中整治；会同绍兴市文化广电旅游局完成电视自动全硬盘高清播出系统项目技术和广播制播系统验收。

【景区管理】2021年，继续按疫情防控工作要求严格落实“预约、限量、错峰”等A级旅游景区疫情防控常态化举措，守好A级旅游景区防控“小门”。按照景区关停、不超过景区最大承载量的50%、75%等限量要求，根据疫情形势动态调整景区入园人数，严格控制景区人流密度。元旦、春节、“五一”、端午、中秋、国庆等假日期间，全市16个A级旅游景区均建立预约登记制度，实现游客间隔入园、错峰游览。各A级景区严格落实防火、防汛、防恐、防冻等各项安全举措，整体运行平稳有序。

旅游推广

【概况】2021年，针对长三角重点客源市场和杭州都市圈文化旅游城市以及省外重点市场，持续深入开展旅游推广活动，与浙江交通之声FM93、旅游之声FM104.5深化战略合作，形成全年声浪，实现在浙江乃至长三角地区持续、有效发声。4月，通过FM104.5《舒中胜有话说》“精彩提醒—高峰穿越”套餐形式发布诸暨旅游宣传推广内容；以“跟着西施游诸暨”为主题、以五彩诸暨为内容，在杭州东站到达层投放形象广告，历时半年；浙江卫视《还有诗和远方》专题片拍摄走进诸暨，寻味西施宴。6月，“跟着西施游诸暨”十大全域旅游精品游线跟随原创越剧《西施断缆》进行江浙巡演，在无锡、常州、昆山、慈溪、常熟、苏州、宜兴、余杭等西施入吴路线上的8个城市进行宣传推介；诸暨文化植入《唐诗小神童》动画片，制作西施故事，推介西施文化。9月20日起，在上海南京路步行街、外滩观光隧道和义乌国际商贸城投放以“跟着西施游诸暨”为主题的全域旅游形象媒体广告，宣传西施故里、五泄、珍珠小镇、米果果小镇等核心景区，进一步提升诸暨文化旅游的知名度和美誉度。同时组织企业参加上海旅游产业博览会、海峡旅游博览会、杭州都市圈春季旅游惠民大联展、义乌文旅产品交易博览会、大柴旦绍兴经贸合作文旅推介会等各类展会、推介活动。

【“初心之旅·红动诸暨”诸暨市红色旅游启动仪式】2021年6月6日上午，“初心之旅·红动诸暨”诸暨市红色旅游启动仪式在同山镇丽坞底村举行，本次活动由浙江旅游投资集团和诸暨市党史学习教

2021年4月9日，诸暨老味道文化旅游美食特展在杭州湖滨步行街亮相（文广旅游局提供，徐可良摄）

育领导小组共同主办，诸暨市委组织部、市委宣传部、市文化广电旅游局承办。浙江旅游投资集团、诸暨市领导，相关部门及各镇乡街道分管负责人，“红动诸暨”讲解员，全市党员教育培训基地负责人，星级旅行社负责人，省中旅游客等近300人参加。活动现场发布5条诸暨红色旅游经典线路，分别表彰“红动诸暨”讲解员大赛获奖选手、“浙里红”红色教育基地、党员教育培训基地，并对“浙里红·诸暨行”旅行团授旗。活动以“线上+线下”方式，通过天目新闻、西施号App、诸暨之声微信公众平台等媒体全程直播。启动仪式结束后，举行“浙里红·潮”红色文旅直播，带领观众探访中共诸暨农村第一个支部成立地丽坞底村、同山烧酒传统酿造技艺以及乡村旅游发展，对诸暨红色文化、本地特色、绿色发展等内容进行全面展示，活动受到502万名网友的关注。

【“五彩唤醒·好美诸暨”2021春季旅游节】2021年4月9日，“五彩唤醒·好美诸暨”2021诸暨春季文旅新品发布会暨五泄观瀑节启动仪式在杭州举行，通过向杭州市民推介春季文旅产品，赋能双城合作，助推诸暨全域旅游建设。发布会推出胭脂红、黛瓦青、千岁绿、珍珠白、碧波蓝五彩诸暨游线，20多家媒体平台宣传报道，视频直播观看达16万人次，线上推广阅读超200万人次。当天五泄观瀑节启动仪式在五泄风景区同步举行，来自全国各地的500名游客组成五彩方阵走进五泄风景区，打卡

2021年9月27日，诸暨市文旅部门在2021诸暨文旅长三角（上海）推介会现场作“西施故里 好美诸暨”推介（文广旅游局提供，徐可良摄）

“老照片美陈点”，体验“共绘一幅画”互动，录制“声音明信片”，观赏汉服秀表演。9日至11日，“诗画浙江·百县千碗”——诸暨老味道文化旅游美食特展在杭州湖滨步行街亮相。

【“沪上域见·好美诸暨”2021诸暨文旅长三角（上海）推介会】2021年9月27日，由诸暨市人民政府主办，诸暨市文化广电旅游局、诸暨市文化旅游集团有限公司承办的“沪上域见·好美诸暨”2021诸暨文旅长三角（上海）推介会在上海大酒店举行，邀请50家上海旅行社、30家主流媒体参加。会上专题推介“西施故里·好美诸暨”以及珍珠小镇、飨街、十四都村、“诗画浙江·百县千碗·诸暨老味道”等。活动现场，2021年诸暨市金秋惠游季系列活动启动；“好美诸暨”金秋惠游季美团秒杀活动发布，“寻美西施故里”万人游活动发团。市文化旅游集团还分别与美团和上海市旅游行业协会旅行社分会签订合作协议，在项目招商与客源互送等方面展开深入合作。

东白湖生态旅游区

【概况】2021年，东白湖生态旅游区继续坚持“保护优先”原则，把生态环境优势转化为旅游资源优势，推动“美丽资源”向“美丽经济”转化。全年接待游客30余万人次。

【生态环境保护】2021年，继续会同东白湖镇政府、自然资源和规划局、水利局，加大绿色生态屏障建设力度，运用视频监控系统对东白湖水库实行实时监控。加强生态旅游资源保护宣传教育，全面整治游客野餐烧烤、未经批准露营基地烧烤等露天烧烤行为，创造“干净整洁有序、宜业宜居宜游”的旅游环境。生态旅游区范围内景区实施定期保洁和绿化养护，全年无森林火灾。

【基础设施建设和维护】2021年，继续推进望回山景区建设工程及其周边环境综合整治，对建设区域进行围护，完成西北侧的小山塘整治，西侧入口破碎水泥路面重新浇筑，并新建一条北侧东西走向的生产便道，满足当地居民生产生活与安全出行需要；完成灵塔子项目一层骨灰存放架及其他附属设施安装与二层装饰装修等。在东白山、西岩龙潭、香榧公园南园等景点维修汀道、养护护栏、修缮管理房和亭子等。（文广旅游局　石飞）

白塔湖国家湿地公园

【概况】2021年，白塔湖国家湿地公园以宣传推广、基础设施建设、生态保护和疫情防控为工作重点，落实各项景区管理工作。景区全年共接待游客14.7万人次，实现旅游收入175.31万元。

景区贯彻落实上级疫情防控工作的各项要求，把“测温、亮码、戴口罩、登记”等各项常态化防控措施落到实处，加强对景区范围内游客服务中心、室内场馆、食堂、码头、厕所、交通设施设备以及其他娱乐设施的日常消毒，并记录台账。景区接待游客量不超过最大承载量的50%，每艘游船采取隔位就座的方式控制乘坐人数，保证游客安全间距。

景区受六号台风“烟花”及钱塘水系天文大潮双重影响受损严重，白塔湖水位近50年最高，景区淹没11天，大部分基础设施如木栈道、浮桥、码头受损严重，部分景观苗木烂根死亡。景区自7月23日起闭园，9月25日重新开园。

【旅游宣传推广活动】2021年2月2日，举办湿地日活动。3月27日至4月11日，举办第一届白塔湖醉美花潮节。12月，举办白塔湖“捕鱼节”和“鱼干季”活动。

【旅游基础设施建设】2021年，投入1500万元用于景区维修重建工程；投入资金188万元，用于采购巡湖船和数字化、智能化高位监控点；投入资金150万元，用于湿地公园管护道维修工程。

【湿地生态保护】2021年，园区安全管理科和经营管理科日夜巡查900余次，收缴钓竿484根，简易钓鱼装置280个，鱼袋、鱼斗、桶203只，游丝网161张，铁皮船1只，水泥小船1艘，遥控船2只，地笼60个，劝导偷钓人员200多名，拆除捕鸟鸟网20张，张贴资源保护告示300份，劝导非法种植190次，劝导非法填湖倾倒垃圾23次，发现水质污染1起，并将材料上报给环保部门。全年共投放鱼苗149.7万尾。

五泄风景区

【概况】2021年，五泄风景区以项目建设、应急抢险、经营管理、资源保护、疫情防控为工作重点，进一步推进景区平稳有序发展。景区开展全方位疫情防控工作模式，调整和完善景区疫情防控应急预案，做好“限流、预约、错峰”工作，做好疫情常态化防控工作。全年共接待游客47.45万人次，实现旅游收入1632.32万元，全年未发生旅游安全事故和重大旅游投诉。

受暴雨灾情影响，6月9日晚始，五泄景区及其上游区域遭遇短时强降雨，至6月10日，累计降雨量达200毫米以上，山洪暴发，造成景区内基础设施严重损毁，经第三方评估，损失达1亿元以上。景

2021年4月9日，第二十二届五泄观瀑节在五泄风景区开幕（文旅集团提供）

区自6月10日起闭园,9月25日重新开园。

【旅游宣传推广活动】2021年4月9日,诸暨市文化广电旅游局在杭州西湖举办“五彩唤醒 好美诸暨”2021诸暨春季文旅新品发布会暨五泄观瀑节启动仪式,同日,五泄观瀑节启动仪式在五泄风景区同步举行。全国各地的500名游客组成五彩方阵走进五泄风景区,参与打卡“老照片美陈点”、体验“共绘一幅画”互动、录制“声音明信片”、观赏汉服秀表演等活动。

【旅游基础设施建设】2021年,景区投入近1500万元用于应急抢险工程建设,消除安全隐患;投资1.8万元对北干渠水毁地段进行维修清理,确保渠道安全运行;投资近800万元新增监控摄像头173个,实现景区网络化智慧化管理;投资近30万元完成五泄景区标识标牌及店铺等整体提升工程;投资近110万元完成(五泄景区)低压配套改造工程。

9月25日重新开园后,景区引进主题为“乐游五泄”的游乐项目,新增太空环、旋转自行车、小火车、海洋球等多项娱乐设施,设置多处拍照打卡地,同时加强对景区经营户的日常管理,确保无占道经营现象、商品均明码标价。

【森林及珍稀资源保护】2021年,五泄林场投入近18万元,通过招投标完成松材线虫病疫木清理工作;投入5万余元完成洋月岭中华水韭保护基地维护和项目建设工作;投入4万元,对防火道实行一年一度的清理,消除火灾隐患。

（文旅集团　徐海琼）

国家香榧森林公园

【概况】国家香榧森林公园核心区位于赵家镇。赵家镇古树香榧年产量占全国香榧总产量的60%以上,是国内最大的香榧集聚地,也是中国唯一的原生态香榧自然保护区。园区总面积约3万亩,拥有香榧古树群126个,其中香榧古树树龄在百年以上的有2.9万株,500年以上的有2.5万株,1000年以上的有2700株,是世界上唯一的原生态香榧自然保护区和国家香榧森林公园。园内最老的“香榧王”有1360多年树龄,被誉为“千年活文物”。树高18米,胸围9.26米,树冠覆盖0.85亩,年产鲜蒲600千克。

【农家乐特色村打造】2021年,赵家镇继续发挥地处国家香榧森林公园核心区的优势,打造农家乐特色村。至年末,全镇有省级农家乐特色村3个(东庄、东溪、宣家山),绍兴市农家乐特色村2个(榧王、泉畈)。全镇有农家乐经营户35户,床位880个,餐位1650个,年接待游客近20万人次。

（赵家镇　张灵杰）

赵家镇宣家山村千年香榧古法炒制(赵家镇提供,摄于2021年11月)

对外经贸

2021 年，全市实现进出口额 616.43 亿元，同比增长 16.89%。其中出口 537.97 亿元，同比增长 19.63%；进口 78.46 万元，同比增长 1.01%。全市新批境外投资项目 5 个，投资总额 8749.1 万美元。境外承包劳务营业额 1378 万美元。

全年服务外包离岸执行额 563.4 万美元，同比增长 63.8%；服务贸易进出口总额 24.05 亿元，同比增长 16.78%，其中出口额 20.76 亿元、同比增长 20.55%，进口额 3.28 亿元、同比下降 2.54%。

对外贸易

【主要出口商品和出口额】2021 年，全市纺织服装及面料出口 1850184 万元，同比增长 15.70%，占比 34.4%。其中袜子出口 849653 万元，同比增长 21.95%，占比 15.8%；提花布出口 238725 万元，同比增长 7.98%，占比 4.4%；服装出口 480393 万元，同比增长 25.57%，占比 8.9%。

五金机电产品出口 2385801 万元，同比增长 40.86%，占比 44.3%。其中机电产品出口 1510179 万元，同比增长 9.19%，占比 28.1%；五金产品出口 875622 万元，同比增长 181.8%，占比 16.3%。

2021 年诸暨市各类贸易方式进出口情况表

表 8 **单位：万元**

贸易方式	进出口总额	同比增长（%）	占比（%）	出口总额	同比增长（%）	占比（%）	进口总额	同比增长（%）	占比（%）
合　计	6164335	16.89	—	5379691	19.63	—	784644	1.01	—
1. 一般贸易	5572740	12.46	90.40	4884472	13.22	90.79	688268	7.38	87.72
2. 加工贸易	384220	21.29	6.23	288244	59.05	5.36	95977	−29.19	12.23
来料加工贸易	115830	64.6	1.88	97956	52.66	1.82	17874	188.1	2.28
进料加工贸易	268390	8.93	4.35	190288	62.55	3.54	78102	−39.61	9.95
3. 其他贸易	207374	11835.54	3.36	206975	14226.08	3.85	399	36.45	0.05

珍珠出口22483万元，同比增长170.18%，占比0.4%。化工塑料制品出口458421万元，同比增长17.93%，占比8.5%。鞋帽箱包家具产品出口294641万元，同比下降3.57%，占比5.5%。

【进出口国家（地区）】2021年，进出口国家（地区）210个，同比持平。出口超1亿元的国家（地区）71个，同比增加7个。出口前三位的国别和地区依次是美国、越南、韩国，分别出口885554万元、260386万元、186994万元，增幅分别为18.9%、13.2%和-2.0%；在15个主要出口国家和地区中，增幅排在前列的分别是荷兰、印度和菲律宾，分别增长64.1%、56.4%和53.7%。

2021年12月诸暨市主要出口地区情况表

表9

地区	当月出口（万元）	上年同期数（万元）	同比增长（%）	出口额（万元）	上年同期数（万元）	同比增长（%）	占比（%）
合计	572882	383734	49.3	5379691	4496962	19.6	—
亚洲	258933	167796	54.3	2267254	1893900	19.7	42.1
东盟	104846	75722	38.5	890818	754065	18.1	16.6
非洲	65671	45496	44.4	578645	482638	19.9	10.8
欧洲	90175	68569	31.5	941888	848119	11.1	17.5
欧盟	68759	50465	36.3	718771	626057	14.8	13.4
拉丁美洲	63782	36508	74.7	500810	345687	44.9	9.3
北美洲	86666	56183	54.3	994717	835514	19.1	18.5
大洋洲	7654	9182	-16.6	96376	91104	5.8	1.8

2021年诸暨市主要商品出口情况表

表10

商品类别	当月出口额（万元）	上年同期数（万元）	当月增长（%）	累计出口额（万元）	上年同期数（万元）	累计增长（%）	占比（%）
全市总计	572882	383734	49.3	5379691	4496962	19.6	—
一、纺织原料及纺织制品	170584	135923	25.50	1850184	1599187	15.70	34.4
袜子	81514	53828	51.43	849653	696709	21.95	15.8
提花布	23704	18073	31.16	238725	221080	7.98	4.4
服装	35337	33033	6.97	480393	382569	25.57	8.9
二、五金机电产品	261089	157197	66.09	2385801	1693781	40.86	44.3
五金制品	90613	31799	185	875622	310715	181.8	16.3
机电产品	170476	125398	35.95	1510179	1383066	9.19	28.1

续表 10

商品类别	当月出口额（万元）	上年同期数（万元）	当月增长（%）	累计出口额（万元）	上年同期数（万元）	累计增长（%）	占比（%）
（绣花机）	11455	11417	0.34	128973	68438	88.45	2.4
（环保设备）	3909	2882	35.63	47984	38515	24.58	0.9
三、珍珠及制品	4398	2250	95.47	22483	8321	170.18	0.4
四、化工及塑料制品	43014	31555	36.32	458421	388719	17.93	8.5
化工及其制品	16010	13851	15.58	233632	173604	34.58	4.3
塑料及其制品	27005	17704	52.54	224789	215116	4.50	4.2
五、鞋帽箱包家具产品	35550	21821	62.92	294641	305537	−3.57	5.5
六、其他	58247	34988	66.5	368161	501417	−26.6	6.8
全市高新技术产品出口	603	1667	−63.80	7843	11024	−28.86	0.1

对外招商及外资引进

【概况】2021 年，诸暨市紧抓招商引资“生命线”。4 月 19 日，单设招商投资促进中心，整合开发区和高新区两大招商平台，筹建 G60 科技城，争创欧美同学会海归小镇，建立由招商投资促进中心牵头抓总，各平台为主阵地，部门、乡镇街道齐头并进的大招商格局，以开放融合的姿态和高效务实的作风，下好招商“一盘棋”，答好提升招商实效之问。

【对外招商】2021 年，全市共引进 50 亿元以上项目 2 个、10 亿元以上项目 14 个、1 亿元以上项目 82 个。全市优化体制机制，制定《诸暨市招商引资项目全生命周期服务机制》，建立各部门服务招商引资工作人员库，明确各职能部门的工作职责和时间要求，加强信息入库、项目谈判、签约落地、前期审批、开工建设、竣工验收、投产达产等环节的服务保障。聚焦重大项目招引，4 月 19 日和 8 月 18 日分别举办招商引资重大产业项目集中签约仪式，共有 42 个项目集中签约，涵盖智能制造、航空航天、数字经济、现代农业、铜材精密制造等领域。

【外资引进】2021 年，全市新批外资企业 22 家，新设项目总投资规模平均 1519 万美元，合同外资平均规模 879 万美元。全市累计总投资 38745 万美元，合同外资 21170 万美元，实到外资 13509 万美元，同比增长 20%。

（招商投资促进中心　杨铭霞）

境外投资及境外劳务承包

【境外投资】2021 年，全市新批境外投资项目 5 个，投资总额 8749.1 万美元，其中中方投资额 4358.3 万美元，同比下降 82.71%。

【境外劳务承包】2021 年，全市完成境外承包劳务营业额 1378 万美元，同比下降 68.37%。

（商务局　孟丹萍）

城乡建设

城乡规划

【概况】2021年，诸暨市深入贯彻中共十九届六中全会，市委十六届十三次全会等会议精神，聚焦“打造共富范例”总目标，强调规划引领、“杭绍同城”、提升城市风貌等重点工作，发挥规划在谋划区域协同发展、强化空间管控、统筹城乡一体化发展等方面的主导作用，加快国土空间规划编制进度，提升规划的精细化管理水平，严控规划审批制度，加强管理维护规划权威性。

【国土空间规划编制】2021年，诸暨市根据自然资源部、浙江省自然资源厅、绍兴市自然资源和规划局的统一部署进度，继续推进国土空间规划编制的各项工作。完成自然资源部“三区三线”划定试点统筹对诸暨的现场踏勘和深入调研工作，完成国土三调和基数转换、国土空间规划编制前期调查分析研究、重要空间平台规划专题研究、生态保护红线评估调整、过渡期城镇开发边界划订、“三区三线”两轮试划方案等工作，形成《诸暨市国土空间总体规划》(初步成果)，待上级下达耕地和永农保有量、城乡建设规模等约束性指标后，及时修改完善国土空间规划方案后可按程序上报审批。

诸暨市根据省厅文件以绍兴市局对诸暨市控制性详细规划工作的部署，开展控规“一张图”数据整合、建库和汇交工作，对全市域控制性详细规划进行摸底调研、数据整合、资料梳理，完成建库和汇交，完成诸暨市2020年度国土空间规划城市体检，做好各项数据收集测算和汇交工作。

【专项规划研究】2021年，诸暨市完成《诸暨市综合交通空间规划》《诸暨市中心城区道路网规划(2020—2035)》《诸暨市中心城区停车设施普查及专项规划》等专项规划的审查工作。完成《诸暨市中心城区局部地块控制性详细规划》的编制审查报批工作，配合审查各乡镇规划，如《诸暨市店口镇零星地块控制性详细规划》《诸暨市安华镇江北区块控制性详细规划》等规划，以上控规均获得市政府批复。完成《诸暨市土地征收成片开发方案》《2021—2022年度地块选址论证》的相关工作，协同做好《诸暨市高湖片区城市设计》《诸暨市G60创新港空间发展规划》的编制相关工作。

【村庄规划】2021年，诸暨市根据《绍兴市自然资源和规划局办公室关于有序推进村庄规划编制工作和推动建立驻镇村规划师制度的通知》(绍市自然资规办〔2021〕39号)文件精神，要求贯彻实施《绍兴市村庄规划建设条例》，按照《浙江省村庄规划编制技术要点(试行)》

等编制和审批规范要求，按“先试点、再逐步推开、后实现全覆盖”的要求，遵循“按需编制、应编尽编”的原则，完成两个省级“多规合一”实用性试点村次坞镇溪埭村和应店街镇巽坞村的村庄规划编制工作；同时根据上级工作要求，向各镇乡街道发送《关于诸暨市驻镇规划师制度的指导意见》，逐步建立驻镇规划师制度，同步开展市域乡村建设规划的各项编制工作。

【规划项目管理】2021 年，诸暨市进一步优化诸暨市城乡规划管理委员会审议审查机制，增设市农业农村局为市规委会成员单位。组织召开 6 次局建设项目审查会议，审查项目 231 个；召开 5 次市城乡规划委员会办公会议，审查项目 133 个；召开 4 次市城乡规划管理委员会会议，审查项目 59 个。全年共审批项目 73 个，审批建设规模地上建筑面积约 110.2 万平方米，地下建筑面积约 41.7 万平方米；规划验收核实项目 37 个，验收规模地上建筑面积约 99.5 万平方米，地下建筑面积约 37.2 万平方米。全年共审批宅基地 44 户，规模地上建筑面积 4671.62 平方米，其中规划新建 2000 平方米，拆翻扩建 2671.62 平方米。

【测绘地理信息管理】2021 年，开展测绘资质复审换证培训及指导工作，诸暨市 8 家测绘单位全部完成测绘资质复审换证。严格落实测绘安全生产管理工作，4 月中旬完成《诸暨市测绘与地理信息应急保障预案操作手册》的修订，全年贯彻落实测绘行业安全生产管理工作，督促测绘单位做好安全生产工作，4 月底对 2 家测绘单位开展安全生产实地检查。完善地图市场监管工作，5 月制订地图市场专项检查工作计划，采用自查及跨科室、跨部门联合检查等多种方式，对多个重点公共场所的地图使用情况开展全面检查。配合省厅及绍兴市局对被抽检的 5 家测绘单位开展“双随机”检查，检查结果均为合格。完成 2021 年诸暨市测量标志普查工作，整理统计测量标志现存情况并及时完成数据报送。按时完成《诸暨市城市地下市政基础设施普查实施方案》的发文，加快推进诸暨市城市地下市政基础设施普查工作。

【数字诸暨成果共建共享】2021 年，不断丰富基础地理信息资源，1:500 与 1:2000 基础测绘资源建设进一步推进，0.5 米全色航天遥感影像、0.2 米航空影像实现年度更新。开展地理国情监测工作，及时获取城市建成区和城市建成区绿化覆盖率及绿地率变化情况。推进地理信息公共服务平台建设，实现基础测绘成果的应用与共享。全年为各行政机关、各乡镇街道及各企事业单位免费提供各类地形及影像数据总面积约 3 万平方千米，实现基础测绘数据共建共享价值约 6000 万元，避免重复测绘，节约财政资金。

（自然资源和规划局　张瀚阳）

市政建设

【概况】2021 年，诸暨市市政建设围绕全域美丽建设、城市有机更新、基础设施完善提升等重点任务，开展美丽城镇建设、“污水零直排区”创建、“三改”专项行动、城区老旧小区改造、市政设施建设及维护、城市绿化提质、城市环境提升、生活垃圾分类处置等开展，完成既定目标任务。

【美丽城镇建设】2021 年，拟定城乡风貌整治提升行动方案，完成“东盛社区 + 城东中心区”和“枫桥 + 山下湖”2022 年样板区创建建设方案编制并明确项目清单（“东揽湖光·盛景浦江”城市新区风貌区和“枫江明珠·榧乡古镇”县域风貌区入选省首批“城乡风貌样板区”试点建设名单）。完成袁家未来社区征收拆迁工作和建设方案编制；东盛社区入选省第四批未来社区创建名单，并开展项目建设。2021 年度 2 个美丽城镇省级样板创建镇和 4 个省级达标镇全部通过省级考核验收（绍兴市唯一）。完成 2 个省级美丽宜居示范村和 2 个省级园林镇建设。

【“污水零直排区”创建】2021 年，完成新建及改造污水管网 12.79 千米；完成雨水管网建设 14.08 千米、提标改造 12.98 千米；完成雨污分流管网建设 13 千米。完成“污水零直排区”创建小区 2 个，城镇污水智能化项目建设改造 3 处。做好 29 个封闭小区“零直排”改造指导工作（完工 14 个，施工 15 个）。

【“三改”专项行动】2021 年，继续实施“三改”专项行动，累计完成房屋征收签约 1755 户，完成率 98.6%，签约金额约 81 亿元。

【城区老旧小区改造】2021 年，完成 8 个老旧小区改造（其中 2 个为示范小区）和 1 个邻里中心建设任务，拟定花园岭片区“暨阳印记”改造方案。完成既有住宅加装电梯 53 台，昶城名都小区开展整体加装试点。

【市政设施建设维护】2021 年，启动全市生活污水“厂网河一体”项目（一期）建设，开展可行性研究编制。完成通天渠改造工程和白马墩片区渠系改造任务，推进 4 个新建电排站（潭俞、潭头、大侣湖、杨树畈）建设，完成骆家山电排站工程建设；完成城区积水点改造 140 处，累计实施城区重点道路雨水管（渠）清淤约 450 千米。新建改建供水管网 10.5 千米，改造二次供水设施 4 个；全部开工 46 个农污设施提升改造项目；全面完成 753 个 20 吨以上农污设施标准化运维任务；整改完成闲置设施 10 个（6 个通过验收并考核销号）；完成 7 座污水处理厂开工任务；全部开工 8 个农村生活污水截污纳厂试点工程（6 个完成并通过验收，2 个完成形象进度 50%）。完成老旧燃气管网和表箱改造全年工作任务。

【城市环境提升】2021 年，加快落实绿地建设任务，新增各类绿地约 28 万平方米。完成省级绿道建设 79.4 千米。深化环卫保洁与维护工作，指导完成 20 座样板公厕提升改造任务。

【生活垃圾分类处置】2021 年，继续提高生活垃圾分类处置能力。餐厨废弃物综合处置项目实现稳定商业运营阶段，实现城区餐厨垃圾应收尽收；5 月，浬浦垃圾无害化处理中心项目建成投运，日处理垃圾超 350 吨；全市城区 65% 的主次干道（26 条）实行生活垃圾“定时定点”上门收集模式（超额完成绍兴 60% 的指标任务），全市 50% 的小区开展生活垃圾“定时定点”投放工作；创成 2021 年度浙江省高标准生活垃圾分类示范小区 9 个、示范片区 1 个；9 月，建成垃圾分类智慧监管平台。

诸暨国际商贸城建设

【概况】诸暨国际商贸城位于诸暨市城南，总规划面积 13.8 平方千米（核心区 4.5 平方千米），规划控制区北起环城南路、南至南三环线、东临开化江、西界洪浦江。2021 年，诸暨国际商贸城建设紧扣“车水马龙聚人气，打造活力金城南”的总体目标，旨在打造“城市花园首选地”和“新经济发展腹地”。

诸暨国际商贸城全年总投资超过 130 亿元，总建筑面积近 231 万平方米，在基本形成“一市十一城”（“一市”即一期市场，“十一城”即越美国际轻纺城、逸乐城文化广场、港龙国际食品城、东门木制品市场、诸暨国际健康城、乐家家居购物中心、越宁万汇城、港龙国际装饰城、欢乐世界、诸暨联想科技城、梦想小城共 11 个企业投资项目）市场集群格局的基础上，通过加快项目建设和二次招商，盘活存量资源，提振市场活力，不断丰富城南生活圈功能，“城南新城”窗口形象基本显现。

【招商选资】2021 年，依托商贸城区域控规调整，以盘活现有商业存量项目为招商重点，加强现有项目二次招商，洽谈新经济、新零售等产业，全年对接洽谈项目 30 余个。协助现有企业去除存量资源，进一步招引集聚区域人气项目，中国诸暨数字易货贸易示范园区、东门国

2021 年 3 月 7 日，诸暨人才交流网第六届春季大型招聘会在商贸城举办（商贸城提供）

2021 年 10 月 28 日至 30 日，第十五届中国·大唐国际袜业博览会在诸暨国际商贸城举办（商贸城提供）

际家装馆、一期市场网红直播基地等项目投入运营。

【项目建设】2021 年，实现复工项目 2 个、完工项目 1 个。商务楼复工并顺利推进，欢乐世界项目全面复工并结顶，销售展示中心投入使用；东门木制品市场 B 地块完工。协助越美国际轻纺城项目采取预重整模式助力企业脱困和资产盘活，成为绍兴地区首例预重整案。

【一期市场转型】2021 年，继续谋划一期市场转型升级方向，重点洽谈调研汽车城、国际易货中心、航海学院等项目。布局招商新零售业态，上海督强、武汉伯达尔等 13 家直播企业入驻运营"直播带货"新零售模式，引进茶叶公用品牌管理服务中心项目。举办第十五届中国·大唐国际袜业博览会、美食节等活动，实践数智化办展市场化运作、多维度协同的办展模式。

【商贸城配套建设】2021 年，与暨南街道深度融合，推进商贸城配套道路、堤防等工程建设。全年完成投资 2700 万元。加快土地开发利用，商贸城区域越美南侧(71 亩)住宅地块、新华医院南侧(58 亩)商住地块完成出让前准备工作。完成区内城新村涉及 486 户、12.33 万平方米建筑的"三改一拆"工作，推动区块有机更新。（商贸城　俞京京）

高湖蓄滞洪区改造工程

【概况】2021 年，高湖蓄滞洪区改造工程主要包括隔堤工程、分洪节制工程、排水站工程、河道整治工程、生态绿化工程和水质处理工程等六大工程，总投资 22.39 亿元。至年末，累计完成投资 20.7 亿元。

【工程进展】2021 年，高湖蓄滞洪区主体隔堤工程建成并启动竣工验收工作；7 条 35 千伏及以上高压线全部实现改迁通电；水质处理工程完成投资 1.2 亿元，其中开化江引水及湖区管道埋设工程完成 3 千米，东江引水工程完成水质中心建设主体工程；数字高湖平台基本建成并投运；高湖分洪闸完成投资 1800 万元，老闸拆除，新钢闸门制作与安装、启闭平台和景观工程施工中；高湖景观绿化工程新江段完工并验收。

【工程利用】2021 年 7 月 26 日，高湖蓄滞洪区基本建成后首次发挥

2021 年 7 月 26 日，高湖分洪闸启用分洪（王勇摄，水利局提供）

2021 年 7 月 27 日，分洪后的高湖湖区一角（高湖建管办提供）

"中分"防洪功能，在工程尚未全部完成情况下分洪 530 万立方米，最大分洪流量 200 米^3/ 秒，约占浦阳东江流量的 50%，降低浦阳东江下游及枫桥江下四湖漫堤决堤风险，缓解上游陈蔡水库、永宁水库水位上涨压力，保障浦阳江流域安全，为抗击台风"烟花"做出贡献。

（高湖建管办　何錡琪）

城市管理

【概况】2021 年，诸暨市持续推进城管"关键小事""智慧城管"平台建设、控违拆违、综合执法改革、规范化建设等重点任务。市综合行政执法局全年共办理一般程序案件 2556 件，罚款 3047.4 万元，重大案件 71 件，罚款 2238.35 万元，非现场执法 32 件，罚款 385350 元，新增案由 13 种，共立案查处 79 件，新划转接受其他单位移交共 58 起。

【城管"关键小事"】2021 年，市综合行政执法局选取群众最关心、最直接、最现实的 10 件民生实事，重点攻坚、集中突破。主要包括开展城市道路深度保洁和坑洞修复、规范店面招牌设置、乱堆乱放清理、"美丽公厕"提升行动、整治"最乱街区"和打造"最美街区"、绿化带保洁与管养、城区"裸土复绿"行动、加强非机动车道停车秩序管理、集镇市容秩序提升、规范城区洗车店占道经营乱象 10 个方面。共拆除违规广告 721 起，清理乱堆乱放 6714 起，抄告人行道违停车辆 7.2 万起，整治非机动车违停 4.5 万起。

【"智慧城管"平台建设】2021 年，诸暨市研发建设集实时监控、信息归集、研判预警、协调联动、督察考核于一体的"智慧城管"信息指挥系统，共安装市容监控 137 路，覆盖城区主要道路、重点区域等市容管控重点范围，对禁钓禁洗、车辆违停、占道经营等 40 余项市容违法行为进行信息采集、智能管控、违章提醒。

【秸秆焚烧高位监控系统】2021 年，在乡镇街道秸秆焚烧多发地段铺设 115 路高位监控，主要用于秸秆焚烧监控监管。9 月试运行后，共发现秸秆焚烧现象 193 起，发出警报提醒 193 份，全部在 15 分钟内处置完毕。

【"无违建"创建创先争优活动】2021 年，抓好"无违建"创建创先争优各项工作，以违法建筑全面排查为基础，以治违除患专项行动为抓手，对标考核指标，查漏补缺、精准发力，各项工作排名全省前列。累计处置违建 418 起，面积 54.91 万平方米，其中拆除 52.13 万平方米，补办手续 2.78 万平方米。

【"一支队伍管执法"乡镇综合执法】2021 年，聚焦"一支队伍管执法"，在店口镇改革试点基础上，拓宽赋权乡镇范围，对枫桥镇、牌头镇、次坞镇、山下湖镇、璜山镇、应店街镇、姚江镇、安华镇 8 个条件成熟的乡镇，依法赋予镇乡街道行政执法主体资格，以镇乡街道名义开展行政执法工作，行使 11 个条线 313 项行政执法事项。以店口镇为例，2021 年 3 月 16 日事项下放后，共办理一般程序案件 81 起，罚款 71.45 万元，实现从"分散执法"向"集中执法"转变、从"多头执法"向"综合查一次"转变，执法效率增强，治理效能提升。

【行政处罚事项划转】2021 年，梳理无执法队伍有执法事项及有执法队伍无乡镇派驻队员的市级部门的高需求、高频率、高综合的执法事项，向综合执法部门集中。经过两次执法事项统一调整，其他部门共划转事项 749 项。同时，建立

诸暨市枫桥镇综合执法大队“一支队伍管执法”平台（市综合行政执法局提供，摄于2021年12月）

行政执法职责争议处理机制，健全案件移送、联合执法、执法协助、执法督查、信息共享等配套机制，签订执法备忘录，全面界定部门监管职责，加强部门协作配合。

【文明规范公正基层中队创建】2021年，按照省文明规范公正基层中队标准要求，建设基层规范化中队，16个镇乡中队通过省级验收，枫桥镇中队被评为浙江省“枫桥式”综合行政执法中队。同时，强化党建引领作用，打造“一队一品”特色党建品牌，将“服务为先，执法为民”的理念落实到各项工作环节。

（综合行政执法局　赵若含）

供电用电

【概况】国网浙江省电力有限公司诸暨市供电公司（以下简称供电公司）下设暨阳、大唐、草塔、大西、姚江、店口、枫桥、璜山、浬浦、牌头10个供电所，担负着全市69.73万户客户的供用电任务。

2021年，完成供电量103.53亿千瓦时，同比增长16.51%；售电量100.63亿千瓦时，同比增长16.03%；最高用电负荷176.266万千瓦，同比增长7.93%，出现时间为7月13日13时18分。综合线损率2.80%，供电可靠性99.9858%，电压合格率99.896%。

2021年，全社会用电量107.6342亿千瓦时，同比增长16.45%。其中第一产业用电量0.3511亿千瓦时，第二产业用电量81.7696亿千瓦时，第三产业用电量11.7630亿千瓦时，同比分别增长5.90%、19.06%、15.17%；城乡居民用电量13.7505亿千瓦时，同比增长4.14%。

2021年，供电公司发挥企业“枫桥经验”在处理历史遗留问题、网格化服务等方面的作用。7月，出版企业“枫桥经验”研究领域的第一本学术著作《企业“枫桥经验”研究》书籍。11月27日，承办全省首届新时代“枫桥经验”与企业社会责任研讨会，再次获评浙江省企业社会责任标杆企业。“厕所革命”项目获第五届中国青年志愿服务公益创业赛铜奖、浙江省青年志愿服务项目大赛金奖。徐新获评国家电网公司劳动模范，何贝获评浙江省优秀共产党员、杰出工匠，黄杰、田富瑞获评浙江青年工匠，枫桥供电所获评国家电网公司电网先锋党支部、中国最美供电所，配网抢修指挥班获评浙江电力公司青年文明号。

【电力设施】电网。2021年，诸暨电网有500千伏变电所2座，变电容量450万千伏安；220千伏变电所8座，变电容量378万千伏安；110千伏变电所35座，变电容量338.6万千伏安；35千伏变电所17座（包含枫钢临时变、斯宅临时变、城东临时变、下塘临时变、街亭临时变5座临时变），变电容量41.15万千伏安。220千伏输电线路37条，总长694.33千米。110千伏主变74台，容量347.8万千伏安，110千伏线路76条，总长度697.79千米。35千伏变电所49座（含电厂和用户），主变压器109台（含电厂和用户），容量77.7215万千伏安，35千伏线路68条（含电厂和用户），总长度556.501千米。10千伏变压器19727台（含电厂和用户），总容量713.739万千伏安，10千伏开关站331座、双电源高配客户137个。10千伏线路759条（含用户专线），总长度5616.123千米。低压线路11232.587千米。

2021 年诸暨市余热发电企业发电情况一览表

表 11

企业名称	投产时间	装机容量（千瓦）	年发电量（万千瓦时）	最高发电负荷（千瓦）	出现时间	节能减排情况
浙江云石水泥有限公司	2009 年 1 月	4500	—	—	—	—
诸暨水泥有限公司	2008 年 8 月	4500	2459.6	4704	2021 年 3 月 31 日 14 时 45 分	节标煤 8607.7 吨，二氧化碳减排 19674.2 吨
浙江上峰建材有限公司	2010 年 1 月	4500	2298.38	4952	2021 年 9 月 16 日 21 时	节标煤 8043.5 吨，二氧化碳减排 18384.6 吨
合计	—	13500	4757.98	—	—	节标煤 16651.3 吨，二氧化碳减排 38058.9 吨

电厂。2021 年，诸暨市共有火力发电厂 3 座，装机容量 86.06 兆瓦，与上年持平，年发电量 4.1753 亿千瓦时，同比增长 16.49%；水电站 41 座，比上年减少 4 座，装机总容量 22.195 兆瓦，同比减少 3.48%，年发电量 0.2665 亿千瓦时，同比下降 24.44%。

余热发电企业和垃圾焚烧电厂。2021 年，诸暨市有 3 家余热发电厂和 2 家垃圾焚烧电厂。垃圾焚烧电厂为浙江诸暨八方热电有限责任公司和诸暨三峰环保能源有限公司。2021 年，装机容量 34 兆瓦，发电量 17412.18 万千瓦时，焚烧垃圾 46.14 万吨。共有供热管道 100 千米，用热客户 165 家。

水力发电。2021 年，诸暨市共有 500 千瓦及以上电站 22 座，装机容量 25.54 兆瓦；500 千瓦以下电站 20 座，装机容量 5.55 兆瓦。年总发电量 2665.39 万千瓦时，比上年减少 861.90 万千瓦时。

光伏发电。2021 年，新增光伏并网 90 户、发电容量 2.58 万千瓦。至 2021 年年底，总计光伏发电并网 5360 户、发电容量 22.50 万千瓦。全年发电量 19396.63 万千瓦时、上网电量 7970.81 万千瓦时。

【电网建设】2021 年，供电公司促成国家电网绍兴供电公司与诸暨市政府签署战略合作框架协议，“十四五”诸暨电网投入将达 37 亿元。成立电网规划管理委员会，滚动修编“十四五”电网发展规划，推动电力设施布局纳入国土空间规划。建成投运 500 千伏诸北变二期扩建 220 千伏送出工程和 220 千伏白塔变三号主变，按期推进特高压调相站、220 千伏西南部补强工程，开工建设 110 千伏城北变，完成 220 千伏凰桐变、110 千伏思安变选址及方田变可研评审。新投 10 千伏线路 118 千米，新上调换变压器 458 台，完成农村公共服务电力配套提升市级民生实事工程。建成绍兴首条跨供区互联光缆，改造开关站 95 座，安装智能开关 200 台、故障指示器 1234 套，投运 FA（馈线自动化）20 组，配网自动化覆盖率提升至 92.51%，绍兴范围首次利用配网智能设备完成变电站整站负荷全停全转。推行配网线路综合改造，整改末端无效联络线路 92 条，综合检修线路 24 条，单辐射线路全面清零。依托数据中台建设，完成站内图、单线图、联络图绘制校核，图图、图实一致率达 100%。

【安全生产】2021 年，梳理各级安全责任清单和安全工作清单，落实历次安全巡查检查问题整改。始终紧盯安全管理现场风险和薄弱环节，发挥供电公司安全管控中心和安全稽查大队一体化运作优势，查处违章 792 起，违章处罚 86 人次。分层开展各级安全培训，举办秋季安全论坛，推广班组安全活动样板。联合发改局、应急管理局等 6 个部门集中治理输配电设施火灾隐患，应对“5·10”等强对流天气和台风“烟花”影响，做好能耗双控、有序供电等电力保供工作。利用网络科技，提升数智管理。建设 5G 视频监控，依靠视频监控设备的监控报警功能，实时掌握作业人员安全措施落实情况。试点个人信息制作安全码，通过运用先进网络科技，发挥远程视频稽查和安全码功能，增加稽查的覆盖面和信息掌控的实效性，提升安全管理水平。

【用电服务】2021 年，继续深化“业扩一站通”报装模式应用，推进新型供电服务体系建设。按照“能并则并，能简则简”原则，将除高危、重要客户及双电源供电客户外的高压客户办电环节压缩至 3 个的基础上，对容量小于 500 千伏安、方案较简单的普通高供低计企业用户全面推广应用供电方案现场答复模式。

创新乡村振兴二十四节气表，推广“社会救助对象认定 + 免费用电基数申请”线上联办，转型升级 4 个“无人化”营业厅，农村供电服务“枫桥模式”获国家电网公司调研肯定。引进中压发电车同期并网装置、绝缘脚手架带电作业等新技术新设备，计划停电时户数同比下降 88.47%。推广 App“网上国网”5.96 万户，新增居民智能缴费 10.83 万户，客户服务数字化指数全省第一。

供电公司通过“百企千户”走访活动，落实反馈问题建议 48 项。联合店口镇政府开展“惠民助企”活动，推广临时用电标准化租赁服务，降低企业办电成本。延伸用户专变服务内涵，推出用户专变设备诊断、安全工器具检验、过载预警提醒等助企服务，提高企业专变运维水平，消除安全隐患。完成中国共产党成立 100 周年、CBA 联赛、袜博会等重大活动保电任务 26 次。

（供电局　谢梦婷）

2021 年诸暨市液化石油气储配站分布和规模情况表

表 12

站名（位置）	储罐规模（立方米）
浙江海越股份有限公司（市区）	2200
诸暨市浙石液化气有限公司（大唐）	400
浙江省诸暨市湄池液化气有限公司（店口）	200
诸暨市天兴液化气有限公司（浬浦）	200
诸暨市余达燃气有限公司（店口）	200
诸暨市南光燃气有限公司（牌头）	300
诸暨佳乐燃气有限公司（次坞）	100
诸暨市枫桥煤气有限公司（枫桥）	100
诸暨市应店街煤气站（应店街）	100
诸暨市赵家液化石油气储配站（赵家）	100
诸暨市直埠新桥液化石油气储配站（直埠）	100

燃气供气用气

【瓶装石油液化气】2021 年，全市共有液化石油气储配企业 11 家，总储罐规模 4000 立方米，总用户数约 25 万户，实名登记率 100%，在用钢瓶数 42 万个，信息化监管比例 99.8%。

【管道天然气】2021 年，诸暨市管输气气源为省级管网天然气，有 2 个管输气气源点，分别为“西二线”的诸暨分输站（接入大唐门站）和“杭甬支线”的临浦阀室（位于萧山区临浦镇，接入店口门站）。应急气源为次坞气源站［LNG（液化天然气）应急站］和大唐应急调峰站（LNG 应急站）。全市共有管道天然气企业 2 家，分别为诸暨市天然气有限公司和诸暨余达燃气有限公司。其中诸暨市天然气有限公司建有高压管线6.4千米，管径为815毫米，次高压管线36千米，中压管线948千米，低压庭院管线722千米；设有办公大楼2处，场站7处；开发工商业用户1971户，居民用户12.8万户，年供气量2亿立方米。诸暨余达燃气有限公司共有次高压17千米，管径219毫米；中压管道110千米，管径89毫米至315毫米；低压管线45千米，管径25毫米至200毫米；有店口门站1座，其中工业用户近210户、公服餐饮50余户、民用户约1.1万户，全年供气量近6000万立方米。

【天然气汽车加气站】2021年，市交通运输局下属交投公司有天然气汽车加气站3座，分别为天天CNG加气站（位于环城东路天天加油站，10月起暂停营业）、城西综合供能站（位于城山社区浪堰自然村）和城东公交加气站（位于安平东路与环城南路交叉口的交投集团停车场内）。全市有460辆天然气出租车，297辆天然气公交车和环卫车，全年用气量LNG（液化天然气）401万公斤、CNG（压缩天然气）331万立方米。

（建设局　徐雨婷）

供油

【概况】2021年，全市共有64个加油站，正常营业为62家，2家歇业。分布在23个镇乡街道，全年汽油销售25.70万吨，柴油销售7.0万吨。

【新建加油站】2021年，全市新增1家中石油东和加油站。在建加油站2座，分别为宾利加油站（暨南街道千秋桥）和大越加油站（暨阳街道诸店线）。

【加油站日常监管】2021年，共检查加油站178座次，检查通报文件1次。

（商务局　孟丹萍）

供水排水

【概况】诸暨市全年供水首次突破亿吨大关，达1.03亿吨，同比增长5.14%，7月15日，日供水量达33.39万吨，为历史新高；完成污水输送7172万吨，同比增长6.08%。全年实现营业收入22.49亿元，综合效益2.4亿元。

全年新增用水户26128户，抄表用户达476910户，供水区域遍布22个镇乡街道、1097个自然村，受益人口约103.7万人（含外来人口）。持续推进分区计量建设，持续提升水压、流量等数据的精准采集、分析、应用，建成一级分区8个、二级分区32个、三级分区129个、四级分区1851个，产销差率、水费回收率等各项刚性指标持续向好。

全年完成管网清淤、疏通、检测22千米，完成26个泵站、125台次潜污泵附属设备系统性维修保养，完成农村生活污水管道检测50千米。接收7081户农户污水处理设施，实现20吨以上标准化运维全覆盖。费用收缴颗粒归仓，完成自备水企业污水处理费收入1098.95万元，完成自备水水资源费收入141.77万元。两项费用收缴率继续保持100%。

城北水厂现代化创建工作有序推进，完成20项年度计划清单，完成ISO质量认证体系认证和省级卫生监督A级量化评审。落实185个农村供水站管理职责，完成32处千人以上农村供水站提升改

东白湖镇斯宅村农村供水站（水务集团提供，摄于2021年12月13日）

高湖水质提升工程现场(水务集团提供,摄于 2021 年 11 月 8 日)

造,“美丽水站”范本打造初见成效。制订水库鱼经营计划,11 月初以石壁水库为试点开通线上售鱼渠道,“浣江渔影”品牌不断推广。

【重点工程建设】2021 年,重大工程建设情况 3 项续建,那陈蔡水库加固及综合治理工程、智慧水务建设工程、石壁水库饮用水源地岭北镇截污纳管工程;2 项新建,那诸暨城区配套污水管线建设工程、供水管道改造工程;1 项前期准备,那诸暨市城南 4# 泵站(商贸城区域)建工程。6 项重点工程建设任务完成有效投资 5.75 亿元,投资形象进度超过 110%,超额完成上级部门考核指标要求;完成金大地区域的原水管线迁改工程,管线布局进一步优化,提升金大地仓库土地使用效率,首次尝试土石方公开拍卖。

【供水安全保障】2021 年,完成中高考、CBA 篮球赛等重大活动保供水重点任务。强化问题导向,摸排了解包括大型医院、学校、消防队等 43 家需要不间断供水或因停水会造成重大影响的用户,专门制定《重点用户双路供水保障工作推进方案》,实施“一户一策”,通过加装水表、改造或调整局部管网布局等方式,实现双路供水,提升供水保障能力。

【智慧水务】2021 年,诸暨市围绕“三年基本成型、五年全面完成”目标,按照“建是基础、用是关键、人是根本”要求,制水、供水、排水聚焦“精细管理、营商环境、日常运维、生态环保”等工作做好深度应用文章,建立起“一数一源”“一源多用”数据共享机制,“一张图”综合展示涉水数据,为给水功能应用提供精准、有效数据服务支撑,各大系统、子模块等场景应用效果良好。同步升级用水报装系统、微信掌上营业厅、“96390”供水服务热线等,28 项重点用水业务从线下搬到线上,全天候 24 小时供水热线精准“一对一”服务,老百姓办事无须找“熟人”。通过网上受理,后台流转,实时审结,实现综合性、一站式快办,确保“让数据多跑路,群众少跑腿”。全年共计下派工作单 23621 件,结案率 100%,满意率达 99.9%。

【综合服务】2021 年,诸暨市继续对低保户、低保边缘户、“三无”对象、五保户和困难职工等群体开展免费接水工作。全年新增 2739 户,累计 4849 户享受优惠,全年减免水量 10 余万吨,减免水费 30 余万元。因地制宜,分类推进 16 个小区高层二次供水改造,保障高层居民用上放心水。自行采购保温棉,提前做好全市 20.5 万个水表防寒抗冻工作。

水务部门完善“221”工作法(用水申请至通水时间不超过 2 个工作日、环节精简至 2 个、申请材料精简至 1 份),专门制定优化营商环境考核细则,把实现企业用水报装工作目标列入各营业所、科室生产经营责任制考核,加强结果运用。提前对接发改局等部门,摸排了解企业需求,同步组建受理、设计、施工三大专班,开放涉水服务线上办理通道,协同提高企业用水办理效率,全年完成企业接入用水 80 余单,处置及时率达 100%。

(水务集团　蒲狄)

新能源

【能源“双控”】2021 年,通过全市工作方案,将任务目标分解到各镇乡(街道)和重点用能企业,加强重点用能单位的节能管理。2021 年,全市规上工业增加值能耗同比下降 7.0%。全市入选循环经济“850”项目(以“八个一批”为抓手,每年确立并推进 50 项循环经济重大建设项目)9 个。

【充电桩建设】2021 年,继续做好充电桩建设相关工作,建设公用充电桩 45 个,完成上级任务的 100%。规范个人充电桩安装程序,超额完成充电基础设施建设任务。

【光伏工程推进】2021 年,全市完成光伏安装 38.6 兆瓦,做好 130 余家安装光伏的企业及 4000 余名自然人的补贴兑现工作,并做好光伏发电量的补贴兑现工作。

【萧义线工程】2021 年,萧义线工程继续推进,完成投资 3.2 亿元,4 座阀室和线路工程基本完工,达到通气条件。 (发改局 许利保)

诸暨华纬科技股份有限公司屋顶 2 兆瓦分布式光伏工程俯瞰(发改局提供,摄于 2021 年 10 月)

生态环境

2021年，诸暨市以平安护航建党百年为重要主题，以持续改善生态环境质量为核心，以建设生态环境治理现代化为目标，以解决群众关心关切的环境问题为抓手，打好生态环境巩固提升持久战，推动绿色低碳高质量发展，协同推动生态环境高水平保护和经济高质量发展。全市空气质量优良天数比例为95.6%，同比上升2.4个百分点；$PM_{2.5}$平均浓度为27微克/立方米，同比下降6.9%；浦阳江诸暨段出境水质保持Ⅲ类及以上水质，17个县控及以上考核断面达标率100%，集中式饮用水源水质达标率100%环境质量稳定向好。（生态环境局　严嘉佳）

2021年12月31日，诸暨市生态环境分局、市疾控中心检查医疗废物处置情况（生态环境分局提供）

环境质量

【水环境状况】2021年，城市集中式饮用水源地水质达标率为100%，全市饮用水源地水质平均指标达标率为100%；诸暨市行政区域河流断面水质考核结果为良好，其中开化江街亭断面、浦阳江安华断面、浦阳江浣纱桥断面、壶源江汤家村断面年均水质均为Ⅱ类，浦阳江湄池断面年均水质为Ⅲ类，各断面年均水质均与2020年持平。

【大气环境状况】2021年，市区环境空气有效监测天数为365天，环境空气质量优良天数为349天（优160天、良189天），优良天数占95.6%，较2020年提高2.4个百分点。轻度污染天数为15天，占4.1%；中度污染天数为1天，占0.3%；重度污染天数为0天。$PM_{2.5}$年平均浓度为 27 微克 / 立方米，同比下降 6.9%。城区降尘年平均值为 2.58 吨 / 平方千米 · 月，较 2020 年下降 0.07 吨 / 平方千米 · 月，低于浙江省大气降尘控制标准(8 吨 / 平方千米 · 月)。全年酸雨频率为 0，较 2020 年下降 3.8 个百分点。

【声环境质量】2021 年，城区居民文教区、混合区、工业区、交通干线两侧昼夜等效声级分别为 49.9 分贝、55.7 分贝、61.6 分贝和 62.6 分贝。与 2020 年相比，工业区、交通干线两侧等效声级有所上升，居民文教区、混合区等效声级有所下降。交通噪声等效声级平均值为 63.4 分贝，比 2020 年下降 0.6 分贝，道路交通噪声质量等级为好，各路段均达标。城市区域环境噪声(白天)等效声级为 54.6 分贝，较 2020 年上升 0.9 个分贝，等级为较好。

(生态环境局　冯材江)

【固体废物状况】2021 年，全市工业固体废物产生量 29.44 万吨，其中危险废物产生量为 7.23 万吨。工业固体废物利用处置量为 29.48 万吨，处置利用率为 98.4%。全市医疗废物产生量为 1207.8 吨，无害化处置率为 100%。

环境监测

【概况】2021 年，诸暨市开展辖区内地表水、饮用水源地、环境空气、城区噪声、重点流域地表水等环境质量监测工作，共获得水环境质量监测数据 37.59 万余个，空气环境质量监测数据 77.47 万余个，声环境质量监测数据 1.75 万余个；全年共完成辖区 27 家污水重点排污单位、19 家废气重点排污单位、6 家危废经营单位、4 家一般固废经营单位、28 家重点危废产生单位、26 家辐射重点监管单位、24 家其他监管企业等污染源采样监测。加大环境空气质量、饮用水地表水源地水质、重点污染源数据信息公开力度，保障公众的知情权，共发布空气质量日报 365 期、环境质量月报 12 期。

【环境监测能力建设】2021 年 12 月，投资 400 万元新建新城小学站点，搬迁运管所站点，实现建成区东、南、西北三位一体的城市空气监测布局。通过布局调整，各监测点之间实现相互协调，能客观反映市区空间范围内的环境空气质量水平和变化规律，客观评价城市、区域环境空气状况及污染源对环境空气质量的影响。投资 1445 万元实施 9 个乡镇饮用水水源地水质自动监测能力提升项目，完成项目建设并验收。投资 79 万元新增大气低浓度采样器、电动土壤采样器、地下水采样器、便携式 pH 计等设备，进一步提高现场采样能力，适应因标准要求变化而提出的更高环境监测设备需求。

(生态环境局　冯材江)

治理与保护

【概况】2021 年，诸暨市深入践行绿水青山就是金山银山理念，坚持精准科学依法治污，打好空气质量巩固提升战、水生态保护深化战、土壤污染防治持久战、固废污染防治攻坚战，推进全域“无废城市”建设。9 月，做好省委生态环境保护专项督察迎检工作。11 月 24 日，印发《诸暨市贯彻落实第二轮中央生态环境保护督察报告整改方案》，完成 120 件交办信访件整改销号工作。全年未发生较大以上环境污染事件和因环境问题引发的群体性事件。3 月 3 日，诸暨市被评定为全省第三批清新空气示范区。　(生态环境局　严嘉佳)

【大气污染防治】2021 年，诸暨市强化大气环境治理巩固工作，借助各类“智慧平台”，开展工地扬尘、秸秆禁烧、工业污染源智能化监管。推进重点企业技术改造和绿色转型升级，完成淘汰落后产能项目 38 个，整治提升“低散乱”企业 206 家，燃气锅炉低氮改造 7 台。6 月 11 日，发布《绍兴市生态环境局诸暨分局关于明确诸暨市内涉 VOCs 排放企业(项目)环境管理要求的通知》，深化 VOCs (挥发性有机化合物)深度治理，完成 40 家企业提升整治和淘汰工作，完成 377 家企事业单位 VOCs 治理突出问题排查。推进非道路移动源绿色化工作，加强建设工地柴油移动源排放管理，完成非道路移动源上牌 534 辆，绿色化认定 605 辆，抽查抽测 37 辆次。

【水污染防治】2021 年，继续推进水环境质量巩固提升工作，实施工业园区“污水零直排区”建设提升行动，完成 8 个工业园区“污水零直排区”创建并通过验收。推进良好湖库生态环境保护工作，完成石壁水库全指标分析及“一源一策”方案编制。加强浦阳江流域污染治理工作，开展浦阳江湄池、街亭断面走航监测分析，完成“一点一策”报告编制，开展浦阳江生态缓冲带划定与生态修复等工作。

（生态环境局　杨雨晴）

【土壤污染防治】2021年5月24日，印发《诸暨市土壤、地下水和农业农村污染防治2021年工作计划》。开展全市40家土壤重点监管企业土壤及地下水自行监测工作，并主动公开监测结果。开展6家土壤重点监管企业设施设备拆除活动，均按要求编制拆除方案，落实拆除活动污染防治责任。强化污染地块部门联动监管，严格执行建设用地变更前土壤污染调查制度，完成36场次土壤污染状况调查评审工作。全市污染地块安全利用率100%。

【固废污染防治】2021年3月3日，印发《诸暨市危险废物治理专项行动方案》；2021年4月12日，印发《诸暨市工业固体废物治理2021年工作计划》。强化固体废物网上申报登记、转移计划审批、管理计划备案等制度落实，全年共计1170家企业完成固废在线申报登记。推进小微企业危险废物统一收运工作，全年工业源和社会源小微产废单位签约967家，收运危险废物570余吨。

【“无废城市”建设】2021年，继续推进全域“无废城市”建设工作，基本完成“四张清单”指标任务。至年末，目标清单55项，其中省定指标33个（必选指标28个、参考指标5个）、自选指标22个，完成率98.18%；责任清单26项，完成率100%；任务清单26项，完成率100%；项目清单41项，完成率100%。

（生态环境局　陈瑾）

【环境监管执法】2021年，开展“百日攻坚”、“绿剑”行动、零点行动等专项执法，持续保持环境违法行为高压打击态势。全年累计立案117家，行政处罚95件，处罚金额896万余元，限产1件，查封2件，移送公安机关7件16人，其中行政拘留移送3件4人，涉嫌刑事移送4件12人，典型案件曝光2起。推进“双随机、一公开”（在监管过程中随机抽取检查对象，随机选派执法检查人员，抽查情况及查处结果及时向社会公开）制度和全天候24小时生态环境监管执法机制，共抽查企业5286家次，其中“双随机”抽查617家。建立生态环境领域风险重大隐患问题排查发现预警机制，对全市电镀园区、熔铸行业、重点涉气企业启动动态监管预警工作，通过非现场监管模式严厉打击环境违法行为，全年查处违法行为3起，其中通过大数据分析查获的某印染企业人为干扰在线监控设施超标排放废水案入选省级典型案例。健全应急预案体系，推进重点工业企业突发环境事件应急预案备案和修编工作，全年编制申报备案企业67家。开展危化品车翻车事故应急演练，全年未发生重大突发环境事件。

【环境信访受理调处】2021年，受理各类环境信访548件，同比增长1.7%。化解信访积案，通过镇街联动、部门联动，加大信访积案化解力度，全年完成积案化解1件。完善信访调处机制，2021年5月25日制定《诸暨市环境保护人民调解工作规程》，充分利用调解的方式，调处化解涉及环境污染的损害纠纷，防止群众矛盾激化，全年通过调解处理信访件4件。

（生态环境局　张菲柯）

【环境影响评价审批】2021年，继续做好项目环境影响评价审批服务，全年审批备案建设项目573个，其中报告表（书）项目402个、登记备案项目171个。深化镇乡（街道）工业园区“区域环评＋环境标准”工作，全年完成诸暨市店口镇工业园区控制性详细规划（修编）、诸暨市陈宅镇工业园区控制性详细规划、诸暨市枫桥镇工业园区控制性详细规划（修编）等3个集镇区域的规划环评审查工作。

（生态环境局　周诚程）

生态建设

【概况】2021年，按照“生态文明建设要先行示范”的要求，高质量推进自然生态体系建设，推进新时代美丽诸暨建设。5月17日，诸暨市获2020年度“五水共治”（河长制）工作“大禹鼎”银鼎、美丽浙江建设（生态文明示范创建行动计划）工作考核优秀单位2项荣誉。5月26日，诸暨市获2020年度美丽绍兴建设（生态文明示范创建行动）工作考核优秀单位荣誉。

【新时代美丽诸暨建设】2021年9月16日，诸暨市发布《诸暨市生态环境保护“十四五”规划》。2021年9月27日，发布实施《深化生态文明示范创建高水平建设新时代美丽诸暨规划纲要（2020—2035）》。

2021 年诸暨市生物多样性调查评估底栖和浮游生物种类一览表

表 13

类别	种数
浮游植物 79 种	蓝藻门 8 种、绿藻门 30 种、硅藻门 27 种、隐藻门 6 种、甲藻门 2 种、裸藻门 6 种
浮游动物 93 种	轮虫纲 46 种、甲壳纲 30 种、根足虫纲 12 种、纤毛虫纲 5 种
底栖动物 208 种	环节动物门 19 种、节肢动物门 158 种、软体动物门 31 种

诸暨市与丽水市生态环境局遂昌分局开展“推进两山转化 携手山海共富”战略合作，发挥优势互补，强化交流互助。落实市镇两级生态环境状况报告制度，持续开展浦阳江上下游地区生态补偿工作。完成美丽绍兴建设年度考核任务。

【全域生物多样性调查评估】2021 年，继续开展全域生物多样性调查评估，在完成底栖和浮游生物调查评估基础上，扩展调查种类，开展陆生野生动植物、昆虫、大型真菌等 8 项调查评估，总调查评估计划 2022 年年底完成。配合做好云南 COP15 大会会务承办及展览工作，山下湖珍珠、枫桥香榧 2 个产业入选浙江展馆。

【生态示范和绿色系列创建】2021 年，开展省级生态文明建设示范市自查，编制 2018—2020 年度创建指标自查报告。启动“绿水青山就是金山银山”实践创新基地创建准备工作。12 月，浙江诸暨八方热电责任有限公司被命名为全省第十一批生态文明教育基地。推进绿色家庭、绿色学校等“绿色细胞”创建工作，2021 年创成省级绿色家庭 2 户、绍兴市级绿色家庭 10 户、绍兴市级绿色学校 4 所。

（生态环境局 许蓉）

【碳达峰碳中和研究】2021 年，将碳达峰碳中和工作与美丽诸暨建设、污染防治攻坚战统筹推进，建立减污降碳协同治理工作机制。12 月完成编制 2020 年度诸暨市温室气体清单，督促 20 家碳排放重点企业完成温室气体排放报告。开展碳达峰路径研究，分析研判 2010 年至 2021 年全市碳排放情况及趋势。围绕“GDP、人口、能耗强度、碳强度”等指标，配合绍兴市级做好达峰年份和峰值的情景测算，提出重点领域相关建议。开展省级“零碳低碳”试点建设工作，申请低碳镇试点 1 个（山下湖镇），低碳村试点 5 个（次坞镇溪埭村、璜山镇溪北村、五泄镇十四都村、赵家镇东溪村、马剑镇建辉村）。

（生态环境局 杨雨晴）

【生态文明体制改革】2021 年，共实施改革工作项目 8 项。深化生态环境损害赔偿制度，全年完成评估和赔偿项目 6 件，赔偿金 220 余万元。其中 1 起非法捕猎野生画眉鸟案件，是绍兴市首例涉及生物多样性破坏珍稀野生动物和生物多样性保护的生态环境损害赔偿案件。推进环境污染责任保险制度，在前期试点经验基础上，聚焦提质扩面工作，完成全市重点医疗机构参保工作，并申报标准化试点。全年全市重点排污单位参保企业 41 家，投保金额 65 万元，保险额度约 1 亿元；赔偿受灾企业 5 家 51 万元，赔付比为 78%。

（生态环境局 韩姣囡）

【生态环境领域数字化改革】2021 年 9 月，诸暨市完成绍兴市“三大行业”污染物排放自动监测数据标记和电子督办工作，进入试运行。11 月，实现省市县三级贯通，督查整改板块及数字政府专题生态环境板块上线运行；完成污染源在线监测监控设施新建、改建及一体化改造任务，完成率 90% 以上。根据产业行业特点，对电镀园区、熔铸行业等 38 家企业 195 条产线用电量全过程监控。4 月，发布《诸暨市排污单位污染产生与治理设施联动监管预警处理办法（试行）》，降低企业生产过程中的违法行为，提高数字化监管水平。强化安全防护能力，投资 97.38 万元完成网络安全等级保护 2.0 标准建设及网络安全等级测评，保障网络信息安全。

【生态保护和环境治理业投资】2021 年，诸暨市完成生态保护和环境治理业投资 7244 万元，比 2020 年增长 36.99%。其中废包装桶、废乳化液处置项目、尾矿综合利用、水泥超低排放改造等生态保护和环境治理项目投资均超千万元。

（生态环境局 寿童华）

交通运输

2021年，诸暨市结合“全面与杭同城”和“十四五”综合交通规划，抓牢“有效投资、安全生产、品质出行、党风廉政”四条线，推进“数智交通”，在打造“重要窗口”、争创“现代化先行省”的市域发展之路中提供交通支撑。

杭绍同城不断深化。柯诸高速于10月中旬完成土地预审及规划选址审批；诸义高速施工许可及初步设计完成招标后进行施工许可研究；诸嵊高速线位方案完成初步论证；绍大线外移工程（枫山线、枫店线）完成初步设计审查；绍大线先行段虎山隧道工程进场施工。诸暨—上海南城际列车于4月10日正式开行。

交通强市继续推进。交通强市领导小组专班成立，配合做好《绍兴港总体规划2018—2035》《绍兴市公路发展规划》编制工作。《诸暨市综合交通运输发展“十四五”规划》及《诸暨市综合立体交通网规划(2021—2050)》完成编制并印发。

“四好农村路”全国示范县争创工作，6月通过省级考核，9月完成交通运输部专家复核。11月完成创建公示。

浙江省、绍兴市、诸暨市三级民生实事全部完成。其中省级民生实事完成新（改）建农村公路18.6千米，完成农村公路养护123.9千米。绍兴民生实事完成农村公路提升改造27.7千米。诸暨民生实事完成农村公路特殊路段亮化工程总里程66千米。完善公交基础设施，新建公交首末站（停保场）1个，乡镇新能源公交充电站1个，公交电子站牌10个，新增或更新公交车66辆，新增ETC（电子收费）应用场景2个并投入运行。

行政管理。2021年淘汰10年以上、排放标准为国三级以下大型载客汽车18辆，完成800千米以上客运班线清理，农村客运班车联网联控接入上线率已达100%，危货企业全部落实车辆进出检查、“一车一档”管理，罐车100%完成罐体检查。完成1处省级、4处绍兴市级、10处诸暨市级（含绍兴3处）挂牌整治提升工作。交通建设工程隐患排查专项行动，共发现主要质量安全隐患219处，实际整改及消除隐患219处，隐患整改率达100%。疫情防控严格落实运输场站、运输工具的消毒通风、运输组织、测温验码、人员防护、防疫宣传等措施，强化进出中高风险地区客运管控。

交通基础设施建设

【公路大中修】2021年，结合“四好农村路”全国示范县创建工作，做好公路大中修、小修保养、路域环境专项整治，完成国省道大中修工程里程合计13.3千米，总投资1898万元。完成县道大中修工程涉及14条县道共48千米，总投资6000万元。

【路面修补及病害处治】2021年，共清扫路面270871.4千米；完成路面灌缝82740米；使用沥青混凝土46706.31吨；清理边沟443.29千米；整理路肩边坡166455平方米；清理堆积物1454.4立方米；清理塌方61处，塌方量11883立方米，完成路基挡墙修复30处。

【交通配套设施管理】2021年，在县道以上公路共计完善及更换公路标志牌800余套，漆画热熔标线46000平方米，双组分标线1700平方米，增设及更换减速带945米、爆闪灯43套、黄闪灯6套、突起路标8000多个、示警桩560多根。安装、维修花格式护栏8078米，防眩护栏2257米。

城市公共交通

【公交线网优化】2021年，城市公交线路新增1条，优化完善线路5条，城乡公交新增线路22条。完成自然村公交通达20个。

【基础站场建设】2021年，完成建设改造王家井乡镇运输服务站，新建公交候车亭85个。

【新能源公交投放】2021年，优化公交车辆能源结构，新增、更新城市新能源公交66辆，用于进一步新增线路、增密班次、更新老旧车辆。城市新能源公交车占比达到92.11%，居全省县级市前列。

公路客货运输

【旅客运输】2021年，全市公路旅客运输企业主要有8家，分别是诸暨市公共交通有限公司、诸暨市城乡公交有限公司、诸暨市客运旅游出租有限公司、诸暨市长运快客运输有限公司、诸暨市长龙汽车运输有限公司、诸暨市汽车运输有限公司、诸暨市联合旅游汽车出租有限公司、诸暨市长荣城际客运有限公司。有营业性客车204辆，7848个客位（不包括出租车和公交车）；全市营业性汽车客运量157.48万人。

【班线客运】2021年，全市旅客运输从业人员327人，拥有营运班线33条。其中跨省6条6辆279个客位，跨市22条45辆1606个客位，跨县5条11辆364个客位。

【城乡城市公交及出租车】2021年，全市有城乡公交车525辆20800个客位，城乡客运线路304条。拥有市内公交车393辆，公交线路49条，公交年运输量近4062.7万人。拥有出租车533辆。

【货物运输】2021年，全市汽车货运从业人员3342人，拥有营运货车3601辆，吨位共计80209.8吨。其中个体1364辆，占总营运货车的37.9%。其中危险品货物运输企业11家，拥有危险品运输车辆226辆。全市货运量2958.46万吨，货物周转量243603.46万吨千米。

【道路运输相关行业】2021年，全市共有货运代理经营123家。有汽车维修企业1133家（户），其中一类14家、二类118家、三类673家，摩托车修理53户，快修414家；汽车综合性能检测站4个；全年维修车辆94.2万余辆，检测车辆4990辆次。全市有汽车驾驶员培训学校18所，拥有教练车1323辆，全年培训汽车驾驶员60301人。

水路客货运输

【水路运输】2021年，共完成水路客运量32.367万人次，完成周转量272.4万人千米，同比分别增长142.6%和104.4%。完成水路货物运输量551.7万吨，周转量109959.2万吨千米，同比分别增长1.1%、下降4%。

【港口吞吐量】2021年，本港区实现货物进出口吞吐量184.9万吨，同比下降67.8%，其中出港吞吐量17.3万吨，进港吞吐量167.6万吨。新亭埠码头集装箱吞吐量实现21977标箱，同比增长82.4%。

【水路运力发展】2021年，辖区拥有货船220艘，总载重146503吨（其中集散多用途船20艘、计924标箱），货船平均吨位665.9吨，分别同比上升4.8%、10.9%、5.8%。货船平均吨位居绍兴市航区首位。辖区水路货运企业5家，拥有船舶32艘，运力31464载重吨，其中集装箱船舶12艘，计558标箱。

（交通局　周一馨）

铁路客货运输

【铁路客运】诸暨火车站位于诸暨市城西工业新城艮塔西路168号，为沪昆线上的二等站，隶属中国铁路上海局集团有限公司金华车务段管辖。车站站房占地面积0.67公顷，建筑面积9485平方米。有10个股道6个基本站台，共办理旅客列车141列，其中普速列车54列（上行往北方向32列，下行往南方向22列），高铁列车87列（上行往北方向33列，下行往南方向54列），高铁往北可直通至北京、天津、南京、合肥、上海，杭州、郑州、西安等，往南可至温州、贵阳、南昌、厦门、福州、广州、长沙、南宁、珠海等。高铁到杭州东站平均用时为25分钟，到上海虹桥平均用时为1小时20分，到南昌2小时38分，到长沙4小时22分，到福州3小时21分，到南京1小时54分。2021年增开开往上海南、杭州、开化、庆元的10趟城际列车。

全年日均发送旅客7323人，其中高峰日发送旅客11048人。共发送旅客267.29万人次（高铁旅客164.42万人次），收入22519.03万元。受新冠肺炎疫情影响，旅客发送和客运收入明显下降。

诸暨火车站售票厅设立人工售票窗口8个，另有8台自动售取票机，其中13号人工窗口和8台自动售（取）机24小时提供售取票服务。一楼候车大厅、出口处各增设1台自动取票机。火车站的服务质量和安检力量得到加强，增派安检人员10名和铁路客运人员15名。进站口配备2台安检仪的基础上，分别在一楼、二楼候车室另配置安检仪各1台，方便安全、快速进出站。火车站以管理规范化、作业标准化为重点，在全国文明城市创建、国家卫生城市建设、反恐防爆、平安城市等方面做好相关工作，火车站全面推行6S现场管理，规范标识标牌和物品定置，加大站内厕所星级考评，改造站台雨棚，提升车站形象。（黄保明）

【铁路货运】诸暨东货运站位于诸暨市陶朱街道宋家村西二环路539号，货场站前大道与千禧路东端连接。本站位于沪昆线，上海方向以下行进站信号机及反向进站信号机为站界，相邻站为湄池站，本站与湄池站的距离为18.33千米。株洲方向以上行进站信号机及反向进站信号机为站界，相邻站为诸暨站，本站与诸暨站的距离为4.85千米。

本站总占地面积32.2万平方米，配有6条正线和到发线，3条货物线，7条专用线，119个货位，其中标准仓库6座，面积5832平方米。货运站按技术性质属中间站，按业务性质属货运站，核定等级为二等站。货场内办理整车、集装箱货物到发业务，同时开办长大、笨重和国际联运货物运输。货场配置类型为尽头式货场，货场年设计能力为130万吨。按现有设备条件，货场一次可送作业车最多为203辆；按装卸能力，货场一次作业119车。配有大型门吊2座（最大起重能力为36/16吨），专用卸煤抓斗门吊1台，8吨走行电动吊1台，20吨门吊1台（5吨吸铁盘），3吨内燃叉车5台，1.8吨内燃叉车1台，2吨内燃叉车1台，40E型货物装载机1台，45吨正面吊1台。

本站货场内主要发送货物有钢结构、整车单一品名货物、集装箱等，主要到达货物有化工品、粮食、化肥、盐、钢铁、集装箱等。专用线主要到达货物有汽油、柴油、煤炭等。2021年装车量5864辆，年货物发送量17.64万吨。年到达车数15593辆，货物到达量71.88万吨，2021年运输收入2249.3万元。受场地改造和疫情影响，诸暨东站发送量同比减少，但东站到达车数同比增长49%。

2021年，诸暨东货运站货物结构变化较大，4月集装箱装卸车业务量的骤增。诸暨东货运站适应市场环境，保证服务质量，从深挖运输潜力，致力于打破运输能力瓶颈，开拓客户资源。同时运用科技手段提高本站生产安全系数，做到安全、效益两不误。

优化货物结构。因集装箱运输在市场中占比逐年递增，诸暨东货运站将货15线场地改造成为集装箱正面吊堆场，添置45吨级集装箱正面吊1台，安排作业人员学习、转岗。同时对接客户，共同挖掘新场地运用潜力。夯实安全基础。诸暨东货运站在货场进口处安装人脸、车辆识别系统，在货物线迁出线安装红外报警装置，消除外来人员进入货场甚至误入调车区间的安全隐患。为配合疫情控制，进入货场的人员必须戴口罩，门卫执行“两码一放”的放行制度，核查健康码和行程卡。扩大品牌效应。诸暨东货运站根据下达的运输指标任务，调整货物结构，拓展集装箱海铁联运业务，与各运输单位紧密对接，充分利用新场地、新设备优势满足市场需求，扩大品牌效应，加速铁路向现代化物

流转型。（韩永庭）

客货运行业管理

【危货运输企业整治】2021年，落实车辆安全检查、驾驶员安全教育、企业资质复核“3个100%”到位。联合公安部门开展“见人见车”检查；落实驾驶员安全教育；对全市13家危货运输企业开展开业资质复核工作，引导注销2家危货企业。完成挂靠车辆、异地经营车辆及事故多发点段3个专项整治。落实危货新增运力管控工作，全年全市无新增企业、现有企业无扩大经营范围、无新增运力。

【蓝天保卫战】2021年，老旧营运车辆淘汰222辆，完成总任务的121.3%。严格检查各在建工程工地，确保各工程工地达到“8个100%”要求。部门联动落实扬尘污染防治责任制督查，检查镇乡街道扬尘防治责任机制、动态管理机制、日常巡查机制的落实情况。

【道路平安保障提升】2021年，完成3处绍兴市级挂牌隐患点整治、验收，9处诸暨市级隐患点整治。完成绿化遮挡和马路市场排查65处。

【港航管理】2021年，店口港码头建设项目继续全面施工。诸暨市继续加强航道航政行政处罚管理，依法保护航产航权。严查各类航道违法案件，保障航道畅通。航道巡查工作，共巡查航道4566千米，发现三环线大桥航段航标损坏并上报，处理航道障碍物5次，未发现航道违法案件。

（交通局　周一馨）

金融业

2021年，诸暨市狠抓上市公司质量提升工程、深耕区域金融生态环境修复、落实巡察问题整改工作，不断推动实体经济高质量发展，全市存贷款增幅逐季回升，并创历史新高，不良率为近10年最低，制造业贷款起底回升。

2021年年末，全市共有银行业金融机构23家，包括政策性银行1家（中国农业发展银行诸暨市支行）、地方性法人银行2家（浙江诸暨农村商业银行股份有限公司、浙江诸暨联合村镇银行股份有限公司）、小微企业专营支行3家（浙江泰隆商业银行股份有限公司绍兴诸暨小微企业专营支行、台州银行股份有限公司绍兴诸暨小微企业专营支行、平安银行股份有限公司绍兴诸暨小微企业专营支行）。地方金融机构（类金融机构）19家：小额贷款公司8家（浙江海博小额贷款股份有限公司系新三板挂牌企业）、典当行9家、融资性担保公司2家。其他还有农民资金互助会11家、民间投融资中心1家，金融创新服务中心1个。

金融保障。12月末，全市各项存款余额2064.03亿元，较年初增长227亿元，同比增长12.36%；各项贷款余额1836.62亿元，较年初增长298亿元，同比增长19.37%，位列绍兴第二。全年新设台州银行诸暨大唐小微综合支行、台州银行诸暨店口小微综合支行、民泰银行诸暨店口小微综合支行、诸暨联合村镇银行店口支行4个银行下属支行，华夏银行撤销诸暨店口小微企业专营支行网点。诸暨市组织并落实金融支持经济发展考核政策，并调整完善金融支持高质量发展考核相关条款内容。落实财政性资金存放考核四期，调动各家银行支持实体经济的积极性和主动性。

实体支持。诸暨市投向制造业的贷款余额419.61亿元，同比增加32.75亿元，占比22.85%。12月末，普惠型小微企业贷款余额653.55亿元，比年初增加118.52亿元，同比增长22.15%；向9207户普惠小微企业延期本金82.6亿元，向43199户普惠小微企业发放信用贷款69.5亿元，为制造业企业项目贷款贴息86.736万元。全年深化农村金融改革，累计发放“产权＋信用”贷款12329户15.38亿元。

企业帮扶。针对诸暨市经济金融实际情况，以维护诚信体系和保护现有生产力为原则，采用法制化、行政化、市场化综合处置手段，在加快风险企业出清，开展企业帮扶，健全信用体系建设等方面着手，全力防范化解金融风险。全年共开展帮扶协调会议135家次，出具会议纪要2份，为企业向法院、相关银行出具查封资产临时解封、不抽贷、不压贷等方面信函102份。全市利用财政转贷基金累计转贷企业238家295次，转贷金额90.2781亿元。

不良处置。继续坚持系统处置、灵活处置和分类处置原则，全年辖内银行业机构累计处置不良贷款24.68亿元。其中打包转让11.12亿元，核销6.72亿元，现金清收6.84亿元。不良贷款余额15.94亿元，不良率0.87%，比年初下降0.09个百分点。关注类贷款余额40.63亿元，比年初下降7.78亿元，关注率为2.21%，比年初下降0.93个百分点。（金融办　田欣）

银行业

【概况】2021年，全市银行运行总体稳定，存贷款双增，贷款增量增速显著。至年末，全市银行各项存款余额2064亿元，比年初增加227亿元，同比增长12.4%；各项贷款余额1836.7亿元，比年初增加298亿元，同比增长19.4%。

货币政策工具运用提质。诸暨市持续推进央行再贷款、两项创新工具（中小微企业贷款阶段性延期还本付息政策、普惠小微企业信用贷款支持政策）助力普惠小微扩面增量，开展“小微企业三年成长计划”“新兴产业培育行动”等。至年末，诸暨市2家法人机构运用央行支农再贷款资金发放的贷款累计达到6.72亿元，累计向9469户普惠小微企业延期本金85.45亿元，向49088户普惠小微企业发放信用贷款77.62亿元，延期率97.83%，信用贷款发放占新放贷款比为52.44%。

金融保障乡村振兴。诸暨市探索金融支持产业发展与带动低收入农户增收的挂钩机制，鼓励金融机构探索以农民住房财产权为抵押物的农村金融产品，推进集体资产股权抵押贷款，重点支持“三农”生产发展和生活改善。至年末，全市涉农贷款余额1342亿元，同比增长14.70%。农户贷款余额484.75亿元，同比增长15.90%。农村“产权＋信用”贷款余额15.4亿元，服务农户等各类主体9788家。

2021年11月9日，中国农业银行浙江省分行与诸暨市人民政府服务乡村共同富裕战略合作签约仪式举行（市农行提供）

“越信融”惠企覆盖面提升。2021年，诸暨市推广“一平台两系统”（应收账款融资服务平台、保证贷款登记系统、动产融资统一登记公示系统），至年末，通过应收账款融资服务平台促成融资60笔，金额49.2亿元，其中小微40亿元。诸暨2家法人机构共在保证贷款登记系统内登记保证贷款企业2848家，个人9428个，涉及保证贷款余额62.19亿元。诸暨市打造“码”上金融无忧服务站，至年末，累计5707家市场主体通过扫码获得融资146.82亿元。以“首贷户拓展”为抓手，开展首贷培植“春风、春雨”行动，至年末，对3388户小微企业和个体工商户首贷户发放贷款63亿元，支持金额在绍兴四个县市中排名第一。

文化金融改革。2021年，诸暨市在大唐街道、山下湖镇创建袜艺、珍珠文化金融服务站，推出知识产权、专利权（花型专利、工艺专利）质押并配套专项贴息，为企业的数字化转型提供资金支持。全年为袜艺企业发放知识产权质押融资贷款4户，质押金额2.56亿元，涉及专利18个。发放袜艺产业贷款14亿元，涉及企业1830家。发放珍珠文化商标权质押融资贷款1户，金额240万元，发放珍珠产业贷款889笔，金额1亿元。

“枫桥式”金融服务站建设。2021年，诸暨市不断推进“枫桥式”金融服务站建设，参与乡村综合治理、美丽乡村建设、农村宅基地改革、推进农村信用建设等重点工作。至年末，共建成“枫桥式”金融服务站6个，办理代缴业务24056笔，金额308.88万元；小额存取3186笔，金额66.2万元；转账872笔，金额343.8万元；推荐贷款309户，对接成功170笔，合计发放贷款1938万元，服务区域总户数5300余户。

电信网络诈骗打击。2021年，诸暨市把牢存量账户排查、新开账户核实、异常交易监测“三道关口”，指导银行采取回访、筛查、核实等方式，对存量银行账户开展风险排查，切断不法分子资金转移通道。至年末，共拦截劝阻72笔电信网络诈骗事件，涉及金额385.37万元。同时，联合公安局做好全民反诈平台推广应用工作，采取定期督查、随机暗访、现场核查等方式压实银行主体责任，从严问责。

跨境贸易投资便利化政策。2021年，诸暨市优先对接“订单+清单”系统，运用区块链融资平台助力企业融资。至年末，共为企业办理区块链应收账款融资2711.35万美元，办理资本项下收入支付便利化业务73笔5895.31万美元，办理服务贸易对外支付税务备案信息网上核验3184.5万美元。鼓励有条件的企业开展全口径跨境融资业务，共引入境外资金5.29亿美元。

同山镇现金服务示范区创建。2021年，同山镇现金服务示范区创建工作不断推进，共为群众提供小面额人民币兑换24.91万元，残损

2021年10月26日，中国银行浙江省分行与诸暨市人民政府签订战略合作协议（中国银行提供）

人民币兑换3.25万元，航天纪念币兑换1万元。累计为2000多家商户办理人民币兑换和缴取款业务4395笔，金额338万余元，与商户签订1550份《不拒收人民币现金承诺书》，发放便民服务卡200张。

（人民银行 张倩）

【中国工商银行股份有限公司诸暨支行】2021年末，中国工商银行股份有限公司诸暨支行（以下简称工行诸暨支行）本外币存款时点余额245.25亿元，新增32.37亿元，增量居同行业第一；贷款余额227.35亿元，比年初增加43.31亿元，增量同行业第一；本外币不良贷款余额5.57亿元，比年初增加5.04亿元，不良率2.45%，比年初增加2.17个百分点。工行诸暨支行在2021年度诸暨市国际收支统计申报专项劳动竞赛中获“优胜单位”荣誉。

不良贷款处置。2021年，继续加强清收处置工作，提升处置质效，全年累计清收处置不良贷款3485万元，其中现金清收2023万元，核销1123万元。剪刀差余额（个贷余额）1991万元，无公司剪刀余额。

外管考核A类。2021年，工行诸暨支行外汇合规管理、全省知识竞赛再创佳绩。在本年度诸暨市银行外汇业务合规与审慎考评中继续蝉联A类行评级。组织全省国业重点产品知识竞赛、外管政策及反洗钱2项网上知识竞赛，工行诸暨支行2人次获全省精英奖二等奖、4人次区域优秀奖。

“外汇首选银行。”2021年末，15项主要竞争力指标中，工行诸暨支行领先指标（四大国有银行占比第一）达到4个，较年初增加3个。国际结算量、结售汇量、外汇贷款增量、招商引资客户数4项指标四行占比均排名第一。

兴农贷。2021年年末，工行诸暨支行农户e贷完成2984万元，完成率119.36%；村社e贷330万元，

为全市首个村级集体经济贷款行部，同时与海亮集团签订《支持乡村振兴共同富裕战略合作协议》，支持乡村振兴业务发展。

新开结算账户拓户。2021 年，工行诸暨支行新开结算账户 2172 户，同比增加 59 户，实现四行占比第一，新开基本户 1572 户，排名第一。

首笔电子交易平台对公商品交易（伦铜）业务。2021 年 3 月 8 日，办理全市首笔电子交易平台对公商品交易（伦铜）业务，全年累计办理 15681 万美元，占全省业务量的 90% 以上。

首笔跨境金融区块链融资。2021 年 6 月 10 日，发放首笔跨境金融区块链融资—风险参贷项下出口发票融资 3000 万元。

机构业务突破。2021 年，工行诸暨支行营销公检法系统，诸暨法院上线涉众确权发放系统。1 月 21 日，实现首笔法院涉众资金的发放。同时不断加快乡镇村和医药卫营销。以融资需求为切入口，同相关乡镇街道负责人以及村社负责人进行专项会议交流，在全市率先实现 3 个村级经济体的突破。

公益活动。11 月 2 日，开展“慈善一日捐”活动，行内员工捐款共计 1.9 万元。设置“爱心驿站”，并联合暨阳街道茅渚埠社区，夏季向区域内环卫工人提供免费茶水，冬季给户外工作者送热水。多次前往结对共建社区慰问孤寡老人，为孤寡老人发放慰问品，同时宣传防电信诈骗知识。12 月，组织党员青年志愿服务小队参加疫情防控工作。（赵洁玲）

【中国农业银行股份有限公司诸暨市支行】2021 年，中国农业银行股份有限公司诸暨市支行（以下简称市农行）存贷款总量超 500 亿元，达到 502.3 亿元，比年初增加 59.6 亿元，是诸暨市四大国有银行中首家突破 500 亿元大关的银行。其中各项存款余额 262.33 亿元，比年初增加 20.29 亿元；日均存款余额 256.89 亿元，比上年增 20.85 亿元，实现各项存款时点余额、日均存款余额居四大银行第一。各项贷款余额 239.97 亿元，比年初增加 39.34 亿元。日均贷款余额 227.09 亿元，比上年增加 42.17 亿元。贷款时点余额及增量、日均贷款余额及增量均列四大银行第一。全年实现营业收入 7.34 亿元，比上年增加 1 亿元；拨备前利润 5.73 亿元，比上年增加 7964 万元；拨备后利润 5.54 亿元，比上年增加 1.82 亿元；净利润 4.38 亿元，同比增加 1.66 亿元。全年通过诉讼现金清收、批量转让、不良核销等手段，累计处置不良贷款 2.93 亿元。五级分类不良贷款余额 0.96 亿元，比年初减少 1.81 亿元，不良率 0.4%，比年初下降 0.98 个百分点，实现“双下降”。市农行通过文明服务标准化导入，固化服务流程，优化服务内容，提升网点综合营销服务能力。营业中心被评为全国农行“最暖厅堂”。浣江支行迁址重装，成为全行首家“智慧银行”。

信贷投放。2021 年，全行实际新投放贷款达 43.95 亿元。聚焦政府融杭建设热点，相继获批水务集团、商贸城、城乡投资等项目，共营销成功项目贷款 9 户余额 84.9 亿元，当年新增 11 户金额 30.1 亿元（含上年批准 2021 年发放户）。市农行通过走访摸排企业，了解并满足企业金融需求，助力企业复工复产、转型升级。全年新支持 209 户实体企业，累计投放 17.61 亿元，其中 1000 万元以下普惠小微企业 197 户，投放金额 6.88 亿元。至年末首贷户 89 户，投放金额 3.22 亿元。按揭中心、分期中心线上线下配合，推进个人贷款持续向好。年末，个人贷款余额 98.41 亿元，比年初增加 19.19 亿元。

农行服务乡村振兴。市农行对接农行浙江省分行“服务乡村共同富裕”要求，发布《“支千村惠万家”深耕乡村专项行动方案》《2021—2023 年服务乡村共同富裕十六条意见实施方案》等。各网点以金融自治村、信用村创建为契机，开展银村党建结对，共创建金融自治村 46 个、信用村 108 个。深入农村市场，在店口镇、大唐街道、赵家镇以及金山专业市场等网点空白区域设立 5 家金融服务站，至年末，服务站挂靠的网点个贷非房贷增量 4.64 亿元，增量在全行占比 50.30%。年末，全行农户贷款余额 18.67 亿元，列绍兴市分行第二；村民建档 71272 户，新增 1030 户；支持家庭农场（专业大户）189 户，金额 6784 万元；惠农通总量 302 家，其中星级服务点 97 家。加速推进 POS 机、聚合码等各类渠道业务拓展投放，实现全产业链营销。优化信息传递机制、流动金融服务、线上金融服务，全年新增有效聚合码商户 6616 户、手机银行活跃客户 124892 户、信用卡有效客户 10252 户。

银政战略合作协议。2021 年 11 月 9 日，市农行促成农行浙江省分行与诸暨市人民政府签订服务乡村共同富裕战略合作协议。农总行首席专家、省分行党委书记、行长冯建龙，绍兴市委常委、诸暨市委书记沈志江出席签约仪式并分别致辞。省分行党委委员、副行长黄健，诸暨市委常委、常务副市长郦小飞出席签约仪式并代表双方在战略合作协议上签字。根据协议约定，未来五年，农行将向诸暨市提供总额不低于 700 亿元的意向性专项融资，推进诸暨市乡村共同富裕。会上，市分行分别与诸暨市农业农村局、建设集团、水务集团、新城投资开发集团签署战略合作协议，与海亮集团、恒久机械集团签署银企合作协议。

风险防范。2021 年，市农行持续推进党建线、纪检线、运营线和队伍网格化“三线一网格”管理，逐级签订员工行为“网格化”管理责任书。加强日常行为监督。加强舆情风险、道德风险、操作风险等防范案件和操作风险防控，坚持常规检查与突击检查相结合、现场检查与监控检查相结合、员工行为摸排与重点员工关注相结合、按季开展“基层监督促基层治理”效能等方式，不断提高合规经营管理水平。同时，通过志愿服务形式宣传普惠金融知识和打击治理电信网络诈骗。（市农行　方燕芬）

【中国银行股份有限公司诸暨支行】2021 年年末，中国银行股份有限公司诸暨支行本外币存款余额 137.17 亿元，较年初增加 18.7 亿元。本外币时点贷款余额 153.15 亿元，较年初增加 38.11 亿元。本外币贷款占四大国有银行市场份额的 20.30%，较年初上升 1.56 个百分点。不良贷款余额 5414 万元，较年初下降 4609 万元，不良率 0.35%，较年初下降 0.52%，不良余额与不良率均为四大行最低。

政府项目支持。支行近 3 年为政府项目累计投放贷款 33.54 亿元，累计投债人民币 11.6 亿元、美元 1.89 亿元，撮合融资租赁 10 亿元。2021 年，支行政府项目投放再度发力，投放大唐袜业城经营性物业贷款 5 亿元、诸暨市交通基础设施建设有限公司 1 亿元、诸暨市文化旅游集团有限公司 3.8 亿元、诸暨市店口镇农村发展投资有限公司 3.94 亿元。10 月 26 日，与诸暨市政府签订战略合作协议，5 年拟投放信贷资金 500 亿元。12 月 30 日，与诸暨市委组织部签订复兴壹号合作协议，为全市推进“数字诸暨”建设工作，改进党费交纳及统计管理免费提供技术支持。

重点民营企业支持。2021 年，上级行领导多次下沉专项调研并现场办公解决民营企业问题，加快授信审批，支持授信投放，协调省行各条线向县域支行倾斜支持力度。在袜艺小镇项目建设和银校合作等方面给予重点支持。

个人住房按揭投放支持。2021 年，向上级行争取投放额度，主动对接各大房产公司，提供专业金融支持及服务。至年末，房贷余额 65.79 亿，较年初增加 8 亿元，新增额在四大行的市占率为 22.33%，排名第三。

不良贷款“十年新低”。2021 年，全行继续深化不良清收化解工作，向上级行争取政策支持，配合支持全市金融纠纷多元化解工作，贯彻落实“先调解后诉讼”精神，将不良化解与服务实体和金融创新有机结合。至年末，全行完成不良清收化解 0.87 亿元，不良余额、不良率均创十年最低，年末不良率低于四大行平均值 0.66 个百分点，为四大行最低；组织参与金融调解纠纷 27 例，自主协商化解不良 1 例 2200 万元。

普惠金融服务。2021 年，继续推广线上产品，以信用贷、银税贷、抵押贷等线上产品，以“税务通宝”“提质能增效贷”“惠抵快贷”“接力通宝”等授信创新线下产品为主上门推荐，以支持纳税申报良好、亩均效益高的中小企业，为客户提供一定比例的信用额度授信。至年末，普惠贷款余额 20.94 亿元，新增贷款余额 10.31 亿元，新发展中小微企业客户数 174 户，新增纯信用线上贷款 7 家。针对流动资金贷款到期后临时存在资金困难的中小企业，推广“无还本续贷”业务，允许企业通过新发放贷款结清已有贷款，继续使用贷款资金，共计无还本续贷 36368 万元，较年初新增 33983 万元。

客户服务。2021 年，支行面向小微企业举办线下普惠产品推介会、线上汇率套期保值培训会各 1 场，线下活动受疫情影响到会企业共计50家，线上活动邀请900余人参加。会议主要针对小微企业在融资、汇率等方面的难点进行针对性指导，为企业在复杂的经济形势下提出中肯的意见。持续开展客户管控与拓展五级联动机制，继续深入推进对公对私客户板块项目经理制度，加强公私联动、普惠金融、手机银行、市民卡、三方存管等板块，明确目标，加强过程管理。至年末，新增服务对公客户1408户，合计10290户，新增服务对私客户19955户，合计282901户。5月14日，与浙江农林大学暨阳学院、诸暨市公安局、部分社区、部分乡镇等单位签署"惠风和畅"党建共建协议，以金融知识进高校、反诈小品演出进社区等多种形式开展党建共建、公益宣传活动。

（中国银行　王泽慧）

【中国建设银行股份有限公司诸暨支行】2021年，中国建设银行股份有限公司诸暨支行核心存款日均余额148.34亿元，较年初增加20.62亿元；各项贷款余额133.89亿元，其中个人贷款余额81.71亿元，较年初增加7.89亿元。不良贷款余额5537万元，比年初下降4638万元；不良率0.41%，比年初下降0.48个百分点，实现"额率双降"，为近五年不良贷款额、不良贷款率最低。

普惠金融。普惠贷款余额26.35亿元，较年初增加9.22亿元，增长53.8%。推广自主创新产品"珍珠贷"，全省首笔落地。

住房租赁。创新打造系统内首个公租房运营管理系统，实现公租房业务全流程全场景线上管理；母子公司联动建信住房公司中标诸暨市公租房运营管理服务。

金融科技。完成诸暨市人民医院医共体及诸暨市中心医院医共体2021年续建项目；落地诸暨市中医医院银医项目、诸暨市住房和城乡建设局数字化改革项目；开发完成诸暨政府投资项目数字化管理系统预决算数字化改革系统。

（建设银行　王超）

【交通银行股份有限公司绍兴诸暨支行】2021年，交通银行股份有限公司绍兴诸暨支行（简称支行）紧紧围绕"跑出加速度，争当排头兵"主线，实现存贷规模提升、经营收入增加、绩效考核排名靠前的目标，全行业务发展态势良好，综合竞争力不断提高。全年绩效考核得分1251.04分，列交通银行股份有限公司绍兴分行绩效考核第一名。12月末，人民币各项存款余额56.96亿元，日均余额67.57亿元，比年初新增8.45亿元，其中对公日均存款余额44.15亿元，新增6.86亿元，储蓄日均存款余额23.42亿元，新增1.59亿元；人民币各项贷款余额55.97亿元，比年初增加5.73亿元，市场占比6.21%，比年初上升0.35个百分点；不良贷款余额3875万元，不良率0.62%，全年累计处置不良资产11759万元；实缴地方税收1600万元。在2021年保险开门红活动中，营业部荣获开门红交银人寿全国"百强网点"称号，在交通银行浙江省行组织开展的三季度"牛往无前"固收+重点基金产品营销活动中，营业部、城东支行、大唐支行3家网点获得"千万网点"荣誉称号。支行抓好党风廉政建设，强化纪律教育，狠抓制度落实，全年无违规违纪事件发生。

资产投放。在维护存量客户、巩固市场份额的同时，营销市内优质资产项目，抢时间、抢客户、抢资源，做好审批待投放项目的提用工作，发展贴现业务，不断提升贷款规模。成功营销诸暨交建并购贷款5亿元，为全球500强企业海亮股份新增授信5亿元。进一步加大普惠金融发展力度，"两增"（单户授信总额1000万元以下的小微企业贷款同比增速不低于各项贷款同比增速，贷款户数不低于上年同期水平）口径贷款余额5.94亿元，较年初净增1.47亿元。以专业市场为抓手，实现零售资产规模快速增长，年末住房贷款余额18.43亿元，比年初增加3.99亿元。加快线上化转型，加强"惠民贷"业务发展，年末惠民贷余额4408万元，比年初新增1418万元，累计发放惠民贷1.05亿元。

客户发展。着力扩大客群规模，优化客户结构，进一步做大客户群体和市场份额，不断夯实发展基础。12月末，对公客户数为1435户，当年新开客户198户；对公达标客户900户；"两增"口径普惠客户数364户，较年初净增115户；私人银行客户108户，新增23户；沃德客户2392户，新增308户。AUM规模（资产管理规模）持续扩大，年末，AUM季日均为49.21亿元，比年初新增4.16亿元。（交通银行　杨琼）

【中国邮政储蓄银行诸暨市支行】2021年年底，中国邮政储蓄银行诸暨市支行(以下简称支行)全年实现业务收入在全省一级支行排名第三,同比增长9.13%;实现利润在全省一级支行排名第二,同比增长29.07%。支行荣获诸暨市人民银行颁发的"2021年度反假货币工作最佳组织奖";支行分工会被中国财贸工会浙江省委员会评为"模范职工小家";支行营业部荣获"2021年银行业营业网点文明规范服务千佳示范单位"称号。疫情期间,配合上级行做好"主动减费让利、落实反诈工作、开辟绿色通道"等在内的疫情防控工作"十项措施",满足疫情防控和客户服务的双重需要。

2021年,支行零售信贷贷款全年净增7.59亿元,发放绍兴辖内首笔线上信用户贷款;准入绍兴地区第一个美丽乡村农房集聚项目。其中小额贷款结余净增4.69亿元,住房按揭贷款净增2.7亿元,其他消费贷款净增1943万元。小企业贷款规模净增1.66亿元,公司信贷净增2.47亿元。自营储蓄存款全年日均29.68亿元,日均新增1.46亿元。新单保费累计新增、电子医保凭证新增、跨境结算量、福费廷、票据转贴、重点托管基金销量等均排全市第一。人民银行外汇管理年终考核中,支行总分同业排名第六,考评获B+,是系统内绍兴全辖最高评级。

不良处置。继续严格执行贷前调查、贷前会商、贷后检查、客户分层走访、客户分类管理等各项制度要求,加强客户准入、严控新增逾期。同时,通过上门清收、法院诉讼、协商还款、不良化解等手段,按周确定"六步骤目标"(待整理提交法院、已提交跟进、待开庭、开庭待后续、执行阶段、协商还款),按季通报支行信用风险监测及资产质量管控情况、开展贷款逐笔分类以及资产质量真实性检查。全年累计清收不良贷款8615万元,核销不良贷款本息229万元,向法院提起诉讼不良贷款83笔,金额3187万元。全年不良贷款4658.62万元,不良率为0.64%,较年初下降0.55个百分点。

内控管理。继续强化合规管理,通过开展警示学习、下发风险提示等方式,提升员工合规意识。履行反洗钱义务,全年上报重点可疑报告7篇,堵截诈骗事件9起,避免客户经济损失64.5万元。支行办公大楼于8月通过综合安全管理和消防管理标准化"双达标"验收,成为全省首个"双达标"县支行;辖内7个自营网点8月均通过营业场所安全管理标准化达标验收,9月均通过公安、银监开展的第七轮安全评估。（袁凯宇）

【招商银行绍兴诸暨支行】2021年年末,招商银行绍兴诸暨支行各项存款余额为26.5亿元,其中对公存款余额14亿元,储蓄存款余额12.5亿元;各项贷款余额29.8亿元,其中公司贷款11.1亿元,个人贷款18.7亿元。不良贷款余额2033.63万元,不良率为0.68%。11月29日,支行荣获中国银行业协会授予的"2021年银行业营业网点文明规范服务千佳示范单位"称号。

个人业务。2021年,支行秉持"以客户为中心,为客户创造价值"的理念,践行社会主义核心价值观,坚持以AUM(资产管理规模)为纲,以客群为基础,量质并举做大储蓄存款规模,发挥压舱石作用,持续提升零售盈利能力。支行AUM月日均43.4亿元,较年初增加11.8亿元,增幅37.5%。零售客户总量9.8万户,增幅20%。其中,金卡总量4353户,较年初增加790户,增幅为22.17%;金葵花总量1521户,较年初增加380户,增幅33.3%。储蓄存款时点余额12.5亿元,较年初增加2.1亿元;年日均余额11.6亿元,较年初新增2亿元。新增代发10957户,实现财富中收1396万元。零售综合评价列全省系统内第一位。

公司业务。持续加大对小微企业信贷支持。支行在合规经营的基础上,以客户为中心,以"为客户创造价值的理念"围绕客户需求提供全面综合服务。尤其注重提高小微企业信贷业务管理专业化水平,提升民营经济和小微企业的金融服务能力,针对小微企业的信贷业务特点,优化信贷审批流程,提高信贷业务审批效率。加大小微产业园区的信贷支持,如厂房按揭、收款、薪福通等产品,做好园区一体化服务。持续做好公私联动、全行联动,加强公司业务宣传和上门便民服务,提供上门开卡、上门工资卡激活、上门预开户、上门激活企业网银等便民服务。

社会公益活动。支行连续12年向云南省武定、永仁两县捐款捐物;营业厅内常年为环卫工人开设"爱心避暑点";支行员工参与社区防疫抗疫志愿活动；支行针对行动不便的客户主动提供上门服务等。

（招商银行　奚萍）

【杭州银行绍兴诸暨支行】2021年年末，杭州银行绍兴诸暨支行（以下简称支行）各项存款余额23亿元，日均存款23.62亿元，较年初增加3亿元；表内外融资余额49.85亿元，比年初增加14.19亿元，其中贷款余额26.43亿元，表外融资余额19.5亿元。个人金融资产25.33亿元。不良贷款余额2583万元，不良率0.97%。参加“华夏银行杯”诸暨市金融系统职工技能比武，并获得团体第二名。组织员工参加第八届“绅仕镭杯”银企篮球联赛，获第二名，连续6年获得奖牌。

城建类国企和市重大项目融资。2021年，继续加大对市政府重大项目建设的支持力度，通过表内、表外结构化产品和购债，合计授信149.7亿元。

民营企业发展助力。2021年，根据年初目标，支行发布公司基础客户专项营销活动方案，通过融资投放、资产管家等多种产品为企业提供全方位、个性化服务，助力“产品有市场、发展有前景”的民营企业和科技型企业。

金融服务。为推动企业获得更便利、更高效的金融服务，少跑腿不跑腿，支行继续提供“e开户”登门办业务；搭建和优化金融服务平台，加强政府、企业多层次合作交流，发展“税金贷”“云抵贷”，推出“出口易贷”；发展WE理财（小程序）移动终端，为客户提供高效智慧的服务体验；开展社区服务，为城乡居民科学合理进行资产配置、财富增值服务。

风险防控。2021年，支行共收回不良资产1472.88万元，其中账面不良清收828.56万元，核销后清收543.22万元，转化压降清收101.1万元。支行以重点环节风险防控为抓手，全面落实岗位轮换、员工行为失范排查、强制休假等案防措施，经常开展员工谈心谈话和员工家访，加强对重要岗位人员的监控，防范道德风险的发生，实现全年安全合规经营。加大全市打击假币违法犯罪的力度，增强社会公众防假、反假意识。

（杭州银行　张海霞）

保险业

【中国人民财产保险股份有限公司诸暨支公司】2021年，中国人民财产保险股份有限公司诸暨支公司（以下简称人保财险）下属营业部4个、营销服务部13个，在编职工118人。全年实现全险种保费收入4.5余亿元，上缴税收3563.76万元，承担各类风险总额6552.45亿元。

政保合作新服务。2021年诸暨支公司继续开展政保合作推出新服务新险种，将传统的单一保险模式逐渐转变为保险＋服务＋金融＋科技的发展新模式。助力生产企业抗击灾害风险，为诸暨辖区内500多家生产企业承办企业财产保险，提供风险保障180亿元。在台汛和雨汛期间累计进行500多次风险排查预防检查，累计受理150多家因台风、暴雨天气和火灾事故受损的企业，报损金额近6000万元；为诸暨辖区内的矿山设备制造企业承办首台套保险，为中国制造企业提供1938万元风险保障；落实国家“一带一路”提倡，为走出企业提供出口贸易账款安全保险、出境工作人员保险、企业财险保险等保险服务，为诸暨辖区内出口企业提供出口贸易应收账款风险保障累计13亿元；持续创新绿色金融服务，与诸暨市人民法院签署执行悬赏保险合作协议，在刑事涉黑恶案件领域提供悬赏金保险，助力法院追逃失信老赖；发展安全生产责任保险，诸暨市范围内矿山、烟花爆竹、金属冶炼和危化品生产企业实现全覆盖，交通运输领域、建筑领域、一般工贸领域不断推进，覆盖20个乡镇街道，参保企业达300家。其中一般工贸领域190家，累计承担风险6.24亿元。建筑领域工程项目承保110个，累计风险保障5.78亿元；改革建筑工程领域保证金，推进建筑工程综合保险保单、保函替代保证金工作。诸暨支公司作为诸暨投标保证保险线上化工作的首个试点单位，陆续在投标保证金、完工履约保证金、合同款支付保证金、农民工资保证金领域为建设单位和施工单位提供1731笔保单保函，释放累计5.38亿元风险保证金，减轻企业资金压力；加强保险机制与应急管理体系建设，深化“保险＋救助”模式，为大唐街道、应店街镇、店口镇、五泄镇等10个乡镇街道承保“政府救助保险”，在“6·10”暴雨大灾中发挥保险救助作用。

农村保险业务。2021年，农村保险业务涵盖全市23个镇乡街道的486个行政村，涉及30.79万户农户。2021年政策性农业保险可承保品种21个，地方特色险种3个，省定品种6个，发展商业险种5个，提供风险金6.16亿元。公司做好茶叶低温气象指数保险续保工作，为全市5260亩茶叶基地提供767万元的风险保障；助力特色产业发展，落实珍珠产业保险项目，包括珍珠养殖保险及其他一揽子保险，提供各类风险保障金8853万元。此外，公司新增商业性能繁母猪保额扩展保险，为农户提供生猪风险保障441万元；新增商业性水稻收获期补充保险，为农户提供水稻风险保障60万元。同时公司推广政策性农村住房保险及室内财产保险，全市23个乡镇街道共310770户农户参保，承保率达100%，为全市村民提供住房风险保障145.73亿元。

警保合作服务。2021年，公司继续创新"交通事故处理一件事"服务，将"警保联勤"和"两站两员"（"两站"即设立交通管理站和重要路段、关口交通安全劝导站，"两员"即乡镇专职交通安全员和行政村聘用交通安全协管员）融入交通管理，实现公司"在线理赔"和"交管信息"资源共享。继续开展"在线理赔"工作，搭建"警保＋在线""协赔＋在线"小额快速处理模式；利用远程视频，实现在线人员、客户及第三方的视频沟通交流，减少沟通障碍，在精准送修、人伤调解、事故定责等应用场景进行推广。"在线理赔"一体化实现了理赔线上线下无缝对接，实现从"最多跑一次"到"一次也不跑"的全新效果。

（人保财险　俞莎莎）

【中国人寿保险股份有限公司诸暨市支公司】2021年，中国人寿保险股份有限公司诸暨市支公司实现总保费7.56亿元，市场份额占比32.55%，位居全市同行业之首。其中新单首年期交1.24亿元，短期险4061.75万元。全年累计意外、疾病风险理赔件数9156件，金额3216.05万元。

惠农政策。2021年，公司制订农网两乡发展支持方案，进一步强化保险业对两乡的服务。全年公司面向13214名低收入农民提供95.14亿元的住院保险，为3214人次提供231.29万元住院医疗费理赔款。面向38350户农户提供230亿保额的意外保险，提供2050人次共计273.78万元理赔款。向28202户农户提供8.74亿元的分性别特定重大疾病安康保险，并为149名被保险人提供302.8万元的理赔款。

共建慰问活动。2021年，公司加强城市"契约化"社企共建，融入"五星"系列创建工作。公司与共建社区——暨阳街道江东社区开展多项结对帮扶慰问活动，协同社区工作人员慰问江东社区部分困难家庭，送去大米、食用油等慰问品。

经验风险防范。2021年，公司不断提升队伍合规经营意识、服务客户技能及效率，提高营管科技应用水平与管理效能。进一步丰富服务内核，扩大服务外延。全体党员戴党徽，亮身份抵制销售误导，诚信规范展业，提升行业形象。11月，公司成立消费者权益保护工作领导小组和工作小组，对公司消费者权益保护工作、消保监管评价和客户投诉源头治理、责任追究等工作进行部署和指导。规范投诉处理流程，提高处理时效，强化合规管理。同时，做好常态化的依法合规教育，继续不断普及保险及风险知识，落实消费者保护监管评价，维护消费者合法权益。

（人寿保险　施方）

【太平洋财产保险股份有限公司诸暨支公司】2021年，中国太平洋财产保险股份有限公司诸暨支公司实现保费收入2.045亿元，同比负增长3.5%，市场份额15.82%，较上年减少1.85个百分点。综合赔付率80.74%，同比上升14.04个百分点；综合费用率19.54%，同比下降8.91个百分点。

政保业务。2021年，非车险政保业务实现突破，承保首台套业务1笔。2021年4月，公司通过走访政府，承保一笔36万元村干部意外保险。

产寿合作。2021年，诸暨支公司派专员协同寿险开展越惠保宣导投保工作，下乡镇跑基层，超额完成全市越惠保指标。同时，与寿险职场联动培训，利用寿险丰富的客户资源，宣传产品，开拓客源。

消保工作考核机制。2021年，诸暨支公司客服理赔推进消费者权益保护工作和投诉处理工作，标准柜面行为规范，消费者保护工作纳入全员考核，建立纠纷产生问责机制和消保工作例会制度，及时通报各项指标完成情况、任务落实情况、存在问题和改进措施，推动工作进度出效果。

台风受灾企业和车辆理赔。2021年，诸暨支公司在第6号台风“烟花”登陆诸暨后，及时将工作重心由“灾前防”转移到“灾中救”，努力降低各方损失。台风过后，诸暨支公司做好受灾企业和车辆的各项赔付工作，共计赔付车险760万元、非车险937万元。

（太平洋产险　俞晶晶）

【中国太平洋人寿保险股份有限公司诸暨支公司】2021年，太平洋人寿保险股份有限公司诸暨支公司（以下简称诸暨支公司）完成标准保费16951万元，其中个险标保16366万元，新增保费5057万元，同比增长21.1%；团险保费585万元。

越惠保。根据《浙江省医疗保障局中国银行保险监督管理委员会浙江监管分局关于进一步推进商业补充医疗保险发展促进共同富裕示范区建设的通知》（浙医保联发〔2021〕22号）“把商业补充医疗保险作为共同富裕示范区重大改革项目加以推进”的文件精神。2021年，诸暨市推出首款商业补充医疗保险——“越惠保”。诸暨支公司作为主承保方联合中国人民财产保险、中国人寿保险、中华联合财产保险、平安养老保险4家保险公司组成共保体推动“越惠保”的落地工作。共保体组织精干人力37人下镇进村与群众面对面交流，并通过电视、海报、横幅、易拉宝等各种形式进行宣传。经过3个月的努力，“越惠保”在全市共有71.97万人参保，参保人数位列绍兴市辖各区县第一，参保率69.59%，位列绍兴市第二。全年总赔付金额6309.07万元，赔付率87.66%；获赔人数13708人，覆盖率1.90%；获赔人次99593人次，最高单人赔付金额为41.08万元。减轻群众看病就医负担。

蓝鲸奖俱乐部。“蓝鲸奖”是太平洋保险群英会设置的奖项。营销员在年度业务竞赛中保持良好业务品质，每月保持高产能才能获得此项荣誉。2021年诸暨支公司共有14人获得年度蓝鲸白银会员奖。（太平洋人寿　章连军）

证券（期货）

【证券期货营业部数量】2021年年末，全市共有证券期货营业部19家，开户数270732户，同比增长0.94%。

【交易规模】全年累计交易金额10372.5亿元，同比增长15.1%；累计营业收入1.99亿元，同比增长15%；累计缴纳税费2.9亿元。

（金融办　郭珂宇）

资本市场

【上市挂牌企业】2021年年末，全市共有上市公司16家（其中国内A股上市13家、香港联交所H股上市2家、美国纳斯达克上市1家），新三板挂牌企业11家，IPO辅导备案企业5家。

【资本市场融资】2021年，上市公司发行股票融资1项，募集资金总额6.42亿元；市内企业发行银行间债券市场非金融企业债务融资工具和公司债12项，募集资金金额181亿元。

【基金管理人及基金】2021年，新成立股权投资企业40家，其中当年在中国证券基金业协会备案的基金22家。浙江诸暨转型升级产业基金有限公司参股子基金12个，总规模达72.25亿元，其中政府基金认缴出资11.07亿元，撬动社会资本61.18亿元。

（金融办　王海江　郭珂宇）

监督与管理

【企业金融风险监管】2021年，持续健全风险预警防控制度和“天罗地网”系统，摸排各类金融风险，做好金融风险化解。通过各类经营异常信息汇总梳理，对全市“两链”（资金链、担保链）风险涉及的重点区域、行业、担保圈、企业等情况分析研判，针对性提出处置化解方案。全年开展风险企业排查37家，挤压风险企业2家，上报违法线索2起。

【金融信用环境清理整顿】2021年，诸暨全市范围政信类产品及私募基金风险排查，累计排查风险点位589个，与公安局、市场监管局等部门联合推动打击扰乱经济秩序的平安建设行动，加大互联网金融风险整治力度，对非吸线索开展会商研判，处置投资受损等相关信访投诉案件11起，挽回经济损失351.7万元。

【金融纠纷调解】2021年，继续坚持新时代“枫桥经验”，开展金融纠纷诉源治理。构建完善诉前资产保全、当事人动态跟进、复杂类纠纷会商、律师参与调解等调解配套机制，搭建金融调解“一件事”体系，促进金融纠纷高效化解，从源头减少诉讼增量。金融案件数同比下降54.01%，累计调解金额近2.2亿元，调解履行率达95%。

（金融办 孙斌）

【地方金融组织监管活动】2021年4月，开展从事转贷业务非持牌机构摸底调查工作；7月，组织落实全市小贷公司年度审计、考核审计和监管评级工作；8月，组织开展全市典当行年审与分类评级工作；9月，开展汽车消费贷款担保业务专项整治工作；10月，开展全市医疗美容贷专项整治活动。

（金融办 蔡妙奇）

【金融服务实体经济】2021年，落实《浙江银行业保险业支持高质量发展建设共同富裕示范区行动方案(2021—2025年)》，夯实共同富裕经济基础，强化金融保障。深入开展“三服务”2.0版本政企亲清会，通过“走出去、请进来”等多种方式，听取企业意见建议，协调解决“三服务”交办事项，提升金融服务企业的针对性。引导银行机构支持民营企业、小微企业高质量发展。实施融资畅通工程，督促银行业落实制造业贷款增速、小微企业贷款增速、普惠金融服务等监管指标，加大信贷有效投入，持续减轻企业负担。应对新冠肺炎疫情和国际国内经济对企业经营的影响，保障、提升金融对实体经济的支持，落实“双保”（保就业、保市场主体）应急融资、无还本续贷等政策，推广应用浙江省金融综合平台，支持企业复工复产。

【银行业信用风险防控】2021年，继续推进银行业信用风险防控工作，化解信用风险。针对重点企业风险暴露导致的不良贷款率反弹现象，采取点面结合的方式督促化解风险。贯彻落实分局守住风险底线、保障经济金融平稳运行的要求，部署银行业机构摸清风险企业和贷款情况，敲实信贷资产质量，掌握辖内银行信贷资产风险真实水平。制定和分解落实全年信用风险处置目标，落实每家银行年末控制数，创新不良贷款处置方式，提升风险处置能力。配合金融办，做好乡镇不良考核工作，压实乡镇辖属企业风险处置责任。根据市委、市政府的工作要求和任务分解，配合政府做好重点企业风险处置。会同金融办、人行定期对辖内银行业机构、小贷公司和投融资中心进行考核，督促落实监管要求，确保不出现系统性和区域性风险。

【银行业经营整治】2021年，继续推进银行业治乱工作，实现银行业回归本源，合规经营。贯彻落实治乱象活动要求，加强窗口指导，压实银行业主体责任，加大风险提示，维护辖内金融秩序。做好信访维稳工作，加强金融消费者权益保护，减少银行声誉风险。实施金融消保“提质增效”行动，压实银行保险机构主体责任，根据银保监会信访举报投诉分类处理要求，理顺信访工作机制。推进金融纠纷多元化解，发挥调解组织作用。强化法人机构监管，提升法人治理水平。做好重要会议参会、监管报告撰写、监管谈话、报表统计审核等非现场监管工作，配合开展诸暨联合村镇银行的风险管理及内控有效性检查，以查促改。

（银保监诸暨监管组 王豪盛）

财政·税务

财政

【概况】2021年，诸暨市实现财政总收入154.83亿元，同比增长6.4%，其中一般公共财政预算收入100.20亿元，同比增长11.0%，占财政总收入的64.7%。税收收入80.19亿元，占一般公共预算收入比重为80.0%。一般公共预算收入中的非税收入达20.02亿元，同比增长19.9%。

全年一般公共财政预算支出119.11亿元，同比增长1.2%。全年实现民生支出88.48亿元，同比减少0.2%，占一般公共预算支出比重达74.3%。全年社会保障和就业支出23.14亿元，增长8.7%。卫生健康支出11.20亿元。全年教育支出27.99亿元，增长13.4%。财政收支运行和预算执行情况基本良好。

【财政服务地方经济发展】2021年，继续政策助推发展，减税降费，全年累计减免行政事业性收费和政府性基金1.99亿元，同比增长77.6%。加快兑现财政奖补，全年累计完成兑现"1+9"（"1"，即促进民营经济高质量发展的若干意见；"9"，即人才、工业、科技、农业、服务业、开放型经济、建筑业、文化、金融九大类政策）政策8.16亿元，其中工业政策兑现3.54亿元，较上年同期增长19.2%；人才专项资金1.69亿元，同比增长16.6%；科技专项资金9864.83万元，同比增长2.3%。及时下达两直（直达市县基层，直接惠企利民）资金，全年累计获得上级两直资金4.03亿元，本级配套资金8.95亿元，支出进度达99.6%。规范应急转贷资金运作，助力企业纾困解难，全年累计服务企业238家，提供应急转贷资金90.28亿元。深化创投改革试验区建设，加快产业基金运作，全市产业基金共计参股设立18个子基金，5个直投项目。子基金总规模达到132亿元，其中政府基金认缴出资19.22亿元，社会资本出资112.78亿元。子基金投向数字经济、环保、高端装备制造、大健康等八大万亿元产业项目192个。

【重点支出保障】2021年，继续坚持公共财政导向，聚焦支持惠民实事，在发展中补齐民生短板。完善社会保障。全年社会保障和就业支出主要用于基本养老保险补助、就业创业财政扶持、完善社会救助制度、退役安置及抚恤和残疾人生活和护理补贴等。保障疫情防控工作，第一时间启动资金拨付应急机制，拨付防疫资金1.26亿元。助跑文教发展。全年教育支出主要用于各阶段教育经费保障、困难学生助学、中小学安保建设、教育惠民工程实施等。加大公办学校建设力度，全年投入资金1.52亿元，完成改善办学条件工程25

个,义务教育校舍维修改造项目43个。推动教育民生实事工程实施,累计投入2126.74万元用于安装小学、幼儿园及新建学校新风系统1798台,投入551.92万元用于改造中小学教室照明系统973间,投入492.49万元用于更换中小学可调节式课桌椅16679套。助推乡村振兴。扎实做好乡村振兴资金保障,落实强农惠农政策,加快省级乡村振兴产业发展示范县建设,累计拨付珍珠产业发展示范建设项目补助资金4557.89万元,申报同山烧集成创新示范建设项目,争取到省级财政补助资金7000万元;入围水系连通及水美乡村建设试点县,争取到上级补助资金1.6亿元;入围全省首批幸福河湖试点县,争取到省级建设资金1000万元;入围2022年度省级农村综合改革项目,争取到省级补助资金6000万元。

【财政改革】2021年,继续全面实施预算绩效管理。落实《诸暨市全面落实预算绩效管理三年行动计划(2019—2021年)》,全年累计实施财政组织绩效评价项目150个,覆盖财政资金9.63亿元。深化投融资体制改革。按照“规范科学、多元创新”的原则,组织协调各国有企业做好融资计划,逐步形成长短匹配、品种丰富的新型融资结构。至12月底,直接融资及政策性银行融资占比53.82%,综合融资成本4.73%。做大做强国有企业。推进国有企业改革,2021年全市国有企业资产总量达2411.84亿元,实现营收同比增长30.85%,资产总额同比增长16.68%,资产负债率68.74%。

【财政监管】2021年,防范化解债务风险。坚定不移实施防范化解地方政府性债务风险专项行动,稳妥有序化解存量债务,确保风险控制在合理区间,全年累计化解债务85.63亿元。严格项目概算审核,累计完成政府投资概算审核项目264个,累计送审金额22.42亿元,累计审减金额0.59亿元,净审减率2.61%。规范公款竞争性存放,开展财政性资金竞争性存放全面自查整改工作,涉及财政本级账户15个,财政资金155.18亿元,全年财政本级开展定期存款竞争性存放4次,存放财政资金91.69亿元。规范行政事业单位资产管理,通过理清资产的产权归属、管理与使用情况,掌握资产经营和收益收账情况,建立健全国有资产台账和数据库,调整和处置国有资产3.21亿元。

（骆泠霏）

税务

【概况】2021年,诸暨市坚持把税收工作融入诸暨发展大局,统筹落实组织收入和减税降费工作,发挥税收职能,落实税收政策。坚持组织收入原则,确保完成各级次预算收入目标。坚持“税费兼重”的理念,推进2批次5项非税收入征管职责划转。全年全市累计组织各项税费收入200.33亿元,同比增长13.18%。其中税收收入139.86亿元,同比增长3.92%;社保费收入69.52亿元,非税收入20.71亿元,同比增长451.48%;全市一般公共预算收入100.20亿元,同比增长10.9%。全市税务部门累计组织一般公共预算收入86.52亿元,同比增长11.57%,占比全市一般公共预算收入的86.35%,其中税收收入81.43亿元,同比增长9.72%,非税收入5.09亿元,同比增长52.54%。推进城乡居民医疗保险费集中征缴,征

2021年3月22日,诸暨市公职律师团参与税收执法助力市场主体发展(税务局提供)

缴人数57.3万,征缴金额3.14亿元,征缴率100%。

2021年,诸暨市围绕"精准宣传、直达快享、跟踪提醒、效应分析"推动政策落地,支持中小微企业、外贸企业等各类市场主体发展。全年新增减税降费17.47亿元,办理减免税15.66亿元、社保费减负1.81亿元;办理出口退(免)税26.19亿元,同比增长14.62%;退还增值税留抵税额9.46亿元,制造业、中小微企业缓缴税费2.71亿元。全市税务登记户数从年初的12.8万户增加到年末的13.1万户,助力市场主体纾困发展。

【税收执法】2021年3月22日,诸暨市税务局构建公职律师团,参与税收执法"体检"、重大事务处理法律论证等事务46件,为精准执法提供专业、规范、系统的法务保障。落实"首违不罚"清单制度,共执行税务登记、资料报送、纳税申报等轻微税收违法行为"首违不罚"63例,彰显税收执法温度。监管重点行业税收,规范行业税收征管。全年推进房地产、袜业行业发票协查、发票涉案企业调查核查等工作,组织入库各项税费13608万元;开展对环保机械、房产中介、汽修等行业的风险核查工作,补缴税款568万元,调减亏损930万元。

【税收征管】2021年,推进历年未清算项目的土地增值税清算审核工作,至年末,共完成土地增值税清算项目158个,经审核应补缴土地增值税49990.41万元,应退土地增值税32712.95万元;推进发票电子化改革工作,全年核定增值税电子专票企业3674户,开具电子专票40628份,全市综合发票电子化率从年初的21%提升至年末的59.8%,基本实现60%的全省年度目标;对袜业行业实施全链条管理,为166户袜业企业开展风险"体检",从原材料、生产、加工和销售各环节进行涉税风险监控,订制防控方案35份;对房地产行业进行全生命周期管理,探索房地产企业税种联动"一户式"管理模式,探索构建"六大"税种10项指标的动态监控风险指标模型,对房地产7个阶段开展全流程监管,防止税源流失。

【纳税服务】2021年,推进"五税合一"综合申报、财产和行为税"十税合一"一体化申报,推动增值税、消费税与附加税费申报表整合,实现多税费"一张报表、一次申报、一次缴款、一张凭证"。开展"便民办税春风行动",推进全市"十大"类31项121条举措的贯彻落实。落实"咨询+办税"一体化中心建设,打造税费协同管理新模式,由"办问"分离,向办问协同迈进。配套设立"暨税·青云端"数据处理中心,网办后台业务受理率达99%,实体窗口压缩5个,窗口业务量减少30%;推进不动产交易数字化改革,9月17日完成绍兴市首例一手房"税证全程网办",实现购买新房"足不出户、完税领证",9月30日完成绍兴市第一笔二手房交易"网上办""掌上办"业务,共受理网办业务700余笔;推进"一件事"改革,全年通过司法拍卖"一件事"云平台受理司法拍卖124笔,入库税款1355万元。联合市法院建设破产一件事"智破在线"平台立项开发。巩固完善快速退税机制,出口退税办结平均时长压缩到3个工作日以内;推行税收服务专员制度,向37户"放水养鱼"行动培育计划企业和20个服务业重点建设项目派驻税务服务专员,全年累计服务114人次。推进纳税人缴费人走访问需、意见征集和税费服务短板查找等工作,4月联合市工商联、市经信局等16个部门召开政企恳谈会,收集问题建议26条,帮助解决问题20个;抓好各类税费政策宣传辅导,累计宣传辅导45.78万户,发放宣传册2.37万份。打造纳税人学堂网络直播间,累计开展线上直播培训17场,开展"税务体验师"招募和体验活动,收集意见建议33条。（税务局　叶涛）

综合监督管理

宏观经济管理

【概况】2021 年，诸暨市聚力聚焦数字化改革、杭绍同城、共同富裕，统筹疫情防控和经济发展，主动融入和服务双循环新发展格局，经济社会保持“稳中向好”发展态势，实现“十四五”发展良好开局。实现地区生产总值 1546.62 亿元，增长 9.8%，增速居绍兴市第一；固定资产投资 444.36 亿元，增长 13.4%；财政总收入 154.83 亿元，增长 6.4%；一般公共预算收入 100.2 亿元，增长 10.9%；金融机构存贷款余额 3900.65 亿元，增长 15.7%，其中金融机构贷款余额 1836.62 亿元，增长 19.4%；城镇和农村常住居民人均可支配收入分别为 77473 元和 46535 元，分别增长 9.5% 和 10.0%。

农业生产平稳。2021 年，坚持不懈抓好粮食生产，提高粮食生产保供能力，完成 3.15 万亩“非粮化”整治任务；扎实推进新建 1.03 万亩、改造提升 1.5 万亩高标准农田建设，全年粮食播种面积、总产量分别达 51.68 万亩、23.2 万吨，生猪产能 30 万头；坚持品牌强农，推进“西施石笕”茶公用品牌建设，完成绿色食品续展 10 个，无公害农产品复查换证 50 个；开展科技强农、机械强农“双强行动”，农业科技贡献率、主要农作物耕种收综合机械化率分别达 68.0% 和 81.3%，创建省级数字农业工厂 1 家；全年实现农业总产值 78.0 亿元，增长 3.5%，居绍兴市第一。

工业增速领先。2021 年，继续坚持工业强市战略，聚焦产业数字化、数字产业化，推动制造业高质量发展。全市规上工业增加值 314.87 亿元，增长 21.4%，增速居绍兴市第一，其中规上战略性新兴产业增加值 123.28 亿元，增长 32.5%。持续激发数字经济新活力，引导企业“机器换人工”“自动换机械”“成套换单台”，新增工业机器人 557 台，数量居绍兴市第一；启动智能化改造企业 250 家，“珍珠大脑”被列入绍兴历史经典“产业大脑”建设试点；迪艾智控入围绍兴市“未来工厂”培育企业；新增 4 家企业入选省级数字化车间；袜业产业集群新智造被列入 2021 年浙江省产业集群（区域）新智造试点。

建筑业提升。2021 年，全市建筑业实现总产值 1197.75 亿元，增长 8.7%，其中省内产值 662.68 亿元，增长 28.2%；建筑业上缴税收 14.5 亿元，占全市税收总数的 10.4%；4 家企业晋升施工总承包一级资质，晋升数居绍兴市第一；3 家企业创建为高新技术企业；新签订总投资近 50 亿元装配式产业园项目 2 个；全市新开工装配式民用建筑 166.52 万平方米，占新开工民用建筑比例达 63.0%；二星级及以上绿色建筑占新建民用建筑比例达 45.4%。

服务业提升。2021 年，实现社会消费品零售总额、网络零售额 500.54 亿元和 263.2 亿元，同比分别增长 8.2% 和 13.2%。推进电子商务公共服务中心建设，打造县域商业流通体系，建成乡村超市、社区菜店等零售终端网点 185 个，创成全省数字生活新服务样板县，诸暨珍珠数字贸易入选首批省现代服务业创新发展区；发展全域旅游，实现旅游总收入 49.85 亿元；持续优化金融服务，搭建政银企平台，推动中国银行、中国农业银行等省分行支持诸暨推动共同富裕建设，新增综合授信总额 298 亿元；完善金融综合服务平台功能，开发“信贷超市”“担保集市”应用模块，扩大金融服务覆盖面。

【杭绍同城深入】2021 年，萧诸绿色发展先导区继续被纳入杭绍一体化建设方案，杭州至诸暨市域铁路被列入国家长三角多层次轨道交通规划；萧山至磐安公路（金浦桥至三江口大桥段）快速化改建、店口综合港、G235 诸暨段改建等工程项目分别完成投资 7 亿元、1.5 亿元和 16 亿元；新增 6 趟沪—杭—诸始发终到城际列车班次，杭诸高速双向免费通行再次扩面；全市 121 个事项实现“跨省通办”，1481 个事项“全省通办”；与杭州绍兴合作办学 4 家，新增结对学校 11 家，新引进名医工作室 21 家；完成开发区和高新区整合，申报机器视觉“万亩千亿”新产业平台；启动 G60 创新港建设，投运上海、深圳、西安“诸暨岛”。

【开放经济平稳增长】2021 年，诸暨市外贸经济运行稳健，自营出口 537.97 亿元，增长 19.6%，占全国份额的 2.475‰，稳住外贸基本盘，其中袜子、五金机电、珍珠等特色产业出口增长较好，出口区域保持稳定；大唐袜业被评为省首批内外贸一体化改革试点产业基地；参与柯桥中国轻纺城市场采购贸易方式试点，建成投运海关监管场所，市场采购出口申报货值超 3 亿美元；实到外资 1.35 亿美元。

【招商引智推进】2021 年，诸暨市优化招商体制，成立招商投资促进中心，全年新引进亿元以上项目 82 个，总投资 432.14 亿元，其中 10 亿元以上项目 14 个、50 亿元以上项目 2 个、高端制造业项目 25 个；新宜中国数字装备智慧产业园、欧意数字化家电家居智造等重大项目签约落地；各类人才计划入选数创历史新高，形成“诸才云集”格局，入选国家引才计划 24 人、国家“特支计划”2 人、省级引才计划 20 人、省“特支计划”4 人、绍兴“名士之乡”英才计划人才（团队）28 人（个），居绍兴市第一。

【发展要素保障】2021 年，争取项目进省级笼子，列入省“六个千亿”项目 40 个、省“4+1”项目 7 个、省重点建设项目 12 个；陈蔡水库改造项目获中央预算内资金 7620 万元，诸暨数智安防产业基地等项目列入省重大产业项目计划；10 个省共同富裕项目全部开工；数智安防产业基地、G235 诸暨段改建工程 2 个项目获评全省“红旗”项目；加强用能要素保障和能源结构优化，开展能耗双控工作，推进整县光伏规模化开发试点，新增分布式光伏并网发电 38.59 兆瓦。

【共同富裕引领示范】2021 年，诸暨市入选全省首批共同富裕示范区试点县市，制订行动方案，落实“四张清单”，实施《诸暨市共同富裕试点三年行动计划（2021—2023 年）》，构建“诸善行、诸事和、诸业兴”的友爱之城，打造有诸暨辨识度的精神文明高地；健全完善共同富裕先行示范的体制机制，成立市委社会建设委员会，贯通省、市、县三级组织架构，切实加强对共同富裕工作的统筹协调；加快建设共同富裕现代化基本单元，袁家社区、东盛社区分别入选省第三批、第四批未来社区创建名单，杜黄新村被列入省首批未来乡村试点。

【数字化改革】2021 年，聚焦重大多跨场景应用，成为“县乡一体、条抓块统”县域整体智治改革省级试点；预防青少年新型违法犯罪和执行“一件事”2 个项目获评省“最佳应用”并入围省“改革突破奖”；浙里兴村共富应用入围党政机关整体智治领域最佳应用，并在《领跑者》刊登；27 个项目成为省级试点，形成理论和制度成果 74 项，5 项改革创新举措在全国全省复制推广，17 项数字化改革经验做法在中央级媒体报道。

【经济体制改革】2021 年，制订优化营商环境实施方案，清单化落实重点工作任务，营商便利度全省领先。落实省“531X”信用体系建设，深化拓展信用联动场景应用，开展失信约束措施清理规范和信用修复工作，打造“信用 +”诸暨样板；深化投资在线审批 3.0 平台应用，探索推行极简审批，完成一般企业投资项目“最多 80 天”、低风险小型项目“最多 15 个工作日”实现率 100%；打造特色小镇 2.0 版，环保小镇通过 AAA 级旅游景区景观质量评审；深入实施新一轮省级小城市培育行动，枫桥镇、店口镇在全省考核中分别被评为优秀和良好单位。

【乡村振兴】2021 年，继续稳慎推进农村宅基地制度改革试点，激活闲置农房 516 幢，引入社会资本 4.72 亿元，76.7% 的村经营性收入达 50 万元以上，低收入农户人均可支配收入增长 14.7%；深化农村产权制度改革，农村产权交易额 1.85 亿元，“产权 + 信用”贷款余额 15.38 亿元；加快培育新型农业经营和服务主体，全年培育农创客 350 人、省级农业科技示范基地 3 个、绍兴市乡村振兴“领雁人才”15 名；深化“五星 3A”迭代升级，培育 3 个“乡村振兴先行村”和五泄—马剑“十亩之间”共同富裕新时代美丽乡村示范带，新增省级美丽乡村精品村 70 个、新时代美丽乡村达标村 110 个；山下湖镇枫江村获评第二批全国乡村治理示范村。

（发改局　孙国民）

国土监管

【概况】2021 年，全市国土资源管理工作深入开展“服务大回访、满意大提升”活动，推进“政企亲清会”三服务交办事项的跟踪落实，加强自然资源要素保障、生态保护修复和民生服务等工作，完成各项年度目标任务。诸暨市自然资源和规划局获评浙江省生态文化建设突出贡献集体。

【要素保障】2021 年，诸暨市争取浙江省重大产业项目和基础设施项目等奖励指标，全力向内挖潜，筹措复垦指标和盘活指标，共筹措用地指标 6484 亩（含基础设施项目专项指标 4248 亩），确保一批产业项目、基础设施项目和民生项目的用地需求。进一步完善征地程序，优化用地审批流程，加强业务指导。全年完成用地报批 8809 亩（含重大基础设施项目 5558 亩），较好地满足全市发展所需土地要素保障。

【耕地保护】2021 年，继续深化落实耕地保护责任，严格按照《诸暨市耕地保护责任目标考核办法》的要求，落实属地镇乡街道和相关政府部门主体责任，将耕地保护工作纳入领导干部实绩考核，层层压实耕地保护责任目标。永久基本农田保护面积 68.41 万亩，执行耕地保护补偿制度，按照《诸暨市耕地保护补偿机制实施办法（暂行）》要求，结合 2020 年卫星影像数据以及用地审批情况，经调查和测算认定，共计下发耕地保护补偿经费 2473 万元。开展“保好耕地一件事”（耕地智保）场景归集和数据治理工作，围绕“一本四保”（耕地资源空间一本账、保好耕地用途、保好耕地质量、保好耕地红线、保好群众权益），完成行政区划、调查监测、空间规划、耕地保护、土地整治、用地审批、土地复垦、耕地监管 8 个大类第一批场景数据归集工作。做好耕地卫片执法工作，对涉及诸暨市的耕地卫片监督图斑进行梳理和实地踏勘举证，分类拟定整改方案。推进全域土地综合整治和生态修复工程，上报 2 个乡村全域土地综合整治与生态修复工程计划，2019 年立项的 3 个全域土地综合整治与生态修复工程完成诸暨市级验收。全年共完成验收土地开发历年项目 860 亩、农村土地综合整治项目 1506 亩、“旱改水”耕地质量提升项目 4902 亩、标准农田建设项目 4640 亩。

【土地节约集约利用】2021 年，继续健全完善土地资源市场体系建设，提前谋划并制定 2021 年土地出让计划，明确责任单位和时间节点，多次召开协调会议并由市府办下发工作函告单督促责任单位加快“做地”进度，确保“净地”出让。加强土地招商推介，以“互联网 +”模式探索土地出让新渠道，通过参加土地展、发布“诸暨读地云”小程序等方式，实现网络在线看地，并实时更新推地信息，同时结合城市区位优势、配套设施等对地块进行深入全面解读。全市共出让各类国有建设用地 119 宗，面积 246.3715 公顷，出让金 105.5568 亿元，工业用地“标准地”出让 100% 全覆盖。

【矿政管理】2021 年，继续强化矿业权管理服务，推动矿业领域生产方式绿色转型。依法依规做好矿业权日常管理，完成探转采新立 1 宗，收取出让收益 660 万元。完成探矿权保留2宗、探矿权延续7宗、采矿权延续2宗，办理采矿权注销8宗。完成青顶山铁矿储量核实、七弯铅锌矿生产勘探总结评审。对221宗用地进行矿产资源压覆审查。在前期矿规调查基础上，组织多部门现场联合踏勘，结合"政企亲清会"任务清单，详细论证拟设区块范围，完成规划文本编制，经诸暨市政府审核同意上报绍兴市政府审批。在专业机构技术支撑下，进一步加强矿产资源开发利用监管和储量动态监测，开展矿山监测64批次，未发现越界开采、勘查等违法违规行为。督促企业履行边开采边治理，新增矿山生态修复面积4.5公顷；按照治理复垦基金管理办法相关要求，本年度计提基金529.2万元，治理验收划转基金619万元。贯彻《浙江省绿色矿山管理办法》，完成绿色矿山质量再提升的前期摸排，为全面推进绿色矿山质量再提升三年行动做好准备。

【不动产登记】2021年，共计办理登记业务154988件，颁发证书61766件，登记证明47434件。办理抵押权登记业务22268件，涉及金额790.55亿元。预告及抵押权预告登记20254件。注销登记20572件。查(解)封登记10655件，受理各类档案查询申请50877件。上门办证服务287次，不见面审批43767件，线上办件68256件。围绕建设"重要窗口"的新目标新定位，创新推出更快、更简、更优的不动产登记便民服务。推动"不见面审批"，让群众"一步不用跑"。利用浙江银保监局"总对总"联办平台，群众在银行即可办理抵押登记，实现不见面审批和群众零跑腿。绍兴市范围内率先实现不动产登记证明电子化，电子证明覆盖率达到95%以上。在房地产开发公司设立预告登记受理点，实现"零跑腿"。"不见面审批"大幅提升不动产登记效率，打通为民服务的"最后一公里"。司法拍卖不动产登记"一件事""最多跑一次"常态化。通过"一门联审""一窗受理"，破解被拍的瑕疵不动产拍后过户难的问题，把"从拍卖后买受人遇到问题需协调解决"转变为"拍卖前问题统一解决"，让买受人"最多跑一次"，推动社会治理模式和营商环境的提升改善。办理时间再压缩，服务质效再升级。申请材料精减至3份以内，办理环节压缩至1个，实现二手房转移登记1小时内办结，一般抵押登记、商品房登记即日办结，一般登记3个工作日内办结。借力数字化改革，打造全方位全时空登记新模式。将原有的房屋交易与不动产综合窗口升级打造为不动产登记网办中心，建立专职辅助人员队伍，对办事群众进行导引和辅导。办事群众可通过手机客户端、电脑客户端、自助设备端等服务端口进入平台，经过身份认证，不限时间和地点，对所有业务类型进行在线签约、在线申报、在线缴税，而少数疑难问题仍可到现场服务大厅接受人工服务。形成线上线下立体登记格局，突破空间限制、路径限制和时间限制，打造全方位全时空的不动产登记新模式。

【确权调查】2021年，诸暨市2020年度国土变更调查工作通过国家、省验收。全市自然资源统一确权登记工作，完成全市重要自然资源登记清单50%内容(陈蔡水库、安华水库、石壁水库、青山水库、五泄水库、征天水库、大陈江诸暨段、诸暨市东白山省级自然保护区)的确权登记。基本完成全民所有自然资源资产清查工作，建立全民所有自然资源资产管理数据库。加强自然资源调查监测，完成省生态环保督查审计图斑处理与调查等工作。

【地质灾害防治】2021年，诸暨市进一步完善地质灾害防范应急体系。印发《2021年度地质灾害防治方案》《诸暨市地质灾害防治"十四五"规划》。超额完成地质灾害"整体智治"三年行动(2020—2022年)年度任务，完成全市1:50000地质灾害风险普查和2个乡镇(东白湖镇、东和乡)地质灾害风险调查评价工作，进一步摸清市地质灾害风险底数，新增地质灾害风险防范区87处(东白湖镇60处、东和乡27处)，新增隐患点4处，全部纳入地质灾害信息管理系统进行管控；新建地质灾害普适型专业监测点7处(东白湖镇3处、马剑镇2处、东和乡1处、岭北镇1处)，基本覆盖威胁影响较大的地质灾害风险防范区。全年共调查地质灾害灾险情325起，影响554户1687人1107间房屋以及行人车辆安全，成功避险9起，至少避免69名人员伤亡。

汛期密切关注各项情况。汛前及时更新183处风险防范区的基本情况、镇乡街道责任人及125名群测群防员信息。汛中关注降雨情况，及时和气象部门会商，累计发送预警短信60余次1536条，特别是在“6·10”强降雨和台风“烟花”期间，提前转移、撤离各类危险区域人员5621人。汛后倒排时间，不定期现场踏勘检查地质灾害在建治理工程。

【土地执法监察】2021年，继续坚持发展“枫桥经验”相关基层治理经验，加强违法用地源头管理。推进耕地“非农化”摸排工作，2月制订全市耕地“非农化”摸排工作方案，并成立耕地“非农化”摸底调查工作组，统筹全局力量，推进任务落实。推进2021年度“大棚房”问题专项清理整治“回头看”行动，核查“大棚房”问题，完成违规项目的整治整改。开展违建别墅情况“回头看”行动，建立健全长效管理机制，确保全面深化巩固工作取得实效。组织开展“清风行动”，打击非法驯养、交易、捕猎野生动物和设置捕鸟网等违法行为，进一步加强鸟类等野生动物保护力度。落实扫黑除恶常态化工作，8月印发《2021年诸暨市自然资源领域常态化开展扫黑除恶斗争工作方案》，加强重点领域长效常治力度。深化自然资源资源信访维稳工作，重视初信初访接待处理，推进各类信访积案化解，做好中国共产党成立100周年期间信访维稳工作。严格落实“月清、季核、年度评估”的土地卫片执法监督检查工作新模式，违法用地全部处置完成。全年共处置违法建筑58.63万平方米，完成绍兴市下达任务的150.33%，拆后土地利用率97.59%。

（自然资源和规划局　张瀚阳）

国有资产监管

【制度体系建设】2021年，继续调整优化国资布局结构。进一步整合重组、规范职能，合并城乡集团和交投集团组建建设集团。建立市管国有企业工资决定机制。6月11日，制定《关于改革市属国有企业工资决定机制的实施意见》，明确市管国有企业工资总额的基数确定、工资总额的调控方式、工资总额的预算编制、工资总额的清算和评价等内容。

【资产监管路径拓展】2021年，搭建数智化国资监管平台，实现国资监管信息化、数据分析智能化，启动企业信息、人事工作、薪资管理、财务监督、产权资产、企业经营性资产、投资项目、融资管理、采购管理、协同办公十大模块应用，线上累计审批企业信息136条，人事工作3466条，薪资管理1672条，资产信息2836条、财务监督325条。规范行政事业单位资产管理，开展全市行政事业性国有资产清查，通过理清资产的产权归属、管理与使用情况，掌握资产经营和收益收账情况，建立健全国有资产台账和数据库，全年累计调整和处置国有资产3.21亿元。

【综合统筹管理】2021年，推进国有企业放活经营改革。依据竞争类、功能类和公益类企业的不同战略定位和发展目标，重点扩大国企融资、项目实施、并购重组等自主权；同时调整具体监管事项，建立出资人监管权力和责任清单动态调整机制；建立健全“三会一层”（三会为股东大会、董事会、监事会，一层为高级管理层）决策机制；探索一、二级土地联动开发模式，拓展境外融资、专项产业债券、双创债、产业基金等直融方式，提升国有企业的创新力、竞争力。2021年，全市国有企业资产总量达2411.84亿元，实现营收同比增长30.85%，资产总额同比增长16.68%，资产负债率68.74%，直接融资及政策性银行融资占比53.82%。

（财政局　骆泠霏）

市场监督管理

【概况】2021年，诸暨市继续推进市场监管领域各项改革。推进商事制度改革，依托企业注销“一网服务”平台，建立“照章联办、照银联办、证照联办、破产联办、税务预检”注销机制，实现公章备案信息、许可证、破产企业注销“一站式”通办。至年末，共办理破产企业便利化注销70件，食品经营许可证和营业执照合并注销登记217家。深化“证照分离”改革，进一步加大取消审批和审批改备案力度，精简重复类审批，推进涉企许可事项“整体瘦身”。整理102项涉企经营许可事项“证照分离”改革，7项直接取消审批，7项审批改为备案，48项实行告知承诺，40项优化审批流程，“证照分离”改革应用率进度值和完成率都为100%。推进企业开办全流程“一件事”一日办结工作，共“一日办结”企业8336家，实现“开办集成”统一企业开办流程时限(工作日)≤8小时。继续推行“全省通办”“跨省通办”，设立“通办专窗”，5月与江苏江阴、11月与江苏泗阳构建“跨省通办”联络机制，逐步破解企业、群众异地办事“多地跑”“来回跑”等堵点难点问题。10月，推进“双减”(减轻义务教育阶段学生作业负担和校外培训负担)转登记工作，完成240家学科类企业转型登记办理。加速落实电子营业执照下载，8月上线“诸企查”实现企业档案查询“零见面”自助查，企业通过浙江省政务服务网或者“浙里办”App进行法人用户的登录后即可线上查询、导出、打印企业档案。至10月底，全市下载量突破12万次。

诸暨市继续营造放心消费氛围。在历年放心消费单位“三服务”工作的基础上，不断夯实放心消费创建基础，创建放心消费单位3152家、放心工厂1240家、无理由退货单位1440家、放心商圈4家，放心消费乡村1家。开展浙江特色“伴手礼”征集工作，浙江冠军香榧股份有限公司生产的冠军香榧和浙江民新珍珠养殖有限公司生产的“《520真爱》珍珠项链套装”入选长三角伴手礼。妥善处理各类消费投诉举报。全年共受理消费投诉举报11658件，其中投诉7019件，举报4639件，投诉调解成功6261件，成功率89%；为消费者挽回经济损失281.98万元，按时办结率99.9%。继续开展放心农贸市场、星级市场、五化市场创建，指导6家农贸市场创建为省级放心农贸市场，新创三星级市场1家，续创五星级市场1家、四星级市场2家、三星级市场4家、二星级市场2家。12月，诸暨大唐袜业城创建成浙江省第二批“五化”改造商品市场。

2021年11月18日，诸暨市执法人员在一家超市查看食用油标签标识(侯张永摄，市场监管局提供)

诸暨市继续推进市场监管执法。聚焦经济发展重点和民生关注热点，发挥综合执法优势，加大督导检查力度，以“办铁案、强执法”为核心，重拳打击破坏放心消费环境、影响公平竞争的各类违法行为，开展打击非法成品油交易、传销会销、侵害群众利益的各类专项整治行动，全年共办结行政处罚案件1204件，其中大要案238件，移送公安机关22件，罚没款1945万余元。做好“双减”政策下校外培训机构专项治理，整理校外培训机构注册登记清单，重点查处校外培训机构侵害消费者个人信息、利用合同侵害消费者合法权益以及违规发布广告等违法行为，共查办案件6件。同时，迭代升级“首违不罚”执法制度，8月2日，印发《诸暨市市场监督管理局“首违不罚”指导意见(2021年修订)》，将市场监管领域的“首违不罚”从仅适用于浙江省重大突发公共卫生事件期间改为常态化适用，对29种轻微违法行为实行“以教代罚”。

诸暨市持续推进“互联网+监管”。在全市27个部门推进“互联网+监管”平台及“掌上执法”系统的应用，全市建立执法人员库1570人，“掌上执法”开通率、激活率、监管事项入驻率均为100%。运用掌上执法开展现场检查17159户次，掌上执法率100%；双随机抽查事项317项，双随机事项覆盖率100%；完成双随机任务448条，任务完成率100%；应用信用规则率89.40%；参与跨部门任务69条，跨部门监管率 15.4%；处置风险预警、投诉举报、基层综治等事件总数 2572 件，事件处置率达 100%。

诸暨市创新“智联电梯”建设。对全市 194 个公共场所的 750 台电梯开展“智联电梯”建设，通过实时采集、储存和传输电梯运行数据，实现电梯运行状态实时监测、电梯维保行为实时监管、电梯故障和困人信息实时报警。对全市公共场所有电动车出入的 344 台电梯加装电动车阻断系统，识别准确率达 100%。全年全市共发生困人告警事件 457 起，平均救援时间为 7.13 分钟，相比系统安装前救援时间压缩 52%。（市场监管局　王景璐）

【食品药品监管】2021 年，诸暨市以“四个最严”为总体要求，以“食安城市”跟踪评价和“食安示范市”创建为主要抓手，完善监管体系，创新治理手段，强化违法整治，全市未发生系统性、区域性食品安全事故。食品药品安全工作获评绍兴 2021 年度考核优秀且排名位列各县(市、区)第一。

“双安双创”工作。4 月 2 日，召开全市食品安全工作会议。全年市委常委会、市政府常务会议先后专题听取汇报，市委书记、市长以及分管领导多次开展专题调研和检查。“双安双创”工作持续纳入市政府考核内容以及部门、乡镇街道食品安全工作清单。9 月，通过省创跟踪评价，并申报创建首批浙江省食品安全市；10 月，经过绍兴市级体系评估，被推荐为绍兴创建首批省食品安全示范市两个区市之一；12 月，通过省级验收评价。

高风险冷链食品物防。实体化运行高风险进口冷链食品物防专班并纳入市防控办统一领导。严控农村集体聚餐风险，结合疫情防控形势开放或关停家宴服务中心。适时细化物防应急预案，11 月 9 日和 11 月 29 日，分别开展“进口冷链食品新冠病毒核酸阳性处置应急演练(桌面推演)”和“高风险食品疫情防控暨应急处置演练”，明确操作程序和响应流程。编制冷链食品疫情防控知识要点汇集，提高从业人员操作规范度和应对突发事件的处置能力。妥善处置外地通报核酸检测阳性食品事件 4 起。常态化落实冷链食品溯源机制，督促冷链食品应上尽上“浙冷链”，激活主体 383 家，累计赋码 47347 个、扫码 128737 个，主体激活率和赋码率、扫码率均为 100%。加强推动进口水果经营主体普及使用“浙食链”系统，大中型商超、水果市场和其他首站及销售量较大进口水果经营主体完成“浙食链”激活并逐步录入商品信息。动态化实行冷链全要素检测机制，实时掌握从业人员新进、离职情况并根据风险度分类管理，确定梯度采样检测频次。按监测方案开展重点人员、重点物品、重点环境核酸监测，监测采集进口冷链样本 7958 份，监测结果均为阴性。

食药安全检测。全年完成食品监督抽检抽样 4182 批次，不合格 99 批次，合格率 97.63%，全部完成闭环处置。完成全市农产品定量抽检样品 1200 批次、林产品抽检 100 批次，合格率均为 100%。开展农贸市场和配送企业快检 48.3 万批次，发现阳性 488 批次，销毁或下架 8177.9 公斤。完成药械抽检 204 批次，不合格 4 批次，合格率 98.04%。开展风险监测等专项行动，探索区域风险监测资源共享合作机制，多

2021 年 8 月 9 日，市场监管局工作人员在一家零售药店开展日常监督检查（张莹摄，市场监管局提供）

次召开食品安全风险监测结果会商会，及时通报食品安全风险监测和监督抽检信息。食源性疾病监测抽检采样点延伸至乡镇街道，完成食品安全风险监测1227份，完成率为100.7%。

食药安全监管。加强源头治理，坚持质量兴农、绿色兴农、品牌强农，培育“西施石笕”茶产业公共品牌，深化“三品一标”（无公害农产品、绿色食品、有机食品及农产品地理标志）建设，完成绿色食品认证4件、绿色食品续展10件，无公害农产品复查换证50件。开展省级“肥药两制”改革综合试点县创建，实现智慧施肥系统全市耕地土壤全覆盖，推广应用配方肥和按方施肥，统防统治、绿色防控，主要农作物测土配方技术应用覆盖率95%以上。3月，在浙江省内率先推出炒货行业“寻找CCP（关键控制点）”行动，全市共有2家固体饮料、6家桶装饮用水和21家炒货企业全面应用CCP管理模式。4月起不定期发布网络餐饮“红黑榜”，全年共发布7期，对73家问题单位进行曝光并闭环处置。开展中药材质量专项检查，邀请中药鉴定专家对全市药品批发企业、药品零售连锁总部、医疗机构和零售药店等10余家单位开展专项检查。聚焦防范发生区域性、系统性的食品安全问题，不断锚定地沟油、违禁药物、非法添加、虚假宣传、防疫物资等重点隐患问题，持续开展“防风险消隐患保食安”“平安护航建党百年”食品药品安全隐患大排查大整治等专项行动。办结各类食品案件694件，罚没款322万余元，移送公安8件；办结药械化案件55件，罚没款164万余元，移送公安1件。

民生实事工程。开展食品药品安全民生实事工程建设，努力让群众吃得更放心。建成“阳光工厂”91家；建成农村家宴“阳光厨房”88家；全市260家学校食堂实现“阳光厨房”全覆盖，平台接入率100%，其中75家学校食堂完成智能物联设备试点安装。全程“可追溯食品生产经营主体”（“浙食链”系统）激活完成1222家（生产企业191家、流通企业1031家）。建成民生药事服务站5家，建成24小时“网订店送”药房3家。

食药安全社会共治。3月19日，在浙江省内率先发布《食品生产企业落实食品安全主体责任指南》，为食品生产企业落实主体责任提供专业指导。在23个镇乡（街道）全部通过三星级食安办省级考核验收的基础上，对三星级食安办实行动态管理，11月，枫桥镇、璜山镇2个乡镇创建成四星级食安办。发挥保险的风险控制和社会管理功能，推进食品安全责任保险制度实施，学校及公办幼儿园食堂、养老机构食堂(35家)、农批农贸市场(28家)、农村家宴放心厨房(90家)等食品安全重点领域实现食品安全责任保险全覆盖。11家食品生产经营主体主动购买食品安全责任险。进一步强化食品安全信用评价联合惩戒机制，9月24日，发布《浙江省诸暨市2021年第1期食品药品从业禁止公告》。开展规模农产品生产经营主体试点标准化生产绩效评价工作，实现规模农产品生产主体信用评价分级分类监管。畅通投诉举报渠道，加大举报、投诉保护力度，落实举报奖励制度，完善奖励工作机制。发挥行业协会、社会团体和新闻媒体作用，组建食品安全社会监督员队伍，持续开展社会监督、志愿服务等活动，形成食品安全群防群控的工作格局。

（市场监管局　戚燕露　吴烨锋）

【市场主体培育】市场主体总量。至2021年年末，全市共有市场主体188071家，同比增长5.1%，注册资本（金）4730.1亿元，同比增长3.8%；企业占比29.1%，同比上升0.4个百分点。其中内资企业53337家，同比增长6.9%，注册资本（金）4359.2亿元，同比增长4.6%；个体工商户133381家，同比增长4.6%，注册资金193.1亿元，同比增长9.7%；农民专业合作社844家，同比减少9.5%，出资总额6.0亿元，同比减少8.1%；外资市场主体509家，同比减少5.2%，注册资本（金）171.8亿元，同比减少16.8%。

市场主体产业分布。市场主体三次产业分布为：第一产业4461家，第二产业51968家，第三产业131642家。三次产业分布比例为2.4∶27.6∶70。

市场主体行业分布。排在前三位的是批发和零售业，制造业，居民服务、修理和其他服务业，分别为83210家、47860家、13033家，分别占市场主体总数的44.2%、25.4%、6.9%。

2021 年诸暨市按行业分类市场主体情况表

表 14

类别/行业	年度新增情况						至年底累计情况					
	个体		内资企业		外资企业		个体		内资企业		外资企业	
	数量（家）	同比（%）	数量（家）	同比（%）	数量（家）	同比（%）	数量（家）	同比（%）	数量（家）	同比（%）	数量（家）	同比（%）
农、林、牧、渔业	266	−43.5	94	−19.0	0	0	2588	5.3	1022	2.9	7	0.0
采矿业	0	0.0	2	0.0	0	0.0	0	0.0	22	0.0	1	0.0
制造业	3424	−17.0	1929	9.5	2	100.0	30958	−1.5	16677	3.8	225	−5.9
电力、热力、燃气及水生产和供应业	2	∞（2020 年同期为 0）	17	41.7	0	−100.0	2	0.0	116	14.9	0	−100.0
建筑业	62	−20.5	695	−9.4	0	0.0	271	21.5	3695	15.1	1	0.0
批发和零售业	11838	33.1	2700	4.3	7	40.0	68317	7.1	14787	6.3	106	−5.4
交通运输、仓储和邮政业	459	−6.5	199	36.3	3	∞（2020 年同期为 0）	2157	16.2	967	15.4	3	∞（2020 年同期为 0）
住宿和餐饮业	2676	4.9	105	14.1	3	0.0	11973	0.5	466	18.3	32	6.7
信息传输、软件和信息技术服务业	138	50.0	201	11.7	2	−33.3	393	29.3	687	22.5	11	22.2
金融业	0	−100.0	7	−30.0	0	0.0	4	−20.0	395	−1.3	13	0.0
房地产业	17	−96.0	240	−17.0	2	∞（2020 年同期为 0）	77	−3.8	1501	8.8	9	28.6
租赁和商务服务业	896	−48.5	977	2.5	5	25.0	3216	22.2	5196	6.0	16	45.5
科学研究和技术服务业	110	23.6	1025	−5.0	6	−40.0	276	45.3	5583	9.0	80	−20.0
水利、环境和公共设施管理业	143	∞（2020 年同期为 0）	17	−19	1	∞（2020 年同期为 0）	33	−5.7	113	8.7	1	0.0
居民服务、修理和其他服务业	1539	−4.6	162	60.4	0	0.0	12194	2.9	838	8.4	1	−50.0
教育	44	−12.0	37	−37.3	0	0.0	210	21.4	365	−0.3	0	0.0
卫生和社会工作	16	−50.0	44	−24.1	0	−100.0	110	2.8	155	23.0	1	0.0
文化、体育和娱乐业	150	44.2	202	31.2	0	0.0	600	13.9	747	22.1	2	0.0
其他	0	0.0	0	0.0	0	0.0	2	0.0	5	25.0	0	0.0
合计	21780	4.9	8653	3.1	31	10.7	133381	4.6	53337	6.9	509	−5.2

注：本表统计时间截至 2021 年 12 月 28 日。

市场主体新增情况。2021 年，新增各类市场主体 30469 家，同比增长 4.4%；注册资本（金）449.4 亿元，同比减少 7.8%。其中新增内资企业 8653 家，同比增长 3.1%，注册资本（金）400.4 亿元，同比减少 7.1%；新增个体工商户 21780 家，同比增长 4.9%，注册资金 36.1 亿元，同比增长 6.8%；新增农民专业合作社 5 家，同比增长 66.7%，出资总额 0.1 亿元，同比增长 400%；新增外资市场主体 31 家，同比增长 10.7%，注册资本（金）12.8 亿元，同比减少 43.1%。

2021 年诸暨市新增各类市场主体情况表

表 15

市场主体类型		新增数（家）	同比（%）	新增注册资本（亿元）	同比（%）
内资企业	含个转企	8653	3.1	400.4	−7.1
	不含个转企	8025	4.1	—	—
个体工商户		21780	4.9	36.1	6.8
农民专业合作社		5	66.7	0.1	400.0
外资企业		31	10.7	12.8	−43.1
内资市场主体	含个转企	30438	4.4	436.6	−6.1
	不含个转企	29810	4.7	—	—
市场主体	含个转企	30469	4.4	449.4	−7.8
	不含个转企	29841	4.7	—	—

市场主体注销情况。2021 年，共注销各类市场主体 20831 家（简易注销 2641 家）。其中内资企业注销 5219 家，同比增长 31.8%；个体工商户注销 15497 家，同比减少 48.9%；农民专业合作社注销 69 家，同比增长 11.3%；外资市场主体注销 46 家，同比增长 2.2%。

市场主体迁移情况。2021 年，共办理企业迁移 725 家，同比增长 26.7%，其中迁入 385 家，迁出 340 家；以省内迁移为主，省内迁移 603 家，占迁移总数的 83.2%。

新增市场主体中绍兴市外投资者投资情况。（一）省内投资杭州市居首。2021 年新增市场主体省内各市对诸暨市投资额 90.8 亿元，杭州、金华、温州投资额居于前三位，其中，杭州投资 67.3 亿元，金华 8.4 亿元、温州 4.9 亿元。

2021 年省内绍兴以外各市对诸暨市的投资情况表

表 16 　　**单位：亿元**

市名	杭州	金华	温州	宁波	湖州	嘉兴	台州	衢州	丽水	舟山
出资额	67.3	8.4	4.9	3.6	2.6	1.1	1.1	0.9	0.5	0.3

（二）省外投资上海市居首。2021 年新增市场主体外省市对诸暨市投资额 89.6 亿元。其中，上海、江苏、安徽、河南、北京投资额排前五位，分别投资 21.1 亿元、8.1 亿元、7.3 亿元、6.5 亿元、5.9 亿元。

2021 年外省市对诸暨市投资额前 10 名情况表

表 17　　　　单位:亿元

省(市)	上海	江苏	安徽	河南	北京	甘肃	江西	山东	四川	福建
出资额	21.1	8.1	7.3	6.5	5.9	5.3	4.6	3.9	3.1	2.5

（市场监管局　张月梅）

小微企业培育发展。3 月,获评省 2021 年度“小微企业三年成长计划”工作优秀县(市、区),8 月,在全省“小微企业三年成长计划(2018—2020)”工作表彰大会上,诸暨市获评省级先进工作集体。12 月,发布 2020 年度市场主体活力指数(106.4 点)和小微企业活力指数(101.8 点)。全年全市新增小微企业 7090 家,培育八大万亿重点产业小微企业 2078 家;新增小微企业县级培育库企业 3910 家;发展科技型小微企业 242 家;培育规下工业企业升规上 160 家、规下服务业小微企业升规上 24 家、限下(批发和零售业、住宿和餐饮业)小微企业升限上 116 家;发展股份公司 48 家;新增进出口经营权备案登记企业 266 家;创建文化和旅游领域领军型骨干型新锐型企业 5 家;新增贯标小微企业 20 家;发放科技创新券 546.08 万元,向小微企业开放科研设施和仪器 2655 台次、向小微企业开放实验室服务 114 批次;“浙里检”服务小微企业订单 706 单;新增主营小微企业客户的银行网点(小微企业、个体工商户等主体的贷款占比较高)2 家;新增小微园区 5 个。至年末,全市累计小微企业 48628 家,累计八大万亿元重点产业小微企业 16456 家,拥有股份公司 274 家。

市场主体清理。2021 年,吊销长期未经营市场主体,共吊销公司制企业 473 家、个人独资企业 66 家、农专社 33 家。依职权注销个体工商户 2309 家。对吊销满三年未注销企业开展强制注销,共强制注销 1093 家。

（市场监管局　郭利锋）

质量技术监督

【概况】2021 年,诸暨市完成各级监督检验和风险监测 497 批次,全市制造业产品合格率达到 99.5%,产品质量平稳可控。全年累计排查企业 5249 家,重大安全隐患整改率达 100%。继续推行先进质量管理模式,全市 1 家企业获评“绍兴市级表彰奖励项目(质量类)”,9 家企业分别被授予“诸暨市政府质量奖”“质量创新奖”。市市场监管局围绕民生、安全及诸暨市重点产业,开展各类产品质量监督抽查及风险监测活动,全年未发生区域性行业性质量问题。开展电动自行车综合治理集成改革工作,实现电动自行车生产、销售、登记、骑行、充停、维修、回收全生命周期监管。开展电脑刺绣机特色产业质量提升行动,打造质量基础“一站式”服务平台,为企业提供公共检测、认证认可、技术标准咨询、品牌建设、知识

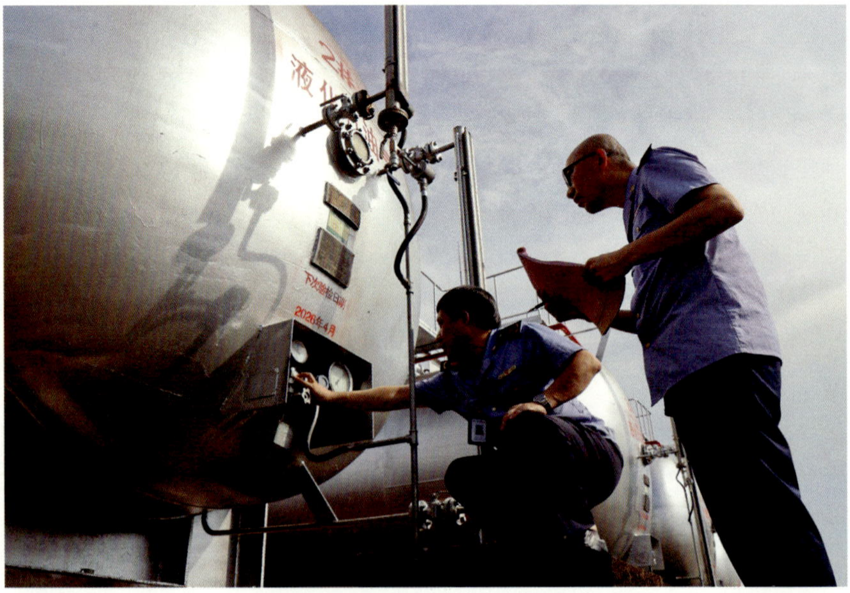

2021 年 7 月 7 日,市场监管局执法人员对某液化气储存压力容器、压力表进行检查(蒋力奔摄,市场监管局提供)

产权保护等质量技术服务。

（市场监管局　赵汀）

【特种设备安全监管】2021 年，继续构建特种设备双重预防机制，指导和督促企业按要求做好分类评价工作，全市完成分类评价 2786 家，完成重大风险隐患排查日志应用 678 家。诸暨市围绕厂厂受控、台台检验、件件赋码、次次告知、项项验收、处处规范、时时扫码、事事倒查、应急处置 9 个核心环节，加快推进“浙江特种设备在线”系统落地应用，完成数据清理工作，实现在用已注册设备赋码百分之百，高风险处置、扫码维保、物联接入等各项工作均处在绍兴市前列。以特种设备安全防范工作、全市“平安护航建党百年”特种设备安全隐患大排查大整治专项行动和城镇燃气领域安全专项整治等专项活动为抓手，突出重点设备、重点时段、重点风险隐患，聚焦涉危险化学品、公众聚集场所等容易造成群死群伤的特种设备，强化安全隐患排查治理，推进全市特种设备安全专项整治三年行动计划，进一步压实特种设备属地、行业、企业“三个责任”。全年累计排查企业 5249 家，排查隐患 316 条，下发《特种设备安全监察指令书》118 份，立案 17 件，重大安全隐患整改率达 100%。全市未发生重大质量安全事故。（寿杨桂）

【标准计量工作】2021 年，继续推进“品字标浙江制造”品牌建设，新增制定发布“浙江制造”标准 11 项，新增“品字标”浙江制造第三方认证企业 6 家。开展对标达标提升专项行动，完成 34 家企业对标达标工作。开展地方标准清理工作，完成 45 项诸暨市地方标准清理。加强数字经济标准化建设，完成数字经济标准 14 项。加强“民用三表”强制检定信息网上备案工作，累计备案水表和燃气表 5 万余只。推进“浙品码”赋码工作，完成 43 家强制性产品认证企业、190 家计量生产使用单位的赋码工作，累计赋码强制检定计量器具 1.9 万余只。推进能源“双控”工作，完成全市重点用能企业的能源计量审查工作。深化“车检机构一件事”集成改革，10 家车检站均通过省级验收。强化珠宝检验检测机构监督管理，联合浙江省珍珠行业协会、抖音基地，制订珍珠检测项目及证书内容基础管理规范，进一步规范珠宝检测行为。（市场监管局　石珊珊）

安全生产监管

【概况】2021 年，全市共发生各类生产安全事故 16 起，死亡 9 人（其中生产经营性道路交通事故 15 起，死亡 7 人；非煤矿山事故 1 起，死亡 2 人），与前两年相比分别下降 25.6% 和 41.9%；发生火灾 127 起，同比下降 21.1%，无人员伤亡；未发生较大及以上事故和有较大社会影响事故。

【安全生产工作责任落实】2021 年，继续根据“党政同责、一岗双责”要求，3 月，市政府分别与 44 个部门、企业以及 23 个镇乡街道签订 2021 年度安全生产和消防工作目标管理责任书。全年市委常委会、市政府常务会议 9 次专题听取研究安全生产和应急管理工作情况。完善“1+X”安委会组织体系，调整设立 17 个专业安委会，加强统筹协调和牵头抓总能力。市安委办组织开展安全生产巡查工作，5 月印发《诸暨市 2021 年度第一轮安全生产巡查工作方案》，10 月印发《诸暨市 2021 年度第二轮安全生产巡查工作方案》，全年完成 2 轮 32 个

2021 年 9 月 8 日，工作人员现场查核危险化学品（应急管理局提供）

部门和镇乡街道安全生产巡查,发现问题502项,督促各单位专人负责,抓好整改落实。

【重点安全领域专项整治】2021年2月至12月,诸暨市完成风险管控体系建设的企业数为3295家,其中加工制造类小微企业完成3276家,覆盖率80.35%,"三类园区"完成19家,覆盖率100%。4月至11月,诸暨市应急管理局组织开展涉爆粉尘、有限空间、高温熔融、非煤矿山等专项整治活动,9月至11月,配合完成一厂多租、自建燃气等专项检查行动。全年市应急管理局对全市重点企业开展社会化服务,聘请第三方服务机构开展多轮安全生产全面检查,督促企业落实安全生产主体责任,提升安全生产水平。8月至10月,诸暨市工矿行业共开展风险普查5693家,其中一般企业5196家,有限空间85家,涉爆粉尘企业55家,喷涂企业146家,涉氨制冷企业1家,金属冶炼企业1家,危化品使用企业373家,共核验1532家企业。2021年安全生产重大事故隐患省级挂牌督办单位2家,绍兴市级9家,诸暨市级17家共28家均通过诸暨、绍兴两级验收销号。

【第二轮安全生产综合治理三年行动】2021年4月,诸暨市开展"遏重大控较大"生产安全事故攻坚战;5月,组织开展"平安护航建党百年"安全隐患大排查大整治、城镇燃气安全专项整治、校外培训机构安全整治等专项行动,以专项行动为抓手,全面开展隐患排查整治;12月,安全生产综合治理三年行动的112项工作清单全部完成。市应急管理局牵头开展危化品安全专项整治三年行动,累计排查整改问题隐患932条;推进企业安全风险管控体系建设,全年完成建设加工制造类小微企业3295家、"三类园区"9个。公安局以"雷霆""夜鹰"等系列行动为抓手,共现场查处交通违法行为22.8万余起,其中中重型货车违法3.4万余起。交通运输局聚焦"铁腕""铁拳"专项整治行动,累计检查企业803家次,排查整改隐患231处,责令停业停产3起,立案534起(包括个人)。市场监管局实现全市公共场所电瓶车入梯阻断。消防救援大队开展各类检查1672家次,督改隐患1028处。建设局监督抽查工地4360余次,共发出《安全隐患整改通知书》1515份(其中停工整改61份),行政处罚13起。文广旅游局组织文化旅游企业签订《诸暨市旅游行业安全生产目标管理责任书》与《生产经营单位主要负责人履行安全生产职责承诺书》共计175份。应急管理局指导派出所检查社会单位3864家次,行政处罚359起。

【安全生产监管执法】2021年,市应急管理局共执法检查生产经营单位1011家次,下发责令限期整改指令书229份,现场处理措施决定书61份、行政处罚决定书283份,日常检查执法立案率28%。全年立案行政处罚283起,罚款700.27万元,均为非事故罚款。全年共接到各类举报案件287件(其中安全生产类45件、消防242件),均在规定时间内办结,办结率100%。

【安全生产惠民工程】2021年,诸暨市继续实施全民安全素养提升计划,以企业负责人、安全管理人员、从业人员为主要对象实现"三个全覆盖",通过线上线下培训2.1万人次,完成率111%。邀请安全生产、消防救援等领域专家开展重点领域安全知识"送教上门"讲座20场。12月底,投用16个应急(安全)宣传教育体验馆。

(应急管理局　张锦男)

物价管理

【概况】2021年,诸暨市价格工作围绕建设现代化经济体系、实现高质量发展要求,以充分发挥价格机制的激励、约束作用,引导资源高效配置,推动实现经济新发展格局为目标,重点抓好深化价格改革、强化垄断行为价格监管、完善公共服务价格体制、开展重要民生商品保供稳价等工作。

诸暨市推进电力市场价格改革。取消大工业和一般工商业及其他用电的目录销售电价,建立代理购电用户电价形成机制,优化完善分时电价政策,保障居民生活用电、农业生产用电价格稳定。

清理规范供水供电供气行业收费。建立协调工作机制,组织开展行业收费调研、企业自查自纠、联合监督检查等工作,取消供水供电供气各环节不合理收费项目,促进行业规范有序发展。

落细落实企业降本减负工作。严格执行降低大工业用电价格政策,规范转供电价格行为,调整非居民生活垃圾处理收费标准，从严控制非居民管道天然气销售价格，联合开展行业协会商会乱收费专项整治工作，协调供热市场价格。

持续优化民生价格收费政策。制定义务教育阶段学校课后服务和义务教育阶段线下学科类校外培训收费标准，减轻学生作业负担和校外培训负担。制定城乡公交换乘、60 ~ 69 周岁老年人票价 5 折等优惠政策，调整 1 路城市公交票价。批复店口镇城市道路机动车停放服务收费试行标准，探索镇乡区域停车收费管理政策。规范五泄风景区门票价格及服务收费标准，推进降低国有景区门票价格工作。督促做好困难群众基本生活价格补贴发放工作。

（发改局　朱建洪）

【价格监测】2021 年，根据国家、省、绍兴市价格监测报告制度要求，落实价格监测定点单位，按时保质完成数据采集、审核、汇总、报告工作。组织实施本级价格监测报告制度，及时发布民生商品价格信息，增强市场价格信息透明度。组织实施对粮食、“菜篮子”、生活用品、工农业生产资料、药品等 101 种重要商品的常规价格监测报告，并通过诸暨政府门户网站、诸暨电视台、《诸暨日报》等多种渠道及时发布价格信息。

【涉案财物价格认定】2021 年，完成公安机关提请协助的各类刑事案件中涉案财物价格认定，共受理 440 件，认定金额 525.01 万元；完成纪检监察机关提请协助的违纪案件 2 件，认定金额 1.82 万元；案件办结率达 100%。

【行政执法价格支持】全年共完成农林、国土等行政执法机关提请协助案件 17 件，特别是农林执法机关委托的林产品盗伐、毁损价格认证，国土资源部门委托的矿产品盗挖侵害国家利益行为的价格认证，注重积累第一手价格资料，掌握市场行情，及时对受理委托的案件出具价格认证结论。

（发改局　宣钻钢）

【防疫物资物价管理】2021 年，诸暨市继续动态监测全市防疫物资价格，落实源头治理，跟踪防疫物资的价格水平，掌握市场价格变动情况，维护疫情期间市场价格秩序，保护人民群众生命健康安全和合法权益，落实疫情防控工作，严防防疫物资和民生物资价格过高上涨，确保市场价格基本稳定。

【重点专项检查】2021 年，诸暨市对涉民的垄断行业价格收费实施重点专项检查，共督促清退多收电费 709.1 万元，受惠转供电终端用户 7213 家。多次开展涉企收费、行业协会商会、停车场、房地产市场、供水供电供气行业等收费情况专项检查，对于捏造、散布涨价信息、非法囤积和利用其他手段哄抬价格的违法违规行为开展重点检查。2021 年 7 月 25 日，诸暨市受第台风影响，住宿服务、应急物资采购等需求显著增加，为保障市场价格基本稳定，切实维护广大消费者合法权益，市市场监管局发布《关于台风期间市场价格行为提醒告诫书》，要求经营者自觉遵守价格法律法规及相关价格政策，遵循公平、公正、合法、诚信的原则，加强价格自律，维护市场价格秩序。2021 年 9 月，开展妨碍统一市场和公平竞争政策措施清理情况“回头看”，全市公平竞争审查合规率达 99.3%。跟踪社会热点及敏感问题，回应社会关切，全年受理价格类信访投诉举报 319 件，办结率及满意率均达 100%。

（市场监管局　袁建高）

审计

【概况】2021 年，诸暨市审计局共组织实施审计项目 24 个，审计查出主要问题金额 51838 万元，其中查出违规金额 3531 万元，管理不规范金额 48307 万元。上报审计专报和信息 29 篇，被省厅采用 7 篇，各级领导批示 11 篇次。被采纳审计建议 87 条，移送纪检监察等相关部门案件线索 5 起。

【预算执行和财政决算审计】2021 年，为促进预算法贯彻落实，提高财政资金使用绩效，诸暨市组织开展市本级预算执行与决算草案编制情况审计、2 个市级部门预算执行审计、8 个镇财政决算审计等项目。重点关注财政收入质量、财政政策提质增效和政府债务限额管理情况、政府过“紧日子”情况、重点专项资金项目绩效等内容。持续关注重大政策措施的落实情况、公共财政运行中的风险隐患和体制机制性问题。在 7 月 30 日召开的市十七届人大常委会上，听取并通过《关于 2020 年度市本级预算执行和其他财政收支的审计工作

2021 年 7 月 16 日，学校开展项目审计工作（审计局提供）

报告》。

【专项审计调查】2021 年，诸暨市继续聚焦高质量发展，加强改革创新、工程建设等重点领域的资金、项目审计，分别开展全市公共工程项目实施工程总承包（EPC）专项审计调查，诸暨市 2015—2016 年 27 个“旱改水”耕地质量提升，高标准农田建设项目资金使用情况专项审计调查等，重点关注改革创新发展、投资营商环境保障等相关政策执行情况、专项资金管理使用情况。

【经济责任审计】2021 年，继续紧盯重点领域和关键环节，促进廉洁用权，干净干事。共对 7 个市级部门、6 个镇乡共 27 名党政主要领导干部开展经济责任审计。重点关注贯彻执行重大政策措施和决策部署情况，重大经济事项的决策、执行和效果情况，财政财务管理和经济风险防范情况，自然资源资产管理和生态环境保护责任履行情况等内容。

【内部审计】2021 年，继续推进国家审计与内部审计协同机制，7 月 16 日，组织开展草塔中学校长经济责任审计项目，审计成效得到市主要领导、市教体局的肯定。继续扎实做好内审培训工作，协助绍兴市内审协会承办培训班，组织部门、镇乡街道内审人员 120 余人参加上级内审协会的各类业务培训，提升内审人员技能水平。全年以走访交流、现场辅导、经责审项目等方式对公安局、卫健局、海亮集团、诸暨市农商银行等 10 家单位开展内审指导，参与帮助内审项目实施，规范内审工作。

【政府投资审计】2021 年，继续跟进重大基础设施建设，安排浦阳江治理二期预算执行情况审计、城市规划展示馆和科技馆建设工程的竣工决算审计，重点关注工程项目建设程序、工程验收、资金筹集、资金支付等情况，推动项目落地见效。组织开展工程竣工决算审计，全年委托第三方社会审计机构完成项目 85 个，出具报告项目 37 个，涉及投资额共计 19122.9 万元。

【审计整改工作】2021 年，继续抓好审计整改工作，尤其是“七张问题清单”审计问题清单的整改工作，跟踪督促省、市、县三级清单问题整改 21 个，推动整改责任单位举一反三、建立健全制度 11 项，收回财政资金 3917 万元，审计管控力指数绍兴第一。抓好整改问题上报、进度回复、问题办结和整改督促等重点事项，确保整改落实到位。及时更新审计整改台账，对被审计单位上报的整改情况进行逐条逐项核实，严格落实挂销号制度，防止出现敷衍整改、虚假整改现象。（审计局　蔡琰）

统计

【概况】2021 年，诸暨市继续推进第七次全国人口普查（以下简称七人普）后续工作。按照浙江省和绍兴市人普办要求，发布七人普主要数据公报，做好七人普资料的整理归档，同时协助做好浙江省和绍兴市级先进推荐、评比、资料审核报送工作。2021 年，结合市统计局《诸暨市企业统计人员岗位奖励评分表》，继续实现企业统计工作量化评价。对市“四上”（规模以上工业企业、资质等级建筑业企业、限额以上批零住餐企业、规模以上服务业企业四类规模以上企业的统称）企业统计人员实名信息库，通过实时备案，定期更新，实现实时动态管理，保持企业统计队伍的稳定。强化名录数据的统一采集和动态维护，全年全市名录库新增法人单位5702家，剔除912家；产业活动单位新增540家，剔除271家。全市共纳入“四上”单位194家，其中工业30家，建筑业56家，贸易业26家，服务业1家，房地产业20家，其他有5000万元以上在建项目的法人单位61家，数量居绍兴市第一。市统计局共走访指导调研镇乡街道315次、企业669家次、农户70户次，培训2584人次，组织656位统计员参加统计继续教育。

【统计监测预警】2021年，诸暨市围绕经济运行中的痛点难点问题，加强重点行业动态监测和预警分析，关注工业增加值、固定资产投资、社会消费品零售总额、工业用电等重要统计数据。坚持做到在每月末，对生产总值以及核算相关25个基础指标实施月度分析，对接相关牵头部门，预测预判、预警监测，全年共发布生产总值核算相关指标通报11期。发布《2020年诸暨经济社会发展统计公报》；完成全年统计监测报告，并做好数据快讯与市府办政务信息工作。每季参与市府办牵头的经济运行分析座谈会，在研判全市经济形势上发挥统计作用。共完成统计分析文章11篇、调研报告13篇、统计公报2篇，向上级统计部门报送信息被绍兴市统计局录用95篇，被省统计局录用50篇，被国家统计局录用1篇。

【统计资料共享】2021年，继续围绕经济增长的速度、结构、质量、效益以及经济运行的亮点难点趋势等开展分析研究，为领导决策和社会公众提供参考。编制《2020今日诸暨市》，为社会各界了解诸暨经济走势及发展面貌提供统计信息。编发月度《诸暨统计信息》小册子11期，《统计信息专报》80期，在《诸暨日报》统计专版共发布全年统计公报及统计信息4期，编制《2021诸暨统计年鉴》，及时向市委市政府及有关部门发布和提供准确经济社会发展数据统计数据。

【日常统计稽查】2021年，继续健全完善防惩统计造假责任制。根据诸暨市委《诸暨市党政领导干部防范和惩治统计造假弄虚作假责任制和问责制实施办法(试行)》，制定《各专业数据质量“三级预警”管控办法(试行)》《统计基层基础建设工作管理细则》《诸暨市统计违法行为举报工作制度(试行)》等，编印《统计法律法规服务宣传本》并发放至全市“四上”企业。结合“服务企业服务群众服务基层”三服务活动的开展，统计部门深入基层，围绕统计监测分析、统计数据质量、夯实基层基础等重点内容开展实地调研，宣传统计法律法规知识。全年共开展培训会35场，培训4000余人次。检查企业(单位)76家，其中立案9家，罚款1.74万元。通过查处各类统计违法行为，提高统计法的威慑力，达到“查处一案、教育一片”的目的。

(统计局　赏威)

海关

【概况】2021年，海关诸暨办继续严控查验流程，规范外贸出口秩序。开展日常研判，做好检验检疫工作，施封放行5641票，开箱查验190票，查验异常32票。受理出境报检814批，受理进境报检52批，受理危险货物及包装354批。做好海运物流、出口商品、出口市场等主题调查问卷和先导指数等填报指导、催报工作，完成进口铜、海运成本等专题调研，涉企业30多家。发挥统计辅助决策作用，结合地方中心任务开展工作，以工作专报、专题汇报等形式，向地方政府建言献策。2021年，向诸暨市政府报送外贸经济专报5篇，其中《一季度诸暨进出口增速缓于绍兴市整体 棉纺织业未来出口发展需关注》得到绍兴市委常委、诸暨市委书记沈志江的批示肯定。

【核查检验监管】2021年，继续严控查验流程，规范外贸出口秩序。制定落实《查验清单暂行管理办法》《掏箱作业暂行管理办法》《复查复验暂行管理办法》《重点货物监管工作手册》4项文件，打造“重点监管货物+闭环管理流程+信息化快速作业”为关键特征的高效海关监管模式。全年施封放行5641票，开箱查验190票，查验异常32票。处罚申报不实，提升企业守法便利、违法惩戒的意识。

全年海关诸暨办受理出境报检814批，受理进境报检52批，受理危险货物及包装354批。共检出2批不合格。其中一批为出口危险货物包装使用鉴定不合格，不合格内容为运输标签错误及联合国编号错误，被判定为整批不合格，要求经整改合格后出口；另一批为进口服装不合格，品名是女式针织衬裤，数量168条，金额8401.68元人民币，不合格内容为单证与实际货物产地不符，报关单上显示原产国为日本，实际裤子上标签为中国制，根据原产地规则，该批货物原产国实际应为中国，要求转综合处置后到口岸海关更改报关单。

加工贸易企业后续监管。利用海廉、金关二期等信息化系统，时刻关注加工贸易企业手册进出口及内销变化动态，采用加贸核查和实地走访相结合的方式，加强对加工贸易企业的风险管控。强化出口食品企业监管，联合监管部门开展出口茶叶企业风险大排查，与诸暨市市场监督管理局开展出口食品企业联合执法，按要求及时完成美国食品药品监督管理局有关含疑似三聚氰胺成分的食品通报调查。

【海关业务改革】2021年，海关总署企业集团加工贸易改革监管改革试点落地浙江海亮股份有限公司。海亮股份共开展保税料件结转、外发加工、料件串换、货物自主存放等业务65票，为企业减免保证金(保函)3500万元，节省企业物流、报关等费用。同时，通过浙江卫视、绍兴电视台、《中国国门时报》等主流媒体报道试点工作。全面贯彻实施报关企业由“行政许可转备案”和企业注册登记、企业注销全程网办。配合做好新的信用管理制度实施前相关准备工作，组织原一般认证企业参加新政解读和宣传贯彻会，开展意见征求和反响反馈。

【市场采购贸易启动】2021年8月4日，海关诸暨办市场采购贸易首单开通仪式举行，标志着市场采购贸易在诸暨的启动。为保障市场采购在诸暨顺利实施，海关诸暨办多次派员到柯桥和绍兴海关跟班学习，提升实战能力。全年海关诸暨办受理市场采购报关单5641份，出口金额5.04万美元。海关诸暨办不断强化市场采购报关单申报质量管控，开展报关单复核，引导企业规范申报，重点审核归类等报关单内部逻辑关系，对申报错误，采取约谈、行政处罚等措施，要求报关企业履行好合理性审查义务，引导企业规范申报。共审核发现归类、品名等错误15起，办理“两简”案件1起。鼓励企业提前申报，不断压缩通关时间。

（海关诸暨办　赵列超）

中共诸暨市委员会

2021年，市委常委会深入贯彻落实中央和省委、绍兴市委各项决策部署，紧扣忠实践行“八八战略”、奋力打造“重要窗口”、加快实现“五个率先”主题主线，一体推进解放思想、开放发展、改革争先、创新驱动、整体智治，经济社会发展呈现出提速争先、提质增效的良好态势。2021年，实现生产总值1546.6亿元，同比增长9.8%。财政总收入154.8亿元、一般公共预算收入100.2亿元，分别同比增长6.4%和10.9%。城乡居民人均可支配收入分别达77473元、46535元，收入倍差缩小至1.66。

诸暨市聚力交出“争先报表”，发展动能更为强劲。一是改革争先有力。牢牢抓住数字化改革“牛鼻子”，全面推动平台贯通、应用贯通、机制贯通，27个特色应用成为省级试点，2个场景成为全省最佳应用，“县乡一体、条抓块统”县域整体智治改革、执行“一件事”综合集成改革、预防青少年新型违法犯罪应用分别获省改革突破奖金奖、银奖、提名奖，全面深化改革工作获评省级考核优秀。二是创新争强有力。扎实推进人才强市、创新强市首位战略，设立科技城，启动G60（沪昆高速）创新港、海归小镇建设，投用上海、深圳、西安“诸暨岛”和中韩科创中心，投运袜业、珍珠产业工程师协同创新中心。建设人力资源服务产业园，开行招才引智“春秋季专列”，举办海内外高层次人才创新创业大赛，入选国家级领军人才26名、省级领军人才39名，各类人才计划入选数均实现历史性突破，国家级和省级领军人才数量领跑绍兴、刷

2021年7月28日，中共诸暨市委十六届十三次全体（扩大）会议召开（市委办提供）

新历史，人才工作考核全省优秀。三是项目争进有力。坚持招商引资“生命线工程”不动摇，优化招商引资体制机制，设立招商投资促进中心，连续举办三次招商引资重大项目集中签约，总投资达432.14亿元的82个亿元以上项目相继落地，新宜中国智慧产业园、欧意家电家居智造、天链测控等一批体量大、潜力足、带动强的项目加速推进。实行重大项目专班推进机制，优化项目全生命周期服务，完成用地报批8809亩，县市长项目落地率达100%。着力抓好项目建设，超额完成省重点建设项目年度投资任务，数智安防产业基地入选省“红旗”项目。四是转型争效有力。深化省制造业高质量发展示范县市创建，以“产业大脑 + 未来工厂”为抓手，加快袜业、珍珠、铜加工等传统产业数字化绿色化服务化改造，袜业产业集群新智造试点、珍珠产业发展创新示范建设入选省级名单，山下湖淡水珍珠区域品牌价值上升至560亿元，规上工业增加值增长21.4%，已连续3年居绍兴首位。完成开发区、高新区整合提升。五是融合争速有力。纵深推进“杭绍同城”战略，与萧山、柯桥建立战略合作关系，萧诸绿色发展先导区被纳入杭绍一体化建设方案。杭诸城际铁路被列入长三角轨道交通发展规划远期布局，沪杭诸“绿巨人”通勤列车开行，235国道诸暨段、金浦桥至三江口大桥段快速化改建、绍诸高速浣东互通等工程加快建设。与杭绍合作办学4家，新增结对学校11家，新引进名医工作室21家。六是环境争优有力。聚焦打造市场化、法治化、国际化一流营商环境，细化出台“党建 + 营商环境”建设八条，创设“政企亲清会”服务平台，四套班子领导每月轮流与企业家面对面座谈，形成“企业出题、政府答题”服务闭环，帮助企业解决重大发展问题105个，争取银行授信298亿元。

诸暨市聚力打造“品质生活”，美丽建设更具特色。一是城市全面提质。坚持以全国新型城镇化示范县创建为引领，重点抓好城东高湖区块、城西“七大客厅”建设，推动空间布局和功能品质进一步提升。全面提升完善基础设施，创成“四好农村路”全国示范县，两次夺得省水利“大禹杯”金奖、四次夺得“五水共治”大禹鼎，是全国首批“智慧水管家”试点，成为全国水系连通及水美乡村建设试点县。二是乡村全面振兴。坚持以“乡村振兴先行村”建设为突破口，更加注重产业导入、服务延伸、治理迭代，大力开展强村惠民行动，香榧、同山烧、次坞打面、茶叶等特色农产品实现产业化发展，76%以上的行政村年经营性收入超50万元。三是美丽全域覆盖。高标推进“绿水青山就是金山银山”实践创新基地创建，联动抓好美丽示范带、样板镇和精品村建设，创成2个省级美丽城镇样板镇、4个达标镇。坚决打好生态环境巩固提升持久战，浦阳江水质和城市空气优良率持续向好，成为美丽浙江建设优秀单位。四是服务全民共享。紧扣推动人的全生命周期公共服务优质共享，全年民生投入88.5亿元，教育、医疗、养老、文化等公共服务供给质量持续提升，全民医疗保险、养老保险基本实现，创成省食品安全示范市，市人民医院和市中医医院成功晋升三甲、开创全省县级市首例，成为首个承办CBA全赛季比赛的城市。

诸暨市聚力坚持发展“枫桥经验”，整体智治更富效能。一是文明创建持续深化。坚持以打造精神文明高地领域首批试点为引领，扎实推进全国文明典范城市创建，持续深化“八大越系列行动”，深化推广村级关爱基金、全城志愿等特色品牌，成为全国十个、浙江唯一的新时代文明实践“先行试验区”。统筹打造爱心食堂、爱心驿站，建好用好文化礼堂、浣江书房，有效推动文化软实力和精神凝聚力“双提升”。二是社会治理持续优化。坚持以筹备“枫桥经验”60周年纪念大会为总牵引，持续深化“枫桥式”系列创建，枫桥学院建成投用，新时代枫桥经验研究院挂牌运行，举办第三届高端峰会，发布新时代“枫桥经验”指数指标体系。巩固拓展“一中心四平台一网格”运行实效，去京赴省信访下降明显，创成全国首批信访工作示范县和国家级信访“三无”县(市、区)、省信访无积案县(市、区)。三是平安创建持续强化。持续深化平安诸暨建设，统筹开展社会治安、安全生产等领域隐患排查整治，圆满完成平安护航建党百年维稳安保任务，成功应对“6·10”强降雨和台风“烟花”的考验，实现平安建设“十六连冠”，创成平安中国建设示范县、捧得“长安杯”。创成法治浙江（法治政府）建设示范县，高标准推进全国法治政府示范县创建，不断提升法治诸暨现代化水平。慎终如始抓好疫情防控工作，累计接种新冠疫苗超271万剂次，坚决筑牢“外防输入、内防反弹”的坚固防线。

诸暨市聚力筑牢“红色根脉”，党建统领更加有力。一是抓学习守初心。高标准高质量推进党史学习教育，学思践悟中共十九届六中全会精神，常态化学习贯彻习近平总书记系列重要讲话精神，坚定不移做“两个确立”忠实拥护者、“两个维护”示范引领者。持续落实习近平总书记对绍兴、对诸暨工作重要指示批示精神“四张清单”，坚决做到“总书记有号令、上级有部署、诸暨见行动”。二是抓基层打基础。坚持以县乡换届为契机，深入推进“县乡一体、条抓块统”改革省级试点，加快建立党建统领、上下贯通、执行有力的整体智治格局。深化落实城市基层党建聚力赋能社区治理十条，探索新业态、新就业群体党建工作，成立全省首家直播电商党支部。“支部建在小区上”已实现全覆盖，并获评“中国基层领导力典型案例”优秀案例、全省党史学习教育“三为”主题实践活动最佳案例。三是抓作风树新风。大力倡导唯实惟先、善作善成的团队文化，深入开展“解放思想、开放发展”大讨论活动，总结提炼诸暨发展“十问”，引导各级干部在更广范围、更深层次解放思想、开拓创新，干部队伍精气神全面提振。同时，细化促进“两个担当”良性互动八项措施，深化落实容错纠错、澄清保护和诬告倒查机制，着力营造敢于担当、崇尚实干的浓厚氛围。健全完善“七张问题清单”亮晒整改工作机制，高质量抓好中央巡视、省委巡视整改，实现市级政治巡察全覆盖，顺利完成政法队伍教育整顿，风清气正的政治生态不断巩固。

重要会议

【市委全会】中共诸暨市委十六届十三次全体（扩大）会议于7月28日召开。全会以习近平新时代中国特色社会主义思想为指导，全面落实中共十九大和十九届二中、三中、四中、五中全会精神，认真学习贯彻习近平总书记在庆祝中国共产党成立100周年大会上的重要讲话精神，按照省委十四届九次全会、绍兴市委八届十次全会决策部署，审议通过《中共诸暨市委关于深入学习贯彻习近平总书记“七一”重要讲话精神 勇扛使命 勇闯新路 勇当先锋 奋力打造浙江高质量发展建设共同富裕示范区诸暨范例的决议》和《奋力打造浙江高质量发展建设共同富裕示范区诸暨范例行动方案（2021—2025年）》。市委常委会主持会议。绍兴市委常委、诸暨市委书记沈志江代表市委常委会向全会作题为《深入学习贯彻习近平总书记“七一”重要讲话精神 勇扛使命 勇闯新路 勇当先锋 奋力打造浙江高质量发展建设共同富裕示范区诸暨范例》的工作报告。市委副书记、市长胡华良部署当前工作。

【市委常委会会议】2021年，中共诸暨市委共召开市委常委会会议和市委常委会（扩大）会议22次，就有关重要工作进行研究和作出决定。

1月4日，会议传达学习省长郑栅洁到诸暨调研时的讲话精神，听取诸暨市贯彻落实意见。

1月8日，会议传达学习省委、绍兴市委常委会会议精神；听取下阶段做好疫情防控工作的汇报；听取关于紧扣冷链食品“全受控、无遗漏”闭环管理工作落实情况和下阶段做好“物防”工作的汇报。

2月20日，会议传达学习习近平总书记在省部级主要领导干部学习贯彻中共十九届五中全会精神专题研讨班开班式上的重要讲话精神；传达学习书记袁家军在2020年秋季学期中央党校中青年干部培训班上的讲课稿精神；传达学习了中央农村工作会议、省委农村工作会议精神；传达学习了中央政法工作会议、省委政法工作会议精神；传达学习了全省民营经济统战工作会议精神并听取诸暨市贯彻落实意见的汇报；传达学习了全省数字化改革大会精神；传达了全国、省、绍兴市公安局长会议精神并听取市公安局党委2020年工作情况和2021年工作思路的汇报；传达学习了《浙江省委办公厅〈关于当前我省意识形态领域形势的通报〉》和《绍兴市委办公室〈关于当前我市意识形态领域形势的通报〉》，并讨论确定《关于当前我市意识形态领域形势的通报（审议稿）》；讨论并原则同意中共诸暨市第十六届纪律检查委员会第五次全体会议方案、报告提纲；讨论并原则同意2021年市委经济工作会议方案；讨论并原则同意《2021年市委市政府工作要点（审议稿）》；会议讨论并原则同意2020年度高水平治理·发展突出贡献单位和个人等名单；会议讨论并原则同意2020年镇乡（街道）、市级机关工作目标责任制考核结果的汇报。

3月10日，会议传达学习了习近平总书记在全国脱贫攻坚总结表彰大会上的讲话精神；传达学习了习近平总书记在中央党校（国家行政学院）中青年干部培训班开班式上的讲话精神；传达学习了全国宣传部长会议、全省宣传思想工作会议精神；传达学习了《中共浙江省委关于纵深推进清廉浙江建设的意见》；传达学习了全国、全省政法队伍教育整顿动员部署会精神；传达学习了全国、全省政法队伍教育整顿动员部署会精神；传达学习了全国党史学习教育动员大会、全省党史学习教育动员部署会精神，讨论并原则通过《中共诸暨市委关于开展党史学习教育的实施方案（审议稿）》；会议传达了《中共浙江省委关于落实中央巡视反馈问题整改工作方案》，并听取诸暨市贯彻落实意见的汇报；传达学习了全省供销社系统腐败和作风问题重点整治工作业务培训会精神，并听取诸暨市贯彻落实意见的汇报；听取了市司法局党组2020年工作情况和2021年工作思路的汇报；听取了诸暨市安全生产工作情况的汇报；听取了诸暨市红色文化遗产保护利用情况的汇报；听取了运用“枫桥经验”化解信访矛盾不够有力有效专项整改工作情况。

4月1日，会议传达学习了习近平总书记在中央政治局第二十八次集体学习时的重要讲话精神；传达学习了全国、省、绍兴市组织部长会议精神；传达学习了中共中央办公厅印发的《关于加强巡视巡察上下联动的意见》；传达学习了中央单位巡视工作调研座谈会精神和十四届省委第十二轮巡视暨巡察指导督导工作动员部署会精神；传达学习了全国、全省新冠病毒疫苗接种工作电视电话会议精神；传达学习了《浙江省党委（党组）意识形态工作责任制实施细则》，听取了诸暨市贯彻落实意见的汇报；听取了关于省委开展2020年度党风廉政建设责任制落实情况延伸检查反馈意见整改情况的汇报；听取“枫桥经验”陈列馆整体布展设计方案情况的汇报；听取了关于枫桥学院建设运行有关事项的汇报；讨论并原则通过《浙江诸暨白塔湖国家湿地公园总体规划(2020—2025年)（审议稿）》；讨论并原则通过《中共诸暨市委关于落实中央巡视反馈问题整改工作方案（审议稿）》；讨论并原则通过2020年度市管领导干部年度考核等次。

4月19日，会议传达学习了《中共中央关于加强新时代党外知识分子思想政治工作和无党派人士队伍建设的意见》；传达学习了《中共中央办公厅关于庆祝中国共产党成立100周年组织开展“永远跟党走”群众性主题宣传教育活动的通知》；传达学习了“牢记重要嘱托，建设‘重要窗口’”专题交流会精神；传达学习了全省建设平安浙江工作会议暨扫黑除恶专项斗争总结表彰大会精神，听取了诸暨市贯彻落实意见的汇报；传达学习了第十七次全省检察工作会议精神，听取了诸暨市贯彻落实意见的汇报；传达学习了全省制造业高质量发展大会精神，听取了诸暨市贯彻落实意见的汇报；听取了诸暨市食品药品安全工作情况的汇报；讨论并原则同意《关于纵深推进清廉诸暨建设的意见（审议稿）》；讨论并原则同意《关于坚持党建统领加强规范管理推进村级组织整体智治的意见（审议稿）》；会议还通报和票决通过了有关人事事项。

4月26日，会议传达学习了习近平总书记对打击治理电信网络诈骗犯罪工作的重要指示精神；传达学习了省两办《关于在各市县建立新闻媒体舆论监督曝光问题督促整改机制的通知》精神；传达学习了书记袁家军、省长郑栅洁和书记马卫光的有关批示精神；传达学习了习近平总书记对职业教育工作的重要指示精神，听取了诸暨市贯彻落实意见的汇报；传达学习了习近平总书记对深化东西部协作和定点帮扶工作的重要指示精神，听取了诸暨市贯彻落实意见的汇报；听取了关于诸暨市部分民营企业涉税案件处理法律建议的汇报；讨论并原则同意《诸暨市2021年度“三改”专项行动工作方案（审议稿）》；讨论并原则同意《关于调整完善浙江省诸暨经济开发区和诸暨现代环保装备高新技术产业园区管理运行体制机制的实施方案（审议稿）》；讨论并原则同意《领导干部外出请假报告和值班制度（审议稿）》；讨论并原则同意《镇乡（街道）责任领导和市领导联系制度（审议稿）》。

5月28日，会议传达学习了《中国共产党机要密码工作条例》精神；传达学习了全国巡视工作会议暨十九届中央第七轮巡视动员部署会精神；传达学习了省委法治浙江建设工作会议精神；传达学习了袁家军书记在省宣传思想文化工作领导小组会议上的讲话精神；传达学习了省推动长江经济带发展领导小组会议精神；传达学习了全省农村文化礼堂2.0版暨新时代文明实践中心建设工作现场会、新时代文明实践中心建设试点工作电视电话会议精神，听取了诸暨市贯彻落实意见的汇报；传达学习了《统计违纪违法责任人处分处理建议办法》，听取了诸暨市贯彻落实意见的汇报；传达学习了绍兴市财政专报（第10期）精神，听取了诸暨市贯彻落实意见的汇报；听取了与欧美同学会关于海归小镇项目的洽谈情况和下步打算的汇报；听取了“兴村治社创业榜”系统设计方案和建设情况的汇报；听取了诸暨市党史学习教育进展情况及下步打算的汇报；讨论并原则同意《诸暨市贯彻落实第二轮中央生态环境保护督察反馈意见整改方案（审议稿）》；讨论并原则同意《关于开展村级集体经济巩固提升行动的意见（2021—2023年）（审议稿）》；审议通过了相关群团组织换届提名人选，通报了市管领导干部职级晋升相关情况。

6月21日，会议传达学习了习近平总书记在中央政治局第二十九次集体学习时的重要讲话精神；传达学习了全省建设新时代美丽浙江暨中央生态环境保护督察整改工作推进会大会精神；传达学习了省委统一战线领导小组会议精神；传达学习了全省知识产权保护大会精神；传达学习了全省“万亩千亿”新产业平台建设现场推进会精神；传达学习了《关于严肃政治纪律进一步加强保密教育管理的紧急通知》，听取了诸暨市贯彻落实情况的汇报；传达学习了袁家军书记、郑栅洁省长有关批示精神；传达学习了省、绍兴市碳达峰碳中和工作推进会精神，听取了诸暨市贯彻落实意见的汇报；传达学习了全省平安护航中国共产党成立100周年工作推进会精神，听取了诸暨市贯彻落实意见的汇报；听取了抗灾救援工作情况的汇报；听取了诸暨市疫情防控工作情况的汇报；听取了中央巡视、省委巡视反馈问题整改落实情况的汇报；听取了诸暨市禁毒工作情况的汇报；听取了诸暨市东西部协作工作情况的汇报。

6月28日，会议传达学习了中共中央《中国共产党组织工作条例》精神；传达学习了中共中央国务院《关于新时代加强和改进思想政治工作的意见》精神；传达学习了中央办公厅《党委（党组）网络意识形态工作责任制实施细则》精神；传达学习了中共浙江省委办公厅《关于当前我省意识形态领域形势的通报》精神，听取了诸暨市贯彻落实意见的汇报；传达学习了马卫光书记、盛阅春市长有关批示精神，听取了诸暨市贯彻落实意见的汇报；听取了诸暨市民主党派换届工作情况的汇报；听取了诸暨市欧美同学会（诸暨市留学人员联谊会）筹备相关情况的汇报；讨论确定并原则同意《关于表彰市优秀共产党员、优秀党务工作者和先进基层党组织的决定（审议稿）》。

7月15日，会议传达学习了习近平总书记在庆祝中国共产党成立100周年大会上的重要讲话精神；传达学习了中共中央《关于全面加强新时代少先队工作的意见》精神；传达学习了浙江省庆祝中国共产党成立100周年大会精神；传达学习了全省深化纪检监察派驻机构改革工作推进会精神，听取了诸暨市贯彻落实意见的汇报；传达学习了书记马卫光在浙江省党史学习教育简报第90期上的批示精神；传达学习了中共浙江省纪委机关中共浙江省委宣传部《关于

7起意识形态领域典型问题案例的通报》;传达学习了《关于严明纪律切实做好清理规范地方违规发放公务员工资津贴补贴工作的通知》精神,听取了诸暨市贯彻落实意见的汇报;传达学习了绍兴市委八届十次全体(扩大)会议精神;传达学习了市县乡领导班子换届有关文件和领导讲话精神,听取了诸暨市贯彻落实意见的汇报;传达学习了书记袁家军、省长郑栅洁有关批示精神,听取了诸暨市贯彻落实意见的汇报;讨论并原则同意市委十六届十三次全体(扩大)会议方案、报告提纲;讨论并原则同意《奋力打造浙江高质量发展建设共同富裕示范区诸暨样板行动方案(2021—2025)(审议稿)》;讨论并原则同意《2021年镇乡(街道)工作目标责任制考核办法(审议稿)》和《2021年市级机关工作目标责任制考核办法(审议稿)》。

8月12日,会议传达学习了习近平总书记对防汛救灾工作的重要指示精神;传达学习了习近平总书记在中国共产党与世界政党领导人峰会上的主旨讲话重要精神;传达学习了习近平总书记在中央政治局第三十次集体学习时的重要讲话精神;传达学习了习近平总书记在中央政治局第三十一次集体学习时的重要讲话精神;传达学习了《中国共产党成立100周年庆祝活动总结报告》精神;传达学习了县(市、区)委书记工作交流会精神;传达学习了省委高质量发展建设共同富裕示范区领导小组第一次会议精神;传达学习了山区26县跨越式高质量发展暨山海协作工程推进会精神;传达学习了省长郑栅洁到诸暨调研时的讲话精神;传达学习了中共中央办公厅国务院办公厅《涉密人员保密管理办法》精神,听取了诸暨市贯彻落实意见的汇报;传达学习了习近平总书记关于疫情防控工作重要指示、李克强总理批示和全国疫情防控工作电视电话会议精神,听取了诸暨市贯彻落实意见的汇报;传达学习了《中共中央组织部关于对山西等10个省(自治区)市县乡换届风气督查情况的通报》精神;传达学习了全省、绍兴市新业态、新就业群体党建工作试点部署会精神,听取了诸暨市贯彻落实意见的汇报;听取了8月11日《今日聚焦》栏目曝光问题及整改措施的汇报;听取了关于绍兴市各区、县(市)半年度高质量发展指标考核测算情况的汇报;听取了市公安局党委半年度工作的汇报;听取了市法院党组半年度工作汇报;听取了市检察院党组半年度工作汇报;听取了有关企业风险处置情况的汇报;听取了关于全市半年度政治生态情况的汇报,研究了下一步全面从严治党工作,并进行了讨论发言;讨论并原则同意《关于进一步支持企业利用资本市场实现高质量发展的若干政策(审议稿)》;还通报和票决通过了有关人事事项。

9月1日,会议传达学习了中共中央《关于加强对"一把手"和领导班子监督的意见》精神;传达学习了《中共浙江省委印发贯彻落实〈中共中央关于加强对"一把手"和领导班子监督的意见〉的十三项实施意见的通知》精神;传达学习了浙江省统一战线暑期读书会精神;传达学习了浙江省统一战线暑期读书会精神;传达学习了袁家军书记在省委常委会会议上传达学习习近平总书记关于疫情防控重要批示精神研究部署浙江省防疫工作时的讲话摘要;传达学习了省委常委会会议和绍兴市委常委会会议精神;传达学习了中共中央办公厅国务院办公厅《关于建立健全审计查出问题整改长效机制的意见》精神,听取了诸暨市贯彻落实意见的汇报;传达学习了中共浙江省委办公厅浙江省人民政府办公厅《浙江省党政机要密码工作"十四五"规划》精神;传达学习了郑栅洁省长有关批示精神,听取了诸暨市贯彻落实意见的汇报;传达学习了全省政协主席暑期读书会精神;传达学习了葛慧君主席到诸暨调研时的讲话精神;传达学习了全省"双减"工作会议精神并听取诸暨市贯彻落实意见的汇报;听取了关于全市党史学习教育工作阶段性推进情况和下阶段工作安排的汇报;讨论并原则同意《诸暨市高质量发展建设共同富裕示范区打造精神文明高地试点行动三年计划(审议稿)》;会议还通报和票决通过了有关人事事项。

9月10日,会议传达学习了习近平总书记在中央民族工作会议上的重要讲话精神;传达学习了习近平总书记在青海考察时的重要讲话精神；传达学习了长三角三省一市主要负责同志专题视频会议精神；传达学习了全省数字化改革工作推进会精神；传达学习了全省集中交流干部集体谈话会精神；传达学习了省委副书记、统战部部长黄建发在全省香港专项工作会议上的讲话精神；传达学习了《中共浙江省委关于规范领导干部廉洁从政从业行为进一步推动构建亲清政商关系的意见》精神；传达学习了中组部《关于规范干部信息公开工作的意见》精神，听取了诸暨市贯彻落实意见的汇报；传达学习了省委文化工作会议精神，听取了诸暨市贯彻落实意见的汇报；听取了诸暨市关于上一轮中央、省生态环境保护督察整改情况及本次省生态环境保护专项督察准备情况的汇报；会议还通报和票决通过了有关人事事项。

9 月 24 日，会议传达学习了习近平总书记致中国质量(杭州)大会贺信的重要精神；传达学习了习近平总书记对档案工作的重要批示精神；传达学习了习近平总书记在 2021 年中国国际服务贸易交易会全球服务贸易峰会上的致辞精神；传达学习了习近平总书记关于统计工作的重要讲话重要指示批示精神以及《防范和惩治统计造假弄虚作假重要文件选编》精神；传达学习了袁家军书记在省委常委会听取“双减”工作汇报后的讲话精神，听取了诸暨市贯彻落实意见的汇报；传达学习了十四届省委第十三轮巡视动员部署会精神；传达学习了省委办公厅《关于市、县(市、区)党委落实巡察工作主体责任的实施意见》精神；传达学习了绍兴市委组织部《关于领导干部个人有关事项报告抽查核实处理情况的通报》精神，听取了诸暨市贯彻落实意见的汇报；传达学习了袁家军书记在全省“非农化”“非粮化”整治工作情况报告上的批示精神，听取了诸暨市贯彻落实意见的汇报；听取了全国法治政府建设示范县(市)创建工作情况的汇报；听取并原则同意市政府关于要求收回诸暨雨润现代商业有限公司国有建设用地使用权的汇报；讨论并原则同意《关于进一步规范国有工业用地有机更新的实施办法》；会议还通报和票决通过了有关人事事项。

10 月 21 日，会议传达学习了习近平总书记致 2021 年世界互联网大会乌镇峰会的贺信精神；传达学习了习近平总书记在中央人才工作会议上的讲话精神；传达学习了习近平总书记在纪念辛亥革命 110 周年大会上的讲话精神；传达学习了《中共浙江省委认真学习贯彻〈关于进一步加强家庭家教家风建设的实施意见〉的通知》精神；传达学习了海洋强省建设推进会精神；传达学习了全省基层党建工作会议精神；传达学习了绍兴市委书记马卫光在专题研究农村宅基地制度改革试点工作会议上的讲话精神；传达学习了中共中央办公厅《关于加强地方人大对政府债务审查监督的意见》精神，听取了诸暨市贯彻落实意见的汇报；传达学习了全省能耗双控电视电话会议精神，听取了诸暨市贯彻落实意见的汇报；听取了全国公安派出所工作推进会暨深化创建“枫桥派出所”活动座谈会筹备情况的汇报；听取了关于市政协换届工作有关情况的汇报；讨论并原则同意《中共诸暨市人大常委会党组关于做好市、镇乡两级人民代表大会换届选举工作的意见(审议稿)》；会议还通报和票决通过了有关人事事项。

10 月 29 日，会议传达学习了省委副书记黄建发到诸暨调研时的讲话精神；传达学习了省委副书记、代省长王浩对店口“10·27”事件批示精神，听取了店口镇“10·27”事件情况汇报，并对安全生产工作进行了专题布置强化；讨论并原则同意《关于召开中国共产党诸暨市第十七次代表大会有关事项的建议意见(审议稿)》。

11 月 18 日，会议传达学习了习近平总书记在中央人大工作会议上的重要讲话精神；传达学习了习近平总书记对老龄工作的重要指示精神；传达学习了习近平总书记在中央政治局第三十三次、第三十四次集体学习时的重要讲话精神；传达学习了中共中央组织部《关于查处四川省自贡市自流井区严重违反换届纪律问题的通报》精神；传达学习了中央巡视办专题调研市级巡察机构在上下联动中更好发挥作用试点工作座谈会精神；传达学习了全省县(市、区)委书记工作交流会精神；传达学习了全省体育工作会议精神；传达学习了省委办公厅《关于适应数字化改革要求加快建设变革型组织的若干意见》精神；传达学习了中共绍兴市委办公室《关于当前我市意识形态领域形势的通报》精神；传达学习了2021年全国文明城市创建工作培训班会议精神，听取了诸暨市贯彻落实意见的汇报；传达学习了袁家军书记和王浩省长关于全省拆迁安置工作情况督查报告的批示精神，听取了诸暨市存在问题的情况分析和明年工作思路的汇报；讨论并原则同意《关于推进农村宅基地制度改革试点先行乡镇工作的指导意见（审议稿）》；讨论并原则同意《加强型行政服务中心建设的实施方案（审议稿）》。

11月27日，会议审议并原则同意市十八届人大代表候选人初步建议人选名单。

12月7日，会议传达学习了习近平总书记在出席第三次“一带一路”建设座谈上的重要讲话；传达学习了袁家军书记在新一届县（市、区）党政正职集体谈话会上的重要讲话精神；传达学习了省委《关于规范领导干部廉洁从政从业行为进一步构建亲清政商关系的意见》精神；传达学习了省委办公厅《关于印发加强对“一把手”和领导班子监督“五张责任清单”的通知》精神；传达学习了习近平总书记重要文章《扎实推动共同富裕》精神；传达学习了习近平总书记在参观国家“十三五”科技创新成就展时的重要讲话精神；传达学习了习近平总书记在第四届中国国际进口博览会开幕式上的主旨演讲精神；传达学习了全国人大常委会副委员长、全国妇联主席沈跃跃在诸调研时的讲话以及全国加强家庭家教家风建设工作推进会精神；传达学习了全省各级人大常委会主任学习会精神；传达学习了省委常委、政法委书记王昌荣到诸暨宣讲十九届六中全会精神时的讲话精神；传达学习了绍兴市新冠肺炎疫情防控工作会议精神，听取了诸暨市常态化疫情防控工作情况的汇报；听取了诸暨市安全生产工作情况的汇报；听取了诸暨市社会组织工作情况的汇报；讨论并原则同意《关于全面建立林长制的实施方案（审议稿）》；听取了全市年度政治生态情况、市委班子成员履行“一岗双责”情况的汇报，研究部署全面从严治党工作；听取了人大、政府、政协、法院、检察院五大党组2021年履行全面从严治党主体责任情况；审议通过了市第十七次党代会代表候选人初步人选名单；审议通过了出席绍兴市第九次党代会代表候选人初步人选名单；会议还通报和票决通过了有关人事事项。

12月16日，会议传达学习了省委书记袁家军，省委副书记、代省长王浩在上虞检查指导疫情防控工作时的讲话精神以及绍兴市委常委会第206次会议主要精神；听取并讨论了隔离板房建设有关事项。

12月17日，会议传达学习了省委信访工作会议精神，听取了诸暨市信访工作情况的汇报。

（市委办　何泽龙）

调研决策

【重点热点关键问题调研】2021年，围绕重要领域关键环节，重点对杭绍同城、国有企业管理体制改革、企业减负降本、产业发展、城市社区治理、生态环境整治等事项进行调研，并撰写相关调研文稿；开展高质量发展建设共同富裕示范区打造精神文明高地领域试点专项调研，并形成调研报告。牵头做好市委、市政府领导年度调研课题的汇总联络工作；完成绍兴市领导干部优秀调研成果申报；配合做好上级调研工作。

【年度重点改革任务落实】2021年，按照中央、省委和绍兴市委改革办有关要求，以数字化改革为牵引，紧扣“1+7+N”改革总体框架，组织召开市委全面深化改革委员会第七次、第八次、第九次、第十次会议，牵头制定《中共诸暨市委全面深化改革委员会2021年工作要点》《诸暨市数字化改革总体方案》《诸暨市“县乡一体、条抓块统”县域整体智治改革试点实施方案》等文件，统筹实施14项牵一发动全身的年度重点改革项目，首次开展全面深化改革领域突出贡献奖评比活动，新增省级以上改革试点50项，成为高质量发展建设共同富裕示范区首批省级试点、“县乡一体、条抓块统”县域整体智治改革省级试点。改革体制机制全面优化，数字化改革多点突破，经济体制、民主法治和社会治理、文化体制、社会体制、生态文明体制、纪检监察体制、党的建设制度等七大领域改革顺利推进，如期完成各项改革年度目标。其中，数字化改革领域，共推动 32 个场景上“跑道”，27 个应用获省级部门重点培育，2 个场景成为全省“最佳应用”，形成理论和制度成果 74 项，数字化改革总门户和分门户实现三级贯通，一体化智能化公共数据平台评价居全省前列、绍兴首位；执行“一件事”、“浙里兴村（治社）共富”和“预防青少年新型违法犯罪”等应用分别获评省改革突破奖银奖、铜奖和提名奖，“浙里兴村（治社）共富”应用在《数字化改革（领跑者）》刊发。全面深化改革领域，新时代文明实践中心建设相关做法被中央改革办《改革情况交流》刊发，2 次获省委主要领导批示肯定，参与的“县乡一体、条抓块统”县域整体智治改革获省改革突破奖金奖，社会组织参与社会治理、文旅“微改造、精提升”、“浙里兴村（治社）共富”3 项做法获省《竞跑者》栏目推介。

（市委办提供）

组织工作

【概况】2021 年，诸暨市深入践行新时代党的组织路线，以加强党的政治建设为统领，以数字化改革为抓手，进一步固根基、补短板、扬优势，着力构建党建统领、整体智治、唯实惟先的新时代组织工作新格局，为打造浙江高质量发展建设共同富裕示范区诸暨范例提供坚强组织保证。

【建党百年系列活动】2021 年，推进党史学习教育，创成绍兴市级以上党员教育培训基地 11 个，打造“东南西北中”五条红色研学路线（东线：枫桥经验陈列馆、市清廉教育基地、梁焕木纪念馆；南线：新四军浙东游击纵队金萧支队纪念馆、张秋人烈士墓及陈列室、宣中华烈士墓、诸暨农村第一个党支部诞生地陈列馆；西线：中兴社区金萧支队纪念馆、红色庄余霞陈列馆、青山革命烈士陵园、石门村浙东人民解放军金萧支队成立旧址；北线：俞秀松纪念馆、宣侠父纪念馆、何赤华烈士墓、何文隆事迹陈列馆、朱学勉烈士墓；中线：诸暨革命烈士纪念碑、诸暨城市馆、中共诸暨县“一大”会址）。“七一”前夕，组织开展“六个一”党员教育、“党课下基层”、集中走访慰问、集中宣誓等系列活动，颁发“光荣在党 50 年”纪念章。全年共获评绍兴市级以上“两优一先”（中共中央表彰全国优秀党员、党务工作者、先进基层党组织的荣誉称号）58 个，枫桥镇枫源村党总支被授予“全国先进基层党组织”称号。

2021 年诸暨市绍兴市级以上党员教育培训基地一览表

表 18

党员教育培训基地名单	级别
诸暨市“枫桥经验”陈列馆	绍兴市级、浙江省级
诸暨市俞秀松故居、纪念馆及烈士陵园	绍兴市级、浙江省级
诸暨市绍兴枫桥学院	绍兴市级
诸暨市宣侠父纪念馆	绍兴市级
诸暨市米果果乡村振兴叙事馆	绍兴市级
诸暨市金萧支队纪念馆	绍兴市级
诸暨市栎桥清廉教育基地	绍兴市级
诸暨市海亮集团党建厅	绍兴市级
诸暨市革命烈士纪念馆	绍兴市级

【县乡领导班子换届】2021年，常态化开展“四走进”（走进班子、走进干部、走进基层、走进档案）活动，实施干部政治素质全面体检，开展镇乡街道领导班子届期考核，全覆盖走访调研市级部门（单位）。建立换届分析研判“四项机制”，推动领导班子结构功能持续优化。换届后，镇乡街道党政班子平均年龄下降3.7岁，全日制大学及以上学历干部提升18%，数字经济、城建规划等专业型干部比例提升20%。

【干部队伍建设】2021年，诸暨市开展中共十九届六中全会精神全面轮训，引导党员干部坚定不移做“两个确立”忠诚拥护者、“两个维护”示范引领者。2月，在全市组织开展“解放思想、开放发展”大讨论。实施新时代基层干部推动共同富裕主题培训行动计划，举办专题培训24期，培训干部2200余人次，抽调干部参与数字化改革、“三改一拆”等重点工作300余人次。打造年轻干部“三服务”能力提升工程2.0版，深化“六个一百”（百名导师结对、百家村企调研、百场培训赋能、百名干部交流、百个项目晒比、百个案例展评）活动，举办“诸暨新锐训练营”2期。10月，启动实施市级部门中层干部“三服务”综合评价。

“两个担当”良性互动。2021年，完善干部监督信息定期沟通机制，推行领导干部日常行为“分色定档、积分亮码”，深入开展选人用人专项检查。完善容错裁定工作机制，制定“县乡一体、条抓块统”县域整体智治改革领域专项容错纠错办法，落实失实信访澄清正名机制。开通“向组织说说心里话”线上版，推动年度考核、职级晋升等方案持续优化。

【公务员培养管理】2021年，平稳有序完成年度公务员（参公人员）、选调生和党政储备人才招录，高质量开展初任培训、“试用期中看”“初任·初心·初航”“赓续初心·诸暨有我”等主题活动。严格落实“平时+年度”综合考评办法，启用浙政钉诸暨市机关工作人员平时考核系统，表彰连续三年考核优秀公务员122名。

【“浙里兴村共富”应用场景】2021年，聚焦打通党建统领“最后一公里”，纵深推进数字化改革，开发建设“浙里兴村共富”应用场景，构建村社整体智治全链条场景，系统重塑乡村运行机制。项目被列入“浙里红色根脉强基工程”子场景，10月，在绍兴全市试点推广，场景获评省委领导和绍兴市委主要领导批示肯定，获评省改革突破奖铜奖，上榜省委《数字化改革（领跑者）》。

【换届村社干部管理】2021年，深化村社党组织书记市级备案和统筹管理，发布《坚持党建统领推进村级组织整体智治意见》，开展村社换届“回头看”，姚江镇浦西村规范村务派工入选全省“开门一件事”首批最佳案例。实施村社干部梯队建设工程，加强年轻大学生村干部压担锻炼，换届后在全省首办村干部学历提升班，推行村社党组织书记季度交流，提升干部履职能力。推进第四批33个“五星达标村”和6个“3A示范村”创建，培育乡村振兴先行村3个（十四都村、杜黄新村、枫江—新桔城双子联合体）。

【党建赋能城市基层治理】2021年，深化党建“契约化”共建，推广“支部建在小区上”，探索小区党支部书记、业委会主任“一肩挑”，系统集成“三方”协同治理、“红色物业”、在职党员服务“亮旗”等做法，推进第三批“五星和美”社区创建。制定《全面推行“支部建在小区上”城市基层党建聚力赋能社区治理十条举措》，相关做法获评“中国基层领导力典型案例”、全省党史学习教育“三为”专题实践活动最佳案例。

【“两新”党建】2021年，实施“三整一全”标杆创建三年计划，推进第四批“五星双强”创建工作，认证首批100名“两新”组织党务工作师，两家社会组织党群服务中心入选省级示范点。发布《推动新就业群体融入城市基层党建格局十条举措》。7月2日，山下湖镇成立全省首个直播电商党支部。9月12日，创新打造“长弄堂商圈党建联盟”。深入实施新生代企业家“双传承”计划，10月在浙江大学举办新生代企业家“常青藤培育计划”第八期研修班。

【机关党建】2021年，开展“五星示范、双优引领”创建，深化“一单位一队伍一品牌”建设，实施机关党员“先锋工程”，新建23个市级机关“主题党日”基地，命名17个“共产党员先锋岗”，表彰18名“服务群众标兵”。加强机关党建标准化建设，发布机关支部十项经常性工作，编制《支部工作手册》，按期完成 391 个机关党支部集中换届。

【人才集聚行动】2021 年，实施“深化‘三服务’、强基促引才”专项行动，拓展以才引才、机构引才、乡贤引才、基金引才等渠道，高规格举办各类赛事活动，全年引育省级以上领军人才 65 人、省领军型创新创业团队 1 个，入选绍兴“名士之乡”英才计划 26 人、团队 2 个，均居绍兴前列，其中引育国家级领军人才 26 人，创历史新高。诸暨市获评 2021 年度全省市县人才工作述职评议考核优秀单位。

【人才平台建设】2021 年，联合推进 G60 创新港内涵建设，启动欧美同学会海归小镇申建，新建“诸暨岛”2 个，入驻“飞地”企业 65 家。建成运营中韩科创中心、人力资源服务产业园、袜业和珍珠产业工程师协同创新中心等平台。6 月 8 日，承办绍兴市特色产业工程师协同创新中心现场推进会。开展人才项目对接，遴选优质项目引进落地，入选第 23 批、第 24 批绍兴“名士之乡”英才计划，项目落地率达 90.7%。

【人才创新创业环境优化】2021 年，打造人才项目全周期金融服务体系，建立“政银保担投”五位一体的科创金融机制。加快推进人才创新创业全周期“一件事”改革，在绍兴范围内率先线上开通租赁补贴、安家补贴、人才公寓三个“人才安居”事项，创新人才公寓申购管理办法，举办高层次人才联谊活动，组织高层次人才免费观看 CBA 赛事、保利西施大剧院精彩剧目等。 （组织部　韦志远）

宣传工作

【概况】2021 年以来，全市宣传思想文化系统坚持以习近平新时代中国特色社会主义思想为指导，聚焦共同富裕“打造精神文明高地”试点这一主题主线，围绕“举旗帜、聚民心、育新人、兴文化、展形象”的使命任务，守正创新、担当作为，加快推动宣传思想文化工作系统重塑、全面提升，为打造高质量发展建设共同富裕示范区诸暨范例塑形铸魂赋能。

【党史学习教育】2021 年，坚持把党史学习教育作为贯穿全年的一项重大政治任务，围绕“学党史、悟思想、办实事、开新局”，精心谋划、扎实开展专题学习、专题宣讲、专题宣传教育、专题实践等四个专题活动，持续推动党史学习教育走深走实、见行见效。聚焦主题主线，创新打造“一起学习”理论宣讲品牌，组建党史学习教育市委宣讲团，动员“村(社)书记”“文艺达人”“青年说”“红色后浪”等 40 多支宣讲团队广泛深入基层，依托新时代文明实践中心、农村文化礼堂、社区文化家园等阵地开展分众化、对象化、互动化宣讲活动 5000 余场次。走好网上宣讲路线，策划推出 12 期“党史我来讲 · 金句接力”、40 期“1963 法润”直播活动、6 期“暨阳 · 微时论”三分钟快讲，打造全天候、不打烊的党史学习“云课堂”，累计收看超 500 万人次。举办“@后浪，一起乘风破浪”全市青年理论宣讲大赛暨微型党课大赛，以微宣讲追忆百年党史。开展各类群众性主题宣传教育活动，策划推出《诗意中国 · 红色诸暨》大型情景剧，推出《光辉的足迹》《我们的母亲我们的中国》等主题作

2021 年 3 月 28 日，暖心八件事之“我为金婚留光影”走进应店街丁徐村，图为摄影家协会志愿者们为老人拍摄金婚纪念照（宣传部提供）

品。不折不扣推进“三为”专题实践活动，聚焦群众堵点痛点问题，组织各乡镇街道、部门开展线上线下民情民意征集，统筹建立问题清单、建议清单、责任清单，形成“定期汇总—集中交办—限时销号—督察反馈—刚性考核”工作闭环，全年累计集中交办事项590项，办理完成537项。

【主题宣传】2021年，聚焦建党百年、共同富裕、数字化改革等重大主题，组织文明典范城市争创、“我们的奋斗”等专题宣传、融媒行动，配合中宣部组织实施“记录小康工程”，全年累计推出相关主题报道3000余篇。建立“新闻媒体舆论监督曝光问题督促整改机制”，深耕“诸暨时评”“聚焦”等品牌栏目，全年刊发评论员文章80余篇，推出舆论监督报道110余篇，不断巩固壮大主流思想舆论。实施“移动优先”战略，深化“诸暨发布”、“西施眼”App、“诸暨西施眼”微信公众号等为主体的新媒体传播矩阵建设，推出“10万+”作品18件，“西施眼”App装机量超17.3万户，获全省“十佳App”，新媒体传播力指数位列全省第五、绍兴第一。同时，充分运用短视频、直播等表达形式，制作生产系列优质新媒体产品，累计开展直播活动60余场，观看近600万人次，拍摄“文明实践”“最美乡贤”等主题短视频70余则，累计点击量超120万人次。

【对外宣传】2021年，对接央媒省媒、大报要台，协调上级媒体大型主题采访活动13场，在省级以上主流媒体累计刊发重要稿件1800余篇，其中《浙江日报》头版单条10篇，主流央媒220余篇，包括《人民日报》《新华每日电讯》《光明日报》等头版10篇，央视新闻联播综合稿10条，外宣传播力指数居绍兴第一。联合上级主流媒体围绕“枫桥经验”、党史学习教育等主题，策划推出多个外宣短视频，其中浙江卫视推出的2期市委书记专访，累计阅读量超52万次。举办新时代“枫桥经验”指数项目启动等4场新闻发布会，其中袜博会新闻发布会首次在上海举行，累计刊发报道80余篇，新华网、浙江新闻等五大平台同步直播，点击量超200万人次。通过在上海杭州等地投放以“跟着西施游诸暨”为主题的全域旅游形象广告，进一步宣传推广“西施故里·好美诸暨”文旅品牌。通过FM104.5广播频道发布诸暨旅游产品，以越剧《西施断缆》江浙巡演为契机，在8个城市推介诸暨旅游十大精品线路，依托浙江卫视文化节目、动画片等讲述西施故事，全方位推介西施文化。

【全国新时代文明实践“先行试验区”建设】2021年，持续深化全国新时代文明实践“先行试验区”建设，实施“我为群众办实事文明实践走心行动”，进一步彰显文明实践诸暨辨识度。相关经验在中央文明办新时代文明实践中心建设座谈会、首届海南自贸港文明实践论坛上作经验交流，同时获得中宣部副部长蒋建国到诸暨市专题调研时充分肯定，中央改革办简报《改革情况专报》(第20期)、中央文明办简报《精神文明建设》(第50期)予以专报刊发，2次获得省委袁家军书记批示肯定。

升级打造关爱基金2.0版，在村村建立关爱基金的基础上，持续发动党员干部带头捐、乡贤企业爱心捐、村民群众互助捐、移风易俗

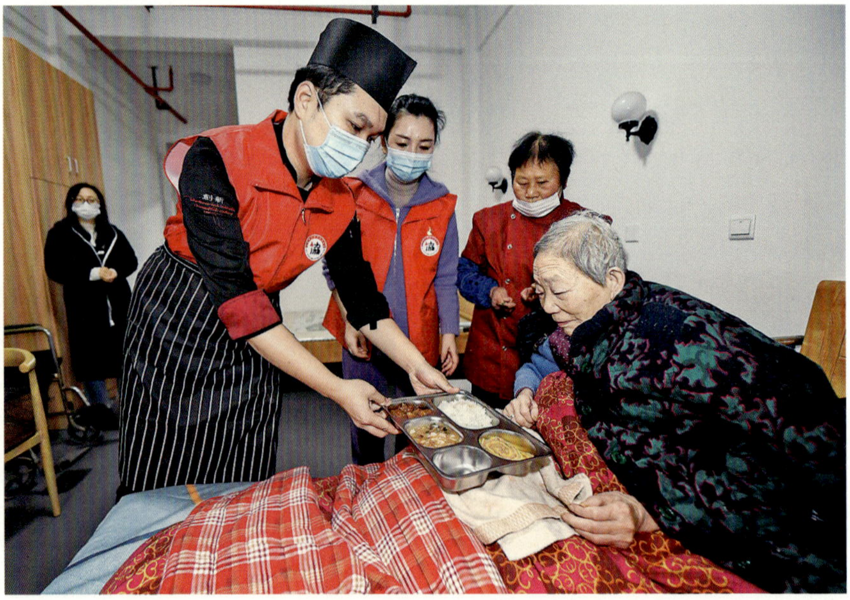

2021年3月29日，诸暨市“我为老人烧餐饭”志愿项目中，星级酒店的厨师在枫桥镇敬老院为老人们制作菜肴(宣传部提供)

农户公益捐，全市93%以上党员干部带头献爱心，5600余人次乡贤慷慨解囊，全市基金总规模超过1.43亿元。推行“志愿服务+关爱基金”模式，深化拓展“四重一好”关爱体系，累计使用基金6900余万元，惠及群众13.2万余人次。

聚焦弱势老年群体急需急盼，打造“10分钟居家养老就餐服务圈”。通过“村级关爱基金保障一点、居家养老中心专项补贴一点、受惠群众自付一点”的方式筹措资金，采取“单村单建、多村联建”等多种模式，全市域推广建立标准配置、阳光监管的“爱心食堂”。2021年，确定57个食堂作为首批试点，覆盖75个村社，其中15家食堂已建成运行。

全域巩固移风易俗成果，坚持“群众说服群众、群众服务群众”的工作理念，全面推行移风易俗“红事三上门、白事两到位”工作法，做到红事“提前摸排必上门、思想动员必上门、基金捐款必上门”，白事“思想工作做到位、人文关怀送到位”，推动移风易俗、关爱基金“一加一减”深度融合、同向发力。

全面打响志愿惠民品牌，围绕“民有所需，我有所应”的需求导向，广泛汇聚“全城志愿”力量，打响“暖心八件事”志愿服务品牌，累计招募志愿者8100余名，开展活动1.53万场次，受惠群众达61.5万人次。其中“我为环卫工人送早餐”项目，利用环卫工人节契机宣传发动，第三次向企业、群众募资55.7万元；“我为孩子上堂课”项目，5000余名教师志愿者累计开设周末课、暑期课近万堂；“我为幸福留光影”项目为3000余名农村金婚老人、老党员送去幸福笑脸照。

【文化建设】2021年，文化阵地体系逐步完善。推进重大公共文化设施建设，完成市博物馆陈列改造、非遗客厅新建等公共场馆建设，建成社区文化家园3个、小区文化驿站3个，新建农村文化礼堂67家，实现行政村全覆盖。调整更新全市宣传文化员队伍，引导138个文艺社团入驻文明实践所，为100个村配备体育指导员，加大文化礼堂活动的“送种”力度，组织开展“我们的村运”“阅享诸暨”等系列活动1000余场次。

文化惠民持续深化。开展“名家画诸暨”大型采风活动，共创作反映诸暨人文风光的油画精品56幅，相关专题片在央视播出。开展“庆建党百年 享美好生活”系列活动，全年文化下乡100场、电影下乡7396场、免费市民培训超1万人次。召开全市文物安全工作会议，实施《关于进一步加强文化遗产保护的实施意见》。4月21日，公布市第五批文物保护点20处，完成文物保护工程17项，总计投入资金约2100万元。持续推进“书香暨阳”建设，打响“夜读的萤火虫”“童声读书会”等活动品牌，推出各类阅读推广活动250余场，参与读者14万余人次。

文旅产业融合发展。加大文化企业扶持力度，累计梳理细化政策22条。加快文旅项目落地，完成230余个“微改造、精提升”项目投资5亿余元，推进云溪九里、珍珠小镇等47个文旅项目建设，全年预计完成总投资38亿元。加快推进全域旅游高质量发展，依托多元节会塑造文旅品牌形象。6月25日至7月15日，联合杭州西湖郭庄荷展推出“2021西湖·西施

2021年7月4日，诸暨市岭北镇的“板凳课堂”，机关干部在开展理论宣讲（宣传部提供）

荷花展”。9月27日，举行“沪上域见·好美诸暨”2021诸暨文旅长三角(上海)推介会，推动打造长三角健康休闲文化旅游目的地。

【社会科学研究】2021年，组织“庆祝中国共产党成立100周年”理论征文，举办“丰碑照耀前行路”诸暨红色文化与人文精神研讨会，申报省级课题1项。依托社科之家，举办“浣江雅集”社科讲座8期，座谈会、主题沙龙等活动7场。出版《诸暨文丛·王厚之集》《楼藜然集》《徐淡仙文存》《杨维桢传稿》等作品，编撰《浙江文史记忆·诸暨卷》。

【全国文明典范城市创建】2021年，紧扣创建“全国文明典范城市”目标任务，突出文明养成、示范引领、督导检查，持续巩固深化全国文明城市建设成果。启动“文明城市示范区域创建”，确定28个创建区域，制定69条创建标准，开展“治顽疾、破难题”攻坚行动，实施“三线整治”“车辆停放秩序整治”等六大专项整治，清单式消问题、补短板。对照全国文明城市测评体系，分解落实责任，制定《操作手册》，建立市领导联系督查、创建办常态督查、责任单位自查自纠等分层督查推动机制，重点对676个点位进行密集巡查，交办整改问题7675个，巩固常态长效。拍摄公益短视频11条，组织“文明十条暨心间”实践活动，开展“礼让斑马线”慢直播、餐饮店“红黑榜”亮晒、外卖小哥“自律公约”等活动，推动文明好习惯融入群众日常生活。

【网络信息管理】2021年，实施加强网络安全整体能力建设、打造安全清朗网络空间等行动方案，推动建立较为完备的网络安全保障体系。强化互联网行业政治引领，优化调整互联网行业党委组成人员，加强对网络送餐、网约车等新业态领域的政治指导，摸排全市互联网企业党组织建设情况，指导3家互联网企业建立党组织，引导山下湖珍珠直播电商联合成立全省首个电商党支部。创新发展网上“枫桥经验”，建立“网信+公安、市场监管、新闻出版”联合执法机制，开展之江净网、涉中国共产党成立100周年违规营销等专项网络整治行动。持续深化“政民e线”网络问政民生服务平台，落实限时回复办理工作机制。

【扫黄打非工作】2021年，持续开展“秋风”“净网”“护苗”等系列专项行动，突出抓好“护航建党100周年”文化市场百日攻坚，检查书店等各类经营单位517家次，立案调查17起，罚没违法书籍共计4万余册。深化推进“扫黄打非”进基层工作，创成示范点1个、标准站点37个，推动新时代文明实践中心站所设立“扫黄打非”宣教点。开展“护苗2021·绿书签行动”进校园活动，净化校园文化环境。

（宣传部　陆昶）

统战工作

【概况】2021年，诸暨市统战工作以庆祝中国共产党成立100周年为主线，贯彻落实中央和上级对统战工作的各项方针政策，紧扣市委工作主线，凝聚共识、汇聚力量。全年组织全市统一战线成员开展“同心跟党走·献礼百周年”庆祝中国共产党成立100周年系列活动，开展“学党史 学条例”“追寻红色印记·传承爱国精神”“七个一”统战风采、“我和我的祖国”书画展等活动30余场，共计2000余人次参与。以庆祝建党百年为契机，联合融媒体中心拍摄统战工作专题宣传片。播出《诸暨新闻》“诸暨人”栏目12期，在“西施眼”App推出“最美乡贤”短视频专栏12期，编发《诸暨人》报12期。在《人民日报》、浙江卫视、新华社、浙江统战、绍兴统战等媒体发布统战信息近200条。继续实施“十百千万”普法工程，联合开展“4·15”国家安全日、反恐宣传月、宪法宣传日活动。落实宗教工作市、镇、村三级网络责任制和“五人驻堂”（宗教场所包村领导、村书记、驻村干部、片警、网格员驻堂）工作制，探索宗教场所平安创建星级评定，巩固提升“五进场所”（社会主义核心价值观、国旗国歌、宪法和法律法规、平安创建以及中国传统文化进宗教活动场所）成果。开展宗教领域“四治”（治热、治乱、治假、治俗）专项工作。继续开展民族帮扶和民族团结进步工作。支持民营经济健康清廉发展，助力民营新生代民营企业家成长。配合做好市委巡察工作，以整改为契机，找差距、补短板，解决存在问题和不足，落实从严治党，坚定不移推进党风廉政建设。做好市政协第十四届委员会第五次会议组织工作，会同市委办、市府办选精选准协商专题，协助市委制定年度政党协商计划。以审核、批阅、承办“三联单”模式规范实施民主党派、无党派人士向市委建议“直通车”制度。按计划开展党外人士经济社会发展通报会、党风廉政建设情况通报会和市委专题协商座谈会。各民主党派在市两会提交提案36个，社情民意被党派省级组织以上录用20余篇。优化旅港同乡会骨干结构，强化义工团建设，承办省台联会会议与绍兴台商协会理事会议，成立台胞台属联谊会青年分会，组织开展联谊活动。服务在诸暨台胞，帮助解决台胞子女中考加分问题，协调台胞台商接种新冠疫苗。

【数字化改革】2021年，诸暨市配合省委统战部做好“浙统云”平台搭建梳理相关工作，完成12类县级统战代表人士的范围界定，录入并完善统战人物数据4000余个。完成政务内网基建改造。依托浙里办、省宗教信息管理系统、浙江掌上宗教App等平台系统，实现宗教事务“掌上办事”“掌上办公”“掌上治理”。

【欧美留学会成立】2021年8月21日，市委统战部牵头成立绍兴市首家县市区欧美同学会——诸暨市海外留学人员联谊会，搭建留学归国人员新平台。首批会员113名，理事38名。硕士研究生以上学历74名，占会员总数的65%。

【“统战之家”建成】2021年7月14日，建成启用诸暨市“统战之家”，绍兴市委常委、统战部部长叶卫红与绍兴市委常委、诸暨市委书记沈志江出席揭牌并致辞，进驻民主党派与统战社团14个。

【新乡贤统战】2021年，诸暨市继续实施乡贤回归工程，完成300名乡贤回归目标任务。调整并完善市领导联系在外商会及知名诸商制度，配套统战部班子成员联系商会制度。做好江苏、厦门等地商会（联谊会）换届指导工作。与农商银行签署战略合作协议，推动诸暨农商银行与杭州、宁波、南昌等多地诸暨商会达成合作。

【民主党派建设】2021年，市委统战部协助农工党市委会、民盟基层委做好换届人事工作。推动党派工作品牌化、基地示范化，初步形成同心工作品牌、社会服务和成员活动中心13个。按要求配备好党外干部，健全组织、统战两部联席会议制度，将党外中层干部配备列入部门镇乡街道统战工作考核。支持民主党派加强思想、组织和制度建设，提升其政治把握能力、参政议政能力、组织领导能力、合作共事能力和解决自身问题的能力。

【党外人士工作】2021年，支持市网联会、知联会完成组织换届，帮助强化社团领导班子建设。继续开展市统战团体同心力指数评价，新建党外知识分子、网络界人士创新创业实践基地8个，形成“心系革命老区·携手迈进新时代”“支持扶农助农公益项目”“反金融诈骗”等特色品牌12项。

【民生服务】2021年7月，组织各民主党派、统战团体百余名党外人士开展“致敬百年·同心三服务”社会服务月活动10余场，其中农工党“青少年职业生涯志愿活动”服务高考生403名，网联会“我为家乡带个货”系列活动开展8场，在各短视频平台累计播放1000万次。

【校地融合服务】2021年，继续开展校地合作，在统战调研课题领域多次与暨阳学院展开专题座谈，合作课题3个。邀请暨阳学院党派

2021年7月14日，诸暨市“统战之家”建成（统战部提供）

2021年8月21日，诸暨市欧美同学会(诸暨市留学人员联谊会)成立大会举行(统战部提供)

成员参加党外人士通报会。联合市委组织部、市委编办，在暨阳学院、南华大学等地方高校开展归国人员人才推荐与政治审查工作。

【对侨服务】2021年，继续贯彻落实《浙江省华侨权益保护条例》，受理侨界群众来电来访和网上咨询120余人次，办理多个涉侨信访件。完善涉侨行政审批事项清单，审核认定中高考“三侨生”和归国华侨30余名。开通疫情服务网上直通车，累计为侨胞、留学生提供政策咨询服务100余次。

(统战部 俞钢阳)

编制工作

【概况】2021年，全市行政机构共有91个，其中党委工作部门22个(含设在党政部门的机关11个)、人大常委会机关1个、政府工作部门58个(含派出机构8个、绍兴市级部门派出机关1个、乡镇街道23个)、政协机关1个、民主党派机关1个、群众团体机构7个、法院1个、检察院1个。总行政编制数3824名，实有3561名。事业单位306个，事业编制数18001名，实有16955名。

【机构调整设置】2021年4月28日，诸暨市印发诸暨市改革研究促进中心、诸暨市招商投资促进中心、诸暨市社会矛盾纠纷调处化解中心、浙江新时代枫桥经验研究院“三定”规定；撤销诸暨市流动人口服务管理局。5月7日，印发中共浙江省诸暨经济开发区工作委员会、浙江省诸暨经济开发区管理委员会“三定”规定，调整优化经济开发区和现代环保装备高新技术产业园区管理运行体制机制，整合管理机构，实现“两区合一”。5月12日，印发诸暨市人大常委会研究中心“三定”规定。6月9日、7月20日，分别在浙江省诸暨经济开发区管理委员会增挂诸暨现代环保装备高新技术产业园区管理委员会牌子、诸暨市农业农村局增挂市乡村振兴局牌子、诸暨市文广旅游局增挂市文物保护局牌子。9月28日，批复设立诸暨市欧美同学会(市留学人员联谊会)。12月29日，设立中共诸暨市委社会建设委员会，为市委派出机关，与诸暨市发展和改革局合署办公；设立诸暨市人民政府对外友好协会机关，与诸暨市人民政府办公室(诸暨市外事办)合署办公；恢复浙江五泄旅游度假区管委会独立运行并更名为诸暨西施故里省级旅游度假区管委会。

【综合行政执法改革】2021年5月14日，印发《优化完善综合行政执法管理体制的实施意见》和诸暨市综合行政执法大队“三定”规定，优化调整综合行政执法大队设置，将直属中队整合为1个机动中队、3个专业执法中队，乡镇街道按照“一镇一中队”模式设立23个基层中队。12月29日，在诸暨市综合行政执法局增挂市综合行政执法指导办公室牌子，并在镇乡街道设立综合行政执法队，撤销市能源监察大队、市民政行政执法大队、市劳动保障监察大队、市建设市场稽查队、市水政执法大队、市统计执法稽查队，构建形成综合行政执法队、五大领域执法队(市场监管、生态环境、文化市场、农业、交通运输)以及卫生健康、应急管理、自然资源执法队的“1+8”行政执法组织架构，不再保留部门专业执法队伍。

【统筹优化编制使用】2021年，统筹52名事业编制，用于浙江省新时代枫桥经验研究院、市改革研究促进中心、市招商投资促进中心、市社会矛盾纠纷调处化解中心等机构。增加 37 名行政(参公)编制和 18 名编外控制数,保障综合执法、应急、医疗、社保等领域人员编制力量。建立人才编制“周转池”,确定 60 名事业编制用于高层次人才引进和党政储备人才。市综合行政执法大队编制增至 191 名;采用“派驻 + 联络员”的方式推动执法部门向乡镇街道下沉执法力量,乡镇街道综合行政执法中队新增编制 69 名,下沉参公事业人员 72 人、执法辅助人员 191 人。

【“县乡一体、条抓块统”改革】根据全省“县乡一体、条抓块统”改革试点工作有关部署要求,2021 年 4 月 7 日,编办起草的《诸暨市关于科学规范镇乡(街道)“属地管理”的实施意见》由两办印发,明确部门和镇乡街道 72 个事项责任,进一步厘清工作界面,强化履职尽职要求,推动清单事项落地。同时,开展镇乡街道基层治理“一件事”梳理工作,梳理形成 20 项跨部门、跨领域、跨层级的基层治理“一件事”事项,并统筹抓好事项办事指南及工作规程编制指导工作。

【镇乡街道权力清单调整】2021 年,规范调整镇乡街道权力清单,对新增的 108 条权力事项和 32 条监管事项统一发至 23 个镇乡街道,实现清单库常态化动态调整,并通过浙江政务服务网向社会公布。

【监管事项认领检查】2021 年,牵头做好全市监管事项认领工作,29 个法律法规规章赋予行使行政执法监管权力的部门,认领省市规定的监管事项 9896 项,认领率 100%。同时,对已认领的 3862 项行政检查事项由相关部门开展实地检查,行政检查事项覆盖率也达 100%。

【实名制信息完善】2021 年,编办将行政事业 21147 条人员数据与养老保险系统数据比对,筛选并修改完善信息 42 条;更新完善全日制教育和在职教育信息 12643 条,进一步提升数据质量。上传机构编制调整文件 69 个,更新完善机构信息、编制数、职数等信息 310 余项。完成撤并机构的人员转隶;同步办理人员入编 1449 人、出编 1174 件、在编变更 14035 件。

【事业单位登记管理】2021 年,事业单位法人设立登记 8 家、变更 74 家、注销 5 家、换领证 10 家,年度报告公示 326 家。机关群团统一社会信用代码赋码初领 6 家、变更 19 家、注销 6 家。114 家事业单位完成章程制定工作。

【编外用工管理】2021 年,全面完成 2020 年度全市编外用工整治检查后的整改督促扫尾工作,共清退变相用工 273 人,违规借用 39 人。配合司法部门,联合发布《诸暨市行政执法辅助人员管理办法》,加强执法辅助人员管理。实地走访暨阳街道、农业农村局等镇乡(街道)和部门,开展编外用工规范管理检查“回头看”,进一步压实部门主体责任。（编办　寿张涛）

党校

【概况】2021 年,中共诸暨市委党校坚持党校姓党根本原则,围绕中心、服务大局,以新校区搬迁为切入点,以党史学习教育为发力点,以服务县域经济发展为落脚点,打造红色学府,建设新型智库,办学水平走在全省县级党校前列。全校共有在职教职工 32 人。全年完成全市新任村社党组织书记集中培训班、年轻干部新锐训练营、全面提升数字化改革能力专题研修班、诸暨—遂昌年轻干部培训班、组工干部专业能力提升班等 19 个主体班 27 期 5520 人次的培训任务;开展红色宣讲 123 场次;完成 5 个省级课题和 3 个绍兴市级课题的结题;递交决策参阅 9 期,获得领导批示 5 期。6 月,完成全省市县党校行政学院(校)办学质量创优评估问题整改“回头看”。7 月 1 日,枫桥学院新校区投用。

【党校教育工作】2021 年,完成党员发展对象培训班,全市新任村社党组织书记集中培训班,年轻干部新锐训练营第一期,提升数字化改革能力专题研修班,招商选资与开放发展专题研修班,诸暨市民主党派、市知联会、网联会、新联会骨干成员培训班,共同富裕与乡村振兴专题研修班,初任公务员与党政储备人才培训班,组工干部专业化能力提升班,发展新时代枫桥经验暨县域治理现代化专题研修班,年轻干部新锐训练营第二期等 19 个主体班次 27 期次 5520 人次的培训任务。设置各类主体班次的培训方案,聚焦“用学术讲政治”,严格落实主体班次中政治理论和党性教育比例不低于 70% 的要求,将政治理论和党性教育作为主体班次

枫桥学院新校区秀松报告厅俯瞰(党校提供,摄于 2021 年 7 月)

必修课,推动习近平新时代中国特色社会主义思想进班次,把政治理论和党性教育放在首位。紧扣建党百年、习近平总书记“七一”重要讲话精神、中共十九届六中全会精神等主题组织开展集体备课、新课试讲 9 场次。打磨中国共产党党史系列课程、俞秀松精神、红色庄余霞等党史精品课 13 门。选派 2 名年轻教师参加绍兴党校系统主题党课比赛,分别获得二、三等奖。持续推进“暨阳红色讲台”志愿服务队“红色宣讲”项目,发挥红色布道者作用,遴选优秀师资到全市乡镇、部门、社区、村居、企业、学校等开展党史宣讲,打造“流动党校”党史宣讲品牌。2021 年,累计开展线上线下党史宣讲 123 场次,受众达 7500 余人次。

【党校科研工作】2021 年,党校《“枫桥经验”村民自治档案史料文献辑录》获得省哲社重大课题立项,《社会组织党建政策变迁与内在逻辑——基于“政党—社会关系”的辩证视角》获得省社科联课题立项。在 2021 年度省委党校系统理论研讨会中获二等奖 1 名、三等奖 2 名。《革命洪流中铿锵前行——宣侠父的革命精神》等 4 篇征文在绍兴市社科联青年理论征文比赛中获奖。9 月,《新时代“枫桥经验”实践案例》入选全省干部教育培训好教材。10 月,第三本教材《新时代“枫桥经验”现场教学教程》付梓出版。全年共向市委、市政府递交决策参阅 9 期,其中《推进诸暨市纺织产业数字化转型的决策参考——基于柯桥、诸暨两地的调研分析》等 5 期决策获得绍兴市委常委、诸暨市委书记沈志江批示。《关于深化我市“支部建在小区上”的对策建议》等 2 篇资政文章分获省委党校系统优秀调研成果(决策咨询)评比二等奖和三等奖。优化科研管理考核和激励机制,在 2020 年制度的基础上进一步完善《中共诸暨市委党校(行政学校)、枫桥学院教研奖励基金使用管理办法(试行)》,从制度层面做好保障,持续推动在高端课题上多立项、科研评比上多获奖、成果运用上多转化。

【省内外干部培训】2021 年,共承接来自全国各地的社会培训班次 80 期,近 5500 人次。学员对象主要有来自各地县市区的党政领导干部、国有企业领导人员、事业单位领导人员、年轻干部、基层干部、党员等，培训形式从1天的现场教学逐渐转变为5天一期的专题轮训。加强对外宣传，扩大合作办学。落实专人维护“枫桥经验”网上学院，向全国250家省市级党校寄发校院宣传册。分别与中远海运集团等特大型央企，浙江外国语学院等高等院校，萧山区委党校、柯桥区委党校等兄弟党校，国家电网诸暨分公司等单位建立教学联盟，针对不同需求开展培训合作。重新修订《现场教学项目化认领活动实施方案》，按新老教师传帮带的原则分组认领11个市内现场教学基地，按照“四可五有”的标准，参与推进基地的标准化建设，初步形成反映基地特色的参观路线、讲解词通稿和点评课程，以“专题讲授+现场教学体验+课堂点评提升”的融合式培训模式组织各基地现场教学，提升教学品质。

【枫桥学院建设】2021年，配合国资公司在市委、市政府规定的时间节点完成枫桥学院建设并于7月1日完成新校区搬迁。加强校园文化建设，按照体现红色底蕴、“枫桥经验”特色及绍兴地方文化特征的原则，完成对新校区主体建筑的命名。在生活区开设特产馆，全方位展示诸暨名优产品，服务助推诸暨地方经济民生。做好学员培训期间的食宿保障、重大会议活动和重要领导来访接待等工作。在保障主体班次、社培班次正常运作的同时，保障全国全省会议如全国人大信访会议、全国妇联大会等15场次，接待各级部门考察调研50批次。筹备学院二期工程。针对开元酒店同时接待大型会议，培训任务客房容量不足问题抓紧谋划扩容提量工程，提升枫桥学院整体接待能力，助力形成规模效应。提高校园功能布局。推进学院心理素质提升中心，党性主题教室建设。

【教职工队伍建设】2021年，市委党校、枫桥学院在岗专任教师19名，其中博士研究生1名、硕士研究生13名、高级讲师5名。实施名师、名课、名班“三名”工程，不断提升教职工专业水平和能力素养。实行年轻教师工作实绩“亮晒比”，完善并实施绩效考核、科研奖励、导师帮带、中层干部选任等前后衔接的制度体系，建立“亮晒比”平台。开展“三服务”活动。全年共计安排19人次支援结对社区大范围核酸检测工作；安排25人次参与文明劝导，助力全国文明城市复评迎检工作；安排5人参与结对乡镇换届选举工作。抓好教职工志愿服务工作，以“先锋微家”等平台为基础，组织党员干部到结对社区参与上党课、春节慰问、公益宣传、举办道德讲堂等活动。

（党校　杨婷婷）

信访工作

【概况】2021年，诸暨市以中共十九届六中全会精神为指导，全面贯彻落实习近平总书记系列重要讲话精神，以建党百年信访工作为主线，以省委巡视整改落实为抓手，坚持和发展“枫桥经验”，强化基层基础，围绕既定目标，抓好工作落实，全年信访形势平稳，进京赴省上访数量明显下降，信访总量持续降低。进京上访4人次，与上年持平，赴省上访230人次，较近三年平均值下降58.6%，四级信访总量从2020年的1138人次（按照省统计口径）下降到2021年的1089人次，降幅达4.3%；到市上访246批840人次，同比分别下降50.2%和9.5%；来信1256件，同比下降18.0%；网上信访（含网上投诉、领导信箱及人民网留言）5150件，同比下降23.2%；来电43559件，同比上升5.5%。

【信访积案化解】2021年，继续紧盯信访积案和重复信访，纵深推进信访积案化解专项行动，坚持以“三到位一处理”为标准，在全市范围内开展群众矛盾化解巩固深化行动，层层压实主体责任，统筹协调长效联动，按类别、明要求，按季分解任务、逐案考核验收，啃下一批“骨头案”、打掉一批“钉子案”。2年以上积案均化解清零，第一批404件国家级重复信访交办件化解397件，206件省级重复信访交办件化解202件，化解率分别达98.3%和98.1%，创建成为全国首批信访工作示范县，连续3年创成“无信访积案县（市、区）”。

【信访工作机制完善】2021年，继续着眼越级信访持续压减，不断完善机制建设，以机制压实责任。通过信访专项攻坚整治行动，全面细致排查各类矛盾纠纷，建立有效的属地处置工作机制，压实村镇责任，建立“361”信访化解工作机制。坚持用好考核指挥棒，把信访工作与年度目标考核相挂钩、与干部实绩考察相结合，每月亮牌、按月通报，对进度落后的镇乡街道，连同市镇责任市领导一并通报，以此让各级干部抽紧筋骨、上紧发条。落实越级访滚动化解，针对初次赴省上访案件，逐案下发《初次进京赴省信访事项交办单》，并滚动列入化解清单，15日内未化解到位的由责任领导接访会商，30日内未化解到位的由市委分管领导约谈，累计下发各级通报28期，点名批评相关单位49家，约谈镇乡街道领导干部35人次，进一步形成"鞭打慢牛"的工作态势。

【信访源头治理】2021年，继续抓好信访办理质量，深化信访办理规范化、标准化，进一步落实事权单位和乡镇街道化解办理的主体责任，重点压实初信初访化解责任，提升一次性化解率。不断优化信访代办制，提升信访工作质效，树立"服务也是治理"理念，推进信访代办制，加强镇村两级信访代办员队伍建设，强化代办件的跟踪落实，累计受理代办件407件，群众满意度达100%。强化镇村首办责任，抓好初信初访办理质量，对5630件案件落实回访，对评价不满意的549件进行核实，总回访核实率达97.33%，县级走访占比80.2%。夯实基层社会治理基础，在村级换届选举工作开展前，会同组织部制定《村社主职干部信访工作"十条负面清单"》，形成"村民监督村事、干部清爽干事"的氛围，基层矛盾进一步压减。

（信访局　郭轩宏）

老干部工作

【概况】2021年，全市有离休干部99人，其中易地安置7人(省外到诸暨的3人，市外到诸暨的4人)，平均年龄92周岁，年龄最大的99岁、最小的86岁。由老干部局服务管理的实职副处以上老领导50人。

【老干部政治和生活待遇保障】2021年，诸暨市继续按照"三访"(经常性地走访、重点访和节假日访)、"三必到"(老干部患病住院必到、老干部病故必到、老干部有特殊困难必到)的原则，服务离休干部。深化"走、看、促"，组织老领导分别到马剑镇石门村、江西上饶集中营旧址、陈宅镇石壁湖村参观考察。同时，继续完善离休干部就医绿色通道，监督落实离休干部医药费等费用保障，畅通离休干部就医"最后一公里"。为离休干部、副处级以上老领导提供个性化体检服务。

【老干部余热发挥】2021年，诸暨市汇集"银耀诸暨"志愿者联盟12支队伍1万余名志愿者力量，以点带面，联合乡镇街道开展扶贫纾困、尊老敬老、暖心帮扶等志愿服务活动。通过"五老"志愿宣讲团(组)，重点开展"老党员说党史"主题宣讲活动，分享参加革命、建设和改革发展的奋斗历程，推动红色基因赓续传承。中共十九届六中全会召开后，将全会公报及相关学习内容发送给各离退休干部党支部，全市101个离退休干部党支部精心组织，广大离退休干部踊跃响应，掀起学习热潮。同时，鼓励老干部加入乡风文明理事会、红白理事会、关爱互助协会，带头移风易俗，协助推进乡村提升改造。打造"银雁返乡"金字招牌，组织市外银发人才回家乡作贡献，全年先后为浬浦镇白杜坞等村(社区)送技术、送政策、送导师、送文化、送温暖。

【"三个阵地"品牌建设】2021年，诸暨市依托乡镇街道、社区党群服务中心、养老机构等阵地，构建起"本校、分校、教学点"三级立体式老年教育体系，让老年人在"家门口"开展学习教育。至年末，诸暨市老年大学共建成1所总校5所分校12个教学点，课程报名5405人次。诸暨市老干部活动中心响应省委老干部局"携手跨越'数字鸿沟'"万人帮扶计划号召，以老年人"数智共享·跨越鸿沟"为目标，组织老年人开展专项教学培训、公益培训帮扶、先进典型展示等各类活动。共有65个离退休干部党支部开展第二批"银领五星"离退休干部党支部规范化建设，全市各级各类机关事业单位离退休干部党支部87%达到"银领五星"标准。同时新成立3个银辉党支部。全年通过组织"红色基因永相传"主题党日活动、"共忆党史 共话初心"座谈会等，引导老干部学好党史"必修课"。其中大唐街道离退休干部党总支"红色基因永相传"主题党日活动被评为绍兴市离退休干部党支部建党百年主题党日活动“十佳”案例，诸暨市总工会离退休干部党支部“学党史 悟初心 办实事 谋发展”主题党日活动被评为绍兴市优秀案例。同时，以绍兴市级老干部“庆建党百年·促共同富裕”专题读书会活动为契机，向绍兴市级老领导全方位展示诸暨经济社会发展情况，征求绍兴老领导意见建议。

（老干部局　石天申）

史志编研

【概况】2021 年，诸暨市按照上级关于“学党史、悟思想、办实事、开新局”的总要求，注重把习近平总书记科学的思维方法在浙江的探索与实践以及在浙江的采访实录作为工作指引，围绕市委市政府的中心工作，发挥“存史、资政、育人”的职能，参与组织全市党史学习教育，组织开展中国共产党成立 100 周年系列活动，推进史志资料整理成果转化。

【党史学习教育】2021 年，诸暨市党史和地方志研究室根据诸暨市党史学习教育领导小组的安排，会同市相关部门组织开展全市基层党支部学党史主题党日活动、“暨阳论坛”理论学习研讨活动、“一起学习”特色宣讲活动、“学史鉴往守初心、薪火相传担使命”专题宣传教育活动、“红色记忆巡礼”线上展示活动、“精神传承，思想升华——‘六个一’”党员教育活动、“百年风华——暨阳群英谱”先进典型宣传活动以及举办 2021 年全市青年理论宣讲大赛暨微型党课大赛等 9 个重要活动，运用新闻报道、言论评论、典型宣传等形式，制作有新意、有亮点、有互动的融媒体产品，宣传党中央精神，以及省委、绍兴市委和市委有关部署，为党史学习教育营造氛围。

【红色教育基地建设】2021 年，诸暨市以“沿着红色足迹学党史”为主题，对省级、绍兴市级和诸暨市级红色教育基地进行调整和补充，公布诸暨市党史教育基地名单。整合提升市内 5 条红色线路，将俞秀松纪念馆、宣侠父纪念馆、枫桥经验陈列馆、中共诸暨县“一大”会址、城市馆等一批红色资源作为党史学习教育基地。创建省级党史教育基地 4 处（俞秀松故居及烈士陵园、枫桥经验陈列馆、诸暨市革命烈士陵园、宣侠父故居）、绍兴市级 5 处，助力广大党员干部走进教学基地，重温党的百年奋斗光辉历程。同时参与做好中共诸暨县第一次代表大会纪念馆、“红色陶朱”陈列馆、璜山黄家店金萧支队纪念馆、何赤华烈士纪念馆等场馆建设的布局设计和资料提供等工作。

【中国共产党成立 100 周年系列活动】2021 年，史志研究室完成《中共诸暨百年纪事》书籍编纂出版工作并上传到西施号 App 发布，该书被列入浙江省百年党史在浙江系列成果名单，其全面回顾和总结党的光辉历史，为开展党史学习教育发挥作用。配合市档案馆举办“诸暨党史百年百事大型图片展”活动；配合组织部在“诸暨组工”App 推送“回眸百年励初心——诸暨籍重要党史人物”；会同市融媒体集团整理出一套“忆初心、展未来”党史知识题库，在全市党员干部中开展党史知识竞赛活动；配合宣传部做好“百年潮涌“楷模推荐工作；配合杭州、宁

《诸暨年鉴（2021）》出版（史志研究室提供）

波、绍兴电视台和诸暨融媒体中心，做好诸暨籍英烈事迹和诸暨重要革命遗址宣传工作。组织送书下乡、送书进学校活动，全年累计向507个村（居）、30余家党史教育基地、50多家学校发放45种共计3万册书籍资料。书籍包括《中共诸暨党史》、《诸暨革命史》和历年所编年鉴、地方志、《诸暨改革开放40年》等。

【史志资料整理】2021年，继续推动史志资料电子化工作，以抓好"掌上诸暨史志"为重点，在"掌上诸暨史志"上传书籍22本，其中党史类8本、地方志9本、年鉴5本；通过劳务外包，着手整理近千万字党史档案资料的电子化工作，全年完成大部分档案电子化工作；完成方志馆建设，并聘请专人对方志馆藏书进行整理、归类、电子化录入等。继续发掘西施文化元素，加强西施文化编研工作。"印象·西施"丛书编写《西施艺文作品录》《典籍中的西施》《戏剧中的西施》3本。继续深化《诸暨市志》编纂成果，推动"印象·诸暨"专辑编纂工作。

【《诸暨年鉴（2021）》编纂完成】2021年1月，启动《诸暨年鉴（2021）》编纂工作，制定编纂进度表、联系印刷出版单位、发布编纂通知。8月，完成统稿工作。10月，出版社完成审稿工作。11月，完成审校修改及相关扫尾工作。12月初，完成印刷。全书67.5万字。由方志出版社出版。（史志研究室）

2021年，是诸暨市“十四五”规划开局之年，也是市十七届人大收官之年。市人大常委会服务大局聚焦于高质量发展主题，履职监督致力于提升群众“三感”，服务代表着眼于发挥代表主体作用，依法召开市十七届人大五次会议，召开人大常委会会议10次、主任会议20次，听取和审议“一府一委两院”工作报告11个，听取专题汇报2个，作出决议、决定24项，组织执法检查和视察活动8次，依法任免国家工作人员59人次、人民陪审员211人次，牵头组织宪法宣誓23人次，选举产生市十八届人民代表大会代表372人。

重要会议

【市十七届人大五次会议】2021年1月12日至14日，诸暨市第十七届人民代表大会第五次会议在市区举行。会议共举行3次全体会议、4次主席团会议，听取和审议诸暨市人民政府工作报告；审查和批准诸暨市国民经济和社会发展第十四个五年规划和二〇三五年远景目标纲要；审查和批准诸暨市2020年国民经济和社会发展计划执行情况的报告及2021年国民经济和社会发展计划；审查和批准诸暨市2020年预算执行情况的报告及2021年预算；听取和审议诸暨市人民代表大会常务委员会工作报告；听取和审议诸暨市人民法院工作报告；听取和审议诸暨市人民检察院工作报告；选举诸暨市第十七届人民代表大会常务委员会副主任2人、委员2人，市人民法院院长；票决诸暨市人民政府2021年民生实事项目。

会议共收到代表10人以上联名提出的议案2件，建议224件，合计226件。其中涉及经济建设方面48件，占21.24%，主要建议有走智造强市之路、推进区域协同发展、发展全域旅游；涉及社会管理方面98件，占43.36%，主要建议有打造智慧社区、完善和深化“矛调中心”建设、社会组织参与基层治理；涉及民生保障方面46件，占20.36%，主要建议有发展和完善养老服务业、推进既有住宅加装电梯、强化道路建设；涉及文化建设和生态文明方面34件，占15.04%，主要建议有加强优秀传统文化教育、保护利用古村古迹、饮用水水源地治理等方面。大会主席团决定将本次会议收到的代表议案作为代表建议处理，会后由市人大常委会交市人民政府和其他有关国家机关办理，办理结果由承办单位在交办后三个月内负责答复代表，并报告市人大常委会。

【人大常委会会议】3月31日，召开市十七届人大常委会第三十五次会议，听取和审议市政府关于2020年生态环境状况和环境保护目标完成情况的报告；听取和审议市政府关于推进科技创新加快建设高水平创新型城市情况的报告；听取和审议市人大常委会各街道工作委员会2020年度工作情况的报告；审议有关人事任免事项。

4月7日，召开市十七届人大常委会第三十六次会议，审议有关提请许可事项。

5月31日，召开市十七届人大常委会第三十七次会议，听取和审议市政府关于国有资产管理情况的报告；审议市政府关于国有自然资源资产管理情况的报告；审议有关人事任免事项。

7月30日，召开市十七届人大常委会第三十八次会议，听取和审议市政府关于2020年财政决算和2021年上半年财政预算执行情况的报告；听取和审议市政府关于2020年市级预算执行和其他财政收支的审计工作报告；审议有关人事任免事项。

8月31日，召开市十七届人大常委会第三十九次会议，听取和审议市政府关于2021年上半年经济社会发展情况和下半年政府重点工作的报告；审议市政府关于2021年上半年国民经济和社会发展计划执行情况的报告；听取和审议市政府关于数字社会建设工作情况的报告；听取和审议市监委关于开展整治群众身边不正之风和腐败问题专项工作情况的报告；审议有关人事任免事项。

10月13日，召开市十七届人大常委会第四十次会议，听取和审议市政府关于"七五"普法实施情况和"八五"普法规划的报告；审议有关人事任免事项。

10月25日，召开市十七届人大常委会第四十一次会议，听取和审议市政府关于市十七届人大五次会议代表建议办理情况的报告；听取和审议市政府关于新时代乡村集成改革试点工作情况的报告；审议市、镇乡两级人大换届选举工作有关事项；审议有关人事任免事项。

11月24日，召开市十七届人大常委会第四十二次会议，审议市政府关于2021年财政预算调整方案（草案）的议案；审议有关人事任免事项。

12月31日，召开市十七届人大常委会第四十三次会议，审议市政府关于应店街镇紫阆村等四个历史文化名村保护规划的议案；审议有关人事任免事项。

【主任会议】3月12日，召开市十七届人大常委会主任会议第七十一次会议，讨论通过市人大常委会2021年工作要点和监督工作计划草案。

5月24日，召开市十七届人大常委会主任会议第七十五次会议，讨论通过《诸暨人大数字化改革实施方案(2021—2025年)》。

9月30日，召开市十七届人大常委会主任会议第八十二次会议，听取市政府关于招商引资项目落地情况的汇报。

10月20日，召开市十七届人大常委会主任会议第八十四次会议，讨论通过《关于做好市、镇乡两级人民代表大会换届选举工作的意见》。

12月1日，召开市十七届人大常委会主任会议第八十七次会议，听取市政府关于医疗保障工作情况的汇报。

12月7日，召开市十七届人大常委会主任会议第八十八次会议，讨论通过市、乡镇选举委员会成员在成为正式代表候选人后辞去选举委员会相应职务有关事项；讨论通过下拨代表经费、换届选举经费、代表联络站故事视频制作补助经费有关事项。

重要活动

【视察活动】2021年4月15日，市人大常委会组织视察全域旅游重点项目建设情况。市人大常委会驻会成员实地视察五泄景区改造提升工程、马剑开元芳草地乡村酒店，并提出意见和建议。

5月18日，市人大常委会组织视察陈蔡水库除险加固工程推进情况。市人大常委会驻会成员实地视察陈蔡水库加固工程施工现场、新建输水隧洞工程、水库底柯溪坞清淤工程、下河图自然村复林地块、加固改造工程安置房工地，并提出意见和建议。

7月16日，市人大常委会组织视察养老服务体系建设情况。市人大常委会驻会成员实地视察陶朱街道镇级居家养老服务中心、颐和养老中心、璜山镇敬老院，并提出意见和建议。

9月27日，市人大常委会组织

视察文化遗产保护与传承工作情况。市人大常委会驻会成员实地视察璜山镇溪北村古建筑群、璜山镇齐村芝园木雕艺术馆、陶朱街道华夏金石学馆，并提出意见和建议。

10 月 9 日，市人大常委会组织视察“枫桥经验”深化工程开展情况。市人大常委会驻会成员实地视察枫桥学院建设情况、杜黄新村“乡村振兴先行村”创建情况，并提出意见和建议。

10 月 22 日，市人大常委会组织视察教育重点工程进展情况。市人大常委会驻会成员实地视察西子小学、东江幼儿园、枫桥镇中工程进展情况，并提出意见和建议。

【督查活动】3 月至 12 月，市人大常委会领导带队分小组开展 2021 年民生实事项目专项监督。在总结往年监督经验基础上，系统制定进行跟踪监督方案，发动代表就近就便进行监督，每季度形成建议专报报送市委，在年底组织视察民生实事项目完成情况，开展满意度测评。2021 年民生实事项目按要求全面完成。

【执法检查】3 月，市人大常委会配合绍兴市人大常委会开展《绍兴会稽山古香榧群保护规定》贯彻执行情况进行全面检查。

4 月至 9 月，市人大常委会按照省人大统一部署，三级联动对《浙江省粮食安全保障条例》贯彻执行情况进行全面检查

5 月，市人大常委会按照省人大统一部署，三级联动对《浙江省宗教事务管理条例》贯彻执行情况进行全面检查。

【代表建议督办】7 月，市人大常委会会同市政府召开市人大代表重点建议办理面商督办活动，听取 2021 年重点建议承办单位办理情况的汇报、领衔代表意见，市政府领导和市人大常委会领导对办理工作开展了点评。

【代表活动指导和服务】2021 年，主动为代表履职设定主题、搭建平台，组织发动代表监督 2021 年民生实事项目，组织开展“解放思想求发展、汇聚民智开新局”主题活动，定期向代表通报市人大常委会和“一府两院”主要工作，全年邀请代表参加各类履职活动 1000 余人次，为代表知情知政、依法履职创造条件，提供保障。

议案办理

【代表建议督办】市人大代表在市十七届人大五次会议期间共提出建议 226 件。至 7 月底，代表建议均已办理完结，办结率、满意率均为 100%。从答复和落实情况看，建议办理的结果满意率持续维持高位，问题解决率逐步得到提升。

【代表建议重点件】2021 年，市人大代表建议中，由市人大常委会领导督办代表建议重点件 8 件，市人大常委会工委督办代表建议重点件 18 件。 （人大办　郦建龙）

2021 年诸暨市人大常委会领导督办代表建议重点件一览表

表 19

编号	建议标题	领衔代表	承办单位	领办领导	督办领导
126	关于坚持以科技创新为引领，率先走出智造强市之路的建议	陈　锋	科技局	胡华良	姚汉松
122	关于进一步加强行政事业性国有资产管理的建议	王玉英	财政局	钱勇军	朱红伟
217	关于进一步推进我市既有多层住宅加装电梯工作的建议	马洪港	建设局	郦小飞	洪中行
127	关于加强村卫生室建设，改善基层就医环境的建议	汤丽华	卫生健康局	俞　越	陈　焕
82	关于促进包装产业转型升级的意见建议	楼国仁	经信局	董光辉	朱红伟
131	关于对山区乡镇茶叶产业发展的建议	徐航锋	农业农村局	陈军卫	何鸿成
231	关于扶持引导和监管直播带货活动的建议	刘伯茹	商务局	楼　闻	陈迪锋
204	关于要求对乡村公路超载超速车辆加大巡查、整治力度的建议	傅继良	公安局	谢　琦	杨元清

2021年诸暨市人大常委会工委督办代表建议重点件一览表

表20

编号	建议标题	领衔代表	承办单位	督办工委
48	关于希望人民法院严格审理破产案件的建议	蔡永生	法院	监察和司法工委
141	关于坚持和创新发展枫桥经验,持续完善和深化“矛调中心”建设的建议	邢伟丽	社会矛盾纠纷调处化解中心	
202	关于改进部分道路标识的建议	王燕芳	公安局	
83	关于激励本地企业与大企业、大项目合作的意见建议	侯国生	经信局	财经工委
102	关于要求推进浦阳江沿江社区公园建设的建议	蔡清国	开发委	
158	关于加强对同山烧产业全产业链发展　支持力度的建议	边国建	财政局	
63	关于规范诸暨校外培训机构发展的建议	辛　颖	教体局	教科文卫工委
4	关于加强中小学生优秀传统文化教育的建议	陈明君	教体局	
33	关于对我市革命遗址加强保护利用的建议	沈立新	史志研究室	
58	关于要求解决“空心村”问题的建议	周德良	宅基地改革工作专班	农经工委
75	关于加快处置“无违建”后续问题处置切实解决农民房产证问题的建议	丁水尧	宅基地改革工作专班	
117	关于把店口沿山渠道列入市“十四五”重大水利建设项目的建议	姚　统	水利局	
19	关于完善农村公路亮化工程的意见建议	周伟国	交通运输局	城建环保工委
90	关于要求环保部门对废气排放企业安装在线监测设备,促使环保执法规范化、标准化、常态化的建议	杨　笛	生态环境分局	
104	关于科学调整市区洒水车喷洒作业的建议	蔡清国	城乡集团	
14	关于当年主导制订并发布全国性行业协会团体标准的企业享受补助的建议	黄建丽	市场监管局	社会建设工委
100	关于合并电子社保卡和医保电子凭证的建议	孙伟娣	人力社保局	
220	关于出台我市居家养老服务中心管理办法进一步建立准入退出机制的建议	马洪港	民政局	

诸暨市人民政府

2021年，诸暨市政府聚焦忠实践行“八八战略”、奋力打造“重要窗口”、加快实现“五个率先”主题主线，一体推进解放思想、开放发展、改革争先、创新驱动、整体智治，以抓落实之功，答“十问”之卷，获得2021年度绍兴市工作目标责任制考核第一名，实现“十四五”发展的良好开局。全年实现生产总值1546.6亿元，同比增长9.8%；实现财政总收入154.8亿元、一般公共预算收入100.2亿元，分别同比增长6.4%和10.9%；城乡居民人均可支配收入分别达77473元、46535元，收入倍差缩小至1.66；跻身全国综合实力百强县第13位。

改革争胜。上线运行数字诸暨门户，15项数字政府、数字社会领域多跨协同应用被列入省厅试点，“浙里兴村共富”登上数字化改革《领跑者》，“县乡一体、条抓块统”县域整体智治改革成为省级试点。完成开发区、高新区整合提升，申报建设“万亩千亿”新产业平台。率先试水国家农村宅基地制度改革。组建建设集团，国企资产总量同比增长16.7%。

融合争速。开通运行沪杭诸“绿巨人”通勤列车，加快店口高架、G235诸暨段、绍诸高速浣东互通等工程建设，持续扩面诸杭高速双向免费通行范围。“萧诸绿色发展先导区”被纳入杭州、绍兴一体化建设方案，杭诸市域铁路被列入国家长三角轨道交通发展规划。与杭州、绍兴合作办学4家，新增结对学校11家，新引进名医工作室21家。

开放争先。积极投身绍兴三大“国字号”开放高地建设，建成投运海关监管场所，市场采购出口申报货值超3亿美元，大唐袜业成为省首批内外贸一体化改革试点，获评省外贸综合服务试点企业1家、内外贸一体化“领跑者”企业2家，实现外贸出口538亿元，逆势增长19.6%。

创新争强。实施高新技术企业增量提质行动，新增高新技术企业87家，规上高新技术产业增加值增长22.7%。启动G60创新港、海归小镇建设，投运上海、深圳、西安“诸暨岛”和中韩科创中心。建成袜业、珍珠产业工程师协同创新中心。建设人力资源服务产业园，开行招才引智“春秋季专列”，举办海内外高层次人才创新创业大赛，入选国家级领军人才26名，省级领军人才39名，预计全社会研发投入强度达2.5%。

项目争进。成立招商投资促进中心，开展招商选资竞赛活动，引进亿元以上项目82个，其中10亿元以上项目14个，50亿元以上项目2个，总投资达432.1亿元。实行重大项目专班推进机制，优化项目全生命周期服务，完成用地报批 8809 亩，县市长项目落地率达 100%，欧意家电家居智造项目创造了从洽谈到落地仅 30 天的诸暨速度。

转型争效。深入实施“凤凰行动”和“长高长壮”计划，新增上市辅导备案企业 2 家，“专精特新”中小企业 41 家、小巨人企业 4 家，省“隐形冠军”企业 4 家，4 家建筑企业晋升施工总承包一级资质，工业强市综合排位跃居全省第三。加快推动数字产业化和产业数字化，新增省级数字化车间 4 个、工业互联网平台 2 个，袜业产业集群入选省级新智造试点，山下湖淡水珍珠区域品牌价值上升至 560 亿元。实施农业“双强”行动和耕地“两非”整治，打造“西施石笕”茶叶公用品牌。创成全省数字生活新服务样板县。

城乡争妍。完成 8 个老旧小区改造，开通高湖大桥、茅渚埠大桥。创成 2 个省级美丽城镇样板镇、4 个达标镇。培育五泄—马剑共同富裕新时代美丽乡村示范带和 3 个乡村振兴先行村。建设 29 个“污水零直排小区”，创成 4 个省级高标准垃圾分类示范村和 9 个示范小区，投运浬浦垃圾无害化处理中心，实现生活垃圾零填埋，捧得全省水利“大禹杯”金杯奖，成为美丽浙江建设优秀单位。

治理争标。扎实推进“遏重大、控较大”攻坚战、“平安护航建党百年”行动，生产安全事故起数、死亡人数同前两年平均相比分别下降 25.6% 和 41.9%。有效防御“6·10”强降雨和“烟花”台风。建成投用枫桥学院，举办第三届高端峰会，发布新时代“枫桥经验”指数指标体系，荣膺平安中国建设示范县、国家级信访“三无”县市，捧得“长安杯”。新时代“枫桥经验”被写入《中共中央关于党的百年奋斗重大成就和历史经验的决议》。

民生争优。全年民生投入 88.5 亿元，开工建设保障房 3 万平方米，建成市级养老服务中心，创成省食品安全示范市，市人民医院、市中医医院成功晋升“三甲”，“越惠保”参保率达 72.5%，全面小康指数居全国县级市第 10 位。认真落实“双减”政策，建成投用 6 所中小学、幼儿园，成为浙江高质量发展建设共同富裕示范区首批试点。建立完善平战结合联防联控指挥工作体系，有效防范多轮疫情输入风险，累计接种新冠疫苗 271.5 万剂次，筑牢疫情防控坚固屏障。

作风争实。深入开展“解放思想、开放发展”大讨论活动、“六讲六做”大宣讲活动，扎实做好“七张问题清单”整改。搭建“政企亲清会”平台，形成“企业出题、政府答题”服务闭环。积极落实基层减负要求，让干部有更多时间和精力抓落实、优服务。（市府办）

重要会议

【市政府全体会议】2021 年 3 月 9 日下午，市政府召开第六次全体会议。市委副书记、市长胡华良指出，全市政府系统广大干部要全面贯彻市委经济工作会议部署，紧扣“解放思想、开放发展、改革争先、创新驱动、整体智治”主线，围绕政府重点工作任务分解，振奋精神、大干快上、狠抓落实，努力交出“十问诸暨”的高分答卷，以优异成绩庆祝中国共产党成立 100 周年。市委常委、常务副市长钱勇军主持。市领导郦小飞、朱浩、俞越、董光辉、楼闯、谢琦参加。

胡华良指出，市委倡导“解放思想、开放发展”，目的是厘理清思路、促进发展，最终落脚点是“抓落实”。“抓落实”是实现“十四五”目标、回答好“十问”的职责所在，是宏观大势、竞争态势、发展趋势所然，是实现开门红、开局红的时间所迫。要切实增强“抓落实”的政治自觉、思想自觉、行动自觉，以抓落实之功，答“十问”之卷。

胡华良强调，“抓落实”要始终坚持满怀激情，以小干部干大事业的豪气，干出不负韶华、不负时代、不负诸暨的伟大事业。要始终坚持开放创新，敢于突破条条框框，善于打破思维定式，创造性开展工作。要始终坚持战略引领，抓好重大改革、重大规划、重大政策、重大平台、重大项目研究，谋划好实施载体和具体抓手。要始终坚持争先创优，苦干、实干加巧干，用“辛苦指数”换取“发展指数”。要始终坚持整体智治，加快建设数字政府综合应用，使政府服务从“碎片化”转化为“一体化”。要始终坚持闭环管理，推行工作项目化、项目清单化、清单责任化、责任考核化，确保各项工作落地见效。要始终坚持勤思善学，系统学习政治、经济、金融、规划等方面知识，争做行家里手。要始终坚持敢于担当，敢打事、愿做事、能干事。要始终坚持分秒必争，坚决摒弃“等、靠、要”思想，主动出击、能快则快。要始终坚守从政底线，抓好疫情防控、安全生产、依法行政、廉洁从政等各项工作，为高质量发展筑牢基础。

会上，钱勇军通报政府工作报告重点工作责任分解清单、市政府各线牵头重点工作清单和国有企业重点工作清单；市发改局、科技局、开发委、自然资源和规划局、推进办、应急管理局分别作表态发言。

【市政府常务会议】2021 年，市政府共召开常务会议 13 次，就有关重要工作进行研究和作出决定。

3 月 8 日，学习《中华人民共和国退役军人保障法》；审议《诸暨市坚决制止餐饮浪费行为行动方案》；听取关于 2021 年全市基础设施投资和产业项目推进情况的汇报；听取诸暨市贯彻上级安全生产会议精神落实情况及诸暨市安全生产工作情况的汇报；会议听取关于对杨培军、倪海标、朱雨钢三位同志见义勇为事件记个人三等功的情况汇报等。

4 月 2 日，学习《中华人民共和国外商投资法实施条例》；听取诸暨市疫苗接种工作情况的汇报；听取关于增设土地出让竞买保证金账户情况的汇报；听取绍兴枫桥学院建成运行有关事项的汇报等。

4 月 14 日，学习《中华人民共和国基本医疗卫生与健康促进法》；审议《2021 年道路交通管理“精治”工程方案》；听取关于诸暨市 4 所公建民营普通高中恢复公办办学体制情况的汇报等。

4 月 30 日，学习《浙江省生活垃圾管理条例》；审议《关于坚持和发展新时代“枫桥经验”加强基层应急管理体系和能力建设实施意见》；审议《关于开展村级集体经济巩固提升行动的意见(2021—2023 年)》；审议《诸暨市 2021—2024 年小型水库系统治理工作方案》；听取关于 2021 年市政府领导拟领办市人大代表建议和政协提案情况的汇报等。

6 月 21 日，学习《中华人民共和国档案法》；审议《诸暨市重要水域划定成果报告》；审议《关于进一步优化企业投资项目决策机制的意见》；听取诸暨市东西部协作工作情况的汇报；传达上级安全生产工作会议精神并听取诸暨市“平安护航建党百年”安全隐患大排查大整治专项行动情况的汇报；听取抗灾救援工作情况的汇报；听取关于全市食品药品安全工作情况的汇报；听取诸暨市疫情防控工作情况的汇报等。

6 月 30 日，传达学习《生命重于泰山——习近平总书记关于安全生产重要论述》有关精神并听取诸暨市安全生产工作情况及下步措施；学习《中华人民共和国行政处罚法》；学习《医疗保障基金使用监督管理条例》《浙江省医疗保障条例》；审议《诸暨市农村公路养护与管理办法》《诸暨市高水平建设“四好农村路”专项资金管理办法》；听取诸暨市文物安全工作情况的汇报；听取关于加强城市防汛防涝体系能力建设情况的汇报等。

7 月 12 日，传达学习《关于深化统计管理体制改革提高统计数据真实性的意见》等统计法应知应会内容并听取诸暨市贯彻落实情况的汇报；审议《关于进一步支持企业利用资本市场实现高质量发展的若干政策》等。

7 月 22 日，学习《浙江省数字经济促进条例》；听取诸暨市新冠疫苗接种工作情况的汇报；听取关于市人民医院、市中医医院三甲医院创建工作情况的汇报等。

7 月 30 日，审议《诸暨市道路交通管理工作领导小组组建方案》；传达学习省领导到诸暨检查指导防台防汛工作精神并听取诸暨市防御台风“烟花”工作和生活生产恢复情况的汇报；听取关于诸暨市近期疫情防控工作情况的汇报；听取关于 2021 年省、绍、诸三级民生实事项目推进情况的汇报等。

9 月 15 日，审议《关于在全市公民中开展法治宣传教育的第八个五年规划(2021—2025)》；审议《“十四五”重点专项规划》；审议《诸暨市招商引资项目全生命周期服务机制》；审议《深化生态文明示范创建高水平建设新时代美丽诸暨规划纲要(2020—2035)》；审议《诸暨市 3 岁以下婴幼儿照护服务发展工作实施方案》；听取关于黄祖茂同志见义勇为事件记个人三等功的情况汇报等。

10 月 27 日，学习《中华人民共和国安全生产法》；学习《绍兴市道路交通安全管理若干规定》；审议《诸暨市公共视频监控建设一体化改革实施方案》；审议《诸暨市应急物资保障领导小组成员单位职责分工》《诸暨市应急物资分类指导目录(2021年)》；审议《关于加强行政服务中心建设的实施方案》等。

11月19日，审议《关于高水平建设科技创新强市的政策意见》；听取关于何新苗等4人见义勇为等行为记个人三等功的情况汇报；审议《诸暨市全面建立林长制的实施方案》；学习《浙江省水资源条例》；听取2021年1～3季度安全生产工作汇报等。

12月30日，学习《中华人民共和国城市建设维护税法》；审议《关于进一步推进数字化赋能制造业高质量发展的若干政策意见》；审议《关于开展水系连通及水美乡村试点建设的实施意见》；审议《诸暨市加快学前教育优质普惠发展第四轮行动计划(2021—2023年)》；审议《诸暨市商务高质量发展"十四五"规划》；审议《诸暨市扶持茶叶区域公用品牌建设实施方案》等。（市府办）

数字平台建设

【概况】2021年，聚焦数字化改革，紧扣"152"（"1"是指一体化智能化公共数据平台，"5"是指党政机关整体智治、数字政府、数字经济、数字社会、数字法治，"2"是指构建理论体系和制度规范体系两套体系）重点工作任务，完成一体化智能化公共数据平台"浙里办"日活跃用户数、"浙政钉"用户日活跃率、数据共享需求满足率等八大核心指标，在综合评价中排名绍兴市首位、全省第10位，"浙里办"诸暨频道、公路路网运行管理领域数字孪生建设被列为省级试点。

【数据归集共享】2021年，继续建设一体化智能化公共数据平台，梳理45个部门自建业务系统114个，归集本地特色数据965类，认领回流数据684类，完成23个县级数据接口和2226个数据目录对接IRS，按需建设38个数据仓，探索一数一源一标准，清洗数据1370万余条，开放数据集70个，为省IRS贡献智能组件4个，提供全市单位数据共享3.8亿余次，组件调用20万余次，赋能全市数字化应用建设。

【协同政务应用】2021年，"浙政钉"注册用户16655个，诸暨工作台上架数字诸暨总门户、"浙里兴村共富"、政务协同办公等24个应用，日均用户活跃率92%以上。

【网络安全】2021年，建立网络安全运营平台，全面部署网络边界监测系统、网络接入控制系统及数据安全监管系统等设备。5月18日，发布《诸暨市电子政务外网基础设施安全管理指南》和《诸暨市公共数据安全管理指南》。11月8日，发布《诸暨市公共数据回流安全工作细则(试行)》和《诸暨市数据开发环境安全保障规范(试行)》。全年开展专题安全培训4次，发现并整改全市"三高一弱"（服务器、终端、业务系统等设备存在的高危漏洞、高危端口、高危外联和弱口令）安全隐患193个。

【数字孪生建设】2021年，整合封装公共数据、GIS、BIM、IOT和互联网等数据，融合AI能力，全面接入水位监测、雨量监测、车辆GPS、车位监测等3万余个物联感知设备，公路路网运行管理领域数字孪生建设被列为省级试点。

【数字化改革项目预审】全年预审68个单位的310个数字化改革项目，总预审金额6.5亿余元。

【"好美诸暨"政务服务频道】2021年11月22日，全省首个"浙里办"县级城市频道"好美诸暨"上线。截至2021年年底，共有注册用户74.6万余人，百万人口日活跃数8.25万人。创设"诸事办""诸事查""诸事报"3个特色栏目和健康诸暨、教育就业、生活服务、社保专区4个热门服务专区，提供师生防疫打卡、实时公交、每日一袋、来诸返乡申报、高速免费申请、乡村公分等16个特色服务。

（大数据发展管理中心　王成）

政务服务

【概况】2021年，诸暨市政务服务办以数字化改革为总抓手，全方位、多领域加快推动政务服务数字化，全面构建数字政务发展新格局。10月，被列为绍兴行政审批服务"浙里感"多跨场景应用试点。12月，政务服务办被评为绍兴市"建设清廉机关、创建模范机关"工作先进单位。

【政务服务2.0建设】2021年，全力推广"政务服务2.0"平台应用，2月，在绍兴地区率先实现"政务服务2.0"市镇村三级全域应用。坚持"应领尽领"，认领梳理全省政务服务事项，分类编制三级 2.0 事项清单，推行市级 1710 个、镇级 321 个、村级 181 个政务事项“无差别受理、同标准办理、全过程监管、好差评闭环”。加快推动并实现在市镇两级 90 项高频“政务服务 2.0”事项综合性自助终端“可”“好办”。全年全市累计政务服务办件 209.81 万件，其中“政务服务 2.0”办件 152.34 万件，网办率 86.26%。9 月至 12 月，“一网通办”办件率达 96.64%，应用情况居绍兴首位。

【政务大厅协同管理平台升级】2021 年，全面更新内外政务服务检测模块等功能，成功与省“政务服务 2.0”平台完成对接，并实现管理平台向 23 个镇乡街道延伸应用全覆盖，构建起市镇联动管理体系。市级政务服务大厅现场办件总数为 28.82 万件，日均办理 790 件，平均办理时长为 6 分钟。

【惠企政策兑现】2021 年，按照“便捷性、合理性、规范性”原则，迭代应用“越快兑”平台，并持续推进诸暨地方特色事项“最优颗粒度”细化，除涉密政策外，全部事项纳入“直兑、即兑、快兑”兑付体系。至 12 月 31 日，共上线诸暨市本级特色政策 135 条，100% 开通在线申报批次。根据“1+9”（“1”即《关于民营经济高质量发展的若干意见》，简称“民营经济 42 条”；“9”为农业、工业、服务业、建筑业、科技、文化、人才、金融和开放型经济 9 项政策）政策体系兑现 8.16 亿元，其中，2021 年度政策事项兑现 1.7 亿元，通过“越快兑”平台兑现资金 6940 万元，共占比 30% 以上。

【涉企审批改革】2021 年，聚焦项目在线全流程化监管，升级改造“承诺制”管理平台，完成市级平台筛评、信用评价等模块功能完善，并建成开发区管理平台。完成 2021-2022 年度中介服务联合体招标。协助推进低风险小型项目“最多 15 个工作日”改革，进一步理顺审批流程，加强业务集中培训。常态化推进企业开办“零成本”“一日办”、企业“注销”一件事，新设企业 1279 家，核准减免 8083 家新办企业费用合计 158.67 万元；办理破产企业便利化注销 70 个。

【投资项目服务管理】2021 年，重点针对投资环节复杂、流程繁多、跨时较长的涉企投资项目，分类施策、分项管理，全市项目服务覆盖率达 90% 以上，项目平均审批用时压缩 45% 以上，企业满意度达 95% 以上。开展 2018 年后承诺制项目“回头看”专项行动，调研核查项目 103 个，听取意见建议 46 条，解决问题 10 余个，并形成调研报告。推进涉基建工业投资项目审批代办服务闭环，完成 23 个投资千万元以上项目首次回访。强化“中介超市”管理，绍兴市新增网上备案中介 91 家，推进行政审批中介一张网建设。

【“跨省通办”改革】2021 年 4 月 27 日，根据省、市文件要求，结合诸暨实际，发布《诸暨市推进政务服务“跨省通办”“全省通办”工作实施方案》，明确各类跨区域通办清单，涉及“跨省通办”140 项、“全省通办”1481 项、“全城办”700 项、“县域通办”564 项。4 月，在市政务服务大厅三楼设置“跨省通办”专窗，优化专员专办，实行“异地受理、无差别办理”。先后与贵州省榕江县、湖南省靖州县等 9 个县级行政服务中心结成点对点“跨省通办”合作关系。2021 年“跨省通办”事项中，实际实现 67 项（其中 7 项诸暨无权限），实现率为 100% 。累计办理跨省通办业务 4.03 万件。1520 项“政务服务 2.0”事项中完成“全省通办”改造 1491 项（另有 29 项由省级部门统筹推进），实现率达 100%，累计异地收件 7682 件。

【15 分钟政务服务圈建设】2021 年，持续推进镇村便民服务中心标准化“扩容升级”，全市 491 个村（社）便民服务中心均完成标准化现场管理。稳步推进第四批“一站式办理”示范平台创建，4 月 26 日，下发《2021 年“一站式办理”村级便民服务示范平台建设标准（试行）》，明确考评标准。6 月至 11 月，集中开展现场踏勘及交流评定。12 月 21 日，发文明确暨阳街道同乐上村等 93 个村为第四批“一站式办理”村级便民服务示范平台。全市 491 个村（社）累计建成 422 个，完成率达 85.77%，其中，浬浦、五泄、岭北、陈宅、东和等 5 个镇乡提前完成 5 年全覆盖计划。全年全市镇、村政务事项分别为 686 项、211 项；省级下发涉及诸暨市民生事项 259 项中，211 项在镇级可办；93 项高频民生事项全部实现基层可办。全年全市镇级办件超 89.21 万件，村级办件达 11.37 万件。

【智慧型大厅建设】2021 年，按照“政务服务 2.0”大厅建设要求，探索市级政务大厅智能导服、智慧咨询建设，依次完成市级政务大厅公安、税务、不动产等区域数字化改造，完善智能化软硬件设施，增配咨询导办服务人员力量，并统筹推进开发区新中心大厅建设，逐步实现"新大厅、新服务、新体验"。

【政务领域问题整改】2021 年，对标省下发的《政务服务排查存在问题及整改建议清单》，排查并整改问题 21 项。重点针对省级部门政务服务存在问题 74 项整改落实情况，开展体验式排查、评价。进一步理顺"放管服"体制机制，7 月 7 日，成立诸暨市推进政府职能转变和"放管服"改革协调小组，办公室设在政务服务办。牵头起草《诸暨市关于加强行政服务中心建设的实施方案》，12 月 1 日，由市委办、市府办联合发文。

【政务服务窗口建设】2021 年，优化窗口服务队伍，全面形成市镇村三级标准化建设体系，建立窗口人员培训制度，共计 130 余名新进人员参加培训。"兜底窗口"共受理并协调解决即办件、难办件 14 起；受理各类投诉 145 起，其中有责投诉 10 起；获群众好评 19 则；政务服务大厅群众办事现场评价与抽样回访满意率皆达 100%。

（政务服务办　戚梦萍）

退役军人事务

【退役军人服务体系建设】2021 年，诸暨市持续深化全市基层服务站规范化创建，实现两级创建任务"双达标"，持续打通服务退役军人"最后一公里"。共创建全国"示范型"村社服务站 352 个，创建全省"新时代枫桥式退役军人服务中心（站）"41 个（市级中心 1 个、镇级服务站 2 个、村级服务站 38 个），创建绍兴市"双示范型"镇（街）服务站 4 个。同时，在红色退役军人服务站建设中，枫桥镇退役军人服务站创建成"全国百家红色退役军人服务站"，大唐街道中兴社区退役军人服务站创建成"全省百家红色退役军人服务站"。

【抚恤优待】2021 年，全市共向 9000 余名优抚对象发放各类抚恤金。发放临时性困难救助 90 余人，缓解全市优抚对象因患病、自然灾害、突发性事件等不可抗因素造成的生活困难；给予 2000 余名享受定补的部分优抚对象医疗救助；发放丧葬补助费。

【接收安置】2021 年，发放退役士兵一次性经济补助。5 月 21 日，举行诸暨市退役军人定点培训机构签约仪式，确定 4 家培训机构作为诸暨市退役军人定点培训机构。

【服务优待】2021 年，持续开展全市退役军人优先优惠服务活动，在全社会营造尊重退役军人，服务退役军人的氛围。重新建设诸暨市军队离休退休干部休养所，并被纳入第一批省拥军优属"百件实事"清单；完成"两参"（参战退役、参试退役）人员身份核查和残疾军人换证，落实全市义务兵父母免费体检；提高全市 20 ～ 65 周岁退役军人团体小额人身意外险投保保额；联合开启"爱心献功臣，争做光荣人"退役军人专项金融活动，满足退役军人的多样化需求；深化推广"互联网 + 退役军人"就业创业服务新模式，利用"诸暨人才交流网"网站、"掌上诸暨"手机 App 开通退役军人求职招聘专栏，形成人岗信息互通，推动退役军人就业服务平台升级，闭环助推退役军人就业创业。同时，继续落实军人和退役军人移动通信专项优惠套餐、中石化加油优惠卡、金融服务专属卡等优惠内容；对接做好惠民医疗优待服务保障，以及参战退役人员参加城乡居民医疗保险时免除个人缴费，免交有线电视主终端基本收视维护费，免费乘坐城乡公交等便民服务。

【权益维护】2021 年，通过接访、约访、走访等方式听取退役军人群体反映的问题和诉求。

（退役军人事务局　蒋超）

应急管理

【概况】2021 年，全市有消防救援队伍 1 支 169 人，危险化学品、矿山、森林消防、地质灾害、防汛抗旱、气象灾害、卫生应急、环境污染、交通应急保障、电力设施、通信保障、公用事业保障（供水供气）等专业救援队伍 12 支，蓝天、民安、红十字、飞虎、贵兴等社会救援队伍 5 支，镇乡街道综合应急救援队伍 23 支 1163 人，村级应急抢险队伍 503 支 6000 余人；交通、水利、电信、自然资源、建设局等专家队伍 7 支，市级应急管理专家库入库 151 人；避灾安置场所规范化建设 80 个。全年应对"6·10"强降雨、台风"烟花""灿都"等自然灾害，平安度汛，全市未发生森林火灾事故。

【应急管理工作机制建设】2021年3月，印发《关于做好紧急信息同步报送工作的通知》。4月，公布各级防汛责任人名单；下发《关于加强安全生产领域紧急信息报送工作的通知》。11月，印发《诸暨市森林防灭火指挥部工作规则》，完善森林消防体系。12月，印发《诸暨市山洪灾害防御预案》《诸暨市山洪灾害防御工作规则（试行）》《诸暨市山洪灾害防御工作指南》。10月，完成修订《诸暨市突发事件总体应急预案操作手册》和59个专项预案操作手册。

【应急管理基础建设】2021年6月，市委办市府办印发《关于坚持和发展新时代“枫桥经验”加强基层应急管理体系和能力建设实施意见》，9月下发《关于镇乡（街道）应急管理办公室设置等事宜的通知》，健全基层应急管理组织体系，各镇乡街道应急管理分管领导统一调整为政府工作常务副职或进党委班子政府副职，13个镇乡街道增设内设机构应急管理办公室，10个镇乡街道统一在综合信息指挥室增挂应急管理办公室牌子，推动基层应急管理体系和能力建设。11月，完成市民生实事项目——80个避灾安置场所规范化建设并全部通过验收。诸暨市完善森林防火在线监控系统建设，全年完成安装高位监控50个。12月，完成应急广播平台搭建，安装终端4500个并投入使用，同时成立可视化装备保障专班。

【应急演练及比武竞赛】2021年5月，举办防汛防台应急演练，同时每季度开展应急联动拉练1次，全年组织市级预案演练30场，应急演练1017场，参与人数达20万余人。9月，组织参加绍兴市应急管理系统党史暨安全生产法律法规知识竞赛，荣获团体一等奖。10月，组织参加绍兴市安全生产监察执法技能比武，获得团体第三名，2名干部分获局队组个人一等奖、二等奖。11月，组织全市危险化学品事故应急救援演练。11月，组织参加绍兴市森林防灭火技能比武、演练活动。12月，举办全市森林防灭火技能比武。

【15分钟应急救援圈建设】2021年，诸暨市15分钟应急救援圈建设继续根据综合性应急救援力量布点规划，建设14个综合应急消防救援站，建立基层综合性应急救援队伍，提升“救早、救小”能力。2021年新建陈宅、城南2个综合应急消防救援站，15分钟应急救援圈基本建成。（应急管理局　张锦男）

【消防救援】2021年，诸暨市消防救援大队（以下简称大队）共接处警2213起（其中火警1142起），出动车辆5076辆，出动人员31513人次，抢救被困人员169人，疏散被困人员301人，保护财产价值4.97亿元。同比接警数上升，火警数上升13.6%，火灾数下降12.3%。扑救“2·1”姚江镇直埠世纪鞋厂火灾、“2·14”诸暨市店口镇斗门村民房火灾，参与抗击“烟火”台风抢险救援。

2021年，大队被评为浙江省文明单位；大队下属浣东站在全省火焰蓝比武中获团体第二名；大队在绍兴消防支队岗位练兵比武中获团体第一、浣东站获队站团体第一；在绍兴消防支队灭火救援能力比武中获团体第一、单项全部第一。浣东站荣获全省“先进基层党支部”称号；大队在市级消防救援队伍条令纲要学习宣贯系列竞赛活

2021年7月24日，诸暨民安公益救援队在应店街镇抢险救援转移群众（应急管理局提供）

动中获团体第二名，在条令纲要知识竞赛中获第一名，在队列会操中获第三名；在绍兴消防支队消防监督岗位比武中获团体第二名，在绍兴消防支队宣传岗位比武中获团体第一名。大队1人荣获个人二等功，3人荣获个人三等功，1人被评为全国平安英雄，1人被评为全国执勤训练先进个人。1人代表绍兴消防支队参加国家级消防队伍政工岗位练兵比武获团体第一名，1人代表绍兴消防支队参加省级火调比武获团体第二名，1人代表浙江省参加全国火调比武获团体第一名。

火灾防控。2021年，大队共开展各类检查1672家次，督改隐患1028处，罚款184.7万元，下发行政处罚决定书173份，临时查封23家，责令"三停"（停产、停业、停止使用）45家，强制执行1处。指导全市17个公安派出所检查社会单位3864家次，办理行政处罚359起、拘留68人。大队坚持重大火灾隐患挂牌和党政领导牵头督办机制，共提请省、市、县两级政府挂牌督办重大消防安全隐患6处，落实"党政领导牵头、挂牌限时整改"机制，全年除1家县级隐患单位外，其余全部完成整改和初步验收工作。为深入开展沿街店铺消防安全专项治理，大队按照《诸暨市加强沿街店铺火灾防范七项措施》，探索沿街商铺"三色管理"机制，共摸排沿街店铺2.1万余家，发现各类隐患3.6万余处，整治合用场所3546家，搬离床铺689张，增配防火门1225扇、消防软梯859架。持续落实小区消防车道专项整治，依托市委宣传部在"法润诸暨"栏目开展消防车道安全宣讲，联合公安交警、综合执法、新闻媒体等部门开展16轮次错时联合执法，现场劝导违规停放车辆400辆次，协调综合执法及属地街道增设公共停车位968个。

消防救援应急联动建设。2021年，大队共开展实地熟悉演练360余次，多部门联合演练4次。更新重点单位预案90家，数字预案上传195家，实地拉动专职消防队216次，电话和实地拉动微型消防站4752次。对辖区1454个消火栓定期熟悉检查和保养，并发函水务集团对存在问题的60个消火栓进行维修保养。大队共计36人参加市级装备技师、班长骨干、驾驶员等岗位培训，并派员参加省级、市级水域救援技术、安全官、机器人灭火技术等专业培训，2人取得舟艇和摩托艇驾驶证，10人获RIB（舟艇驾驶）开放水域救援技师证书，3人获ERE（应急救援专家系统）高角度双绳救援技术1级资格证书。大队共组织开展水域救援、灭火机器人、各类型泡沫药剂等实战效能测试6次，摸清装备性能底数和作战效能，并在"烟花"抗台救援中得到实战检验，全年共营救疏散被困人员1156人次。大队强化志愿队微型站建设，将社区微型消防站提档升级建设项目纳入诸暨市2021年十大民生实事项目，推动建设全市50个社区微型消防站，完善34个居委会、467个行政村消防志愿者队伍建设。

消防宣传。大队根据诸暨市人民政府办公室印发的《诸暨市职业技能提升行动实施方案(2019—2021)》通知文件的要求，对接市人社局，争取900万元政策资金，共开展培训208期9782人，合格9392人，合格率达96%。大队联合诸暨市融媒体中心开设"暨阳119"专栏，每周播出一期曝光、科普等内容的消防专题节目，提升群众关注度。11月，大队组织开展最美火焰蓝演出、百米画卷亲子互动等活动，并通过直播平台进行现场直播，20余万人在线观看。同月，将"全民消防安全学习云平台"的推广融入第三方隐患排查中，全市共注册6万余人，使消防安全宣传深入到各行业、各领域、各角落。大队开放诸暨市级消防宣传教育馆，通过宣传讲解和实地体验相结合的方式，为参观者形象展示隐患排查、火灾起因、灭火方式和逃生自救等消防知识，同时新增5个农村（社区）消防示范宣传体验点（王家井社区、后陈村、次坞社区、枫源村、黄新村）。大队主动对接教育局及各镇乡街道，打造具有本土特色的志愿服务小队，通过志愿者开展查找火患、打通生命通道、"敲门"送平安、公益义演等志愿服务，起到社会宣传作用，全市共注册消防类志愿者1.5万余人。

队伍建设。2021年，大队对望云路站9套共27间公寓房增配家具家电和厨房设备。大队本部办公区、望云路站篮球场提档升级，城南站土建工程年底前完成。6支重点乡镇（姚江、店口、枫桥、次坞、五泄、牌头）消防救援队进站，陈宅站基本完成建设，其中姚江站、牌头站、五泄站各新增抢险救援车1辆并投入执勤。

典型灭火救援案例。2021年2月14日5时8分，诸暨消防救援大队分指挥中心接到报警称，位于诸暨市店口镇斗门村房屋起火，有4名人员被困，且房屋内存放有43罐液化石油气瓶且10余罐为满装瓶。接警后，诸暨消防救援大队分指挥中心，立即调派浣东消防救援站6辆消防车40名指战员、望云路站3辆消防车18名队员、陶朱消防救援站2辆消防车13名队员、暨阳消防救援站2辆消防车13名队员、大唐消防救援站1辆消防车7名队员、直埠专职队2辆消防车6名队员、枫桥镇专职队2辆消防车12名队员、店口镇专职队2辆消防车13名队员，共20辆消防车122名队员前往处置。大队领导和值班主班、副班参谋随警出动，并通知“110”、“120”、应急局和相关联动力量赶往现场处置。诸暨大队全体指战员冒着液化石油气瓶随时爆炸的危险，在三层楼房全部过火，4名被困人员的生命安全受到严重威胁的情况下，成功营救4名被困人员。2021年2月1日11时37分，诸暨大队分指挥中心接到报警称位于诸暨市姚江镇直埠世纪鞋厂厂房起火，烧毁厂内塑料制品等。大队立即调派陶朱站3辆消防车18名指战员、望云路站3辆消防车18名指战员、浣东站4辆消防车22名指战员前往处置。11时54分陶朱站到场，12时3分望云路站到场，12时10分浣东站到场，12时8分火势得到控制，12时20分明火扑灭，13时1分现场处置完毕。现场起火建筑为4层砖混结构厂房，起火部位位于2层东面，单层建筑面积约300平方米，燃烧物质为制鞋材料，过火面积约50平方米，现场无人员伤亡。

（消防救援大队周翰钦提供）

人事管理

【机关事业单位人事调动】2021年，市外调入4人，市内调出3人，市内跨部门调动11人。

【机关事业单位工资福利管理】2021年，落实全市16641名事业单位人员工资正常晋升，对894名事业单位人员岗位等级变动后的工资进行审核，完成478名事业单位新进工作人员工资核定，完成14名事业人员更改工龄审批。

【机关事业单位工作人员招录】2021年，诸暨市事业单位工作人员公开招聘计划86人，共有缴费考生4270人，在技师学院、浙江农林大学暨阳学院两个考点设置143个试场，9月25日上午全省统一笔试。因报名人数不足规定比例、个人放弃等原因，实际录用84人（其中男42人，女42人；本科65人，硕士研究生19人）。

【招聘工作指导监督】2021年，指导监督教体局、卫健局、融媒体中心、青少年宫、市委党校、枫桥经验研究院、技师学院等单位做好公开招聘（选调）工作，其中招聘教师189人，卫技人员162人，融媒体工作人员12人，青少年宫老师2人，市委党校老师2人，枫桥经验研究院老师1人，技师学院护理教师4人。

【党政储备人才公开招聘】2021年5月，按信息技术、材料装备、生物技术、金融投资、社会治理、规划城建、综合行政等7个方向，面向国内外重点院校推出30个全额事业岗位，共有1039人报名，通过资格初审的583人。通过初选评价（综合比选）、现场面谈、心理测试、综合测评（笔试面试）、体检考察等环节后，择优录用28名党政储备人才，并根据储备人才所学专业、兴趣特长等情况，安排到组织部、建设局、开发委、科技城、招商投资促进中心、数字化专班等单位挂职锻炼，期限为1年。

【事业人员定向培养】2021年，会同卫健局做好基层卫生人才定向培养相关工作，其中定向诸暨市镇乡（街道）社区卫生服务中心的本科层次38人，定向诸暨市镇乡（街道）社区卫生服务中心下属社区卫生服务站或村卫生室的专科层次55人。

【人事档案管理】2021年，人才开发服务中心窗口接收大中专毕业生档案7136本，转出1846本，新增户籍人数106人，签订就业协议1237份，开具人事档案证明材料2534份，提供政审（考察）服务206人次；11月下旬起，上线浙江省流动人员人事档案管理省集中系统。开展国有企事业单位人事档案专项审核“回头看”。除暨阳街道外

84家单位专项审核“回头看”阅档工作全部结束；先后2次发函要求各单位及时报送专项审核“回头看”材料，12月底审核通过61家单位报送的专项审核“回头看”材料1328份，报送完成率约50%；复核各单位报送的新进人员人事档案151卷；接收城乡集团等4家国有企业中层以下专业技术人员及管理人员人事档案225卷；协助组织部做好换届选举干部人事档案审核及材料整改工作；做好市委第十五轮巡察（干部人事档案检查）工作，共检查7家单位15卷中层干部人事档案；审核24家单位报送的136份市委巡察（干部人事档案检查）整改材料。（人社局　陈谛）

2021年5月22日，诸暨市承办“绍兴印象——国际友人美丽乡村行”活动，10多个国家的57名外国友人走进诸暨，图为外国友人在枫桥镇枫源村文化礼堂前合影（外事办提供）

外事工作

【概况】2021年，共审核各类企业邀请外国人到诸暨材料3批4人次，主要涉及日本工程师调试设备、美籍教师家属到诸暨居住。

【境外项目入驻“浙外防”平台】2021年，诸暨市为保证企业境外投资项目正常运营和境外派驻人员安全，42个境外项目入驻由省外办统一构建的“浙外防”平台。通过该平台，及时掌握境外项目疫情防控情况，协调处理境外项目员工疫苗接种问题等。

【阿富汗大使考察坚果炒货食品产业园】2021年4月2日，阿富汗驻华大使贾维德·卡伊姆一行8人到访诸暨，考察中国坚果炒货食品产业园，与坚果炒货企业进行座谈，初步表达进行阿富汗松子加工和贸易合作的意向。

【绍兴印象——国际友人美丽乡村行】2021年5月22日，诸暨市协助绍兴外事办与绍兴市人民对外友好协会，承办“绍兴印象——国际友人美丽乡村行”活动，10多个国家的57名外国友人走进诸暨。他们参观枫桥镇枫源村文化礼堂，了解枫桥经验；参观山下湖镇米果果小镇，体验竹编手工艺；参观山下湖镇新长乐村，现场感受开蚌取珠。

2021年4月2日，阿富汗驻华大使贾维德·卡伊姆（左2）到访诸暨，考察中国坚果炒货食品产业园（外事办提供）

【斯洛伐克总领事到访诸暨】2021年7月9日，斯洛伐克驻上海总领事伊凡娜·瓦拉·玛格托娃一行2人到访诸暨。他们参观华东国际珠宝城，和相关珍珠企业负责人进行座谈；参观山下湖镇新长乐村，现场感受开蚌取珠和珍珠首饰定制，对诸暨市珍珠产业发展表示赞赏，并表达进一步了解的意愿。（市府办）

台湾事务

【概况】2021年，诸暨市贯彻落实中央对台湾工作方针政策，围绕市委、市政府的总体目标任务和工作要求，结合工作实际抓好以“基层一线、青年一代”为重点的对台工作落实，推动经济社会发展。围绕“台湾青年一代”工作主线，加强诸暨台湾两地青年交流。

【对台交流】2021年，多渠道开展联谊联络活动。利用端午、中秋等传统节日组织召开座谈会、茶话会等形式加强联络，增进情感；组织开展春节期间走访慰问台胞台属活动；邀请政治有影响、经济有实力、学术有造诣的台湾同乡开展疫情下两岸线上、线下交流。9月18日上午，诸暨市台湾同胞联谊会举办2021年“台北·诸暨云上共度中秋”联谊活动，活动以“云”上直播连线方式开展交流互动，诸暨台胞台属及台北、高雄诸暨同乡会老中青三代100余人在“云”端畅叙亲情、共话发展，会上邀请台北诸暨同乡会会长张庆瑞作量子科技讲座，做到“节日期间多交流，困难时期真沟通”，在增强乡情的同时做好诸暨的宣传工作。完成绍兴台商协会在诸暨举办理事会的筹备和服务落实工作，完成台属向在台同乡会寄送家乡年货交流互动工作，高规格接待受邀到诸暨讲学参访的中华民族致公党副主席苏建诚及陪同到诸暨的国台办培训中心主任王杰。围绕“台湾青年一代”工作主线，加强诸暨台湾两地青年交流。与市台商协会、市台胞台属联谊会等团体多次组织在诸暨市就业创业的台湾青年开展座谈交流，帮助解决具体困难，解决台胞子女中考加分2例。中秋前夕，向台北、高雄2个同乡会理事及重点台胞邮寄“诸暨三贤”陈洪绶诗画书签，传递乡情亲情。利用线上交流的方式鼓励诸暨籍台胞到诸暨接种疫苗，特别是在疫情期间走访慰问台胞并协调组织台胞台商接种新冠疫苗26名。成立台胞台属联谊会青年分会，由诸暨台湾两地的优秀青年企业家，工商界、法律界、科技界、政界、学界人士13人组成。利用婚丧嫁娶时机加强与台胞台属的联系，2021年台北同乡会原理事长赵善灿、边裕渊先后去世，诸暨市台办发送唁电，寄上家乡慰问。

【对台宣传】2021年，组织台联会深入暨阳街道、大唐街道、安华、斯宅、同山、阮市、浬浦等镇乡街道制作“乡情片”并寄送在台同乡会，通过台北诸暨同乡会、高雄南部联谊会向在台诸暨籍台胞宣传推介诸暨。

【对台经济工作】2021年，继续严格落实新冠联防联控，开展“三服务”活动。深入企业，了解台企复工复产、员工到位、物资进出、政策兑现金融服务、政策解读和兑现、防疫保障等情况，梳理台企存在的困难，尽力帮扶。同时为更好贯彻落实“惠台26条”、助力台企“11条”，组织台资企业参加绍兴台办组织的绍兴市金融支持台企台商发展对接活动，开展“金融抗疫”，帮助台资企业渡过难关。

【台联会工作】2021年，完成因疫情影响台联会理事年会网上工作；结合中国共产党成立100周年，在台办党支部指导下，组织台联会理事参加祭扫张秋人烈士活动，引导开展建党百年教育工作；组织理事参加各类专题党课学习，组织台联会理事参观台胞何浩天先生故居，开展联谊活动等。（台办　周宏伟）

机关后勤保障

【概况】2021年，机关1号食堂接待111561人次就餐，2号食堂完成208次共2038人的接待用餐任务。登记来访人员2000余人次，完成68批次550余人次群众来访秩序维护。完成零星维修工程40余项和自行维修近千次。会展中心完成595场会务服务工作。

【公共机构节能】2021年8月23日至29日，为全国公共机构节能宣传周，本次宣传周发起“节能降碳，绿色发展”倡议。8月23日，市机关服务中心举办“节能增效、机关先行”倡议签名。8月24日，市机关事务服务中心到枫桥镇杜黄新村开展节能宣传活动。8月25

日“低碳生活，绿建未来”低碳日，全市开展“能源紧缺体验日”活动，倡导停开私家车1天，鼓励乘坐公共交通工具、骑自行车或步行上下班。全年组织司法局、财政局、高新区3家单位创建省级公共机构节水型单位。同时面向全市公共机构开展“能耗双控”活动倡议，落实节能措施，节约用电约18万千瓦时。市政府大院屋顶光伏电站发电12.85万千瓦时。

【重要活动服务保障】2021年，完成全国妇联加强家庭家教家风建设工作推进会、市“两会”、绍兴市“两会”诸暨代表团、全市经济工作会议、市委十六届十三次全会、市纪委十六届五次会议、市领导换届考察、大唐国际袜博会、枫桥学院启用仪式、党政储备人才招聘、考试录用公务员面试、义务植树活动等重大会议活动的服务保障工作。全年完成会展中心595场33360余人次的会务服务工作和市政府大楼的市委常委会、市政府全会的会务服务工作。

【机关事业单位垃圾分类】全年有38家党政机关创建生活垃圾分类示范机关单位，13家党政机关创建绍兴市级无废机关。

【公务用车保障】2021年，完成全市公务用车新增车辆编制申请4次，新增车辆处置申请28次，新增车辆更新申请12次，车辆调拨申请1次。每月对全市GPS运行情况进行抽查，共抽查677车次。对公务用车维修、保养规范购买服务和公务用车文明驾驶情况进行2次专项检查。

【办公用房管理】2021年3月，诸暨市机关事务服务中心组织检查商贸城、报业大厦、党校原址等30处办公场地，重点统计空置情况、产权归属。5月，会同财政公共资产管理中心对全市137宗可出租房产逐一实地走访、完善信息。11月，成立国有房产管理科，与财政局对接，完成相关职能和人员转接，进一步加强国有出租房产管理。

【后勤数字化改革】2021年，机关事务服务中心贯彻市委市政府关于数字化改革的决策部署，结合《诸暨市数字化改革总体方案》做好机关事务服务数字化改革工作。中心以“数智大院”建设为核心，围绕管理创新和服务创新双联动，重点打造“大院智慧通”数字应用场景。以数字化改革引领机关事务管理高效能、服务高质量发展。

（机关事务服务中心　姚震华）

2021年8月24日，市机关事务服务中心在枫桥镇杜黄新村开展节能宣传活动(机关事务服务中心提供)

对口合作支援

【东西部帮扶】2021年，诸暨市选派专业技术人才14名支援帮扶地区；诸暨和沐川共结对帮扶学校9家，帮扶医院7家；诸暨市采购、帮助销售结对地区产品7300万元；帮助四川省农村劳动力到浙江省就业数3957人，在当地就近就业数2142人，到其他地区就业数458人；累计发动社会资金、财物捐赠680万元；帮助打造乡村振兴示范村4个。

具体帮扶举措。一是共享医疗技术。选派6名医务人员开展援川医疗建设，协助沐川市人民医院组建神经外科专业小组，收住治疗颅脑病人145个，开展危重症颅脑手术25台。组织培训38场，培训547人次，并参加当地组织的医疗下乡、巡回义诊3场，服务320人次。二是共育蓝领人才。两地职业院校签订校校合作协议，海亮股份等4家企业分别与诸暨市技师学院和沐川县中等职业学校三方签约，设立“蓝鹰工程”冠名班，共同培养中高端蓝领技术人才。三是助推乡村振兴。共同探索通过以“村带村”的联盟模式，建立村党支部联盟，企业作为帮扶方，与沐川县26个行政村签订结对帮扶协议。

【山海协作】2021年，诸暨—遂昌山海协作产业园累计完成基础设施及配套建设投资38.4亿元，完成土地开发4.06平方千米。累计落地项目95个，实到资金78.03亿元，建成投产企业项目86个，带动就业3698人，培育规上企业31家。多部门、企业与结对区建立协作关系：两地文旅部门签订疗休养战略合作协议，促进两地旅游产业发展；两地检察院签订结对共建协议，就如何打造精品案事例开展深入交流。两地人社部门及企业联合举办茶艺师、电子商务师等培训班5起，共同培训劳务人员240人。

（发改局　金科）

政协诸暨市委员会

重要会议

【概况】2021年，诸暨市政协召开全体会议1次，先后召开常委会会议3次，党组会议13次，主席会议10次。

【政协常委会会议】2021年1月13日，市政协召开十四届十七次常委会会议，听取各小组对“两会”报告、“十四五”规划和二〇三五年远景目标纲要（草案）、选举事项及大会决议（草案）等讨论情况的汇报；审议通过大会选举相关事项；讨论通过提案受理情况报告（草案）和大会决议（草案）。市政协主席郭浩良，副主席袁岳军、沈吉明、王祖勇、徐可以和秘书长钟力群等出席会议。

8月4日，市政协召开十四届十八次常委会会议，学习习近平总书记在庆祝中国共产党成立100周年纪念大会上的讲话精神；学习贯彻市委十六届十三次全体（扩大）会议和《奋力打造浙江高质量发展建设共同富裕示范区诸暨范例行动方案（2021—2025）》精神；听取市政府关于半年度全市经济社会运行情况的通报；通报有关人事事项。

【政协党组会议】2021年3月5日，市政协召开党组（扩大）会议，传达学习全国政协十三届四次会议、全省全面推进数字化改革大会、全省党史学习教育动员部署会等会议精神，学习《党委（党组）落实全面从严治党主体责任规定》。会议由市政协党组书记郭浩良主持。

3月18日，市政协召开党组（扩大）会议暨党史学习教育动员部署会，传达学习全国“两会”、习近平总书记在全国脱贫攻坚总结表彰大会上的讲话、习近平总书记在中央党校（国家行政学院）中青年干部培训班开班式上的重要讲话等精神，部署市政协党史学习教育相关工作。会议由市政协党组书记郭浩良主持。

4月2日，市政协召开党组（扩大）会议，传达学习习近平总书记在中央政治局第二十八次集体学习时的重要讲话、习近平总书记在福建考察时的重要讲话等精神，专题研究政协系统意识形态工作。会议由市政协党组书记郭浩良主持。

4月27日，市政协召开党组（扩大）会议，传达学习习近平总书记对打击治理电信网络诈骗犯罪工作的重要指示、习近平总书记对职业教育工作的重要指示、习近平总书记对深化东西部协作和定点帮扶工作的重要指示等精神，学习《习近平科学的思维方法在浙江的探索与实践》。会议由市政协党组书记郭浩良主持。

6月2日，市政协召开党组（扩大）会议，传达学习全国巡视工作会议暨十九届中央第七轮巡视动员部署会议、省委法治浙江建设工作会议、全省农村文化礼堂2.0版暨新时代文明实践中心建设工作现场会和袁家军书记在省宣传思想文化工作领导小组会议上的讲话精神。会议由市政协党组书记郭浩良主持。

7月5日，市政协召开党组(扩大)会议，传达学习习近平总书记在庆祝中国共产党成立100周年大会上的重要讲话、习近平总书记在中央政治局第二十九次集体学习时的重要讲话、省委书记袁家军在浙江省庆祝中国共产党成立100周年大会上的讲话精神，学习《中国共产党组织工作条例》，专题研究意识形态相关工作。会议由市政协党组书记郭浩良主持。

7月29日，市政协召开党组(扩大)会议，专题学习市委十六届十三次全体(扩大)会议精神。会议由市政协党组书记郭浩良主持。

9月3日，市政协召开党组(扩大)会议，传达学习中共中央《关于加强对“一把手”和领导班子监督的意见》、省委书记袁家军在省委常委会会议传达学习习近平总书记关于疫情防控重要批示精神研究部署全省防疫工作时的讲话摘要、浙江省统一战线暑期读书会、全省政协主席暑期读书会、葛慧君到诸暨调研时的讲话等精神。会议由市政协党组书记郭浩良主持。

9月29日，市政协召开党组(扩大)会议，传达学习习近平总书记在中央党校(国家行政学院)中青年干部培训班开班式上的重要讲话、习近平总书记致中国质量(杭州)大会贺信等精神。会议由市政协党组书记郭浩良主持。

11月2日，市政协召开党组(扩大)会议，传达学习习近平总书记在纪念辛亥革命110周年大会上的重要讲话、全省基层党建工作会议精神，学习《关于转发省纪委开展党员干部、公职人员酒驾醉驾及其背后“四风”问题专项治理的通知》《关于开展违规吃喝违规收送礼品礼金问题专项治理的通知》等文件。会议由市政协党组书记郭浩良主持。

11月18日，市政协召开党组(扩大)会议，专题传达学习中共十九届六中全会精神。会议由市政协党组书记郭浩良主持。

11月26日，市政协召开党组(扩大)会议，专题协商政协委员换届相关工作。会议由市政协党组书记郭浩良主持，邀请委员工委负责人、派驻纪检监察组负责人参加。

12月1日，市政协召开党组(扩大)会议，专题学习中共十九届六中全会精神，并通报有关人事事项。会议由市政协党组书记郭浩良主持。

【政协主席会议】2021年3月5日，市政协召开十四届第五十二次主席会议，听取市政协办公室、研究室及专委会工作汇报；研究有关人事事项；部署下阶段重点工作。会议由市政协副主席袁岳军主持。

4月2日，市政协召开十四届第五十三次主席会议，听取市政协办公室、研究室及专委会工作汇报；研究数字化建设相关工作；部署下阶段重点工作。会议由市政协副主席袁岳军主持。

4月27日，市政协召开十四届第五十四次主席会议，听取市政协办公室、研究室及专委会工作汇报；部署下阶段重点工作。会议由市政协副主席袁岳军主持。

6月2日，市政协召开十四届第五十五次主席会议，听取市政协办公室、研究室及专委会工作汇报；部署下阶段重点工作。会议由市政协副主席袁岳军主持。

7月5日，市政协召开十四届第五十六次主席会议，听取市政协办公室、研究室及专委会工作汇报；部署下阶段重点工作。会议由市政协副主席袁岳军主持。

7月29日，市政协召开十四届第五十七次主席会议，听取市政协办公室、研究室及专委会工作汇报；部署下阶段重点工作。会议由市政协副主席袁岳军主持。

9月3日，市政协召开十四届第五十八次主席会议，听取市政协办公室、研究室及专委会工作汇报；部署下阶段重点工作。会议由市政协副主席袁岳军主持。

9月29日，市政协召开十四届第五十九次主席会议，听取市政协办公室、研究室及专委会工作汇报；部署下阶段重点工作。会议由市政协副主席袁岳军主持。

11月2日，市政协召开十四届第六十次主席会议，听取市政协办公室、研究室及专委会工作汇报；部署下阶段重点工作。会议由市政协副主席袁岳军主持。

12月1日，市政协召开十四届第六十一次主席会议，审议确定

2021年度市政协优秀提案、先进承办单位；听取市政协办公室、研究室及专委会工作汇报；部署下阶段重点工作。会议由市政协副主席袁岳军主持。

重要活动

【专题调研和视察】2021年3月下旬开始，市政协农业和农村委员会牵头组成专题调研组，赴枫桥镇杜黄新村、蓝美集团公司等10多个乡村振兴先行村、数字农业企业（基地）走访调研，组织召开由市委组织部、宣传部、政法委、融媒体中心、农业农村局、大数据中心等12个部门参加的座谈会，深入了解诸暨市数字乡村建设现状和存在的主要问题，广泛听取意见建议，并赴省数字乡村试点示范县市之一的德清县学习考察，形成专题调研报告。市政协副主席袁志刚参加。

4月以后，市政协社会和法制委员会组织政协委员，先后赴龙游、安吉等县市区考察学习，并走访市委政法委、市矛调中心及浣东街道盛兆坞三村、东盛社区等部门（镇村），就诸暨市“四治融合”新型基层治理体系建设开展专题调研。

5月27日，组织政协委员召开专题协商会，与组织部、政法委、民政局等6个部门开展座谈讨论，广泛听取意见建议，细致分析存在问题，研究提出对策建议，形成专项调研报告。市政府副市长朱浩、市政协副主席沈吉明参加。

5月27日，市政协就“学校体育工作”开展专项民主监督。监督组先后赴海亮教育园、柱山小学、草塔中学等学校进行实地走访，深入了解诸暨市学校体育工作开展实际情况、存在问题，听取建议意见。市政协副主席袁岳军参加。

6月3日，市政协就“飞地经济”合作模式开展专项视察。视察组赴杭州滨江区“诸暨岛”进行实地视察，听取实际情况、存在的困难问题以及意见建设，并形成专项视察报告。市政协副主席杨雷参加。

6月中旬，市政协就“传统产业改造提升”开展专项视察。视察组先后赴部分镇街及企业进行实地调研、视察，听取实际情况、存在的困难问题以及意见建设，并形成专项视察报告。市政协副主席杨雷参加。

7月中旬，市政协组织政协委员，先后实地走访市人民医院、市中心医院共同体暨南分院、市第三人民医院等医疗机构，详细了解医疗服务共享工作推进情况、存在困难和问题，深入听取建议意见。7月23日上午，在“请你来协商”平台召开专题协商会，与会的政协委员、智库成员和医疗机构代表等围绕医疗服务共享议题，与卫健、医保相关部门开展互动协商。市政协教科卫体委根据前期调研和会议协商形成的意见建议，汇总梳理形成调研报告。市政协副主席袁岳军参加。

7月下旬，市政协就“三大新兴产业培育”情况开展专项调研。调研组先后赴部分镇街及企业进行实地调研，听取产业培育情况、存在的困难问题以及意见建设，并形成专项调研报告。市政协副主席杨雷参加。

7月中旬开始，市政协农业和农村委员会组成专题调研组，先后赴东白湖、璜山、五泄、马剑、枫桥、山下湖、东和等镇乡，实地走访调研一批AAA景区村、乡村振兴先行村培育单位和云溪九里等文旅项目；深入了解诸暨市美丽成果经济化发展现状，分析存在的主要问题，听取意见建议。市政协副主席袁志刚参加。

8月27日下午，市政协对全市美丽建设成果经济化项目进行专项视察。视察组一行先后赴“云溪九里”文旅小镇建设工地，实地踏看项目进展情况，到东和乡十里坪村视察农房激活情况，在山下湖镇新桔城村视察乡村振兴先行村培育情况。视察组指出，发展美丽经济除了要聚焦产业特色，更要以实现老百姓的美好愿景出发，同时要关注游客最期盼的需求，盘活美丽资源，丰富产业发展。要明确目标，完善规划，坚定不移地发展美丽经济；要合力攻坚、补齐短板，全力走好“农、文、旅”融合发展之路；着力促进农民增收，持续推进乡村振兴，努力实现共同富裕。市政协主席郭浩良，市委常委郦小飞，政协副主席袁岳军、王祖勇、徐可以、袁志刚、杨雷，秘书长钟力群参加。

【民主监督】2021年4月21日，市政协对诸暨市新时代文明实践中心建设情况进行专项民主监督。监督组一行先后实地考察浣东街道盛兆坞三村新时代文明实践站、山下湖镇枫江村新时代文明实践站、山下湖镇新时代文明实践所，以及在山下湖敬老院开展的“我为老人烧餐饭”志愿精品项目。市政协主席郭浩良，市委常委、宣传部部长王孔羽，政协副主席袁岳军、王祖勇、杨雷等参加。

5月中旬开始，市政协农业和农村委员会牵头成立专项民主监督小组，先后赴同山、岭北、赵家、东白湖等镇和市交通运输局等部门，通过现场踏勘、座谈走访等方式，深入了解全市“四好农村路”建设现状，听取建设过程中存在的困难问题和意见建议，并形成专项民主监督报告。市政协副主席袁志刚参加。

5月21日上午，市政协对生态高湖建设情况进行专项民主监督。监督组一行先后实地踏看象鼻山闸站、骆家山闸站、东江水处理中心等高湖建设关键节点，并就高质量、高标准加快生态高湖建设提出意见建议。市政协主席郭浩良，市委常委郦小飞，政协副主席袁岳军、王祖勇、徐可以、袁志刚等参加。

9月28日，市政协社会和法制委员会就诸暨市慈善公益事业发展情况开展民主监督活动。通过现场走访民政局、越民生爱心驿站、壹加壹爱心驿站、社会组织服务中心等部门(场所)，开展座谈讨论等方式，深入了解当前发展现状，听取存在困难问题和意见建议，形成专项民主监督报告。市政府副市长楼闯、市政协副主席袁志刚参加。

【协商议政】2021年6月18日上午，市政协“请你来协商”总平台就“推进5G+工业互联网建设，打造数智创新集聚高地”开展专题协商活动。在协商活动中，提案组成员代表介绍提案基本情况，承办单位经信局汇报提案办理情况。政协委员、产业代表、企业代表和专家学者为诸暨市5G+工业互联网建设出谋划策、把脉问诊，对补齐短板不足进行深入探讨。相关部门负责人针对与会人员的意见建议，一一回应。市委副书记、市长胡华良，市政协主席郭浩良，市政协副主席徐可以、杨雷参加。

7月20日下午，市政召开专题政治协商会议，就市委十六届十三次全会报告和相关行动方案进行专题协商。会上，民主党派、工商联、无党派人士代表和市政协有关专委会负责人、委员代表分别就全会报告等展开协商发言。大家围绕共同富裕、“杭绍同城”、科技创新、公共服务、医疗教育等内容，结合工作实际和调研情况各抒已见、畅所欲言。绍兴市委常委、诸暨市委书记沈志江出席专题政治协商会议，听取对的意见建议。沈志江书记充分肯定大家提出的意见建议，要求起草组充分吸纳、充分体现。市政协主席郭浩良主持。市委常委、统战部部长孟国锋，市政协副主席袁岳军、王祖勇、徐可以、袁志刚参加，杨雷作协商发言。

8月4日上午，市政协召开十四届十八次常委会会议暨半年度经济社会运行情况专题协商活动。会议学习习近平总书记在庆祝中国共产党成立100周年纪念大会上的讲话精神，学习贯彻市委十六届十三次全体(扩大)会议和《奋力打造浙江高质量发展建设共同富裕示范区诸暨范例行动方案(2021—2025年)》精神。会议听取市政府关于半年度全市经济社会运行情况的通报。会议充分肯定诸暨市上半年经济社会发展取得的成绩。会议还通报审议有关人事事项。市政协主席郭浩良主持，副主席袁岳军、王祖勇、徐可以、袁志刚、杨雷及秘书长钟力群等参加。市委常委、常务副市长钱勇军应邀参加会议。

10月22日下午，“请你来协商·民生议事堂”首期专题协商会议在枫桥学院召开。会上，政协委员、专家、基层群众代表、市级有关部门负责人以枫桥学院教学参观点、参观线为切入口，围绕“枫桥经验·枫桥学院·枫桥民生”主题展开协商发言。大家结合自身工作实际和调研情况各抒已见、畅所欲言，对重点问题进行深入探讨。绍兴市委常委、诸暨市委书记沈志江出席专题协商会，并与大家互动交流。市政协主席郭浩良主持。市委常委、副市长朱浩，市政协副主席袁岳军、王祖勇、徐可以、袁志刚、杨雷及秘书长钟力群参加。

12月28日下午，市政协专题协商市第十七次党代会报告。会上，市第十七次党代会报告起草组负责人汇报党代会报告有关情况。民主党派、政协委员、企业家、法律界、医学界、教育界、文化界、农民、无党派人士等社会各界代表分别就党代会报告展开协商。大家围绕"枫桥经验"、共同富裕、乡村振兴、企业发展、人才创新、公共服务等内容，结合工作实际和调研情况各抒己见、畅所欲言。绍兴市委常委、诸暨市委书记沈志江出席专题政治协商会议，听取对市第十七次党代会报告的意见建议。市政协主席郭浩良主持。市政协领导孟国锋、袁岳军、王祖勇、徐可以、袁志刚、杨雷参加。孟国锋、袁岳军、杨雷还就党代会报告提出相关意见建议。

【市政协企业家之友社活动】2021年5月31日上午，市政协企业家之友社组织理事企业到次坞镇开展"爱心助学"活动。在次坞镇中心小学，市领导和委员企业家与次坞镇、应店街镇中心学校负责人座谈交流，认真听取学校办学情况介绍，并向79名贫困学子发放"爱心助学"金，共计15.3万元。市政协主席郭浩良，市政府副市长俞越，市政协副主席杨雷参加。

提案办理

【概况】市政协十四届五次会议期间，共收到以提案形式提出的意见建议178件。经提案审查委员会审查，立案107件，其中委员个人或联名提案72件，各民主党派、工商联、人民团体、政协专委会提出的集体提案35件，有38件意见建议作为来信转送有关部门处理。经分类统计，有关经济建设方面的提案36件，占总数的34%；有关文化建设方面的提案19件，占总数的18%；有关社会建设方面的提案40件，占总数的37%；有关生态文明方面的提案12件，占总数的11%。

【重点部门走访】2021年5月中下旬，市政协提案委对教体局、建设局和交通运输局等46个提案办理部门开展走访活动。市政协副主席徐可以参加。

【实地督查】2021年7月14日，市政协举行提案办理情况督查活动。委员们对"基层社会治理""浦阳江治理""有害垃圾处理""交通信号设施完善""老旧住宅改造"等方面提案的办理落实情况进行实地督查。市政协副主席袁岳军、王祖勇、徐可以、袁志刚和秘书长钟力群等参加督查，市委常委、副市长朱浩应邀参加。

【提案办理"回头看"成果视察】2021年10月27日，市政协组织开展提案办理"回头看"成果视察活动。委员们对"杭绍同城""美丽经济""数字经济""枫桥经验"等方面提案的办理落实情况进行实地视察。市政协主席郭浩良，副主席袁岳军、王祖勇、徐可以、袁志刚，以及秘书长钟力群等参加视察。市委常委、常务副市长郦小飞陪同。

【党史学习教育】2021年3月18日，市政协召开党史学习教育动员部署会。会议强调，要严格按照规定，认真学习习近平总书记关于党史的系列重要讲话、重要论述、重要著作，以及党史百年资料、《习近平在浙江》采访实录等内容，组织一系列专题学习、专题组织生活会、"我为群众办实事、我为企业解难题、我为基层减负担"专题活动等。要创出自身特色，用好"红色根脉"资源，擦亮"红色印记"招牌，发挥"红色资源"优势；同步学习政协的辉煌历程，深刻把握政协在党的领导下"风雨同舟、荣辱与共"的历史担当，不断增进各党派团体、政协委员的思想认同，在党史学习教育活动中体现诸暨特色、政协特色。会议指出，要把学习党史和立信、立德、立形相结合，将以学习教育活动为契机改作风、改不足，围绕中心、贴近民心，发挥政协专门协商机构职能，体现建言资政和凝聚共识"双向发力"效果，在共答"诸暨发展十问"、助推改革发展大局中，发挥政协作用，展现政协作为。市政协主席郭浩良、副主席袁岳军以及派驻纪检监察组负责人、市政协机关全体人员参加。

【专题宣讲】2021年11月24日上午，市政协召开常委（扩大）会议，邀请省政协副主席马光明到诸暨市开展"百名主席专题宣讲"活动，宣讲中共十九届六中全会精神。绍兴市政协副主席陈国阳，市政协主席郭浩良，副主席袁岳军、王祖勇、徐可以、袁志刚、杨雷，秘书长钟力群参加。（鲁才铭）

中共诸暨市纪律检查委员会诸暨市监察委员会

2021年，诸暨市纪委市监委有纪检监察干部68人，12个派驻机构有派驻纪检监察干部61人，23个乡镇纪委监察办有纪检监察干部137人，其中专职干部60人。全市纪检监察机关以“两个维护”为根本遵循，围绕高质量发展主题，充分发挥监督保障执行、促进完善发展作用，一体推进不敢腐、不能腐、不想腐，纪检监察工作高质量发展取得较好成效。2021年，诸暨市全面从严治党成效度、党风廉政建设、清廉建设考核均居绍兴第一，村级监察议事会有关做法获评全省第二届基层清廉建设“十大经验”创新提名奖。

2021年2月25日，诸暨市纪委召开第十六届纪律检查委员会第五次全体会议。会议深入学习习近平新时代中国特色社会主义思想，全面贯彻落实中共十九届五中全会精神，按照十九届中央纪委五次全会、省纪委十四届六次全会、绍兴市纪委八届六次全会和市委十六届十一次全会部署，回顾总结2020年工作，部署2021年任务。会议审议通过叶伟明代表市纪委常委会所作的《奋力打造基层监督治理样本为高水平开启现代化建设新征程提供坚强保障》报告。

政治监督

【“两个维护”落实】2021年，聚焦习近平总书记对“枫桥经验”重要指示批示精神，对照清单跟进监督，推动一贯到底。紧扣“共同富裕诸暨范例”建设，制定监督保障工作意见。高质量做好中央巡视反馈问题整改和监督工作，组建6个督查组开展专项督查，督促推动省委巡视反馈30个问题全部销号，对35件省委巡视交办件进行全面梳理，逐一督促承办单位落实到位。做好政法队伍教育整顿监督执纪执法，处置问题线索59件，党纪政务处分13人。推进粮食购销领域腐败问题专项整治，问题整改15个，推动建章立制7项。强化换届纪律监督检查，把好党风廉政意见审核关，强化对疫情防控工作落实情况的常态化督查，推动整改“小门”管控不到位等问题217个次。加强对“一把手”和领导班子监督，强化对公权力运行的制约和监督，开展乡镇、部门新任“一把手”任前谈话。

【主体责任压实】2021年，对标《党委(党组)落实全面从严治党主体责任规定》，深化拓展“四责协同”。紧盯责任落实，建立全面从严治党主体责任落实情况“四告知”机制，实行项目化推进、清单式管理、销号式监督，督促各级党组织即知即改、有效整改存在问题，推动管党治党政治责任落细落实。紧盯“关键少数”，深入贯彻上级《关于加强对“一把手”和领导班子监督的意见》，制定镇乡街道党（工）委书记履行全面从严治党“第一责任人”职责任务清单，开展镇乡街道、市级部门新任或转任“一把手”任职廉政谈话，推动镇乡街道、市级部门主要负责人履责尽责。紧盯源头预防，深化廉政风险防控，扎紧扎密制度“笼子”。围绕督考平台开展全程监督，修订完善党风廉政建设责任制考核办法，优化“电脑端＋手机端”主体责任督考平台，强化线上线下动态督查，全年对履责不力的32家单位党组织予以考核扣分。坚守政治定位开展巡察监督，市委第十四、十五轮巡察累计发现镇乡街道和市级部门（单位）党组织落实主体责任不够到位、班子成员履行“一岗双责”不够有力等问题32个。紧盯政治画像开展精准监督，深化运用政治监督大数据体系，健全政治监督“四清单”398份、“两档案”6385份、“两报告”642份，进一步完善协同联动、有效贯通、精准画像的监督闭环。

【巡察质效强化】2021年，共开展三轮巡察，统筹实施常规巡察、融媒体中心机动巡察、涉粮问题专项巡察和巡察“回头看”，覆盖部门、乡镇、村社党组织61家，实现十六届市委巡察全覆盖，累计反馈问题7975个，移送线索196件，党纪政务处分149人，移送司法机关8人，推动完善制度1241项，巡察利剑作用进一步彰显。强化考核压实整改责任，将巡视巡察整改落实情况列入全市工作目标责任制考核，对整改不到位的实行倒扣分、不封顶。抓好“七张问题清单”涉及的重大巡视巡察问题整改，建专班、健机制，省级4个、绍兴市级4个入库问题均销号。组织开展市委第十二至十四轮巡察整改情况回访检查。定期分析研判巡察发现的突出问题和行业性、领域性、系统性问题，召开村社巡察问题交办会议，推动职能部门梳理共性问题21个，制定整改措施66条，进一步深化成果运用。强化系统集成，推动监督贯通，根据《市委巡察机构与有关单位协作配合事项清单》，以23家单位67个事项为核心，深化协作配合，推动与选人用人、意

清廉村居——枫桥镇枫源村（纪委监委提供，摄于2021年）

识形态 2 个专项检查的信息共享、成果共用。

正风反腐

【深化基层治理】2021 年，以规范小微权力运行、净化基层政治生态为主线，扎实推进基层监督"提质增效年"专项行动，着力构建乡镇党委全面监督、职能部门业务监督、巡察审计专项监督、包村驻村日常监督、乡镇纪委监察办专责监督、村级监察工作联络员贴身监督的"六位一体"村级监督体系。试点打造"七有"村级监察工作站，出台村级监督系列制度，全面推行村级监察议事会，相关做法入选全省首批基层监督特色应用场景。抓住数字化改革契机，迭代升级基层公权力监督平台，实现村级"五件事"全过程在线审批监管。深入开展漠视侵害群众利益问题专项治理，小切口开展教育医疗、养老社保、生态环保、食品安全等多个民生基础领域 15 个整治，查纠各类问题 532 个。

【正风反腐】保持正风肃纪反腐高压态势，以零容忍态度减存量遏增量，深化国企、金融、供销等领域专项整治，坚决防范各类风险隐患。全市纪检监察机关共处置问题线索 1202 件，党纪政务处分 498 人，移送司法机关 3 人；运用"四种形态"处理 1221 人次，其中第一、第二种形态分别实施 722 人次、348 人次，占总数的 87.63%。坚持"三个区分开来"，加大力度打击诬告陷害行为，为党员干部澄清正名，充分激发干事创业精气神。做好受处分干部回访教育工作，推动从"有错"到"有为"的转变。加快推进行贿人信息库建设，对行贿行为形成有力震慑。高标准落实中央八项规定及其实施细则精神，推进作风建设常态长效化，靶向纠治"四风"问题，查处违反中央八项规定精神问题 28 起，党纪政务处分 24 人。亮明信访处置"四个态度"和"三看三判断"标准，聚焦信访矛盾突出问题，深入挖掘背后党性作风问题，持续提升办信质量，全市受理信访 419 件次，其中检举控告 239 件次、重复举报 69 件次，实现信访举报总量、检举控告量、重复举报量、越级访量"六年六连降"，其中检举控告量、越级访量同比分别下降 47.93% 和 33.33%。深化以案促改，用好纪检监察建议，推动发案单位加强检视剖析、警示教育，强化廉政风险防控，有效堵塞制度漏洞。发布党员干部和公职人员"八小时外"负面清单，引导党员干部净化"三圈"、管好亲属。

诸暨市纪委市监委监督护航数字经济（纪委监委提供，摄于 2021 年 4 月）

清廉建设

【清廉共建】2021 年，协助市委出台纵深推进清廉诸暨建设意见，督促指导清廉单元建设，选树示范培育点 30 个。扎实推进第四批 103 个"五清"村居建设，完善综合考评体系，健全乡镇主抓、村居主体和职能部门日常指导监管工作机制，持续打造"党风清正、作风清新、权力清源、干部清廉、乡风清朗"的乡村格局。围绕打响"浣江清风"品牌，组织"廉行暨阳"、家庭助廉等系列活动 41 场次，组织开展"传承非遗、传播清廉"主题活动，现场制作并展出棕编、棚灯、刀画、火烙葫芦画、女红等富含清廉元素的非遗作品，持续推进农村文化礼堂清廉内涵建设，有效发挥地方清廉文化的浸润涵养作用。联合市文旅集团组织开展"学党史 · 践廉心 · 庆华诞”清廉主题摄影赛事，经专家评审和网络投票，评选优秀作品21件，并在政务服务大厅举行“廉·影像”清廉主题摄影展。

【警示教育】2021年，把警示教育作为“三不”一体推进的重要一环，坚持在报网开设《结合案例学条例》专栏，做深做细以案释德、释纪、释法。组织开展“两法一条例”的普法宣传活动，切实筑牢党员干部、公职人员廉洁自律思想防线，在全社会营造尊法学法守法用法的深厚氛围。常态化推进典型职务犯罪案件旁听庭审和专项警示教育，组织公职人员开展旁听庭审2场次，200余人接受当庭教育；结合换届选举，超4万人次接受警示教育。深入剖析违纪违法案例，切实增强用身边案教育身边人的作用。着眼监督推动警示教育常态化制度化工作的有效落实，组织开展对全市各镇街（部门）落实警示教育常态化制度化情况的督查工作。着眼丰富基地警示教育内涵，根据强化功能、与时俱进的原则对市级清廉教育基地进行提升改造，并获评“绍兴市首批党员教育培训基地”。同时，注重发挥职能部门作用，推动市妇联开展“家风家训，廉洁同心”短视频大赛，并突出成果运用，在本地巡展的同时择取优秀作品推送省纪委省监委网站。

监督保障

【数字化建设】2021年，推进纪检监察核心业务数字化工作，做好省检举举报平台、廉政档案系统和行贿查询等业务系统的推广应用工作。进一步优化完善自主开发的原基层公权力监督平台，取消与上级系统重叠审批功能，新增派驻机构情况报告、信息工作、宣教教育等功能模块。推进基层监督数字化改革工作，着力建设省基层公权力全程在线审批应用和“监督一点通”系统。至2021年年底，基层公权力线上全程在线审批应用系统已覆盖全市513个村社，归集村社权力运行关键数据6.92万余条，通过数据碰撞比对，发出红色监督预警183条，查实问题12个，处置党员干部14人。针对资产闲置率超过10%和国标串标问题，下发问题整改函4份。谋划公权力大数据监督应用场景，汇总整理11个公权力大数据监督应用场景，完成全市公租房保障大数据监督应用申报。

【纪检监察队伍建设】2021年，市纪委常委会带头加强党的政治建设，深入开展党史教育专题学习，认真贯彻《中国共产党纪律检查委员会工作条例》，做好践行“两个维护”表率。深入开展纪检监察机关“四个规范化”建设，调整纪检监察室内设机构、部分纪检监察干部岗位、派驻机构名称和监督单位，制定片区协作实体化运行方案、考核办法，协同强化监督检查、信访办理和问题线索处置。创新培训理念思路、方式方法，突出实战练兵，组织全员培训，实施年轻干部导师结对帮带，进一步强化干部能力建设。坚持实干导向，开展“亮承诺、比实干、晒业绩”活动，强化业务考核和工作成果评选，营造比学赶超、争创一流氛围。开展制度“立改废”工作，新建44项、修订20项、保留64项、废止10项。完善内部督办机制，对领导批示、重点工作、重要会议精神精细督办，形成一周一清册。强化纪检监察干部“八小时外”监督，不断提升自我净化能力，坚决防治“灯下黑”。

（纪委监委　马利伟）

诸暨市纪委市监委开展15个民生基础领域专项治理（纪委监委提供，摄于2021年5月）

民主党派

2021 年，诸暨市共有民主党派市级组织 5 个，其中市委会 1 个，基层委 4 个，总成员人数 558 人。2021 年两会期间，各民主党派共提交集体提案 8 个，个人提案 31 个。其中有 8 个集体提案和个人提案被评为 2021 年度市政协优秀提案，占优秀提案总数的 53.3%。有 7 个提案被纳为大会发言材料，其中 2 个大会发言材料获市委主要领导批示。7 个提案被列入 2021 年度重点提案。有 6 个调研材料转化为上级政协提案，其中绍兴市政协优秀提案 1 个。向市委报送直通车建议 8 个，1 个获市委主要领导批示。各民主党派注重提高社情信息质量，全年共有 7 个被市领导批示，1 个获副省长彭加学批示，被省级部门录用 1 个。被民主党派省级组织以上录用 20 余个，其中农工党诸暨市委会的信息《“村长书记一肩挑”制度或将引发“落选村长”问题，亟需未雨绸缪提前准备》经党派中央转录并被全国政协录用。　　（统战部　俞钢阳）

民革诸暨市基层委

【概况】2021 年，民革诸暨市基层委下设 3 个支部，共有民革党员 63 名，其中省人大代表 1 名，绍兴市人大代表 3 名，绍兴市政协委员 1 名，诸暨市政协委员 15 名(政协常委 3 名)，受聘各类特约人员 3 名。明确第二届基层委委员分工，设立宣传信息、社会服务工作委员会和办公室，成立监督委员会，修订完善基层委工作规则、组织发展、经费使用管理规定等相关制度，推进基层委组织管理制度化、规范化和科学化水平。

民革诸暨市基层委开展庆祝中国共产党成立 100 周年暨纪念辛亥革命 110 周年系列活动，组织全体民革党员开展学“四史”和民革历史。设立“暨阳格言”公众号，打造线上学习交流平台，全年共发布信息 36 期，其中学习教育 14 期，工作动态 19 期。参与“百年中国梦，风雨同舟情”民革中央庆祝中国共产党成立 100 周年网络知识竞赛。坚持活动兴家，完成“民革之家”修缮工作，建立“民革党员文化活动中心”。举办“爱国教育非遗剪纸”专题讲座、“关爱健康・共享和谐社会”健康知识讲座等。

浙江省级和绍兴市级各类优秀民革党员和先进个人共计 9 人次。民革党员宣利清入选 2021 年省级乡村文化能人，其文化创意工作室入选绍兴市乡村非遗体验基地，剪纸作品获 2021 浙江(绍兴)工艺美术主题作品展金奖。民革党员孟琼晖参与编剧的西路乱弹小戏《梅花催春》获华东六省一市现代小戏金奖，论文《创新与转化——草塔抖狮守正发展的最佳途径》获评第三届全国文化馆理论体系构建学术研讨会优秀案例。民革党员梅艳芳导演、参演的小品《暗"渡"成婚》获浙江省第三十二届群众戏剧小品大赛金奖，参演的小品《香水》获浙江省首届喜剧小品竞赛金奖。民革党员何晶骏作品获浙江省中小学艺术节工作坊一等奖，钩针视频"编制秀"被浙江教育栏目和"学习强国"等新媒体平台录用。

【参政议政】2021 年，民革诸暨市基层委共有 15 位人大代表、政协委员，分别参加浙江省、绍兴市、诸暨市人大或政协会议，共提交集体提案 2 件，个人提案 14 件，涉及实体经济发展、基层治理、文化建设等方面。民革党员孟琼晖 2020 年提交的《加速风险企业土地流转，激发实体经济发展活力》获评 2020 年度市政协优秀提案。2021 年提交的《优化诸暨市社会组织参与基层社会治理效能的建议》被列为市政府领导领办重点提案，《建设非遗文化客厅，推动非遗传承发展》被列为政协领导督办重点提案。汤谊提交的《关于进一步推动和加强"智安小区"建设的建议》作为并案被列为政协领导督办重点提案。

共提交社情民意 21 篇，部分被绍兴市委办、市政协、民革省委会和诸暨市政协录用。发挥民革特色，进一步加大"涉台"参政议政工作，结合中国共产党成立 100 周年撰写《侨胞热议建党》等文章。

利用建议直通车平台，结合新时代"枫桥经验"内涵，上报题为《加强"三贤"文化研究运用——"以文化人"赋能新时代"枫桥经验"》建议。

【调研活动和民主监督】2021 年，民革基层委领导和党员代表委员参加各类专题协商座谈调研活动、党外人士通报会，列席政府全体会议、常务会议等。受邀参加市委、市政府座谈会 4 人次，通报会 7 人次，征求意见会 3 人次，其他会议 10 人次。组织各类民主监督活动 2 次，围绕助攻高质量发展、改善营商环境等开展专题民主监督。成立课题调研小组，围绕建设共同富裕先行示范区等重点工作，多次开展深入调研，完成涵盖共同富裕示范区打造、数字化基层治理、美丽乡村建设和疫情防控等 5 篇调研报告。

【祖统联谊】2021 年 9 月 18 日，开展"台北·诸暨两岸同胞云上共度中秋"活动，两岸同胞视频对话，共叙乡情，民革党员宣利清向台胞捐赠剪纸作品。10 月 25 日，民革党员孟琼晖、宣利清参加"两岸匠心话传承"绍台非遗(手工艺)文化交流活动，在交流技艺的同时，推广非遗文化，增进两地交流。联合市台联会、台商协会制作乡情片《诸暨》，配建立"诸暨乡情"微信群，并在绍兴台谊会上向全市台属发出"协助抗议，关爱乡亲"倡议书。

【社会服务】2021 年，开展"致敬百年·同心三服务"系列活动。民革党员俞岚担任"枫桥经验"发源地——枫源村法律顾问，楼旭东、苏凌蓉参与"百名律师进园区"活动，全年共接受法律咨询 700 人次，开展法治宣传 20 余次，法律进村、社(企)20 余次，办理援助案件 50 余例，受益群众达 400 多人次。民革党员钟海平带领社会服务工作委员会赴靖安街道、璜山镇、赵家镇和岭北镇开展"博爱·牵手"送医下乡活动，全年开展送医下乡、义务诊疗共计 20 余次。民革党员梅艳芳参与"赓续红色血脉 艺述百年峥嵘"庆祝中国共产党成立 100 周年文艺宣讲、"庆建党百

2021 年 9 月 18 日，"台北·诸暨两岸同胞云上共度中秋"活动中，民革诸暨市基层委党员向视频另一端的台北同胞捐赠剪纸作品并现场展示(民革提供)

年 享美好生活”2021文化下乡等巡演活动10余次。多名民革党员立足本职，投身抗疫。（民革　汤谊）

民盟诸暨市基层委

【概况】2021年，民盟诸暨市基层委员会共有盟员102名，分布在教育、文化、科技、医卫、行政事业单位及新社会阶层。盟员中有绍兴市人大代表3名、政协委员3名，诸暨市政协副主席1名、政协委员11名。新发展盟员4人，其中文化界1人、教育界1人、科技界1人、公务员1人。

3月7日，退休盟员新春茶话会在盟员之家举行。4月6日，教育一支部、教育二支部分别更名为教育支部和诸暨中学支部。4月11日，基层委召开五届六次盟员大会，完成教育支部、诸暨中学支部、科技支部、文卫支部和机关支部换届工作。7月10日，中国民主同盟诸暨市基层委员会第六次盟员大会召开，会议选举产生徐可以为主委的第六届基层委员会领导班子。7月29日至31日，周进、林效霄、秦睿童、王驰骏盟员参加党外年轻骨干培训。8月13日，民盟诸暨市基层委乡村振兴联系点揭牌仪式筹备会在盟员之家举行。为庆祝中国共产党成立100周年、中国民主同盟成立80周年，7月至10月，民盟诸暨市基层委开展“学党史盟史，话你我初心”主题征文活动，评出佳作奖5篇、优秀奖7篇。11月21日，民盟诸暨市基层委员会组织召开六届四次（扩大）会议，传达学习中国共产党十九届六中全会精神。12月1日，民盟诸暨市基层委在盟员之家举行“学党史盟史，话你我初心”主题征文颁奖仪式等系列活动。民盟诸暨市基层委公众号全年累计编发盟讯60条，民盟绍兴市委会录用32篇，民盟浙江网站录用12篇。人物专访《全运会冠军徐家杰火出圈！他的启蒙教练培养冠军很有一套》在浙江省政协公众号发布，并登上《人民政协报》“政能量”榜单。2021年，民盟诸暨市基层委获“民盟浙江省委会社会服务工作先进集体”称号，盟员之家被评为“民盟浙江省委会五星级盟员之家”。

【参政议政】2021年1月，在政协诸暨市十四届五次会议上，盟员赵福英代表民盟诸暨市基层委作题为《建立“智慧云”平台，守护校园安全》的大会发言、崔盈代表市科协作题为《关于推进诸暨环保装备产业转型升级的建议》的大会发言、叶礼代表市政协人口资源环境委员会作题为《关于持续推进既有住宅加装电梯工作的建议》的大会发言。大会期间，共提交提案11件，其中集体提案3件、联名提案8件。基层委集体提案《建立“智慧云”平台，守护校园安全》和何国霞委员领衔的《与杭同城 产业同兴》联名提案被评为优秀提案，占优秀提案总数的20%。寿柏生在绍兴市政协八届五次会议上提出的第229号提案《关于对“化绍兴茶产业传统优势为乡村振兴动能”的建议被评为优秀提案。2021年共上报社情民意20则。王驰骏的社情民意《关于民政部门在离婚冷静期间积极作为的若干建议》、周佳艳的社情民意《司法拍卖领域“一件事”改革现状暴露数字化改革亟需补齐三大短板》等18篇被民盟省委会录用。

【各级调研活动】2021年1月15日，中共龙游县委统战部常务副部长贾仲银一行到“盟员之家”调研考察。3月3日，民革诸暨市基层委张凯歌一行到“盟员之家”考察交流。3月9日，衢州市委统战部常务副部长叶美峰一行到“盟员之家”调研考察。8月4日至5日，徐可以、杨丽辉带队集中走访调研对口联系部门市水利局、建设局、应急管理局和科技局。8月6日，民盟诸暨市基层委组织盟员赴诸暨嵊州交界的娄东村、上英山开展“在传统产业转型升级中拓宽山区农民共同富裕的创业空间”调研活动。10月10日，民盟诸暨市基层委组织新老盟员开展“学习枫桥经验、加强自身建设”主题活动。11月11日，绍兴市政协副主席、民盟绍兴市委会主委凌芳，民盟绍兴市委会专职副主委陈国芬一行到诸暨走访基层支部“盟员之家”。11月27日，民盟诸暨市基层委委员及机关支部盟员至陈蔡水库加固改造工程现场参观调研水库建设情况。

2021年，基层委承接重点课题，共组织开展6次集中调研，参加由诸暨市有关部门组织的各类调研和座谈60余人次。调研内容涉及义务教育阶段“双减”问题、枫桥经验的传承和发展等。通过集中调研，最终形成8个调研报告，5个转化为诸暨市政协2022年集体提案，2个为绍兴盟市委重点调研课题。5个集体提案分别是《关于落实我市碳达峰碳中和发展绿色循环经济的相关建议》《拓界扩邻谋同城，架环集群奔共富》《建设“浙东唐诗之路“西轴打造诸暨文旅新增长极的建议》《双减背景下如何加强对教师的关爱》《重视律师参与政府依法行政工作，提升我市依法行政能力水平》。

【社会服务】2021年，持续开展“同心助力，民盟在行动”社会服务活动。4月7日，东白湖镇中社会服务基地开展“心动力”中考赋能拓展活动。5月8日，盟员许绍满进行书法讲座。6月30日，对基层文化团队进行培训辅导。7月1日，盟员许绍满进行书法指导活动。8月20日，邀请浙江大学教授、博士严力蛟在乡村振兴娄东村联系点举办《实施乡村振兴战略与路径》专题讲座。9月15日，民盟诸暨市基层委到城新小学进行口腔卫生保健宣教。10月23日，参加省民盟直属香樟树支部的“谢丽娟东白湖教育基金”授牌仪式及赠送学习、运动用品的社会服务活动。11月，给青海省尖扎县马克唐镇古日寺贫困儿童捐助衣物。盟员张小明赴新安江中学支教。11月下旬，民盟诸暨市基层委员会盟员陈元良、顾川燕受邀至东白湖镇参加“农村实用人才培训”活动，两位盟员分别对东白湖镇18个行政村开展为期5天的授课指导，受惠人员超1000人。12月12日，民盟诸暨市基层委发出防疫倡议书。基层委共有6名医卫盟员赶赴一线，参与医疗救助及抗疫救灾工作，23名其他盟员坚守岗位，下沉社区，参与志愿服务各项防控工作。

（民盟　郦海燕）

民建诸暨市基层委

【概况】2021年，民建诸暨市基层委共设2个支部，有会员24名，其中市政协常委2名、委员4名、人大代表2名。会员来自各行各业，经济界人士占多数，其中政府经济工作部门工作人员4名、企业家12名、工程师2名、经济师2名、律师2名、医生1名，教师1名。本科以上学历20名，占总人数的83.3%。

在中国共产党成立100周年之际，诸暨民建基层委通过召开动员会议、专题学习会议、参观革命烈士纪念馆等形式纪念。

【参政议政】2021年，会员们走进社区和企业开展调研，从群众反应比较强烈的热点和难点中发掘撰写社情民意，履行党派成员的参政议政职能，为本地民生和社会经济发展建言献策。累计上报社情民意26篇，被民建中央录用2篇，省委办录用1篇，省委会录用11篇，市政协录用5篇，市委办录用2篇，市委统战部录用2篇。其中，《与杭同城 产业同兴》被诸暨市政协录用为口头发言材料，并被市委书记沈志江批示；《关于促进绍兴香榧产业健康发展的建议》《深入践行“双循环”理念 破解袜业企业出口难》被诸暨市政协录用为书面发言材料。《关于缩减工伤案件审理程序 保护底层劳动者权益的建议》被民建中央、省委办录用。《关于进一步加强粮食生产功能区保护力度防止“非粮化”的建议》被民建中央录用。

【活动组织】2021年，通过开展形式多样、内容丰富、主题鲜明的调研、参观学习等活动，调动会员和会友积极性，提高会员参与度，激发基层组织活力。因疫情影响，采用“线上+线下”结合的方式，组织开展“一起学党史”联谊活动、参观宣侠父故居、专题学习会议、对口联系部门联席会议等，坚定会员们“听党话、跟党走”的信心和决心，密切与政府对口部门的联系，提升民主监督实效和参政议政水平。

【社会服务】2021年，基层委副主委黄震捐助“博览奖学金”6万元，连续18年支持家乡教育事业，共投入资金近500万元。楼建纬赞助街道进行消防技能比武大赛，连续10年，累计赞助金额达100余万元。会员赵天武向诸暨市红十字应急救援队捐赠价值3.6万元的智能会议平板、电脑模块和移动支架。12月初，周边县市发生新冠肺炎疫情，会员蔡函烨向诸暨市红十字会捐款10万元，专项用于诸暨市疫情防控工作。基层委委员朱立松，经多方联系协调，购得1000套防护服（价值2.6万元），第一时间支援给绍兴市上虞区。会友周彤向红十字会捐赠防疫物资军大衣和暖水宝，价值近2万元。

（民建　傅黄莺）

民进诸暨市基层委

【概况】2021年，民进诸暨市基层委下设3个支部，共有会员38名，主要分布在教育、文化传媒、行政事业单位以及新的社会阶层。会员中有诸暨市政协委员2名，其中政协常委1名。新发展会员4名。“开明暨阳”微信公众号开通，报道会务动态，展示会员风采，讲好民进故事。

围绕庆祝中国共产党成立100周年，开展党史学习教育，组织会员系统学习“四史”和多党合作历史、民进会史，教育引领广大会员不断增强“四个意识”、坚定“四个自信”、做到“两个维护”。3月27日，组织会员赴次坞镇俞秀松纪念馆开展“学好党史 铭记传统 做党的好参谋、好帮手、好同事”主题学习活动；6月17日，邀请市委宣讲团成员何建平开展党史专题宣讲；在会员微信群内推出“今日党史课”，帮助会员利用碎片时间开展学习。3月14日，教育支部会员赴金华雷锋事迹馆参观学习；6月6日，综合支部会员赴诸暨市首个农村党支部成立地同山镇丽坞底村参观学习。

修订完善基层委先进支部、优秀会员评比办法，进一步量化考核标准，推动会内形成争先创优氛围，教育支部获2021年度绍兴市级先进支部称号。主委吴国强荣获民进全省优秀基层组织负责人称号；会员章海涌在省民进骨干会员秋季培训班中获优秀学员称号；方泉、杨柏均、王霞露等3名会员获民进绍兴2016—2021年度先进会员称号；方秋萍、王霞露、杨柏均获民进绍兴2021年度先进会员称号，葛勇军、斯斌超获参政议政先进个人称号；李建华、周凯琳被民进绍兴市委会授予“抗疫先锋”荣誉称号。

【参政议政】2021年，继续聚焦全市中心工作，利用会议、调研、社会服务等形式，最大程度调动每位会员建言资政的积极性。关于提升浦阳江流域防洪保障能力的调研报告获民进省委会2021年度参政议政优秀成果三等奖、民进绍兴市委会参政议政优秀成果一等奖、2021年度诸暨市政协优秀提案；关于创新小型水库系统治理助力乡村共同富裕建设的调研报告转化为绍兴市政协“共同富裕”主题平时提案，获民进绍兴市委会参政议政成果三等奖；规范电竞酒店新业态管理社情民意信息被绍兴市政协录用。在诸暨两会期间，共提交集体提案5件、个人提案1件，其中《高站位、高标准、高品位 奋力打造精彩“高湖”》被选为市政协十四届五次会议口头发言材料，《打通农村固废处置环节，助力乡村振兴》《下好浦阳江治理“一盘棋” 打造群众满意“幸福河”》入选大会书面发言材料，关于科学安排环卫洒水车作业的建议被评为2021年度诸暨市政协优秀提案。

【社会服务】2021年，继续突出界别特色和优势，完成“诸暨市民进开明暨阳公益中心”民办非企业单位登记工作，推动基层委公益活动步入制度化、规范化、常态化轨道。综合支部与机关支部暑期赴省重点工程诸暨市陈蔡水库加固改造工程看望慰问一线劳动者；综合支部开展送医、送法志愿服务活动2次；教育支部资助贫困学生1名，向金华雷锋事迹馆捐款3000元。

（王霞露）

农工党诸暨市委会

【概况】2021年，中国农工民主党诸暨市委员会下辖1个总支、14个支部，共有农工党党员335人。其中，医卫界党员占32%，教育界占28%，人口资源与环境界占2%，新的社会阶层占4%；具有中、高级职称的党员占88%，具有本科以上学历的党员占94%，女党员占43%，离退休党员占20%，平均年龄54岁。农工党党员中任绍兴市人大代表3名，诸暨市人大常委会副主任1名、人大代表5名，担任绍兴市政协委员3名，诸暨市政协副主席1名、常委6名、委员14名。

农工党诸暨市委会被农工党浙江省委会评为庆祝中国共产党成立100周年活动先进集体、社会服务工作先进集体，中心医院支部获评组织工作先进集体，农工党浙江革命活动史料陈列馆被绍兴市政协授予“同心教育基地”铜牌，李士豪墓被列为诸暨市第五批文保单位。

【疫情防控】2021年12月中旬，农工党党员毛伟洪、黄章松分别带领中心医院100余名医护人员、中医院150余名医护人员赶赴绍兴市上虞区开展全天候的核酸采样工作，另有朱小勇、戚柳杰等农工党党员支援上虞，朱小勇被授予抗疫“绍兴好人”荣誉称号。同时，文教一支部向安华镇政府捐赠人民币10万元和口罩3万只。

【参政议政】全年上报社情民意42篇，被省级以上组织录用12篇。在市政协第十四届五次会议上，农工党诸暨市委会共提交集体提案6篇，其中3篇入选大会发言材料，毛建萍代表市委会作大会首个口头发言，2篇被评为重点提案，提交的集体提案《创新融资手段、优化金融环境》被评为优秀提案，4名党员被评为社情民意信息工作先进个人。

【社会服务】2021年，农工党诸暨市委会共组织开展义诊、送医下乡、结对助学等各类社会服务25次，受益人数1000余人。全年各类捐助金额共计19.5万元。“青少年职业生涯规划”和“农工党·医讲堂”两个社会服务品牌推进，并探索环保主题社会服务品牌。教育支队继续用“云服务”的方式开展高考志愿填报社会服务工作，辅导考生403名。

【农工党党史研究】2021年，农工党诸暨市委会借助诸暨市农工党党史研究会力量，以宋益大同志为带头人，开展党史研究工作。2021年，文章《李士豪和浙江组织》刊于农工党中央刊物《前进论坛》第十期，《他是邓演达先生的忠实追随者》刊于《浙江农工》第四期。通过与革命先辈家属、兄弟县市加强联络，搜集到邓演达与斯励相关的图片3件，李士豪的遗物原件4件，毛泽东、周恩来签发的李士豪先生任命通知照片6件，其他珍贵照片15张。通过与社会力量合作，搜集到相关农工党党史书籍30余本、《中国国民党历次会议宣言决议案汇编》4册2套。

（农工党　刘畅）

群众团体

市总工会

【概况】2021 年，全市共有 17 个镇乡街道总工会，6 个乡镇工会，2 个产业工会，10 个系统工会，16 个直属工会。基层工会 1276 家，其中单建工会 1046 家，联合工会 230 家，工会会员 21.6 万人。

【职工经济技术活动】2021 年，继续推进新时代诸暨产业工人队伍建设改革，店口镇等 3 家单位被列入浙江省非公有制企业产改试点序列，市级层面确定 100 家试点企业，实现镇乡街道全覆盖，并完成试点评估。6 月 9 日始，与市人社局联合开展全市职业技能“大培训、大练兵、大比武”活动，市级层面共组织 15 个项目的比赛。加强企业安全生产和职工劳动保护工作，搜集到合理化建议 80 余条；深化“安康杯”竞赛等活动，推荐申报全国安康杯先进 2 个、省级 4 个、绍兴市级 7 个；组织开展高温慰问活动，市总本级慰问重点企业和重点行业职工 300 名，参与工矿企业伤亡事故调查 5 起。

【劳动模范评选管理】2021 年，继续开展各级劳模先进推评，获全国五一劳动奖状 1 个、奖章 1 名，全国工人先锋号 1 个，新时代浙江工匠 9 名、绍兴工匠 17 名。发动劳模工匠主动参与疫情防控，选树诸暨市疫情防控专项劳动模范 31 名，联合市人社局选树诸暨工匠 100 名，联合市供销合作总社选树第三届农业农村类“诸暨工匠” 10 名。

2021 年 4 月 29 日，“百年党史 红色工运” ——诸暨工人故事·致敬劳动者活动现场（总工会提供）

4 月 29 日，举办“百年党史 红色工运”活动，在全社会营造尊重劳模、学习劳模的氛围。“五一”前夕组织劳模、工匠参加省、绍兴市庆“五一”表彰大会。5 月，开展“劳模工匠志愿服务月”活动，发动劳模工匠技术服务队主动服务经济发展。加强劳模服务，组织劳模体检，春节期间走访慰问绍兴市级以上劳模 213 人、困难劳模 10 人，累计发放慰问金 38 万余元。弘扬劳模精神、工匠精神。9 月 22 日至 23 日，在店口镇承办浙江省 2021 年首期工匠沙龙活动。

【职工维权机制建设】2021 年，继续深入开展工资集体协商规范化培育，宣传《浙江省集体合同条例》，规范协商程序，提高集体协商工作质量，做好第七批诸暨市劳动关系和谐企业创建活动，协助开展劳动法律法规实施情况的监督检查工作，共督查 70 余家单位。累计受理职工来电来访 67 件，办结 67 件。

【职工困难帮扶活动】2021 年，继续深化和推进职工医疗互助保障活动，全年报销和慰问的互助金支付 456.76 万元，共 2055 人次受益；全市共 8.92 万名职工参保。元旦、春节期间开展“送温暖”活动共慰问困难职工 627 人，发放慰问金 94 万元。深度困难职工救助工作共帮扶慰问困难职工 37 人次，发放帮扶金 27.69 万元。

【职工培训教育及文体活动】2021 年，以市总工会职校和企业学院为阵地组织各类技能、文化艺术培训共 550 余人，并联合市合缘教育科技有限公司组织全市各企事业单位（包括小团体的单种类目）共培训 3315 人。配合省总工会市总工会持续推进“农民工求学圆梦”“农民工学历与技能双提升”三年专项行动，全年共申报 107 人。举办着力打响“工”字号特色职工文体活动品牌，全年新创建完成全国职工书屋 1 家、劳模书架 1 个、便利型职工阅读站 1 个。参加绍兴市总工会组织的“我心向党 · 劳动创造光荣”系列活动，在“一月一赛”甚至“半月一赛”高频率的赛事中脱颖而出，获大合唱比赛、演讲比赛 2 块金牌。代表绍兴市总工会参加全省比赛，诸暨市教师合唱团获全省“我心向党”职工大合唱比赛银奖，暨阳朗诵团杨悦老师获“我心向党”职工朗诵比赛铜奖。举办“诸暨市“红色百年，劳动光荣”全市职工书画摄影比赛，共收到作品 300 余件，4 月由书画界专家组成的评审会经初审、复审，共评出一等奖 4 名、二等奖 11 名、三等奖 17 名，并选取部分优秀作品参加绍兴市“两手硬双战赢 记录最美瞬间”活动，市总工会获得优秀组织奖。

【工会基层基础建设】2021 年，实现工会经费总收入 1956.37 万元（其中拨缴经费收入 1258.50 万元），总资产 3233.59 万元，净资产 2984.33 万元。以与地方会计师事务所联合审计的方式，对市总本级及职工学校开展年度经费收支情况审计，对全市 23 个镇乡街道工会及其机关工会的财务收支情况实现全覆盖实地审计，对 8 家产业、系统工会实施送达审计，同时对 3 家基层工会开展巡视审查。

（总工会 钱玉莲）

共青团诸暨市委

【概况】2021 年，全市有 14 ~ 35 周岁青年 23.75 万人，共青团诸暨市委（以下简称团市委）有基层团委 88 个，团工委 7 个，团总支 18 个，团支部 2758 个，团员 53805 名，团青比例 22.65%。2021 年获诸暨市先进基层党组织称号。

【团员青年思想建设】2021 年，团市委始终把意识形态建设摆在突出位置，跟随“学党史，强信念，跟党走”的“风向标”深入开展“三个教育”。

学习教育。组建“一起学习·青年说”宣讲团，赴企业、学校开展宣讲活动 100 余场，覆盖青年 4000 余人。发动 55 万人次参与青年大学习，在绍兴“红船杯”青年党团知识竞赛中获优秀奖。组织少先队员开展红色研学，选拔“小小宣讲员”参与党史宣讲、传播“枫桥经验”等，相关工作被人民日报客户端、《绍兴日报》等媒体报道 13 次。引导非公有制企业团员青年围绕“四史”、习近平总书记“七一”重要讲话、中共十九届六中全会精神等开展研讨学习，其中，海亮集团相关做法被团中央报道。

活动教育。发动各级团组织到红色教育基地开展“初心之旅”60 余场，以“不忘初心跟党走 青春共筑中国梦”为主题的“五四”团日活动线上观看 22 万人。10 月 22 日，中国少年先锋队第 72

个建队日，举办“红领巾心向党，争做新时代好队员”主题队日活动。

榜样教育。推荐 1 名个人和 1 个集体获“绍兴青年五四奖章”，4 人获评省优秀少先队员，2 人获评省优秀少先队辅导员。

【基层团组织建设】2021 年，严格落实从严治团要求，通过压实基础团务、推动组织扩面、促进团青交流不断巩固并提升团的组织力、引领力和服务力。在压实基础团务方面，依托“智慧团建”系统，做好全市团员、团组织的摸底排查和信息入库等团籍管理工作，对标对表相关要求，认真做好团(总)支部“对标定级”、新团员发展录入、“学社衔接”、党史学习教育、犯罪团员处分等工作，完成进度均达 100%。在推动组织扩面方面，指导成立市快递物流行业团工委，组建快递物流企业团支部 4 个，覆盖行业青年 300 余人，定向开展“暨阳暖蜂”系列行动，通过“走心”服务凝聚快递行业青年。创建非公有制企业团组织 46 个，培育县域团属青年社会组织 28 家，涵盖志愿服务、创业服务、文艺体育等多个类别，吸纳近千名青年入驻。在促进团青交流方面，完善团干部联系青年工作机制，开展“一专一站两联”工作，常态化走访各类青年群体，并针对“快递小哥”形成专项调研报告，调研素材获团省委相关领导点赞。县级“青年之家”云平台建设位列全国第 42 位，获评省级“闪亮青年之家”。4 月 29 日，组建诸暨“青合力”青年发展智库，吸纳来自复旦大学、杭州日报社、浙江农林大学等专家学者 8 人入驻智库，为常态化研判青年群体动态提供专业支持。

【青年人才引育助力】2021 年，团市委建立“引才”机制，在 31 所“双一流”高校聘任 43 名引才大使，开展宣传推介活动 12 场，引入“双一流”高校硕士 2 名。打造“家燕归巢·引凤筑巢”大学生实践实习项目品牌，新建青年就业见习实习基地 65 个，推出见习实习岗位 700 余个，招募见习实习生 70 名。定向联系北京大学、清华大学、西安交通大学、同济大学等在校生到诸暨开展社会实践，诸暨市入选全国“返家乡”社会实践重点开展市。夯实“育才”基础，协助本地人才申报省级青年工匠 45 名，人数位列绍兴第一，推报 1 名创业青年入选省青牛奖 30 强。完善“留才”服务，举办“‘才’汇诸暨，缘来有你”高层次人才联谊会，服务单身青年人才 60 人，线上活动浏览量达 19.3 万次。协同诸暨农商银行推出“暨 YOUNG 易贷”2.0 版，为创业青年提供信贷支持，累计发放贷款 1.83 亿元，受益 1213 人。依托飨街打造“沉浸式”青年发展中心，为新诸暨青年在城市融入方面提供创业就业、金融扶持、技能培训、婚恋交友等综合服务。

2021 年 4 月 29 日，诸暨首个“青合力”青年发展智库成立(团市委提供)

【志愿服务】2021 年，面向全市各行业招募具有较高政治素质和专业素养的志愿者，组建“星火”志愿服务队，搭建起拥有 50 余名讲师和 9 个团体组织的师资库，打造“暨 YOUNG 缤纷课堂”，服务覆盖 5 个镇乡街道共 20 余所乡村学校。在疫情防控中，诸暨团市委组建 200 余人的青年突击队，深入村社参与信息登记、秩序维护、物资配送等志愿服务，用“辛苦指数”换“安全指数”，并发动青年企业家向疫情防控和文明实践工作捐款捐物，价值累计达 50 余万元。围绕留工稳岗、文明城市复评等市政府中心工作开展“青春暖流”、“绿袖套”垃圾分类、“河小二”护水等各类志愿服务300余场，为袜博会、CBA、第三届政法短视频研讨等大型节会输送志愿者。推报志愿服务领域各类先进，先后获省青年志愿服务项目大赛金奖1个，第五届中国青年志愿服务公益创业赛铜奖1个，入选第十三届中国青年志愿者优秀个人奖和优秀项目奖各1个。

【社会治理参与】2021年，团市委以新时代“枫桥经验”为指导，持续扩充“检馨”司法社工队伍，累计为53名重点青少年提供精准帮扶百余次，并申报全国未成年人检察工作社会支持体系示范建设试点。同时，参与建设的预防青少年犯罪犯罪系统获评浙江省数字化改革第二批“最佳应用”。聘任律师社工等10名青年担任公益诉讼志愿观察员，协助违法案件调查取证，为公众利益保驾护航，入选浙江省公益诉讼志愿观察员制度省级试点。举办集体婚礼，倡导庄重简约的婚礼新风尚，倡导移风易俗，为建设全省共同富裕示范区精神文明高地诸暨试点助力。

（团市委　杨姝）

2021年3月7日，暨阳巾帼联盟成立仪式在诸暨市妇女儿童活动中心举行（市妇联提供）

市妇女联合会

【概况】2021年，市妇女联合会频频亮相全国、全省妇联工作展示窗口，同时全国妇联、省妇联领导多次到诸暨考察调研，并点赞诸暨市妇联工作。11月27日，全国加强家庭家教家风建设工作推进会现场考察在诸暨进行，全国人大常委会副委员长、全国妇联主席沈跃跃率31个省（自治区、直辖市）和新疆生产建设兵团妇联主席、全国妇联相关部门负责人现场考察枫桥经验陈列馆和枫桥镇枫源村，对诸暨市妇联创造性运用新时代“枫桥经验”，把家庭家教家风建设融入基层社会治理的经验做法予以肯定。

【巾帼宣讲】2021年4月，诸暨市号召全市妇联组织组建市、镇、村三级巾帼宣讲团。全市巾帼宣讲团成员达166名(其中市级宣讲团成员15名)；编印《红纽带　巾帼心　宣讲团风采录》，举办全市巾帼宣讲员党史学习培训会，展示市级巾帼宣讲员风采。开展一系列以“党史教育”为主题的巾帼宣讲活动包括市级“五进”宣讲、马剑镇“快板戏曲”宣讲、岭北镇“板凳课堂”、璜山镇田园村嫂“三句半”宣讲等，共计开展巾帼宣讲活动160余场，让党史学习教育“飞入寻常百姓家”。

【“枫桥式”妇女之家】2021年5月10日，诸暨市在枫桥镇枫源村建立绍兴市首家“枫桥式”妇女之家，提炼“妇女平安、家庭小安、社会大安”的基层社会治理理念，明确“五有”（有领雁、有场所、有制度、有活动、有记录）、“五亮”（亮妇联标识、亮组织架构、亮人员身份、亮服务清单、亮活动内容）建设标准。7月，在暨阳、陶朱、浣东、大唐、暨南5个街道试点，10月全域推开，以促进妇女之家与社会治理的深度融合。

【“最美家庭”创建】2021年4月至7月，市妇联组织开展年度诸暨市“最美家庭”寻找推荐工作，在全市范围内寻找推荐“红色家庭”“双创家庭”等5类家庭100户。其中，20户被评为2021年度绍兴市级“最美家庭”，2户家庭被评为浙江省最美家庭，1户家庭被评为全国最美家庭。同时，深化好家庭礼遇机制。9月，公布最美家庭并开展“好家风”宣讲活动。11家单位被纳入"礼遇最美"爱心单位，为各级最美家庭提供礼遇服务，促进全社会营造争做好家庭、礼遇好家庭的良好风气。

【家庭教育】2021 年，市妇联依托家庭教育宣传指导工作站、和美家教平台开展线下赋能式家长会讲座 31 场，受益群众 1400 多人次；开展线上亲子活动 6 场，直播讲座 2 场，直播讲座场均收看 10 万人次，累计服务家长超 20 万人次；和美家教平台推送家庭教育精品文章 352 篇，累计阅读量超 60 万人次。为扩大家庭教育指导员队伍，7 月开始联合市人社局在全市范围内启动实施三年家庭教育指导专项能力培训计划，2021 年完成培训 150 余人，力争通过 3 年时间，实现村村都有家庭教育指导员的目标。

【家风培育】2021 年 5 月，以家庭家教家风宣传月为抓手，以"颂党恩 传家风"为主题开展"六大"系列主题活动。在全市开展以"廉洁同心——家风家训我来说"为主题的短视频征集活动，网络累计访问量达 70 多万人次；联合市委宣传部、文广旅游局等单位主办"童声阅读会"，活动共吸引千余户诸暨家庭参与，涌现出一大批关于家风家训、美好家庭、好美诸暨的原创作品；联合"吾心公益"开展"千家万户 为爱赋能"活动，百余户家庭参加草坪派对，弘扬"建设好家庭、秉持好家教、传承好家风"的文明新风尚。

【美丽庭院建设】2021 年，结合创建实际，诸暨市妇联提炼"五美"（庭院布局特色美、文明和谐家风美、环境卫生整洁美、种树栽花景致美、自主管理长效美）标准，通过广泛发动、重点培育、示范引领，号召全市 23 个镇乡街道巾帼力量参与美丽庭院建设。全年共打造美丽庭院示范镇 2 个、示范村 20 个、示范户 1.2 万户。创建过程中，市妇联为全市范围内 23 个镇乡街道开展美丽庭院创建业务培训课；6 月通过民政公益创投项目开展美丽庭院赋能，组建一支覆盖 23 个镇乡街道的美丽庭院志愿队伍并链接高校农林专业老师上课；9 月 30 日，在五泄镇十四都村召开市级美丽庭院创建推进会，进一步明确目标、压实责任；与融媒体中心联合推出"建美丽庭院，助乡村振兴"专栏和"美丽庭院我代言活动"，宣传活动参与量达 13 万人次。

2021 年 11 月 27 日，全国加强家庭家教家风建设工作推进会与会人员现场考察枫桥经验陈列馆（市妇联提供）

【"诸暨市巾帼文明岗"创建活动】2021 年，全市共 39 家单位争创诸暨市级巾帼文明岗，覆盖教育、卫生、国企、养老护理、互联网等机关企事业单位，经现场验收、资料审核，共创市级示范性巾帼文明岗 25 家。创建单位开展"我为群众办实事""岗岗结对百岗联动"系列活动 59 场。

【诸暨市女企业家协会换届】2021 年 4 月 23 日，诸暨市女企业家协会第四届第一次会员大会召开，选举产生新一届理事和会长班子。中共诸暨市委副书记潘超英，市妇联党组书记、主席杨军燕出席会议并讲话，市妇联副主席祝俞峰主持会议。全市各行各业 70 余名女性企业家参会。会议按程序选举产生诸暨市女企业家协会第四届理事会，并召开第四届理事会第一次会议，选举产生理事会会长 1 名、常务副会长 1 名、副会长 7 名、秘书长 1 名。浙江上峰控股集团有限公司董事长俞小峰当选新一届协会会长。

【社会捐赠】2021 年，诸暨市女企业家协会、青年女创客联盟（伊创社）参加东西部协作社会捐赠等公益活动，共向四川省沐川县捐赠物资 58 万元；在“99 公益日——春蕾绽沐川 为爱一起捐”活动中，市镇村三级妇联、机关妇联及女企协、伊创社全员参与，共计捐赠 253987.8 元；11 月，在“爱心早餐”活动中协会共捐赠 8 万元；春节期间，开展“巾帼助力情暖春节”关心关爱留在诸暨的儿童，协会企业共计捐棉袜 3360 双。

【婚姻家庭矛盾纠纷化解】2021 年 6 月，市妇联和公安局等 12 家单位联合印发《关于建立反家暴依法联动处置机制的工作方案》，完善反家暴工作领导小组，指导镇乡街道成立反家暴联盟工作室，做好调解、法律援助、心理疏导等工作；开展重点人员（家庭）专项摸排，做到一户一表，并实行红橙黄三色动态管理，着力化解婚姻家庭矛盾纠纷。继续培育“西施娘家人”子品牌工作室，如指导店口镇成立“闲人马大姐”工作室，为妇女儿童提供法律培训、咨询和心理疏导。其中，“枫桥大妈”及“江大姐”家事调解工作室于 3 月获评首批省级婚姻家庭纠纷化解品牌工作室。实施第二个 500 名计划，组织 5 期共 514 名村妇联主席、执委参加婚姻家庭辅导员培训；开展西施娘家人精英调解员各类座谈、培训等活动 12 场，内容涉及法律培训、如何接待妇女来访、如何处理家暴案件等，为 35 户家庭开展化解、咨询服务。

【“平安家庭”创建】2021 年 3 月 4 日，市妇联联合市公安局、检察院等 10 余个部门在城市广场开展“与法同行 她在行动”暨“三八”维权宣传咨询服务活动，发放宣传资料 1850 份。联合市司法局直播妇女维权课堂，8 万余人收看；联合市民政局、法院通过“婚前小课堂”线上平台实施法治宣传及婚恋引导，惠及 2160 对新人。“三八”期间，各级妇联线上线下共开展宣传活动 352 次。11 月，下发创建平安家庭倡议书，通过上门走访、微信转发等形式宣传“平安家庭”创建 11 万人次，通过诸暨普法微信推出“反对家庭暴力，你我同创平安家庭”知识竞赛活动，发动群众学习民法典、反家暴法等知识，参赛人员 5000 余人次。

【困难妇女儿童关爱】2021 年春节前，市妇联走访慰问 10 余名困难妇女家庭。8 月，开始在全市 65 个行政村试点开展“邻里搭把手”巾帼志愿活动，共摸排出需要帮扶的困难老人、留守儿童共 170 名。招募巾帼志愿者 515 名，通过“3+1”（3 个志愿者结对 1 个帮扶对象）的结对模式，不定期开展结对帮扶活动。11 月，为全市 53 名基层困难妇女干部送上 5.3 万元慰问金；为全市 300 名低保女性参保康乃馨女性健康保险；为“两癌”（乳腺癌、宫颈癌）妇女争取到 1 万元的救助款；为全市 1200 对中老年家庭拍摄“百年辉煌 定格瞬间 礼遇最美”公益婚纱照。关心关爱儿童工作，提升基础型儿童之家，创建 5 家绍兴市级示范性儿童之家，1 家省级示范性儿童之家。结合“双减”工作，利用市镇妇女儿童之家等场地，发动社会组织为留守儿童开展“我为孩子上堂课”“走读乡村”等公益活动；“六一”当天沈平江、胡华良等市领导分别到部分小学、幼儿园亲切看望慰问少年儿童及教职工，“六一”期间全市共捐资 99.72 万元，结对贫困儿童 195 名。

【“十四五”妇女儿童发展规划】根据上级妇女儿童规划要求，结合本市发展实际，通过调研部门、走访重点单位、专家论证等方式，2021 年 10 月，发布“十四五”妇女儿童发展两个规划。总结“十三五”妇女儿童发展两个规划，其中妇女发展规划 96 个指标、儿童发展规划 91 个指标基本达到规划进度要求，部分指标超额完成。成员单位市卫健局获评省实施妇女儿童发展规划成绩突出集体。

【暨阳巾帼联盟成立】2021 年 3 月 7 日，以“巾帼心向党 · 建功十四五”为主题的暨阳巾帼联盟成立仪式在诸暨市妇女儿童活动中心举行。“暨阳巾帼联盟”成员由历年市级以上三八红旗手（集体）、巾帼建功标兵（集体）、巾帼文明岗等女性成员 94 人（集体）组成，旨在团结引领广大妇女听党话、跟党走，引领联盟成员在建设社会主义现代化先行省中当好“领头雁”“先行者”，将联盟打造成展示新时代暨阳女性崭新风貌的“金名片”，向中国共产党成立 100 周年献礼。

（妇联　郭珈冰）

市科学技术协会

【概况】2021 年，市科学技术协会

2021 年 4 月 27 日，省农科院专家在枫桥镇钟山村一处农场现场指导“金桥工程”甘薯脱毒微型薯高效育苗新技术应用（科协提供）

（以下简称市科协）紧扣“解放思想、开放发展、改革破难、创新驱动、整体智治”工作主线，履行“四服务”工作职责，努力展示科协作为。组织党的创新理论宣讲。全面学习贯彻中共十九届六中全会精神和习近平总书记 5 月 28 日在院士大会上的讲话精神，深入企业、学会、平台等基层一线宣讲。推进党建品牌创建工作。重点培育“众心向党、科技为民”党建品牌和科技志愿服务队伍。组织广大科技工作者开展有温度、有态度的社会公益服务。推进数字化科协建设。梳理科协核心业务，谋划智库、学会、科普三大应用场景，明确年度任务清单，细化成 35 个项目，实行挂图作战、销号管理。加大举荐表彰力度。组织开展“‘5·30’全国科技工作者日‘十个一’”系列主题活动，讲好科技工作者奋斗创业故事，组织科技工作者参与创新争先活动，举荐 18 人参加省科技追梦人、创新达人、青年科技英才评选。

【科技经济融合助力】2021 年，市科协加强科技创业创新平台建设。清理规范 31 家院士（专家）工作站，实现规范化、实效化运行；组织开展年度绩效评价工作，优秀率达到 40%，全年共申请专利 305 个，开发新产品 106 件，获得各级成果奖励 28 项，牵头或参与制定国家标准 7 个；新建海亮生物、万安科技等 6 家院士（专家）工作站和省农产品质量安全协会诸暨学会服务站，引进国际顶尖人才 2 名、国家级领军人才 4 名；组织“院士专家助企赋能”活动。举办 4 场院士专家诸暨行活动。围绕全市发展大局和科技创新需求，邀请 7 位院士到诸暨调研指导，深入企业一线把脉会诊、交流合作，3 名院士与企业分别达成技术合作项目。搭上招才引智“春秋专列”，依托长三角名校名所资源，分别与南京大学、江苏省院士服务中心、湘湖院士岛等建立合作共享关系；组织 10 名院士诸暨行，开展 20 场进企科技人才项目对接活动，达成 6 个科技人才项目合作意向。开展学术品牌培育工程。围绕学会组织规范化建设，支持学会承接政府职能，深化 5 家星级学会能力建设，围绕数字赋能、产业振兴等主题组织实施 14 个学术项目，开展 30 场大型学术交流活动，调动学会组织服务经济发展积极性；活跃学术思想，完善自然科学优秀学术论文评选机制，组织开展 2019—2020 年度评选活动。

【科普惠民】2021 年，诸暨市拓展科普传播平台，加强科普教育阵地建设。诸暨市拥有米果果小镇国家级科普教育基地、创建香榧博物馆等 3 家省级科普教育基地、同文少年农科院等 5 家绍兴市级科普教育基地（见表 21）和 4 家绍兴市级农村科普示范基地（诸暨市非遗同山烧农村科普基地、诸暨市陈宅陈赢荣家庭农场、诸暨市枫桥阿钢家庭农场、诸暨市可甜家庭农场）；运用科普信息化手段，优化公交视频“科学解码”栏目、“科普 60 秒”节目等媒体宣传渠道。培育科普活动品牌，以青少年科学素质为重点，开展 14 场“科学家面对面”中科院老科学家科普报告、8 场“科普暖童心”活动、15 场“科普大篷车”进乡校活动、“校园科学达人”大赛等活动，其中“农科小院士”科普探秘活动获评 2021 年全国科普日优秀活动。开展科普专项行动，

省级科普教育基地——中国香榧博物馆(科协提供,摄于 2021 年 8 月)

2021 年诸暨市的绍兴市级以上科普教育基地一览表

表 21

基地名称	基地级别
诸暨米果果小镇农业科普教育基地	国家级
乐航人工智能体验馆	浙江省级
越红博物馆	浙江省级
诸暨市香榧博物馆	浙江省级
诸暨市香榧博物馆	绍兴市级
诸暨市越红工夫茶文化科普教育基地	绍兴市级
诸暨市牌头镇中心小学同文少年农科院	绍兴市级
诸暨市暨阳街道滨江小学科技馆	绍兴市级
诸暨市枫桥镇安防体验馆	绍兴市级

围绕助力疫情防控,线上线下开展“破解疫苗犹豫”科普专项行动;围绕数字化改革,应对人口老龄化,制定“银铃跨越数字鸿沟”科普三年专项行动,共举办活动 285 场次,培训老年人 13528 人次;围绕新时代文明实践示范区建设,开展 45 场科普讲师团进文化礼堂活动,发放宣传资料 1 万余份,科技志愿服务平台注册人数达到 1750 人。

【科技工作者建言献策】2021 年,市科协与暨阳学院合作建立 187 个科技工作者调研点,继续开展科技工作者状况调查,掌握科技工作者队伍的生产生活状况、需求、建议,形成决策参考。组织科技工作者建言献策活动。围绕基层科技创新需求,组织实施 16 个金桥项目和 3 项调查课题。开展学会品牌活动,在“枫桥经验”“未来社团”“数字化改革”“乡村振兴”等方面主动作为,发出科协声音,其中美食营养研究会组织共享食堂周六美食沙龙助力共享社区建设,计算机学会则助力数字诸暨赋能工程。 （科协　王建锋）

市归国华侨联合会

【概况】2021 年,市归国华侨联合会(以下简称市侨联)共接待侨界群众 24 人次,帮助解决就学、就业、出国留学、经济纠纷等问题。全年走访侨企 22 家,收集侨企问题 13 个,协助解决 12 个。上门慰问侨界重点代表人士、困难和老年侨眷以及困难群众 100 余人次,发放慰问金及慰问品共计 5 万余元。12 月 28 日,召开换届选举党员大会。

【涉侨服务】2021 年,常态化疫情防控形势下,市侨联继续响应海外诸暨籍侨胞、留学生需求,把支部建在“网上”,依托“侨之家”、海外同乡会、留学生微信群等平台,开通疫情服务网上直通车,提供 24 小时保姆式在线服务,方便了解国内疫情防控相关政策措施。累计为侨胞、留学生提供“一对一”的政策咨询服务 100 余次。

3 月,法国一名侨胞因疫情原因无法回国料理诸暨亲人丧葬事宜,市侨联发挥联系归侨侨眷和海外侨胞的桥梁纽带作用，召开班子会议商讨研究，并发动主管的社会组织“诸暨市出国留学人员和家属联谊会”志愿者10余名，会同侨联机关党员干部赴农村为该侨胞亲人处理丧葬事宜。

4月，陶朱街道侨属企业诸暨市大德润滑油有限公司在土地使用方面存在相关信访问题，市侨联党员干部主动上门服务，详细询问和分析企业存在的困难，并多次走访事权部门，协调相关当事人，帮助企业妥善解决问题。

【“留联会”联谊活动】2021年，在市侨联指导下，留联会共开展各类活动34次，参加会员近1000人次。主要有书画班、英语兴趣班、美容班、健康美食班、侨界青年联谊派对等。（侨联　张楚）

市工商业联合会

【概况】2021年，市工商业联合会（以下简称市工商联）保持“奔跑的工商联”的奋进姿态，紧扣“两个健康”（非公有制经济人士健康成长，非公有制经济健康发展）工作主题，紧紧围绕“信任、团结、服务、引导、教育”十字方针，发挥工商联桥梁纽带和助手作用，为打造浙江高质量发展建设共同富裕示范区诸暨范例凝聚力量。获评“浙江省工商业联合会2019—2020年度‘五优’县级工商联”、2020年度全省工商联系统专项工作先进单位。《规定动作做“加法”，服务民企求实效》获评省工商联二季度“县级工商联服务‘两个健康’优秀案例”。

市工商联在中国共产党成立100周年前，在《诸暨日报》开设“庆祝建党百年　展示诸商风采”特别栏目，按月展示市内外诸商风采，推出市内6期、市外3期，宣传13位优秀民营企业家及其企业。同时，面向民营经济人士组织党史主题宣讲、授课7次，营造党史学习教育氛围。10月26日，在《诸暨日报》刊登《创建清廉民企倡议书》，培育“清廉民企”创建示范典型。

2021年2月，调整组织架构组建总商会党委；8月6日，完成总商会党委及下属商会党支部换届选举工作。5月27日，指导鞋业协会完成换届。12月，推荐诸暨市江西商会获评全国“四好”商会，徽商企业家联合会获评浙江省“四好”商会，诸暨市璜山商会、徽商企业家联合会获评绍兴市“四好”商会；推荐富润控股集团为省纪委监委清廉民营标杆企业，海亮集团为省工商联清廉民营企业示范单位。

【参政议政】2021年1月12日至14日，在政协诸暨市第十四届委员会第五次会议中，市工商联作《坚持发展新时代“枫桥经验”构建民营企业参与社会治理新格局》的大会书面发言。会议期间，工商联界别委员共向大会提交提案11件。全年组织政协工商联界别各类调研活动10余次，完成“关于加强新生代企业家培养的几点建议”重点提案答复工作。组织500余家次企业开展民营企业运行状况调查、2020年度民营企业社会责任调研、上规模民营企业调研等。

【公益活动】2021年，市工商联结合工商联所属商（协）会规范化建设工作，引导江西商会等直属商（协）会在市慈善总会、市红十字会设立冠名公益基金，组织温州商会、徽商企业家联合会、新企联等参与护苗行动、反诈宣传、应急救援等助学助困、义警和志愿者活动。

【区域协作助力】2021年，市工商联引导民营企业投身东西部协作、山海协作、帮促共富等活动。8月26日，牵头召开“加强区域协作”板块工作联席会议，完成村企结对。9月至10月，两次率诸暨市企业前往四川省乐山市沐川县实地考察，诸暨市民营企业（商协会）作为帮扶方，与沐川县26个行政村签订结对帮扶协议。东西部协作板块任务指标完成率居绍兴市第一。组织商协会、民企与新昌县22个村、与沐川县26个行政村签订结对帮扶协议，同时因地制宜推进蓝莓种植加工的产业帮扶、电商帮扶、培育蓝领技术人才等多种帮扶机制。

【企业服务】2021年，常态化邀请市三服务办、市纪委监委参与“亲清直通车·政企恳谈会”，分别联合市科技局、市税务局完成“科技自立自强促发展”“学党史、办实事‘便民办税春风行动’”规定动作，自主选题联合经信局开展以“先进制造业发展”为主题的新生代企业家联谊会专场“亲清直通车·政企恳谈会”，全年共发出专题简报8期，累计收集问题建议118个，全部解决落实。

2021 年 4 月 9 日，诸暨市第五期“亲清直通车·政企恳谈会”现场（工商联提供）

8 月 31 日，联合市司法局、绍兴律师协会诸暨分会启动“百所联百会”活动，与市司法局、绍兴律协诸暨分会签订“百所联百会”战略合作框架协议，新企联、牌头商会、江西商会、温州商会和徽商企业联合会 5 个商会与律协分会及 4 家律师事务所签署法律顾问合同。12 月，联合司法局开展“法治民企推进周”活动，为商会提供法律咨询解答、普法宣传、法治体检、权益维护法务培训等各类服务 81 次。创新提升“枫桥经验”，继续打响“商事纠纷找商会”的调解品牌，全年商调委共受理各类民商事纠纷案件 123 件，成功调解 122 件，调解成功率为 99.2%。

市工商联联合人民银行诸暨支行开展 2020 年度“百家民企评银行”活动，组织 150 余家直属商（协）会、新企联和工商联会员企业参与评价。对接农商银行、建设银行、泰隆银行开展企业融资需求服务，全年为 90 余家中小会员企业融资 7000 多万元。与建设银行诸暨支行建立起常态化沟通联系机制，共同开展服务诸商、精准纾困专项行动。

【新生代企业家联谊会】2021 年 1 月 4 日，诸暨市新生代企业家联谊会（以下简称新企联）换届，第二届理事会理事 134 名，其中会长 1 名、副会长 12 名。聘请石磊、陈利祥、赵林中、舒英钢、魏江等 5 人为第二届理事会创业导师。市工商联指导新企联深化走访交流制度，走访创业导师、指导单位和理事 50 余家；完善理事进出机制，优化组织管理；持续推进政企交流，推选优秀新生代企业家作为政企联络专员进入部门挂职；推选 37 名新生代企业家赴浙江大学参加“常青藤培育计划”第八期研修班。

（工商联　沈彬）

市文学艺术界联合会

【概况】诸暨市文学艺术界联合会（以下简称市文联）有 8 个直属协会：作家协会、书法家协会、美术家协会、摄影家协会、民间文艺家协会、诗词楹联学会、音乐舞蹈家协会、戏剧协会。有 7 个管理协会：浣纱文学读书会、油画家协会、诸暨印社、王冕研究会、五泄诗画研究会、濂溪文化研究会、望烟书画院。2021 年，市文联坚持文艺“两为方向”和“双百方针”，面向基层，服务群众，履行联络、协调、服务职能，坚持弘扬主旋律，开展各项工作。全年共开展送春联、送福、送书、送戏、送讲座进村、社区等各类活动共计 40 余场次，送福 3000 余个，送书 400 余册。5 月 6 日，市文联召开第七次代表大会，完成各项议程和文联班子换届，开启文艺工作新一轮“五年计划”。

【“西施杯·印象诸暨”歌词原创作品全国大赛】2021 年 5 月 24 日至 28 日，“西施杯·印象诸暨”歌词原创作品全国大赛启动，活动由诸暨市委宣传部、诸暨市文学艺术界联合会主办，诸暨市西施文化研究中心和中国好童声歌唱大赛组委会承办。开幕式结束后，“中国好童声”推荐 20 名音乐人组成“西施杯·印象诸暨”歌词原创作品采风团，在诸暨范围内进行 3 天的采风创作。7 月，完成“西施杯·印象诸暨”歌词原创作品全国大赛评选。10 月，完成“西施杯·印象诸暨”版权协议，发放获奖证书、奖金，以及为前三名获奖作品配曲。11 月，完成“西施杯·印象诸暨”歌曲演唱人员的选拔。12月，录制《青春诸暨》MV（音乐短片），录制《梦入诸暨》《荷花女神》等歌曲。

【《浣纱》红色专刊】2021年，以“建党百年”为主题，在“七一”前夕出版《浣纱》红色专刊，专刊集合文学、摄影、书法、美术、诗词、戏剧、音舞、民间文艺等8个直属文艺协会的力量，作品集中展现中国共产党成立100周年光辉历程和取得的伟大成就，反映诸暨人民生活变化，用文艺纪录时代脚步，用作品反映历史光辉，专刊出刊2000册。

【新时代文明实践文艺服务】2021年5月11日，市文联摄影家协会在同山镇边村开展“我为金婚留光影”——红色惠民拍摄活动，为该村20多名老党员免费拍摄形象照、金婚照、党员家庭照。6月，市文联摄影家协会组织10多个志愿小分队，分赴全市各镇乡街道开展庆祝中国共产党成立100周年红色惠民拍摄活动，为全市抗战老兵、1954年10月31日之前入伍的农村复员军人、党龄60周年以上部分农村老党员免费拍摄形象照，并装框赠送。8月29日，市摄影家协会走进军营记录军营生活，送别老兵。9月14日，诸暨市文联、诸暨市书法家协会走进斯民小学，开展“行走乡村，文化润乡”之“文艺大讲堂”主题活动，活动惠及超过2000人。下半年，围绕建设共同富裕示范区主题，将“我为金婚留光影”全面升级为“我为幸福留光影”，拓宽服务对象，增加典型“四代同堂”家庭、特色村庄“全家福”等群体拍摄。“行吟诸暨——一个村庄一首诗”项目走进马剑镇、街亭镇、暨南街道、浣东街道、枫桥镇、东白湖镇、店口镇、次坞镇、陈宅镇，共计创作诗歌20余首，为诸暨村庄留下美丽篇章，同时打造志愿服务名片。

2021年5月6日，诸暨市文学艺术界联合会第七次代表大会召开（市文联提供）

【“名家画诸暨”大型采风活动】2021年4月23日至27日，由中央电视台书画家协会、浙江省诸暨市人民政府主办的“名家画诸暨”大型采风活动在诸暨举行。市文联作为举办方之一全程陪同采风写生5天，8名知名油画家创作56幅油画作品。5集文化纪录片《名家画诸暨》于5月11日至28日在中央电视台11套播出，每集6分钟。

【“万物开源、情牵山海”活动】2021年3月29日至31日，受中共遂昌县委宣传部、遂昌县文学艺术界联合会邀请，市文联杨国忠主席带队，诸暨市书画艺术家赴遂昌开展“万物开源、情牵山海”——诸暨上虞南湖象山遂昌“仙侠雅集”活动，向中国共产党成立100周年献礼。诸暨书画家创作的16件书画作品全部无偿捐赠给遂昌“天工之城”项目，“山海协作”单位友好文联签约仪式同时进行。

【青年书法“王冕奖”】2021年11月30日，诸暨市组织评选青年书法王冕奖，从100多位青年书画作者中评选出10名授予书法王冕奖。

【网上文学笔会】2021年12月10日至11日，因疫情原因，诸暨市首次举办网上文学笔会，邀请《上海文学》《文学报》《四川文学》《草堂》《诗刊》《诗林》等杂志的编辑老师通过微信群直播点评指导。

【“西施故里·好美诸暨”第二届诸暨全国摄影大展作品征集】2021年1月至11月30日，市文联协办的建党百年·绿水青山行——“西施故里·好美诸暨”第二届诸暨全国摄影大展开启作品征集工作。

此次全国摄影大展旨在庆祝中国共产党成立100周年，践行“两山论”，运用摄影这一直观的艺术形式宣传诸暨，助力诸暨提升对外知名度。活动征集反映诸暨自然风光、人文风情和时代发展成就的摄影作品，重点反映西施故里旅游区、五泄风景区、白塔湖国家湿地公园、斗岩风景区、汤江岩风景区、山下湖珍珠小镇等诸暨优质文旅资源以及诸暨各个乡镇时代发展成就的相关作品。

【各类展览】2021年6月28日上午，“庆祝中国共产党成立100周年诸暨市文艺界诗书画作品展”开展，诸暨网上艺术馆同时展出。8月18日，“艺心永驻，初心永恒”王育权人物画作品展在西施故里旅游区寿崇德艺术馆开幕，诸暨网上艺术馆同时展出。10月27日，“翰墨辉映——上海宝山·浙江诸暨”书法联展在寿崇德艺术馆开展，诸暨网上艺术馆同时展出。12月1日，诸暨网上艺术馆展出“西施杯·印象诸暨”原创歌词作品展。12月30日，诸暨网上艺术馆展出“艺心向党 摄影惠民”——诸暨市摄影家协会公益活动特辑。

【《浣纱》杂志编印】2021年，共编印6期，其中第三期为中国共产党成立100周年专刊。2021年度“浣纱文学奖”共评出10件优秀文学作品。

【诸暨人文大讲堂】2021年，市文联邀请涂国文、雷默、裘浙锋等文艺名家到诸暨讲学，共举办文学、书法、美术、摄影、戏剧、音乐等各类讲座20期，受众达1000人次。

（文联　楼海霞）

市社会科学界联合会

【概况】2021年，市社会科学界联合会（以下简称社科联）发挥社科研究、社科普及和地方文化研究等方面的职能作用，被省社科联命名为浙江省建设“重要窗口”社科调研基地，申报的线上科普项目入选省级年度社科普及创新项目，出版地方历史文献整理工程“诸暨文丛”的首部书籍。在2021年度全省社科工作测评中，诸暨市社科联再获优秀等次，实现省级社科测评优秀单位“五连冠”。

【社科联第二次代表大会】2021年5月8日，诸暨市召开市社会科学界联合会第二次代表大会，市四套班子主要领导出席。会议审议通过市社科联第一届理事会工作报告和修改后的章程，选举产生市社科联第二届理事会主席、副主席和秘书长。代表大会按照市委群团改革关于领导班子配备的要求，从市委党校和地方高校中选择专家学者，作为兼职和挂职副主席充实到社科联班子中，落实“专、兼、挂”相结合的要求，为基层社科联拓展工作视野、增强工作能力奠定基础。

【省级社科调研基地建设】2021年8月25日，浙江省社科联发布《关于建立第二批市县建设“重要窗口”社科调研基地的通知》（浙社科联发〔2021〕45号）文件，诸暨市被确定为省级社科调研基地，成为全省19个之一、绍兴市唯一的省级社科调研基地。县级社科调研基地是省社科联为实现基层社科组织提质升级的重要举措。成为调研基地后，省社科联每年给予一定的经费资助，并调动各高校社科联、新型智库和科研机构的研究力量下沉，开展跟踪式、蹲点式调研，帮助基层总结实践经验、破解发展难题、提升开展理论研究和决策咨询的能力。诸暨基地成立后，在省社科联的统一协调下，与浙江财经大学中国政府监管与公共政策研究院、浙江省委党校、之江青年徐友龙团队等达成长期合作意向，开展社会治理先行示范和打造精神文明高地等主题调研，为诸暨经济社会发展提供智力支持。

【“庆祝中国共产党成立100周年”理论征文】2021年4月，根据党史学习教育的统一部署，市社科联组织开展“庆祝中国共产党成立100周年”理论征文活动。征文是全市庆祝中国共产党成立100周年系列活动和推进党史学习教育的重要内容之一，旨在充分挖掘诸暨“红色根脉”的资源优势，努力把红色资源优势转化为经济社会发展的胜势。征文围绕习近平新时代中国特色社会主义、中国共产党成立100周年等主题，与坚持发展新时代“枫桥经验”“杭绍同城”等工作相结合开展。共收到征文121篇，评选出一等奖2名、二等奖3名、三等奖4名，获奖作者受邀参加红色文化学术研讨会。

【“丰碑照耀前行路——诸暨红色文化与人文精神研讨会”学术研讨】2021年6月17日，诸暨市举办“丰碑照耀前行路——诸暨红色文化与人文精神研讨会”。本次研讨会由市委宣传部主办，市社科联、市委党校、市史志研究室承办，邀请暨阳学院有关专家和诸暨市地方文化研究学者参加。会上宣布“庆祝中国共产党成立100周年”理论征文获奖名单，并就诸暨红色文化与人文精神等内容开展讨论。

【社科普及】2021年，诸暨市依托社科之家，举办“浣江雅集”系列讲堂、座谈、主题沙龙、新书发布等普及活动21场，邀请浙江省文物考古研究所研究员蒋乐平、浙江广厦职业技术大学地域文化研究中心主任顾旭明、宋史研究学者金纲等专家走进诸暨开展文化交流，结合党史学习教育“三为”要求开展民生政策宣讲和红色文化普及，着力打造线上平台，与“1963法润”直播平台联合开展线上讲座7期，总阅读量达75万次。依托各级社科基地开展“社科普及周”等系列活动，整合市内外科普资源，开展“立心铸魂——红色精神谱系中的绍兴基因”等社科人文巡展、宣讲60余场，丰富社科基地的普及内容。在年度绍兴社科普及周优秀项目遴选中，诸暨市博物馆、同山丽坞底文化礼堂申报的普及项目获绍兴市社科联重点项目补助；在省创新普及项目评选中，诸暨市申报的“1963法润”线上科普项目入选浙江省社科普及创新项目。

【“诸暨文丛”首部作品《王厚之集》出版】2021年5月，诸暨历史文献整理工程“诸暨文丛”的首部作品《王厚之集》正式出版。王厚之是南宋杰出的金石学家、中国印谱学的奠基者，其著述深受后世学者推崇，所著的《复斋钟鼎款识》在流传和刊刻过程中，留下了元、明、清三朝众多一流名家的鉴赏题跋印记，堪称诸暨宋韵文化传世传播的绝世妙品。王厚之的金石学著述大多散佚，仅存《复斋钟鼎款识》和《汉晋印章图谱》。市社科联牵头征集版本影印，并辑录相关诗文，合成《王厚之集》一书。全书共15万字，由浙江古籍出版社出版。

2021年4月17日，诸暨市邀请浙江省文物考古研究所研究员蒋乐平作《从河姆渡到上山》专题讲座（社科联提供）

【出版《2020诸暨社科集粹》】《诸暨社科集粹》已出版7辑，主要汇集本土研究成果，为地方文化研究提供交流和展示的平台。《2020诸暨社科集粹》延续原有的“三贤研究”“史海钩沉”“人物春秋”“诸暨古籍”“暨邑故实”“风物民情”6个栏目编辑，收录文章12篇，2021年12月由西泠印社出版。

【地方文化宣传】2021年初，浙江省委宣传部、省政协文化文史和学习委、浙江广电集团联合策划“浙江文化印记”系列纪录片拍摄，《西施传说》作为首批20项“浙江文化记忆”之一名列其中。市社科联牵头开展前期调研，做好资料收集和专家推荐等工作，并协助浙江电视台主播小强带领的团队开展实地拍摄。9月8日，《西施传说》纪录片在浙江公共新闻频道播出，西施故里的文化魅力通过浙江之窗再次得到展示。同时，市社科联抓住浙江公共新闻频道《文化浙江大讲堂》征集古村落拍摄的机会，申报题材，选取文化底蕴深厚的斯宅村，提前做好脚本撰写、采访对象落实等工作，并陪同摄制组进行踩点和录制。11月7日，《诗路明珠：孝文斯宅 有秩斯祜》在浙江新闻频道播出。（社科联　孟建阳）

市残疾人联合会

【概况】2021年，全市有各类持证残疾人26512人，其中视力残疾2636人，听力残疾2573人，言语残疾1255人，肢体残疾12289人，智力残疾3089人，精神残疾3820人，多重残疾850人。全市新增残疾人证1934本，组织上门评残服务144人次，提供跨区域评残服务5人次，换发补发残疾人证919本，核实并注销827人次。7月始，残疾人证新办证、遗失补办等6个事项实现"跨省通办""全省通办"，共计办件36件次。全市配有残疾人专（兼）职委员512人，每年走访残疾人家庭不少于2次，累计发放工作补贴118万余元。9月至11月，开展全市残疾人基本状况调查，对26487名持第二代残疾人证的诸暨籍残疾人实施入户专项调查，入户率超过99%，App采集率100%。6月开始第三代残疾人证（智能卡）的换代，完成基本信息完善和预制卡处理。市残联保障全市残疾人在现代化和"共同富裕"道路上"一个不掉队"。荣获"全国残疾人工作先进单位"称号，荣记绍兴市政府集体三等功，获绍兴市2021年度区（县、市）残联工作目标考核第一名。

【涉残民生实事】2021年，根据省政府涉残民生实事工作要求，指导山下湖镇、大唐街道、陈宅镇、马剑镇以及店口镇融爱学园5家"残疾人之家"提升建设工作，并通过省级验收。全年开展"千个支部万名党员助残职业服务行动"，426人次党员参与助残志愿服务；指导以自闭症儿童康复为重点的诸暨市融爱学园康复中心创建为省级残疾儿童康复机构，该机构被省残联命名为2022年杭州亚残运会残疾人事业展示点。

【残疾人兜底保障】2021年，市残联与民政局、教体局、人社局、医保局等部门共享信息，提升"两项补贴"（困难残疾人生活补贴、重度残疾人护理补贴）发放管理水平。残疾人社会商业保险补贴全覆盖，为新增残疾人缴纳保险金，理赔109人次；为全市23家残疾人机构购买机构综合保险。全年残疾人两项补贴累计发放4634.55万元，惠及残疾人19532人次；助学补助发放37.59万元，惠及56名残障学生、贫困残疾人子女和残疾人大学生；残疾儿童康复救助98人次，残障人士康复训练救助215人次，累计发放救助金266余万元；发放残疾人机动轮椅车燃油补贴66560元，惠及下肢残疾人256名。

【残疾人就业扶贫】2021年，残疾人网上招聘会共发布岗位186个，帮助3家企业参加绍兴残疾人专场网络招聘会。残疾人新增就业178人。线上线下职业技能培训11场，培训428人。事业单位新招录在编在职残疾大学生1名。全市用人单位按比例安置残疾人就业企业586家，安置残疾人职工1744名。残联向正常运营的"残疾人之家"发放星级奖励和考核奖励134万元。"残疾人之家"星级评定4家，星级复核19家，发放运营补助和管理人员补助400多万元，促进残疾人辅助性就业422人。

【残疾人康复服务】2021年5月，诸暨市被中国残疾人联合会确定为残疾人家庭医生签约服务重点联系点后，市残联推进残疾人"康复之家"建设试点工作，制订《诸暨市残疾人家庭医生签约服务重点联系点工作实施方案》，枫桥镇、璜山镇、暨南街道超前完成"康复之家"试点建设。残疾人基本康复服务率达到100%（指标数为95%以上），精准康复服务率达到98%（指标数为75%以上），残疾人辅助器具适配率达到100%（指标数为85%以上）。持证残疾人家庭医生签约率达到90%（指标数为70%以上），纳入医疗救助的精神残疾人免费服药覆盖率达到100%（指标数为100%）。市残联结合残疾人共享小康工程，实施精准康复服务，其中假肢适配42条，助听器验配111只，配发轮椅136辆、四脚拐39根、双拐17副、盲人智能眼镜19副、盲杖12根、助行器2个、护理床1张。

【文化助残】2021年，市残联将更多残疾人节目、工作融入中国共产党成立100周年主题系列宣传，组织开展主题为"巩固残疾人脱贫成果，提高残疾人生活质量"的助残日系列活动，全市开展46次助残活动，惠及3000多名残疾人。推进文化助残"五个一"活动，受惠群众超500人次。摸排参与"最美浙江人·最美残疾人家庭"活动，冯迪女家庭获提名奖。开展党员助残志愿服务，推进"观影无障碍·志愿暖人心"专项行动，培育组建无障碍观影志愿服务队2支，开展12场无障碍观影活动。诸暨市残疾运动员在第十一届全国残运会上获得1金2铜，2个第四名和1个第六名的好成绩。沈珈慧荣获诸暨市改革发展贡献奖(市长奖)。

【无障碍环境建设】2021 年,市残联联合各方力量,实施个性化设计,落实“一户一策”,为 232 户困难残疾人家庭进行无障碍设施改造;指导暨阳街道祥安社区和浣东街道东盛社区创建省级无障碍社区。

【数字化建设】2021 年,完成数据归集,完成上级数据回流确认和持证残疾人、残疾人两项补贴、康复救助等信息在绍兴市一体化智能化公共数据平台的数据归集,合计归集 7 条数据目录,促进残疾人信息在大数据平台的交互。迭代升级“爱心家园”平台建设,依靠残疾人数据仓和惠残政策法规库的数据支撑,展示残疾人综合档案,分析残疾人政策享受落实情况,实现“两项补贴”的数据核查、康复服务的精准落实、残疾人辅助器具的适配服务、“守护宝”实时定位等功能。

【残疾人法律服务】重视残疾人信访维稳工作,接处助残咨询超 2000 人次,绍兴市“12345”信访综合平台信访件 43 件次,结案率 100%。规范提升残联法律援助工作站,签约常年法律顾问,开展扶残助残法律帮扶和知识宣讲 3 次,提供法律援助和咨询服务 16 次。主动回应并解决残疾人需求,力求在最短时间内回应残疾人诉求,11 月创“12345”政务热线服务指数最高纪录。 (市残联　杨柯君)

市红十字会

【概况】2021 年,市红十字会发扬“人道、博爱、奉献”的红十字精神,围绕“三救”(救灾、救助、救护培训)、“三献”[无偿献血、造血干细胞捐献以及器官遗体(组织)捐献]核心工作业务,发挥党和政府在人道领域的助手作用。全年共收到捐赠资金 650.6 万元、物资 186.6 万元,发放捐赠资金 271.5 万元、物资 187.9 万元。

【公共场所 AED 配置管理】2021 年 4 月 7 日,根据健康浙江建设和市政府的相关考核要求,制定《关于征求 2021 年公共场所配置 AED 需求的通知》(AED 指自动体外除颤器),随后走访听取相关意见建议,并会同市卫生健康局、市应急管理局对申报的 25 个设置点进行研究,最终根据财政保障情况确定 2021 年公共场所配置 AED 设点单位 29 家。同时加强与各设点单位及主管部门协调联系,同步完成设点单位救护员培训。强化 AED 智能化管理,落实第三方巡检管理机制。全市公共场所 AED 配置数量达到 117 台。

【“健康诸暨”工作】2021 年,依托红十字应急救护志愿师资队伍和培训基地,通过应急救护培训“五进”(进社区、进农村、进学校、进机关、进企事业单位)活动,实施“关爱生命,救在身边”公益培训项目。继续在新增的 76 个村级文化礼堂、8 个省 AAA 级景区村、2 个省级美丽宜居示范村至少开展一场救护知识讲座,提高村民自救互救能力。利用红十字重要节日,在各中小学和暨阳学院等,结合主题活动和疫情防控形势,开展新冠肺炎疫情防控和应急救护知识。充分发挥生命安全教育馆、救护培训体验教室等场所作用,吸纳更多的校内外人员参加安全教育体验,提高防患意识。全年共完成救护普及培训 51499 人次,占户籍人数的 4.75%;完成救护员培训 4969 人,占户籍人数的 0.46%,提前超额完

2021 年 4 月 22 日,东白湖镇人民政府工作人员麻奇军捐献造血干细胞(市红十字会提供)

2021 年 6 月 15 日，诸暨市中心医院医生王荣捐献造血干细胞(市红十字会提供)

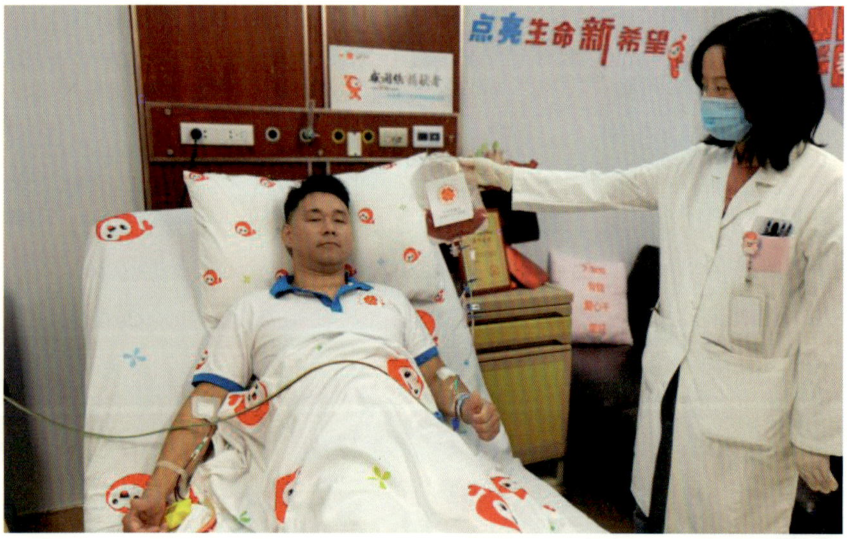

2021 年 9 月 28 日，飞燕食材商行员工潘水明捐献造血干细胞(市红十字会提供)

全健康诸暨相关指标。

【赈济救助】2021 年，做好日常款物捐赠的对接联系，共接收爱心资金 650 万余元，拨付公益项目资金 271 万余元；接收爱心物资价值 186 万元，支出爱心物资价值 187 万元(含上年结余)，其中向四川沐川、湖北谷城、贵州省铜仁等地区捐赠衣服、毛毯、袜子等物资价值 59 万元。落实本级开展的“惠民助医”“爱尔眼科明亮诸暨”“阳光助学”“平安基金”等相关项目，重点做好“炉峰慈联大病救助”与“护苗行动”项目的宣传发动与资料审核工作，全年共向上报送炉峰慈联大病救助资料 52 份，“护苗行动”救助资料 100 份。

【“三献”工作】2021 年，继续响应“最多跑一次”改革，研究红十字会工作流程，开通“三献”工作咨询热线，一次性告知捐献登记流程，捐献登记表格可在红会官网上直接下载或以“邮寄”方式获取。同时，利用平时主题 活动和博爱行活动等，加大“三献”业务宣传。全年遗体器官捐献登记志愿者突破 1258 名，造血干细胞登记入库志愿者 172 名。东白湖镇人民政府工作人员麻奇军、诸暨市中心医院医生王荣、飞燕食材商行潘水明成功捐献造血干细胞，入库比和捐献数均居绍兴前列。

【数字红会建设】2021 年，加快推动“数字红会”建设，以数字赋能提升红十字工作服务能力和水平，按照红十字系统“一张网”“一个库”的建设要求，完善充实内容，构建线上线下有机结合的红十字工作新格局。在“浙里办”开通会员申请、会费缴纳、救护培训网络课堂、造血干细胞入库登记、人体器官(遗体)捐献登记等功能。

【助力疫情防控】2021 年，诸暨市红十字会根据上级红十字会的总体部署，继续做好款物接收与调拨工作，以捐赠物资“零库存”、协调对接“零距离”、收支监督“零盲区”的“三零”工作法，通过银行转账、支付宝扫码、微信扫码和手机捐赠平台等渠道，共计接收捐赠款物 1470478 元，其中资金 284200 元、物资价值 1186278 元，捐赠物资全部拨付到位。(红十字会　刘宏媛)

法治

政法委与综治

【概况】2021年，诸暨市围绕重点涉稳领域，常态化开展风险隐患排查整治，严格落实风险隐患闭环管控机制，健全重大决策社会风险评估机制，处置高校独立转设、“双减”等风险隐患，确保发现在早、处置在小。持续做好疫情防控工作，紧盯重点人、重点物、重点场所，全面跟进涉疫风险隐患的摸排、研判和处置，确保全市社会大局稳定。继续推进“雷霆”系列行动，刑事打处数上升20%；深入开展“猎狐”“云端”等专项行动，侦破各类经济案件140起，挽回经济损失4.13亿元。

【“枫桥经验”治理实践创新发展】2021年，诸暨市始终深入开展新时代“枫桥经验”学习大讨论、积案大化解、机制大健全、源头大整治、作风大转变、治理大创新、基础大提升“七大行动”。7月，绍兴枫桥学院开始运行，力争成为全国政法综治干部培训基地。完成枫桥经验陈列馆改造提升，推进新时代“枫桥经验”指数项目，完善浙江新时代枫桥经验研究院实体化运行。举办2021新时代“枫桥经验”与基层社会治理数字化高端研讨会、新时代“枫桥经验”的使命与担当理论研讨会。全面持续推进“枫桥式+”系列示范创建工作，将“枫桥经验”延伸运用各行业各领域。

【平安诸暨建设】2021年，紧盯历年创建过程中的短板弱项，集中整治重点行业领域的风险隐患，重拳打击电信网络诈骗，全年电诈发案率同比下降18.8%；突出安全生产监管，安全事故起数和死亡人数同比前两年平均数分别下降34.9%和41.9%；强化消防安全整治，发挥消防执法监督员、镇街专职消防员、网格员“三员”作用，抓好重点场所隐患整治，消防事故同比下降28%；实施道路交通“精治”工程，严重交通违法行为查处数同比上升14.3%，死亡人数下降4.1%。深入推进平安校园、平安医院、平安工地等行业(单位)平安创建和平安镇乡(街道)、平安村(社区)等基层平安单元创建活动，进一步夯实平安基层基础。2021年度，诸暨市获平安中国建设示范县称号，同时，连续4次获长安杯，连续16年蝉联浙江省平安市(县、区)称号，并作为4个代表之一在全国平安建设表彰大会上作书面交流。

【政法领域数字化改革】2021年，按照省数字化改革“152”体系和数字法治系统建设“1338”总体框架，加快完善政法一体化办案体系，深化司法责任制综合配套等一系列改革，推进司法权运行数字化转型。形成更多有诸暨辨识度的数字化应用成果，执行“一件事”

综合集成改革荣获浙江省改革突破奖银奖，预防青少年新型违法犯罪应用荣获改革突破奖提名奖，其中预防青少年新型违法犯罪应用还入选全省数字化改革第二批“最佳应用”。警企云、“枫桥式全民反诈”入围全省数字化改革重大应用一本账，实有人口全息管理平台得到上级公安机关肯定。

【“庆祝中国共产党成立 100 周年暨新时代‘枫桥经验’的使命与担当”理论研讨会】2021 年 6 月 20 日，“庆祝中国共产党成立 100 周年暨新时代‘枫桥经验’的使命与担当”理论研讨会在诸暨举办，国内外百余名专家学者与实务部门负责同志围绕会议主题进行研讨交流。省公安厅原副厅长、浙江省新时代枫桥经验研究院院长、浙江大学新时代枫桥经验研究院院长金伯中，省委党史和文献研究室副主任王祖强，浙江大学光华法学院常务副院长、浙江大学新时代枫桥经验研究院院长胡铭等出席。绍兴市委常委、诸暨市委书记沈志江参加。会上，揭牌基层社会治理创新实践基地、启动“‘枫桥经验’史料整理与研究丛书》”（十卷本）等仪式。

（政法委　丁燊煦）

法治政府建设

【概况】2021 年，诸暨市深入践行习近平法治思想，推进法治政府建设，发布绍兴市首个县级法治建设规划——《法治诸暨建设规划（2021—2025 年）》，法治绍兴、法治政府建设考核列绍兴各县市（区）第一，诸暨市创建成为首轮法治浙江（法治政府）建设示范单位，并努力创建全国法治政府建设示范县（市）。

【政府职能履行】2021 年，诸暨市继续打造改革创新样板。7 月 23 日，诸暨市入选全省首批共同富裕示范区试点县（市、区），7 月 28 日市委十六届十三次全体（扩大）会议审议并通过《奋力打造浙江高质量发展建设共同富裕示范区诸暨范例行动方案(2021—2025 年)》。困难群众救助“一件事”成为绍兴县市区唯一第二轮成功揭榜的项目；智慧殡仪系统应用及智慧公墓列入省民政厅围绕身后“一件事”推进殡葬数字化改革试点项目。建立智能化“钉钉叫应”机制，强化人员转移保障机制，成功应对“6·10”强降雨、台风“烟花”“灿都”等自然灾害。深化投资在线审批平台 3.0 应用，一般企业投资项目从赋码备案到竣工验收审批“最多 80 天”，竣工验收审批“最多 30 天”实现率达 100%，3.0 平台运用被省发改委列为推广经验。

优化政务服务水平。全面应用政务服务 2.0 平台，在绍兴地区率先实现市镇村三级全覆盖，实行市级 1686 个、镇级 321 个、村级 181 个政务事项“无差别受理、同标准办理、全过程监管、好差评闭环”。明确各类跨区域通办清单，涉及“跨省通办”140 项、“全省通办”1521 项、“全城办”700 项、“县域通办”564 项，实现“异地受理、无差别办理”。优化涉基建工业投资项目审批代办服务，落实“改扩建”项目跟踪服务，共服务各类涉企项目 111 个，加快“越快兑”平台迭代应用，46 项诸暨地方惠企政策实现“一网发布、一网受理、一网兑现”。“浙里感”智慧平台被列为绍兴行政审批服务“浙里感”多跨场景应用试点。

提升城市数字管理效能。诸暨市开发的“智慧城管”信息指挥系统，汇集市容管控、秸秆禁烧、人行道违停、油烟检测、渣土管理、犬类管理、违建管控等业务模块。完成绍兴市“三大行业”污染物排放自动监测数据标记和电子督办平台联网并进入试运行。对全市电镀园区、熔铸行业、重点涉气企业启动动态监管预警，建立“互联网＋统一指挥＋综合执法”非现场监管模式。创新开展“智联电梯”建设，对全市 194 个公共场所的 750 台电梯开展“智联电梯”建设。对全市公共场所有电动车出入的 344 台电梯加装电动车阻断系统，识别准确率达 100%，获《人民日报》报道。建成应用应急管理综合应用平台，一期确定 76 家危化、工矿企业接入监测预警平台，5000 余家企业接入“一企一档”模块。全市 28 个部门推进“互联网＋监管”平台及“掌上执法”系统的应用，全市建立执法人员库 1530 人，“掌上执法”开通率、激活率、应用率均为 100%；双随机抽查事项 324 项，双随机事项覆盖率 70.64%；完成双随机任务 329 条，到期任务完成率 100%；应用信用规则率 89.79%；参与跨部门任务 53 条，跨部门监管率 13.91%；处置事件总数 2384 件，事件处置率99.95%。

【行政决策程序】2021年,继续落实重大行政决策目录化管理。7项政府决策事项纳入目录管理。对2件政府重大行政决策事项组织实施后评估,23个镇乡街道、20个部门公布本单位重大行政决策事项目录文件。

履行行政规范性文件管理职责。全年共向绍兴市政府及本级人大常委会报备市政府规范性文件16件,受理部门备案规范性文件31件。全面清理证明事项,保留证明事项9项,落实告知承诺证明事项6项。全面落实规范性文件定期清理和专项清理制度,共清理各类文件212件,废止127件。

持续推进合法性审查工作。全市乡镇街道共对1147件涉法事项开展合法性审查,审查事项涉及党的规范性文件、行政规范性文件等七大领域,发布镇乡街道合法性审查重点工作通报3期,初步实现镇乡街道合法性审查从有形覆盖向有效覆盖、从规范化向标准化的转变。

【行政执法体制改革】2021年,诸暨市根据浙江省"十四五"规划和《法治浙江建设六大抓手工作方案》(浙委法办发〔2020〕6号)中关于推进"大综合一体化"行政执法改革的决策部署,完成全市777项行政执法事项平稳划转。精简部门专业执法队伍,除中央和省规定的市场监管、生态环境、文化市场、交通运输、农业农村、应急管理、自然资源、卫生健康8支专业执法队伍与1支综合执法队伍,构建形成全市"1+8"的"综合执法+专业执法"体系。聚焦乡镇街道"一支队伍管执法",在店口镇改革试点基础上,拓宽赋权乡镇范围,依法赋予枫桥镇、牌头镇、次坞镇、山下湖镇、璜山镇、应店街镇、姚江镇、安华镇等8个条件成熟的乡镇11个条线313项行政执法事项的执法权。店口镇综合行政执法队全年办理一般程序案件81起,罚款71.45万元,实现从"分散执法"向"集中执法"转变、从"多头执法"向"综合查一次"转变。

【社会矛盾化解】2021年,诸暨市依法分类处理信访投诉事项。完善涉法涉诉信访依法终结制度,共办理信访件73468件,其中来访473件、来信1565件、网上投诉14606件、来电56824件,初信信访100%办理到位,群众满意率达99.77%。融合"12345"平台,实现群众诉求集成化、流程化、精准化办理,工单办结率、群众满意率均保持90%以上。

继续发挥行政复议化解行政争议主渠道作用。共审结行政复议案件199件,同比增长46.3%,直接纠错25件,纠错率为12.6%,终止115件,调撤率为57.8%,维持57件,维持率为28.6%。绍兴市各级法院累计审结以诸暨市行政机关为被告的一审行政诉讼案件219件,败诉21件,一审败诉率为9.6%,经二审化解9件,综合败诉率为5.5%,为绍兴地区最低。诸暨市部门及镇乡街道行政机关负责人一审出庭应诉率为100%,市政府领导出庭应诉11次。

【法治宣传教育】2021年,完成"八五"普法规划制订和启动工作,组织开展纪念法治浙江"十五周年"活动。打造诸暨市干部学法用法平台和新时代"枫桥经验"青少年学法用法平台,实现重点对象云上学法、云上考试、精准管理。持续推进政府常务会议学法制度,政府常务会议组织学法11次。2021年,开展《中华人民共和国行政处罚法》等专题法治培训3次,培训人员380余人次。继续落实领导干部任前法律知识测试制度,15名市人大任命领导干部、117名市管领导干部全部参加并通过任前法律知识考试。推进法律服务智能化建设,公共法律服务智能终端实现全市镇乡街道全覆盖。11月16日,推出全省首个"暨阳法顾"法律在线微信小程序,把法律服务端口前移,对全市市场主体法律顾问网格实行智慧化管理,构建"线上线下同步进行"的法律顾问服务业态。实现法律服务"随时在线",内置法律法规学习、法律文书下载、法律小工具、律证查询等模块,可通过点对点通信技术,实现实时法律咨询。　　（司法局　何可晨）

公安

【概况】2021年,诸暨市公安局有内设机构25个、直属机构4个,辖派出所18个,实有民警971名、协辅警2393名。全年"110"有效接警总量36万余起;共立刑事案件4370起,侦破1434起,移送起诉犯罪嫌疑人3020名,抓获逃犯243

名；查处治安（行政）案件2712起，人员6389人。市公安局被评为绍兴市优秀公安局；枫桥派出所获“全国公安楷模”称号，交警大队获评“全国公安机关成绩突出交警大队”，枫桥交警中队荣立公安部集体一等功，获“全国公安机关优秀党员集体”称号，大唐派出所获评浙江省“枫桥式公安派出所”和2021年度“最美浙警・最美警队”，枫桥、大唐交警中队被评为全省首批“枫桥式交警中队”。在绍兴市局组织的警种比武活动中，获4个项目团体第一，6个项目团体第二。“蓝鹰”教官团队吸纳部、省、市级教官39人。

【重大活动安保】2021年，继续坚持防控在前，严格落实维稳安保各项措施，消除各类风险隐患，完成中国共产党成立100周年、中共十九届六中全会、CBA联赛等重大活动安保任务59场次，确保重大节会、重点节点、重要时期平稳。

【疫情防控措施】2021年，继续协助党委政府做好区域协查管控、流调溯源、卡口等疫情防控工作，特别是全警投入疫情防控遭遇战，“一办八组”24小时运转，精准核查涉疫人员2.6万余名，落地管控2000余人，组建330人的增援战队赴上虞援助抗击疫情。

【社会稳定维护】2021年，全面开展风险隐患“三大”行动，处置各类即时涉稳风险90个，累计化解突出风险隐患80条，推进高校转设、组织换届等专项维稳工作5批次。开展信访积案“百案攻坚”、老户“拔钉”行动，化解5年以上疑难积案18起，部、厅信访积案化解率分别达93.5%、95.7%。

【经济发展护航】2021年，制定《护航经济发展实施意见》，执行“警企对话”“温和执法”“前移服务”等20项具体措施，168项企业、个人事项实现网上办理，七大类人才落户时间压缩70%。聚焦金融风险，管控中融国新、顺宜顺2个风险群体，研发应用涉税“猎空”模型，累计鉴别空壳企业22家。严打经济犯罪，一体推进“猎狐”“云端”等专项行动，侦破各类经济案件140起，抓获犯罪嫌疑人146名，挽回经济损失4.13亿余元，缉捕归案境外逃犯4名；侦破部督“3・25”非法经营案，捣毁横跨20个省市的“地下钱庄”，抓获犯罪嫌疑人80名，冻结资金4100余万元。

2021年5月14日，民警在大桥社区开展反诈宣传（市公安局提供）

【违法犯罪打击】2021年，继续推进“雷霆”系列行动，全年共采取刑事强制措施3456人，行政处罚6389人次，扫黑除恶方面，打处涉黑涉恶犯罪嫌疑人499名；跨境网络赌博方面，打处犯罪嫌疑人428名；电信诈骗方面，打处犯罪嫌疑人565名；黄赌方面，打处犯罪嫌疑人430名。侦破“橘子棋牌”App跨境网络赌博等11起国督、部督案件，覃某等人传播淫秽物品牟利案等14起省督案件，其中谢某等人贩毒案入选2021年全国十大毒品犯罪典型案例，“1・28”非法营运案件被中央电视台等主流媒体报道。

【为民惠民服务】2021年，承接公安部“一网通办”试点，推进公安网办中心建设，高频民生事项网办率达81.37%。部署开展镇乡街道、派出所两级电诈“控案”系列行动，推广“枫桥式全民反诈”微平台，全面推进面对面、点对点、键对键反诈宣传，全市电诈发案数同比下降18.78%，降幅全绍兴第一。

【“枫桥经验”发展】2021年，对标打造“枫桥式公安局”，组织开展

中国共产党成立100周年之际，诸暨市公安局全体民警重温入警誓词（市公安局提供，摄于2021年）

“1+1+8”枫桥式系列创建，“双创”工作分别得到公安部党委委员、驻部纪检监察组组长孙新阳，党委委员、副部长刘钊、林锐等肯定。推行“枫桥式”未成年人帮扶做法、小区红警党建、非警务类矛盾纠纷源头综合化解等做法，得到浙江省、绍兴市两级公安机关主要领导批示肯定；在枫桥镇、浣东街道率先推动建设镇、村两级社会治理中心，陶朱街道新建运行陶朱派出所“未来城”联勤警务站。

【公安体制改革创新】2021年，深入推进数字化改革，警企云、一人一档一码、“枫桥式全民反诈”入围全省数字化改革重大应用一本账，实有人口全息管理平台得到浙江省、绍兴市两级公安机关高度关注。持续深化现代警务模式改革，挂牌成立涉网犯罪侦查大队，建设运行网络舆情中心，提升管网治网能力；升级建设基础管控（维稳防控）中心，系统整合八大警种56项职能，压实局、所、站（室）三级责任链条，夯实基层基础。大胆开展创新试点，全市车辆检测民意感知工作现场会暨车辆检测“一件事”集成改革、网上网下服务机制改革暨“一网通办”试点、智慧巡控工作等一系列现场会在诸暨召开，交警执法安全综合监管平台入选全国十大智慧警务创新案例。

【法治警务建设】2021年，升级执法办案管理中心，推动各警种案件侦办、法制审核一站式、集约化，落实交警常态入驻，统一案件进出口，推动执法办案高度整合；加强政法一体化办案协作，提高运行效能，公安阶段刑事案件在中心办理占比达80%以上。建设“智慧执法监督”体系，建立案件办理全息感知平台，搭建执法全要素管理系统，提高执法监督质效。密切公检联动，12月29日与检察院联合成立全省首家侦查监督与协作配合办公室，以提升办案质效、执法质量。

【道路交通管理】2021年，全口径事故死亡93人，死亡人数同比下降4.12%。全年现场查处交通违法行为25.4万余起。排查治理交通安全隐患2189处。投入整治资金超7000余万元，新建信号灯电子警察系统30处、礼让行人抓拍系统39处、违停抓拍系统23处、全息路口项目8处。侦办“1·28”非法营运案、“4·28”全国首例针对货车“带路党”危害公共安全案、“9·13”行刑衔接危险驾驶案等大案要案，受到部、省、市各级领导肯定。

【户籍人口管理】2021年，共办理出生申报6156人、死亡注销7826人，年内人口迁入13112人、迁出14871人，办理居民身份证51930人。全市有户籍人口1079524人，其中男性538451人，女性541073人，城镇人口465455人，乡村人口614069人。

【机动车与驾驶员管理】2021年，全市机动车保有量455815辆，其中汽车 418024 辆，同比均上升 6.9%；摩托车 37791 辆，同比上升 16.2%。全市机动车驾驶人 590834 人，同比上升 6.5%，其中汽车驾驶人 560003 人，同比上升 5.8%。

【特种行业许可办理】2021 年，共办理旅馆业特种行业许可证 42 本、危险物品运输 565 起（民用爆炸物品和烟花爆炸），备案单位和机构刻制公章 35404 枚。完成 18 家金融机构安全防范审核验收工作，发放互联网上网服务营业场所安全审核意见书 3 本。

【出入境及往来港澳台管理】2021 年，共受理、审批出国出境材料 4601 件，同比下降 42.69%。其中护照 450 件，同比下降 88.04%；内地居民往来港澳通行证 1221 件，同比下降 27.79%；大陆居民往来台湾通行证 5 件，同比下降 98.58%。受理并制作再次港澳台签注 2925 件，同比上升 31.94%；报备各类法定不准出境人员 3254 人次；报备国家工作人员 2263 人次，撤销 1131 人次；清理核销境外人员 1688 人次；至 2021 年年底，全市共有 552 名境外人员；共查处涉外案（事）件 51 起，打击处理境外人员 30 人，遣送“三非”外国人 9 人。

（公安局　赵恩辉）

检察

【概况】2021 年，诸暨市推动“四大检察”协调发展，努力为共同富裕诸暨范例提供法治保障，各项工作持续走在全省前列，荣获全省检察工作先进院、全省法律监督成绩突出集体、全国检察机关“文明接待室”等称号。20 余名干警获浙江省“自侦办案骨干”“数字检察办案骨干”等荣誉称号。

【助力社会经济发展】依法打击各类刑事犯罪。共办理审查逮捕案件 629 件 860 人、审查起诉 1944 件 2876 人，其中批准逮捕 684 人，起诉 2321 人。坚持扫黑除恶常态化、不松劲、不止步，起诉 47 人。对影响群众安全感的暴力犯罪保持高压态势，批捕强奸、杀人等犯罪 36 人。突出惩治帮助诈骗实施的黑灰产业犯罪，打击“帮信”犯罪 128 人，打击偷越国（边）境进行诈骗犯罪 61 人。加强安全事故防治，办理各类事故案件 77 件，跨区域组织废旧大巴非法运营案、有组织开展暴力运输渣土致人死亡案等危害公共安全的重大案件嫌疑人被依法快速批捕，对吸毒人员、精神病人驾车上路危害交通安全等问题推动开展源头治理。

继续打击侵害企业权益犯罪。引导企业建立被侵害犯罪线索向司法机关移送机制，起诉侵占、挪用企业资金犯罪 10 件 12 人，起诉侵害企业知识产权犯罪 33 人，起诉严重扰乱工程建设秩序的串通投标犯罪 27 人，并帮助企业挽回经济损失。坚持“少捕慎诉慎押”办理涉企案件，对 20 名企业负责人依法作出不起诉决定，并走访企业发送运营风险提示函，引领企业开展合规建设。针对纺织企业涉税涉罪风险进行深入调研，及时向党委、政府提出“检察预警”，助力企业“司法康复”。

不断发展检察领域“枫桥经验”。对犯罪情节轻微的 117 人依法作出不批准逮捕决定、515 人依法作出不起诉决定。定期评估羁押候审犯罪嫌疑人人身危险性，通过开展羁押必要性审查建议改变羁押强制措施 23 人。开展社会矛盾多元化解。融入市社会矛盾纠纷调处化解中心建设，“如我在诉”开展群众信访件件有回复，落实省

诸暨市未成年人违法犯罪预防治理平台（检察院提供，摄于 2021 年）

院集中交办的25件重复访集中治理，办理刑事申诉案件4件。将检察公开听证作为创新发展新时代“枫桥经验”的重要项目，打造标准的检察听证室，规范公开听证程序，组织检察听证9件次，广泛听取社会各界代表意见建议。

【助力社会综合治理】加大追赃挽损工作力度。帮助受损害方挽回损失共计1868万余元。司法救助力度不断加大，排查因刑事案件导致生活陷入困难的被害人及家属，帮助38人申领国家司法救助金，引入社会救助资金开展综合性司法救助的经验被最高人民检察院肯定。唤醒检察支持起诉制度，完善工作规定，办理支持起诉案件16件，支持老年人、务工人员等弱势群体运用法律维护自身权益。

落实新的未成年人保护法。对犯罪性质恶劣的86名未成年人提起公诉，对犯罪情节轻微的43名未成年人依法作出不起诉决定。当好未成年人公共利益守护人，打击侵害未成年人权益犯罪47人，办理净化未成年人成长环境的公益诉讼案件5件，推动治理电竞酒店容留未成年人、向未成年人出售烟酒等问题。继续推行罪错未成年人社会教育计划，11月4日，“检馨”未成年人司法保护中心入选全国未成年人检察社会支持体系示范建设单位。

探索大数据监督模型。打造检察履职“最佳应用”，助力高水平整体智治。针对利用“空壳公司”犯罪案件多发易发，建立类案监督数字化模型，督促清理325家“空壳公司”，斩断“空壳公司”充当犯罪工具后路。打造“星海守望”平台，在市委支持下迭代升级为“浙里预防青少年新型违法犯罪应用”，12月22日获评全省数字化改革第二批“最佳应用”。推进政法一体化办案系统建设，推广“浙江检察”App，实现电子卷宗在线推送、讯问提审远程进行，检察办案方式不断适应新时代要求。

【法律监督】刑事检察。2021年，检察院继续加强侦查监督，办理立案监督案件24件，提出侦查活动违法意见12件。加强刑事审判监督，对刑事裁判提出再审检察建议2件。推进执法办案管理中心建设，实现44%的简易案件可集中快速办理。全面落实认罪认罚从宽制度，促使2344名犯罪嫌疑人认罪服法。加强刑事执行监督，监督66名罪犯履行财产刑，监督13名社区矫正人员收监执行，对4名罪犯不同意暂予监外执行，向医院提出严格把关病情鉴定的检察建议，推进“纸面服刑”治理。

民事检察。2021年，紧扣民事诉讼领域突出问题，检察院联合法院开展虚假诉讼专项打击，依法纠正102件虚假诉讼案件，遏制虚假诉讼高发态势。借助民事检察智慧系统，围绕民事审判活动中超法律规定时限办案、采取民事执行措施不到位、执行款发放不及时等问题提出检察建议，推动审判活动更加规范、民事执行更加到位。

行政检察。2021年，检察院定期走访乡镇街道、行政执法部门、律师事务所、法律服务所等单位，全面掌握行政诉讼信访案件，介入调查核实，通过检察监督维护行政相对人合法权益。开展行政非诉执行监督，与法院共同推进20件行政处罚案件执行到位，防止行政处罚“白条化”。推进行政争议实质性化解，参与化解工伤认定、行政赔偿等领域行政争议案件7件，避免诉讼程序空转。如杨某等5户诉某镇人民政府不履行土地定桩放样监督案，检察机关介入后推动行政争议“一揽子”解决，推动5户实现十几年的“安居梦”，获评全省检察机关精品案件。

公益诉讼检察。2021年，检察院围绕“打赢蓝天保卫战”“守护美丽河湖”等重大专项工作，办理民事、行政公益诉讼67件，从源头上推动非法排放废气、未经环评从事生产等破坏生态环境的现象治理。针对非标油、天然气、烟花爆竹、危化品等领域乱象，部署开展安全生产领域专项监督，提出检察建议7份。调查发现宣侠父故居、宣中华故居等红色史迹存在的保护管理不到位情况，与相关部门共同发布《关于加强和改善红色革命遗址保护工作协作的实施意见》，助力多个红色文化史迹点整改提升。　　（检察院　杨晓）

法院

【概况】诸暨市人民法院（以下简称市法院）位于诸暨市城东新城行政中心，占地面积2公顷，总建筑面积近5万平方米。有中央政法专项编制213名，实际在编干警203

名，其中员额法官 95 名，法官助理 36 名，司法警察 36 名，其他审判辅助人员 36 名；事业编制 29 名，实际在编 28 名；编外人员 146 名。内设机构数为 13 个，分别是政治部（机关党委）、综合办公室、立案庭（诉讼服务中心）、刑事审判庭、民事审判一庭、民事审判二庭、民事审判三庭、行政审判庭、综合审判庭、审判管理办公室（研究室）、执行局、执行实施科、司法警察大队。下辖店口、草塔、枫桥、牌头、璜山 5 个人民法庭，另有 1 个全额拨款事业单位——审判保障服务中心。2021 年，累计结案 28838 件，全省排名第 7 位；收案数从全省排名第 1 降至第 7；法官人均结案 368 件，排名全省 18 位，全绍兴第 1 位。市法院坚持以政治建设为统领，以“思想建设年”活动为载体，开展党史学习教育和队伍教育整顿，深入开展“质量建设年”活动，加强案件质量评查工作，案件质效继续优化。干警业务能力继续提升，2 篇案例分析获全国奖项，参与省委政法委重点课题 1 个、省高院重点课题 3 个、绍兴中院重点课题 3 个，18 篇学术论文在绍兴市级以上征文活动中获奖。

【刑事审判】2021 年，市法院认真贯彻总体国家安全观，审结各类刑事案件 1529 件。深化反邪教斗争，维护国家政治安全。完成为期 3 年的扫黑除恶专项斗争，审结涉黑涉恶案件 21 件 37 人，对 9 名被告人判处五年以上重刑。审结黄赌毒犯罪 305 件 459 人，谢某等贩卖毒品案例入选全国十大毒品犯罪典型案例。依法严惩电信网络诈骗，整治规范网络“黑灰产”，审结“新兰德”等涉网络新型犯罪案件 346 件。坚持惩治腐败“零容忍”，审结职务犯罪案件 5 件 7 人。重视涉诉信访化解，高质量完成重要节点维稳安保工作。

【民事审判】2021 年，继续聚焦百姓急难愁盼，妥善审理涉医疗、教育、住房等民生“小案件”。深化家事审判改革，化解家事纠纷 1303 件。助力打造无欠薪城市，审结劳动争议案件 161 件。推行知识产权“三合一”审判，审结侵犯知识产权民事案件 128 件，判决赔偿金额 19.95 万元。完善知识产权大保护工作格局，4 月 21 日，在山下湖镇设立全国首个珍珠行业知识产权保护中心。建立知识产权严重侵权人名单及信用惩戒机制。引入生态司法保护新模式，6 月 4 日，全省首个绿色发展司法服务基地在环保小镇成立，建立香榧古树名木司法保护联络站。

【商事审判】2021 年，发布意见服务保障招商引智，化解涉企纠纷 7652 件，法治营商环境指数排名全省第二。建立健全金融纠纷多元化解机制，审结金融纠纷 894 件。健全市场主体退出和救济机制，探索企业预重整和个人债务集中清理，办结破产案件 89 件，处置资产 16.79 亿元，盘活土地 650.63 亩、房产 69.49 万平方米。率先探索企业预重整模式，审结首例个人债务清理重整案，10 月 16 日，与中国人民大学破产法研究中心联合举办破产法论坛，建立破产法教学科研实践基地。

【行政审判】2021 年，化解行政纠纷，审结行政案件 251 件。保障“三改一拆”“小城镇环境综合整治”等重点工作推进，化解涉高速公路广告牌拆除系列案件。健全府院联动机制，依托行政争议调解中心，促进行政争议实质性化解，

2021 年 3 月 15 日，市法院巡回法庭在大唐袜业城开庭（法院提供，骆少华摄）

行政诉讼调撤率升至56.4%。每年发布行政审判白皮书，向行政机关发出司法建议4份，促进依法行政水平提升，行政机关败诉率降至13.15%。

【执行工作】2021年，推动构建综合治理执行难大格局，促成市人大常委会作出决定，市委依法治市委员会、市两办下发实施意见，完成“基本解决执行难”三年攻坚任务。共办结各类执行案件16319件，执行到位17.9亿元，盘活土地42.6万亩，处置房产9.0万平方米。率先推出悬赏保险，首创公证意见书制度，探索分级分类联合惩戒，持续保持打击拒执高压态势，倒逼被执行人主动履行义务。共拘留508人次，罚款75.4万元，判处拒执犯罪21人。

【人民法庭建设】2021年，继续优化人民法庭布局，推动司法资源向基层下沉，形成以中心法庭为主，巡回法庭、“共享法庭”为辅，贯通线上线下的立体化布局体系。推进“枫桥式人民法庭”建设，主动融入基层社会治理，五家法庭收案数连续4年下降。枫桥法庭作为全省唯一入选全国第二批“新时代人民法庭建设案例”，被绍兴中院评为“枫桥式”标杆法庭，5年内2次荣立集体二等功。

【全域数字法院改革】2021年，运用移动微法院等平台，推行在线诉讼方式，方便群众减少诉讼成本。网络司法拍卖成交额19.4354亿元，相比线下拍卖方式为当事人节约佣金0.58亿元。继续推行无纸化办案办公，实行电子卷宗随案同步

2021年8月24日，全省首个智慧法庭在诸暨法院上线（法院提供，杨敏儿摄）

2021年9月24日，诸暨法院综合审判庭庭长边锋在国家香榧森林公园“榧王”树下为村民普法（法院提供，杨敏儿摄）

生成和深度应用，全面运用执行信息化体系，实现审判执行方式的根本性变革。加强数字化应用场景开发建设，数字诉服改革被省高院列为试点，司法拍卖“一件事”被《浙里改（领跑者）》刊发，得到省委、省政府主要领导批示肯定并被全省推广，执行“一件事”改革被评为全省数字法治好应用，获改革突破奖银奖，被省委省政府评为“改革创新工作成绩突出集体”。

（法院　张璐妮）

司法行政

【概况】2021年，诸暨市司以开展

政法队伍教育整顿、党史学习教育为推手，抓重点补短板，强弱项创亮点，全面提升司法行政工作能力和水平。开展专项法治宣传活动261场次，送法下乡活动108次，普法讲师团宣讲125场次。全市累计接收社区矫正对象544，期满解矫629人，签发训诫决定书237人，警告处罚56人、提请治安处罚2人、收监12人；共在册794人，重新犯罪0名，重新犯罪率0；接受法院审前社会调查58件，监狱假释前调查65件，接收检察院委托调查24件，接收公安机关委托调查15件。12月，全市新增刑满释放人员92名，当年累计955名，在册4442名，当年刑释人员重新犯罪累计0人，当年刑释人员重新犯罪率0。安置帮教率100%。安置帮教率100%。诸暨市公共法律服务中心继续推进与诸暨市社会矛盾纠纷调处化解中心的深度融合，不断发挥在整体工作架构中的作用，市公共法律服务中心累计化解各类矛盾纠纷2641起，涉及金额共计11669万元，提供法律援助1336次、法律咨询7929批次。市公证处共接待咨询1.5万余人次，办理各类公证案件3665件，其中办理国内公证2598件，涉外公证1067件，收费418.2411万元。市法律援助中心累计解答法律咨询7929批次(其中接待来访2515批次，接听来电5414个)，同比增长37%；受理法律援助案件1336件(其中刑事834件、民事502件)受援人数达1336人，值班律师提供刑事法律帮助1361件，挽回经济损1496.13万元。全市共有在册法律服务备案人员457人，其中专职律师309人(新申请执业律师37人)，兼职律师1人，公职律师71人(新申请执业19人)，实习律师50人，基层法律服务工作者76人，实习4人。全市律师事务所累计办案15362件，业务总量20561.4万元，同比增长5.18%。法律服务所办案3395件，业务总量2187.71万元，同比增长2.16%，法律服务行业总体同比增长4.89%。全市建有各类人民调解组织709个，专兼职人民调解员3172名。共受理矛盾纠纷17082件，调处成功率99.25%，涉及金额8.46亿元。

5月12日下午，浙江省副省长高兴夫一行到诸暨市调研，并实地走访枫桥镇栎桥村、枫桥司法所、“枫桥经验”陈列馆等地。绍兴市委常委、诸暨市委书记沈志江，绍兴市政府副秘书长潘海波，绍兴市司法局党委书记、局长黄文刚，诸暨市委常委、市政府党组成员郦小飞，副市长、公安局局长谢琦等陪同调研。

2021年3月10日，诸暨市的绍兴首个法律服务热线接听专业值班律师工作中(司法局提供)

【法治宣传】《诸暨市2021年普法依法治理工作要点》印发。2021年3月31日，中共诸暨市委全面依法治市委员会办公室印发《诸暨市2021年普法依法治理工作要点》，调整并公布37家市级部门普法责任清单，将普法依法治理工作纳入镇乡街道、市级机关岗位目标责任制考核。

普法重点工作提示函制度。继续落实普法重点工作月提示制度，不断推进普法工作与日常工作同部署、同落实。下发工作提示函12次，梳理普法重点工作120余条。

“八五”普法工作。2021年11月16日，中共诸暨市委联合诸暨市人民政府共同印发《关于在全市公民中开展法治宣传教育的第八个五年规划(2021—2025年)》，标志着诸暨市“八五”普法规划开始实施。“八五”普法规划共分四大部分，第一部分为指导思想、主要目标和基本原则，第二部分为主要任务、对象和要求，第三部分为工作步骤，第四部分为组织领导和保障。

诸暨市“法润”青少年学法用法平台。2021 年 9 月 22 日，诸暨市“法润”青少年学法用法平台上线，构建起党委统一领导、部门联动协作、学校、社会、家庭多元参与工作体系。该平台以“资源共融共享 + 本土特色栏目”为主导，开辟“枫桥经验”网上学、法治教育场馆“云”上游、“1963 法润”系列讲等特有项目，是浙江省范围内首个针对青少年的普法线上平台，平台用户覆盖全市 159 家学校 15 万名中小学生。

诸暨市干部学法用法平台。2021 年 12 月 3 日，在诸暨市第四个宪法宣传周暨第八个国家宪法日宣传活动上，举办“宪法宣传周”暨“法润诸暨”干部学法用法平台启动仪式，推动领导干部学法用法制度化规范化，增强运用法治思维和法治方式解决问题的能力。

“法律明白人”“尊法学法守法用法示范户”评选活动。根据《绍兴市普法办关于开展 2019 年“法律明白人”评选活动的通知》《绍兴市普法办关于开展“尊法学法守法用法示范户”评选活动的通知》要求，继续在全市范围内开展“法律明白人”“尊法学法守法用法示范户”评选活动，共评选出“法治带头人”511 名、“法律明白人”902 名、“尊法学法守法用法示范户”915 户。

诚信守法示范企业和民主法治村（社区）建设。2021 年“诚信守法示范企业”不再新创（上级通知）。创建省级“民主法治村（社区）”21 家，绍兴市级“民主法治村（社区）”54 家，全市共有全国民主法治示范村 3 个、省级 55 个、绍兴市级 270 个。

青少年普法新方式。组建“法润青苗”普法讲师团队伍，公布红色专题类、法律宣讲类、心理健康类等精品课程 18 个，落实学校点单 + 巡回宣讲举措，同时以社会化力量为补充，探索团队帮扶助力个体服务，与诸暨市馨悦社会工作服务中心签订帮扶项目书，成立 4 个帮扶小组，通过建立学生成长档案，定期开展心理疏导、社会服务、法治实践等活动，对首批试点学校 70 余名学生开展法治帮扶。

重点对象普法。深化领导干部学法用法工作，全年开展政府常务会议学法 17 次，1 名人大任命领导干部、28 名市管领导干部全部参加并通过任前法律知识考试。组织开展全市领导干部和公务员学法用法考试工作，共计 100 余家单位 4181 名公务人员和 60 名事业领导参加此次考试，参考率 100%，合格率 100%。坚持校园普法与校外实践并重，印发《关于开展第十九个青少年法治宣传教育月活动的通知》文件，开展课堂学法、互动普法、实践用法等活动，各中小学校开展法治晨会 210 余次，法治主题班会 500 余次，法治黑板报、法治手抄报分享活动 10 余场。

【社区矫正和安置帮教】社会力量参与矫正教育帮扶。2021 年，社区矫正中心通过纪律规范、警示教育、心理矫治，强化矫正对象的身份意识、守法意识和改造意识，提升社区矫正监督管理和教育帮扶质量。全年共有 70 余名社区矫正对象接受为期 1 年的心理个案服务，通过职业技能培训取得上岗证 36 人次，组织社区矫正对象 4 批次参与志愿服务工作。

《“枫桥式”司法所社区矫正执法手册》编制。2021 年 5 月，完成《“枫桥式”司法所社区矫正执法手册》编制工作，建立入矫初期、矫正中期、期满解矫前“三段式”教育管理机制。

智慧矫正辅助系统。2021 年 5 月，上线社区矫正信息管理系统，该系统是针对社区矫正人员进行监督管理、教育帮助的一体化综合信息系统，由社区矫正、在线学习、执法监督、审前调查四大模块组成，系统涵盖执法审批、审前调查、语音汇报、在线教育、定位监控、执法监督（视频会议）等功能，是社区矫正日常工作中的一套集“信息化、标准化、智能化”于一体的高效管理平台。

矫正队伍能力建设。2021 年 12 月 17 日，组织 25 名司法所负责社区矫正业务的干部参加矫正知识闭卷考试。

远程视频会见工作。加大远程视频会见工作推进力度，设立 24 个远程视频会见点，为省内各监狱服刑人员提供远程视频会见服务。

【法律服务】公共法律服务站点建

设。2021年，继续结合“枫桥式”司法所创建，对部分赵家镇、浬浦镇等司法所内公共法律服务站进行提升，并不断发挥公共法律服务站点在基层的服务、治理作用，在枫桥镇搭建司法所、派出所、交警中队、法庭、检察室、市场监管、人社所等机构的90余人组成的公共法律服务组织架构，依托网格化设置，形成多元力量的全网格包覆。各乡镇街道公共法律服务站点累计化解矛盾纠纷8812起，涉及金额共计31897万元，开展各类法治宣传活动300余次。

公共法律服务智能终端铺设工作。2021年，全市新增公共法律服务智能终端49台，实现镇乡街道全覆盖，其中枫桥镇在全省率先实现村级全覆盖。全市共有61台，全年累计提供各类在线公共法律服务28382次。

法律援助。2021年，针对民工、残疾人、老年人、军人军属、妇女等特殊群体开展法律援助专项行动6次。继续落实绿色通道、上门服务等惠民举措，其中市法律援助中心共受理民工讨薪法律援助案件306件，涉及欠薪金额870.13万元。3月10日，为进一步延伸服务触角，为群众提供更加优质、高效、便捷、精准、专业的法律咨询服务，诸暨市司法局成立绍兴市首个法律服务热线接听专业值班律师团队，该团队由15名律师组成。“12348”热线接听同比增长64%，群众满意度提升至99%。规范法律援助办案质量，建立法律援助案件质量评估体系，保证受援人获得高效优质的服务。编制《刑事法律援助案件质量评估评分标准》《民事行政法律援助案件质量评估评分标准》。按照法律援助案件质量监管体系，综合运用网上监控、庭审旁听、法官意见征询、满意度评价、结案审核等措施，对35个重点案件进行全过程监管，确保高质量完成法律援助工作。规范法律援助人员管理。8月31日，诸暨市司法局印发《诸暨市法律援助人员管理考核实施办法》，进一步完善诸暨市法律援助管理体系，加强对法律援助人员的管理和指导。

2021年4月23日，诸暨市市场主体法律组团式服务启动仪式举行（司法局提供）

【公证服务】政府中心工作服务。2021年，市公证处协助参与“三改”，办理涉“三改”公证56件，解答相关咨询70余人次，为3部门提供意见建议，为362户择房现场进行监督公证，并协助镇乡街道开展治危拆违工作。协助建设局开展商品房管理，对10个楼盘进行标准样板房保全，确保购房群众“所见即所得”。协同市矛调中心，开展金融纠纷“一件事”集成改革工作。为CBA、“创芯中国”集成电路创新挑战赛总决赛、全国诗词讲解大赛等重大赛事活动提供公证保障。

公证行业突出问题专项治理。继续开展政治、党史、职业、纪律等教育学习55次，谈心谈话自检32人次，走访公检法、纪委监委、市场监管等部门，邀请人大代表、党代表、企业行业代表、社区代表、群众代表等座谈征求意见建议。强化质量管控，重点抽查公证372件，随机互查453件，建立同步录音录像工作机制巩固公证质量，建立“线上＋线下”核查模式提高办事效率。突出宣传效果，组织开放日活动，邀请各界代表体验公证，聚焦需求重点、高频事项推送“证心为民”系列在线宣传10期。服务数字赋能，依托浙江政务服务网、“12348”法网、“浙里办”App、智能终端等在线平台,推进服务向基层延伸,累计办理涉“最多跑一次”公证1654件。

司法辅助。继续做好法院执行的参与协助工作,根据法院委托开展刑事涉财产案件的被执行人财产调查、下落调查的司法辅助案件138件。

【律师】律师行业突出问题专项治理。2021年3月起,诸暨市在律师行业开展为期8个月的突出问题专项治理活动。聚焦律师行业突出问题,以专项整治为契机,全面加强律师队伍建设,教育引导广大律师提升思想政治素质、职业道德水准、业务能力水平。对全市40家律所和基层法工所活动情况及台账资料进行检查,要求活动不规范或者资料归档不及时的4家律所和1家法工所进行整改。

全国优秀律师事务所。2021年10月13日,第十次全国律师代表大会在北京人民大会堂召开,会上,司法部对全国优秀律师事务所及全国优秀律师进行表彰,浙江浣纱律师事务获全国优秀律师事务所荣誉称号,也是浙江省县域律所首次获此殊荣。

律师行业党建工作。诸暨市浙江浣纱律师事务所党支部被确定为首批浙江省律师行业“三强双进”(“三强”即党建强、发展强、服务强,“双进”即政治引领力和法律服务能力并进)创建单位。浙江振邦律师事务所被确定为第二批浙江省律师行业“三强双进”基层党组织。8月,完成绍兴市律师协会诸暨分会党总支和下属9个届满党支部统一举行换届选举。9月21日,成立中共浙江法校(诸暨)律师事务所支部委员会。全年新增入党申请人6名,入党积极分子7名,新发展接收预备党员4名,预备党员按期转正1名。

诸暨律师服务“三改”团队。结合2021年诸暨市“三改”专项行动工作部署安排,在全市律师队伍中挑选27名优秀骨干律师组成法律服务组。法律服务组成功帮助完成拆迁工作1600户,面积106万平方米,提供专业法律咨询912人次,调解、化解各类矛盾纠纷266起。

诸暨律师抗疫志愿服务团。2021年12月13日,诸暨市司法局、绍兴市律师协会诸暨分会引导律师主动担当作为,成立诸暨律师抗疫志愿服务团,服务团由90名律师和律所工作人员自愿报名组成,将根据工作需要参加到抗疫一线中。

全市市场主体法律顾问服务网格划分。2021年,在市场主体法律顾问服务网格化全覆盖的基础上,整合公、检、法、司力量,成立领导小组,建立联络员制度,开展市场主体法律组团式服务。因地制宜,把全市5.1万余家企业、12.7万家个体工商户,划分五大类548个服务网格。市场主体法律顾问网格化全覆盖“暨阳法顾””线上平台,小程序自11月16日开通后,入驻27家律所、13家法律服务所共254人,线下走访企业822次,陆续有389家市场主体注册。

【人民调解】“枫桥式”司法所创建工作。2021年6月,枫桥司法所完成提档升级工程。10月24日,中央电视台12套社会与法频道播出枫桥司法所先进事迹。年内,店口司法所创成省级“枫桥式”司法所,浬浦、赵家、陈宅、安华司法所创成绍兴市级“枫桥式”司法所。同时,制定下发《2021年度司法所工作目标考核办法》,成立督查小组对23个司法所履职情况进行季度督查排位,提升全市司法所建设软硬件水平。

人民调解质效提升行动。2021年2月7日,中共诸暨市委联合诸暨市人民政府共同印发《关于坚持发展新时代“枫桥经验”进一步加强新时代调解工作的意见》;4月25日,诸暨市司法局印发《诸暨市行业性、专业性人民调解工作规范化建设考核办法》以加强全市行业性、专业性人民调解工作规范化建设,发挥人民调解在矛盾纠纷多元化解机制中的基础性作用。　　（司法局　何可晨）

军 事

人民武装

【概况】2021年，诸暨市人民武装部（以下简称市人武部）坚持用习近平新时代中国特色社会主义思想和习近平强军思想武装头脑、指导实践、推动工作，贯彻落实省军区、绍兴军分区决策部署，坚持抓班子强队伍、抓重点带全面、抓问题补短板、抓经常打基础、抓稳定促发展。聚焦举旗铸魂，组织“不忘初心、牢记使命”“传承红色基因、担当强军重任”两项主题教育和党史学习教育，深入学习中共十九届六中全会、习近平在庆祝中国共产党成立100周年大会上的重要讲话精神，提高军分区民兵思想政治教育App平台使用质效，夯实官兵职工思想根基。聚力练兵备战，加强备战打仗能力建设，圆满完成年度民兵整组工作任务，后备力量应急应战能力得到检验和提升。2021年，市人武部被省军区评为“民兵工作先进单位”，大唐街道基层武装部被省军区表彰为“先进基层武装部”，陶朱街道普通民兵营被评为省军区“先进民兵营党委”。

【思想政治建设】2021年，市人武部将“不忘初心、牢记使命”“传承红色基因、担当强军重任”主题教育和党史学习教育有机融合，开展“五天五地”专题学习、“七一”主题党日、《习近平在浙江》采访实录学习研讨等；领导干部带头讲党课，组织全体党员到宣侠父故居陈列馆参观见学、重温入党誓词，观看《革命者》《守岛人》《长津湖》等红色影视片；开展“析案例、知法规、明底线”党内法规学习考试和“我为群众办实事”等活动，2名党员被绍兴军分区评为“优秀共产党员”。注重提升政治教育质效，编印下发民兵政治教案汇编，将教育向专武干部和民兵队伍延伸。加强新闻宣传力度，在省级以上媒体发表稿件23篇（其中《解放军报》2篇，《中国国防报》3篇，《浙江征兵》8篇），提高军分区民兵思想政治教育App平台使用质效。

【党管武装工作】2021年，市人武部协调市委，贯彻落实省委《关于加强和规范基层人民武装工作的意见》和绍兴市委下发《加强新时代后备力量基层建设实施意见》等文件精神，把党管武装纳入市委中心组理论学习内容，制度化落实武装工作暨国动委会议、市委议军会和四套班子“军事日”活动，组织基层武装部政治教导员任免。落实绍兴市《关于进一步加强全市专武干部队伍建设的通知》，规范专武干部兼职报批制度，推荐提升2名专武部长任街道党工委副书记，5名副部长提任镇乡街道武装部部长。强化考核、表彰指挥棒作用，将武装工作纳入全市统一表彰，牵头分解落实市对县党管武装考核，年度完成对镇乡街道武装工作目标责任制考评，推进党管武装向乡镇街道拓展延伸，推动各项工作在基层有效落实。

【国防教育】2021 年，注重新时代全民国防教育，健全完善"五位一体"大国防体系。营造国防教育浓厚氛围，调整国防教育组织领导，建强工作机构，由市委副书记、市长担任国防教育委员会主任并主持工作，市教体局安排 1 名专职人员到市人武部实行军地联合办公。坚持国防教育纳入党管武装工作考评，纳入党政机关目标绩效管理体系，纳入领导干部绩效考核体系，层层传导压力，促进各项工作落细落实，持续坚持"八一光荣榜""两榜一栏""全民国防教育日"等大国防教育做法，按照"迈向强军新征程，军民共筑中国梦"的全民国防教育主题，结合中国共产党成立 100 周年庆祝活动，按照"基本—特色"思路，认真开展第 21 个全民国防教育日和全省第 10 个国防教育周系列活动。会同市退役军人事务局，按照《立功受奖军人家庭送喜报工作办法》，组织为 57 名三等功荣立者和 259 名"四有"优秀个人送喜报上门；组织"最美民兵"评选和"强我国防、红心向党"手绘小报评选活动，暨阳街道金晓秋、五泄镇周银冠 2 人被评为绍兴市"十佳最美民兵"。指导浬浦中学建设国防教育馆并开馆揭牌。支持诸暨市建设红色教育，依托诸暨红色资源的独特优势，建成以何赤华纪念馆为代表的一批红色教育阵地；发挥 5 家绍兴市国防教育示范单位（大唐街道红色庄余霞陈列馆、中兴社区红色陈列馆、马剑镇石门村"金萧支队成立旧址"、新增的次坞镇俞秀松烈士陵园及纪念馆、璜山镇新四军浙东游击纵队金萧支队纪念馆）教育效能，在传承"红色血脉"中提升国防教育效果，提升全民国防教育意识。

【征兵宣传教育】2021 年，继市人武部结合征兵宣传、役前训练、学生军训等重要时机，充分利用地方媒体资源立体推送国防知识宣传资料。完成文化礼堂、宣传栏、军人荣誉墙和军人军功榜更新工作。根据"两征两退"改革整体计划，召开市本级征兵宣传工作会议，调整全市年度征兵宣传安排，建立报纸、电视、微信公众号、户外视频媒体等宣传模式，发放《征兵宣传手册》，落实"征兵宣传教育进校园启动仪式"，指导基层武装部同步做好"政策咨询周"、"征兵宣传月"、入伍欢送和退伍返乡欢迎等活动，形成全方位、立体式宣传声势。

（人武部　邵朝岳）

【国防动员】2021 年，市人武部以习近平总书记系列重要讲话精神为指导，以党在新形势下的强军目标为引领，深入贯彻省军区、绍兴军分区党委扩大会议精神，围绕"四个秩序"建设要求，查找梳理军事工作中的难点问题，研究探索新形势下军事工作能力建设。按照权威、精干、融合、高效的原则，加强平战结合国防动员组织指挥机构建设，及时组织人员调整，健全平时"八办"办事机构，完善战时动员指挥体系，组织各类潜力数据核查。

【军事训练】2021 年，市人武部坚决贯彻习近平主席训令，严格按照新大纲标准，全面落实按纲施训。正规训练管理秩序，创新组训教学方法，营造练兵备战氛围。突出首长机关训练。建立年度军事训练档案。完成全年训练任务，成绩全部合格，狠抓专武干部训练。5 月，组织完成专武干部强化素质集训，遴选 18 名专武干部参加绍兴市第 23 期专武干部集训，取得 1 个单项第一、1 个单项第二和 1 个单项第三；1 名专武干部参加省军区集训取得 1 个单项第五。抓实民兵分队演训。结合民兵整组，督导镇乡街道完成新入队民兵训练与考核。6 月，采取分散与集中相结合的方式，组织完成全市民兵应急力量集中训练，承担全区通信专业区内联训，组织专业民兵赴友邻单位参加联训；7 月，组织民兵尖子参加军分区组织的第四届民兵岗位练兵大比武，取得应急搜救课目第一、第二名；11 月，组织民兵专业力量在岗训练，并开展保交护路演练；完成在岗训练试点任务的录像拍摄和森林灭火教学片拍摄任务。通过抓管理、学法规、练技能、强作风，夯实民兵军事训练基础，全面提升"双应"能力水平。

【民兵整组】2021 年，市人武部根据军委国防动员部《民兵组织整顿工作实施办法》，统筹推进民兵改革工作落地落实，新质力量占

20.3%。5 月，采取逐个单位过和现地拉动等形式，对各单位民兵整组的人员、物资、装备等落实情况进行验收，民兵调整改革工作成效得到检验。年底，市人武部代表绍兴军分区接受省军区考查，被省军区评为“民兵工作先进单位”。

【规范化建设】2021 年，市人武部围绕使命任务开展“四个秩序”建设。依据省军区下发的指导手册和军分区基层武装部“五星达标”建设标准，系统规范部本级、乡镇街道武装部、民兵应急营（连）“三级三类”典型单位战备秩序。承办绍兴市基层规范化建设推进观摩会，指导乡镇街道升级改造各类战备库室。开展新一轮“评星挂牌”达标活动，陶朱街道、大唐街道、店口镇、牌头镇、姚江镇和山下湖镇共 6 个武装部被评为绍兴军分区“五星级基层武装部”。

【征兵工作】2021 年，诸暨市各级严格执行浙江省人民政府、浙江省军区和绍兴市政府、绍兴军分区征兵命令，坚持党委统揽、突出政府主导、注重军地合力。市镇乡（街道）两级开展法制化征兵，严格落实征兵规定和奖惩政策。

【参建支建】2021 年，发动干部职工和民兵队伍参与“四微”、争做“四大员”助力基层治理服务，培训民兵教练员，完成 18 所高中 1.3 万余名学生军训任务；落实军地协调联络工作机制，派出人员参加 2021 年绍兴市暨诸暨市防汛防台应急演练，派出基干民兵参与诸暨“6·10”强降雨和台风“烟花”防抗和抢险救灾工作，累计转移群众 540 余人，打捞落水事故车辆 1 台，加固堤坝 9 处 750 米，封堵管涌缺口 7 处 80 米，道路塌方抢险 1 处，填补土方 70 余立方米，累计装填沙包 28450 只。

双拥工作

【概况】2021 年，诸暨市进一步加强军民共建，推进全国双拥模范城（县）创建。扎实开展双拥活动，依法开展征兵工作，组织新老兵迎送以及节日走访慰问活动，营造拥军拥政氛围。通过悬挂光荣牌、“最美退役军人”评选、登报表彰、为烈士寻亲等各种形式广泛宣传，树立崇军爱军正确导向。

【就业创业】11 月 16 日，全市统一组织 2021 年度自主就业退役士兵欢迎仪式暨专场招聘会，为退役士兵返乡创（就）业提供平台，60 家企业参加，提供 1130 个岗位。

【走访慰问】2021 年，春节期间，走访慰问 3858 人次，发放慰问品和慰问金 960 万余元。“七一”期间，走访慰问全市 34 位烈士遗属，发放慰问金 3.4 万元，并为他们提供免费体检。“八一”前，对驻诸暨部队、“诸暨艇”及全市部分困难退役军人和优抚对象，采取多种形式开展慰问活动，慰问经费共计 600 余万元。

【烈士褒扬】2021 年年初，市退役军人事务局协助上海市龙华烈士陵园开展为烈士寻亲活动。4 月，与江苏扬州江都区退役军人事务局联合举办“清明 · 为三江营烈士寻亲”活动，为黄章水、徐正海两位烈士找到亲人，央视新闻客户端现场全程直播。清明期间，开展祭英烈主题宣传教育活动，通过报纸、公众号等媒体宣传，号召全市人民参与网上祭扫，全市各大革命烈士纪念馆、红色基地面向市民免费开放。4 月 1 日，组织开展“守护·2021 清明祭英烈”活动，市党政军领导参加。9 月 30 日，举行烈士纪念日敬献花篮仪式，市四套班子以及全

2021 年 11 月 16 日，自主就业退役士兵欢迎仪式暨专场招聘会举行（退役军人事务局提供）

市各界代表共200余人参与。开展烈士纪念设施和红色遗迹保护工作，争取中央直拨资金160万余元，推进全市140余个零散烈士墓集中修缮。

【双拥宣传】2021年，市退役军人事务局继续落实上门悬挂光荣牌工作。为11名军休干部颁发“光荣在党50周年”纪念章。诸暨市双拥办选送的“微电影、微视频、公益广告类”作品《你爱人民，人民爱你》荣获全国双拥主题文艺作品征集评选二等奖；诸暨市退役军人事务局获评2021年度《中国退役军人》宣传工作先进单位；诸暨市爱之光志愿者服务社获评浙江省百家“社会化拥军成绩突出单位”；诸暨市革命烈士纪念馆成功创建为浙江省党史教育基地和绍兴市党员教育培训基地；诸暨农商银行、诸暨市枫桥镇退役军人服务站获评“绍兴市爱国拥军模范单位”；退役军人庄园（退役女兵）获评绍兴“最美退役军人”；8月1日，在《诸暨日报》通报表彰年度57名荣立三等功人员。

（退役军人事务局　蒋超）

武警诸暨中队

【概况】中国人民武装警察部队绍兴支队执勤大队诸暨中队（以下简称中队）主要担负诸暨市看守所外围武装警戒任务及武装押解、抢险救援、处置突发事件及上级安排的各项任务，连续26年执勤无事故。2021年，中队应急班荣立集体三等功。

【思想政治建设】2021年，坚持教育引领不放松，以学习习近平强军思想为牵引，开展“不忘初心、牢记使命”和“传承红色基因，担当强军重任”主题教育，搞好官兵思想建设。坚持建强班子带队伍，贯穿开展“学职责、明职责、尽职责”活动，提升中队支部“一班人”能力素质，发挥支部战斗堡垒作用。坚持浓厚氛围聚人心，开展作风整治活动，畅通民主渠道，持续做好办实事工作，为官兵解难帮困，营造拴心留人良好环境。中队官兵听党话、跟党走，相信组织、依靠组织，内部关系稳定巩固、官兵之间团结友爱、中队风气清爽纯正。

【战备执勤】2021年，中队常态保持应急战备水平。坚持中心居中意识，始终抓好执勤这个中心工作，战备制度落实、战备状态保持良好，固定勤务安全托底，临时勤务组织严密。中队班长罗浩被表彰为“武警部队优秀哨兵”。在“6·10”马剑镇抗洪抢险任务中，中队官兵闻令而动，赶往一线先期处置，对灾害区域展开拉网式排查，搜救受伤及被困群众，配合地方医疗机构护送转移伤员，并担负事故现场及周边的秩序维护、隐患排查等任务，司务长王铧被评为“浙江省抗洪抢险先进个人”。

【军事训练】2021年，中队始终坚持以战领训、以训促战，聚焦练兵备战，贴近实战化要求抓好军事训练。坚持科学组训，按纲施训，刚性落实训练计划，干部带头研训、带头参训；坚持抓好教练员队伍，进一步补齐“两个短板”，中队长宣勋树强参加总队“武教头”比武，获第七名，被总队表彰为“优秀教练员”。坚持立起军事训练“一票否决”鲜明导向，坚持周会操、月考核，把训练成绩与评优评奖挂钩，激发官兵训练热情，中队年度军事考核综合成绩达到良好，中队副班长何志豪参加支队创破比武竞赛获第二名。

（占传远）

预备役修理营

【概况】2021年，浙江陆军预备役步兵师修理营在师、部党委领导下，在诸暨市委、市政府、人武部的关心支持和全营现（预）任官兵的共同努力下，顺利完成预备役部队改革，认真抓好各项工作落实，政治建设不断加强，军事工作严格落实，营队建设势头良好。

【政治工作】2021年，诸暨市预备役修理营始终将政治建设摆在首位，常态化开展学习习近平新时代中国特色社会主义思想和习近平强军思想活动，强化“不忘初心、牢记使命”担当的强军重任意识，促进教育实践活动向预备役官兵延伸。发挥营连预任干部作用，组织预任干部与官兵见面，听取预备役战士对单位建设的意见，不断改进工作方法。结合各类训练展开创先争优活动，提升预任官兵参训热情。

【队伍保障】2021年，诸暨市预备役修理营继续坚持保障先行理念，按标准要求管理好物资装备，确保随时能动、能保。11月，结合秋季换季保养，完成所属车辆换季保养。推进“日检查、周保养、月发动”制

度落实，确保装备始终处于良好的战备状态。（陈连鑫）

人民防空

【概况】2021年，诸暨市人民防空办公室（以下简称市人防办）有效履行战时防空、平时服务、应急支援职能使命，进一步加强人防宣传教育、人防教育基地建设、人防工程建设等方面工作。

【人防宣传教育】2021年，诸暨市继续在重要节点开展宣传活动。在“3·1”国际民防日、“5·12”防灾减灾周、“9·18”防空警报试鸣等人防日，开展丰富多样的主题宣传活动；运用《诸暨日报》及网络有奖问答等多种形式开展“国际民防日”宣传及“五进”宣传教育工作。

【人防指挥通信与演练】2021年，市人防办继续抓好人防指挥通信联络员队伍建设，完成演习工作及拉练工作。

【防空警报器管理与试鸣】2021年，市人防办完成诸暨市防空警报器数字化改造工作，市域范围内新增防空警报器9台。组织实施“5·12”防灾警报和“9·18”防空警报试鸣活动，警报器完好率和鸣响率均达100%。

【人防工程自建结建】2021年，诸暨市人防工程自建项目进展顺利，完成维修招标工作，开展维修施工。严格按照国家、省市有关人防结建政策要求进行人防项目审批。

（建设局　徐雨婷）

科学技术

2021年，诸暨市贯彻全国、全省、全市科技工作会议精神，继续落实“创新强市”首位战略，以高水平建设创新型城市为抓手，以政策为引擎，以人才为纽带，强化科技研发，聚焦平台创新，提升科技服务。

主体培育。全年诸暨市持续开展高新技术企业增量提质专项行动，新增高新技术企业87家，新认定省科技型中小企业242家，实现高新技术产业投资增幅42.4%、增加值增幅22.7%，均居绍兴市首位。继续深入开展规上企业研发费用“清零行动”，提高建筑企业、商贸企业的研发投入占比，扩大全社会R&D（研发）活动覆盖面，实现全市规上工业研发费用49.33亿元，同比增速保持绍兴市第一；2020年全社会R&D经费支出占生产总值的比重为2.26%。开展“揭榜挂帅”项目攻关，全年向绍兴市申报“揭榜挂帅”制科技项目8个，其中“基于双向发酵技术开发功效类珍珠化妆品”项目由北京工商大学揭榜成功，并获得市级立项支持。申报省级新产品试制计划174项，“尖兵”“领雁”研发项目10项，其中省级立项6项。6月25日，启动中国设计红星奖珍珠设计大赛。10月27日，启动第六届中国创新挑战赛生物医药现场赛。

平台建设。全年诸暨市继续高水平推进科创大走廊建设，实施标志性工程4个，重点项目22个，启动“海归小镇”建设项目，全年完成投资13.2亿元。智能制造、节能环保、生命科学等新兴产业集聚园区建设不断推进。建设省级标杆型产业服务平台，金属加工及珍珠产业创新联合体被纳入省级规划，新增绍兴市级以上众创空间6家。对接中俄联合实验室和上海交通大学签约共建中俄（诸暨）国际实验室、诸暨航空航天研究院；新增省级研发机构19家、绍兴市级企业研发机构40家、诸暨市企业研发机构189家，实现规上工业研发机构设置率35%以上。

要素保障。诸暨市通过落实《关于高水平建设科技创新强市的政策意见》兑现科技政策资金共计7800余万元。全年一般公共预算科技支出12519.54万元，比上年增长23.4%，占财政经常性支出1.05%。持续开展2021招才引智春秋季专列、“外国专家绍兴行”等活动，达成科技项目合作意向183项。推进科技领域数字化改革，深化科技创新在乡村振兴、美丽诸暨、智慧城市等方面的科技支撑，被浙江省委、省政府评为2019—2020年度省科技特派员工作成绩突出单位。

2021 年诸暨市新增绍兴市级以上众创空间一览表

表 22

名称	级别
启迪之星(诸暨)众创空间	浙江省级
璜山翠溪众创空间	浙江省级
飨街青年联合众创空间	绍兴市级
乐航(浙江)众创空间	绍兴市级
尚策众创空间	绍兴市级
诸暨瑞祥孵化器	绍兴市级

科技管理与创新主体培育

【科技管理】2021 年,诸暨市省级新产品试制计划立项 223 项,2022 年度省级“尖兵”“领雁”研发攻关计划立项 6 项。2021 年规上工业企业研发费用 49.34 亿元,同比增长 61.1%,规上工业企业研发活动覆盖面 90.2%。共发放创新券 894 万元,兑现本级科技政策资金共计 1.27 亿元、惠及企业 900 余家。2021 年 11 月 29 日,诸暨市发布《关于高水平建设科技创新强市的政策意见》,构建“产学研用金、才政介美云”十联动的创新创业生态系统,率先在全省建成创新型城市。

【科技创新主体培育】2021 年,诸暨市继续实施“双倍增”计划。开展高新技术企业增量提质专项行动,通过实地走访、重点帮扶解决企业实际困难,全年国家高新技术企业通过认定 171 家,省科技型中小企业通过认定 242 家。实现规上高新技术产业产值 621.20 亿元,同比增长 28.2%,居绍兴首位;实现规上高新技术产业增加值 149.64 亿元,同比增长 22.7%,居绍兴首位,占规上工业增加值 47.5%;实现高新技术产业投资 89.89 亿元,同比增长 42.4%,居绍兴首位。

2021 年 10 月 28 日,第六届中国创新挑战赛暨 2021 年浙江省技术需求“揭榜挂帅”大赛生物医药行业现场赛赛场(科技局提供)

科技研发机构和成果

【科技研发机构】2021 年,诸暨市新增浙江省企业研究院、省高新技术企业研究开发中心等省级企业研发机构 19 家,绍兴市级企业研究开发中心 40 家,诸暨市级企业研究开发中心 182 家;新增浙江省国际科技合作基地 3 家(绍兴市仅此 3 家)、绍兴市级新型研发机构 1 家,绍兴市级重点实验室 3 家;

【科技成果】2021 年,浙江菲达环保科技股份有限公司的深度脱硫除尘净化塔技术与装备、浙江申发轴瓦股份有限公司的第三代百万千瓦级核电机组轴承系列国产化研制与应用、浙江海亮环境材料有限公司的低温烟气选择性催化脱硝关键技术开发及应用、诸暨市人民医院的弓形虫病的诊断、防治与基础研究 4 项科技成果,获 2020 年度浙江省科技进步奖三等奖。

科技合作交流

【"春秋专列"招才引智】2021年，继续开展招才引智"春秋专列"工作，走访南京大学、山东大学等15家高校及科研院所，摸排企业技术需求355项，发布高校院所科技成果829项，达成科技项目合作意向183项。

【高能级创新平台建设】2021年，诸暨市人民政府与中俄联合实验室共建中俄(诸暨)国际实验室签约落地，市科技局与南京航空航天大学共建科技协同创新中心；落地授权发明专利产业化项目40个，全年完成技术市场交易额30.49亿元。新增入选国家"特支计划"人才2人、科技部"火炬计划"人才2人，入选省领军型创新创业团队1个、省"引才计划"青年项目10人、省"特支计划"人才1人、省"海外工程师"15人，入选绍兴市"特支计划"科技人才5人，柔性引进各类海外工程师62人。

（科技局　孟春菲）

诸暨市2021年度新增省级企业研发机构及国际科技合作基地一览表

表23

依托单位	统一社会信用代码	平台名称	平台类型
浙江国伟科技有限公司	913306817477075657	水禽分子育种国际科技合作基地	省国际科技合作基地
浙江申发轴瓦股份有限公司	91330600146293184N	高端滑动轴承研发与应用国际科技合作基地	省国际科技合作基地
诸暨市蔚莱科技有限公司	91330681MA2BEABK8Q	中俄科技人才交流国际科技合作基地	省国际科技合作基地
浙江帕瓦新能源股份有限公司	91330681307478340A	浙江省帕瓦新能源锂电材料企业研究院	省企业研究院
浙江铭仕兴新暖通科技有限公司	91330681344044867M	浙江省铭仕高强度管件阀门企业研究院	省企业研究院
浙江露通机电有限公司	91330681563310846Q	浙江省露通机电一体化企业研究院	省企业研究院
回音必集团浙江齐齐制药有限公司	91330681MA2884LY49	浙江省回音必齐齐制药企业研究院	省企业研究院
浙江华才检测技术有限公司	91330681072887501W	浙江省华才食品检测企业研究院	省企业研究院
浙江德广信电子科技股份有限公司	913306003298441108	浙江省德广信光电玻璃显示技术企业研究院	省企业研究院
艾依诺科技有限公司	91330681MA29CY20XY	浙江省艾依诺气雾剂高新技术企业研究开发中心	省高新技术企业研究开发中心
浙江盾安机电科技有限公司	913306816761586096	浙江省盾安机电制冷空调高新技术企业研究开发中心	省高新技术企业研究开发中心
浙江金昌弹簧有限公司	913306817210541568	浙江省金昌高性能弹簧高新技术企业研究开发中心	省高新技术企业研究开发中心
浙江巨马游艺机有限公司	9133068178293750X1	浙江省巨马摩天轮高新技术企业研究开发中心	省高新技术企业研究开发中心
浙江来源机械有限公司	913306817943941270	浙江省来源传动机械高新技术企业研究开发中心	省高新技术企业研究开发中心
浙江上峰包装新材料有限公司	91330681MA288N7C78	浙江省上峰包装新材料高新技术企业研究开发中心	省高新技术企业研究开发中心

续表 23

依托单位	统一社会信用代码	平台名称	平台类型
浙江天伟生物科技股份有限公司	9133068173600264XN	浙江省天伟结冷胶新技术高新技术企业研究开发中心	省高新技术企业研究开发中心
浙江中地净土科技有限公司	91330681MA29D65C6F	浙江省中地净土土壤污染修复治理产品高新技术企业研究开发中心	省高新技术企业研究开发中心
诸暨市乐业机电有限公司	9133068157056721XQ	浙江省乐业绣花机高新技术企业研究开发中心	省高新技术企业研究开发中心
诸暨华海氨纶有限公司	913306007549211O5Q	浙江省华海差别化氨纶高新技术企业研究开发中心	省高新技术企业研究开发中心
浙江盾安轨道交通设备有限公司	91330681MA288DL78Y	浙江省盾安轨交列车智能流体机械高新技术企业研究开发中心	省高新技术企业研究开发中心
浙江镨美科智能刺绣设备有限公司	91330681MA288QJP8K	浙江省镨美科智能电脑刺绣机高新技术企业研究开发中心	省高新技术企业研究开发中心
诸暨市康宇弹簧有限公司	91330681720016975X	浙江省康宇高性能汽车弹簧高新技术企业研究开发中心	省高新技术企业研究开发中心

（诸暨市科学技术局提供）

知识产权

【概况】2021 年，诸暨市贯彻中央、省、绍兴市委市政府关于强化知识产权保护、加快知识产权强国建设的决策部署，开展知识产权工作。4 月，市场监督管理局增设内设机构知识产权监管科，依法负责商标、专利监督管理，依法组织调处商标、专利纠纷；组织开展原产地地理标志、特殊标志、官方标志使用和监督管理；负责广告经营监督管理，指导广告业发展；指导查处业务相关违法行为工作。

【知识产权创造】2021 年，诸暨市继续加大政策扶持，强化高质量导向，修订新知识产权奖励政策，激发企业创新积极性。落实各项知识产权扶持政策，开展上年度知识产权奖励兑现工作，对符合条件的近千家企事业单位和个人共计发放奖励 2500 余万元，激励技术创新和品牌创新。培育知识产权服务业，以提升代理服务质量来提升知识产权创造水平，新引进培育国家知识产权局备案资质认可的专利代理机构 3 家，在岭北镇、东白湖镇设品牌指导服务站各 1 家。全年新增高价值发明专利 740 件，高价值发明专利拥有量达 1290 件，每万人高价值发明专利拥有量达 10.66 件，同比增长 136%。培育区域公用品牌，新申报“斯宅石笕茶”地理标志证明商标一件。强化知识产权贯标（贯彻国家标准）体系认证推广，新增知识产权贯标企业 20 余家。

【知识产权运用】2021 年，诸暨市继续推进知识产权质押融资工作，优化知识产权金融体系，推行“财政贴息 + 政府补偿”诸暨做法，以高价值知识产权激活共同富裕内生动力。建立政、银、企信息共享和组团服务机制，摸排整理企业名录库、融资需求库和机构合作库等 3 个基础融资数据库。结合袜业、珍珠、五金、刺绣机械等产业集聚优势，创新产业授信模式，变“单一企业授信”为“产业整体授信”，设立专项知识产权信贷资金，助推产业协同、资源整合，全年向“袜业知识产权联盟”“刺绣机械行业协会”分别提供授信额度 50 亿元、10 亿元，惠及企业 50 余家。10 月 11 日上午，市市场监管局携手诸暨农商银行成立 23 支“红联盟”服务小分队，从知识产权、金融惠企等方面着手，量身定制服务计划，实现“一镇（街）一策”。推进知识产权数字化改革，推广“浙江知识产权在线”

公共服务网上办事，实现专利质押登记本地线上办理，全年共有126家企业进行知识产权质押融资，融资总规模突破50亿元，其中专利质押43.6亿元，商标质押6.5亿元。

【知识产权保护】2021年，继续探索建立“枫桥经验”知识产权多元纠纷化解机制。5月28日，市场监管局与司法局联合成立诸暨市知识产权纠纷人民调解委员会，负责调解专利、商标等知识产权权益和合同纠纷，调处专利侵权纠纷3起。推动建立知识产权共治模式，营造激励创新、诚实守信的营商环境，4月21日上午，市市场监管局、市人民法院、市发改局、市新闻出版局联合召开“关于建立知识产权严重侵权人名单及信用惩戒的实施意见”新闻发布会并公布第一期知识产权严重侵权人名单。4月，诸暨华东国际珠宝城入榜浙江省“第一批省级知识产权保护规范化市场”名单。4月21日下午，全国首个珍珠行业知识产权保护中心在诸暨市山下湖镇成立并揭牌。8月3日，绍兴市袜业产业知识产权联盟入选2021年省级备案产业知识产权联盟名单，实现产业资源整合协同优化。加强行政执法，全年共查办假冒侵权案件79起，依法处置绍兴首件有罚没金额的假冒专利案。推进商业秘密保护示范点创建工作。召开商业秘密保护辅导视频会议，辅导企业27家，建成商业秘密示范企业3家（省级1家、绍兴市级2家）。

【知识产权宣传服务】2021年，继续加大对知识产权法律法规的宣传力度。3月15日，市市场监管局联合市人民法院巡回法庭，到大唐袜业城公开审判知识产权涉刑案件，借此开展知识产权保护的法治宣传和普法释法。庭审结束后，市市场监管局联合市人民法院设点摆摊、走企入户，为群众解答知识产权相关法律问题。开展“‘4·26’知识产权宣传周”活动，在专业市场设摊开展知识产权相关知识宣传，进企指导知识产权相关工作。全年结合“三服务”走访企业300余家，发放宣传册5000余份，举行培训会5次，惠及企业1500余家。

（市场监管局　赵丰民）

2021年4月26日，市场监管局的工作人员在袜业市场设摊开展知识产权相关知识宣传（郭斌摄，市场监管局提供）

气象·地震

【气象服务】2021年，诸暨市以“三个秒”（秒叫应，秒响应，秒处置）为抓手打造气象版“枫桥经验”3.0，建立应对突发灾害性天气预响应机制。交通气象保障工程列入2021年诸暨市政府民生实事工程、全省市县气象数字化改革建设任务和省气象局数字化应用场景目录项目。《你不知道的我知道》获浙江省气象部门法治动漫微视频作品大赛二等奖。

监测预报预警服务。以“三个秒”为抓手，建立应对突发灾害性天气预响应机制，强对流天气应急联动机制建设纳入浙江省气象局工作试点，相关工作做法得到国家防办工作组肯定，被省委办公厅推荐至国务院办公厅，《浙江日报》《中国气象报》《绍兴日报》等媒体多次进行宣传报道。优化气象监测站网，争取政府每年新增80万元用于老旧区域自动气象站升级改造工作，重建五泄镇、马剑镇2个区域自动气象站，升级改造老旧站3个，完成40个区域自动站防雷改造。

智慧气象服务。交通气象保障工程被列入2021年诸暨市政府民生实事工程、全省市县气象数字化改革建设任务和省气象局数字化应用场景目录项目(2021版),通过建设基于“图像识别”“智慧感知”“智能预报”等新技术的智慧交通服务系统,打造全国首个覆盖全路段、全灾种的智慧交通气象服务“新样板”。不断完善天气实况“秒叫应”系统及“网格+气象”“应急广播+气象”信息管理平台,实现气象实况预报预警信息一键直达基层一线。3项绍兴市气象局科技项目通过验收,1项获得立项批准并编制任务书。

气象现代化建设。编制印发诸暨市“十四五”气象事业发展规划,明确六大任务,实施气象监测能力提升、新时代气象服务能力提升、气象乡村振兴能力提升、气象基础设施提升等4项重点工程。加快推进基础设施提升工程,浦阳江流域气象防灾减灾预警中心项目完成“三通一平”即水通、电通、道路通和场地平整,气象观测场完成80%,上山道路完成路基和护坡建设,预警中心正砌砍,雷达塔楼气象预警信号灯塔、人工增雨烟炉(安基坪)投入使用,美丽诸暨生态气象保障项目(一期)完成招标工作。

公共气象服务。联合农业农村局和文旅局,开展生态文明、乡村振兴气象保障服务工作普查,提高气象服务“三农”智慧化、精细化水平。开展优势农产品智慧化精细气象服务“一县一品”建设,分区域划分水稻田易积涝等级,打造水稻全生长周期精细化服务模式。进一步扩大政策保险惠农力度,争取财政资金10万元用于民宿(农家乐)气象灾害防御保险。提升农业气象智慧精细服务水平,编写香榧农业气象服务手册。开展同山镇布谷村和马剑镇建辉村的宜居村创建,助力马剑镇入选首批“浙江省气候康养乡村”。继续开展省级气象标准化村创建工作,全年全市有115个村通过省级验收。开展“烟炉+炮弹”人影协同作业,其中人影作业8轮次,开展火箭弹作业8轮次,烟炉作业3轮次,缓解年初连旱。

春运、“两会”、新冠肺炎疫情防控、“还有诗和远方”等重大社会活动保障。常态化每日发布疫情专题气象服务。报送《拉尼娜事件持续或致秋冬春连旱》等呈阅件和中长期气候趋势预测分析得到市领导批示肯定。打造“气象管家”服务235国道改建等全市重大投资项目建设。发布各类气象服务材料438期,短信服务690条涉及914万人次。诸暨市气象台获得浙江省气象局2021年度气象业务服务工作先进集体。

气象科普宣传“六进”活动。诸暨市科普讲师团成员1人。接待行知小学、护士学校学生到气象台科普教育基地参观学习。接受咨询3000余人次,发放科普宣传资料2000余份,宣传品500余份。气象科普电影下乡,播放气象科普电影230余场。省级气象科普教育基地(新南村)通过初验。创建3个农村文化大礼堂气象科普示范点。

气象社会管理。完善气象防灾减灾体系。《推进气象事业高质量发展和防灾减灾“第一道防线”建设的实施意见》征求到诸暨市相关部门意见。启动应急响应8次,应急联动3次。恶劣天气主动叫应市领导近20次,叫应乡镇和部门领导400余人次,叫应信息员、网格员1500余人次。开展115个省级气象防灾标准化村(社区)创建。落实气象安全监管职责。做好“互联网+监管”双随机事项。防雷安全重点单位“一企一档”信息收集,防雷风险码推广应用。防雷重点单位安全检查142家(100%全覆盖),实现掌上执法率100%,抽查事项覆盖率100%,抽查事项完成率100%。督查气球施放资质单位2家,开展气球施放执法检查4次。落实“平安护航建党百年”气象安全隐患专项排查整治。优化气象行政审批服务。落实行政审批改革,优化气象窗口服务。办理施放无人驾驶自由气球审批38件,防雷装置设计审核2件。为保险公司提供气象数据接口,在保险公司就能申请开具气象证明。

(气象局　许金凤)

【地震测报】2021年7月启动诸暨市第一次全国地震灾害风险普查工作,年底基本完成全面调查阶段任务。全年常规化开展建设工程地震安全监管检查。

(科技局　孟春菲)

教　育

2021年，诸暨市深入贯彻落实中共十九届六中全会精神，主动对标共同富裕示范区“诸暨范例”新定位，聚力“五个系统提升”，“十四五”实现良好开局，“学在诸暨”增创新优势，被列为浙江省中小学劳动教育实验区（全省仅12个），获评年度绍兴市教育工作业绩考核优秀单位等。

2021年，全市共有中小学（幼儿园）275所，其中普通高中17所、中职学校4所、初中35所、小学96所、幼儿园122所、特殊教育学校1所。在校中小学生（幼儿生）18.31万余人，在职教职工1.62万余人。

诸暨市教体局紧扣“学党史、悟思想、办实事、开新局”目标要求，聚焦立德树人，彰显教体特色，注重融合创新，高标准高质量推进党史学习教育。组建局、校两级党史宣讲团（小组）45个，开展党史主题宣讲500余场次，推出“三为”专题实践活动6项，其中“我为孩子上堂课”累计组织志愿服务2478次、参与党员教师7007人次、受益家长学生4万余人次，成为全市“三为”专题实践活动亮点。以党史学习教育、“六讲六做”为引领，纵深推进系统党建全区域提升全领域建强，深化党组织领导的校长负责制改革和“五星三名”成果，抓实年度学校党组织书记抓党建述职评议考核工作，选优配强基层党务干部，组织党务部集中培训。推动党组织书记讲好思政课，加强网络意识形态安全建设，守好学校意识形态“责任田”。严格落实教育领域腐败问题专项整治，全面加强内审

2021年10月21日，诸暨市职教中心与杭州朗迅科技集团共建诸暨市集成电路人才培训基地启动仪式举行（教体局提供）

工作，创建第三批“清廉学校”9所。

教育基础设施建设。全力拓展优质资源。实施教育政府性投资项目15个，投用西子小学、和济小学、湄池小学、枫桥镇中及城区2所托幼一体普惠园等新（扩）建项目，年度投资额近4亿元，新增优质学位资源4560个；完成年度教育民生实事工程，包括第二期公办学校教室功能提升工程（灯光改造973间、课桌椅更换16679套）、公办小学教室新风系统安装工程（共安装1696台，实现全市公办小学、幼儿园教室新风系统全覆盖）。打造教共体2.0版。10个城乡教共体建设扎实推进，“互联网+义务教育”新增14对（总数增至55对），实现乡村中小学校全覆盖，7月10日组建首个农村区域初中教育集团——实验初中教育集团，全市教育集团达13个。全力推进各类创建。通过全国义务教育优质均衡发展县（市）、全国学前教育普及普惠县（市）省级督导评估，新创成省、绍兴市现代化学校16所，省一级、二级幼儿园7所，创建总数量保持绍兴市领先。实现绍兴市教育优质均衡示范乡镇“满堂红”，特殊教育学校获评省第二批特殊教育标准化学校。

教育教学改革。重抓数字化改革。加快构建“1+3+N”架构体系（“1”即一个大数据平台总仓，“3”即聚焦精准教学、校园安全、公共服务三大重点任务，“N”即多个应用场景），搭建好教体领域数字化改革“四梁八柱”，发挥数字赋能作用。基本建成大数据平台总

2021年，店口镇湄池小学原址重建项目（教体局提供）

2021年，枫桥镇初级中学异地兴建项目（教体局提供，摄于2021年12月）

2021年，诸暨市实验小学教育集团西子小学新建项目鸟瞰（教体局提供，摄于2021年12月）

仓，推进精准教学应用，完成枫桥式“平安校园”智治系统等8个应用场景建设，其中与市委政法委等单位合作实施的“预防青少年新型违法犯罪”入选全省数字化改革第二批“最佳应用”，2个项目入围全省教育领域数字化改革实践案例。重抓高中教育改革。恢复4所公建民营普高公办办学体制，落地高中段“公民同招”，进一步健全完善普高学校质量管理考核评价体系，深化新高考新教材实施应对策略研究，“一校一策”推动普通高中高质量发展三年行动计划落地见效。2021年，高考“清北”（清华大学、北京大学）录取13人、重点上线1405人、高水平大学录取超200人，获“五大学科”竞赛浙江赛区一等奖43个（全国金牌10枚、银牌3枚），获奖人数名列全省县级市第一。实施7个省中职“双高”项目建设，围绕新兴产业新设4个专业。10月21日，职教中心与杭州朗迅科技集团共建诸暨市集成电路产教融合公共实训基地，产教融合、校企合作进一步深化。重抓“双减”工作落实，推进作业革命和课堂革命。开展“双减”七大行动，课后服务实现“两覆盖”（义务教育段学校课后托管服务和有课后托管需要的学生全覆盖），校外培训机构整治提前完成“双压减”目标任务，领跑绍兴市。以“双减”为撬动，推进课堂革命和作业革命，落实“五项管理”，深化“五育并举”，学生体质健康监测数据进位提升，中小学研学实践全面推开，劳动教育案例入选全省中小学劳动教育区域典型十佳案例，诸暨中学、浣纱小学获评首届浙江省文明校园（绍兴市仅7所），斯民小学获评全国第二批乡村温馨校园建设典型案例学校，应店街孟子完小被认定为第三批全国中小学中华优秀传统文化传承学校。

教育发展环境建设。推进队伍素质提升行动。坚持师德为先，加大对师德失范、有偿家教等行为的警示教育和查处力度，加强对干部队伍的日常教育监督管理，清理规范学校中层干部设置。推进队伍建设“1+4+X”工程（“1”即全市中小学教师专业素养“大练兵大比武大提升”活动，“4”即校长领航发展工程、“三名”工作室培养工程、机关年轻干部“两会一能”素质提升工程、高层次教育人才引育工程，“X”即基于省培平台的教师全员培训），构建全覆盖阶梯式“金字塔”形的教师培养发展体系。面向全国知名高校应届优秀毕业生开展“校园招聘”，引进高水平教练1名，新增省中小学教坛新秀5名、浙派名师名校长培养对象8名、绍兴市名师16名，获绍兴市中小学班主任大赛一等奖7个，总数量居绍兴市第一。推进体教融合行动。贯彻落实国家体育总局、教育部《关于深化体教融合 促进青少年健康发展的意见》，加快推进新型少体校建设，不断完善运动项目布局，做好人才引进和省运会备战工作，致力学校体育和竞技体育互促双提升。海亮初中和浣纱初中包揽浙江省第十四届中学生篮球联赛初中男子组冠、亚军，海亮初中夺得2020—2021赛季中国初中篮球联赛（男子组）总冠军。推进杭绍同城行动。加强与杭绍名校（高校）结对共建，中高职一体化合作办学16所，结对学校增至30余所。选派200余名校长（干部）、骨干教师走进拱墅区、萧山区和柯桥区考察学习交流，沪杭绍师生到诸暨研学旅行2万人次以上。主办（承办）第三届“迦陵杯·诗教中国”诗词讲解大赛总决赛、全省教育信息化试点示范项目研讨交流活动等。推进心理健康幸福行动。发挥心理健康、生涯规划、班主任、家庭教育等4支核心队伍作用，联合市关工委、市卫健局等设立关爱青少年健康成长“幸福之家”个案辅导工作点3个，认定“幸福行动”试点（培育）学校22所，举行“幸福行动”推进会暨现场观摩活动，创设心理健康增能、网瘾少年关爱、特需学生及家庭成长计划等三个公益项目，不断凝聚家庭学校社会育人合力。推进“枫桥式”平安校园建设行动。全面深化网格化管理，按照“校内建网，校外借网，内外联网”的总体部署，健全完善校园周边环境综合治理“一校八员”网格化管理机制。始终绷紧疫情防控这根弦，严格落实常态化疫情防控各项举措，不断健全应急处置机制，打好疫情防控阻击战。继续落实“护校安园”专项工作，完成“平安护航建党百年”专项行动和“6·10”强降雨、台风“烟花”防御工作，多种形式开展反诈防诈、交通安全、网络安全、防溺水等主题宣传教育活动，提升师生安全防范意识和能

力，保障校园平安稳定。（姚伟均）

学前教育

【概况】2021年，全市有各级各类在册幼儿园122所（公办80所、民办42所；省一级园16所、认定及预评省二级园57所、省三级49所），教学点28个。全市在园幼儿31857人，3～5岁幼儿毛入园率108.1%，普惠性幼儿园在园儿童28962人、覆盖面90.9%。继续做好秋季全市幼儿园新生"浙里办"网上报名录取工作，实现城乡全覆盖。全市幼儿园教职工4260名，其中专任教师2665名（含园长）、持证率100%、公办编制占比21.6%（含报备员额制）、高学历比例99.7%、职称评定率92.2%。另有早教基地35个（民办2个），拥有初级及以上育婴师1696名。全年编制印发学前教育相关保障政策《中共诸暨市委 诸暨市人民政府关于学前教育深化改革规范发展的实施意见》《诸暨市人民政府办公室关于印发诸暨市加快学前教育优质普惠发展第四轮行动计划（2021—2023年）的通知》《诸暨市中小学（幼儿园）专项布局规划》。调整优化幼儿园网点布局及专项建设规划。

【办园模式创新】2020年1月起，市交投集团与市教体局合作，陆续启动实施7所托幼一体普惠幼儿园建设，计划总投资3.92亿元，可新增婴幼儿学、托位3150个，由市交投集团投资建设，市教体局负责运营管理。其中，越都、东江2所幼儿园于2021年10月建成投用，新增婴幼儿学、托位840个。

【城镇小区配套幼儿园建设】2021年，诸暨市依据《诸暨市人民政府办公室关于印发诸暨市住宅小区配套幼儿园建设管理办法的通知》，由开发建设单位单独配建城镇住宅小区配套幼儿园7所，计划2024年全部交付使用。

【经费奖补】2021年，根据《诸暨市幼儿园保教人员与生均专项奖补经费管理办法》《诸暨市普惠性民办幼儿园认定及管理办法（试行）》等文件精神落实经费奖补，惠及108个幼儿园、5968人次，奖补金额共计26760.5164万元。依法依规落实教职工"五险一金"，公办非编幼儿教师人均年收入达93242万元。

【幼儿园安全建设】2021年，继续推进"枫桥式"平安校园建设，完善幼儿园安全风险防控体系，落实部门和镇街安全保卫、监管责任，健全完善校园周边环境综合治理"一校八员"网格化管理机制，全面落实"园长负总责、全员有责、一岗双责、失责追责"的校园安全责任制，打造集"智安校园、消防预警、安全教育、智慧食安"四大系统于一体的平安校园智治系统。投入182.5

诸暨市通过全国学前教育普及普惠县（市）省级督导评估，图为督导评估汇报会现场（教体局提供，摄于2021年11月24日）

万元专项经费用于66所公办幼儿园智安校园建设。

【幼教共同体建设】2021年，深化“名园集团化、城乡联盟化、镇域一体化”建设，先后组建6个幼教集团、3个网片发展共同体、23个镇域发展共同体，推动城乡优质学前教育资源共建共享。同时，深化教育“杭绍同城”，加强两地人才共育、资源共享等机制建设，与杭绍地区名园（高校）结对7所。全年新增省一级园3所，新增省二级园4所，预评省二级园4所，省二级及以上优质幼儿园在园儿童覆盖面提高至77.28%。

【课程建设】2021年，继续落实《关于全面推进幼儿园课程改革的实施意见》，“政、研”合一，依托“领衔园示范指导、公民办结对互助、研修群体易园体验”等多种区域联动合作机制和园、镇、片、市四级专题研修平台，推进幼儿园课程游戏化生活化的实践与研究，构建具有诸暨特质的幼儿园“品质生活”课程体系，共开发浙江省、绍兴市精品课程6个、诸暨市精品课程61个。

【活动组织】2021年5月至6月，组织“砥砺十年 奠基未来”学前教育宣传月活动，共向上级选送13个单位6个宣传视频和50余个典型案例，4个视频和6个典型经验和案例入选“浙江省学前教育改革发展十年巡礼”。代表诸暨市学前教育十年发展历程的专题宣传片《大山里的巴学园》经绍兴市教育局推荐入选省教育厅展播。开展“童心向党 童声嘹亮”幼儿园歌唱祖国会演活动，分城区、乡镇两组各23个作品参赛。开展“品质生活·润美童年”幼儿园环境创设评比活动。

【成绩荣誉】2021年，获省级先进荣誉4项、绍兴市级先进荣誉20项。省级课题获一等奖1个、新立项2个，绍兴市级课题获奖5个、新立项17个。绍兴市各类论文或案例评比共获奖66篇，其中一等奖17篇，省级课程案例入选7篇。11月，通过全国学前教育普及普惠县（市）省级督导评估。评估组肯定诸暨市学前教育政府保障到位、保教质量提升、普及普惠水平走在全省前列。　（阮云飞）

义务教育

【概况】2021年，全市共有小学96所，初中35所（其中九年一贯制学校5所），在校小学生70443人，在校初中生36160人。义务教育学龄儿童少年入学率、巩固率和“三残”（视力、智力、听力残疾）儿童入学率均为100%；初中毕业生升入高中段各类学校比例为99.54%。进一步贯彻落实市政府关于外来建设者随迁子女入学的相关政策，保障符合条件的外来建设者随迁子女享受公平教育权利，全市义务教育段随迁子女入学达25090人（小学19175人、初中5915人）。浣江初级中学陈威滔获2021国际初中生信息学竞赛金牌1枚。

【教学质量发展】2021年，继续加快优质均衡发展和现代化步伐，省义务教育标准化学校继续保持100%；浣江幼教集团浣江幼儿园、山下湖镇中心小学、浣东街道城新小学、大唐街道草塔小学、浣纱初级中学、滨江初中教育集团滨江初中、大唐街道社区学校、诸暨市实验职业技术学校等8所学校创成第二批省现代化学校，滨江初中教育集团城东初中、姚江镇江藻初中、东和乡初级中学、山下湖镇初级中学、陶朱街道明德小学、店口镇湄池小学、应店街镇中心小学、浣东街道和济小学等8所学校创成绍兴市现代化学校；枫桥镇创建成为绍兴市教育优质均衡示范乡镇，全市实现满堂红；7月10日，撤并东白湖镇中、陈宅镇中、璜山镇中和浬浦镇校初中部设立首所区域初中——诸暨市实验初中教育集团，校区设在原璜山镇中，投入400万元进行校园环境提升改造（一期工程）。义务教育段教育质量监测工作不断深化。继续实施“公民同招”招生政策，全市义务教育阶段学生均通过“浙里办”系统实行网上招生录取。

【民生实事】2021年，继续落实“双减”工作，秋季开始推行初中、小学托管服务，实现义务教育段学校课后托管服务和有课后托管需要的学生“两个全覆盖”，采取“基本服务+拓展服务”模式，制定落实“一校一案”。全市小学参加放学后托管服务62964人，参与率达87.13%；初中参加晚自习服务35023人，参与率达90.15%；参与课后服务的教师达97.66%。据国家“全国基础教育运行管理平台”统计，家长对此项工作满意率达98.64%。通过专项督导反馈，“双减”成效明显，学生回家作业大幅减少，睡眠时间明显提升，课余时间普遍参加自主学习和实践活动。拓展优质资源，全年新（扩）建投用西子小学（36班）、枫桥镇中（48班）、和济小学（24班）、湄池小学（48班），完成大唐街道柱山小学综合楼扩建工程。继续实施公办学校教室功能提升工程，改造灯光973间，更换课桌椅16679套，投资额1044.41万元。实施公办小学教室新风系统安装工程，共安装新风系统1798台（小学1696台、幼儿园102台），投资额2243.51万元，实现全市公办小学、幼儿园教室新风系统全覆盖。 （王先均）

普通高中教育

【概况】2021年，全市共有普通高中17所，其中公办普通高中8所，民办普通高中9所（含十二年一贯制学校1所），在校学生33102人。

【学科竞赛】2021年，参加中学生数学、物理、化学、生物、信息技术等“五大学科”竞赛成绩斐然：获全国决赛高中数学金牌5枚（均为海亮高级中学），高中信息学金牌1枚（诸暨中学），高中化学、信息学、数学银牌各1枚（银牌共3枚，均为诸暨中学）；国家级（联赛浙江赛区或复赛）一等奖43人次、二等奖98人次、三等奖64人次；海亮高级中学、诸暨中学获高中数学国家级（联赛浙江赛区）团体优胜奖，海亮高级中学获高中物理全国联赛国家级复赛团体优胜奖、高中生物国家级（联赛浙江赛区）团体优胜奖；4名学生（海亮高级中学数学3名、诸暨中学信息学1名）入选2022年“五大学科”竞赛国家集训队（占绍兴市入选人数的100%、全省入选人数的7.5%），并获得“清北”保送资格。此外，获APIO（亚洲与太平洋地区信息学奥林匹克竞赛）2021（中国区）金牌3枚。

【高中招生】2021年，高中总录取8157人，其中普高5655人，中职2502人。不断落实教育公平举措，诸暨中学招生名额分配到全市各初中学校由50%提升到60%。

【高考成绩】2021年，“清北”录取（上线）13人（含外国籍3人），绍兴市占比37.14%，与柯桥区并列第一，其中北京大学7人、清华大学6人。重点上线人数1405人。高水平大学录取206人；985大学录取204人；211大学（不含985）录取231人；上海交大、复旦大学、中国科技大学各3人，浙江大学75人。

（王先均）

中等职业技术教育

【概况】2021年，全市共有中职学校4所，其中国家级重点中职学校3所、省中职改革发展示范学校3所、省中职名校1所、省中职高水平学校立项1所、省现代化中职学校1所。拥有中央财政扶持实训基地2个、省示范实训基地7个、省产教融合实习实训基地3个，省示范专业10个、省骨干专业3个、省品牌专业2个、省优势特色专业2个、省高水平专业立项6个。在校生11795名，在编教职工662名，专任教师619名，其中专业教师348名，“双师型”（具有教师资格证、专业技术资格证书）专业教师323名，“双师型”专业教师比例为92.82%，具有技师及以上资格证专业教师222名，占“双师型”专业教师比例为68.73%。诸暨市获评2020年度全省职业教育发展考核优秀单位。

【创建成果】2021年，创成省级项目5个：省产教融合实习实训基地项目3项［职教中心新能源汽车产教融合实习实训基地、技师学院电子商务产教融合实训中心、绍兴护校AHA（美国心脏协会）急救培训基地］，省健康促进金牌学校1所（技师学院），省现代化中职学校1所（技师学院）。创成绍兴市级项目10个：绍兴市高水平中职学校3所（职教中心、技师学院、绍兴护校），绍兴市高水平中职专业7个（职教中心汽车运用与维修、园林工程、幼儿保育、技师学院电子商务、机电技术应用、绍兴护校护理、助产）。

【教学质量】2021年，诸暨中职生在省赛中获奖7项，其中一等奖1项（技师学院机器人技术应用项目）、二等奖4项（技师学院焊接技术项目、机电一体化设备组装与调试项目、电气安装与维修项目，职教中心农机维修项目）、三等奖2项（技师学院新能源汽车检测与维修项目、职教中心手工制茶项目）；在国赛中获二等奖1项（技师学院机器人技术应用项目）。教师在省赛中获奖7项，其中一等奖2项（省中职学校班主任能力大赛绍兴护校刘冰、省中职学校信息化教学赛项技师学院钱志颖)、二等奖2项(省中职教师教学能力大赛绍兴护校专业课程组、职教中心公共课程组)、三等奖3项(省中职教师教学能力大赛绍兴护校公共课程组、职教中心公共课程组,省中职学校信息化教学赛项职教中心财会组);在国赛中获二等奖1项(全国中职学校班主任能力大赛绍兴护校刘冰)。教学科研方面,获得省级奖项3项,分别是省教学成果奖1项(绍兴护校:"基于'四尚'育人理念的护理实践教学改革探索")、省职业教育改革优秀典型案例1项(职教中心:"助力乡村振兴:'三农五启'乡村工匠培养模式的实践探索")、省提质培优典型案例1项(职教中心:"多措并举,为新型教师队伍建设助推加力")。2021年,全市中职毕业生2825人,就业率100%,职业技能取证率100%(中级工取证97.74%),专业对口率95.96%;通过职教高考、中高职一体化培养等形式,升入高校1909名(其中本科74名),升学率达67.6%,同比提高7.86%,其中绍兴护校护理专业夺得全省专业类高考第一名。

【社会服务】2021年,开展社会职业培训25646人次,取证培训5850名,其中面向企业员工培训10277人次,开展农村建筑工匠培训755名、道路运输驾驶员从业资格培训2231名、大学生创业培训530名、"两后生"培训722名,家政服务培训11342人次。技师学院与沐川职中开展校校合作,设立校企定向培养班4个(设在沐川职中),合作培养沐川籍学生86名,2名教师赴沐支教;接纳云南瑞丽(13名)、四川金川(16名)两地29名贫困学子到诸暨就读中职学校。　(楼　迪)

浙江农林大学暨阳学院

【概况】浙江农林大学暨阳学院(以下简称学院)位于诸暨市城北教育园区,占地面积36.17公顷,校舍建筑总面积32.6万平方米,总投资15.6亿元,其中暨阳体育中心总建筑面积3.8万平方米,集篮球馆、游泳馆、网球馆为一体,能承担国际性体育赛事。图书馆总建设面积2.8万平方米,能藏150万册图书资料,现有纸质藏书90余万册。实验教学大楼总建筑面积1.9万平方米,建有基础实验教学平台和创新创业实训平台,计算机实验教学中心为省级实验教学示范中心。暨阳学院设有本科专业33个,面向全国13个省(市、自治区)招生,2021年有全日制本科生7973人,联合培养研究生24人,成教学生268人。学院有省级一流学科(B类)2个(农业工程、风景园林学),省级重点专业1个(工商管理)、省级新兴特色专业3个(机械设计制造及其自动化、中药学、计算机科学与技术)、省"十三五"特色专业2个(园林、会计学),省一流专业4个(园林、会计学、机械设计制造及其自动化、计算机科学与技术)、绍兴市重点学科4个(机械电子工程、园林植物与观赏园艺、宪法学与行政法学、计算机科学与技术)、绍兴市重点专业2个(中药学、环境设计)。学院每年与诸暨市联合发布年度校地合作项目清单,服务地方经济社会发展。持续深化"二级学院+乡镇(街道)"(1+N)校地合作模式,互动融合,实现共同发展。针对地方产业转型发展需求,先后成立中国大唐袜艺学院、中国珍珠学院两大产业学院,走出一条特色鲜明的校政行企合作新路径,

2021年9月11日,浙江农林大学暨阳学院投入使用的新建学生公寓(暨阳学院提供)

产业学院模式和成果被主流媒体多次报道。建有3900平方米的产学研中心，拥有中国香榧研究院暨国家林业局香榧工程技术研究中心、生态环境研究与发展中心、生命科学研究所、浙江农林大学诸暨创新发展研究院、陶朱商学院、智能制造先进技术研究中心、大唐产学研基地、晨晓色彩研究院、数字枫桥与治理创新研究中心、双碳研究院等14个产学研机构。学院有专兼职教师539人，专任教师419人；专任教师中博士学位124人，占比29.59%，硕士以上学位比例达到92.36%，高级职称比例达到40.57%。拥有共享院士2名，全国优秀教师1人，浙江省高等学校教学名师1人，浙江省中青年学科带头人3人，浙江省"151人才"5人，浙江省领军人才培养计划5人，浙江省优秀辅导员3人，浙江省万名好党员1人，浙江省"三育人"先进个人1人，浙江省教育系统"事业家庭兼顾型"先进个人1人，绍兴市最美教师1人，绍兴市拔尖人才1人，绍兴市"330海外英才计划"1人，绍兴市"名士之乡"英才计划4人，暨阳"533英才计划"5人，学院领军人才4人、暨阳学者4人。武书连2021年全国独立学院综合实力排名第18位、浙江省第3位。学院坚持开放办学，不断深化国际交流合作，与美国、英国、白俄罗斯、乌克兰等9个国家和地区的17个大学、科研机构、国际组织建立合作关系，包括6个学生互换项目，8个交换生、交流生项目，11个硕士研究项目。学院与诸暨市在境外投资企业对接，确定"招生—实习—就业"留学生联合培养模式，并探索丝路学院的建设。

【教育教学工作】2021年，学院根据应用型示范院校建设要求，加强教学基本建设。获批浙江省一流本科课程10门，比2020年增长1倍。获批浙江省虚拟仿真实验教学项目3项。课程思政建设，获批浙江省课程思政教学改革项目2项、示范课程1门、基层教学组织1个。深化产教融合。时尚制造类人才培养基地获批浙江省产教融合示范基地，获批教育部高教司产学合作协同育人项目3项、浙江省产教合作育人项目1项。培育建设一流专业，计算机科学与技术专业获批省一流专业建设点。

【师资队伍建设】2021年，共引进教职工24人，其中博士4人，浙江省"151人才工程"第二层次1人。推荐"浙江省高校领军人才培养计划"高层次拔尖人才1人、青年优秀人才2人。柔性聘用加拿大皇家学会院士1人，成为全国独立学院唯一。12月，推荐"浙江省高校领军人才培养计划"高层次拔尖人才1人、青年优秀人才2人。统筹推进师德师风教育。制定《中共浙江农林大学暨阳学院委员会关于开展师德专题教育的实施方案》，开展师德专题教育"示范引领工程""规范践行工程""警示宣教工程"等"三大工程"，把师德专题教育贯穿全年、融入日常。

【平安校园建设】2021年，疫情防控工作实行专班24小时值班，师生新冠肺炎疫苗接种完成率达97.92%，完成全员9000余人次核酸检测。独立学院转设事件中，创新"党员教师+班主任+辅导员+学生"形式的"四级"网格化管理机制和"面对面""点对点""一对一"谈话工作机制，未发生上访、聚集、重大舆情事件。

【招生和人才培养】2021年招生工作完成，招生位次大幅提高。在校学生英语八级考试一次性通过率为58.1%，超过全国独立学院平均通过率34.2个百分点。2021届毕业生研究生录取率达到8.81%，其中，食品科学与工程录取率达33.81%，生物环境学院达20.38%。在6月举办的第三届中国大学生阳光游泳比赛中，暨阳学院学生获得冠军1项，亚军3项、季军1项。学生创新创业成效不断凸显，立项各级大学生创新创业训练计划80余项，其中获批国家级项目15项。学生科技竞赛获奖取得历史性突破，省级一类学科竞赛获奖达78项，同比增长44.4%，其中国家二等奖以上6项、省级一等奖5项。学生以第一作者发表论文41篇。推进实施"专利工程"建设项目，学生授权专利共35项，其中发明专利授权9项。

【教师科研成果】2021年9月，"加拿大皇家院士赵月枝及其创新团队"获批院士领衔专家工作站；10月，与浙江准时网络科技有限公司联合成立"浙江农林大学暨阳学院双碳研究院"；12月，"植物纤维功能材料实验室"及"植物景观与生态康养重点实验室"获批绍兴市培育建设重点实验室。高层次科研项目中，学院副院长金松恒教授《亚热带典型森林可持续经营技术研究与示范》获得国家重点研发计划国际合作重点专项课题资助，中央财政资助达264万元，是学院教师首次承担国家研发计划国际合作重点专项课题，是学院科研工作历史上的重大突破。2021年，学院省部级及以上科研项目立项16项，其中，获批国家自然基金面上项目立项1项，获批国家自然基金青年项目立项1项，新增市厅级科研平台2项，获得市厅级科研成果奖励4项。学院教师共发表SCI收录论文49篇，其中SCI一区TOP论文9篇，SCI三区论文17篇，SCI四区论文16篇，SSCI收录论文5篇，EI收录论文5篇，学术著作8部。10月8日，李根有教授为第一主编的《浙江植物志(新编)》新编出版。

【校地合作】2021年，学院立足诸暨产业特色，校地合作取得新佳绩。发布《诸暨市人民政府浙江农林大学暨阳学院2021年校地合作项目清单》并组织实施。学院数字枫桥与治理创新研究中心为诸暨民政局开发的“智慧民政”系统，被列入省数字化改革社会系统建设专班公布的首批“揭榜挂帅”名单，并在全省民政系统推广运用。服务地方乡村振兴，全年承办资本市场培训等项目50余项，服务覆盖7769人；与诸暨市委组织部协同实施“农村干部学历提升工程”，300多名村社干部参加基层村干部人才培养特色班。合作模式不断创新。以“人才培养+产学研一体化”为核心，推进教育教学方法改革，形成产学互动、学院教学模式与企业生产模式直接“对接”的“一体两翼三层六维”的人才培养模式。6月，中国大唐袜艺学院获评2021年浙江省高等院校现代产业学院优秀案例，新增25家大学生实习实训基地，总数达80家。中国珍珠学院每年获得诸暨市政府经费支持300万元，新一届招生人数达137人，在“诸暨产品设计大赛——2021珍珠大赛”中共有6件学生作品名列全国前30强，竞赛获奖共计40项。学院首批毕业生98名，其中82名学生进入袜艺行业，从事时尚袜艺相关工作。学生留浙、留诸就业率高，初期留诸暨就业率达25%。

【国际交流】2021年，国际合作与交流实现新突破，与白俄罗斯国立大学(QS295)、马来西亚国民大学(QS141)签订合作意向书；通过学院申请海外院校硕士研究生项目26人，较往年多8人，创历史新高，其中4名学生获国家留学基金委俄乌白项目硕士研究生类全额资助。学院贯彻国家高质量推进“一带一路”建设的总体部署，12月与海亮集团、露笑集团研讨筹建“一带一路‘丝路学院’(越南)”，达成合作意向，拟共同培养技术技能人才，助推国际产能合作。

【“和谐暨阳”建设】2021年，学院继续拓展办学空间和资源。9月11日，总投资约2.4亿元、建筑面积5.9万平方米的新建学生公寓和食堂项目顺利投入使用，可满足4000人左右的食宿需求，破解学生住宿紧张问题，校园建筑面积由26.7万平方米增加至32.6万平方米。同时，学院向诸暨市开发委回购教师专用房394套，现存69套，成为学院高层次人才工作的宝贵资源。提升行政管理效能，加快推进信息化建设与数字化改革。11月12日，“暨阳致用”校园门户移动平台投入使用，为师生服务便民事项300余万次，涉及疫情防控、场馆借用、印章使用、事项审批等。工会活动“和谐暨阳”四项计划，组织参加浙江农林大学举办的中国共产党成立100周年师生红歌比赛并获得二等奖，在浙江农林大学教职工乒乓球比赛中获第二名和第五名。

(暨阳学院　寿旦艳)

成人教育

【概况】2021年，全市拥有市级成教中心1个、社区学院1所、乡镇街道成人文化技术学校23所、村级成人培训教学点397个、社区教育学校23所、老年开放大学镇乡街道分院23所；老年学堂1所；有设置成人学历教育教学点的中职学校3所。

【成人(社区)教育内涵提升工程】2021年，继续深入实施诸暨市成人教育和社区教育内涵提升工程，巩固和扩大成校建设成果，利用好镇乡街道文化中心资源，加强校舍建设，完善设施设备，提升校园文化内涵，推进浙江省、绍兴市现代化成校创建工作；深入实施《诸暨市关于推进社区教育进农村文化礼堂三年行动计划(2019—2021年)

实施方案》，围绕年度任务目标，做好社区教育进农村文化礼堂工作；根据镇乡街道经济特色与现有中职学校专业布局，做好职成教学校技能培训的对接与融合；构建完善市级层面的成人（社区）教育师资库，不断完善老年教育长效机制，确保成人（社区）教育工作开展。

【老年智享教育】2021 年年初，诸暨市通过制订《诸暨市开展老年人智能技术日常应用普及行动方案》，组织编写培训教程 1 本、制作视频资源 40 个，并探索开发诸暨方言类教学视频 3 个。全年组织老年人智能技术日常应用普及培训场次 241 场，完成培训 14243 人次（其中长学制 260 人次、短期专项培训 13983 人次），上级下达的年度指标任务为 7500 人次，完成率达 189.9%。诸暨市“智慧出行”培训项目入选教育部首批全国“智慧助老”优质教育培训项目，《老年人手机智能技术普及教程》入选教育部首批全国“智慧助老”优质课程资源推介名单。

【社区教育进文化礼堂】2021 年，继续按照《诸暨市关于推进社区教育进农村文化礼堂三年行动计划（2019—2021 年）实施方案》要求，利用农村文化礼堂平台，构建“菜单式”活动项目 23 个、特色课程 29 门，全年开展活动 1673 场次，参与 109331 人次，覆盖文化礼堂 346 家（全市共 364 家），覆盖率为 95.05%。

【社会培训】2021 年，完成各类成人（社区）教育培训任务，并全部录入省学分银行。开设受理点 29 个，有开户数 283076 户，年度录入学分银行平台系统培训成果 282929 条（其中老年人培训成果为 95682 条），超额完成省定任务。开展成人“双证制”教育培训活动，职教中心、技师学院、成教中心、店口镇成校开展成人幼儿保育、烹饪、保安等三个专业的“双证制”培训，共有 590 人完成规定的全部文化课程，并通过文化考试和相关专业技能等级鉴定，拿到成人职业高中学历文凭。

【创建成果】2021 年，浙江老年开放大学诸暨学院获评首届全国老年教育教学成果展优秀组织单位，工业职校获评“在浙学”市民终身学习体验基地；荣获首届全国老年教育教学成果展作品奖项 2 项（一等奖 1 项），省老年诗歌朗诵比赛一等奖 1 项，绍兴市级社区教育进农村文化礼堂学习品牌 1 个、“百姓学习之星” 2 名、“终身学习品牌项目” 2 项，申报省“智慧助老”优质教育培训项目 2 项、优质课程资源 7 个。大唐街道社区学校创成省现代化学校。（方爱君）

民办教育

【民办教育规模】2021 年，继续坚持教育公益属性，支持和规范民办教育发展。新增全日制民办幼儿园 4 家、民办教育机构 10 家，注销民办教育机构 142 家。至年末，全市共有全日制民办中小学 21 家、民办幼儿园 42 家、民办托儿所 28 家、民办早教机构 2 家、民办非学历非营利性教育培训机构 109 家。全日制民办中小学（幼儿园）在校生总数超过 4.8 万人，约占全市基础教育在校生数的 26.22%。

【民办教育培训机构监管】2021 年，继续落实“双减”工作，进一步规范校外培训机构办学行为，提高机构办学水平。实行数字化管理，拓展“绍信培”一站式服务平台功能，引进“区块链技术 + 教育”，将机构信息、课程师资、课时收费等内容录入上链，通过政府管理端、机构客户端、学生家长用户端为各监管部门提供日常巡查、资金监管、购课消课、风险预警等服务，实现校外培训机构数据管理闭环。实行数字化监控，借力枫桥式“平安校园”智治系统建设，建成学科类校外培训机构安全视频监管系统。实行网格化管理，实施部门联动机制，依法开展执法检查，坚决取缔非法培训机构。通过“浙江省行政执法监管（互联网 + 监管）平台”对监管对象开展抽查巡查工作，督促校外培训机构及时整改存在问题。畅通举报渠道，发动社会力量共同参与监管工作。（周丹洁）

特殊教育

【特殊教育规模】2021 年，全市有特殊教育学校 1 所，教职工共 59 名，其中专任教师 52 名，在校学生 144 名，其中小学段 74 名、初中段 41 人、高中段 29 人。另外，还有“送教上门”学生 144 名。

【所获荣誉】2021 年，特殊教育学校获得浙江省“个别化教育实践”论文评比优秀组织奖；有 5 个德育实践案例获评浙江省“特殊教育德育工作优秀实践案例”。

【融合教育】2021年，继续做好特殊教育整合融合文章，深化特殊教育学校与学前、中学的融合教育，保障各学段残疾儿童100%入学。新增暨阳街道浣纱小学资源教室。（宣奇琴）

师资队伍建设管理

【概况】2021年，全市中小学在职教职工16230人（专任教师13708人），其中普通高中3231人、中职学校684人、普通初中3419人、小学4576人、幼儿园4261人、特殊教育学校59人。由教体局任命的学校干部207人，其中中层正职42名、副职165名；女性67人，占32.4%；本科以上学历206人，占99.5%。全市中小学、幼儿园专任教师的学历结构为：幼儿园教师专科及以上学历比例为99.67%，其中本科学历达65.82%；小学专科及以上学历比例为99.8%，其中本科以上学历比例达94.18%；初中教师专科以上学历达100%，其中本科以上学历比例98.58%；高中教师本科以上学历达100%，其中研究生学历（含硕士学位）比例12.91%；中职教师本科以上学历比例为99.19%，其中研究生学历比例5.33%。

【干部队伍建设】2021年，继续加强政治建设，落实政治责任，制定下发《2021年教体系统党风廉政和效能行风建设工作要点》《诸暨市教体系统2021年党风廉政建设责任制考核办法》，明确年度10项重点工作，将责任制落实情况纳入对学校（单位）年终绩效考评。2021年，对2起落实“两个责任”不力问题进行责任追究，问责1人；运用执纪监督“四种形态”开展谈话27人次，党政纪处分人数32人次，下发通报4则。加强干部培训，锤炼能力素养。选派47名书记参加第五期全国中小学校党组织书记网络示范班培训。开展第二批党务工作师资质认定工作，218名党务干部通过初级资质认定。开办2021年度系统年轻干部培训班，择优提拔7人。组织近三年新提拔义教段（幼儿园）校（园）长任职资格培训。聚焦质量提升，选派6名校长参加省初中校长素质提升计划培训。推荐暨北幼儿园黄燕虹参加第11期全国幼儿园优秀园长班培训，选派马剑镇中校长陈寅军参加2021年长三角中小学优秀管理干部跨省挂职学习。

【教师队伍建设】2021年，继续加强师德教育，营造乐教氛围。组织开展“铭记辉煌　为党育人”师德专题教育活动，开展“我为学校（诸暨）教育发展献一计，建功立业新时代”大讨论，增强教书育人的责任感和使命感；开展第37个教师节庆祝活动，10名优秀教师代表参加诸暨市委市政府举行的教师节座谈会，拍摄短视频《旗帜》，讴歌诸暨教师爱岗敬业、无私奉献精神。落实强师行动，提升业务素养。组织全市中小学（幼儿园）各类培训项目72个，参训人数达13000人次，实现系统内普惠受训。抓实为期一年的新教师入职培训，走好入职第一步。组织1790名高中教师开展专业素质大比武活动，以赛促学推动教师业务能力全面提升。择定13所学校3470名教师参加2021年度全省中小学教师信息技术应用能力提升工程2.0培训，全面提高现代教育技术应用能力。坚持引育并举，壮大人才队伍。加大高层次教体人才引进力度，入选首批绍兴“名士之乡”特支计划3名；引进高水平篮球教练1名，面向退役优秀运动员公开招聘竞训教练5名；“校园直招”、公开招聘优秀教师189名，其中硕士研究生36名。建立特级教师、正高级教师后备人才库，启动第二轮诸暨市“三名”工作室建设，开展首届“三名”工作室考核，评选优秀名班主任工作室10个、优秀名师工作室11个，评选农村名优教师146名。评选诸暨市“新莲奖”“风荷奖”“风范奖”教师386名。合计发放高层次人才奖励资金288.15万元。

【绍兴市级及以上荣誉】2021年，海亮初中郭桂红获评正高级教师；诸暨二中徐将二等5位教师获评浙江省教坛新秀；2名校长（新世纪小学孟国荣、诸暨中学赵文浪）、6名教师（行知幼教集团杨招娣、浣江小学柴少曼、浣江教育集团孙兰、学勉中学钱科萍、浬浦中学黄少鲁、暨阳分校戚银云）入选2021年浙派名师名校长培养对象；16名教师获评第三届“绍兴名师”；16名教师获评绍兴市第十一届学科带头人；17名教师获评第十四届绍兴市教坛新秀；新增绍兴市名师（名班主任）工作室3个（名班主任工作室：诸暨中学陈钢兴，名师工作室：暨阳分校姚尚春、西湖小学楼秀萍）；特殊教育学校蒋春凌获绍兴市经济发展突出贡献奖；岭北镇中心学校吴妙芳获绍兴市最美教师，牌头中学方天喜等4位教师获评绍兴市最美教师提名奖；店口镇弘毅小学金宇婷、荣怀外语中学戚金羚分获第十届浙江省中小学班主任基本功大赛二、三等奖，实验小学姚玲姗等7位教师获绍兴市班主任基本功大赛一等奖。

（李建儿）

教育教学研究

【教研成果】2021年，教育研究中心确立“课程设置是为了学生成长，课改理念必须扎根实践土壤，教师专业提升才有区域教育发展”的教研总思路，构建“一核三体六面”的新型教研机制，以应对教育教学中的实际问题。教育研究中心被评为浙江省优秀教科研先进集体；诸暨二中获省基础教学成果二等奖；诸暨市获省先进教研团队1个，绍兴市教科研工作先进集体3个、先进个人2人；获省级精品课程（群）7个，绍兴市精品课程（群）18个；获省级教科研优秀成果奖10项，绍兴市优秀课题奖44项，教学主张5篇。2021年，诸暨市学科教师获省级优质课8节，绍兴市优质课一等奖7节；省级教学论文获奖15篇，绍兴市教学论文获奖134篇。获“五大学科”竞赛浙江赛区一等奖43个（全国金牌10枚、银牌3枚），获奖人数名列全省县级市第一；获绍兴市中小学生研究性学习成果评比一等奖7篇、二等奖21篇、三等奖28篇。

【“品质课堂”教育深化】2021年，围绕立德树人根本任务，遵循“质量导向、聚焦问题、立足素养、优化过程”原则，坚持以生为本，以发展学生核心素养为目标，以重点项目研究为载体，以改进课堂教学行为为抓手，整体推进“品质课堂”深化行动。在参与、承办绍兴市“品质课堂”深化行动项目研究活动的基础上，诸暨市“品质课堂”深化行动首批32个项目启动，并组织开展“指向核心素养的课程实施与课堂教学评价”“打造促进学生有效学习的品质课堂”“深度学习与教学变革”“‘生本课堂’构建的实践研究”“大数据背景下学科教学内容和目标的精准定位”等主题的教学展示研讨活动，促进学生个体成长、教师素养提升和区域质量发展，助推“双减”政策的有效落实。诸暨二中和海亮外国语学校2所学校的项目成果被评为首批绍兴市“品质课堂”深化行动项目优秀成果一等奖并且2所学校均被列为样本学校，6所学校（单位）的项目成果被评为首批绍兴市“品质课堂”深化行动项目优秀成果二、三等奖；9个项目入选第二批绍兴市“品质课堂”深化行动研究项目名录，诸暨二中和学勉中学被列为第二批绍兴市“品质课堂”项目研究基地学校。

（俞立永）

教育装备

【装备规模】2021年，全市普通中小学教育技术装备经费总投入（含图书）19963.66万元，其中教育技术装备财政经费投入10523.6万元，生均教育技术装备经费投入1362.3元。新增计算机1836台，至年底拥有计算机39735台，其中使用7年以上的计算机11842台。新增班级多媒体245套，班级多媒体总数达8085套，多媒体进普通班级的配套率达100%，100%的中小学校拥有校园网，100%学校校园骨干网带宽和校园网出口带宽千兆以上，100%学校理科教学仪器达标。全市建有中小学图书馆（室）藏书室376个，配备常规阅览室310个，净增图书385630册，投入经费931.44万元，总藏书量为8310623册（不含电子图书），生均藏书量59.49册。学校当年建有创新实验室310个，有63所学校配有移动学习终端，建成可管、可控、高速的无线网络和诸暨教育“空间云”平台。全市学校图书、仪器均实现数字化管理。

【数字化改革成果】2021年，大数据精准教学系统应用覆盖面不断扩大，除全市初、高中学校常态化应用外，小学六年级也实施全市统一调测应用；完成“枫桥式”平安校园智治平台建设并接入实际应用；开发票据管理系统，实现学校发票报销“零跑腿”；根据疫情防控需要建设浙里办“学校防疫打卡系统”，实现师生员工健康码信息自动获取，月访问量超3400万人次，居全省应用排名前列；新增21套“互联网＋义务教育”设备，实现乡村薄弱学校结对帮扶100%覆盖。诸暨市教育技术中心入围浙江省教育技术中心“铭记百年辉煌 践行时代担当”教育技术战线先进事迹；通过“浙江省区域和学校整体推进智慧教育试点”验收；“‘枫桥式’平安校园智治平台”和“区域教育大数据支撑下的精准教学”两个案例入围2021年浙江省教育领域数字化改革实践案例，并作为省级课题立项。（张镇潮）

学校后勤保障服务

【概况】诸暨市教育发展中心主要负责学校食堂大宗物品配送、学生伙食质量与卫生、校园店规范经营等校园食品安全管理；监管学校校服和床上用品的质量和采购程序；健全以校（园）方责任险为重点的校园风险管理服务体系；负责纸张、簿本等学校后勤大宗物品采供工作；指导全市劳动教育实践基地的建设工作。

【校园食品安全管理】2021年，继续遵循“安全重于泰山、平安高于一切”的食品安全管理理念，不断规范学校食堂经营管理，以校园食品安全智治场景应用为抓手，实现数字化智能监管，确保学生在校安全、营养、健康用餐。抓好校园超市食品销售质量认证，及时调整完善校园超市经营管理制度，杜绝“三高”、伪劣、不洁食品进校园。所有小学校园内的连锁超市关停，全市尚有初、高中校园连锁超市41家，连锁超市经营实现“零投诉”。全面完成全市各校直饮水工程，督促服务机构及时有效维护好机器设备的正常运转，监督学校安全和规范使用直饮水，确保全市学生饮水健康安全。

【校（园）方责任保险】2021年，继续实行“责任险8元+无过失险2元”方案，责任险保障个人最高额度130万元，附加无过失险保障个人最高额度25万元。全市参保学校（幼儿园）271所，参保学生总数182026人（其中校方责任保险学生数181130人，职校学生实习保险学生数896人，无过失责任保险181130人），共投入保险资金（以学年计）185.2138万元，覆盖全市所有公民办学校，学生参保率达100%。全年共计报赔案件61件，理赔到位金额合计100.59万元。

【注资办学及人才服务】2021年，继续为东湖幼儿园、青少年宫幼儿园提供全勤保障服务的同时，新增加东江幼儿园、越都幼儿园2所幼儿园。教育人才公寓继续启用，共为32名引进人才提供住房保障。

【学校后勤大宗物品采供】2021年，教育后勤配货中心继续“阳光操作、统配集送”，对全市学校的食用油、簿本、纸张等大宗物品进行集中招标采购、统一配送供应。始终重视学生校服和床上用品的质量与安全，11月，邀请专业检测机构对9所学校的25个校服和床上用品样本进行质量检测，共涉及7个供货企业，检测结果均为合格。

（杨均武）

语言文字工作

【主题活动】2021年，根据省委宣传部和上级语委文件精神，组织开展以“我与好书为伴 红星闪闪放光彩”为主题的诸暨市第十二届中小学阅读文化节和以“普通话诵百年伟业 规范字写时代新篇”为主题的第24届全国推广普通话宣传周活动。同时做好全省语言文字工作督导评估相关筹备工作。

【普通话测试】2021年，普通话测试正常进行，分上半年、下半年两次，总计669人通过测试，2人不入级。一级乙等1人、二级甲等437人、二级乙等226人、三级甲等5人。（宣奇琴）

文 化

群众文化

【概况】2021年，诸暨市开展“庆建党百年 享美好生活”系列活动，举办“庆祝中国共产党成立100周年”诸暨市第十三届群文创作大赛、第十二届“舞动诸暨”舞蹈大赛、第九届“梦想诸暨”团队秀等大型群众演出活动。全年文化下乡巡演100场次、文化走亲6场次、潮涌浣江系列展览10场、“流动博物馆”展览49场、非遗下乡巡演17场。推出为期8个月的市民学堂，培训学员8000余人次；抖音直播课程、微课视频等各类线上文艺培训26期，点击量达2万多人次；全年免费市民培训超1万人次。送电影下乡7296场次，观影达18万人次；新增“西施露影”公益电影放映点2个，累计完成户外固定点公益放映100场次，观影1.3万人次。周末剧场演出24场。

【书画展】“潮涌浣江”系列书画展览。“潮涌浣江”书画展览为诸暨市特色群众文化活动品牌。2021年，举办“文明实践·好美诸暨”——诸暨市文化馆书画院迎新作品展、“联迎百福·中堂楹联展”书画展、陪你过大年·迎新书画展、喜迎元宵·清廉诸暨书画作品展、巾帼心向党·妙笔绘锦绣——绍兴市女画家优秀美术作品展、石鼓墨痕——徐生毅先生书法展、翰墨丹青颂党恩——庆祝中国共产党成立100周年书画作品邀请展等展览10个，在诸暨市文化馆微信公众号平台展出作品520件，参观人次近1万。展览期间，同步开展作品点评活动6次，共233人参加。

文明实践·好美诸暨——诸

2021年4月24日，2021诸暨市全民读书节启动仪式暨FM98.2第五季童声读书会决赛在浬浦镇盘山小学举行（文广旅游局提供，徐可良摄）

暨市文化馆书画院迎新作品展。2021年元旦，由市文化广电旅游局主办、市文化馆承办的“文明实践·好美诸暨——诸暨市文化馆书画院迎新作品展”在西施故里寿崇德艺术馆开展。展览荟萃市文化馆书画院35位画师创作的作品50件，作品聚焦新时代文明实践和美丽诸暨新景观、新面貌、新气象，主题鲜明，题材广泛，色彩斑斓，用独特的艺术视角、生动的艺术形式，唱响主旋律、弘扬真善美、传播正能量、树立新风尚。

巾帼心向党·妙笔绘锦绣——绍兴市女画家优秀美术作品展。3月26日，巾帼心向党·妙笔绘锦绣——绍兴市女画家优秀美术作品展在寿崇德艺术馆开展，展览持续至4月22日。本次展览共收到书画作品280件，经过专家评委审核，评选出参展作品137件。作品形式内容丰富，既有对传统技艺的承续，又有跳出传统藩篱的创新，展现女性书画艺术的独特魅力和积极向上的精神风貌。

“红心向党”诸暨市百人书画邀请展。6月28日，“红心向党”诸暨市百人书画邀请展在寿崇德艺术馆展出。展览4月初开始筹备，市文化馆多次策划组织诗词作家和书画家进行红色主题采风活动，并以写生的形式重走诸暨红色路线。并多次邀请许绍满、孙裕国等业内专家进行主题性作品创作讲座和作品点评加工活动。展览共征集到作品100件，通过以百位书画家的作品聚焦诸暨红色文化和革命先烈，呈现回顾伟大中国共产党走过的光辉历程和辉煌成就，向中国共产党成立100周年献礼。

“文润清廉”主题书画作品展进基层巡展。为进一步落实文化成果全民共享，丰富文化礼堂、市文化馆分馆展示内容，传承和弘扬中华民族优秀书画文化传统，在全社会营造良好的书画艺术氛围，彰显书画艺术之乡的城市魅力，市文化馆书画院画师们以“文润清廉”“建党100周年”为主题，创作书画作品54件，涉及书法、山水、花鸟等多种题材，主题突出、紧跟时代。5月25日至11月15日，在全市23个乡镇街道进行基层巡展活动，近2000人参观展览。

“名家画诸暨”油画作品展。10月23日，“名家画诸暨”油画作品展在诸暨市水彩画博物馆开展，展览展出中国知名油画家范迪安、俞晓夫、闫平、王琨、杨参军、贾新光、袁文彬、黄礼攸于4月23日至27日在诸暨写生创作的53幅描绘诸暨人文历史和秀美风光的油画作品。

【赛事及获奖情况】绍兴市曲艺、小戏、小品邀请赛金奖。市文化馆自编自导自演的历史情景剧《光辉的足迹》获2021绍兴市曲艺、小戏、小品邀请赛金奖。该剧由市文化馆的应言信编剧，梅艳芳、周斌导演，演员来自各行各业，是一部群众文化作品。该剧撷取中国农村革命历史长河的一朵浪花——中共丽坞底支部的光辉诞生和艰险成长，生动折射出基层农村党组织走过的光辉历程，歌颂中国共产党人百折不挠的斗争意志和英勇无畏的革命献身精神，讴歌基层农村党支部为中国革命胜利发挥的巨大作用。

绍兴市职工合唱比赛金奖。5月24日，“我心向党——劳动创造幸福”绍兴市职工合唱比赛在绍兴市文化馆举行，由各区、县（市）总工会，市直属部门（系统）工委（工会）选送的16支职工合唱团依次登台，最终评选出金奖7名、银奖9名，由诸暨市文化馆指导选送的教师合唱团荣获金奖。本次大合唱比赛作为市总工会“我心向党·劳动创造幸福”系列活动之一，旨在庆祝中国共产党成立100周年，营造奋进新征程、创造新奇迹、展现新气象的氛围，全面展示全市广大职工群众在建党百年伟大历史进程中履职尽责、建功立业、无私奉献的精神风貌。

浙江省群文系统微宣讲大赛金奖。5月28日，“守好红色根脉 书写青春忠诚”浙江省群文系统微宣讲大赛开赛，大赛由中共浙江省文化和旅游厅机关直属党委指导，浙江省文化馆主办，杭州市西湖区文化馆承办。全省11个地市的50名参赛选手结合舞蹈、音乐、小品等艺术表现形式，或讲述党的光辉历程，或讴歌革命先烈的丰功伟绩，或感悟文化馆人的初心使命，或分享文旅工作中的感人事迹。由诸暨市文化馆选送的参赛选手杨炀宣讲的《心中有梦》（应言信撰稿），荣获金奖。

绍兴市群众声乐大赛获奖。为庆祝中国共产党成立100周年，唱响爱党爱国主旋律，6月5日，“庆建党百年 享美好生活”第二届绍兴市群众声乐大赛在柯桥区马鞍街道宝善桥村文化礼堂举行。本次活动由绍兴市文化广电旅游局主办，绍兴市文化馆、柯桥区文化广电旅游局、柯桥区马鞍街道办事处承办，柯桥区马鞍街道综合文化站、柯桥区文化馆协办。比赛自4月起在全绍兴市范围内展开选拔，历时近2个月，共有48名选手进入决赛。由诸暨市文化馆选送的多名选手斩获金奖3个、银奖2个、铜奖3个，诸暨市文化馆获最佳组织奖和优秀辅导奖。

绍兴市戏曲折子戏大赛获奖。8月24日，为期三天的“东亚文都 绍兴有戏”2021绍兴市戏曲折子戏大赛在浙江绍剧艺术中心落幕。比赛由绍兴市文化广电旅游局举办，来自绍兴地区6个专业院团的51名青年演员参赛，诸暨市文化艺术中心的参赛青年演员获银奖1人、铜奖3人。

首届浙江乡村文化艺术节暨乡村舞蹈大赛金穗奖三等奖。9月23日晚，“幸福像花儿一样——首届浙江乡村文化艺术节暨乡村舞蹈大赛”在龙游红木小镇开幕，旨在充分展示浙江乡村建设新面貌，用人民群众的幸福感、获得感展示浙江乡村在共同富裕先行示范中的精神力量，助力浙江“重要窗口”建设。本次大赛由省文化和旅游厅、省农业农村厅、浙江日报报业集团主办，龙游县委、县政府、省乡村文化振兴促进会、省新农村建设促进会、市文化广电旅游局和天目资讯客户端承办。大赛持续3天，比赛舞种分为民族民间舞（舞台舞、广场舞）和当代流行舞（排舞），共吸引排舞组16支队伍290人、广场舞组27支队伍500人和舞台舞组26支队伍480人参赛。诸暨市文化馆辅导选送的广场舞《唐秀》《中国范》《中国梦》获金穗奖三等奖。

浙江省群众舞蹈大赛入围奖。为全面贯彻落实中共十九大关于繁荣发展社会主义文艺的要求，推动全省群众舞蹈事业的发展，备战全国第十九届“群星奖”，10月18日至21日，由浙江省文化和旅游厅主办，浙江省文化馆、绍兴市文化广电旅游局承办，绍兴市文化馆执行承办的第三十一届浙江省群众舞蹈大赛决赛在绍兴大剧院举行，来自全省各地的34个作品、800余名群众舞蹈演员聚集一堂。共评出金奖8个，银奖11个，入围作品9个。由诸暨市文化馆选送的舞蹈《串珠女》获入围奖。

浙江省群众戏剧小品大赛金奖。11月1日至2日，浙江省第三十二届群众戏剧小品大赛在东阳市举行。大赛由浙江省文化和旅游厅主办，浙江省文化馆、东阳市人民政府、金华市文化广电旅游局承办，东阳市文化和广电旅游体育局、金华市文化馆执行承办，东阳市文化馆执行。比赛现场，由舟山市、杭州市、宁波市等选拔推荐的24个作品逐一亮相，这些原创作品主题广泛，或聚焦社会热点，或围绕家长里短，生活气息浓郁，地域特色鲜明，富有感染力，体现群文戏剧创作者对社会、生活的观察和思考。由诸暨市文化馆应言信、周斌编剧，梅艳芳、周斌导演，周斌、梅艳芳主演的小品《暗“渡”成婚》获金奖。

【演出和系列文化活动】诸暨市第十二届“舞动诸暨”舞蹈大赛。2021诸暨市第十二届“舞动诸暨”舞蹈大赛于5月7日启动。7月12日，在西施大剧院落幕，来自全市各镇乡街道的58支队伍1100余人参加比赛。经复赛、决赛，评选出快乐组金奖5支、银奖7支，唯美组金奖5支、银奖7支，暨阳街道、暨南街道、五泄镇获组织奖，决赛当天直播点击量达53.2万次。“舞动诸暨”全市舞蹈大赛每年一次，连续举办11次。培训加展演的模式经过多年实践，使得大众舞蹈在诸暨扎根开花。

“庆祝中国共产党成立100周年”诸暨市第十三届群文创作大赛。“庆祝中国共产党成立100周年”诸暨市第十三届群文创作大赛于6月底落幕。本次大赛以讴歌百年来中国共产党走过的灿烂历程和取得的光辉成就，彰显西施故里沧桑巨变，展现暨阳儿女在不同历史阶段开拓创新、锐意进取的奋斗精神为主线，涌现一批立足新时代、歌颂真善美的本土原创舞台类节目。大赛自1月开始征稿，共收到49位作者的62件原创作品，其中，语言类作品41件，音乐类作品21件。5月中旬，组委会完成原创作品集的制作，分发给各个镇乡街道文化站，同时，邀请上海专家评委评定。最终产生语言类金奖12名，银奖20名；音乐类金奖6名，

2021 年 7 月 12 日，诸暨市第十二届“舞动诸暨”舞蹈大赛在西施大剧院落幕(文广旅游局提供，徐可良摄)

银奖 11 名。此外，组委会还邀请专家举办《浅谈诸暨市第十三届群文创作观后感》专题讲座，对获奖作品进行点评及辅导。

“庆祝中国共产党成立 100 周年”第九届“梦想诸暨”团队秀。7 月 13 日，“庆祝中国共产党成立 100 周年”第九届“梦想诸暨”团队秀在西施大剧院举行两场市级展演，展演直播点击量达 80.7 万人次。活动自 4 月启动，经过领队会议分配布置任务，6 月，完成作品创作加工和拍摄，6 月底完成作品报送征集工作，共收到来自全市各镇乡街道文艺团队的原创节目 54 个，含歌曲、戏曲、小品、快板、诗歌、朗诵等多种体裁和表演形式。市文化馆于 6 月下旬进行节目评选以及分类培训，26 个节目获展演奖。

越剧《西施断缆》亮相“红动绍兴 全城有戏”庆祝中国共产党成立 100 周年展览展演季。6 月 27 日，市文化艺术中心(市越剧团)复排的越剧《西施断缆》在绍剧艺术中心剧场亮相，参加“红动绍兴 全城有戏”庆祝中国共产党成立 100 周年优秀艺术作品展览展演季活动。该剧主要讲述春秋时期，勾践为复国大计决定献出西施，与范蠡有百年之约的美女西施，被越王卧薪尝胆的精神感动，毅然砍断缆绳、舍身别家的故事。

“庆祝中国共产党成立 100 周年”文化惠民志愿服务队文化下乡巡演活动。10 月初，启动“庆祝中国共产党成立 100 周年”文化惠民志愿服务队文化下乡巡演活动。由 3 支文化志愿演出分队 125 位演职员在全市范围内同时开展巡演，至 10 月底完成 23 场次演出，观众达 11500 余人。

“庆祝建党百年”系列演出。2021 年诸暨市推出“庆祝建党 100 周年红色剧目展演——文艺党课 学习党史”系列演出。展演剧目包括陕西人艺经典话剧《平凡的世界》《党歌颂百年·中央歌剧院声乐专场音乐会》及静安年度红色原创戏剧《辅德里》、“红色畅响·大型民族管弦乐音乐会”等 7 场，共有 4400 名党员走进剧院观看系列演出。

“致敬环卫，以戏送温暖”活动。为庆祝浙江省第二十五个环卫工人节，诸暨剧院于 10 月 25 日和 26 日为全市 2000 多名环卫工人组织公益演出，剧目有越剧《探春》《追鱼》等。

“宅家文化不打烊”活动。疫情常态化背景下，为满足群众对文化艺术学习的需求，市文化馆通过抖音直播课程和微信平台推送微课视频及名家课堂链接等形式，开展线上文艺培训工作。培训项目主要为舞蹈、健美操、国画、漫画、书法、插花等，共推出抖音直播课程、微信平台推送微课视频 26 期，点击量总计 1.69 万人次。

“市民学堂”培训课程。“市民学堂”培训课程由市文化馆业务干部和社会专业文艺人员担任老师，在馆内开设10个班，培训为期8个月，培训学员达8000人次，培训内容主要为舞蹈、戏曲、器乐、声乐、合唱、书法、美术、茶艺等。

“周末剧场”演出活动。2021年，诸暨剧院开展“周末剧场”演出活动48场，接待观众约1.8万人次。让群众在茶余饭后有贴近文化表演的机会，助力传统戏剧文化的发展。

专业文艺

【概况】2021年，诸暨市文化艺术中心完成演出125场次，收入224.5万元。

【《西施断缆》复排】2021年5月，市文化艺术中心邀请国家一级导演陈伟龙对经典原创剧目《西施断缆》进行复排，本次复排在原版的基础上提炼深化、再度提高，对舞美、服装以及人物造型进行重新设计，对音乐唱腔作适度提升，新、老二代演员刻画人物更显深刻。全新面貌的《西施断缆》受邀参加“红动绍兴全城有戏”庆祝中国共产党成立100周年优秀艺术作品展演、2021浙江省传统戏曲演出季暨浙江省经典保留剧目展演，入选“浙江省经典保留剧目”名单。《西施断缆》曾荣获中宣部“五个一工程奖”和文化部和旅游部“文华新剧目奖”。

【“苎萝浣纱女 千古诸暨情”原创剧目江浙巡演】2021年6月24日，为期一月的“苎萝浣纱女 千古诸暨情”经典原创剧目江浙巡演在诸暨市西施大剧院拉开序幕。市文化艺术中心携两大经典传统剧目《西施断缆》和《珍珠塔》在诸暨、无锡、常州、启东、慈溪、常熟、苏州7个城市共完成9场巡演。通过讲好家乡故事，宣传西施文化，推动诸暨文化特色产业高质量发展。

【专业文艺社会联盟活动】2021年5月13日，市文化艺术中心受邀参加浙江省音乐产业发展联盟会员大会并加盟为会员单位。浙江省音乐产业发展联盟是联合全省从事音乐产业的企事业单位和机构成立的行业性、非营利性社会组织，是浙江省文化产业促进会的二级机构。9月30日，市文化艺术中心受邀参加长三角戏曲产教联盟成立仪式，并签约加盟长三角戏曲产教联盟。长三角戏曲产教联盟由浙江艺术职业学院牵头成立，拥有近30家机构的联盟，集聚7所艺术院校、15家戏曲剧团、7家剧场和产业单位。旨在提升长三角地区优秀人才培养、艺术精品创作、戏曲产业发展。

【参赛及获奖情况】《梅花催春》获华东六省一市现代地方小戏大赛金奖。10月17日至20日，2021第三届“华东六省一市现代地方小戏大赛”在江苏省射阳县举行，大赛由江苏、上海、浙江、山东、安徽、江西、福建六省一市文化和旅游厅（局）共同主办，由盐城市文化广电和旅游局、射阳县人民政府承办。在为期3天的4场比赛中，共有26个地方剧种32个优秀现代地方小戏作品轮番登台，大赛产生大奖3个、金奖8名、银奖和优秀组织奖若干名。由诸暨市文化广电旅游局报送、诸暨市非物质文化遗产保护中心演出的西路乱弹小戏《梅花催春》获金奖，为浙江省唯一。《梅花催春》是一部以文化振兴为乡村振兴“铸魂”，创编赋予浓厚地域文化为元素，运用国家级非遗项目“诸暨西路乱弹”、省级非遗项目“十里红妆”创作的传统戏剧作品。讲述了文化专家指导石头岭村当地村民利用独特资源优势，通过“非遗+”，开展传统手工技艺创新带动文化产业，建设幸福家园，共同致富的故事。

《抖狮结义》获“诗路传薪”2021年浙江传统体育非物质文化遗产项目舞台展演创新奖。10月26日至28日，由浙江省非物质文化遗产保护协会和永康市人民政府主办，浙江省非遗保护协会传统体育专业委员会、永康市方岩风景名胜区管委会、永康市文化和广电旅游体育局承办的“诗路传薪”2021年浙江传统体育类非物质文化遗产项目舞台展演暨代表性传承人培训班，在永康市举行。活动以“非遗融入百姓生活，体育增强国民体质”为主题，由诸暨市非物质文化遗产保护中心演出的西路乱弹小戏《抖狮结义》受邀参加舞台展演，并获全省“非遗舞台展演创新奖”。该小戏采用“抖狮结义”为主题的舞台表演形式，全面诠释诸暨先辈们化解村落矛盾，追求村民和睦，促进村庄和谐，将社会矛盾解决在基层的智慧。

《生灵的咏叹》入围浙江省第

十一届群众曲艺大赛。“迎建党百年享美好生活”浙江省第十一届群众曲艺大赛于5月25日至28日在衢州开化举办。本次大赛由浙江省文化和旅游厅主办,浙江省文化馆、衢州市文化广电旅游局、开化县人民政府承办,衢州市文化馆、开化县文化和广电旅游体育局执行承办。两年一届的全省群众曲艺大赛旨在抓创新、育人才、建队伍、出精品。经过一年的创作题材讨论和作品加工,大赛征集到50余个来自全省各地的作品视频,进入决赛的有24个作品。由诸暨市非物质文化遗产保护中心、诸暨市文化馆演出的鹦歌调说唱《生灵的咏叹》获入围奖。

文化市场

【概况】2021年,全市共有文化经营场所861家,其中网吧88家,歌舞娱乐场所71家,游艺娱乐场所16家,印刷企业305家,出版物零售246家,广播电视节目制作31家,电影放映22家,文艺表演团体51家,演出经纪机构2家,演出场所8家,新闻出版(企业报)17家,网络文化经营单位4家。全年日常巡查出动1316人次,检查经营场所1736家次,立案调查29件,办结案件28件,罚款133415元。不断推进“双随机”工作,开展文化市场“双随机”检查86次,共计随机抽取执法人员186人次,检查网吧、歌舞娱乐场所、印刷、出版物等经营单位(场所)1001家次。

【文化市场法制宣传】2021年,结合文化市场安全日、全国旅游日、文化和自然遗产日等主题举办一系列宣传活动,以防疫、平安创建、扫黄打非等为宣传核心,主动上门向经营单位分发宣传资料,增强执法宣传力度,进一步加大执法工作的曝光度,营造良好市场环境。做好酒店、民宿等住宿服务提供者《浙江省生活垃圾管理条例》宣传指导监督工作。加强对全市文旅企业反诈知识宣传,提升从业人员对电信诈骗的防范意识。

【广播电视安全播出保障】2021年,市文广旅游局联合公安、市场监管局、各镇乡街道广电站在全市范围内开展2021年度非法卫星电视接收设施专项整治工作。全年共组织联合整治行动3次,参与执法的人员92人次,检查整治各类场所(含居民区)108家次,收缴非法接收设备39套。落实2021年度有线广播电视运营服务质量评价工作,完成广播电视安全播出、网络安全和设施安全重要保障工作,确保诸暨广播电视安全播出和网络安全。

【全市文化艺术类校外培训机构摸排专项行动】市文广旅游局联合镇乡街道,组织开展全市文化艺术类校外培训机构摸排专项行动,以宣传动员、实地走访等形式,开展地毯式排查,摸清全市文化艺术类校外培训机构底数,建立完善基础台账,推动“双减”工作落实。

非物质文化遗产

【概况】2021年,诸暨市共举办非遗兴乡大巡游、非遗走亲专场演出、“文化惠民”志愿服务等非遗活动180余场,线上线下同步推动非遗宣传。先后组织线狮(草塔抖狮子)、棕编、竹编、越红工夫茶制作技艺、火烙画葫芦、传统女红等非遗项目参加第四届中国国际进口博览会、第十三届浙江·中国非物质文化遗产博览会(杭州工艺周)、2021杭州南宋文化节、绍兴非遗集市、“诸暨老味道”等各级各类展示展演活动。完成并通过2021年部分省级非遗代表性项目、传承人评估工作。推动“传统戏剧”振兴工程,举办“新时代戏曲文化魅力影像工程——地方戏系列集锦”浙江选题申报研讨会,创排西路乱弹小戏《一袋药》并参加2021“浙江好腔调”全省传统戏剧展演系列活动,鹦歌调《生灵的咏叹》入围浙江省第十一届群众曲艺大赛决赛,西路乱弹小戏《梅花催春》获2021第三届华东六省一市现代地方小戏大赛金奖,西路乱弹小戏《抖狮结义》获“诗路传薪”2021年浙江传统体育非物质文化遗产项目舞台展演创新奖。出版诸暨市文化系列丛书《西施传说》。启动“线狮(草塔抖狮子)”非遗记录工作与保护研究项目试点课题。12月,“诸暨非遗客厅”建设工程完工并通过验收。市非遗保护中心荣获第十届绍兴师爷讲故事暨徐文长故事大讲赛优秀组织奖。

2021年4月20日,沈牡琴、卓秋萍、孟琼晖、俞可芹被列入绍兴市非物质文化遗产专家库。4月28日,诸暨市越红茶叶博物馆有限公司、诸暨市宣利清文化创意工作室、寿氏棕艺体验基地被列入第一批绍兴市乡村非遗体验基地。6月18日，醉美西施同山烧、西施美人牌越红工夫茶被列入第三批浙江省优秀非遗旅游商品。11月2日，诸暨市新灿棕编工艺品工作室、诸暨市宣利清文化创意工作室、越红博物馆被列入首批绍兴市非遗研学游基地。11月22日，朱国祥（线狮（草塔抖狮子）、何夫明（赵家拳棒）、谢小义（同山烧酒传统酿造技艺）、孟信忠（南孟祭礼）、寿新灿（棕编）被列入第六批浙江省非物质文化遗产代表性传承人名录。12月，非遗代表性传承人谢小义、杨思班入选绍兴市第二批乡村振兴“领雁计划”人才名单。

【省级非遗项目及传承人评估工作】2021年5月，市非物质文化遗产保护中心开展对民间文学、传统戏剧、传统体育、游艺与杂技以及民俗类省级非遗项目及代表性传承人的评估工作，以推进诸暨市非物质文化遗产保护体系建设，提升非物质文化遗产保护传承能力和水平。8月，完成西施传说、线狮（草塔抖狮子）、乱弹（诸暨西路乱弹）、十里红妆、赵家拳棒、南孟祭礼等6个省级（及以上）非遗项目和赵伯林、陈祖明、骆建松、孟南生、何灿友5名传承人的评估验收工作。

【“诸暨非遗客厅”建设工程】2021年12月8日，诸暨非遗客厅建设工程完工并通过验收。为推进传统文化传承和现代文化创新，市博物馆（市非物质文化遗产保护中心）利用杨肇泰故居建设诸暨非遗客厅，位于长弄堂街区，采用设计布展一体化公开招标，总投资96.9万元。整个非遗客厅设保护传承展示区、传习研学体验区、非遗产品销售区，汇聚全市20多个优秀非遗资源项目，集传承与传播、展示与展演、研学与研习、体验与销售于一体。

【“新时代戏曲文化魅力影像工程——地方戏系列集锦”浙江选题申报研讨会】2021年6月15日，“新时代戏曲文化魅力影像工程——地方戏系列集锦”浙江选题申报研讨会在诸暨召开。本次研讨会根据《浙江省文化和旅游厅关于实施全省传统戏曲“五个一”发展计划通知》文件精神，由浙江省文化和旅游厅指导，浙江省文化和旅游发展研究院与诸暨市博物馆联合主办，省内各市县（区）非遗中心、文化馆、地方戏保护单位的代表20余人出席。与会人员分享地方戏影像工程经验，探讨《新时代戏曲文化魅力影像工程——地方戏系列集锦》浙江课题。

【“线狮（草塔抖狮子）”非遗记录工作与保护研究项目试点课题】2021年8月，传统体育、游艺与竞技类——“线狮（草塔抖狮子）”记录工作与保护研究项目由文化和旅游部民族民间文艺发展中心立项，是继“西施传说”后诸暨市第二个国遗项目记录工程。该课题将形成“线狮（草塔抖狮子）”项目试点记录成果，完成数字化整备（非遗纪录片1小时，影像素材20小时，文本报告5万字和高新照片200张等），完成“传统体育、游艺与杂技类”国家级非遗代表性项目的记录体例与规范，为非遗的过程性保护与可持续发展建档立案，为国家开展非遗记录和保护工作提供理论支持和决策参考，计划于2022年11月完成结题。

【西施相关文化打造】2021年，围绕诸暨“诗路文化带”建设，创作越歌《古色天香浣纱溪》、诸暨西路乱弹《西施》。1月，诸暨市文化系列丛书“西施传说”出版。6月，醉美西施同山烧、西施美人牌越红工夫茶被列入第三批浙江省优秀非遗旅游商品名录。7月，配合省非遗保护中心开展民间文学类视频摄制收集工作，推荐并配合拍摄《西施出世》等10个西施传说故事。8月，配合浙江电视台《浙江文化印记》西施传说拍摄工作，9月，该拍摄片在浙江新闻频道播出。10月，西施团圆饼在浙江省第三届名点（名小吃）总决赛中获金奖。

【“传承非遗 传播清廉”学党史、践廉心、庆华诞主题活动】2021年6月18日下午，“传承非遗 传播清廉”学党史、践廉心、庆华诞主题活动在诸暨市浣东街道盛兆坞三村文化礼堂举行。传统女红、竹编、棕编、刀画、火烙画葫芦、礼户元宵棚灯会等6个非遗项目及其代表性传承人进行现场展示展演，借力非遗传承，弘扬清廉精神，献礼建党百年。

【非遗走亲专场演出系列活动】2021年7月22日，“孝德上虞·好美诸暨”非遗走亲专场演出暨辉煌的历史——庆祝建党100周年剪纸作品展在诸暨市暨南街道许村文化礼堂举行，演出诸暨西路乱弹、绍剧、越剧等形式多样、别具特色的非遗曲艺节目，展出剪纸作品20余幅。9月28日，以“山海协作·文化同心”为主题的2021遂昌·诸暨文化走亲文艺演出暨非遗走亲项目展示活动在诸暨市牌头镇牌上村文化礼堂举行，刀画、麻糍制作技艺、竹编、火烙画葫芦、传统女红等6个非遗项目参加展示活动。

博物馆

【概况】2021年，诸暨市博物馆进一步发挥公共文化服务职能，有序开展各项工作。坚持内外兼修、策引并举，全年举办临时展览20个。持续推进流动展览进基层活动，加强对贫困、边远地区群众的辐射服务能力，全年送展览到农村文化礼堂、学校、社区巡展达54场次。完善、充实馆藏体系，全年新增文物26件，其中清理出土7件，征集1件，接受捐赠2件，接收移交16件。加强社会教育工作，利用浙江省爱国主义教育基地和浙江省科普教育基地阵地优势，开展第二课堂等宣教活动。

【博物馆陈列改造工程】2021年，诸暨市博物馆陈列改造工程启动。工程项目包括博物馆基本陈列改造工程和安防提升工程，项目总投资2000余万元，被列入2021年度诸暨市政府性投资项目。由诸暨市文化旅游集团有限公司作为项目建设主体出资，并委托诸暨市文化广电旅游局下属单位诸暨市博物馆实施项目的设计、建设及管理工作。

【陈列展览】源流——“好美诸暨”文化·创意展。2021年1月28日至3月27日，由中共诸暨市委宣传部、诸暨市文化广电旅游局指导，诸暨市博物馆、诸暨市非物质文化遗产保护中心主办的“源流——好美诸暨文化·创意展”在市博物馆开展，该展览立足于诸暨市博物馆部分馆藏，汇集本市优秀文创企业产品、非遗项目代表性传承人的精品力作，以及民间艺术爱好者创意作品等，共26类、近300件。主要分为“古越物语”“臻·师造化”“萃古熙今”和“欢喜·生活”四个版块，意在通过各类文化创意产品的展出，多维度呈现诸暨民间传统手工的精湛技艺和传承创新的丰硕成果，带观众领略诸暨城市的人文之美、活力之美、和谐之美。

盛世华诞，党在我心——庆祝中国共产党成立100周年书画展。4月29日至5月18日，为进一步贯彻落实中共十九届五中全会精神，以书画之美点赞祖国的壮丽山川和建党百年的辉煌成就，向建党百年献礼，展示伟大成就，彰显文化自信，市博物馆推出“盛世华诞，党在我心——庆祝中国共产党成立100周年书画展”。本次展览由市委老干部局、市文化广电旅游局主办，市老年书画协会、市博物馆承办，共展出144件书画作品。

“传承红色基因 汇聚时代能量”——庆祝中国共产党成立100周年诸暨书画展。4月30日至5月23日，由市委老干部局、市濂溪文化研究会联合主办，市银雁返乡濂溪助力团、市博物馆承办的“庆祝中国共产党成立100周年——传承红色基因，汇聚时代能量”诸暨书画展在西施故里寿崇德艺术馆展出。本次展览作品涵盖了来自上海、杭州、绍兴等区域的107件书法、国画、篆刻等艺术精品，不仅反映了广大艺术家、书画爱好者对中国共产党成立100周年的美好祝愿，也体现了100年来，人民生活发生了翻天覆地的变化，精神

2021年10月23日，“名家画诸暨”油画作品展在诸暨市水彩画博物馆开展（文广旅游局提供，徐可良摄）

2021 年 12 月 8 日，诸暨非遗客厅建设工程完工并通过验收（文旅局提供，杨斐摄）

生活更加丰富。

红船从“浙”里起航——中国共产党在浙江(1921—1949) 巡展。5 月 27 日至 7 月 5 日，由浙江省博物馆（浙江革命历史纪念馆）、浙江日报报业集团、中共诸暨市委宣传部、诸暨市文化广电旅游局联合主办的“红船从‘浙’里起航——中国共产党在浙江(1921—1949)”大型巡展在诸暨市博物馆开幕。展览聚焦 1921 年至 1949 年中国共产党领导下的浙江革命，彰显首创、奋斗、奉献的“红船精神”，以展教融合的创新理念，实现时空对话的“浙”些体验；以时间逻辑的叙事节奏，萃取 28 年的璀璨片段；以多维视角的鲜活述说，赓续中国共产党人的“浙”里信仰。展览按时间顺序，共分“扬帆起航”“冲破迷雾”“劈波斩浪”“红旗潮涌”4 个单元，展出从中国共产党建党之初到中华人民共和国成立后各时期的代表性见证物：1921 年至 1923 年的《先驱》青年团机关报，20 世纪 40 年代的中国工农红军第四军信札，1949 年《怎样做一个共产党员》课本，1961 年 1 月《解放战争三大战役形势图》彩色地图，展出诸暨市博物馆馆藏的郑复他烈士生前所使用过的雕花木床、木制顶箱柜等革命文物。展览共接待来自市委办、市委组织部、天马实验学校、下江东社区、市文旅局、市统计局、市总工会、浣东街道和济社区等 20 余个党政团体千余人参观打卡，开展党史教育 25 场次。

“翰墨春秋 百年芳华”——“三老”书画作品浙江巡回展。7 月 7 日至 13 日，“翰墨春秋 百年芳华”——老一辈党和国家领导人、老将军、老艺术家书画作品浙江巡回展在诸暨市博物馆开展。本次展览由中国老年书画研究会、浙江省老年书画研究会、中共诸暨市委组织部、中共诸暨市委宣传部主办，中共诸暨市委老干部局、诸暨市文化广电旅游局、诸暨市文学艺术界联合会联合主办，诸暨市老年书画协会、诸暨市博物馆承办，展出彭真、邓颖超、习仲勋等老一辈党和国家领导人，徐向前、聂荣臻、张爱萍等开国元帅和将军，启功、李可染、赵朴初、吴作人、关山月、刘海粟、娄师白、费新我等老艺术家的书画作品 130 件。

艺梦——诸义浦桐第十一届书画联展。9 月 23 日至 10 月 7 日，艺梦——诸义浦桐第十一届书画联展以网络微信展形式举办，展示四地部分书画作品，供书画爱好者欣赏学习。联展及相关的书画活动为四地书画爱好者构建交流、切磋、互帮互学的平台。本次“云展览”以“云文化走亲”的新形式呈现，共收录作品 161 幅。

“百年峥嵘 红色记忆”——诸暨市油画家协会作品展。11 月 25 日至 12 月 18 日，由市文化广电旅游局主办的“百年峥嵘 红色记忆”诸暨市油画作品展和“百年礼赞 薪火相传”诸暨市老年书画协会书画作品展，在西施故里寿崇德艺术馆开展。本次展览是由市油画家协会和市老年书画协会联合承办的一次书画美术作品展。展览共展出（两会）会员创作的 100 多幅油画、国画、书法作品。会员们以广阔的视野、如彩的画笔，创作出讴歌时代，反映中国共产党的发展历程、国家改革开放的新气象和欣欣向荣的社会主义现实生活的作品，歌颂伟大祖国繁荣富强腾飞的气象，表达对党和祖国的热爱与祝福。

"立心铸魂——红色精神谱系中的绍兴基因"社科人文基层巡展活动。省"社科普及周"期间,围绕"传承红色基因 担当历史使命"主题,市博物馆开展"立心铸魂——红色精神谱系中的绍兴基因"社科人文基层巡展活动,本次活动以"立心铸魂"为主题,分为"碧血丹心,探索光明""不畏强暴,血战到底""保家卫国,舍我其谁""胸怀祖国,追求真理""爱岗敬业,精益求精""舍生忘死,护佑生命""奉献人民,共铸荣光"7个部分,到17个镇乡共巡展近20场,受教群众近15000人。

【专题讲座】蒋乐平《从河姆渡到上山——浙江新石器时代新认识》专题讲座。2021年4月17日下午,浙江省文物考古研究所研究员、上山文化发现者蒋乐平做客诸暨"文博讲坛",作题为《从河姆渡到上山——浙江新石器时代新认识》的精彩学术报告,市博物馆、市社科联和市文史爱好者30余人参加。

陈汉波《万里乾坤秋似水——三贤文化漫谈八题》专题讲座。10月26日上午,为进一步弘扬诸暨三贤文化,由诸暨市委宣传部、诸暨市文化广电旅游局主办,诸暨市博物馆、诸暨三贤研究会承办的《万里乾坤秋似水——三贤文化漫谈八题》专题讲座在市博物馆临展厅拉开序幕。浙江省委党校教授、研究生导师,诸暨三贤研究会顾问陈汉波应邀担任本次讲座的主讲人。本次讲座围绕"关于三贤文化的几点理念""三贤精神的形成""三贤形象及其性格特征""三贤作品的价值""三贤研究及史料整理"等8个方面展开论述。诸暨三贤研究会会员、市文史爱好者等130余人参与本次活动。

【考古发掘】2021年9月9日,接群众反映店口镇横阔村公墓扩建中发现疑似古墓和瓷罐,诸暨市文物保护所人员闻讯后赴现场进行抢救性清理,2座古墓出土青花罐2件。经专家鉴定,为清代青花罐,诸暨博物馆将文物入库保存。

图书

【概况】2021年,诸暨市图书馆图书总藏量达134万余册,总服务人次117万余人次,浣江书房接待读者97.49万余人次,图书借阅28.51万册次,读者证总数达42095张,获浙江省文化和旅游厅评选的"浙江省满意图书馆"称号。2021年,诸暨市图书馆开展阅读推广400余场,达14万余人次参与。通过开展绘本故事分享活动、赠书活动、朗诵指导进校园、阅读活动进基层、举办展览、开展讲座等一系列活动,营造全民阅读的良好氛围,推动"书香暨阳"建设。开展讲座13场,其中包括"暨阳讲坛"系列讲座3场,参与2055人次;展览77场,参与55279人次。至2021年年底,全市累计建成浣江书房15家、浣江书吧9家、图书分馆17家、流通站22家。

【地方文献征集利用】2021年,诸暨市图书馆历史文献部共征集地方文献141种393册,其中家谱15种198册,征收参考地方文献59种84册。至2021年年底,诸暨市图书馆馆藏地方文献达5185种14500册,其中家谱411种3900册,姓氏80个;拥有古籍地方文献2067种15094册,主要包括刻本、稿本、抄本、活字本、石印本、油印本、铅印本及部分拓本等。图书馆邀请专业团队搭建平台,将馆藏古籍文献扫描、加工、后期制作、平台放置,建立"诸暨市特色文献数据库"。此外,做好古籍地方文献发掘利用工作,继续主办发行《诸暨谱牒文化》《越读》等期刊。

【智慧图书馆建设】2021年,为适应常态化疫情防控情况下的图书馆建设,诸暨市图书馆以现代信息技术为支持,推动图书馆的智能化转型,打造管理先进、服务一流,现代化、数字化、个性化的"智慧图书馆"。全市15家"浣江书房"均以自助图书馆形式全年无休对外开放,馆内配备自助借还机和电子书借阅机、无人值守门禁以及监控系统,实现人脸识别全覆盖,读者只需刷脸就可进门,体验办证、借阅、续借、还书等全自助功能,凭借身份证就可以实现"零押金"办理读者证,免收图书逾期费。启动"信阅"线上服务平台,市民可以足不出户,在手机上像网上购物一样,方便地借阅图书,并免费快递送到手中,实现借阅图书"零次跑"。推进阅读一卡通工作,6月底实现全省社保卡与图书馆借书卡一卡通;全市4家镇乡图书分馆完成数字化提升工作,三分之一的农家书屋完成图书编码,纳入图书馆一卡通管理。

【新增1家浣江书房】2021年，新建金石学馆浣江书房并投入使用。至年底，全市浣江书房开放15家。

【农家书屋提档升级】2021年，为继续全面推进公共文化服务示范区建设，市图书馆对全市多个农家书屋进行提档升级，改善农村居民的阅读环境。全年开展“文化惠民”送书下乡活动54次，共计30645册。

诸暨市浣江书房分布情况表

表24

馆名	地址
西施大剧院馆	诸暨市浣东街道东旺路67号
樊登书店馆	诸暨市人民中路198号3栋1层
心旅书苑馆	诸暨市友谊路118号22～23
暨阳小学馆	诸暨市暨阳街道江东新村暨阳小学门口
社科之家馆	诸暨市滨江南路19号
友谊社区馆	诸暨市陶朱街道王家湖东路12号友谊社区内
东福社区馆	浣东街道东福社区旁(人口文化公园内)
梦想小城馆	诸暨市暨阳街道江新路1号(城南国际商贸城东侧)
东旺大厦馆	诸暨市暨阳街道东旺路28号
浣纱小学馆	诸暨市暨阳街道南庠路3号(浣纱小学门口)
融媒体馆	诸暨市滨江中路24号
八一社区馆	诸暨市荷花路(荷花小学对面)
大唐华海馆	诸暨市大唐街道开元东路65号
唐韵广场馆	诸暨市暨阳街道浣东中路9号唐韵广场二楼
金石学馆	诸暨市陶朱街道丰泽路2号

【阅读服务志愿者队伍】2021年，为保证浣江书房安全运转，诸暨市图书馆继续牵头与相关社区、学校联合面向社会招募一批责任心强、积极性高的志愿服务者，主要从事浣江书房和图书分馆的日常管理、阅读推广活动的策划组织等志愿服务工作，尤其是疫情防控期间，志愿者们每天做好环境消毒、卫生保洁、书架整理、设备检测，对入馆读者测温、检查健康码和行程码等工作，为广大读者们提供优质服务。

【“党史上的今天——每天一本小人书”特色栏目】2021年3月1日开始，诸暨市图书馆推出“党史上的今天——每天一本小人书”特色栏目，根据党史上的重大事件，每周推荐一本连环画，将革命故事重现读者眼前，共同走进历史时空，追忆峥嵘岁月，庆祝中国共产党成立100周年。累计推出33期。

【“图书馆之夜”系列活动】2021年4月23日，诸暨市图书馆以“百年党史 百年经典”为活动主题开展“图书馆之夜”系列活动，市图书馆本馆和16个镇乡街道图书分馆及3家浣江书房共20个场馆同时展开，形式包括朗诵会、读书分享会(读书沙龙)、阅读分享、荐书等，共吸引16600余名读者参加。

【暨阳讲坛第十六讲《青少年朗诵提升三步法》】2021年4月23日晚上，诸暨市图书馆于第二十六个

“世界读书日”来临之际，在浣江书房唐韵广场馆举办“图书馆之夜”主题讲座——《青少年朗诵提升三步法》。讲座邀请到浙江电视台少儿频道主持人、浙江电视台中国蓝少儿艺术团团长皇甫俊杰，讲述如何提升青少年朗诵水平，提高朗诵能力，在产生兴趣的同时感受朗读的魅力。

【全民读书节启动仪式暨 FM98.2 第五季童声读书会决赛】2021 年 4 月 24 日上午，2021 诸暨市全民读书节启动仪式暨 FM98.2 第五季童声读书会决赛在浬浦镇盘山小学举行。全民读书节启动仪式上，公布 2020 年“图书馆就在我身边”随手拍摄影大赛和“我们战‘疫’的事”征文比赛获奖作品，并颁发荣誉证书。启动仪式结束后，FM98.2 第五季童声读书会决赛拉开战幕，61 组参赛家庭经过竞争角逐，29 组童声组合晋级决赛，并分别获得春芽奖、春苗奖、春晖奖和春华奖。

【“爱心传递、书香传承”赠书活动】2021 年 5 月 30 日上午，诸暨市图书馆在浙江农林大学暨阳学院开展迎“六一”暨“爱心传递、书香传承”赠书活动。活动中，诸暨市图书馆邀请部分留守儿童参观图书馆，工作人员精心挑选 100 余册不同种类的学生读物送给孩子们，其中包括绘本、科普读物等孩子们喜爱的类别。通过“六一”儿童节活动，帮助留守儿童度过一个美好的节日。

【“悦享童年”少儿红色经典故事分享会】2021 年 6 月至 12 月，诸暨市图书馆联合悠贝亲子阅读中心在浣江书房西施大剧院馆、暨阳小学馆、融媒体馆、友谊社区馆、浣纱小学馆开展 60 场少儿红色经典故事分享会，与孩子们一起分享小小英雄故事，在分享老师讲读故事的同时通过趣味展示，与孩子们一起分享童趣，帮助家长学会如何讲读绘本，增进亲子互动。

【浙江省“丝路杯”中小学生课文朗诵大赛暨“我爱浙土地”诸暨市首届中小学生课文朗诵大赛】2021 年 8 月，浙江省“丝路杯”中小学生课文朗诵大赛公布获奖名单，诸暨共有 10 名参赛选手分获一、二、三等奖，诸暨市图书馆荣获优秀组织奖。浙江省“丝路杯”中小学生课文朗诵大赛暨“我爱浙土地”诸暨市首届中小学生课文朗诵大赛，由诸暨市委宣传部、诸暨市文化广电旅游局、诸暨市语言文字工作委员会办公室联合主办，诸暨市图书馆、诸暨市婷好听语言表演艺术培训中心承办。本次大赛立足小学、中学的语文教材，通过课文朗诵的形式，弘扬社会主义核心价值观，传承中华优秀传统文化，促进学生对汉语言文字的深度理解，提高学生的语言表达能力，激发学生热爱母语、热爱家乡、热爱祖国的情怀。大赛于 4 月初启动，初赛采用线上视频报名的形式，共收到 3844 个参赛视频。组委会经过筛选，录取 700 多名选手晋级线下决赛，经过激烈比拼，285 名选手晋级浙江省中小学生课文朗诵大赛绍兴地区比赛。绍兴地区比赛仍然采用线上评审的方式，最终诸暨 10 名选手获一等奖并晋级省赛。首届浙江省中小学生课文朗诵大赛由浙江省朗诵协会主办，在全省各地级市共设立 6 个分赛区，大赛被省教育厅确定为省 2020—2022 年进入中小学校的全省性竞赛项目，参赛获奖结果被记入中小学生成长记录，作为学生综合素质评价的依据。

【浣江书房西施大剧院馆和唐韵广场馆获“绍兴市首届夜间经济特色门店”称号】2021 年 11 月，绍兴市首届夜间经济特色门店评选结果出炉，诸暨市西施大剧院馆和唐韵广场馆两家浣江书房入选。此次特色门店的评选主要面向绍兴市范围内的夜间零售、餐饮、文化、娱乐、旅游、体育、创意、生活服务等消费门店和市集，涵盖特色夜市、夜间品牌餐饮、深夜酒吧、夜间咖啡馆、夜游景点、夜间城市书吧（图书馆）、夜间剧场、夜间体育消费点等多个类别。

【阅读进基层活动】2021 年，诸暨市图书馆在全市 16 个乡镇图书分馆开展一系列阅读进基层活动，送“总书记指挥‘战役’”“寻找红书足迹”“楷模——优秀共产党员精选图片展”等红色主题展览下乡 21 场，送红色经典书籍下乡，并为乡镇图书分馆进行新书上架、排书指导服务。

【“诸图听书”系列线上阅读推广活动】2021 年，诸暨市图书馆推出特色线上品牌阅读推广活动——“诸图听书”系列线上阅读推广活动。活动内容分为音频赏析、故事概述、故事赏析、故事剖析、推荐阅读 5 个小版块。读者可以根据推荐阅读扫码收听指定的书籍，足不出户即可享受便捷的数字化阅读服务。

【暨阳阅读联盟活动】暨阳阅读联盟组织，是诸暨市图书馆与诸暨市浣纱文学读书会、越书房读书会、樊登读书会等民间读书会进行协作的读书会机构。暨阳阅读联盟每月组织、统领暨阳阅读联盟旗下的各个读书会，安排好当月的活动，发布活动预告，并进行好书推荐。2021 年，共组织活动 100 余场，共同创办发行《越读》期刊 4 期。

【暨阳朗诵团活动】2021 年 3 月 29 日，暨阳朗诵团开启致敬经典系列活动，选择优秀的电影进行观影品鉴，剧本朗读，并与演员们面对面探讨切磋。推出致敬经典第二篇章——《平凡的世界》剧本朗读会。热爱朗诵的朋友集聚在西施大剧院，与陕西人艺青年演员面对面，现场感受演员们对作品的感悟与演绎，致敬经典，感受话剧表演的魅力。

影视

【概况】诸暨市影业有限公司为国有电影放映单位，2021 年，有电影放映队 4 支，有 30 名电影放映员，拥有数字放映机器 33 套。公司所属苎萝影城全年放映电影 3109 场次，组织观众 1.86 万人次，票房收入 56.27 万元；公司放映队在全市各行政村（社区、居委会）、企业、学校、养老院、机关企事业单位进行数字电影公益放映，全年完成农村电影放映 7296 场，观影达 18 万人次；完成 100 场次“百年建党 红影共建”优秀影片进小区活动，观影达 1.2 万人次；开展“中小学电影进校园”放映活动，观影达 29.8 万人次；成为“最美家庭”爱心单位，为省市级最美家庭免费提供 425 人以下 1 场日场观影并提供免费观影券 250 份。

【红色教育影厅】2021 年 5 月初至 8 月底，组织开办红色教育影厅，每日推出一部优秀的红色经典电影放映。

【露天电影放映】2021 年，持续打造文化惠民品牌“西施露影”公益电影放映，新增飨街和王家湖公园两个固定点，7 月开展“西施露影”文化惠民红色影片展演活动，市民广场、飨街、王家湖公园、唐韵广场等户外固定点累计完成公益放映 100 场次，观影 1.3 万人次。

（文广旅游局　石飞）

新闻传媒

【概况】诸暨市在媒体深度融合的背景下，秉持严谨、客观、真实的新闻传统，按照全市宣传思想工作要点要求，围绕“把融媒体中心建设成为参与社会治理的示范和标杆”的目标，推进改革融合。2021 年，诸暨市融媒体中心（以下简称中心）获 2020 年度浙江省县市区“融媒中心 20 强”。《诸暨日报》启动新一轮改版，紧扣中心大局，把握正确舆论导向，坚持新闻立报、活动强报，强化主题宣传、对外宣传、精品创优、办精栏目，走本土化、品牌化发展之路，不断提升舆论引导力，从内容到版式跃上新台阶，使重大报道更具声势、经济报道更为“硬核”、民生报道更有情怀，与读者形成良好互动。诸暨广播、电视综合发展位处全国第一方阵，保持全省领先。围绕中国共产党成立 100 周年和“十四五”规划开局之年等重点工作开展宣传报道和组织大型活动，完成各项宣传、创优、经营任务，实施广播全媒体机房建设、电视高清播出等技术改造，各项工作赋能提升，蓄力前行，工作多次受到市主要领导的批示肯定。5 月 20 日，“西施号”App 改名“西施眼”，深耕“新闻 + 政务服务商务”，开创“融”新局，迸发“融”优势，释放“融”能量。诸暨以 95 分的高分位居绍兴外宣传播力指数第一。诸暨电视台获 2020 年度全省广播电视新闻融合传播协作先进集体一等奖，诸暨人民广播电台获 2020 年度全省广播电视新闻融合传播协作先进集体二等奖，融媒体中心获 2020 年度全省广播电视新媒体新闻协作先进集体县级二等奖，“西施眼”App 被评为 2020 年度浙江省县（市、区）传媒“十佳 App”（以上奖项、排名为 2021 年公布）。12 月 10 日，中国县市报研究会第七届理事会第一次会议通过视频会议的形式召开，全国 90 家县级融媒体中心的负责人在线参加会议，选举产生新一届常务理事会和领导班子，诸暨市融媒体中心蝉联会长单位，陈仲明当选新一届会长。

2021 年，诸暨市实现重点外宣和外宣总量双突破。《诸暨日报》在绍兴市级以上党报党刊共发表作品 235 件。17 件作品刊发在《人民日报》及《人民日报》（海外版），

2021 年 5 月 22 日，融媒体中心庆祝中国共产党成立 100 周年大型情景朗诵剧《诗意中国　红色诸暨》演出现场（融媒体中心提供，郭斌摄）

32 件作品刊发在《新华每日电讯》及新华社通稿，《浙江日报》刊发 38 件作品，其中 10 件作品刊发在《浙江日报》头版。完成中心下达的内参、发行等各项任务。广播方面，《中国之声》用稿 13 篇，其中《新闻和报纸摘要》播出单条 3 篇，《全国新闻联播》播出单条 1 篇，录音报道 1 篇；《浙江之声》用稿 231 篇，其中《浙江新闻联播》《浙广早新闻》栏目播出 203 篇，头条 5 篇，单条 57 篇。电视方面，央视《新闻联播》播发稿件 10 条，其中单条 2 条，央视其他栏目播发稿件 22 条，浙江卫视各栏目发稿 312 条，其中《浙江新闻联播》单条 31 条，头条 6 条。省级及以上主流媒体新媒体平台（不含本地频道）发布原创稿 133 篇。

【《诸暨日报》】2021 年 3 月，庆祝中国共产党成立 100 周年大型新闻行动启动，融媒体中心报刊事业部分组落实采访，推出“我们的奋斗”专栏，挖掘红色历史，故事化呈现 100 年间全市人民的接续奋斗、生动实践。刊发《“大家有饭吃”的誓言回响溪埭村》《一年 10 万游客感受“枫桥经验”脉动》《“200 门大炮”的故事家家能讲》《向丽而行的“梨坞底”雄心》《一把绿色牌挺立潮头》等 20 多篇一线报道。7 月 1 日和 7 月 2 日，《诸暨日报》重点围绕“庆祝中国共产党成立 100 周年大会”，刊发大会消息和诸暨人民收听收看场景，全文刊发《习近平在庆祝中国共产党成立 100 周年大会上的讲话》。推出“七一特刊”，由封面“奋斗者永远年轻”、百年星火、百年印记、百年先驱、百年初心、百年信仰、百年追光等 8 个版组成。此后一版长期推出“三为”专栏，刊发“善学善用、为民惠民”的基层典型。

“两会”召开前，融媒体中心报刊事业部在《诸暨日报》一版推出临杭之城、活力之城、人文之城、和谐之城、美丽之城系列成就报道，吸引读者关注两会。会中，每天在第一、第二版报道会议主要议程的同时，策划推出特别报道“两会直通车”，内容有一条龙（产业共兴）、一张网（交通共建）、一盘棋（创新共融）、一网通(服务公办）、一揽子（成果共享）。此外，还有 2020 声音记忆、一图读懂政府工作报告、速读 2019 年诸暨政府账本、2020 年十大民生实事等图文并茂的专题版面。

7 月，台风“烟花”袭扰诸暨，《诸暨日报》一版连发 3 篇评论员文章《防台要“猫当老虎抲”》《台风路径有变》《重视程度不能变　咬紧牙关再挺一挺》，引导干部群众众志成城防汛防台。重要报道还有《Ⅰ级响应》《高湖蓄滞洪区开闸分洪》《“烟花”散尽见精神》和连续 4 个抗台特别专版。该系列报道至 27 日结束。

市委经济工作会议召开后，融媒体中心报刊事业部在《诸暨日报》头版头条进行大篇幅报道，并在二版配发评论《凝聚起高质量发展的磅礴力量》、侧记《“十问”诸暨，擂响奋进的鼓声》，为“解放思想、开放发展”发声。随后，《诸暨日报》开设“学习贯彻市委经济工作会议精神”栏目，深入解读会议精神，引领全市上下统一思想。聚焦“十个够不够”问题，以“动态加一把手访谈加评论”的形式，在一版连续推出十期专题式报道。记者专程采访镇乡街道部门一把手，以署名文章的方式，让各单位用新思路、新战略回答“十问”，推出 6 期观点专版，深入“解放思想、开放发展”讨论。

融媒体中心报刊事业部宣传贯彻市委全会精神，重点报道锚定“打造浙江高质量发展建设共同富裕示范区诸暨范例”这一总体目标，聚焦“六个先行示范”撰文。围绕“文明共创、发展共兴、城乡共进、收入共增、服务共享、社会共治”6个关键词，在一版集中推出6组报道，既有即时新闻，也有部门领导访谈，还配发一篇时评。以“发展共兴”为例，头条刊发《数字化改造出弹簧小巨人》，配发市科技局局长蒋宏伟的访谈《锚定“科技创新鼎”》，评论为《发展共兴关键靠创新》。通过消息+访谈+评论的组合，报道诸暨发力制造业高质量发展示范。深入群众、深入基层，寻找共同富裕诸暨实践范例。在一版刊出《1700多株挂果香榧树悉数送村民，乡贤黄新华11年育一片共富林》《友谊新材料重启银行授信2500万元；葡萄架起共富路》《老房子摇身变钱袋子，半年激活闲置农房297幢》《“村级公司+运营团队+乡创人才，百年藏绿乡愁生金》等新闻。

《诸暨日报》在一季度、半年、三季度等重要时间节点，对经济形势作深入分析，讴歌诸暨企业不屈不挠、危中求机的奋斗精神。以“一季度GDP为什么这么红？”为主题，对一季度数据亮点进行深度挖掘，在一版连续推出一季度生产总值、CBA与旅游市场复苏、规上高新技术产业大幅增长、交通环保水利投资快速增长等连续报道鼓舞人心。配发《提信心更见决心》《找准抓手精准发力全力夺取“半年红”》《向作风要高分》3篇评论，层层递进，引导全市上下一鼓作气、乘势而上，努力实现争先创优、进位提升。与此同时，报道触角延伸到山下湖珍珠企业组团闯北京、科技赋能浣东刺绣机产业升级、五泄探索体育加持乡村旅游等重点产业，挖掘典型，引领发展。“政企亲清会”召开后，《诸暨日报》以消息、评论、专版等多种方式唱响高质量发展好声音，后续追踪“政企亲清会”问题交办消息，做到前后衔接，有始有终。

3月，《诸暨日报》改版后，用更广触角开展民生报道。有“要闻”有“深读”，有“身边”专版提炼家长里短爱恨悲欢，有“面孔”专版聚焦一个个诸暨人，当代越剧表演艺术家钱惠丽，在诸暨过年的快递小哥湖北人张凡，姚江镇在外企业家、浙江耀华建设集团有限公司董事长柴汉峰等。有“视觉”有“文化”有“矩阵”，让权威声音更易传播，让线下与线上对话，让身边人说网上事。

《诸暨日报》在“聚集”栏目推出《环境保护问题仍需重视》《企业可燃气体管道问题多》等曝光报道，加强舆论监督。围绕“绘好更有辨识度的文明诸暨新图景”，结合文明典范城市创建，紧盯“问题短板”硬骨头，记者暗访调查采写《在建工地隐患不少》《部分小区顽症亟需治理》《这样的景区，怎能安心迎客》《开放式小区颜值堪忧》《楼梯间、洗手间成控烟重灾区》等曝光文章，引导各单位“认识问题，找准根源，立行立改”。政民E线以整版篇幅，不定期查访群众关心的各方面问题并刊出处理意见。

【广播】2021年1月25日起，融媒体中心广播事业部运用全媒体，立体化宣传各地各部门和企业的暖心留人之举，帮助解决实际困难，送上诸暨关怀，在短时间内形成高频次宣传声势。每期节目通过微信海报预告、早间《交通之声》直播、“西施眼”视频号推送、“西施眼”App、“诸暨之声”微信平台深度报道的全方位宣传方式，层层递进营造氛围。在电波里第一时间传递艰难时刻的真情大爱，勾勒出全民齐心抗疫的生动群像，也刻画疫情下诸暨企业坚韧不拔、砥砺前行的缩影，对外释放经济发展稳中向好的信心和决心。大型公益活动“回不了老家，诸暨就是你的家”、“诸暨过年，挺好！”，在中央、省级、绍兴市级媒体中持续发声。

3月至10月，融媒体中心广播事业部策划推出“‘巾帼心向党，建功十四五’——暨阳巾帼联盟成立仪式”“‘百年党史 红色工运’——诸暨工人故事·致敬劳动者”“‘初心之旅 红动诸暨’——诸暨市红色旅游启动仪式”等线下活动，以及《广播剧里听党史》《永恒的红色经典》等特别节目。在“七一”“十一”两个特殊时间节点，广播事业部分别策划推出“广播剧里听党史”和“永恒的红色经典”两档特别节目。全年累计播出正面报道120篇以上。一方面，挖掘报道体现社会主义核心价值观的新闻事件，同时通过有见地、有深度、有能量的优秀评论以及鲜明的观点，形成社会主义核心价值观舆论氛围。另一方面，在做好正面舆论引导的同时，广播始终扛起舆论监督大旗，曝陋习，批恶俗，呼唤受众正视身边的不文明行为，在《聚焦》专栏，播出各类舆论监督报道50多篇，努力使相关报道内容成为文明创建的一面镜子，在全国文明典范城市创建中发挥作用。

7月24日起，融媒体中心广播事业部打破常规，开启"决战烟花"全天直播。防台报道涉及面广，通过直播连线破解难题，有助于扩大广播报道的半径和广度。7月24日至26日，共有部门、乡镇街道50多人次参与广播的防汛抗台连线报道。至7月26日18时，广播共播发各类防汛抗台直播连线70多条，主持人口播报道200多条，录音报道30多条，防台提示20多条。为抗击台风战役凝聚主流舆论力量。

融媒体中心广播事业部按照嘉宾"一周一轮换"的频率，继续推进"夜读的萤火虫"节目，记录民众文化生活的变化，将文化植入生活，用声音传递热力。

融媒体中心(浣江传媒集团)投资400多万元，新建广播全媒体机房。新机房于2020年年底基本建成后，2021年上半年先后通过初验、绍兴市局专家验收和割接试播，机房各系统平稳运行。广播全媒体机房可实现对广播电台全业务系统的数字化、网络化与广播节目制播、广播总控智能化管理与控制，优化工作流程，提高可操作性、可管理性、可监管性。同时，实现广播收听从固定收听到流动收听到移动收听直至互动收听的全覆盖，整体提升广播媒体竞争力，达到融媒体中心媒体战略发展目标。

9月始，融媒体中心对全市应急广播体系提档升级，由基层管理部协调各基层信息服务中心负责设计安装本辖区应急广播体系，到12月底共计新安装应急广播2960只，在线率、通畅率、发布率均达到100%。全市应急广播覆盖率在绍兴市、浙江省都排到第一梯队。平时为市民提供新闻及娱乐等节目，应急状况下可实现镇乡街道、村(居)级信号插入，在疫情宣传、突发天气等应急情况下及时传达信息。

【电视】2021年5月22日晚，融媒体中心电视事业部庆祝中国共产党成立100周年大型情景朗诵剧《诗意中国 红色诸暨》在西施大剧院举行，市四套班子领导与1000多名市民现场观看，"西施眼"App同步直播，在线观看70多万人次。整场节目实现了电视事业部30年来举办大型活动的新突破，也是全市庆祝中国共产党成立100周年最具影响力的活动。从策划到演出一个多月时间里，电视事业部完成经费筹措、节目创意、策划编排、视频制作、演员选拔等工作，完成节目录制、观众组织、后勤保障、对外宣传等任务。活动得到中宣部、中国教育电视台相关领导好评，受到绍兴市委常委、诸暨市委书记沈志江批示肯定。

融媒体中心电视事业部针对一些市民为追求健康知识误入非法保健品促销圈套的现象，与市卫生健康局合作，开办健康访谈类节目"健康公开课"，邀请本地医疗专家和诸暨籍乡贤名医走进社区、校园等，与主持人、观众面对面交流互动。节目通过"西施眼"App直播和电视播出，为市民科普健康知识，指导如何辨识、防治疾病。全年共邀请48位专家主讲，制作节目近50期，每期新媒体直播的阅读量平均10万次，形成固定收视群体，被列为全市新时代文明实践"暖心八件事"之一。

10月21日至22日，融媒体中心电视事业部承办的纪念《浙江省信访条例》修订实施5周年暨全省信访系统"三练三比"岗位练兵比武总决赛在枫桥学院收官。自8月接到任务后，电视事业部导演组与省、市信访局就活动内容、流程、呈现、舞美、技术保障等多项工作，召开数十次综合协调和专题讨论会，数易其稿，确定活动流程，出具包含省、市各部门的119项任务清单，提出设置两组评审组、用舞美切割舞台空间等8个蕴含电视特色的创新性意见。本次活动专业性强、覆盖面广、规模大、规格高、环节复杂，得到浙江省和绍兴市信访单位相关领导好评，各地市参赛队员点赞，浙江卫视、《浙江日报》等媒体报道，受到诸暨市委副书记潘超英批示肯定，得到浙江省信访局来信表扬。

融媒体中心电视事业部与文广局、自然资源局等单位合作，先后摄制《红色诸暨》《"诸宝"档案》《诸暨老味道》《诸暨树王》等系列短视频，丰富电视荧屏和“西施眼”App的内容。

2021年年初，融媒体中心电视事业部与相关部门合作，推出助力商贸业复苏、助农直播等10多场直播带货活动。结合世界珍珠大会、袜博会、油菜花节及各类表彰、综艺活动等，开展直播50多场次。提升“西施眼”App的下载量和影响力。

融媒体中心(浣江传媒集团)投资800多万元，新建电视自动全硬盘高清播出系统。新系统于3月进行现场检测并通过广电总局系统技术检测，完成项目终验，经过6个月试播，系统平稳运行，确保本地高标清节目同步高质量制作播出。新系统将承担诸暨新闻综合、生活娱乐、电视剧3个频道的高标清电视同播任务，可以进行现场直播、新媒体连线、矩阵信号调度等方式的高清信号转播活动，还可与电视高清演播室和转播车、非编媒资、其他融媒体平台等系统互联互通融合发展。

为解决旧平台设备老化、超负载运行对业务发展造成的瓶颈和安全播出隐患问题，融媒体中心(浣江传媒集团)投资300多万元，扩容数字电视前端高清系统。项目于1月完成全网正式割接，系统割接后，运行平稳，3月通过省专家组技术验收，新系统合理预留核心信号处理设备和输入输出侧带宽资源，以便后续业务扩容，满足观众对数字电视节目高清化、4K化需求。

【新媒体】2021年，新媒体事业部聚焦时代命题，聚力守正创新，以“西施眼”App等13个新媒体平台建设为抓手，深耕“新闻+政务+服务”。2020年度全省传播力指数绍兴排名第一；“西施眼”App被评为2020年度浙江省县(市、区)传媒“十佳App”；天目新闻(短视频)省十佳；省网络文化协会2021抗击台风“烟花”十佳投手、十佳推手等荣誉。

至11月10日，“西施眼”App总装机用户为176051人，新增粉丝8万人以上，点击量10万人次以上篇目达14篇；“诸暨西施眼”微信粉丝关注量达638879人次，新增粉丝1.2万人，点击量10万人次以上篇目4条；“诸暨发布”微信粉丝关注量达296232人次，新增粉丝1.1万人，“诸暨发布”微信、微博点击量10万人次以上篇目6条，其中最高微博阅读量达172万人次，创历史记录；“文明诸暨”重点关注村级“关爱基金”、志愿服务等系列主题内容，多篇稿件被浙江文明网、绍兴文明等平台录用。

“七一”重要融媒产品——“建党百年华诞12整点·《100年，正青春》”，打破各媒体平台边界壁垒，专注融媒时代高质量、多元化内容生产。该产品以百年党史诸暨印记为主要脉络，回望中国共产党在暨阳大地的奋斗历程，总点击量超24.3万人次，留言1092条，点赞量超1.4万人次。中心各部室通力合作，融合报纸、电视、电台、新媒体，联动线上线下，集文字、图片、影像、VR(虚拟现实)、动漫、快闪、广播剧、访谈、连线、弹幕等10余种传播样态于一体，产品独具创新性、沉浸式、接地气和互动性，形成庆祝中国共产党百年华诞强大舆论声势，获评长三角最佳融媒案例。

“西施眼”App首页专设“CBA频道”“不负所爱·云看CBA”等专题页面，一键点击即网罗异彩纷呈的CBA最新资讯、独家报道。总计推送相关报道800多篇。6月10日，诸暨遭遇有气象记录以来的最强降水，新媒体平台快速回应民生关切，主动扛起应对突发大事件中发布权威资讯、稳定民众情绪以及引导社会舆论的职责担当，滚动直播报道《滚动丨诸暨突遇有记录以来最强降水！灾害无情，众志成城！直击救援一线！》点击量突破19.6万人次，创下“西施眼”App上线后日点击新高。《扩转！诸暨发布最新疫情通告！这些人员请主动上报》点击量突破10万人次；《速转！诸暨发布防御台风“烟花”重要通知！这些事，你要知道！》点击量突破10万人次，牢牢占据思想引领、舆论引导的传播制高点。至11月10日，“西施眼”App推送视频稿件近300条，直播80余场。“诸暨西施眼”视频号推送视频264条，其中点击量10万人次的10条，台风“烟花”侵袭期间制作的小视频《哪有什么岁月静好，不过是有人负重前行！暨阳大地，有你们我安心》收获点击量75.3万人次，《致敬！曾亲历长津湖战役的诸暨90岁抗美援朝老兵观影长津湖》点击量近50万人次。抖音号发布短视频近400条，最高点击量破百万人次。

新媒体事业部通过不断推进系统迭代升级，优化界面功能设置，全方位满足用户全媒体、视频化、多层次的体验。5月，“西施眼”App上线一周年更换名称，全新升级改版，打造移动端核心产品。首页新增“看电视”“听广播”“刷视频”，全新打造24小时直播台，兼具点播、回看等功能。新增企业代办、心理健康、公众出行、剧院票务、缴有线电视费等服务功能，满足用户不同需求。新增“积分商城”，在全市设立5个便民服务站，实现打卡积分、兑换奖品互动闭环，增强用户体验。做好日常粉丝福利互动，新设领福利版块，累计开展线上线下粉丝福利20余次，并不定时推出优惠活动。针对重大活动，深挖其中蕴藏的“潜在活力”，研发上线抢票小程序，调动诸暨乃至全国球迷的参与热情。两个CBA赛季连续推出抢票活动，上线57天，共计发放5470张免费球票，共有18.3万人次参与活动，相关专题点击超54万人次。加上后续开展的签署文明观赛电子承诺书活动，仅CBA一项重大新闻事件，就撬动“西施眼”App新增注册用户超3.16万户，成为县级融媒App借力顶级体育赛事做强做大的成功探索。

【智慧城市产业】2021年年底，经市数字化转型工作领导小组办公室预审由浣江传媒集团投资建设的新型智慧城市项目四方面子项共425个，各子项累计预算金额达152970万元。以智慧城市建设为基础，践行新时代“枫桥经验”深化应用，以物联网、5G、云计算、大数据、人工智能等现代信息技术为手段，建立健全架构体系、数据体系和标准体系，服务政府、社会、经济三大领域，进一步提升政府行政效能和社会治理能力，全力促进现代经济发展，同时助力浣江传媒集团产业发展。力争到2022年，将诸暨打造成“基础设施适度超前，数字平台全域统筹、数据体系完备开放、业务应用百花齐放、城市治理现代先进、民众感知幸福美满，产业发展提档升级”的新型智慧城市。同时，以新型智慧城市建设推动数字政府“最多跑一次”改革向纵深推进，推动全市数字经济五年倍增行动计划高质量完成，全面构建起以新型智慧城市建设为核心引擎的诸暨数字化转型整体格局。将诸暨建设成为绍兴数字化转型的引领区、湾区数字化创新的示范区、全省数字化改革的先行区、全国县域新型智慧城市建设的样板区。

（融媒体中心　周霞）

2021年融媒体中心获奖情况表

表25

获奖内容	奖项	获奖人员	评奖单位
—	“融媒中心20强”	—	浙江省新闻工作者协会县级融媒体工作委员会、浙江省报协县（市、区）传媒工作委员会
—	西施眼App获“十佳App”	—	浙江省新闻工作者协会县级融媒体工作委员会、浙江省报协县（市、区）传媒工作委员会
《3天开发出健康码！这个诸暨人太牛了！今天，省委书记为他颁奖》	2020年度浙江新闻奖二等奖	倪夏子、毕竹韵、杨永煌、倪钰、许斐、吕岚	浙江省广播电视台2021年5月颁布
《疫情下的CBA》	2020年度浙江新闻奖二等奖	费晓笑、宣浩军、袁迪凯、蔡东森、何金振、姚铭阳、吕岚、傅铁飞、吴佳媛、王冬牛、许斐、叶淑秀、陈仲明	浙江省广播电视台2021年5月颁布

续表 25

获奖内容	奖项	获奖人员	评奖单位
《红灯,向强拆亮起》	2020 年度浙江新闻奖三等奖	侯月飞、章怀峰、崇广亮、陈婕、陈仲明、赵卫明、傅铁飞	浙江省广播电视台 2021 年 5 月颁布
《突出"人设"强化"脚本"注重画面——从〈暨阳微时论〉看人物类短视频创作要点》	2020 年度浙江省广播电视学术论文奖三等奖	胡正涛、叶京取	—
《田园人家》	2021 年度浙江省广播电视对农节目奖(广播对农栏目)二等奖	侯月飞、章怀峰、俞飞烽、潘宇婷、袁迪凯、俞建永、赵卫明、钟晓红、胡文辉、曲师林	—
《电视自动全硬盘高清播出系统》	2021 年浙江省广播电视科技创新项目金潮奖一等奖	周海荣、毛红卫、章利军、王开义、齐盛、刘会、郦哲云、楼东迪	浙江省广播电视局 2021 年 11 月 12 日颁布
《"诗意中国·红色诸暨"晚会》	2021 年度浙江省广播电视节目技术质量金鼎奖(高清综艺文体类)二等奖	章利军、刘会、楼东迪、王开义、周霞、齐盛	浙江省广播电视局
《何占豪音乐会》	2021 年度浙江省广播电视节目技术质量金鼎奖(音乐类)二等奖	楼东迪、齐盛、傅怡琳	浙江省广播电视局
《"诗艺中国、红色诸暨"片头》	2021 年度浙江省广播电视节目技术质量金鼎奖(高清视频图形片头类)二等奖	毛红卫、刘会、王磊	浙江省广播电视局
《家国情》	2021 年度浙江省广播电视节目技术质量金鼎奖(广播剧类)二等奖	翁平锋、周霞、楼东迪	浙江省广播电视局
《诸暨新闻》	2021 年度浙江省广播电视节目技术质量金鼎奖(高清新闻类)三等奖	王开义、刘会、章利军、马国军	浙江省广播电视局
《建党百年先烈宣传短片》	2021 年度浙江省广播电视节目技术质量金鼎奖(高清视频图形—短片类)二等奖	王开义、刘会、王潇	浙江省广播电视局
《诸暨数字电视高清扩容》	2021 年浙江省广播电视科技创新项目金潮奖二等奖	周海荣、寿哲男、施苗红、周忠瑞、牛静、陆挺、周霞、马国军	浙江省广播电视局 2021 年 11 月 12 日颁布
《足球加油!》	杭州亚运会短视频大赛三等奖	周芝兰等	2022 年第 19 届亚运会组委会 2021 年 8 月颁布
《你爱人民人民爱你》	全国双拥主题文艺作品二等奖	蔡东森、姚铭阳、周芝兰、吴佳媛	全国双拥工作领导小组 2021 年 10 月 21 日颁布
《"杜鹃村"还能走多远》	2020 年度浙江省广播电视对农节目奖电视对农节目三等奖	王冬牛、胡正涛、叶京取、傅铁飞、陈言、孙蒙、陈仲明、朱坚定、陈焕尧	浙江省广播电视局

续表 25

获奖内容	奖项	获奖人员	评奖单位
《荷花朵朵》	2020 年度浙江省广播电视对农节目奖电视少儿栏目三等奖	胡正涛、金若冰、陈景鸿、周志润、张金泽、叶京取、陈仲明、宣浩军	浙江省广播电视局
《壶源江岸抱团记》	2021 年度浙江省广播电视对农节目奖广播对农节目二等奖	傅澄衷、胡正涛、叶京取、蔡美兰、芮文秀、袁迪凯、陈仲明、傅伟江、吴鹏程	浙江省广播电视局
《"蒲公英"在诸暨扎下了根 16 名流浪乞讨人员拿到身份证》	2020 年度浙江省县市新闻奖一等奖	吴帆、宣浩军、黄柳芭	浙江省新闻工作者协会县级融媒体工作委员会 2021 年 5 月 10 日颁发
《婆婆 68 岁，是儿媳妇的"康复师"》	2020 年度浙江省县市新闻奖一等奖	郭斌、陈柏渠、宣浩军、沈素娟	浙江省新闻工作者协会县级融媒体工作委员会 2021 年 5 月 10 日颁发
《疫情下的 CBA》	2020 年度浙江省县市新闻奖一等奖	费晓笑、宣浩军、袁迪凯、蔡东森、何金振、姚铭阳、吕岚、傅铁飞、吴佳媛、王冬牛	浙江省新闻工作者协会县级融媒体工作委员会 2021 年 5 月 10 日颁发
《3 天开发出健康码！这个诸暨人太牛了！今天，省委书记为他颁奖！》	2020 年度浙江省县市新闻奖一等奖	倪夏子、毕竹韵、杨永煌、倪钰、许斐、吕岚	浙江省新闻工作者协会县级融媒体工作委员会 2021 年 5 月 10 日颁发
《善用群众力量　照亮群众向往》	2020 年度浙江省县市新闻奖二等奖	宣浩军、倪钰、陈伯渠、刁卓璐、叶淑秀、马青华	浙江省新闻工作者协会县级融媒体工作委员会 2021 年 5 月 10 日颁发
《湖北老板人在鄂店口工厂机声响》	2020 年度浙江省县市新闻奖二等奖	周雨文、杨勤业、马青华	浙江省新闻工作者协会县级融媒体工作委员会 2021 年 5 月 10 日颁发
《暨阳微时论田埂上的梦》	2020 年度浙江省县市新闻奖二等奖	周芝兰、胡正涛、叶京取、郭亮辰、姚铭阳、边鲁平、吴佳媛、叶淑秀、康伟、蔡东森	浙江省新闻工作者协会县级融媒体工作委员会 2021 年 5 月 10 日颁发
《一起援川去》系列 VLOG	2020 年度浙江省县市新闻奖二等奖	吕岚、郦海洋、王海杰、田胡杰、俞咪娜、陈璐、叶淑秀、宣浩军、许斐	浙江省新闻工作者协会县级融媒体工作委员会 2021 年 5 月 10 日颁发
《诸暨人转起～撤卡不是撤防线！请不要辜负他们 28 天日夜坚守！》	2020 年度浙江省县市新闻奖二等奖	郭斌、郦海洋、陈伯渠、集体（杨勤业、毕竹韵、许斐、黄柳芭）	浙江省新闻工作者协会县级融媒体工作委员会 2021 年 5 月 10 日颁发
《不负所爱·云看 CBA》	2020 年度浙江省县市新闻奖二等奖	集体	浙江省新闻工作者协会县级融媒体工作委员会 2021 年 5 月 10 日颁发
《今天，诸暨人社局长拎着喇叭在火车站喊话！》	2020 年度浙江省县市新闻奖二等奖	毕竹韵、蒋力奔、郦海洋、倪钰	浙江省新闻工作者协会县级融媒体工作委员会 2021 年 5 月 10 日颁发

续表 25

获奖内容	奖项	获奖人员	评奖单位
10 月 13 日一版	2020 年度浙江省县市新闻奖三等奖	宣浩军、陈柏渠、马青华	浙江省新闻工作者协会县级融媒体工作委员会 2021 年 5 月 10 日颁发
《一起学习 · 金句接力》	2020 年度浙江省县市新闻奖三等奖	陈仲明、宣浩军、许斐、陈伯渠、钱旭锋、傅铁飞、蔡东森、陈金伟、集体	浙江省新闻工作者协会县级融媒体工作委员会 2021 年 5 月 10 日颁发
《土地农房存“银行”岭北农民收“利息”》	2020 年度中国县市报新闻奖一等奖	吴帆、陈仲明、宣浩军、马青华	中国县市报研究会 2021 年 7 月 14 日颁发
《西方不亮东方亮》	2020 年度中国县市报新闻奖一等奖	翁均飞、叶淑秀、宣浩军、马青华	中国县市报研究会 2021 年 7 月 14 日颁发
《一座“空城”一个“满分”》	2020 年度中国县市报新闻奖一等奖	集体	中国县市报研究会 2021 年 7 月 14 日颁发
《毅行》	2020 年度中国县市报新闻奖一等奖	宣浩军、陈仲明、叶淑秀、陈柏炬	中国县市报研究会 2021 年 7 月 14 日颁发
《3 天开发出健康码！这个诸暨人太牛了！今天，省委书记为他颁奖！》	2020 年度中国县市报新闻奖一等奖	倪夏子、毕竹韵、杨永煌、倪钰、许斐、吕岚	中国县市报研究会 2021 年 7 月 14 日颁发
《一起学习 · 金句接力》	2020 年度中国县市报新闻奖一等奖	集体	中国县市报研究会 2021 年 7 月 14 日颁发
《“蒲公英”在诸暨扎下了根 16 名流浪乞讨人员拿到身份证》	2020 年度中国县市报新闻奖二等奖	吴帆、叶淑秀、宣浩军、黄柳苞	中国县市报研究会 2021 年 7 月 14 日颁发
《湖北老板人在鄂店口工厂机声响》	2020 年度中国县市报新闻奖二等奖	周雨文、杨勤业、倪钰、马青华	中国县市报研究会 2021 年 7 月 14 日颁发
《百户挑卖不如一家跑腿》	2020 年度中国县市报新闻奖二等奖	楼婷、叶淑秀、宣浩军、马青华	中国县市报研究会 2021 年 7 月 14 日颁发
2020 年 10 月 13 日诸暨日报 1 版	2020 年度中国县市报新闻奖二等奖	宣浩军、陈伯渠、马青华	中国县市报研究会 2021 年 7 月 14 日颁发
《高考式餐位》	2020 年度中国县市报新闻奖二等奖	郭斌	中国县市报研究会 2021 年 7 月 14 日颁发
《城市之夜，美好生活“不打烊”》	2020 年度中国县市报新闻奖二等奖	周升蓉	中国县市报研究会 2021 年 7 月 14 日颁发
《医共体，让群众有“医”靠》	2020 年度中国县市报新闻奖二等奖	蒋力奔、倪钰	中国县市报研究会 2021 年 7 月 14 日颁发
《疫情下的 CBA》	2020 年度中国县市报新闻奖二等奖	郭斌、周升蓉、宣浩军、沈素娟	中国县市报研究会 2021 年 7 月 14 日颁发

续表 25

获奖内容	奖项	获奖人员	评奖单位
《10300 余台电梯的管家》	2020 年度中国县市报新闻奖二等奖	蒋力奔、倪钰	中国县市报研究会 2021 年 7 月 14 日颁发
《婆婆 68 岁，是儿媳妇的“康复师”》	2020 年度中国县市报新闻奖二等奖	郭斌、陈伯渠、沈素娟、宣浩军	中国县市报研究会 2021 年 7 月 14 日颁发
《我市探索不动产司法拍卖“一件事”改革》	2020 年度中国县市报新闻奖三等奖	刁卓璐、陈仲明、宣浩军、马青华	中国县市报研究会 2021 年 7 月 14 日颁发
《15 年如一日关心山区学生的成长他是 238 个孩子的“爸爸”》	2020 年度中国县市报新闻奖三等奖	蔡燕鸣、叶淑秀、宣浩军、楼婷	中国县市报研究会 2021 年 7 月 14 日颁发
《4 个月 35 亿！珍珠线上销售逆势增长 25.86%》	2020 年度中国县市报新闻奖三等奖	黄柳苞、刁卓璐、陈仲明、倪钰、马青华	中国县市报研究会 2021 年 7 月 14 日颁发
《村书记带货直播》	2020 年度中国县市报新闻奖三等奖	王晓中、马健虎、郭斌、宣浩军	中国县市报研究会 2021 年 7 月 14 日颁发
《赢两战，则赢天下》《无篮球，不诸暨》《虽有颜值，仍凭实力》	2020 年度中国县市报新闻奖三等奖	胡子昂、杨凌燕、刁卓璐	中国县市报研究会 2021 年 7 月 14 日颁发
《今天，诸暨人社局长拎着喇叭在火车站喊话！》	2020 年度中国县市报新闻奖三等奖	—	中国县市报研究会 2021 年 7 月 14 日颁发
《一起援川去》系列 VLOG	2020 年度中国县市报新闻奖三等奖	集体	中国县市报研究会 2021 年 7 月 14 日颁发

著作书目提要

【《暨阳名胜印集》】印集。钦桂林著。共收诸暨境内近 50 处名胜名称，以一种印章艺术形式公示，并简介名胜地之出处方位。全书页码 94 页，开本 787 毫米 ×1092 毫米，西泠印社出版社 2021 年 4 月第一版，定价 58 元。（以上由文联提供）

【《西施故事》】诸暨市文化系列丛书，民间故事，诸暨市文化广电旅游局编。全书以经纬编织，围绕西施传说主题，多角度、多层面开掘，由相对独立的“奇光异彩”“奇山异水”和“奇风异物”三部分近百篇故事构成，详细讲述有关西施的传说，并把西施相关的人物、地方、古迹、风物融入其中。每篇最后附有“延伸阅读”，以简洁的文字介绍与西施故事相关的典籍、史志、诗文作品、历史典故等。全书 352 千字，开本 889 毫米 ×1194 毫米，1/16 精装本，2021 年 1 月第一版，浙江人民美术出版社出版，定价 160 元。

【《西施艺文作品录》】文艺作品综合集，郦圆编著。全书收录关于西施的艺文作品，包括文学作品、绘画、摄影、戏曲和影视作品、资料性汇编等，按照面世时间及作品名相同或相近程度依次编排，旨在让西施文化爱好者对有关西式的艺文作品种类、数量等有一个概略的了解。全书 76 千字，开本 787 毫米 ×1092 毫米，1/16 平装本，2021 年 3 月第一版，吉林文史出版社出版，定价 30 元。

【《大樟树下烹鲤鱼》】中篇小说集，雷默著。本书收录雷默近 4 年的 9 篇中短篇小说。这些小说视野宽广，主题多变，涉及生死、童年、饥饿、甚至科幻。小说在一个切面上展开，进入人物隐秘复杂的内心世界，如《祖先与小丑》《飘雪的冬天》等小说对生命的流转，在生生不息的繁衍过程中体会得到与失去，以探求普通人的人生过程中具有普遍意义；《苍蝇馆子》《著名病人》《大樟树下烹鲤鱼》等小说把视角对准美食，对食物的迷恋和审美上，体会到世事的苍茫，而寻找的过程又回归生命的本源。这是一部劝人向善的小说，也是一部敬畏生命的小说，甚至可以说是一部悟道的小说，写烹鱼的人，也写吃鱼的人。当烹鱼人做出真鱼时，人心是假的，当烹鱼人做出假鱼时，人心却是真的。全书170千字，开本880毫米×1230毫米，1/32平装本，2021年1月第一版，宁波出版社出版，定价56元（全九册）。

【《金萧烽火》】纪实文学，诸暨市新四军历史研究会编。本书集中记述抗日战争时期中共组织在金萧地区的恢复、发展和新四军浙东游击纵队金萧支队以及金萧地方人民武装的战斗历程，展示金萧战士“一不怕苦、二不怕死”的英雄气概和顽强拼搏的革命大无畏精神，再现金萧抗日军民在党的领导之下团结战斗、克敌制胜的历史事实。全书554千字，开本889毫米×1194毫米，1/16平装本，2021年5月第一版，北京人民日报出版社出版，定价128元。

【《徐淡仙文存》】古籍汇编，郦勇、罗贤灿主编。全书辑入清代诸暨籍画家徐淡仙所编著的《富阳县舆地小志》《双鱼稿》等作品以及他与诸暨紫阆相关的墨迹遗珍，旨在宣扬乡贤文化。全书240千字，1/16平装本，2021年4月第一版，中国华侨出版社出版，定价78元。

【《诗词百首》】诗词集，杨仲坚著。本书作者挑选近200首自己的诗词作品，以记录自己的心路历程，同时编辑熟悉的书法行家所书写作品中的部分篇目。全书100千字，1/32平装本，2021年6月第一版，中国文艺出版社出版，定价38元。

【《海上观云集初编》（点校本）】汇编，清代蒋智由著，诸暨市店口镇乡贤文化研究会主编。本书是蒋智由因介绍西方文化的进化论思想而撰写的人类学、社会学和民俗学的文章集成，旨在传播和宣扬新文化，开启民智，爱国救国。全书78千字，开本650毫米×900毫米，1/16平装本，2021年4月第一版，中国文化出版社出版，定价29元。

【《红色陶朱》】中国共产党史料，《红色陶朱》编委会编。全书分为上、下两篇，上篇主要记述新民主主义革命时期的中共陶朱党史，下篇分四个章节，主要介绍陶朱革命英烈、党史人物的生平事迹，同时收录一批珍贵的革命文献资料，编录陶朱革命的历史大事记和金城、郦咸明生平大事年表等。全书360千字，开本787毫米×1092毫米，1/16平装本，2021年6月第一版，中国文史出版社出版，定价80元。

【《陶朱街道志》】地方志，《陶朱街道志》编委会编。本书全面系统地记述陶朱街道行政区域自然、社会、政治、经济、军事、文化、风土人情等方面的历史与现状，详细记载改革开放以来特别是街道设置后的沧桑巨变、诸暨经济开发区的横空出世与辉煌成就，实事求是展现陶朱由农业大镇向工业新城、由温饱不足向富裕和美、由传统乡村治理向现代城市智力跨越转型的历史轨迹。本书既是一部存史、资政、教化的百科全书，也是一方之乡情信史。全书1618千字，开本889毫米×1194毫米，1/16精装本，2021年5月第一版，由中国文史出版社出版，定价158元。

【《杨维桢传稿》】人物传记，徐晓刚著。本书完整地叙说杨维帧一生的行迹，通过叙说他广泛的社会交往，宦海浮沉中具有关键性的经历，较充分地展现杨维帧一个封建士大夫知识分子在改朝换代的历史大转折时期复杂的心境，以此辨析了铁崖诗派形成的背景，突出铁崖身上所放射出来的异彩。全书44.5千字，开本710毫米×1000毫米，1/16精装本，2021年7月第一版，浙江教育出版社出版，定价168元。

【《新时代“枫桥经验”在诸暨的实践》】社会管理研究，陈婵、万泽民著。本书打破“枫桥经验”社会治理方面的局限，全方位展现新时代“枫桥经验”在诸暨市委、市政府的正确领导下，诸暨人民始终坚持党建统领、人民主体、三治融合、四防并举、共建共享的基本内容，传承和创新“枫桥经验”，把实践中提升的新理念、总结的新经验、创造的新方法融入经济发展、民主政治、文化建设、社会治理、生态文明建设，促进诸暨经济社会高水平发展。全书240千字，开本700毫米×1000毫米，1/16平装本，2021年9月第一版，江西高校出版社出版，定价58元。

【《诸暨市新四军历史研究会志》】文史，诸暨市新四军历史研究会编著。本书记载和总结诸暨市新四军历史研究会自1991年成立以来三十年来的工作，既是对研究会历史资料的保存，也有利于为今后的工作提供指导。全书230千字，开本787毫米×1092毫米，1/16精装本，2021年10月第一版，华夏文史出版社出版，定价45元。

【《法定药用植物志·华东篇·第六册》】药用植物志，赵维良主编。本书收录华东地区有分布的法定药用植物有关植物分类学、中药学、化学、药理学、中医临床学等内容，每种均有收载标准和原植物彩照，整体按植物分类系统排列，是一部把中药标准、中药和药用植物三者融为一体的综合性著作。全书1508千字，开本889毫米×1194毫米，1/16精装本，2021年5月第一版，科学出版社出版，定价528元。

【《女真文词汇》】古籍影印，黄震主编。本书以浙江省诸暨市黄氏望烟堂收藏的《女真词典》为底本影印出版，收录女真文常用词汇数千个。全书女真文与汉文对照，释义简明，体例统一。女真文是中国古代少数民族女真族参照契丹文创制的文字，创制于12世纪金国建立后不久，金亡后仍在女真诸部中使用，至明朝后期逐渐消亡。目前中国流传下来的女真文资料较少，本书的影印出版，其意义在于保存史料，并为女真民族史、民族文字学等方面的研究提供资料。全书400千字，开本889毫米×1194毫米，1/16精装本，2021年2月第一版，杭州出版社出版，定价580元。

【《史记：契丹、汉》】古籍影印，黄震主编。本书收录契丹、汉文字105万余字，采用契丹文字、汉字一一对照的形式排版，用原版影印的方法出版，未加任何修改，其中展现辽汉文字互译资料，以及契丹文字的信息量之大，前所未有。通过对本书及其他资料的研究发现，契丹大字共有4000余字，其中借用汉字形意相同的字有25个；借用汉字形，但表意不同的字有500余个；其余3000余个，选用当时不常用的且相对笔画较少的汉字为原形，经过增减笔画及重组方法创制了契丹大字。全书3450千字，开本889毫米×1194毫米，1/16精装本，2021年6月第一版，杭州出版社出版，定价2880元。

【《我心中的名师》】纪实散文，杨仲坚主编。本书分为三辑，分别为追思已故的名师、感怀已退休的名师和记写在职的名师，记录近70名教师的生平事迹，展现教师这一特殊而平凡的职业所体现出的爱教育、爱学生、爱岗位的精神内涵。全书139千字，开本889毫米×1194毫米，1/32平装本，2021年10月第一版，中国文艺出版社出版，定价30元。

【《诸暨市政区手册》】纪实手册，《诸暨市政区手册》编委会编。本书全面系统地展示全市和各镇乡街道政区综合情况，主要包括市情介绍、乡镇街道介绍、政区简图和村（社、居）地基本情况，反映诸暨市政区概况、自然条件、经济概况、社会发展、名胜旅游、重大事件、著名人物等。全书85千字，开本850毫米×1168毫米，1/32平装本，2021年8月第一版，中国文艺出版社出版，定价30元。

【《唐诗之路话诸暨：诸暨唐诗三百首》】古典诗歌集，陈侃章、余文军编著。本书分为上、中、下三编，纂辑述及诸暨山水家园、人文历史的311首唐代诗词。上编以著述为主，撰有14篇关于诸暨唐诗的文章，以及14篇唐朝诗话史迹；中编以编注为主，辑录选注与诸暨密切相关，且有诸暨重要元素的323首诗；下编以唐朝为基点，探究唐诗产生前后的源头和余韵，上溯下延，精选除上编、中编以外关于诸暨的60多首（篇）诗文。全书280千字，开本710毫米×1000毫米，1/16精装本，2021年8月第一版，浙江大学出版社出版，定价128元。

【《好课多磨：斯苗儿“现场改课”理念与实践》】教学研究，斯苗儿编著。本书集结浙江省小学数学教研员所带领的浙江小数团队的磨课精粹，介绍什么是“改课”，为什么要“改课”，怎么样进行“改课”，并且提供非常丰富的区域教研活动案例、学校教研活动案例以及课堂教学的经典案例，展现“磨好课”的精神和勇气。全书462千字，开本787毫米×1092毫米，1/16平装本，2021年10月第一版，人民教育出版社出版，定价68元。

【《好课燎原：斯苗儿和她的教研故事》】教学研究，郭华等编著。本书是由北京师范大学郭华教授带领两位博士生对斯苗儿老师进行历时2年的访谈和现场观察而成，从一个全新的维度，全面客观、系统深刻地记录斯苗儿老师带领的浙江小学数学教研。透过一段段小历史，一个个小故事，我们可以发现“好课燎原”离不开“浙”里的教育根脉、人文底蕴和江南特有的气质和风格，更离不开斯苗儿和其他老师的辛勤付出。全书270千字，开本787毫米×1092毫米，1/16平装本，2021年10月第一版，人民教育出版社出版，定价58元。

【《王厚之集》】文集，（南宋）王厚之著，《诸暨文丛》编辑委员会编。本书是关于南宋诸暨籍著名金石学家、理学家和藏书家王厚之的文集，包括由古籍影印入集的《钟鼎款识》和《汉晋印章图谱》两书，并籍得诗一首、奏一篇、跋七篇。全书150千字，开本787毫米×1092毫米，1/16精装本，2021年5月第一版，浙江古籍出版社出版，定价88元。

【《诸暨市志(1979—2012)》】地方志，诸暨市地方志编纂委员会办公室编。本书是诸暨撤县设市后的首部志书，共设46编224章828节，志首设图照、总述、大事记，志末设附录、索引。本书系统客观地记述改革开放以来诸暨34年间的历史巨变，全面展示诸暨撤县设市后取得的辉煌成就，以大量史实反映诸暨人民奋发奋进、善作善成，敢闯敢冒、创业创新的时代担当。全书4404千字，开本889毫米×1194毫米，1/16精装本，2021年12月第一版，浙江古籍出版社出版，定价960元。

【《化成天下》】中华文化通俗读物，许伟君著。本书沿着中华历史轨迹，撷取一些在五千年文明缔造中发挥过独特作用的人物及其事迹，展示其演进脉络。这些林林总总的历史人物，无论是部族首领发迹肇基、圣贤周孔制定法则、嬴政杨广厉行法度，还是文豪李杜拓展空间、落魄关蒲为苍生言、海归胡适求启民智，最后都“化成”到社会的基层，体现在普罗大众的生命力与创造力上。全书310千字，开本710毫米×1000毫米，1/16精装本，2021年12月第一版，浙江教育出版社出版，定价128元。

【《草塔镇志》】地方志，《草塔镇志》编纂委员会编。本书坚持“明古详今，述而不作”的原则，由开卷继以凡例、目录，以“概述”“大事记”引领全志20编76章274节，跋以“后记”，全面反映全镇的自然地理、乡土人情、社会沿革、人事变迁、时代风云和地域特征，全方位描述草塔镇的历史和现状，着重记述改革开放四十年以来的沧桑巨变。全书980千字，开本889毫米×1194毫米，1/16精装本，2021年10月第一版，吉林文史出版社出版，定价218元。

（以上由文广旅游局提供）

档案

【概况】2021年，诸暨市档案工作以“三个走向”（习近平2003年5月提出档案工作要走向依法管理、走向开放、走向现代化）为根本遵循，贯彻落实习近平关于档案工作重要批示精神和省委书记袁家军考察省档案馆时提出的档案工作“六个好”（收集好、管理好、保护好、开放好、利用好、宣传好）要求，不断推进“五档共建”（法治档案、智慧档案、民生档案、平安档案、活力档案）。市档案馆落实长三角区域一体化民生档案异地查询、浙江省“一网查档、百馆联动”和绍兴市档案远程利用协同事项，通过“线上＋线下”平台，提升档案公共服务便利化水平。全年累计提供查阅利用11625人次，接待远程查阅服务1083人次，利用档案7758卷，5002件，群众满意度达99%。

【档案数字化改革】2021年，诸暨市加快推进档案数字化、一体化、智能化建设，完成23个镇乡街道、61个机关单位当年度档案整理和数字化加工，馆藏档案数字化扫描673.33万页，目录著录93.81万条；开展陶朱街道和店口镇村级存量档案数字化试点工作；投资600余万元，完成智慧档案库房建设；全市100%开通“机关查档直通车”，实现查档零次跑；推动数字资源向部门共享，推进5家试点单位的电子公文单套制归档工作，确保政务服务事项电子归档率90%以上。

【诸暨党史百年百事图片展览】2021年，在中国共产党成立100周年之际，诸暨市举办“学党史、悟思想、汲力量——庆祝中国共产党成立100周年”诸暨党史百年百事大型图片展，展览共分“革命——敢教日月换新天”“建设——地动三

2021 年 6 月 7 日,"学党史、悟思想、汲力量——庆祝中国共产党成立 100 周年"诸暨党史百年百事大型图片展现场一角(档案馆提供)

河铁臂摇""改革——东方风来满眼春""筑梦——弄潮儿向涛头立"四大版块,选取 250 多张图片,全面展示 1921—2021 年中国共产党在诸暨领导人民革命建设的历史。6 月 8 日,沈志江、胡华良、姚汉松、郭浩良、潘超英等市四套班子成员及人武部政委、法检两长集体观展,展厅被市委组织部评为全市党史学习教育基地。全年累计接待参观团队 120 多批次,参展人数近万人。

【档案法宣传】2021 年,诸暨市以新《中华人民共和国档案法》颁布实施为契机,推进宣传工作。6 月 21 日,市政府常务会议专题学习《中华人民共和国档案法》;7 月 13 日,邀请省档案馆副馆长胡元潮作新《档案法》法制讲座。"6·9"国际档案日,组织开展档案普法进机关、进基层、进企业、进学校活动。10 月,统筹档案局馆力量,协同联动,对全市各部门和镇乡街道 89 家单位的档案工作开展行政执法检查。

【档案接收征集】2021 年,市档案馆全年共接收 9 个全宗 1088 卷、14133 件档案,征集到特色姓氏宗谱、大事专题报刊、粮食志等各种品类档案 2 万余件。同时,开展脱贫攻坚档案和疫情防控档案收集与归档工作,共收集脱贫攻坚档案 84 件、疫情防控档案 5558 件,并建设专题档案数据库。

【档案编研】2021 年,市档案馆编印诸暨第一本名人年谱——《钱希均年谱类编》,记录中国 30 位走完长征路的女红军之一钱希均的生平事迹,并征集钱希均、钱之光等 14 位革命先辈重要红色档案 4000 余件,丰富馆藏。

【档案抢救保护】2021 年 10 月,完成《暨阳宣氏宗谱》抢救、保护和挖掘工作。《暨阳宣氏宗谱》共 16 卷,从康熙九年(1670)到民国 7 年(1918),跨度长达 248 年,是诸暨境内发现最早的一套家谱,将诸暨市档案馆最早馆藏品年代前推 130 年。全年对 133 个全宗 43889 卷馆藏档案开展质量检查与整改。

【档案划控开放】2021 年,市档案馆开展 1988 年至 2016 年 149 个全宗划控鉴定的初审和复审工作,全年共开放档案条目 281781 条,控制 453826 条,开放率达到 38.3%。

(档案馆　祝媛媛)

医疗卫生

2021 年，诸暨市有市级医院 8 家，其中三级甲等综合医院 1 家、三级甲等中医医院 1 家、二级甲等综合医院 2 家、二级甲等妇保院 1 家、二级乙等综合医院 3 家；有乡镇卫生院（社区卫生服务中心）17 家；社区卫生服务站（村卫生室）497 家。全市医疗机构实际开放床位 7575 张，平均每千人口 6.22 张；执业医师和执业助理医师 4615 人，平均每千人口 3.78 人；注册护士 4653 人，平均每千人口 3.82 人。全年门急诊 11979535 人次，出院 163127 人次；医疗业务总收入 36.59 亿元，县城内就诊率 90.41%，基层就诊率 67.51%。新增国家基层名老中医药专家传承工作室、浙江省名老中医专家传承工作室各 1 个，培养全国中医临床优秀人才、浙江中青年临床名中医各 1 人。市中医医院通过省第四周期三级甲等中医医院评审。

2021 年，全市卫生健康系统在职人员 7936 人，其中在编 5076 人。卫技人员 9268 人，其中在编 4678 人。中高级职称 3868 人，其中卫技高级职称 1349 人，中级职称 2355 人。全年招聘医学类硕士研究生 25 人、应届本科生 131 人，面向社会公开招聘医务人员 75 人，其他人员 24 人。“新村医”定向委托培养 93 人，其中本科 38 人、大专 55 人。

诸暨市卫生健康局下辖卫生健康行政执法队、疾病预防控制中心、卫生健康宣传教育中心、计划生育协会秘书处、预算会计核算中心卫生健康分中心、中心血库、急救中心和绍兴护士学校各 1 家。

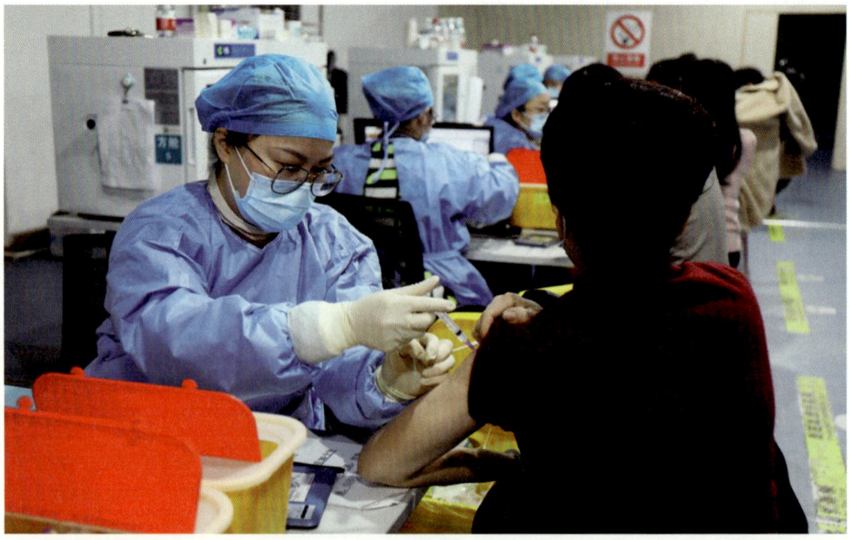

2021 年 11 月 16 日，诸暨市体育馆方舱接种点全民疫苗接种（卫健局提供）

全部政务服务事项 100% 实现“网上办”“浙里办”“跑零次”,清单认领率、检查覆盖率均为 100%。“公共场所卫生行政许可(新发证)”等 73 个事项被纳入政务服务 2.0 平台办理。“医疗机构执业许可”等 10 个事项被列入“证照分离”改革清单。全年共办理卫生审批事项 4782 件次。清退社会抚养费案件 1272 例;审核重大行政执法决定 59 件、移送 2 件;行政处罚案件 881 件,罚没款 413.49 万元;上报失信“黑名单”信息 3 例。

全市新冠肺炎疫情防控。全年无本地新增确诊病例及无症状感染者。共组建三公流调队伍 20 支,完成密接和次密接者 435 人追踪管控。监测采集进口冷链样本 7862 份,重点场所环境样本 54657 份。中医院暨阳院区建设大规模核酸检测后备基地,全市日最大核酸检测能力达到 6.3 万管。新增乡镇“愿检尽检”核酸检测点 23 个。全员大规模核酸检测,设置 1768 个采样通道,采样 124.86 万人次,检测结果均为阴性。累计隔离上虞重点人群 1602 人,援助上虞抗疫 658 人。新冠疫苗接种,设置 14 个临时方舱接种点,累计接种 2546510 剂次。

民生实事项目。全年免费流感疫苗和肺炎疫苗接种 33348 人。重点人群结直肠癌筛查 40450 名,筛查任务完成率 106.43%。结肠镜检 3225 人,镜检任务完成率 107.5%,病理检查 1647 人,发现结直肠癌 40 例。 (卫健局　蒋辰佶)

疾病预防控制

【概况】2021 年,全市报告发病乙、丙类传染病 16 种 12287 例,死亡 3 例,其中乙类 10 种 1237 例,报告发病率 104.14/10 万。无甲类传染病报告,无乙、丙类传染病疫情。

【免疫规划疫苗接种】2021 年,儿童免疫规划疫苗累计实种 204000 剂次,接种率为 99.45%。非免疫规划疫苗共接种 164628 剂次。疑似预防接种异常反应监测全年报告共报告 376 例,无严重疫苗接种不良反应报告。其中新冠疫苗 AEFI 报告 223 例,报告率 0.87/ 万。

【高血压糖尿病综合防治】2021 年,全市登记建档高血压高危患者 40509 人,管理 32854 人,管理率 3.37%,重点人群规范管理率 66.34%;登记建档糖尿病高危患者 40160 人,管理 32461 人,管理率 3.95%,重点人群规范管理率 75.84%。2021 年年底,通过第三批国家慢性病综合防控示范区复审工作。

【窝沟封闭】2021 年,窝沟封闭复查工作,学生口腔检查覆盖率 99.71%,窝沟封闭覆盖率 99.85%,封闭率 99.80%。

【死因及慢性病监测】全年共报告四类慢性病 30189 张,糖尿病户籍发病数 5914 例,恶性肿瘤户籍发病数 4499 例,脑卒中户籍发病数 4937 张,冠心病急性事件户籍发病数 897 例。共报告死亡人数 8066 例,户籍死亡人数 7773 例,网络报告率 100%,审核率 100%,未发现死亡漏报。

【严重精神障碍患者管理】全市发现登记重性精神障碍患者 6231 人,检出率为 5.10‰,规范管理率 100%,规律服药率 97.09%。落实患者救治救助政策,在管患者的免费药品发放和严重精神障碍患者的门诊、住院治疗报销共补助 366.53 万元。

【卫生监测调查】2021 年,采集食品安全风险监测样品 1227 份,完成年度采样计划的 100.7%(1227/1219)。主动监测食源性疾病病例样本采

2021 年 12 月 31 日,援虞医疗队返回诸暨(卫健局提供)

集 297 份，阳性病原体检出 98 例，检出率33%。全市饮用水采样监测，采集水样 326 份，其中城市公共供水合格率为 100%，农村集中式供水工程水质监测合格率为 97.17%。中小学生视力普查，共普查 633 所学校 314064 名学生，近视 199098 人，近视率 63.39%。职业尘肺病患者随访调查 67 例，随访到 62 例病人，随访率 92.5%。（卫健局　陈华）

妇幼保健

【孕产妇系统管理】全市接产机构共 8 家。接产活产数为 7007 人，户籍活产 5246 人，孕产妇系统管理率为 97.05%。高危孕产妇筛查管理 4483 人，占产妇总数的 86.94%，高危孕妇管理率和住院分娩率均为 100%。产前筛查率 95.04%，产前诊断 196 人。继续开展孕产妇免费建册，免费艾滋病、梅毒、乙肝筛查检测率为 100%。

【出生一件事"掌上办"】2021 年，继续开展优生促进和母婴健康促进工程工作，免费经费补助 798 万元。推广出生一件事"掌上办"，掌上办理率 91.12%。0 ～ 3 岁婴幼儿照护服务工作，31 家幼儿园增设托班，1 家民营托育机构备案，全市共有托位 3050 个，每千人托位数 2.5 个。（卫健局　金挺美）

优生优育

【概况】2021 年，全市共出生 5927 人，出生率和自然增长率分别为 5.48‰和 −1.76‰，计划生育率 97.37%，出生人口性别比 106.79。女性初婚人数 3189 人，已婚育龄妇女人数 163868 人，一孩妇女数 86127 人。

【惠民服务】2021 年，办理生育登记服务 5472 例，再生育审批 119 例；完成 35 个公共场所母婴设施建设；落实奖励扶助对象 34276 人（新增 3495 人），发放扶助金 3264.96 万元；特别扶助对象 1948 人（新增 166 人），扶助金 1695.96 万元；独生子女特殊家庭关爱对象 1999 人，发放关爱金 1331.54 万元；3439 人享受城镇职工养老保险补助 173.95 万元；独生子女父母城乡养老保险补贴 3.65 万余人，补助 220 万余元。

（卫健局　徐幼萍）

【计生协会活动】2021 年，诸暨市承接省流动人口服务示范项目，创建 2 个企业示范协会、1 个四星级母婴室。国家暖心家园项目，开展生育关怀慰问和失独家庭心理疏导。家庭安康和失独家庭疾病保险，全年家庭安康保险有 140 人次获得 292.48 万元理赔，有 206 人次获得 37.37 万元疾病护理补贴。

（卫健局　黄婉红）

医政管理

【概况】2021 年，全市公立医院门急诊人次增长 7.2%，出院人次增长 8.1%；总医疗收入增长 6.8%；门诊均次费用 232.0 元，增长 0.1%；出院均次费用 8306.1 元，下降 2.6%；西成药占比 27.7%，下降 2.3 个百分点；医疗服务收入占比 32.0%，上升 1.4 个百分点。

【区域信息化建设】2021 年，继续完善医学影像、心电、超声、病理、远程会诊等五大共享中心，服务 108796 人次。实现市级医院入驻省互联网医院平台全覆盖，1256 名医师、348 名护士、356 名药剂师入驻，开展"互联网 + 医疗""互联网 + 药事""互联网 + 护理"等服务 56271 人次。

【社会资本办医】2021 年，诸暨暨阳护理院、诸暨文华医院通过执业验收，新核发个体诊所 45 家。

【惠民医院惠民医疗】2021 年，有 15667 人持惠民医疗优惠证。惠民医院共收治门诊病人 249560 人次，住院病人 7373 人次，减免总医疗费用 23215791.04 元。

（卫健局　寿军威）

卫生监督

【概况】全年承办卫生行政处罚案件 881 起，其中一般程序 637 起、简易程序 244 起，移送 2 起，大要案 59 起，累计罚没款共 413.49 万元。

【卫生监督双随机抽查】2021 年，诸暨市开展国家级双随机抽取任务 461 项，其中完成 439 项，完结 22 项，完成率 95.2%，作出行政处罚 163 起；省级双随机任务 373 项，其中完成 359 项，完结 14 项，完成率 96.2%，作出行政处罚 103 起。

【公共场所卫生监管】2021 年，检查公共场所 3622 家，督促办理及换发许可证 808 家，注销停业单位 285 家。量化住宿场所 464 家，游泳场所 21 家，沐浴场所 378 家，美容美发场所 1827 家，其他公共场所经营单位 201 家，量化分级管理实施率均为 100%。

【学校卫生监管】2021 年，“护苗”专项行动，共检查托幼机构 20 所，对 6 所经责令改正后依然超标的托幼机构依法作出行政处罚。

【职业卫生监管】2021 年，完成职业卫生分类分级监督执法试点工作，开展职业健康保护行动试点工作，完成 10 家健康企业、5 家职业健康工会、16 个职业健康达人建设活动。监督检查企业 326 家次，出具卫生监督意见书 191 份，作出行政处罚 57 起，累计罚款 150 万元。

（卫健局　陈华）

医教科研

【科技成果和论文】2021 年，诸暨市获批厅局级科研计划 12 项、市级科研计划 52 项、省药学会临床科研及高校教学研究项目共 10 项，浙江省医学会临床科研基金项目 3 项，浙江省医学会临床科研基金 2 项，参与合作省重点研发计划项目 1 项，参与合作国家军委后勤保障部应用基础研究重点项目 1 项，全年共发表论文 280 篇，其中 SCI 收录论文 110 篇。

【继续医学教育】2021 年，举办中医知识培训班和适宜技术推广培训班各 1 期。完成各级继续教育班 102 期（其中国家级 2 项、省级 18 项）。举办中医知识培训班和适宜技术推广培训班各 1 期。全科医师转岗培训及中医全科转岗培训 40 余人、乡村医生注册培训 452 人、社区护士岗位培训 108 人。

【重点学科建设】2021 年，诸暨市新增名医工作室 21 家；市人民医院病理学通过浙江省第五批医学龙头学科验收，市人民医院神经内科、感染性疾病学、病理学科申报第三批绍兴市省市共建医学重点学科建设工作。（卫健局　寿军威）

爱国卫生

【卫生系列创建】2021 年，诸暨市通过第四轮国家卫生城市复审。应店街镇、同山镇、陈宅镇通过国家卫生镇创建，国家卫生镇达 100%。无烟党政机关、无烟医疗卫生计生机构、无烟学校覆盖率均达 100%。

【健康促进学校创建】2021 年，推进健康促进学校创建工作，申报健康促进金牌学校 1 家，健康促进银牌学校 10 家，健康促进铜牌学校 18 家，137 家学校创建健康促进学校，创建率达 86.16%。（卫健局　张雪梅）

城乡社区卫生服务

【概况】全市每个乡镇街道均有 1 家公办卫生院（社区卫生服务中心），全市共有社区卫生服务站（村卫生室）497 家。

【基层医疗机构标准化建设】2021 年，所有镇乡街道卫生院均开展住院服务，设置中医药综合服务区，配备标准化急救设备。国家“优质服务基层行”活动，应店街、璜山镇卫生院和暨南街道社区卫生服务中心达到国家“推荐标准”，其他镇乡街道卫生院达到国家“基本标准”。村卫生室规范化建设，新建、改扩建村卫生室 18 家，村卫生室规范化率 72.01%。

【个性化签约服务】2021 年，落实签约经费 1039 万元，共 125 名医共体牵头医院专科医生加入签约服务团队，686 名医生开展签约服务工作，签约 529107 人，规范签约率 44.55%，十类重点人群签约覆盖率 90.85%。

【基本公共卫生服务】2021 年，继续落实国家基本公共卫生服务项目，人均基本公共卫生服务项目经费 70 元。居民规范化电子健康档案覆盖率 77.4%；65 岁及以上老年人城乡社区规范健康管理服务率 71.38%，中医健康管理率 68.49%；0 ~ 3 岁儿童中医药健康管理率 73.52%。基本公共卫生服务项目获绍兴市考核第一名。

（卫健局　金挺美）

体 育

2021 年，诸暨市贯彻落实中共十九届历次全会和袁家军书记在全省体育工作会议上的讲话精神，聚焦“奋力建设现代化体育强市”目标，推动群众体育、竞技体育、体育产业协调发展，促进体教、体文、体医等融合发展，更好发挥体育在健康诸暨建设中的重要作用，“全国篮球城市”名片持续打响，“运动休闲城市”美誉度、影响力不断扩大。诸暨市教育体育局被评为浙江省 2021 年度全民健身赛事活动优秀承办单位，被绍兴市政府授予集体（体育）三等功。2021 年东京奥运会上，由诸暨市输送的运动员万济圆在女子三人篮球赛中帮助中国队夺得第三名，实现浙江省在奥运会上篮球项目奖牌零的突

2021 年 8 月，诸暨市第十届运动会暨第十一届老年人运动会举办，图为健身排舞展示活动（教体局提供）

破。海亮初中和浣纱初中在浙江省第十四届中学生篮球联赛初中男子组比赛中包揽冠、亚军。7月31日，海亮初中夺得2020—2021赛季中国初中篮球联赛(男子组)总冠军。

体育场地建设。2021年，建成投用五泄文体中心，完成31项省、绍兴市体育民生实事建设项目，包括新建4个社区多功能运动场、2个笼式足球场、18个百姓健身房、2个体育公园、3个体育设施公园、1个全民健身广场和85千米健身步道。新增体育场地面积252463平方米，累计达3649636平方米，按121.8万常住人口计，全市人均体育场地面积3.0平方米，全省领先。

全民健身。2021年，举办诸暨市第十届运动会、诸暨市第十一届老年运动会等，近4600人参与20个单项比赛；出资100余万元送体育器材大礼包进全市213个文化礼堂；"迎亚运 全民健身"全市"百村千运"农村文化礼堂运动会，全年共举办全民健身活动280余场，参与人员63800余名。

品牌赛事。2021年，诸暨市继续加强与国家、浙江省体育部门对接，引进高端体育赛事活动，打造有影响有特色的赛事品牌。完成2020—2021赛季CBA联赛全赛季比赛和2021—2022年季前赛、第一阶段比赛的承办工作，成为CBA联赛首个承办全赛季比赛的城市。全年共举办省级及以上体育赛事活动7次、地市级体育赛事活动12次。（戴　亮）

学校体育

【概况】2021年，诸暨市继续重视学校体育工作，开齐开足体育课，落实大课间30分钟和每天锻炼1小时活动制度，按照《国家学生体质健康标准》要求，推动中小学生文化学习和体育锻炼协调发展，促进青少年健康成长、锤炼意志、健全人格。

【学生体质健康测试】2021年，加大中小学生体质健康检测和考核力度，提高体质健康抽测频次和覆盖面，2021年共检测有效样本数据5255人，其中普(职)高1360人、初中1404人、小学2491人，同比增加千余人，测试成绩高中段总成绩平均分78.74分，初中段总成绩平均分79.86分，小学段总成绩平均分95.42分，全市《国家学生体质健康》上报率达100%。在全省高校新生(生源地)体质健康测试中，优良率较上年度提升17位，合格率较上年度提升18位；在绍兴市第四届中学生军体运动会体质测试中，诸暨市有5所学校位列绍兴市前八名，测试成绩有较大进步。

【阳光体育四大联赛】2021年，举办诸暨市第十七届中小学生体育节。11月2日至5日，举行中小学生田径运动会，共有101支代表队、1399名运动员参赛，参赛人数及规模创历史最多，全部比赛破市运会纪录76人次。同时组织中小学生足球比赛、中小学生篮球比赛等多项赛事活动。

【传统学校体育发展】2021年，利用教体融合新优势，以培养学生体育意识和体育兴趣为重点，以增进学生体育技能和体质达标为抓手，引导学校根据自身实际和优势，形成"田径+"模式，培育"一校一品"或"一校多品"特色运动项目，使校校有项目，校校有品牌。发挥体育传统项目学校在促进校园体育普及、推动学校运动队和校园文化建设等方面的示范作用，提升竞技体育后备人才输送数量和质量。

（俞旭平）

群众体育

【概况】2021年，诸暨市贯彻落实《全民健身条例》《浙江省全民健身实施计划(2021—2025年)》，以"健康诸暨"建设为主题，开展全民健身活动。全年举办各类全民健身活动283场，参与20余万人次。承办和参加全国、浙江省、绍兴市级比赛活动，组织体育骨干队伍培训、国民体质抽测，开展全市基层体育场地设施建设和维护管理，完成年度新增体育场地调查统计。

【全民健身活动】2021年8月，诸暨市第十届运动会暨诸暨市第十一届老年运动会开启，全市近4600人参与20个单项比赛，约2500人参加国民体质测试，因疫情影响气排球暂缓举行外，其余项目均于11月底前完赛。8月8日，诸暨市第十四届全民健身节启动，历时2个月。围绕"百村千运"，市教体局联合各镇乡街道举办"庆祝建党百年 喜迎亚运盛会"文化礼堂运动会，全市100余个村(居)、社区3000余名基层百姓参与。4月至

诸暨市基层体育设施升级项目——浣东街道东盛社区城市百姓健身房（摄于2021年5月，教体局提供）

10月，开展诸暨市“全民健身 健康诸暨”第二届全民健身大会系列活动：4月24日，在姚江镇山汀村举行诸暨市全民健身大会暨“最美风景线 你我暨阳行”系列活动启动仪式，300余人参与骑自行车、跑步、音乐徒步进乡间等活动；4月10日至11日，在陈宅镇举办诸暨市气排球联赛，近400人参赛；5月5日，在滨江初中举行首届诸暨市学生武术操比赛，约540人参赛；4月至6月，在市体育中心举行诸暨市足球联赛；10月23日，在浦阳江举行诸暨市“五水共治 畅游母亲河”活动，500余人参加；7月8日至8月23日，全市相关篮球场馆举行诸暨市第十七届篮球联赛，76支球队、900余名运动员参赛；10月23日，在浣东小学体育馆举行“庆建党百年华诞 迎杭州亚运盛会”2021年诸暨市健身气功站点联赛，200余名站点人员参赛。此外，市级体育协会和相关单位举行篮球协会第三届会员篮球赛、诸暨市第二届幸福家庭趣味篮球赛、诸暨市首届木陀杯桥牌邀请赛、诸暨市“三八节”门球赛、2021年诸暨市门球联赛、诸暨市“醉美同山 樱桃红了”10公里环湖跑步比赛、“劲酒杯”2021诸暨市乒协积分排名赛等全民健身活动。

【承办全国和省市级体育赛事活动】2020年10月17日至2021年5月1日，CBA中国男子职业篮球联赛2020—2021赛季全赛季比赛，2021年10月16日至11月14日2021—2022赛季第一阶段比赛，分别在浙江农林大学暨阳学院和海亮教育园区体育馆内举行。5月29日至30日，“迎亚运 共参与”2021浙江省小篮球联赛诸暨赛区暨“绅仕镭杯”诸暨市第一届小篮球联赛在绅仕镭球馆举行，全市小学共计43个代表队参赛，比赛共设U6、U8、U10和U10混合四个组别。本次比赛由浙江省篮球协会和浙江电视台少儿频道主办，诸暨市篮球协会承办。7月16日至18日，浙江省第31届“浣纱杯”桥牌邀请赛在新世界大酒店举行，全省130余名运动员参赛。本次比赛由浙江省桥牌协会主办，诸暨市教体局承办，诸暨市桥牌协会协办。9月14日至19日，浙江省第七届“乡村振兴 诸暨农商银行杯”篮球赛分别在浙江农林大学暨阳学院体育馆、大唐街道杨家楼村文化体育中心、枫桥镇枫源村灯光球场、牌头中学体育馆和姚江镇姚公埠村灯光球场举行，全省各地14支球队参赛角逐。本次比赛由浙江省农民体育协会、浙江省篮球协会主办，浙江省农业广播电视学校、浙江省渔业互保协会、诸暨市人民政府承办。10月16日至10月18日，2021浙江省五人制足球冠军联赛（诸暨·浙东赛区）在市体育中心举行，宁波、舟山、绍兴三个地市150名运动员参加。本次比赛由浙江省体育局主办，浙江省足球协会、绍兴市体育局承办，绍兴市足球协会、诸暨市教体局协办，诸暨市足球协会执行。11月20日至25日，浙江省老年气排球交流赛在五泄气排球馆举行，全省500名男女运动员参加。本次比赛由浙江省老年体育协会主办，诸暨市老年人体育协会承办。5月6日、9月29日至30日，绍兴市第十一届老年人运动会地掷球交流活动和气排球交流活动，分别在诸暨市体育中心和五泄气排球馆举行，由绍兴市体育局主办，绍兴市老年人体育协会承办，诸暨市老年人体育协会协办。3月6日，在市体育中心门球场举行绍兴市“三八节”女子门球比赛，共有100名女子门球队员参加。本次比赛由绍兴市门球协会主办，诸暨市老年门球协会承办。5月29日，绍兴市“融成一号杯”业余网球双打俱乐部邀请赛在海亮实验中学举行，绍兴地区100余名网球队员参加。本次比赛由绍兴市网球协会主办，诸暨市网球协会承办。

【组队参加全国和省市级比赛】2021年8月31日，中华人民共和国第十四届运动会群众展演太极拳项目总决赛在陕西落下帷幕，市武术协会大唐街道浙江欧仕雷纺织科技有限公司代表队以9.07分的高分获得企业组“四十二式”太极拳竞赛套路一等奖（第1名）、陶朱街道队代表以8.80分获得城市街道组“二十四式”简化太极拳三等奖（第8名）。7月18日，2021年“意形九州”形意拳公开赛在江苏徐州举行，诸暨正一形意拳队谢永水、何争峰和祝瑛姿共获得4枚银牌、5枚铜牌。5月30日，由浙江省体育局、省武协主办的“迎亚运”系列活动2021年全国太极拳健康工程系列活动（浙江站）暨浙江省第六届太极拳公开赛在柯桥举行，市武术协会45人参加太极拳比赛获得金牌64枚、银牌36枚和铜牌17枚，8人参加推手比赛获得4金、4银，获团体总分第三名。11月30日，国家开放大学首届全国老年教育教学成果展评比中，浙江老年开放大学诸暨学院自行编排选送的“行云太极”拳剑扇视频节目，荣获太极类全国一等奖。9月2日，俊泰搏击馆队员代表绍兴市参加在永康举行的浙江省青少年武术散打锦标赛，黄涵莎获得女子甲组65公斤级第一名、余烨获得男子甲组80公斤级第二名。2021年5月，浙江省第28届中老年篮球邀请赛在台州市三门县举行，诸暨篮球协会代表队分别取得男子50～59岁组冠军、40～49岁组亚军和60～64岁组季军。11月20日至11月25日，浙江省老年气排球交流赛在五泄气排球馆举行，诸暨市代表队获男子组第一名、女子组第二名。市击剑协会运动员在2021年上海城市业余联赛“京跃杯”上海市击剑冠军赛获得2金3银、2021张莹杯击剑公开赛获1金、2021年浙江省击剑俱乐部联赛—海宁站获3金2银3铜、2021年浙江省“协会杯”青少年击剑联赛（第二站）获2金2银4铜。

【社会体育指导员培训】2021年，继续借助各体育社团力量，开展广场舞、武术健身操、木球、太极拳、健身气功等项目的社会体育指导员培训，全年共培训三级社会体育指导员253名。

【健身素养进农村文化礼堂活动】2021年，为全市213个文化礼堂送体育器材，包含乒乓球桌、豪华动感单车、篮球等10余件，组织市老年体协、武术协会、健身气功协会、门球协会、体育舞蹈协会分别送“体育下乡”进19个文化礼堂，提升农村文化礼堂体育健身功能。

【体育场地建设】2021年，继续在农村基层新建4个社区多功能运动场、2个笼式足球场、18个百姓健身房、2个体育公园、3个体育设施公园、1个全民健身广场和85千米健身步道建设。完成年度新增

诸暨市基层体育设施升级项目——浦阳江健身步道（摄于2021年11月，教体局提供）

体育场地调查统计，至年末，全市体育面积新增252463平方米，累计3649636平方米，按121.8万常住人口计，全市人均体育场地面积已达3.0平方米（全省平均为2.55平方米）。

【国民体质测试】2021年10月至11月，诸暨市开展2021年度诸暨市国民体质测试工作，对全市各镇乡街道、市级机关、学校3499名市民分72个组别进行测试，其中幼儿900名、成年人2243名、老年人356名，体测合格率为94.1%。测试现场向每位测试对象提供测试报告和针对性的科学运动处方。

（张建琴）

竞技体育

【概况】2021年，全市业余训练布局项目共16项（田径、游泳、射击、乒乓球、跆拳道、柔道、摔跤、篮球、排球、足球、击剑、空手道、技巧、羽毛球、网球、攀岩），共有教练员40人，其中专职教练15名、聘用教练12名、兼职教练13名，在训运动员共780余人。

【2021年绍兴市青少年锦标赛】2021年，组织参加绍兴市青少年锦标赛田径、游泳、柔道、散打、沙排、击剑、棋类、皮划赛艇等20个项目，共获金牌184枚。

【2021年浙江省青少年锦标赛】2021年，组织参加浙江省青少年锦标赛田径、篮球、摔跤、跆拳道、水上项目、射击、排球、空手道、沙排、马术等13个项目的比赛（其中男女篮球、空手道、自行车等项目代表绍兴市组织参赛），共获金牌20.7枚、银牌19.2枚、铜牌30.5枚，金牌数位列绍兴各县（市、区）第三。

【2021年第十七届全运会】2021年，由诸暨市输送的运动员万济圆在女子三人篮球赛中夺得第一名、李佳恒在男子篮球19岁以下组夺得第二名、杜金伦在男子篮球22岁以下组夺得第三名。

【2021年东京奥运会】2021年东京奥运会上，由诸暨市输送的运动员万济圆在女子三人篮球赛中帮助中国队夺得第三名，实现浙江省在奥运会上篮球项目奖牌零的突破。

【2021年运动员引进及输送】2021年，输送到绍兴市少体校集训21人、省体育职业技术学院集训5人，并且省队有3名运动员转正。

（魏福灿）

体育产业

【概况】2021年，依托诸暨自然资源和区域优势，坚持“宜融则融，能融尽融”的工作思路，推动“体育+旅游+健康”三者有机融合，不断扩展体旅融合发展空间、提升内涵，开辟体育产业发展新路径。

【体育产业发展专项引导资金】2021年，全市体育产业发展专项引导资金193万元，涉及11家企业，其中1家企业获得品牌赛事补助18万元。

【体育彩票】全年销售体育彩票2.528亿元，销售门店210家，市场份额占绍兴市55.15%。

【规上体育增加值】2021年，全市共有1756个体育产业机构，主营体育产业机构1313家，兼营体育产业机构443家，相关从业人数26090人，占绍兴市体育产业从业人口的23%。

（王　曾）

人力资源·社会保障

2021年，诸暨市牢固树立以人民为中心的发展思想，紧扣市党代会“十问攻坚”要求准确识变、科学应变、主动求变围绕打造共同富裕示范区、数字化改革等中心工作，着力“稳就业防风险、聚人才促创新、优服务惠民生”，稳固开局“十四五”。抓好稳定就业、人才引育、社会保障、劳动关系等工作，人力资源和社会保障事业保持较好发展态势。至年末，全市新增城镇就业人员49930人，城镇登记失业率为1.78%。

人才引育

【概况】2021年，诸暨市继续把握好引和育、高和专、进和留“三对关系”，围绕“绍兴第一，诸暨一流”的工作目标，转变引才方式，更新人才政策，打造人才生态最优县市。全年新增就业大学生32467名，其中硕士1023名、博士250名。开展各类线上线下招聘活动237场次，参会企业2072家次，提供岗位30785个，初步达成就业意向10454人次。人才活动缤纷多彩，举办“智造共富，就在诸暨”人才交流鹊桥会、浙江大学管理学院诸暨暑期社会实践硕博行、南京工业大学博士诸暨行等人才活动。

【人才平台搭建】2021年，诸暨市形成多项基地共建、资源共享、人才引育等校际联动、校地合作成果，新增省级博士后工作站2家、绍兴市级技能大师工作室2家。拓展引才工作站布点，诸暨市与浙江理工大学、南京工程学院、上海交通大学、华东理工大学、上海理工大学、上海师范大学、青岛大学7家高校建立引才联络站。支持鼓励大学生到诸暨见习实习就业，全年新增大学生见习实习基地62家，其中绍兴市级见习实习示范基地1家（申科滑动轴承股份有限公司）。累计组织大学生参加见习实习1235人。

【高层次人才引育】2021年，诸暨市以产业转型和发展为导向，谋划好人才“存量”和“增量”两篇文章，引进省高层次青年拔尖人才1名，4人入选绍兴“名士之乡”青年拔尖人才，培育“浙江杰出工匠”2人、“浙江工匠”9人、绍兴“名士之乡”高技能拔尖人才2人，推荐入选“启明计划”创业人才9名。

【招才引智春秋专列】2021年4月，继续开行2021招才引智“春季专列”，共走访南京、济南、青岛等63所高校、12家人力资源机构，在高校108个就业网站、155个微信公众号推介诸暨市人才政策和企业需求，组织“一校一码”线上招聘会50场，共收到简历3384份，开展线下招聘会共计8场，收到简历3798份。9月，继续开行2021招才引智"秋季专列",赴山东、江苏走访高校52家,对接校内二级单位150个,走访人力资源机构12家,组织宣讲座谈会71场,召开高校人才招引座谈会2场,开展线上线下招聘128场,其中组织硕博人才对接招聘活动2场,申领"绍兴青年码"2736人。

【"智造共富,就在诸暨"人才交流鹊桥会】2021年10月28日至30日,在第十五届中国大唐国际袜业博览会期间举办"智造共富,就在诸暨"人才交流鹊桥会,活动现场组织了袜业、纺织、制造等三场专场招聘会及西安交大云上论坛活动,南华大学诸暨研究院组织30名硕士毕业生参加活动,其中10名硕士现场签约诸暨企业。

【人才创新创业全周期"一件事"改革】2021年,落实人才创新创业全周期"一件事"改革工作任务,加快人才码申领和各项应用场景推进工作,人才码激活数25093人,居绍兴市第一,大学生可享受54个大项101个小项人才码服务事项。同时提升"人才码"上线事项审批效率,安家补贴、人才公寓、租赁补贴均上线"人才码",安家补贴兑现2661人次,租赁补贴申请880人次。

【人才政策及奖励兑现】2021年,继续贯彻《高水平建设人才强市工作的若干政策意见》及实施细则,落实诸暨人才新政3.0版本,优化人才政策环境。全年共为7836人次人才发放安家补贴5328.95万元,为281人发放购房补贴4091万元,为237人发放大学生见习实习补贴69.12万元,为31家企业发放企业见习实习补贴79.04万元,为8家企业发放企业自主培养奖励4.5万元,奖励24个引才引智项目621万元,奖励13个博士后工作相关资助115万元,奖励绍兴市重点创新团队300万元,补贴高层次创业场地租金201.37万元。全年受理人才公寓173人次,人才积分3人、人才住房公积金贷款12人,办理人才绿卡11本,审核发放暨阳学院特殊津贴202.2万元。

就业创业服务

【概况】2021年,诸暨市继续通过政策扶持、市场招聘、职业培训、服务提升等措施,形成运行规范、竞争有序、调控有力的创业就业促进机制,实现高质量就业。全年新增城镇就业人员49930人,城镇失业人员再就业41925人,其中就业困难人员实现再就业5329人;城镇登记失业率为1.78%。同时继续强化劳务协作对接,向结对的沐川县输送岗位1500余个;吸纳四川省农村劳动力1700人,完成目标任务的103%;帮助四川省脱贫人口到诸暨市稳定就业103人,完成目标任务的103%。诸暨市的主要人力资源市场有诸暨市人力资源市场、店口镇智杰人力资源市场、大唐街道云众人力资源市场、永新人力资源市场等。

【稳岗返还社会保险费】2021年,诸暨市部分企业的生产和订单仍受到疫情的影响,为全力扶持企业稳岗稳工,降低企业成本,根据《绍兴市人力资源和社会保障局 绍兴市财政局关于做好延续实施部分减负稳岗扩就业政策有关工作的通知》文件精神,落实稳岗返还失业保险费政策。全年失业保险费稳岗返还共计947.21万元,涉及企业1709家。

【企业用工信息监测】2021年,诸暨市对228家开复工企业开展动态用缺工情况调查,开展省级用工监测信息数据调查填报,对部级、省级企业开展失业动态监测和用工监测,规上工业企业开展用工情况电话抽样调查、系统问卷调查以及用工监测数据填报,为接返员工和上级决策提供依据。推进企业用工调查,完成全市52341家企业用工调查任务。8月下旬,接受浙江省人社厅领导现场抽查和督查,情况良好。

【创业担保贷款】2021年,根据《诸暨市创业担保贷款实施办法》精神,会同人民银行诸暨支行开展创业担保贷款工作,鼓励和支持高校毕业生、就业困难人员、残疾人等重点群体实现创业。全年资格认定72人,贴息38.2万元。历年累计发放贷款2270万元、累计贴息102万元。

【农村劳动力就业援助】2021年,继续加大农村富余劳动力的就业援助,鼓励用人单位招收本市农村户籍就业困难人员,对符合条件的按规定给予社会保险补贴和岗位补贴。全年招用228名就业困难人员,发放社保补贴72.2万元,岗位补贴219.2万元。2月和5月在大唐街道、店口镇等组织开展5场"就业大篷车"活动,提供就业岗位 2703 个，协助 548 名有就业意愿的劳动者牵线企业。以“提标准、广人群、拓载体、求实效”为导向，开展农民工职业培训。在就业技能培训、岗位技能培训、创业培训等方面共开展培训与鉴定 11.6 万人次。

【数字化就业】2021 年，诸暨市开展数字化就业改革工作。根据全省数字化改革重大任务表和核心业务表，结合实际情况，梳理本市数字化就业中心业务工作，定期上报数字化就业工作推进情况。同时，根据《市委办公室关于进一步深化开展核心业务梳理的通知》精神和大数据局核心业务，进一步梳理“数字就业”核心业务体系。根据浙江省关于重点群体帮扶场景应用要求，对就业创业及失业保险政策在省一体信息系统中进行梳理完善；人社局向基层人社所下发《关于做好数字就业重点群体帮扶场景工作的通知》，收集相关工作人员及系统账号信息，为落实浙政钉重点群体帮扶场景应用夯实基础。

【就业专列】2021 年，诸暨市通过“就业专列”接返市外返岗员工。摸清复工企业员工返岗需求，组织外地员工有序返程，让劳动者实现家门口应聘、出门就上车、下车就进企。共参与绍兴复工复产“就业专列”21 列，累计接返外地员工 371 人。

【返岗补助】2021 年，根据诸暨市《诸暨市阶段性保障企业用工实施细则》文件精神，对诸暨市工业、建筑业、外贸、商贸服务等非公企业给予返岗补助，发放 2021 年度企业复工复产返诸上岗人员补贴共计 1136.75 万元。

诸暨市人力资源服务产业园大楼全景(陶朱街道提供)

【人力资源服务产业园】2021 年 12 月 28 日，诸暨人力资源服务产业园试运营。围绕集聚产业、拓展服务、孵化企业、培育市场四大核心功能，实现人力资源市场、人才公共服务“一站式”窗口、人才市场标准化档案室等公共服务全提升，同时构建全方位、多层次的产业服务链，线上线下同步打造人力资源服务产业生态圈。新增人力资源服务机构 22 家。制定诸暨市人力资源服务业扶持政策，政策包含引进国内外知名人力服务机构、支持培育人力资源服务机构、鼓励开展人力资源服务活动三方面内容，该政策被列入 2021 年诸暨市市政府重大行政决策事项目录。

专业技术管理

【专业技术岗位设置】2021 年，全市纳入岗位设置管理的事业单位共 276 个，共设置专业技术岗位 19513 个，共聘用专业技术人才 15747 人，其中正高级岗位聘用 431 人、副高级岗位聘用 3365 人、中级岗位聘用 7126 人、初级岗位聘用 4825 人。

【职称改革】2021 年，根据《绍兴市人力资源和社会保障厅关于做好 2021 年度职称评审工作的通知》，全市专业技术职务任职资格评价共 5420 人，其中中级 1091 人、高级 536 人。另有 7 个单位开展民营经济领域工程技术类职称社会化评价试点工作，数量位居绍兴第一。

职业资格管理

【概况】2021 年，以“提标准、广人群、拓载体、求实效”为导向，实施职业技能提升行动。继续推行企业新型学徒制、支持企业自主开展技能人才评价、实施创业培训“马兰花”计划，大规模开展职业技能培训。全年共开展就业技能培训、岗位技能培训、创业培训、项目制培训、新业态职业技能培训等方面职业技能等级培训 51256 人次，新增高技能人才 6157 人，其中 11213 人取得职业资格证书。累计使用培训专账资金 8866.22 万元。

【职业技能竞赛】2021 年，继续支持企业职工参加各级各类职业技能竞赛，共主办职业技能竞赛 9 场，组织 14 家企业开展岗位练兵活动。共有 847 人通过参加焊工、茶艺师、评茶员、育婴员、养老护理员、中式烹饪、收银员、信息通信网络运行管理员技能等级证书技能竞赛晋升为高级工、技师等技术等级。

【职业技能培训认定机构】2021 年，全市共 80 家企业取得职业技能等级证书工作试点单位资格，累计开展企业内部职工岗位技能、职业技能等级证书认定 16733 人次。培训定点机构扩展到 16 家，其中 5 家社会化评价机构，开展育婴员、中式面点、电商直播培训等技能培训和认定。

【新时代工匠培育】2021 年，推进新时代浙江工匠培育工程。全年成功入选高技能领军人才浙江杰出工匠 2 人，浙江工匠 9 人，浙江青年工匠 43 人。开展新时代“诸暨工匠”遴选行动，新命名 100 名诸暨新时代工匠，新增冯永才、谢小义等 2 家绍兴市技能大师工作室。

工资福利

【全部单位从业人员年平均劳动报酬】根据《2020 年浙江省单位从业人员年平均工资统计公报》，2020 年浙江省非私营单位从业人员年平均工资为 108645 元，比上年增加 8991 元；私营单位从业人员平均工资为60521元，比上年增加4138元。根据上级部门要求，诸暨市 2020 年起不再单独统计工资收入。

【非营利性行业从业人员劳动报酬统计】2021 年，市人社局指导督促海亮集团等各样本单位做好数据统计，2021 年前三季度增长 15.9%，高于绍兴平均数(13.3%) 2.6 个百分点，排名绍兴市第 2 位。

劳动保障监察

【概况】2021 年，诸暨市两级劳动保障监察机构共处理各类劳资纠纷案件 2550 起，为 3898 名劳动者追发工资 4591.43 万元，基层工资案件化解率达 98.94%。市劳动保障监察大队共立案查处行政处罚案件 19 起，其中涉及非法使用童工案件 11 起、未按约定向农民工工资专户按月足额拨付人工费用 7 起、违法延长劳动者工作时间 1 起。办理拒不支付劳动报酬案 5 起，均移送公安处理，涉及人员 50 人，涉案金额 116.60 万元。大队共处理网络舆情、信访局交办及省统一平台流转信访件 164 件，“110”社会应急联动警情 1213 件，省、部级欠薪线索件 708 件。

【根治欠薪示范区建设】2021 年，继续按照属地管理和“谁受益，谁监管”原则，压实主体责任，从源头预防和化解欠薪问题，进一步落实在建工程项目监管特别是对政府投资项目的监管。会同市住建局、市水利局、市交通局和高湖建管办等行业主管部门对市辖区内建设工程领域尤其是政府性投资项目农民工工资支付治理情况，进行定期和不定期督查检查，全年共计检查在建工程项目 320 余次，下发限期改正指令书 18 份，对 7 家落实“六项制度”台账不到位的单位进行处罚。

【人力资源市场秩序清理整顿专项行动】2021 年 5 月 8 日至 31 日，诸暨市对全市审批登记的职业中介机构和劳务派遣公司及重点乡镇街道、重点行业的劳动用工情况进行监督检查。专项行动期间，诸暨市各相关部门联动出击，人力资源社会保障部门出动 125 人次、公安部门 5 人次、市场监管部门 27 人次、其他有关部门 26 人次、共检查用人单位 2692 家次，其中人力资源服务机构 64 家。

【根治欠薪冬季专项行动】2021 年 11 月 15 日起至春节前，在全市范围内开展 2021 年度根治欠薪冬季专项行动。各乡镇街道担负根治欠薪主体责任，组织力量对辖区内用人单位特别是受疫情影响的企业的生产经营和工资支付情况进行“地毯式”全面摸底排查。各行业主管部门对行业内用人单位工资支付情况进行集中排查，督促在建工程建设项目落实“六项制度”。专项行动期间，全市共排查用人单位 7641 家，涉及劳动者 20.72 万人次，共处理工资纠纷案件 504 起，为 2202 名劳动者追讨工资 6528.75

万元。

【劳动保障书面审查】2021年4月8日至5月20日，开展2021年度用人单位劳动保障书面审查工作。全市共审查各类用人单位10470家，58家用人单位评选为AAAAA级诚信示范企业。

劳动人事争议仲裁

【概况】2021年，诸暨市劳动人事争议仲裁委员会共受理劳动人事争议仲裁案件1041件，比上年度增加13.52%，案件涉及劳动者1404人，其中集体案件14件、涉及劳动者367人。全年办结案件1062件(含结转案件85件)，结案率为94.3%，其中调解691件、裁决156件、决定215件，调解撤诉率为85.3%。审结案件之经济标的额为3090万元。

【“护薪通渠”数字化改革项目】2021年，按照浙江省人社厅数字化改革综合集成方法的要求，诸暨仲裁牵头梳理完善五张清单，通过流程再造、程序创新、流转承托、联动协同，破除部门间经办壁垒，建立“护薪通渠”多跨协同欠薪治理场景应用，通过数字化手段，提升群众维权的简便性、有效性、时效性，维护劳动者的工资权益，打造工资维权的“枫桥经验新样板”。“护薪通渠”数字化改革项目形成完善的开发技术方案，进入招投标流程。

【工资维权“一件事”改革】2021年，为进一步巩固“无欠薪”城市创建成果，诸暨仲裁院持续开展劳动关系领域改革，在完善工资争议“速裁庭”机制的基础上，全市推广工资维权“一件事”改革，充分发挥基层平台矛盾源头化解作用，实现调解、监察、仲裁、诉讼、执行等程序高效衔接，劳动者工资维权“就近跑一次”“最多跑一地”。在基层核实的基础上，做实职能下沉、规范履职，提升办案效能，全流程提速75%，减少劳动者在工资维权过程中的交通成本、时间成本、资料成本。

社会保险

【概况】2021年，全市共有各类参保人员140.31万人，基金累计结余45亿元。全市医疗保险参保109.04万人，户籍参保率达到99.74%以上。诸暨市打造“一刻钟”人社服务圈，社保业务经办建立骨干窗口“带班”制度，坚持“午休双休，社保不休”，便利群众办事。市社保窗口共接待群众10.9万人次，群众平均等待时长12分钟，平均办理时长3分钟，群众满意率100%；社保业务总办件量49万件，其中“网上办”“掌上办”23万件，社保高频事项网办率达85%。全年诸暨市失业保险、工伤保险单位费率减半，为企业减负14060.49万元，其中失业保险减负11604.26万元，工伤保险减负2456.23万元。

【养老保险参保情况】2021年，企业职工基本养老保险参保50.63万人，基金累计结余21.05亿元；机关事业养老保险参保3.48万人，基金累计结余2.66亿元；城乡居民基本养老保险参保28.29万人，基金累计结余15.17亿元。

【失业保险和工伤保险参保情况】2021年，失业保险参保23.94万人，基金累计结余3.7亿元；工伤保险参保33.97万人，基金累计结余2.42亿元。

【社会保障水平】2021年，企业退休职工月人均增发112.6元，实现17年连涨(2020年应为16连涨)，机关事业养老保险待遇人均增长255元；1月1日起，城乡居民养老保险基础养老金从每人每月215元提升至245元。企业职工基本养老保险待遇享受17.32万人，累计发放54.10亿元；机关事业养老保险待遇享受1.1万人，累计发放10.24亿元；城乡居民基本养老保险待遇享受15.44万人，累计发放6亿元；工伤保险待遇发放6968万元。

【企业退休人员社会化管理】2021年，全市共有18.87万名企业退休人员纳入社会化管理服务，享受每年550元春节慰问、400元重阳节慰问以及各类文体活动。10.2万名企业退休人员享受免费健康体检。

【社会保障卡】2021年，发行第三代社会保障卡43万张，签领电子社保卡85万张(历年累计119万张)。推进居民服务“一卡通”多领域应用，支持95个人社领域应用和37个其他公共服务领域应用，其中包含243项财政补贴入卡。

（人社局　陈谛）

【医疗保险参保情况】2021年，全市医疗保险参保109.04万人。城乡居民医疗保险参保65.42万人，基金累计结余 0.60 亿元。职工基本医疗保险参保 43.62 万人，基金累计结余(含生育保险)31.72 亿元(其中统筹基金累计结余 20.41 亿元)。

【医保监管】2021 年，诸暨市医保局通过加大监管力度，采用全覆盖检查、突击检查、专项整治、自查自纠等方式，借助智慧医保、云药店监控、信用监管等技术手段，持续打击骗保行为，维护基金安全，举报投诉查处率 100%，拒付定点医药机构医保基金 114 家，暂停医保服务协议 4 家，解除 3 家，责令限期整改 9 家，行政处罚案件立案 14 起，追回扣除违规医保基金 691.74 万元。（医保局　黄佳丽）

住房保障

【概况】2021 年，全市住房保障工作平稳推进，发布相关配套政策，通过划拨自建、市场回购、企业“退二进三”代建回购等形式筹集公租房，推进“租补分离、梯度保障”模式，全面实施政府购买运营管理服务。住房保障能力更加强大。

【公共租赁住房】2021 年，继续加强公租房保障能力，9 月，开工建设约 3 万平方米的钢结构装配式保障房工程(香榧公寓)，完成公租房配租 301 套，全面实施公租房政府购买运营管理服务。完善实物配租制度，将进城务工人员和新就业大学生纳入诸暨市保障性住房覆盖范围，并实行级差补贴，对收入较低对象减免租金或增发租赁补贴，对轮候期对象发放轮候补贴，实现住房困难居民应保尽保。全年共惠及家庭 1129 户。完善公租房申请、年检流程，实现入住、签约、续租、退租、财务管理等事项 100% 网上办理。同时依托智能化管理平台，完成全市 3490 套公租房入户门智能锁“全覆盖”，重点监测长时间无进出信息的保障家庭，关注独居人群生活状态，保障独居老人健康安全。

【危旧房治理改造】2021 年，继续推进城镇、农村危房排查整治工作，完成 336814 户农房安全隐患摸排及信息录入任务；整治完成 C、D 级农村危房 975 户(完成率 100％)；落实农村困难家庭危房“动态清零”和补助资金拨付工作，共发放补助资金 1032.26 万元，惠及困难家庭 595 户。推进城镇危旧房实质性解危工作。

（建设局　徐雨婷）

【公积金管理】2021 年，全市归集住房公积金 25.66 亿元，完成年度计划的 117%;归集余额 54.26 亿元，较上年同期增加 3.97 亿元;办理住房公积金支取 97292 人，较上年同期增加 8994 人，支取金额 21.69 亿元，较上年同期增加 4.6 亿元，完成全年目标任务的 123%；向全市职工发放住房公积金贷款 3173 户，贷款额为 13.64 亿元，分别比 2020 年同期增长 5.8%、10.27%，贷款余额 62.56 亿元(含公转商贷款 7 亿元)，存贷比为 102.4%；全年业务收入 1.79 亿元，业务支出 1.02 亿元，增值收益 0.77 亿元，完成年度目标任务的 110%。提取廉租住房补充资金 2519 万元。2021 年年末，风险准备金为 3.95 亿元。

住房公积金扩面。2021 年，诸暨市住房公积金制度覆盖面持续扩大，紧盯“规上企业、重点项目”重要扩面资源，做好深入挖潜和结合工作，一次性新增企业 7710 家。精准聚焦民生难点，通过取消缴存户籍限制、优化提取材料、灵活缴存比例等政策，协调处理政策执行与响应广大缴存职工合理诉求之间的关系。至年末，职工正常缴存人数 102090 人，新增职工 21973 人，净增职工 4451 人，净增率为 4.56%。

资金风险防控管理。2021 年，诸暨市严格规范相关业务流程、把关特殊业务审批，确保业务操作合理合规，逐步完善“动态监管、硬性约束、超前防范”的稽核审计模式。按照“有力削减存量、有效遏制增量”的原则，着重对电子化检查和住建部监管平台发现的问题进行整改，对审计发现问题开展整改落实“回头看”；缴存基数控高保低，同时细化完善缴存、提取、贷款等方面的制度。严格履行财务收支审批手续，认真进行财务核算，规范账务处理；定期分析公积金业务运行和收支情况，制定资金使用计划，及时调整资金存款结构，确保资金调配规范、有序。加强内部审计，建立日常业务稽核、阶段性稽核、每季度开展内审稽核，发挥内部审计监督作用；落实审计整改工作，根据绍兴市住房公积金管理中心出具的内审稽核通报，及时通过实施方案整改问题并落实处理意见。

服务质效。2021 年，诸暨市优化业务系统，深化线上线下融合，按照“应减尽减”原则，梳理精简业务审核环节、办理流程和要件，提升“跨省通办”效能，满足异地办事需求，实现“马上办、网上办、就近办、一地办”。推进公积金数字化改革，持续丰富线上、掌上办事渠道和方式。依托省市两级数据共享平台，打通8部门数据壁垒，共享横向数据，实现24个办事服务事项“一次不用跑”。全年“网上办”“掌上办”住房公积金业务量18059件。深化“三为”（我为群众办实事，我为企业解难题、我为基层减负担）服务，回应群众关切，落实信访工作“2211”机制（信访件主要领导“两签”，交办签、办结签；事项办理两办“两办”，代办员代办、分管领导督办；基层单位每周一会商；信访事项每件一回访），做好信访答复及“12345”政府公共服务热线回复工作，全年共回复信访236条，诸暨在线论坛82条，好差评系统39件，办结率100%，处理满意度达到99%。

职工权益维护。2021年，公积金中心根据《绍兴市住房公积金行政执法操作细则》文件精神，为7名职工追回企业欠缴公积金共计4.7万余元。按照“楼盘申请备案登记”的要求，履行部门责任，2021年共准入21个楼盘。针对部分职工反映有楼盘变相拒绝购房职工使用住房公积金贷款的问题，信贷科参与调解，维护缴存职工权益。

（公积金中心　徐露静）

社会·民生

社区和基层政权建设

【城市社区建设】2021年，诸暨市将大唐街道城市社区纳入全市统一管理，新设立浣东街道望湖社区、暨南街道商贸城社区，每月一主题召开城市社区工作例会。公开招聘专职社区工作者95名。市民政局与商务局合作开发诸暨市社区数字生活服务平台“诸事帮”，打造“社区15分钟优质便民生活圈”。五个社区案例入选绍兴市首届城乡社区协商优秀案例评选活动十强，评比表彰2020年度和谐社区建设先进单位6个、先进个人104名。诸暨市与杭州市萧山区、绍兴市柯桥区签订城市社区结对共建协议，互学互动，结对共创，推进五社联动(社区与社会组织、社会工作者、社区志愿者、社会慈善资源)。

【农村自治组织建设】2021年，诸暨市继续执行《浙江省村(社区)减负清单指引(2020版)》，市民政局牵头梳理并重新明确涉(社区)工作事项清单，并通过绍兴市关于规范村庄撤并及基层减负情况专项检查。同时，根据《浙江省农村社区建设测评指标体系》，申报创建省级引领型农村社区5个，绍兴完善型农村社区29个。探索推广村规民约积分制管理，460个行政村和农村社区村规民约、自治章程全部录入浙江省村(社区)基层组织信息管理系统。12月8日，枫源村被确定为全国村级议事协商创新试点单位。

【红色地名相关活动】2021年4月始，围绕“建党百年、红色地名”主题，开展“红色地名的优秀故事和摄影作品”征集活动，6月评选初一等奖1名、二等奖3名、三等奖8名。6月25日，承办“党史中的浙江地名·绍兴篇”展览活动。摄制“局长讲地名”5分钟短视频——《铭记红色地名 传承红色基因》，受到省民政厅领导肯定并送选民政部。 (郦剑宇)

民族·宗教

【概况】2021年，诸暨市共有诸暨籍少数民族人口5468人，男性972人，女性4496人，涉及38个少数民族，属于少数民族散杂居地区，其中壮族、苗族、土家族人数较多，占少数民族人口数的55%，主要集中在暨阳街道、姚江镇、东白湖镇、店口镇、应店街镇，总体情况较为分散。少数民族流动人口74399人，占总流动人口的19.3%，涉及44个少数民族，其中苗族、布依族、土家族人数较多，主要集中在大唐店口、工业新城等区域。诸暨市有少数民族联谊会1个。

诸暨市有佛教、道教、天主教、

基督教四个教派。有宗教团体4个:诸暨市佛教协会、诸暨市道教协会、诸暨市基督教三自爱国运动委员会、诸暨市基督教协会。登记宗教活动场所132处,其中佛教75处,道教4处,天主教1处,基督教52处。确定登记编号的民间宗教场所283处。经备案宗教教职人员178人,其中佛教110人,道教52人,基督教16名(牧师3名,教师3名,长老10名)。各类信徒约4万人。全年诸暨市开展平安宗教场所建设、疫情防控、反邪教与普法教育等工作,确保宗教领域和谐稳定。

【数字化改革】2021年,诸暨市在"浙统云"平台录入并完善统战人物(宗教界人士、少数民族人士)数据244个。依托浙里办、省宗教信息管理系统、"浙江掌上宗教"App等平台系统,实现宗教事务"掌上办事""掌上办公""掌上治理"。

【普法教育】2021年,诸暨市继续实施"十百千万"普法工程,联合政法部门、公安(政保、反恐)局、各乡镇街道开展"4·15"国家安全日、反恐宣传月、宪法宣传日等活动。

【平安宗教场所建设】2021年,诸暨市继续落实宗教工作市、镇、村三级网络责任制和"五人驻堂"(宗教场所包村领导、村书记、驻村干部、片警、网格员驻堂)工作制,探索宗教场所平安创建星级评定,巩固提升"五进场所"(社会主义核心价值观、国旗国歌、宪法和法律法规、平安创建以及中国传统文化进宗教活动场所)成果。继续贯彻民宗领域疫情防控措施,对大型宗教活动做到"一严控、二评估、三暂停",教育引导宗教团体成员与信教群众进行疫苗接种。开展"平安护航建党百年"安全隐患大排查大整治专项行动和"安全生产月及安全生产万里行"活动,查清并整治安全防范工作漏洞隐患。开展宗教领域"四治"(治热、治乱、治假、治俗)专项工作,依法查处境外基督教渗透。

【民族帮扶】2021年,继续推动"双百村结对行动"落地,加强与龙游县沐尘畲族乡和龙泉市八都镇署网村沟通协调,落实帮扶资金85万元。开展少数民族困难家庭春节"送温暖"活动,走访慰问48户,共计发放资金7.2万元。

【民族团结】2021年,继续做好诸暨市慈善工作指导中心、店口镇明诚小学、天马实验学校(海亮援藏班)民族团结进步单位创建指导工作,其中天马实验学校(海亮援藏班)获全国政协主席汪洋视频连线肯定,被确立为第四批省级民族团结进步创建重点培育单位。协助3位穆斯林家长解决子女上学问题,办理少数民族高考优待事宜8件。

(统战部 俞钢阳)

社会事务

【殡葬管理】2021年,诸暨市继续推进节地生态安葬设施建设,23个乡镇街道完成节地生态安葬点建设,建有率100%。继续加强骨灰跟踪管理考核制度,入葬率达83%。全年累计发放惠民殡葬补贴447.19万元,惠及丧户5926户,实现殡葬基本服务全流程免费。数字精准赋能殡葬改革,通过"身后一件事"多跨场景应用平台,优化群众身后事办理流程,推进殡葬事项全流程数字化"一站式"服务,实现"浙里办"和"浙政钉"的身后一件事联办功能。

【婚姻登记】2021年,诸暨共办理结婚登记5661对、离婚登记1472对。25～29岁年龄段仍是结婚主流,初婚平均年龄27.7岁。其中男性初婚平均年龄是28.7岁,女性初婚平均年龄是26.6岁。1月1日起,离婚"冷静期"开始实施,减少冲动离婚情况发生。全年共受理离婚登记2701对,冷静期结束后双方未共同到婚姻登记处办理离婚登记手续的为994对,实际办理离婚登记1472对。2021年,诸暨市被列为全省集中补领婚姻登记证、补办结婚登记试点县市,全年累计办理补领结婚证20465对、补办结婚证1130对,办理数量位居全省前列。

【地名管理】2021年,全市共依法命名住宅小区18个,更名住宅小区3个,更名产业园4个,更名道路10条,命名道路19条,命名其他建筑物2个。新装路名牌183块,共设置门楼牌5695块。为企业、群众编制门牌号300余个,出具地址证明100余个。线上录入门牌信息近20万条。

【收养登记】2021年,继续做好收养评估调查,依法开展收养登记工作,共办理收养登记35起,解除收养4起。

【福利彩票公益金支出】2021年,

诸暨市福利彩票公益金支出合计1883.51万元，其中诸暨市级福利彩票公益金支出1152.03万元，省级补助的福利彩票公益金支出731.48万元。福彩公益金主要用于社会福利及公益事业，重点用于老年人、有特殊困难的群体的社会福利、公益设施建设、运行补助和受助对象直接受益的项目。

（民政局　黄铃）

社会福利与救助

【老年人生活福利】2021年，诸暨市继续构建幸福养老友好型社会。共建设61家“爱心食堂”，以“关爱基金＋助餐配餐”的形式，破解老年人“舌尖上的养老”难题。推广暖老“e家人”数字养老模式。11月底，建设完成市级养老服务中心，完成困难老年人家庭适老化改造650户。共发放养老服务补贴资金1727.89万元，同比增长5.28%，惠及4061名面临居家养老难题的困难、高龄老人。

【儿童福利】2021年，诸暨市继续强化未成年人关爱保护。进一步提高困境儿童基本生活养育费标准。机构养育孤儿2044元／月，社会散居孤儿年基本生活费1635元／月，全年为756名孤儿和困难儿童发放生活费875.22万元。加大节日慰问和助学补助力度，招募15家社会组织、4家志愿团体共400余人，在“六一”前为全市753名在册困境儿童送上价值22.59万元的节日慰问品；向2513名外来建设者子女开展“阳光下的童年”慰问活动；实施“福彩圆梦—孤儿助学”活动，对全市符合条件的8名孤儿和困境儿童发放1万元／人的助学金；在绍兴地区率先实现镇乡街道未成年人保护工作站全覆盖，建立未保站23个，配有儿童督导员24名、儿童主任513名、专职社工31名。

【最低生活保障】2021年，诸暨市继续完善社会救助政策，基本民生保障水平稳步提升。最低生活保障标准提高至890元／月。全年全市城乡低保共8237户10563人，低保边缘共1201户2350人，发放低保救助金10367.49万元。

【特困人员救助】2021年，继续实施特困人员救助工程，提高生活不能自理特困人员集中供养水平，全市共有特困人员313名，234人入住敬老院，入院率达74.76%，发放资金635.15万元。

【临时救助】2021年，继续加大困难群众临时救助力度。急难型临时救助提高救助时效性，继续开展“先行救助”；支出型临时救助严格执行办理程序。全年临时救助578户1215人，累计发放救助资金299.33万元。

【困难群众救助“一件事”】2021年，诸暨市按照省民政厅推进困难群众救助“一件事”集成联办改革要求，先行先试优化升级救助人员走访系统功能，为全省困难群众救助“一件事”“幸福码”延伸服务应用场景建设和推广提供可借鉴的经验，困难群众救助“一件事”中榜省数字社会第二轮“揭榜挂帅”项目。全年共探访困难群众26591人次、“幸福”清单送达8597次。10月，通过社会救助“助联体”签约8个“暨时助”社会组织参与社会救助服务项目，惠及1254名困难群众。

（民政局　周滔）

社会组织

【社会组织规模】2021年，诸暨市登记在册社会组织1200家，其中社会团体313家，民办非企业单位883家，基金会3家，另有全市备案的社区社会组织4093家。

【社会组织管理】2021年，继续开展乡镇社工站建设，实现全市镇乡街道社工站全覆盖，以枫桥镇、暨阳街道、浣东街道社工站为代表，打造出一批具有示范引领作用的社工站和社会工作服务品牌项目。以公益创投项目为载体，做好社会服务、社区治理，全年共有社会组织公益创投项目65个，部门需求公益创投及“优＋行动”认领项目15个。社会组织在疫情防控中的作用发挥明显，全市各类社会组织参与疫情自防自控累计8万余人次。

（民政局　陈航飞）

2021 年新成立社会团体一览表

表 26

序号	社团名称	统一信用代码	成立日期
1	诸暨市橄榄球协会	51330681MJ95402219	2021 年 12 月 8 日
2	诸暨市小吃产业协会	51330681MJ9540213E	2021 年 9 月 22 日
3	诸暨市应急救援协会	51330681MJ9540205K	2021 年 9 月 3 日
4	诸暨市暨阳街道西子社区社会组织联合会	51330681MJ9540192X	2021 年 8 月 17 日
5	诸暨市人力资源行业协会	51330681MJ95401768	2021 年 5 月 31 日
6	诸暨市暨阳街道五纹岭社区社会组织联合会	51330681MJ95401843	2021 年 6 月 15 日
7	诸暨市暨阳街道暨北社区社会组织联合会	51330681MJ9540168D	2021 年 5 月 25 日
8	诸暨市暨阳街道梁家埠社区社会组织联合会	51330681MJ954015XD	2021 年 4 月 19 日
9	诸暨市浣东街道陶湖社区社会组织联合会	51330681MJ9540141M	2021 年 3 月 15 日
10	诸暨市中药材产业协会	51330681MJ9540133T	2021 年 3 月 9 日
11	诸暨市博士专家联谊会	51330681MJ95401250	2021 年 2 月 5 日
12	诸暨市红枫义警联合会	51330681MJ95401175	2021 年 1 月 5 日
13	诸暨市排球运动协会	51330681MJ9540109A	2021 年 1 月 5 日

2021 年新成立民办非企业单位一览表

表 27

序号	社会服务机构名称	统一信用代码	成立日期
1	诸暨市鸿一美术馆	52330681MJ95551598	2021 年 12 月 3 日
2	诸暨市韶华教育培训中心	52330681MJ9555028C	2021 年 11 月 19 日
3	诸暨市振源教育培训中心	52330681MJ95547709	2021 年 11 月 17 日
4	诸暨市千学教育培训中心	52330681MJ9554981Q	2021 年 11 月 19 日
5	诸暨市勤信教育培训中心	52330681MJ95550367	2021 年 11 月 19 日
6	诸暨市小水滴教育培训中心	52330681MJ9554690M	2021 年 11 月 17 日
7	诸暨市新人人教育培训中心	52330681MJ9554818H	2021 年 11 月 18 日
8	诸暨市锐智教育培训中心	52330681MJ9555052W	2021 年 11 月 19 日
9	诸暨市攸培教育培训中心	52330681MJ9554869R	2021 年 11 月 18 日
10	诸暨市星园教育培训中心	52330681MJ95546072	2021 年 11 月 16 日
11	诸暨市优德教育培训中心	52330681MJ95544390	2021 年 11 月 15 日
12	诸暨市琢玉教育培训中心	52330681MJ9554391P	2021 年 11 月 12 日
13	诸暨市宇轩教育培训中心	52330681MJ9554738X	2021 年 11 月 17 日
14	诸暨市朗特教育培训中心	52330681MJ9554877L	2021 年 11 月 18 日

续表 27

序号	社会服务机构名称	统一信用代码	成立日期
15	诸暨市启越教育培训中心	52330681MJ9554586H	2021 年 11 月 16 日
16	诸暨市新天地龙博教育培训中心	52330681MJ9554949D	2021 年 11 月 19 日
17	诸暨市市级养老服务中心	52330681MJ9554156P	2021 年 11 月 4 日
18	诸暨市悦心教育培训中心	52330681MJ955464XA	2021 年 11 月 17 日
19	诸暨市思卓教育培训中心	52330681MJ9554631J	2021 年 11 月 17 日
20	诸暨市尚礼教育培训中心	52330681MJ9554551Y	2021 年 11 月 15 日
21	诸暨市智适应教育培训中心	52330681MJ9555079L	2021 年 11 月 19 日
22	诸暨市育杰教育培训中心	52330681MJ955501XC	2021 年 11 月 19 日
23	诸暨市爱尚学教育培训中心	52330681MJ95543084	2021 年 11 月 10 日
24	诸暨市快乐小博士教育培训中心	52330681MJ9554463G	2021 年 11 月 15 日
25	诸暨市明凯教育培训中心	52330681MJ9554922M	2021 年 11 月 18 日
26	诸暨市九章四季教育培训中心	52330681MJ9554236B	2021 年 11 月 8 日
27	诸暨市高博教育培训中心	52330681MJ95547971	2021 年 11 月 17 日
28	诸暨市佳博教育培训中心	52330681MJ9555060P	2021 年 11 月 19 日
29	诸暨市世纪教育培训中心	52330681MJ95549653	2021 年 11 月 19 日
30	诸暨市锐翰教育培训中心	52330681MJ95547896	2021 年 11 月 17 日
31	诸暨市木易教育培训中心	52330681MJ9554148W	2021 年 11 月 4 日
32	诸暨市泰佛尔教育培训中心	52330681MJ9554594C	2021 年 11 月 16 日
33	诸暨市涵学教育培训中心	52330681MJ9554703B	2021 年 11 月 17 日
34	诸暨市天作教育培训中心	52330681MJ955499XG	2021 年 11 月 19 日
35	诸暨市大华教育培训中心	52330681MJ9554201Q	2021 年 11 月 5 日
36	诸暨市荷花四季教育培训中心	52330681MJ9554930G	2021 年 11 月 19 日
37	诸暨市添力教育培训中心	52330681MJ9554295E	2021 年 11 月 9 日
38	诸暨市翰墨教育培训中心	52330681MJ9554527E	2021 年 11 月 15 日
39	诸暨市红枫林教育培训中心	52330681MJ9554316Y	2021 年 11 月 10 日
40	诸暨市新思维教育培训中心	52330681MJ955456XN	2021 年 11 月 16 日
41	诸暨市智诚教育培训中心	52330681MJ9554113A	2021 年 11 月 1 日
42	诸暨市慧星教育培训中心	52330681MJ9555001L	2021 年 11 月 19 日
43	诸暨市海培优教育培训中心	52330681MJ95547116	2021 年 11 月 17 日
44	诸暨市弘儒教育培训中心	52330681MJ9555124M	2021 年 11 月 26 日
45	诸暨市芝麻教育培训中心	52330681MJ9554623P	2021 年 11 月 16 日
46	诸暨市优阅教育培训中心	52330681MJ95544983	2021 年 11 月 15 日

续表 27

序号	社会服务机构名称	统一信用代码	成立日期
47	诸暨市太阳花教育培训中心	52330681MJ9554615W	2021 年 11 月 16 日
48	诸暨市海纳教育培训中心	52330681MJ955472XX	2021 年 11 月 17 日
49	诸暨市远景教育培训中心	52330681MJ9555116T	2021 年 11 月 23 日
50	诸暨市启蕙教育培训中心	52330681MJ9555140B	2021 年 12 月 1 日
51	诸暨市壬华教育培训中心	52330681MJ955448X3	2021 年 11 月 15 日
52	诸暨市青桥教育培训中心	52330681MJ9554164J	2021 年 11 月 4 日
53	诸暨市灵愉教育培训中心	52330681MJ95550442	2021 年 11 月 19 日
54	诸暨市理查德教育培训中心	52330681MJ9554471B	2021 年 11 月 15 日
55	诸暨市易之道教育培训中心	52330681MJ9554519K	2021 年 11 月 15 日
56	诸暨市桔灯教育培训中心	52330681MJ95549060	2021 年 11 月 18 日
57	诸暨市常春藤教育培训中心	52330681MJ95545359	2021 年 11 月 15 日
58	诸暨市星晨教育培训中心	52330681MJ9554682T	2021 年 11 月 17 日
59	诸暨市明德教育培训中心	52330681MJ9554260U	2021 年 11 月 8 日
60	诸暨市枫博教育培训中心	52330681MJ95549578	2021 年 11 月 19 日
61	诸暨市华翰鸣帆教育培训中心	52330681MJ955480XH	2021 年 11 月 18 日
62	诸暨市英华教育培训中心	52330681MJ9554973X	2021 年 11 月 19 日
63	诸暨市新四叶草教育培训中心	52330681MJ95546665	2021 年 11 月 17 日
64	诸暨市飞洋雅思托福教育培训中心	52330681MJ95545434	2021 年 11 月 15 日
65	诸暨市精牌教育培训中心	52330681MJ95541808	2021 年 11 月 4 日
66	诸暨市新启点教育培训中心	52330681MJ9555087F	2021 年 11 月 20 日
67	诸暨市百草园教育培训中心	52330681MJ9554893A	2021 年 11 月 18 日
68	诸暨市新睿教育培训中心	52330681MJ9554658A	2021 年 11 月 17 日
69	诸暨市宇墨教育培训中心	52330681MJ95544128	2021 年 11 月 12 日
70	诸暨市师徒理科大院教育培训中心	52330681MJ955413XW	2021 年 11 月 2 日
71	诸暨市育成教育培训中心	52330681MJ95542521	2021 年 11 月 8 日
72	诸暨市越人教育培训中心	52330681MJ9554826C	2021 年 11 月 18 日
73	诸暨市思华教育培训中心	52330681MJ9554885F	2021 年 11 月 18 日
74	诸暨市文森教育培训中心	52330681MJ9554746Q	2021 年 11 月 17 日
75	诸暨市宏意教育培训中心	52330681MJ9554754K	2021 年 11 月 17 日
76	诸暨市长远教育培训中心	52330681MJ9554359C	2021 年 11 月 11 日
77	诸暨市青成教育培训中心	52330681MJ9554172D	2021 年 11 月 4 日
78	诸暨市金麦田教育培训中心	52330681MJ955421XG	2021 年 11 月 8 日

续表 27

序号	社会服务机构名称	统一信用代码	成立日期
79	诸暨市知音教育培训中心	52330681MJ95548422	2021 年 11 月 18 日
80	诸暨市昂天教育培训中心	52330681MJ9554404D	2021 年 11 月 12 日
81	诸暨市博远教育培训中心	52330681MJ95551080	2021 年 11 月 23 日
82	诸暨市征豪教育培训中心	52330681MJ9554287K	2021 年 11 月 9 日
83	诸暨市晨阳教育培训中心	52330681MJ9554383W	2021 年 11 月 12 日
84	诸暨市博林教育培训中心	52330681MJ95548347	2021 年 11 月 18 日
85	诸暨市荣怀教育培训中心	52330681MJ9554228G	2021 年 11 月 8 日
86	诸暨市品智教育培训中心	52330681MJ9554850W	2021 年 11 月 18 日
87	诸暨市晓二郎教育培训中心	52330681MJ9554447T	2021 年 11 月 15 日
88	诸暨市优倍教育培训中心	52330681MJ9554340F	2021 年 11 月 11 日
89	诸暨市学诚教育培训中心	52330681MJ9554578N	2021 年 11 月 16 日
90	诸暨市若兰教育培训中心	52330681MJ95543752	2021 年 11 月 11 日
91	诸暨市金学教育培训中心	52330681MJ95542446	2021 年 11 月 8 日
92	诸暨市学偲教育培训中心	52330681MJ95543677	2021 年 11 月 11 日
93	诸暨市书墨雅苑教育培训中心	52330681MJ9555095A	2021 年 11 月 20 日
94	诸暨市天诚教育培训中心	52330681MJ9554279Q	2021 年 11 月 9 日
95	诸暨市小红帽教育培训中心	52330681MJ9554332L	2021 年 11 月 11 日
96	诸暨市优加教育培训中心	52330681MJ9554455M	2021 年 11 月 15 日
97	诸暨市心壹教育培训中心	52330681MJ9554324R	2021 年 11 月 10 日
98	诸暨市九福教育培训中心	52330681MJ95541215	2021 年 11 月 1 日
99	诸暨市驿海教育培训中心	52330681MJ9554500N	2021 年 11 月 15 日
100	诸暨市文源教育培训中心	52330681MJ9554762E	2021 年 11 月 17 日
101	诸暨市福田之星教育培训中心	52330681MJ95544203	2021 年 11 月 15 日
102	诸暨市君问教育培训中心	52330681MJ9554914T	2021 年 11 月 18 日
103	诸暨市隆腾教育培训中心	52330681MJ95541995	2021 年 11 月 4 日
104	诸暨市昱晨教育培训中心	52330681MJ95546740	2021 年 11 月 17 日
105	诸暨市奇彩教育培训中心	52330681MJ9554105F	2021 年 10 月 29 日
106	诸暨市智习教育培训中心	52330681MJ9555132G	2021 年 11 月 29 日
107	诸暨市悦一家养老服务社	52330681MJ9554092R	2021 年 9 月 9 日
108	诸暨市欣求社区发展中心	52330681MJ9554084Y	2021 年 8 月 19 日
109	诸暨市中广职业技能培训学校	52330681MJ95540764	2021 年 8 月 17 日
110	诸暨市暨益社会工作服务中心	52330681MJ95540689	2021 年 8 月 13 日

续表 27

序号	社会服务机构名称	统一信用代码	成立日期
111	诸暨市博涵职业技能培训学校	52330681MJ955405X9	2021 年 8 月 11 日
112	诸暨市万众职业技能培训学校	52330681MJ9554041H	2021 年 7 月 29 日
113	诸暨市益江南社会工作服务与发展中心	52330681MJ9554033N	2021 年 7 月 23 日
114	诸暨市旭日社会工作服务中心	52330681MJ9554025U	2021 年 7 月 22 日
115	诸暨市星火社会工作服务中心	52330681MJ95540171	2021 年 7 月 21 日
116	诸暨市姚江镇敬贤志愿服务中心	52330681MJ95540096	2021 年 6 月 18 日
117	诸暨市民进开明暨阳公益中心	52330681MJ95539975	2021 年 6 月 17 日
118	诸暨市东白湖镇雄踞村邻社家服务中心	52330681MJ9553989A	2021 年 6 月 4 日
119	诸暨市悦宝儿童康复中心	52330681MJ9553970D	2021 年 5 月 17 日
120	诸暨市东白湖镇新东村邻社家服务中心	52330681MJ9553962J	2021 年 5 月 6 日
121	诸暨市新时代女性促进中心	52330681MJ9553954P	2021 年 4 月 28 日
122	诸暨市跃旺书画文化艺术品交流中心	52330681MJ95539382	2021 年 3 月 23 日
123	诸暨市戴思恭康养研究院	52330681MJ9553946W	2021 年 3 月 26 日
124	诸暨市牧云职业技能培训学校	52330681MJ955392X2	2021 年 3 月 15 日
125	诸暨市宏宇浣江养老中心	52330681MJ9553890R	2021 年 1 月 19 日
126	诸暨市蓝盾反诈志愿服务队	52330681MJ9553903F	2021 年 1 月 20 日
127	诸暨市博爱公益服务中心	52330681MJ9553882Y	2021 年 1 月 18 日
128	诸暨市青晨八点青少年发展促进中心	52330681MJ95538744	2021 年 1 月 14 日
129	诸暨市事学社会工作服务中心	52330681MJ9553911A	2021 年 1 月 25 日
130	诸暨市越红博物馆	52330681MJ95538669	2021 年 1 月 6 日

2021 年诸暨市新成立备案类社会组织一览表

表 28

序号	社会组织名称	成立日期	备案证号
1	诸暨市大唐街道柱峰村爱心食堂服务队	2021 年 12 月 24 日	3306810050322
2	同山镇布谷鸟志愿服务队	2021 年 12 月 3 日	3306811160178
3	诸暨市次坞镇书画社	2021 年 1 月 18 日	3306811030269
4	诸暨市次坞镇民乐团	2021 年 1 月 18 日	3306811030268
5	诸暨市大唐街道上余村爱心食堂服务队	2021 年 12 月 1 日	3306810050321
6	诸暨市枫桥游泳协会	2021 年 9 月 10 日	3306811090348
7	诸暨市暨阳街道房车露营协会	2021 年 9 月 28 日	3306810011280
8	诸暨市浣东街道陶湖社区应急救援冲锋队	2021 年 10 月 10 日	3306810020301

续表 28

序号	社会组织名称	成立日期	备案证号
9	诸暨市浣东街道陶湖社区万达姐妹舞蹈队	2021 年 10 月 10 日	3306810020300
10	诸暨市浣东街道陶湖社区巾帼红妈妈护河队	2021 年 10 月 10 日	3306810020299
11	诸暨市浣东街道陶湖社区文体宣传队	2021 年 10 月 10 日	3306810020298
12	诸暨市浣东街道陶湖社区守护家园垃圾分类宣导队	2021 年 10 月 10 日	3306810020297
13	诸暨市浣东街道陶湖社区好邻里志愿服务队	2021 年 10 月 10 日	3306810020296
14	诸暨市浣东街道陶湖社区健康使者志愿服务队	2021 年 10 月 10 日	3306810020295
15	诸暨市浣东街道陶湖社区丰达文化舞蹈队	2021 年 10 月 10 日	3306810020294
16	诸暨市浣东街道陶湖社区向日葵讲师团	2021 年 10 月 10 日	3306810020293
17	诸暨市暨阳街道浣纱社区居家养老服务队	2021 年 10 月 11 日	3306810011278
18	诸暨市暨阳街道浣纱社区门球队	2021 年 10 月 11 日	3306810011277
19	诸暨市暨阳街道浣沙社区老年体协	2021 年 10 月 9 日	3306810011276
20	诸暨市暨阳街道浣沙社区轩德太极队	2021 年 10 月 9 日	3306810011275
21	诸暨市暨阳街道浣纱社区帮困助残队	2021 年 10 月 9 日	3306810011274
22	诸暨市暨阳街道浣纱社区丝韵葫芦丝队	2021 年 10 月 9 日	3306810011273
23	诸暨市暨阳街道浣纱社区戏曲队	2021 年 10 月 9 日	3306810011272
24	暨阳街道浣纱社区夕阳红志愿者服务队	2021 年 9 月 26 日	3306810011271
25	诸暨市暨阳街道浣纱社区夕阳敬老队	2021 年 9 月 26 日	3306810011270
26	诸暨市暨阳街道江东社区护绿环保宣教队	2021 年 9 月 26 日	3306810011269
27	诸暨市暨阳街道江东社区反诈宣传队	2021 年 9 月 26 日	3306810011268
28	诸暨市暨阳街道江东社区和事佬调解队	2021 年 9 月 26 日	3306810011267
29	诸暨市暨阳街道江东社区先锋红歌队	2021 年 9 月 24 日	3306810011266
30	诸暨市暨阳街道江东社区棋牌队	2021 年 9 月 24 日	3306810011265
31	诸暨市暨阳街道江东社区邻里守望队	2021 年 9 月 24 日	3306810011264
32	诸暨市陶朱街道物业单位联合会	2021 年 1 月 28 日	3306810030406
33	诸暨市暨阳街道江东社区戏曲队	2021 年 9 月 23 日	3306810011263
34	诸暨市暨阳街道江东社区消防巡查志愿队	2021 年 9 月 22 日	3306810011262
35	诸暨市暨阳街道江东社区碧水联盟宣教队	2021 年 9 月 22 日	3306810011261
36	诸暨市暨阳街道西子社区巾帼志愿服务队	2021 年 6 月 1 日	3306810011260
37	诸暨市暨阳街道西子社区法律知识宣传服务队	2021 年 6 月 1 日	3306810011259
38	诸暨市安华镇清平周氏宗亲理事会	2021 年 5 月 18 日	3306811170351
39	白门火炬应急突击队	2021 年 7 月 1 日	3306810030405
40	诸暨市东白湖镇乡贤理事会	2021 年 8 月 4 日	3306811230111
41	诸暨市东白湖应急救援队	2021 年 7 月 21 日	3306811230110

续表 28

序号	社会组织名称	成立日期	备案证号
42	店口镇应急救援志愿者协会	2021 年 6 月 28 日	3306811040630
43	诸暨市山下湖镇广山村关心关爱协会	2021 年 6 月 30 日	3306811080191
44	诸暨市山下湖镇枫江村关心关爱协会	2021 年 1 月 1 日	3306811080189
45	诸暨市暨阳街道西子社区公益讲师团队	2021 年 6 月 10 日	3306810011257
46	诸暨市暨阳街道西子社区义务巡防队	2021 年 6 月 10 日	3306810011256
47	诸暨市暨阳街道西子社区护苗行动公益团队	2021 年 6 月 10 日	3306810011255
48	诸暨市暨阳街道西子社区乒乓球队	2021 年 6 月 10 日	3306810011254
49	诸暨市暨阳街道社工站“金色阳光”越剧队	2021 年 6 月 10 日	3306810011253
50	诸暨市枫桥镇姐妹花志愿者协会	2021 年 5 月 20 日	3306811090347
51	诸暨市暨阳街道西子社区春暖爱心公益团队	2021 年 5 月 25 日	3306810011252
52	诸暨市暨阳街道社工站“金色阳光”唱歌队	2021 年 5 月 26 日	3306810011251
53	诸暨市暨阳街道社工站“金色阳光”书法队	2021 年 5 月 24 日	3306810011250
54	诸暨市暨阳街道城北安顺义警协会	2021 年 5 月 19 日	3306810011248
55	诸暨市璜山镇璜山社区幸福里志愿服务队	2021 年 5 月 20 日	3306811190088
56	道林山村小棉袄关心关怀协会	2021 年 5 月 24 日	3306811030266
57	诸暨市江西袜业联谊会	2021 年 5 月 21 日	3306810050320
58	大唐街道杨家楼村排舞协会	2021 年 5 月 10 日	3306810050319
59	诸暨市暨阳街道茅渚埠社区反诈宣传队	2021 年 5 月 10 日	3306810011247
60	诸暨市暨阳街道茅渚埠社区先锋志愿者协会	2021 年 5 月 13 日	3306810011246
61	诸暨市暨阳街道茅渚埠社区旗袍队	2021 年 5 月 11 日	3306810011245
62	诸暨暨阳街道茅渚埠社区爱心志愿服务队	2021 年 5 月 10 日	3306810011244
63	诸暨市暨阳街道茅渚埠社区垃圾分类志愿者协会	2021 年 5 月 11 日	3306810011243
64	诸暨市暨阳街道茅渚埠社区协调志愿者协会	2021 年 5 月 11 日	3306810011242
65	诸暨市小浬志愿者协会	2021 年 4 月 20 日	3306811220075
66	诸暨市浬浦镇红盾反诈志愿服务社	2021 年 3 月 15 日	3306811220074
67	诸暨市璜山镇盆景艺术协会	2021 年 4 月 25 日	3306811190087
68	诸暨市应店街镇五泄源生态保护协会	2021 年 4 月 23 日	3306811020268
69	诸暨市同山酒乡书画社	2021 年 4 月 15 日	3306811160177
70	诸暨市暨南街道“春暖”志愿服务队	2021 年 3 月 16 日	3306810040316
71	诸暨市暨南街道“家社通”志愿服务队	2021 年 3 月 16 日	3306810040315
72	“搭把手”暖邻助老团	2021 年 3 月 8 日	3306810030401
73	三新村互助关爱协会	2021 年 2 月 26 日	3306811160176
74	南源村互助关爱协会	2021 年 2 月 26 日	3306811160175

续表 28

序号	社会组织名称	成立日期	备案证号
75	绿剑村互助关爱协会	2021 年 2 月 26 日	3306811160174
76	诸暨市山下湖镇珠乡救援队	2021 年 2 月 4 日	3306811080188
77	浙江省诸暨市浣东街道陶湖社区居民委员会红白理事会	2021 年 2 月 3 日	3306810020291
78	诸暨市浣东街道陶湖社区红白理事会	2021 年 1 月 22 日	3306810020290
79	陶朱街道燕儿助老爱心会	2021 年 1 月 15 日	3306810030400
80	诸暨市暨阳街道梁家埠社区红袖章治安巡逻队	2021 年 1 月 15 日	3306810011241
81	诸暨市暨阳街道梁家埠社区门前和事佬调解队	2021 年 1 月 15 日	3306810011240
82	诸暨市暨阳街道梁家埠社区红星闪闪志愿服务队	2021 年 1 月 15 日	3306810011239
83	诸暨市暨阳街道梁家埠社区多彩文体队	2021 年 1 月 15 日	3306810011238
84	诸暨市暨阳街道梁家埠社区老年协会	2021 年 1 月 15 日	3306810011237
85	诸暨市暨阳街道金鸡山社区护河志愿者队	2021 年 1 月 14 日	3306810011236
86	诸暨市暨阳街道金鸡山社区党员志愿者队	2021 年 1 月 14 日	3306810011235
87	诸暨市暨阳街道金鸡山社区老年协会	2021 年 1 月 14 日	3306810011234
88	诸暨市暨阳街道金鸡山社区丽人舞蹈队	2021 年 1 月 14 日	3306810011233
89	诸暨市暨阳街道金鸡山社区平安志愿者协会	2021 年 1 月 14 日	3306810011232
90	诸暨市大唐街道众爱志愿服务总社	2021 年 1 月 12 日	3306810050317
91	诸暨市暨阳街道江东社区平安志愿者队伍	2021 年 1 月 11 日	3306810011231
92	诸暨市暨阳街道江东社区党员志愿服务队	2021 年 1 月 11 日	3306810011230
93	诸暨市暨阳街道江东社区书法绘画队	2021 年 1 月 11 日	3306810011229
94	诸暨市暨阳街道江东社区越秀舞韵舞蹈队	2021 年 1 月 11 日	3306810011228
95	诸暨市暨阳街道江东社区越家人志愿队	2021 年 1 月 11 日	3306810011227
96	诸暨市岭北镇乡贤咨政理事会	2021 年 1 月 1 日	3306811210080
97	诸暨市岭北镇关爱残疾人扶残助残协会	2021 年 6 月 1 日	3306811210079
98	诸暨市暨阳街道五纹岭社区安达志愿者队	2021 年 1 月 6 日	3306810011226
99	诸暨市暨阳街道五纹岭社区五心志愿者队	2021 年 1 月 6 日	3306810011225
100	诸暨市暨阳街道五纹岭社区轻歌曼舞队	2021 年 1 月 6 日	3306810011224
101	诸暨市暨阳街道五纹岭社区春暖志愿行列	2021 年 1 月 6 日	3306810011223
102	诸暨市暨阳街道五纹岭社区 365 志愿服务队	2021 年 1 月 6 日	3306810011222
103	暨南街道反邪教协会	2021 年 1 月 4 日	3306810040313
104	诸暨市暨阳街道茅渚埠社区文明志愿者协会	2021 年 1 月 4 日	3306810011221
105	诸暨市暨阳街道茅渚埠社区巾帼志愿者协会	2021 年 1 月 4 日	3306810011220
106	诸暨市大唐街道开元社区邻里纠纷调解会	2021 年 8 月 17 日	3306810050054

市慈善总会

【概况】2021 年，诸暨市慈善总会全年各项收入合计 5030.5 万元，其中诸暨市本级捐赠收入 3848 万元（含慈善基金收入 2570.5 万元，日常捐赠、慈善一日捐和定向捐赠收入 1277.5 万元），镇乡街道、系统基金捐赠收入 307 万元，本金保值收入 875.5 万元。全年慈善公益服务支出 2110 笔，总额 4435.6 万元，其中市本级支出 3831.8 万元（含慈善基金支出 1892 万元，一日捐和定向支出 1168.7 万元，慈善政策救助、慈善项目活动支出 771.1 万元），镇乡街道、系统基金支出 603.8 万元。2021 年共惠及群众约 19 万人次（不含省外援救助人数）。诸暨城市慈善发展指数排名全省县市区第一。

【定向捐赠】全年定向捐赠 671.2 万元，均按捐赠者意愿拨付到位。其中定向捐赠各村级关爱基金 273 万元，定向捐赠“爱心早餐”公益基金 223 万元。

【新增慈善基金】2021 年，新建慈善基金 9 个，基金增量 678.1 万元。市慈善总会按照“谁的基金谁做主”原则进行资金筹募和救助帮扶。通过发动宣传做好资金增量，规范公开帮困解难。

【慈善信托】2021 年，市慈善总会通过多种渠道推送慈善信托概念，普及慈善信托相关知识，扩大慈善信托知晓率，联系企业、个人，接洽建立慈善信托事项。6 月 18 日，诸暨市首单慈善信托项目——“日心月益”慈善信托项目签约仪式在诸暨市社会组织服务中心举行。该慈善信托由慈善总会出资 30 万元委托万向信托股份公司设立，用于开展慈善助学活动，促进儿童教育和特殊教育事业发展。8 月下旬，“爱戴”慈善信托正式落地。10 月，次坞镇乡贤徐新喜、俞林林夫妇全资捐赠 1000 万元设立慈善信托基金。

【“慈善一日捐”活动】2021 年 9 月 6 日，以“汇集慈善力量 · 助力共同富裕”为主题的 2021 年诸暨市“慈善一日捐”（关爱基金）活动启动仪式在市会展中心举行，绍兴市委常委、诸暨市委书记沈志江，市人大常委会主任姚汉松，市政协主席郭浩良，市委副书记潘超英等市四套班子领导及人武部政委、法检两长参加启动仪式并带头捐款。市慈善总会负责“慈善一日捐”善款的接收、统计和管理，并做好公示。共收到捐款 314 笔，捐款金额 4975331.1 元。按照市有关部门对“慈善一日捐”善款使用意见进行划拨，其中 150 万元划拨至“爱心早餐”公益基金，347.53 万元划拨至各镇乡街道“爱心食堂”。

【政策性救助】2021 年，诸暨市共发布慈善救助政策 15 个，标准化慈善救助。全年刚性救助支出 824.7 万元，惠及 1669 人，其中政策性助学支出 322.4 万元，惠及 948 人，政策性助医支出 346.8 万元，惠及 550 人，政策性助困支出 136.5 万元，惠及 135 人。

【慈善项目】2021 年 9 月 5 日，中华慈善日当天，诸暨慈善标识“日心月益”在诸暨市社会组织服务中心发布。该标识由日、月两个字组成爱心造型。“日心月益”是市慈善事业指导中心联合市慈善总会推出的一个慈善文化工程，以“日怀善心，月行公益”为基调，以“人人可慈善，处处皆慈善”为目标，搭建集合慈善项目、慈善文化、慈善品牌、慈善站点等元素的慈善综合体。

“日心月益”爱心驿站。2021 年新建 7 个社区爱心驿站，12 月委托第三方对全市 30 家爱心驿站进行评估，3 家评估等级为优秀，9 家评估等级为良好，分别给予 2 万元和 5000 元奖励。

2021 年 6 月 18 日，诸暨市“日心月益”慈善信托项目签约仪式举行（慈善总会提供）

"日心月益"慈善空间。4月20日，诸暨市老年书协挂牌"慈善空间"，成为全市第7个慈善空间。为推动慈善空间规范化建设，秘书处围绕"一块牌子""两个组织""三次活动""四个上墙"草拟制定《诸暨市"日心月益"慈善空间建设与管理办法（意见征求稿）》。

"日心月益"慈善活动。按"月月有活动，人人可参与"的原则，以"日心月益"为主题策划开展具有诸暨特色的慈善活动，打造品牌化的慈善项目。6月，围绕"童年"主题，在市特殊教育学校、斯民小学以及4所外来建设者子女集中就读的学校开展"阳光下的童年"儿童节慰问活动，援助资金用于购买学生文具、课外书籍。7月20日，围绕"益夏"主题，联合枫桥镇义工联合会慰问环卫工人，赠送清凉礼包、赠送体检套餐、开展便民服务等。8月，围绕"希望"主题，联合祥生圆梦公益基金开展"圆梦28"助学项目，分别在7月28日和8月28日为符合资助条件的大学生（含大学新生）发放每人每年5000元的助学金。此外还向全市700多名困境儿童发放人均3000元的慈善助学金。9月，围绕"向善"主题，开展"中华慈善日"系列活动，通过慈善寄语、慈善表彰、慈善项目上线、慈善品牌发布等活动，营造慈善氛围。10月，围绕"重阳"主题开展敬老活动，慰问37名中华人民共和国成立前入党的农村"三老"人员及农村抗战老兵，送上每人5000元的慰问金。11月，围绕"益冬"主题，携手枫桥镇义工联合会慰问枫桥镇130名环卫工人，每人赠送价值300元的慰问物资，多家爱心企业、商家参与赞助。12月，围绕"有光"主题，委托诸暨市社会组织服务中心开展"日心月益"爱心驿站评估活动。

（慈善总会　赵珈瑜）

移民安置

【移民规模】2021年，全市共有大中型水库后扶移民34724人，其中直补移民25607人，项目扶持移民9117人，发放移民直补资金1545.265万元。通过慈善总会救助平台开展水库移民大病救助67人112万元；移民临时困难救助72人（户）15.25万元，全年发放救助资金共127.25万元。

【移民扶持救助】2021年，根据省移民办、省财政厅《关于浙江省大中型水库移民后期扶持直接补助资金发放有关事项的补充通知》，诸暨市直补资金由季度发放改为年度一次性发放，利用社保系统、公安系统、计生系统等部门平台，发挥大数据赋能作用，精准比对移民身份信息。继续以提振村级集体经济收入为切入点，盘活移民资金，做好资金整合、项目择优、过程监管三篇"文章"，扶持方式继续由"输血"向"造血"转变，助力乡村振兴。共下达水库移民后扶项目59个，补助资金4326.53万元。同时，申报浙江省水库移民共同富裕示范项目，将诸暨市列入新时代美丽移民村建设试点县市。

（民政局　陈霞妮）

关心下一代工作

【概况】2021年，诸暨市关心下一代工作按照"党建带关建"的总体要求，加强思想建设、组织建设、自身建设。5月6日，诸暨市关心下一代工作委员会成立三十周年，在会展中心召开庆祝会，省关工委副主任徐全升，绍兴市委常委、诸暨市委书记沈志江出席并讲话。会议回顾30年发展成绩和经验，布置下一步工作重点。12月，市关工委印制反映30年所取得成就的画册《西施故里关爱情》300本，分发至各镇乡街道、成员单位关工委及爱心人士、骨干"五老"。2021年，杨光照被评为"全国普法教育优秀辅导员"；陈幼权被评为"全国教育系统关心下一代工作先进工作者"；陈善钊被浙江省关工委评为"红船精神优秀五老宣讲员"。省级主流媒体对诸暨市关工委作3次专题报道。

【主题教育】2021年，诸暨市围绕省关工委"百年潮涌·红船精神薪火相传"主题教育活动，联合宣传部、教体局组织社会主义核心价值观报告团，挖掘本地红色资源，深入学校、企业、社区（村）开展"红色百年史"大宣讲活动。共计宣讲554场次。其中关工委思想道德宣讲团宣讲58场次；妇联家庭教育讲师团宣讲230场次；司法局普法宣讲团线下宣讲15场次；线上法制教育讲座116场次；线上线下参与人数30万人次；科协科普讲师团宣讲46场，劳模工匠精神宣讲团开展活动89场次，参加青少年1300人次，覆盖5所中小学校7所高中。同时，关工委联合市教体局举行励志少年评比；联合团市委、教体局、科协评比少年英才奖，授予 30 名同学少年英才称号。

【关心下一代教育基地建设】2021 年，继续开展浙江省、绍兴市、诸暨市级关心下一代教育基地创建，并与属地学校的签订共建协议。全年新申报 15 个诸暨市级基地，下一步做好验收工作。次坞镇俞秀松纪念馆、山下湖镇浙江米果果小镇创建为绍兴市关心下一代教育基地。至年末，市关工委省级关心下一代教育基地有 2 个（诸暨市青少年“枫桥经验”传承基地、诸暨市青少年乡村教育体验基地），绍兴市级基地 3 个，诸暨市级基地 40 个。其中，诸暨市青少年“枫桥经验”传承基地争创“全国第五批党史国史教育基地”。5 月，关工委会同市委政法委、市教体局制定《诸暨市青少年“枫桥经验”传承基地创建“全国关心下一代党史国史教育基地”实施方案》，成立以王琤为组长的创建工作领导小组。同时培养一批“枫桥经验”红领巾讲解员，在全市青少年研学过程中承担讲解工作，编写青少年版“枫桥经验”解说词。2021 年，全市组织近 5000 名学生开展青少年枫桥经验传承基地研学活动。市政府投资 6 万元拍摄资金，配合浙江少儿频道，拍摄《历久弥新 代代相传——诸暨市青少年枫桥经验传承基地》。5 月 27 日，该片在浙江电视台少儿频道播出，该基地成为绍兴市唯一一家面向全省推荐的关工委教育基地。

诸暨市青少年“枫桥经验”传承基地的红领巾讲解员讲解现场（关工委提供，摄于 2021 年 11 月）

【“幸福之家”项目】2021 年，关工委结合《诸暨市中小学心理健康“幸福行动”实施方案》，实施“幸福之家”行动计划。1 月 10 日，浙江新闻联播播出《情系下一代 携手护成长：诸暨市“幸福之家”守护下一代健康成长》专题报道。1 月 12 日，《浙江教育报》以《诸暨市有个关爱学生的幸福之家》为“幸福之家”行动计划点赞。2 月，与诸暨市教体局联合在斯民小学启动“认识诗经中的植物”特色课程开发。5 月，设立诸暨市“幸福之家”个案辅导点——“幸福之家舒心园”“幸福之家暖心园”“幸福之家惠悦园”。巡特警大队设立“幸福之家警暖园”，斯民小学设立“幸福之家 · 温暖园”，浣东初中设立“幸福之家 · 心苑”，牌头中学设立“幸福之家 · 同文园”4 个教育点。全年“幸福之家”行动计划共开展青少年心理健康活动（个案、团队辅导）共 208 场次，参加青少年 941 人次；开展线上教育活动 12 场次、参加青少年 8 万多人次。其中“幸福成长营”项目被纳入全省社会组织公益项目。

【助学助困】2021 年，继续做好“爱心助成才，共圆大学梦”等助学项目，同时提升“圆梦微心愿”“边缘困境儿童慰问”“重病患儿慰问”等关爱项目的服务水平，做到扶贫扶志并重，做好助学后半篇文章。1 月 29 日，诸暨市关工委联合市烟草集团为 7 名边缘困境儿童发放 2 万元慰问金。持续做好暑期大学助学工作，“爱心助成长 共圆大学梦”共为 119 人牵线搭桥 147.7 万元爱心资金，“炉峰慈联 天天向上”奖学金共支出 19.4 万元惠及 113 人，革命老区爱心营养餐发放 415 人 33.2 万元，绍兴市励志奖学金发放 19 人共计 9.5 万元。为 41 名“边缘困境儿童”发放 4.1 万元帮困金，为 15 名重病患儿发放 3 万元关爱金。为 348 名应店街紫阆、姚江墨城坞、东白湖西岩小学的学生发放价值 26860.8 元的微心愿礼物。

（关工委 周巧琴）

暨阳街道

【概况】暨阳街道地处诸暨市中心,是诸暨市人民政府所在地。辖区总面积74.9平方千米,户籍人口16.1万人,常住人口27.4万人,下辖28个行政村(居),23个社区。2021年,暨阳街道紧扣"一个目标、三大通道、五项工程"决策部署,稳疫情、增动能、优环境、保平安,推动经济社会各项事业稳健发展。实现财政收入22.5亿元,规上工业总产值62.2亿元,工业固定资产投资17.39亿元,服务业固定资产投资10.86亿元,规上工业增加值增速达24.4%。限上批零住餐销售额达到194亿元,规上其他营利性服务业营业收入9.1亿元,指标同比增长均超过23%。

【项目建设】2021年,暨阳街道继续攻坚项目建设,提升区域竞争力。狠抓重点工业项目,街道入库在报的5000万元以上工业项目21个,其中总投资15亿元的数字安防产业园项目、总投资4.7亿元的全兴精工江苏回归项目和总投资5亿元的大健康产业园项目正在主体建设中。服务业项目建设总投资5000万元以上项目5个,其中总投资15.5亿元的希尔顿酒店项目完成主体结顶,总投资8亿元的妇保院易地新建项目主体施工中。北京天链测控投资2亿元的30亩用地落地江龙园区。全年引进市外境内资金11.5亿元,引进外资637万美元。

【产业升级】2021年,继续坚持"抓大""扶小""育新"并举,实现产业规模持续壮大,完成"个转企"70家,工业"小升规"10家,"下升上"11家,新设立股份制企业3家。以数字化赋能制造业高质量发展为目标,申报数字化车间5家、高新技术企业9家、科技型中小企业26家,实现发明专利科技成果转化3个,企业上云1358家。

【城乡建设】2021年,投资约3亿元开展城中村雨污分流整治,其中8个雨污分流项目开工进场。投资560万元开展道路大中修及联网工程,3条公路均完工。投资40万元提升道路交通配套设施,加大黑点路段整治力度。投资约700万元实施3个村的高标准农田新建项目和同乐上村高标准农田提升项目。房屋土地管理做好市级重点工程政策处理工作,全年征收土地15宗,面积约600亩。推进"三改一拆",拆除违法建筑7起,建筑面积6.3万平方米,占地1.5万平方米,拆后利用率达到100%。农村住房保障工作完成农民建房"一件事"网上审批33户,解决历年私人建房遗留问题3户,审批原拆原建31户。人居环境结合全国文明典范城市创建、国家卫生城市复审等，多次开展专项整治行动，清理乱堆乱放5400余起。继续推行垃圾分类，创成省级高标准生活垃圾分类示范小区3个、绍兴市农村垃圾分类示范村1个，投资30万余元开展安家湖沼气站星级资源化提升改造工程，投资218万元改造升级垃圾分类投放站点。

【民生实事】2021年，暨阳街道新建文化礼堂4家、社区文化家园1家、小区文化驿站3家，爱心食堂2家；募集关爱基金750万元，服务群众5000余人；开展暨阳益家人志愿服务进小区活动，服务群众7万余人。配合相关部门做好东江幼儿园、西子幼儿园新建幼儿园建设，东江幼儿园开园。疫情防控常态化开展，落实辖区各公共场所"亮码"、测温工作，持续跟进省、市疫情防控平台数据处理工作，排查疫情防控数据24万余条。民生保障工作全年实现在册低保走访率100%；残疾人基本状况调查入户率98.9%；办理农村籍退役士兵身份认定51人；完成春节慰问、"八一"慰问工作。"最多跑一次"持续改革打造11个"一站式办理"村社便民服务示范平台；按最新标准改造示范型村级便民服务中心19个，数量居全市第一；街道便民服务大厅2.0事项窗口"一网通办"率达到85%以上；"最多跑一次"年平均实现率达95%，满意率达99.5%。办理社保类业务1.5万件、各类营业执照类业务8693件、"身后一件事"1285件。

【社会治理】2021年，根据各社区的区位条件和优势资源，把12个社区整合成党建引领社区组织的"江邻有爱"、党建引领红色物业的"阳和里"、党建引领三方协同治理的"新邻一家"等3个区域共建品牌。持续推进"支部建在小区上"，建立小区（网格）支部161个，成立新业态党组织2个，"长弄堂"商圈党建联盟举办商社活动28场，开设公益课堂246节次。化解国家局交（督）办件1件、国家级重复交（督）办件35件、省级重复交（督）办件13件，以及绍兴、诸暨、历史积案29件；受理日常接访、各类上级交办及系统交办信访546件，受理"12345"信访1541件，按时办结率均达100%；办理各级信访代办件530余件。建立街道、村级、企业人民调解委员会共70个，调处化解各类矛盾纠纷1622起。

（暨阳街道　王千亦）

2021年6月18日，暨阳街道"江邻有爱"社区区域党建品牌发布会现场（暨阳街道提供）

陶朱街道

【概况】陶朱街道位于浦阳江西侧，东邻暨阳街道，南连大唐街道，西接应店街镇，北靠姚江镇，是诸暨经济开发区的核心区域和诸暨产业经济的主要集聚区。陶朱街道总面积94.98平方千米，下辖9个社区（其中城市社区4个、农村社区5个）、16个行政村，户籍人口6.35万人，流动人口6.24万人。三条城市环线贯穿东西，浙赣铁路、杭金衢高速穿境而过，境内设有诸暨火车站、杭金衢高速互通口、新亭埠码头，高铁通勤列车20分钟往返杭诸、78分钟往返沪诸，形成"三环两纵一港口"立体交通格局。2021年，街道实现规上工业总产值252.87亿元，同比增长34.67%；财政收入14.8亿元，同比增长19.7%。

【双招双引】2021年，陶朱街道继续以招大招新为导向，累计招引5亿元以上项目9个，亿元以上项目5个，总投资超80亿元。对15个落地项目实施"一对一"项目跟踪服务机制。以招才引智为牵引，建成陶朱街道智慧人才服务平台。累计指导申报各类人才项目同比增长200%，引进国家级人才11个，省级及以上人才13个。向78名高层次人才落实政策100余次。

【产业升级】2021年，继续以产业转型为牵引，试点工业全域治理，衔接G60创新港主平台，加快实现数字产业化、产业数字化。全年新增数字经济核心产业制造业企业4家、国家级专精特新小巨人1家，认定省企业研究院2家、省高企研发中心7家、国家高新技术企业25家，规上企业研发费用8.6亿元，同比增长119%，占全市比重为17.44%。

【民生实事】2021年，继续挖掘土地资源，通过置换留置用地、激活闲置农房等方式壮大村集体经济，所有行政村集体经营性收入超30万元，龙山社区、西湖村、唐山村等12个村社超100万元。推进农田水利工程建设，乌口塘水库、红门水库验收通过。提质改造安置小区，摸排整改消防安全隐患，城西社区爱心食堂投入使用。加快开展水毁工程灾后应急修复，总投资1120余万元完成26项水毁工程。稳步推进教育融杭，明德小学与浙江外国语学院合作办学，总投资6.08亿元的崇真初中抓紧建设。医养结合提质扩面，“小燕子”工作室覆盖3个社区15个小区，累计服务1600余人次。优质服务加大供给，5个行政村建成村级“一站式”便民服务示范平台。探索农房审批提速，建立内部信息流转制度、线上联席会议制度、办件延误预警问责制度，办结时效缩短60%以上。

【平安建设】2021年，继续严格落实初信初访接待督办制、积案专案经营制，开展信访专项攻坚整治行动和百日攻坚专项整治行动，累计办结初信初访157件；化解绍兴级积案13件，化解率为85%，历史积案2件，化解率100%。将企业三色动态管理机制拓展至沿街商铺、出租房管理，实行动态升降级制度，累计排查整治隐患32426处，责令停业整治125家，立案查处21家。深化“支部建在小区上”2.0版，在全市率先实现小区党组织全覆盖，形成以小区党支部为核心的“1+5+N”（1即小区党支部，5即业委会、监委会、群团组织、顾问团、物业公司，N即在册在职党员、居民、业主代表、楼道长）多元共治体系，获评省“三为”专题实践活动最佳实践案例、2021年度“中国基层领导力典型案例”。

【文化建设】2021年，继续以浙江高质量发展建设共同富裕示范区打造精神文明高地首批试点为契机，深化拓展新时代文明实践。完善志愿服务体系，创新实施“一社一品”志愿服务项目。新建和泰小区文化驿站。农村文化礼堂新建3家。建成陶朱红色记忆馆，编纂完成《红色陶朱》。做实“移风易俗＋关爱基金”建设，全年村级关爱基金进账267.94万元，惠及3200余人次。抓细抓实红黑榜制度约束体系，累计报送红榜4580人次。

（陶朱街道　陈燕飞）

浣东街道

【概况】浣东街道西接暨阳街道，31省道绍大线、诸永高速、绍诸高速穿境而过。街道区域面积115平方千米，户籍人口5.6万余人，下辖5个社区、20个行政村。

2021年，浣东街道实现地区生产总值60.79亿元，财政收入8.95亿元。规上工业企业总产值60.46亿元，同比增长16.39%。

【企业升级】2021年，浣东街道继续坚持以数字化改革引领制造业高质量发展，数字赋能有新突破，大豪科技入选绍兴市工业互联网平台创建名单，信胜科技、越隆缝制获工信部“两化融合”管理体系贯标企业，信胜科技还成为省级专精特新“小巨人”企业、省级制造业与互联网融合发展示范企业。坚持招商引资“一号工程”不动摇，招商引智有新进展，引进总投资15.18亿元的太阳城康养外资项目，落地投资5亿元的罗森浙江自有特色(PB)商品供应链项目，投运东道家居艺术广场、美年大健康体检等一批项目。坚持将人才和科技作为产业发展动力源，入选国家级、省级引才项目4个。新增高新技术企业5家、科技型中小企业22家、数字化车间7个，高新产业产值增速达20%以上。

【城乡建设】2021年，“拆”出新空间，下沉精英骨干，完成三大区域、51万平方米的房屋征迁及土地征收工作，工作总量约占全市一半。“收”出新空间，协助收储159亩村级留用地，既增加集体收入，也为

浣东街道东盛未来社区一角（浣东街道提供，摄于 2021 年 5 月）

城市发展留下新愿景。基本完成农村联网公路及重要支路提升、病险山塘综合整治等 5 项民生工程，开展“五星”系列提质提标等攻坚行动，创建村居旧貌换新貌，提质拓面创建东盛、陶湖 2 个“和美”社区。探索村级集体经济多元化发展路径，运营东盛农产品自选市场，让经济薄弱村享受参股带来的红利。加快东盛未来社区建设，创新“三方协同”助力“红色物业”，创设“浣东同心员”志愿品牌，升级打造“浣东楼事”党建系统。深化“关爱基金 + 移风易俗”，筹集村级关爱基金捐款 550.8 万元，惠及困难群众 2548 人次。办好教育，新和济小学于 9 月开学。

（浣东街道　斯淑颖）

大唐街道

【概况】大唐街道位于诸暨市西南，东接陶朱街道、暨阳街道、暨南街道，南毗牌头镇和同山镇，西邻五泄镇和金华市浦江县，北连应店街镇。街道区域面积 138 平方千米，下辖 11 个社区、20 个行政村和 5 个居委会，户籍人口 7.7 万人，在册外来人口 10.9 万人。大唐街道是浙江省特色小镇、全国袜业知名品牌创建示范区、世界级袜业产业集群先行区、中国袜业产业智能制造装备及袜艺设计示范基地。2021 年，大唐街道完成规上工业总产值 189.4 亿元，同比增长 33%；财政收入 9.3 亿元，同比增长 11.3%；限上批发、零售销售额分别为 75.7 亿元、14.1 亿元，分别同比增长 43.5%、122.6%。

【“一心双城三廊”五年建设规划】2021 年，为更好地实现未来大唐融入主城区，展现大唐产业优势，承接杭州都市圈发展红利，大唐街道在年初提出实施“一心双城三廊”的五年建设规划。“一心”指依托现有的袜业市场、办证中心、中财酒店等优质基础，在大唐草塔两区交界地、五泄江渎溪江两江交汇处，规划新建大唐核心区，打造一个大唐草塔的融合地、传统现代的交互地、要素资源的集聚地、生态建设的样板地。“双城”指“时尚袜都”与“文旅古镇”，时尚袜都以主要区域城市更新为主题，逐步改变袜都破旧的城市形象，提标提质对接融入主城区，文旅古镇以沉香湖 AAA 级旅游景区为基础，千方百计引进重大文旅项目，深挖古镇文化底蕴，完善提升草塔老街，引领草塔片区抢占文旅发展新高地。“三廊”指“袜业全产业链长廊”“融杭产业储备长廊”“生态文化旅购长廊”。

【产业升级】2021 年，大唐街道继续以传统产业数字化示范制造基地建设为目标，加快袜业装备“机械换人工”“一体换单台”进程，建成数字化车间 29 个，数字化改造示范企业 2 个，袜业应用一体机数量超 6000 台。5 月，大唐袜业入围“浙江省 2021 年产业集群（区域）新智造试点名单”。11 月，上线启用“袜业大脑”，综合集成各方数据，初步实现区域工业互联网内行业需求、资源要素的快速推送、集聚集成。

【项目建设】2021 年，大唐街道完成民间投资 17.49 亿元，制造业投资 10.56 亿元，高新技术投资 7.76 亿元，建安投资 7.9 亿元，涉及民间投资项目 92 个，制造业投资项目 77 个，高新投资项目 26 个，投资 13.4 亿元的大唐国际智能制造产业园被纳入浙江省六个千亿元产业项目库及特色小镇重大项目库。

【人才引育】2021 年，大唐袜业创

新服务综合体获省级绩效评价优秀，全年新增科技型中小企业34家，高新技术企业11家。推进袜业产业工程师协同创新中心建设，重塑“工程师人才库”“企业需求库”“技术成果库”三大场景应用，入驻产业工程师221名，全年自主申报入选国家级引才计划1人、省级引才计划1人，省级海外工程师1人，引进诸暨籍研究生3人，建成诸暨市专家工作站1家。

【乡镇建设】2021年，大唐街道“三改”专项行动总征地面积303亩，涉及4个社区、12家企业和66户农户，完成征收签约工作，房屋拆除基本结束。紧扣“五美”目标，投入1.3亿元加快推进城市道路综合改造、污水零直排区建设、断头路打通及河道、山塘水库整治等工程。通过强基础、补短板、抓管理等措施，创成省级美丽城镇（商贸型样板）。

大唐街道继续推广应用“浙里兴村共富”系统，推动进村事项“一口归集”、涉村任务“一键直达”、过程管理“一屏掌控”、村级干部“一体联动”，实现共同富裕任务落实可追溯、发展成果可衡量。开展“解放思想、开放发展”大讨论，31个村社围绕集体经济增收、惠民实事工程、美丽乡村建设等重点工作，摸排并启动100多件村级小微实事，包含青山片启动青山烧复兴计划，加大青山烧产业发展扶持力度。完成开元、轻纺城、杭金七、南山等4个村社“五星达标、3A争创”工作。2月10日，浙江蓝美技术股份有限公司董事长兼总裁杨曙方入围全国脱贫攻坚先进集体拟表彰对象。

【社会治理】2021年，继续推进街道社会治理中心“立体化、全链条、全天候”运行，打造回应群众诉求的“服务站”和化解矛盾纠纷的“终点站”。全年34件国家级、省级重复信访件全部化解，按时办结“12345”等政务热线诉求事项3175件。与浙江农林大学暨阳学院校地合作，推动“智慧社区”“智慧城管”项目建设。常态化疫情防控，4月2日建成启用全市首个新冠病毒疫苗方舱式接种点，完成街道新冠病毒疫苗免费接种任务。试点建设“爱心食堂”，上下文村、上余村、柱峰村的“爱心食堂”投用。

【中国大唐国际袜业博览会】2021年10月28日至30日，第十五届中国·大唐国际袜业博览会在诸暨国际商贸城举行，以“大唐袜业，温暖有你”为主题。本次活动以数

大唐街道袜业城远眺（大唐街道提供，摄于2021年8月）

字化、绿色化为引领，突出“高质量办展、全方位呈现、品质化服务”三大特点，从智能装备、新型材料、潮流设计、精品袜品全产业链进行展示。其中展会整体规模为1万平方米，吸引近200家高品质参展企业和超1万名观众到场。博览会期间，举办第二届“大唐杯”国际袜业机械装备大赛、全国“十佳优秀纱线供应商”评选、云上袜博会、袜业供应链产品展销会、人才交流会等活动。

【袜业产业知识产权联盟】2021年8月30日，诸暨市市场监管局推动成立的绍兴袜业产业知识产权联盟，通过省局备案，被批为2021年第一批省级产业知识产权联盟。

（大唐街道　魏永杭）

3A精品村沿江新村村口一角（暨南街道提供）

暨南街道

【概况】暨南街道位于诸暨市南。东临东和乡、浬浦镇、东南接璜山镇，西南交牌头镇，西靠大唐街道，北依暨阳街道、浣东街道。街道面积140.9平方千米，辖6个社区和34个行政村，户籍人口6.79万人，街道办事处驻暨南路7号。2021年，实现财政总收入2.49亿元，工业总产值18.56亿元，服务业销售总额15.38亿元，实现自营出口21.57亿元。城乡常住居民人均可支配收入44618元。

【双招双引】2021年，实现财政收入2.49亿元，同比增长113.31%，增速全市排名第一；规上工业总产值17.06亿元，同比增长28.56%；限上服务业销售总额12.9亿元，同比增长119.8%；完成有效投资8.18亿元。共吸收市外资金4.5亿元，引进亿元以上项目3个，其中10亿元项目1个。新增高新技术规上企业4家、数字车间3个、“企业上云”225家。辖区内共有国家高新技术企业22家、科技型中小企业75家、有效发明专利109件。新增投资项目9个，其中高新投资项目7个。引进高层次人才5名，包括国家级创新人才2名、绍兴“名士之乡”330创新人才1名、浙江省海外工程师2名，超额完成国家级人才引进指标1名。

【乡镇建设】2021年，继续推进“五星3A”不松手，强化“回头看”机制，巩固美丽庭院建设成果，沿江新村等6个村完成“五星3A”创建。打好村级集体经济发展“组合拳”，通过抱团联建、参与市级项目，37个村社全面完成消薄任务。整治裸露地面4.7万平方米，拆除违法建筑2.06万平方米，完成“三改”任务15.3万平方米，通过绍兴市“无违建街道”复评。推动农业提质升级，街新爱家家庭农场被评为省级示范性家庭农场，国伟科技被认定为省级国际科技合作载体。推进1770亩高标准农田建设，其中提升类项目面积929亩，总投资291万元，新建类项目841亩，总投资289万元。开展山塘水库安全大整治，投资109万元完成关湖村江田湾山塘整治项目。完成城新村12.31万平方米土地征收，实现485户征收户全部签约。完成对洋湖村、凤仪村、新联合村等122亩重点地块的土地征用，保障诸安线至文周水库公路建设以及省重点项目诸暨市疾控中心新建工程的用地需求。完成英伦小镇临江游步道工程等10个美丽城镇建设项目、埂头至齐村等6条道路大中修项目与蔡家新村道路建设工程，洋湖安置地块雨污水配套工程等3个建设项目进入工程尾期。推进环境基础设施建设，投入150余万元完成垃圾中转站改造提升和垃圾站房新建改建。

【民生实事】2021年，继续优化教

育资源布局，投入200余万元完成南悦幼儿园改扩建，投入4000余万元改建三江幼儿园，规划新建暨南初中和暨南二小。引进省重点民生工程市疾控中心建设项目，完成新华医院建设，启用宏宇浣江医院，改造提升社区卫生服务中心。进一步提高居家养老服务供给能力，完成示范型居家养老服务中心建设9家，发放服务补贴61.2万元。优化便民服务环境，新联合村、茅塘山村等9个村创建成"一站式办理"村级便民服务示范平台。深入推行关爱互助，重点开展慰问、助学、扶困等关爱活动，募集"星火关爱"互助基金766.8万元，使用378.3万元。完成第七次人口普查，街道被评为绍兴市第七次人口普查先进集体。

【社会治理】2021年，继续夯实基层治理基础，增设商贸城社区，推进社区规范化建设。做好疑难积案化解工作，化解历史信访积案4件、绍兴级积案22件、诸暨级积案5件。安全生产大排查大整治，累计排查生产经营单位、沿街店铺1385家，责令整改185家，停业整顿12家，立案处罚14起，涉及金额22万元。摸底排查用人单位生产经营和工资支付情况，调解劳资纠纷242起，涉及金额170余万元，调解率达100%。

【基层建设】2021年，用好本土红色资源，谋划建党百年活动，"党课民间讲师团"讲好董文周、杨眉山、傅氏抗战家族的先烈故事，组织基层党员参加"红色之旅"3489人次。通过"一肩挑头雁培育计划"，加强村社干部队伍建设。国伟科技、恒伟乐家创建成"绍兴市五星双强示范党支部"。与陶朱商学院联合举办年轻村干部"8090"成长营，通过实施"五个一"工程，推进村干部"领雁、群雁、雏雁"梯队建设，该项目被评为2021年度组织工作"微改革""微创新"十佳项目。

（暨南街道　赵秀）

店口镇

【概况】店口镇位于诸暨市北部，东邻枫桥镇，南接山下湖镇、姚江镇，西靠次坞镇，北与杭州市萧山区、绍兴市柯桥区相连，距市中心33千米。全镇区域面积176.43平方千米，建成区面积18.7平方千米，下辖29个行政村、11个社区和3个城市社区居委会，常住人口约18万。店口镇是"五金之乡""浙江资本市场第一镇"，是联合国开发计划署试点镇、全国综合实力千强镇、全国发展改革试点镇、全国产学研协同创新示范镇、国家级卫生镇、浙江省小城市培育试点镇。全镇拥有1家"世界500强企业"、2家"中国制造业民营企业500强"、6家上市企业、249家规上企业，44家产值亿元级企业和29家税收千万级企业。2021年，全镇地区生产总值突破240亿元，财政总收入27亿元，80%的行政村（社区）年经营性收入突破50万元。宣侠父故居入选省爱国主义教育基地和党史学习教育基地，何赤华烈士纪念馆、何文隆纪念馆被评为"市党员教育培训基地"。

【双招双引】2021年，店口镇发布"高质量发展激励政策50条"，全年引进亿元以上项目4个，规上研发经费和数字经济核心产业制造业产值分别达14.4亿元和58.4亿元，同比分别增长60%和46%，位居全市首位。推进高价值发明专利质押贷款，涉及发明专利86个，累计融资7.34亿元。聚焦科创企业梯队建设和数字化改革，净增国家高新技术企业19家，新增科技型中小企业41家，全镇有省级工业互联网平台1家、数字车间9家、工业机器人223台。入选省级以上人才计划8人，省级领军型团队1个。继续施行"蓝领工程""工匠工程"，21家企业自主申报高技能人才职称，入选各级"特支计划人才"5名，省市级"工匠"16名；入选省级"领雁计划"2个，成立绍兴市院士工作站3家。

【民生实事】2021年，店口镇新建村级居家养老服务照料中心7个，实现辖内行政村（社区）养老中心全覆盖，完成21户困难户适老化改造，村级文化礼堂覆盖率超90%。建成2个"爱心食堂"，设立5个爱心助餐点，近3000名老人从中受益。建成6个"关爱基金2.0版"培育村，关爱基金规模突破1400万元。投放美团共享电单车1000辆。投资6700余万元，完成店口片区主要小区、企业区域雨污分流和集镇内涝点改造。投入超2亿元，完成湄池小学重建、杨梅桥小学扩建、第四人民医院门急诊和住院楼改扩建等工程，开通便民体检直通车，创设"名师""名医"工作室22

店口镇超安机械数字车间机器与工人一起劳动(何伟江摄于 2021 年 3 月)

个。建成 5 个"一站式办理"村级便民服务示范平台。

【平安建设】2021 年,继续打造"平安店口",组织镇村网格队伍,建立"三专"(工作领域专攻、网格分工专职、宣传通报专项)工作机制,全年采集平安通信息 9502 条,办结率 100%。建成省级第二批"枫桥式"司法所,建立三级矛盾化解机制,调处各类矛盾纠纷 562 件。发挥法律顾问作用,完成合法性审查 351 件。

【特色基层党建】2021 年 9 月 15 日,店口镇成立全市首个新就业群体党支部,2300 余家市场主体纳入功能型企业联合党支部管理,覆盖率达 95% 以上。聚焦"三服务"效能提升,累计办结涉村涉企问题 1077 件;深化"头雁"工程,海亮集团获评"全国企业党建创新优秀案例示范基地",万安集团荣获"浙江省先进基层党组织"称号,侠父村党总支获评"绍兴市先进基层党组织",累计创成绍兴市"五星双强"两新组织 6 家,"店口共同体"智慧党建平台入选"微改革、微创新"十佳。

【公铁水大交通建设】2021 年,继续完善融杭交通,推进萧山至磐安公路(金浦桥至三江口大桥段)快速化改建、店口综合港区、湄池大桥重建等一批市级重大工程。投资 3500 余万元,完成枫店线和杨梅桥冷配园区道路提升,新建联网公路 5 条,完成乡村道大中修 6 条。交通安全隐患整治工作,整治 81 个隐患点位。机动车停车智慧化收费管理,在集镇 9 条道路 2000 个车位上试点。

【省级综合执法试点】2021 年,继续深化"一支队伍管执法"改革试点,整合发改、经信、教育、公安等 16 个条线共 540 项行政处罚权及相关的行政调查权和行政强制权,全年办理案件 73 起。开展"枫桥式"执法队建设,首创"支部建在队上"基层党建模式,打响店口执法队"四铁"特色党建品牌。

【省级产业创新服务综合体建设】2021 年,继续推进诸暨铜材精密制造产业创新服务综合体集成化建设,打造拥有产品展示、项目路演、产业基金、科技成果转化、项目加速器、校企合作、工业设计、创新服务、创业孵化、企业家沙龙等多要素融合的综合性赋能平台,提升铜材精密制造业、制冷配件、水暖管业、汽车配件、特色农产品加工业、纺织服装等六大行业加数字经济的"6+1"北斗七星阵发展能级。入驻科技研发等各类产业服务机构 35 家,为中小企业提供全方位创新服务支撑。

【第二届水暖博览会】2021 年 3 月 19 日至 21 日,以"产城融合,美丽蝶变"为主题的第二届水暖博览会在店口召开。博览会集产品展览、技术交流、专题研讨、经贸洽谈活动于一体,为企业开拓新市场提供平台。参展企业以阀门、管件、燃气、新风、净水等制造企业为主,产品涵盖暖通类、舒适家居类、智能控制类、自控设备与泵阀管附配器材及制冷设备等,博览会现场成交额突破 6000 万元。

(店口镇　黄丽莎)

枫桥镇

【概况】枫桥镇位于会稽山西麓,诸暨市东北,毗邻绍兴市柯桥区,南连赵家镇、东和乡,西至浣东街道,北邻店口镇,距市中心约 20 千米。31 省道、诸嵊公路、枫店线穿镇而过,绍诸高速贯穿全境,设南、北两个互通口。枫溪江、孝泉江、栎江三江汇流成的枫桥江穿境而过。镇域面积 165 平方千米,镇人民政府驻中兴路 1 号。全镇辖 23 个行政村、8 个社区，户籍人口 7.2 万。2021 年，实现规上工业增加值 9.14 亿元，同比增长 11.5%；财政收入 3.05 亿元，同比增长 20.34%。

枫桥镇是全国重点镇、全国文明镇、中国历史文化名镇、全国先进基层党组织，也是诸暨的地域大镇、政治重镇。“枫桥三贤”古今闻名，“枫桥经验”闻名全国，连续 3 次捧起过全国综治最高荣誉“长安杯”。2021 年，枫桥镇获评美丽城镇县域副中心型省级样板、省级小城市培育优秀试点单位、诸暨市“五项工程”建设突出贡献集体、诸暨市全面深化改革领域作出突出贡献集体。枫桥镇退役军人服务站获评全国百家红色退役军人服务站、浙江省退役军人服务保障体系建设先进单位。枫源村、栎桥村分别获全国、绍兴基层先进党组织称号。

【产业升级】2021 年，继续依托青龙畈和北出口两创智造集聚区，实施创新驱动战略，全年新增国家高新技术企业 5 家、省科技型中小企业 13 家、省级研发中心 1 家、市级研发中心 31 家，投资 3 亿元实施工业技改，完成数字化车间改造 4 家，技术合同成交 1.8 亿元，企业上云 546 家，高新技术产业产值超 15.9 亿元。新增“小升规”7 家，“下升上”3 家，“个转企”31 家，新设股份制企业 2 家。

【招商引才】2021 年，聚焦补链强链延链，紧抓招商引资“生命线工程”不动摇，新引进项目 12 个，总投资超 20 亿元，促成东之源、双成电器、锐创新材料等项目落地，总投资 6.7 亿元的金阳医疗项目以一体化服务实现高效建设，总投资 3.1 亿元的格诗新材料完成投产前的厂房改造。强化人才支撑，累计走访专家和乡贤 39 人，完成启明计划申报 1 人，省级引才计划申报 6 人，绍兴名士之乡英才计划申报 8 人。

2021 年 11 月 13 日，杜黄新村“田上杜黄、时和年丰”品牌金穗节活动打稻现场（枫桥镇提供）

【文旅产业】2021 年，继续用好“三贤文化”“枫桥经验”两张金名片，持续提升枫桥学院周边、三贤文化广场景观，完成枫桥学院一期项目建设，二期项目启动前期准备工作，三贤文化馆完成主馆主体建设。紫薇山文旅区、云溪九里建设推进，古镇三期项目建设基本完成。依托“枫桥经验”陈列馆等平台，建成具有全国影响力的研学品牌，“枫桥经验”陈列馆全年累计接待党政企参观团 850 批，约 3.6 万人次。

【环境治理】2021 年，枫桥镇以创建美丽城镇县域副中心型省级样板为契机，投资 1.4 亿元提升老菜场周边环境和重要节点沿线环境，投资 5064 万元对 3 处山塘水库、2 处堰坝进行除险加固，全面改造青西畈泵站，完成道路大中修 7 条、危桥改造 2 座、桥梁新建 1 座、联网公路新建 3 条。启动 S211 绍大线外移虎山隧道建设，实施 18 千米道路亮化工程，枫山线改线完成初步设计批复，进入实质性启动阶段，创成绍兴市级“四好农村公路”示范镇。推进“五水共治”“三改一拆”、厕所革命、垃圾革命，建成投用垃圾分拣中心，实现农村生活垃圾分类和减量化处理全覆盖，创成省级高标准农村垃圾分类示范村 1 个、绍兴市垃圾分类示范村 1 个、绍兴市垃圾分类准确村 5 个。

【农业建设】2021 年，继续发展生态农业、数字农业、精品农业，实施 3700 亩永久基本农田集中连片整治项目和894亩高标准农田建设项目，其中650亩农田采取高效节水灌溉方式。与省农业农村厅、省农科院展开合作，新建农业技术示范基地9家，优化粮食功能区近2000亩，农业产值1500余万元。

【"枫桥经验"创新发展】2021年，继续推进"镇村一体、条抓块统"整体智治改革，在全省率先运行"浙里兴村共富"应用场景，建成镇村两级社会治理中心。深化运用"1+5+X"社会组织标准化体系，持续打响"红枫义警""老杨调解"等品牌，366家社会组织、2.3万名志愿者参与社会治理。践行"枫桥经验"，坚持"三治融合"，栎桥村、三江村分别获评全国、浙江省民主法治村，四联村、马岭村、永安社区获评绍兴市民主法治村。抓好"枫桥式"品牌创建，"枫桥式"公安派出所、"枫桥式"司法所、"枫桥式"交警中队相继形成标杆，2021年，"枫桥式"综合行政执法中队获省级推广，"枫桥式"退役军人服务站为全国引领。11月11日，党的第十九届中央委员会第六次全体会议上，新时代"枫桥经验"被写入《中共中央关于党的百年奋斗重大成就和历史经验的决议》。

【乡村建设】2021年，推进杜黄新村乡村振兴先行培育，打响"田上杜黄、时和年丰"品牌，吸引省农科院、浙大庆渔堂、粮油新技术转化中心等项目落地，举办招商大会、丰收节、金穗节等活动。探索以土地为重点的乡村集成改革，灵活运用联建项目入股、留置用地置换等增收方式，撬动社会资本1860万元，激活11幢闲置农房，各行政村（社区）经营性收入均达30万元。

【民生实事】2021年，继续推进医疗事业发展，完成免费两癌筛查1674人次，实施心血管病人群早期筛查和综合干预工程，共计5418人受惠。推动各项救助保障政策落实落地，发放社会救助、居家养老等补贴1250万元，帮助困难群众1903人次，全镇电子社保卡激活率超85%。成立枫桥镇食品安全社会监督员队伍，完成乡镇四星级食安办创建。全年疫苗第三针加强针接种24354人次，接种率达65.17%。深化关爱基金、爱心食堂、全域志愿等文明实践活动，新建4家文化礼堂、8家爱心食堂，关爱基金规模达1098.5余万元，累计受益1.1万余人次，开展各类文娱活动、志愿活动达900余场。深化"跑一次"改革，完成6个"一站式办理"村级便民服务示范平台建设，推动"一证通办一生事"延伸到村，"最多跑一次"满意率、覆盖率均为100%，创成全省"最多跑一次"试点镇。推进教育现代化，投资1.5亿元完成枫桥镇中易地新建。

【社会治理中心建设】2021年，枫桥镇按照中央关于治理体系和治理能力现代化要求，探索基层治理共同体建设，通过统筹力量、迭代平台、创新机制，高标准建成"1+29"（1个镇级+29个村级）社会治理中心，承担社会风险研判、治理事件处置、矛盾纠纷调处、重大应急管理、监管执法协调、村级治理指导、精准教育宣传和社会主体联动等八大职能，确保第一时间调动资源，回应群众关切。该社会治理中心运行后，初信初访同比下降12.87%，办理效能同比上升39.5%。

【全国妇联加强家庭家教家风建设工作推进会】2021年11月27日，全国妇联加强家庭家教家风建设工作推进会在诸暨市枫桥镇举行，全国人大常委会副委员长、全国妇联主席沈跃跃等领导、各省区市和新疆生产建设兵团妇联负责人参加。与会人员实地参观"枫桥经验"陈列馆、枫源村家风园、妇女之家等场所，听取"枫桥经验"在浙江的发展实践汇报，并调研如何创造性运用"枫桥经验"，把家庭家教家风建设融入基层社会治理。

（枫桥镇　王佳儿）

牌头镇

【概况】牌头镇位于诸暨市西南，东邻暨南街道和璜山镇，南与安华镇和义乌市接壤，西连同山镇，北毗大唐街道，距市中心14.5千米，杭金衢高速公路在牌头设有互通口，沪昆铁路、杭长高铁、03省道、诸安快速通道等纵贯全境，浦阳江由西南向东北流经。镇域面积87.8平方千米，镇人民政府驻站前路197号。辖26个行政村、2个社区，总人口46262人。2021年，全镇人均可支配收入53726元，增幅10.3%；农业总产值28518万元；规上工业产值685217万元，比上年增16.31%；规上工业增加值189577万元，比上年增长32.3%；乡镇财政总收入15071万元，总支出14890万元，税收27203万元。新升村被评为省级特色精品村、省级民主法治村，牌头村、牌上村、三保里村、牌一村被评为“绍兴市健康村”。

牌头镇为诸暨市三大古镇之一，境内有国家级风景名胜区斗岩风景区，有浙江省重点文物保护单位张秋人烈士陵园，是浙江省中心镇、浙江省百强镇、浙江省卫生镇、浙江省特色小镇培育优秀小镇、绍兴市小城市培育试点镇。

【产业升级】2021年，牌头镇以产业创新、双招双引为突破口，加速推进珀美新材料、长立钢结构、欢乐塑料、锐锋袜业等重大产业项目，协鑫换电站、华电集团燃气发电、微纳晶盖板等意向项目洽谈中。不断创优服务环境，通过定向培育和建设全流程“三服务”团队，稳抓市场主体培育工作亮点，完成“个转企”47家、“小升规”7家、“下升上”5家，新设股份公司2家。产业转型步伐加快。坚持高标准实施数改“五年倍增计划”，在博忆纺织的示范作用下，完成2家企业数字车间改造，同时开启全流程型数字化改造。加强企业科技创新，加大规上工业企业研发经费投入，促进创新成果转化，实现可产业化项目1个。最大程度发挥“环保特色小镇”资源优势，做好“补链”“延链”文章。

【民生实事】2021年，做好常态化疫情防控，建立新冠疫苗接种方舱，有序开展新冠疫苗接种，完成一次全员核酸采样检测，实现新冠肺炎疫情“零感染、零传播”。坚持以人民健康为中心的理念，推广电子医保凭证，全面提升“越惠保”政策知晓率和覆盖面。落实奖扶、特扶各项计生惠民工作，加大镇级救助力度。进一步提升养老服务中心功能，创成新升村、新乐一村、牌上社区、牌一村4处爱心食堂，并投入运营。

【乡镇建设】2021年，继续深入开展美丽集镇、美丽乡村共创，农污纳厂、农村公路大中修、保障房周边配套、沿山西路等10余个基础设施工程推进。严格控制建设用地增量，努力盘活土地存量，落地新体制下的农房审批监管工作办法，印发《2021年度牌头镇农房审批操作办法》，完成高标准农田“非耕化”“非农化”排查整改、“旱改水”整改、乱占耕地建房清查等土地双保相关工作，实现土地合理规划利用。巩固提升“五星3A”创建成果，做好人居环境长效管理之环境卫生、垃圾分类、公厕革命等工作，镇级可回收物站点试运行。推进粮食生产工作、水利气象设施建设，开展“一亩山万元钱”和“一村万树”示范建设，做好生猪存栏、动物防疫、屠宰检疫等畜牧工作。围绕“一村一策”清单，推进农村闲置农房激活，落实低收入农户“一户一干部”帮促数字系统工作，完成消薄任务。

【文化建设】2021年，继续强化文明乡风阵地建设，实现文明实践站点全覆盖，其中新时代文明实践站示范点3个，中华村、楼稼坂村、西山下村、王劳军村4个村启动文化礼堂建设项目。优化文明宣传队伍，组织党员干部、青少年建立红岩宣讲团、文艺队、风俗队等镇级志愿队伍16支，共340余人。推进村级关爱基金建设，不断扩大关爱基金规模和党员群众参与率，基金规模达665.9万元，同比增长75%，受惠9138人次，创成牌头村、新乐一村、新五村、新升村、下岭脚村“关爱基金培育村”5个。

【社会治理】2021年，依托“一中心、四平台、一网格”的社会治理模式，运行镇村两级矛调中心，打破镇与村、部门与部门之间的壁垒，健全共建共治共享基层治理体系。全年共受理“12345”“96345”来电来信来访972件，办结率达100%，满意率95%以上。化解绍兴级积案6件、诸暨级督查件及信访积案1件，处置“国家局级、省级重复件专项交办”积案共计15件、省委第十巡视组交办件16批次。打好防范化解重大风险攻坚战，开展扫黑除恶专项斗争，组建牌头应急管理站，统筹抓好社会治安、消防、安监、环保等领域治理，完成建党百年等重要节会稳控工作，应对“烟花”台风、“6·10”强降雨等极端天气考验，社会总体和谐稳定。

（牌头镇　宣品晶）

次坞镇

【概况】次坞镇位于诸暨市西北部，东邻店口镇，南接应店街镇，西北连杭州萧山区。杭金公路、杭金衢高速、03省道复线、杭州绕城高速西复线穿镇而过，杭金衢高速公路在次坞设互通口，杭州绕城高速西复线在次坞设次坞服务区。地域面积97.2平方千米，辖20个行政村、2个社区，常住人口33236人。2021年，全镇拥有纳税企业820家，其中2000万元规模以上企业64家。全镇实现国内生产总值51.91亿元；财政总收入4.5亿元；规上工业总产值53.07元；民间投资12.5亿元；自营出口14.3亿元，农民人均可支配收入48087元。

次坞镇是浙江省中心镇、诸暨市六大组群中心镇之一，是国家级生态镇、小城镇环境综合整治省级中心镇样板、省卫生镇、省文明镇、省星火示范镇、省教育强镇、省"最具人气魅力镇"、绍兴市文化示范镇和绍兴市"无违建"乡镇，连续5年入选全国综合实力千强镇名录。2021年，创建为浙江省级党员教育培训基地，接待参观团队373批次30575人次。与上海4家学术机构、12所沪浙高校马克思主义学院达成合作，挂牌建立实践教学基地。同时，与上海市团校及省内各级团校合作，打造"秀松精神"总结凝练平台和青年团员交流研学基地。

次坞镇是共青团创始人俞秀松的故乡，有楼家桥遗址，有旅游胜地省级森林公园杭坞山。次坞镇是"浙江十大民间小吃"之一的次坞打面发源地。

【乡村建设】2021年，次坞镇溪埭村被中组部确定为2021年度红色美丽村庄建设村。溪埭村以此为契机，利用红色资源和古村特色建筑景观，以打造AAA级红色景区为目标，通过"基础强村、产业富村、环境美村、支部带村、文化兴村"五大工程，充分发挥红色文化、农耕文化、乡村旅游文化，重构"初心之路""古村之路""田园之路"。重点围绕"九点一路"打造新时代红色文旅村庄，9个点包括初心广场、三角道地+惠普坊、行余青年广场、樟树广场、村宗祠堂（访客中心）、俞秀松故居、村文化礼堂（行余小学）、秀松父母故居、新村委及前广场，一路为仰望之路。探索红色旅游和乡村振兴融合发展模式，整合旅游、餐饮、参观、培训、社会实践等板块资源。成立溪埭村旅游服务有限公司，利用旅游、观光、培训等服务收入反哺村庄发展。同时深化企校村农合作，加快发展红色旅游新业态，通过政府引导，开展企校村农四方合作，流转承包村级土地120亩及周边旱地，用于农田、山林景观化种植，带动村民致富、集体经济发展。

【宅基地改革】2021年，次坞镇溪埭村以2014年"无违建"一户一档为底稿，以村全域地形图为参考，摸排建档718户，通过清理整治乱搭建、非法"一户多宅"，盘活村庄存量建设用地，解决困扰村庄面貌提升、村民房屋改造提升的难点。8月底开始根据村庄实际，结合浙江省自然资源厅将溪埭村列入"多规和一实用性村庄规划编制试点村"工作的情况，诸暨市自然资源和规划局规划设计院专家对全村进行细致实地调查走访，初步划定宅基地改革旧村改造试点一期区域，该区域包含42.4亩旧村区域，涉及农户137户。

【民生实事】2021年，完成杭金线—古竹院公路、丁桥—平阳公路，茅湄线—珠稼坞公路、次坞新村—路下院公路等4条乡村道路大中修工程，建设里程共计4.69千米。完成十店线主要路口及麻车岭隧道外连接线路灯亮化工程。完成下河—黄岭口，红马坞—唐家湾两条联网公路新建工程，共计里程1.5千米。启动次坞镇大桥农贸市场改造工程。凰桐江（次坞镇段）堤防整治，增强防洪度汛能力。

【文化建设】2021年，完成秀松中学体艺馆提升改造工程，完善校园硬件设施建设水平，提升办学条件；完成秀松公园体育设施改造升级工程；实现行政村（社）文化礼堂全覆盖；持续推进行政村小棉袄爱心关爱基金会建设发展，累计募集关爱基金1085万元。

【碳和万物产业园建设】2021年8月2日，次坞镇政府会议决定与浙江农林大学开启战略合作，利用全镇超过2万亩的毛竹林资源，探索竹林碳汇成果在基层的落地应用。该园规划面积约3万亩，由专业化公司运行，集成竹林碳汇、竹林产业、康养产业等板块。全年通过流转农户及村集体林地的方式，完成凰桐村等4个行政村1.24万亩的林地流转，其中农户承包林地9653亩，集体林地2775亩，园区建成后每年碳减排量理论值为1500吨。同时，次坞镇邀请浙江农林大学、南都电力集团等专家，为本地10家建材、电镀等高能耗规上企业把脉，普及能源升级改造可实现方案。通过打造数据采集、数据汇聚的数字场景，建立统一碳数据底座，完成能源消费总量、规上工业

企业能源消费数据、规上工业企业分行业能源消费数据、各村生产总值能耗及电耗等十大类数据的整理录入。 （次坞镇 周灿梁）

山下湖镇

【概况】山下湖镇位于诸暨市东北，东接枫桥镇，南邻浣东街道，西至姚江镇，北连店口镇，距市中心 30 千米，镇政府驻地诸暨市山下湖镇宝兴路 63 号。毗邻杭金衢高速、诸永高速，03 省道东复线、诸湄公路穿镇而过，浦阳江支流江横穿东西。区域面积 42.56 平方千米，人口 2.88 万。辖 9 个行政村、3 个社区居委会。山下湖镇是全国文明镇、全国千强镇、浙江省百强镇乡（第 35 位）、绍兴市五强镇乡、“全国小城镇经济综合开发示范镇”，是省级高新特色产业基地、省级服务业集聚示范区、“美丽浙江·强镇榜样”产业聚集示范镇、省级旅游风情小镇和美丽城镇样板镇。

2021 年，全镇实现生产总值 46 亿元，居民人均可支配收入达 6.7 万元，超全省全市平均水平，工商注册市场主体 6801 家，珍珠产销 360 亿元。胡润全球珍珠企业创新品牌榜 50 强企业三分之一在山下湖镇。11 月，入选全省首批现代服务业创新发展区、数字生活新服务特色镇，并成为绍兴市唯一入选全省第一批低（零）碳试点乡镇。

【产业升级】2021 年，山下湖镇继续紧扣“生态化、国际化、时尚化”目标，做深做实“数字 +”“珍珠 +”两篇文章。山下湖淡水珍珠区域品牌价值达 560 亿元，3 家企业入选全球珍珠企业创新品牌榜 10 强。紧抓珍珠产业大脑建设，5 月，上线“一键养殖保险”和“一键找设计师”应用场景。建立珍珠产业工程师协同创新中心，落地国家级学会服务站 1 个、院士工作站 2 家、研究机构 12 家，集聚全产业链工程师 368 名，珍珠粉两项国家标准实施。建成 6000 亩珍珠连片规范化生态养殖示范基地。4 月 21 日，全国首个珍珠行业知识产权保护中心成立。5 月，投运珍珠产业创新服务综合体，3600 余家市场主体“上云上平台”。7 月，中国珍珠学院启用并招收首饰设计制作、市场营销、生态养殖开发等专业本科生。10 月，“淡水珍珠鱼蚌混养技术”行业标准和省级“珍珠养殖尾水生态化处理技术研究与示范”启用。致力打造全国最大数字珠宝交易平台，五大直播电商平台全面落地，培育珍珠网络店铺 5000 余家。

【乡镇建设】2021 年，继续坚持集镇乡村两手抓，经济生态两手硬，创成浙江省首批美丽城镇样板镇、美丽乡村示范镇、“污水零直排”示范区、旅游风情小镇和 AAAA 级旅游景区镇。推进小城镇环境综合整治、乡村振兴先行村、整村改造提升、美丽乡村“一口两道四化”等项目。培育乡村振兴先行村，打造枫江—新桔城“双子联合体”，首创公开招募乡村运营师机制，引入民间资本上亿。全市率先完成全域“五星达标”，11 个村社集体经济收入率先全部达 100 万元以上。建成国家现代农业产业园区核心板块，8 月，启动诸暨市珍珠产业发展示范项目建设，争取省市乡村振兴专项资金 1 亿元。

【民生实事】2021 年，继续惠民生、保稳定。新时代文明实践亮点纷呈，塑造信用银行、小镇巧妇、关爱基金等特色品牌。镇级老年托养中心、村级居家养老照料中心、星级文化活动中心、村级文化礼堂等惠民工程落地投运，体艺馆、小镇

2021 年 7 月 2 日，浙江省首个直播电商党支部——中共诸暨市山下湖镇珠宝直播电商支部委员会成立（山下湖镇提供）

2021 年 12 月 3 日，枫江·新桔城双子联合体先行村水系夜景（山下湖镇提供）

放心市场等民生工程不断推进，城乡居民基本养老保险、医疗保险提质扩面。面对新冠肺炎疫情，精准构筑联防联控严密防线，排查中高风险地区返回人员 5527 人，核酸检测 42651 人，管控重点对象 1960 人。有序推进复工复产复。坚持发展新时代枫桥经验，12 月，建成镇级社会矛盾纠纷调处化解中心，创成省级示范型退役军人服务站。

（山下湖镇　朱亭廷）

璜山镇

【概况】璜山镇位于诸暨东南，距离诸暨市区 21 千米，省道诸东公路、诸永高速穿境而过，与义乌、东阳接壤，是诸暨连接南面周边县市的交通要塞，也是旅游、商贸等第三产业南接金义地区的桥头堡。璜山镇辖 14 个行政村、2 个社区，镇域面积 131 平方千米，户数 1.4 万余户，人口 3.8 万人，是国家生态镇、国家卫生镇、全国综合实力千强镇。2021 年，璜山镇围绕“东南重镇、田园璜山”工作主题，打好“十四五”开局之战，推动产业经济、城镇建设、人居环境、政府服务、平安稳定等多领域快速发展。全年实现生产总值 26.13 亿元，同比增长 8.6%；财政收入 1.85 亿元，同比增长 18.9%；农村居民人均可支配收入 5.15 万元，同比增长 8%。

【招商引才】2021 年，引进国家相关部门人才计划 1 人、省级引才计划 1 人，省海外工程师 1 人；探索共建共议、以才育才发展促进机制，入选浙江杰出工匠 1 人，绍兴“名士之乡”英才计划 2 人。中秋节召开“相聚璜山·共谋发展”乡贤恳谈会，吸引在外乡贤返乡交流，建言献策。达成与浙江大学先进技术研究院的合作协议，多次邀请中科院南京分院专家赴企业进行专题研讨；招引江苏苏博特新型建材研发基地、杭州熊之谷黑熊繁育基地、杭州熊胆中成药研发基地、长江精工钢构配套项目等 4 个重点招商项目落地；对接“高性能土木工程材料国家重点实验室”等顶尖科研平台，协助企业入选绍兴市“科技先锋岗”、国家商业联合会科技进步奖等。

【产业升级】2021 年，继续坚持以数字化改革做强主导产业，完成数字化改造企业 2 家，创建申科股份绍兴市智能工厂并谋划省数字化车间建设，新上工业机器人 3 台，新增“企业上云”8 家，实现数字化核心产业产值 8269 万元；完成小微企业园区建设意向备案，建立 15 家意向入园企业信息库。投产 5 亿元德富电气设备、5 亿元捷速尔高速智能穿棕机、1.2 亿元城璜再生资源循环利用等亿元项目 3 个。先后与中科院南京分院、西安交通大学形成战略合作关系，与浙江水利水电学院合作建立滑动轴承性能计算中心，并于 6 月在诸暨职教中心设立“陈璜机械加工技术定向班”，招收学生 30 名，开设机械加工等特色课程，为轴承轴瓦行业定向提供专业技术人才。

【城镇建设】2021 年，立足中心城镇品质提升，紧盯 58 个“美丽城镇”项目整体进度，完成农村保障房建设项目桩基建设，累计签订意向合同 146 户。持续巩固“四好农村路”示范乡镇创建成果，完成萃溪、化泉、读山、和平公路验收。2 月，璜山镇被评为绍兴市“四好农村路”示范乡镇。深化“日常管理 + 街长监管”机制，持续开展乱停乱放、占道经营巡查。强化交警、综合执法、环保、市场监管等多部门联合执法机制，联合执法 5 起、立案查处 17

起，巩固国家卫生镇、省级美丽城镇创建成果。

【乡村建设】2021年3月，璜山镇被评为浙江省美丽乡村示范乡镇。璜山镇通过农村人居环境提升整治攻坚行动，结合“五星3A”迭代升级，建立人居环境问题销号管理制度，累计收集问题1596条，100%完成销号。结合财政资金与社会资本，完成骑行绿道、萃溪公路两侧景观提升、美丽庭院示范廊道等工程，增设停车位106个。4月，璜山镇制定《关于建立健全以“六境”旅游促乡村振兴体制机制的意见》，发布《关于以“六境”旅游促乡村振兴的政策意见》22条，建立6个工作专班，以“六境”旅游促乡村振兴，促成晓居有机康养、芝园古建艺术馆等3个高质量旅游项目落地建设，激活闲置农房21幢。晓居观景露营平台成为诸义两地新晋“网红”打卡地，累计接待游客15万人次，农业综合收入增长17.8%。6月，建成黄家店村新四军浙东游击纵队金萧支队纪念馆。同时，黄家店村创建为省级红色美丽村庄。继续完善移风易俗长效机制，筹措村级关爱基金128.8万元；16个行政村（社区）基金总额均达10万元以上，基本实现移风易俗公益捐全覆盖，普通群众捐款率从年初的7.3%上升至16.8%。徐家坞村、溪北村、龙泉村、开三村4个村作为培育村，发挥示范引领作用，平均指数位列全市第2位。新建徐家坞村、溪北村2家爱心食堂，为老年群体提供用餐关爱。

【政务服务】2021年，璜山镇推广应用“浙政钉2.0版”，并持续向村一级延伸，结合“政务服务2.0平台”，完成镇级便民服务中心基本信息维护，启用“县域通办”564件事项。线下线上共计办理便民业务24468件，完成“最多跑一次”满意率、实现率双100%。以“三服务2.0版”为依托，完成“三驻三服务”手记1451条，摸排并解决问题202个。

【民生实事】2021年，建成陈璜区域实验初中教育集团，新建文化礼堂1家。改造提升学校、机关、社区体育场馆。铺开16个行政村（社区）快递入户工作，成为全市首个快递实现入户的乡镇。持续推

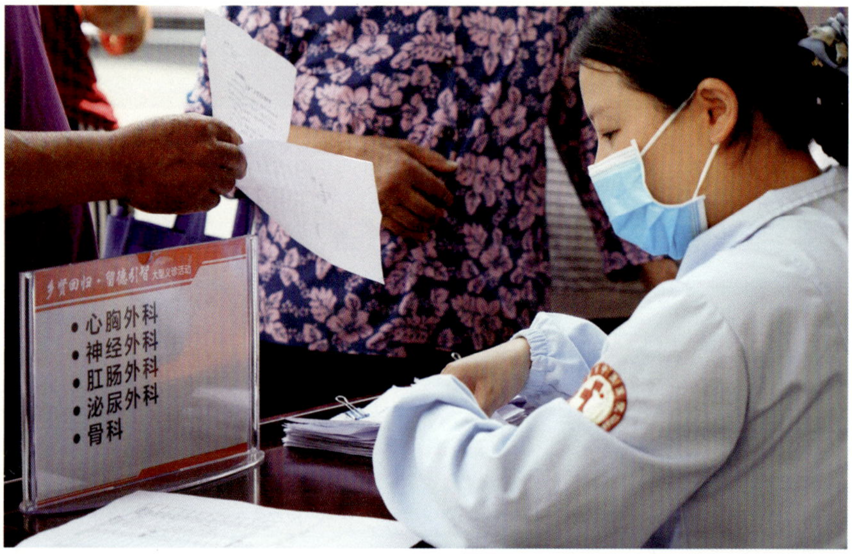

2021年5月29日，“乡贤回归·留德引智”杭州诸暨商会庆祝中国共产党成立百年走进璜山义诊活动（璜山镇提供）

2021年6月21日，璜山镇新四军浙东游击纵队金萧支队纪念馆开馆（璜山镇提供）

进参保扩面，城乡居民养老保险和医疗保险参保率分别达 99.5% 和 99.9%。扎紧社会救助网，上报审批低保、低保边缘 30 户 59 人，临时救助 17 户 42 人，发放救助金 8.5 万元。5 月 29 日，璜山镇乡贤通过杭州诸暨商会，组织“乡贤回归·留德引智”大型义诊活动。共组织浙一医院等 16 家医院的乡贤医生 31 名，在璜山卫生院义诊病人 517 名。

【平安建设】2021 年，继续坚持发展新时代“枫桥经验”，巩固“无信访乡镇”创建成果，发挥镇村两级矛调中心作用，受理各类信访件 619 件，绍兴市级以上积案化解率达 100%，实现信访积案“零库存”。9 月，璜山镇制定《关于进一步健全防汛抗台机制落实责任的意见》，完善预警信息系统和“防、撤、救”机制。配备应急救援物资和救援力量，建立“应急救援机械联系”“应急救援机械储备”2 张清单，吸纳企业员工、民兵预备役、网格员等力量充实应急救援队伍，开展培训 4 次。 （璜山镇　祝添乐）

应店街镇

【概况】应店街镇位于诸暨市西北，与杭州富阳市接壤，东至陶朱街道，南至五泄镇，西至次坞镇，北至店口镇，距诸暨市中心 16 千米，临近次坞高速出口，至萧山国际机场 40 千米，03 省道及复线穿镇而过，杭州第二绕城高速在应店街设立互通口。镇域面积 117.97 平方千米，下辖 27 个行政村（社区）和 1 个居委会，总人口 46121 人，2021 年被评为全国卫生镇、省级森林城镇。

2021 年 6 月 8 日，G60 创新港暨白大线开工仪式举行（应店街镇提供）

全年实现规上工业总产值 10.03 亿元；完成工业投资 5.5 亿元，服务业投资 3128 万元，农业投资 2031 万元，高新投资 2.19 亿元；实现财政收入 1.65 亿元；自营出口 14.04 万元；农民人均纯收入达到 38489 元。

【产业升级】2021 年，新增数字化车间 2 家，新增工业机器人 20 台，新增科技型中小企业 4 家；新增“小升规”5 家，“下升上”4 家；国家高新技术企业 1 家。留下庄园区、十二都两创园区、巽坞园区的招商项目均投产。

【乡镇建设】2021 年，继续紧扣“杭绍同城”，推进重大工程建设。完成 G60 创新港一期地块征收及调查工作；G235 主线正常进行，完成土地征用、一般青苗处理，镇级生态公墓基本完工，5 个村级公墓正常施工；完成白大线线型涉及区域内土地、房屋征收工作。投资 5400 万元推进美丽集镇达标镇后续工程建设；完成农贸市场星级提升，推进应紫公路改道工程、崇柱溪改道工程、文体健身设施提升工程等达质达标；完成 2 条道路大中修，完成 2 条低等级公路提升；完成 495 个水毁点修复和凰桐江大桥主体工程建设；新增 2 个一村万树示范村，完成灵山坞银杏公园提升改造工程；完成所有万立方米以上山塘水库提防维修养护，部署实施 3 个水库除险加固工程。完成第四批 6 个村的“五清”村居建设。

【文化建设】2021 年，继续搭建乡贤“归雁”平台，运用“1+N”新时代乡贤工作模式，共举办乡贤座谈会 27 次，收集金点子 60 余个，领办村级项目 27 个，捐献关爱基金 622.66 万元，受惠群众达 5334 人次。持续开展南孟文化传承活动，中华促进会母教文化建设基地授牌。完成紫阆历史文化重点村保护规划，举办紫阆杜鹃花节、“链上诗路”产业节点合作洽谈会等。推进新时代

杭州第二绕城高速应店街镇互通口（应店街镇提供，摄于 2021 年 8 月）

文明实践工作，“一体三翼”（“一体”是指镇新时代文明实践所，“三翼”即十二都村、紫阆村、仕坂坞村三村实践站）新时代文明实践所（点）初见成效。浙江省第七次乡镇文化站定档升级。全年开展镇级文化下乡活动 21 场次，乡镇文化走亲 3 次，书画下乡 10 次，诸暨市越剧团文明实践到镇演出 3 次。新增文化礼堂 7 个，推进爱心食堂建设。养老服务技能培训共 81 人获得养老护理工作资格证书。

【平安建设】2021 年，继续坚持和发展新时代“枫桥经验”，完善“四个平台”运行机制，全年化解各级信访积案 16 件，回复办理“12345”“96345”热线 889 件，落实值班领导 + 年轻干部 + 一肩挑组团日接访机制，全年共接待来访群众 307 批次，登记信访问题 215 批次，现场协调矛盾 92 批次。安全生产专项整治活动 58 项，共派出排查检查人员 800 余人次，排查企业 2160 余家次，发现整改隐患 2192 处，立案查处违法违规企业 4 家，责令停产整改企业 3 家，绍兴市级挂牌督办企业 1 家，并处罚金 16.75 万元。组织各村（社区）、企事业单位安全管理员培训 4 次，开展安全生产应急逃生救援演练 3 场，培训人数达到 800 多人次。全镇 27 个村社全部实行专职驻村，39 家重点企业驻企服务员全覆盖，累计解决企业、基层、群众反响问题 600 个，上报服务手记 1206 篇。

（应店街镇　任凯瑜）

姚江镇

【概况】姚江镇南邻诸暨中心城区，位于市域发展主轴线上，北毗店口镇，东濒山下湖镇。沪昆高速、杭州第二绕城高速、诸永高速及 03 省道东复线穿过镇域，珠宝支线和直埠支线东西向联结。临山建镇，全镇区域面积 105 平方千米，山水田占比约为 4:1:5，辖 23 个行政村（社区）、1 个城市社区居委会，总户籍人口 5.55 万人，流动人口 0.93 万人。姚江镇是国家卫生镇、新时代美丽城镇达标乡镇及省级果蔬花卉特色农业强镇。2021 年，全镇实现国内生产总值 39.5 亿元；财政收入 19708.5 万元，其中一般公共预算收入 11021.4 万元，同比增长 7.5%；实现农业总产值 8.3 亿元，农民人均可支配收入 3.34 万元。

【产业升级】2021 年，继续坚定不移打好转型升级组合拳，经济发展提速争先、提质增效，首次跻身全国综合实力千强镇。发展高端装备制造、新材料、时尚鞋艺三大工业主导产业，推进国家现代农业产业园建设，推动商贸服务业稳步提升。实现规上工业总产值43.3亿元，同比增长26.5%；规上工业增加值9.6亿元，同比增长31.5%；完成制造业投资6.8亿元，增长23.6%；规上其他营利性服务业营业收入5200万元，增长32.7%；实现自营出口7.6亿元，累计引进外资700万美元。推动在谈项目高效落地，共引进项目5个，总投资额达10亿元。新增国家高新技术企业3家、省科技型中小企业5家，完成企业“小升规”7家、“下升上”2家、“个转企”20家，新增股份公司1家。

【民生实事】2021年，继续坚持因地制宜，做好村级集体经济发展提质增效文章，完成年度消薄任务，23个行政村（社区）年经营性收入均超过30万元，其中17个行政村（社区）达到50万元以上，农村居民人均可支配收入达3.34万元。提质民生福祉，开展“姚江教育记”栏目推送，重点实施江藻初中改造、学生候车亭建造等工程，着力打造“学在姚江”品牌。探索构建医养康护体系，与浙江大学第一附属医院合作推进康复中心项目建设。开展全民健身运动，承办“最美风景线你我暨阳行”一系列活动。探索改善民生“最优”举措，推进6个村农村保障性住房建设。守住疫情防控底线，落实“外防输入、内防反弹”要求，建立联防联控机制，确保辖区内无确诊（疑似）病例。推进社保提质扩面，各类社会保障标准提高，医疗、养老保险覆盖率分别达99.6%、99.5%。做好“三服务”“三驻三服务”工作，解决基层实际问题1500余件。

【社会治理】2021年，继续坚持和发展新时代“枫桥经验”，提升现代化治理水平，营造安业、安居、安康、安心的社会环境。明确重点焦点。开展“两减一创”专项行动，抓实初信初访源头管理，联动化解信访积案35件。加强防灾减灾体系建设，投资1150万元完成应急消防救援站建设，健全安全生产“三色”管理制度，抓实食品药品监管，增强公共突发事件应急处置能力。突出精准精细。强化智治理念，建强专职网格员队伍，依托“四个平台”体系，发挥“大数据+网格化”作用，健全镇村事件管理闭环管控。推广全市出租房“积分制”管理模式，智能化开展流动群体日常管控。强化全员全域，吸纳优秀党员、工青妇等群团力量，发展“暖心6+2”先锋预备队，多元化协调治理难题。党员强带头、群众齐参与，构建民事民议、民事民办、民事民管的自治格局。

（姚江镇　傅柠柠）

2021年3月25日，姚江镇鞋业协会组织鞋企参加第二届全球私域直播大会暨第八届浙江美业博览会现场（姚江镇提供）

安华镇

【概况】安华镇地处浙江诸暨、义乌、浦江三县（市）交界。杭长高铁、杭金衢高速公路、绍诸高速和235国道横贯全镇。全镇面积62平方千米，下辖16个行政村、3个社区，户籍人口3.4万人，外来人口1.6万人。2021年，完成财政收入2.1亿元，同比增长20%，三年翻一番。实现工业总产值40.6亿元，同比增长28%，其中规上工业总产值25亿元，同比增长27%。完成制造业投资5.3亿元，完成全年任务数的133%；完成民间投资7.2亿元，完成全年任务数的103%；完成建安投资6.2亿元，完成全年任务数的109%。完成自营出口13亿元，完成全年任务数的102%。完成申报绍兴“名士之乡”英才计划人才3人。

【项目建设】2021年，安华镇引进总投资21亿元、占地13.33公顷的欧意数字化家电家居高端智造项目，5月招引、6月挂牌、7月摘牌、8月施工、9月入库。被列入省"高质量发展建设共同富裕示范区"集中开工重大项目并作为省引领性重大项目报送。龙头带动、以链招商，引进小家电企业20多家，家电家居产业成为安华第一大产业。新上制造业投资项目11个，总投资约5亿元，新增建筑面积达12万平方米。推进完工项目运营投产，总投资10亿元的万科智慧物流园交付投产后完成12万平方米招商入驻，包括上市公司天合光能有限公司；总投资7亿元的朗臻创业创新园，总投资5亿元的吉成创业园陆续投产。

【产业升级】2021年，继续加大数字化改造，推动传统产业升级。完成高新技术产业产值2.6亿元；完成科技型中小企业4家，完成全年任务数；申请国家高新企业2家，完成率200%；净增高价值发明专利7件；完成技术市场交易额8500万元。完成数字化车间改造4家，新增智能化一体机300台、工业机器人200台。继续加大对小微企业的培育力度，完成小升规企业5家，"下升上"4家，完成个转企20家，新增规改股1家，均完成年度任务。加速"腾笼换鸟"，以文创园区、包装园区为重点，开展产业园区低效企业"倒逼出清"行动，对园区里亩均税收最低的两家企业进行专项整治。

【"夜间经济"培育】2021年，继续以"夜间经济"为特色抓手，打造三县六镇的区域消费中心，形成"一心二厅三街"的消费型、休闲型、服务型、运动型多元"夜"组合，培育夜经济小镇，被《人民日报》、新华社等媒体宣传报道，并被列入诸暨市"十四五"规划。推进开元曼居、中影南方、肯德基、物美超市、品尚·安华宴、江南汇等业态开业，开元曼居入住率达80%。打造夜间客厅，引进茶百道奶茶、外滩8号渔港、悦色酒吧等系列门店入驻，打造全市唯一百米"夜间天幕"。营业至午夜2点后的"夜宵店"达70余家，日均客流超2万人次，夜经济成为安华富民产业。打造网红直播孵化基地，拥有50个网红直播间，近百位网红，20天实现交易规模100万单，带动周边就业近500人。"犇·安华"二月半集市活动、"喜力啤酒节·畅饮安华夜"活动、"金秋购物节"活动吸引数万人参与。

安华镇悦朗商业广场（安华镇提供，摄于2021年3月）

【乡村建设】2021年，继续促进集体经济增收，完成13个村经营性收入达50万元以上、18个村经营性收入达30万元以上的目标任务。完善农业基础设施，投资350万元建设湖头村1047亩高标准农田；抓好粮食生产，种植粮食作物1.59万亩。申报建设安华镇高粱基地，打造高粱基地500余亩，并以安华本镇酒业公司为依托，发展安华镇高粱烧产业。推进生态旅游，开发勾乘山、汤江岩（五指山）文旅资源，形成古越文化带和汤江风景带"两带"文旅项目。3月27日，举办乡贤恳谈会，共有100余名乡贤参加，会上成立乡贤公益慈善基金会，认捐金额达1000万元以上。抓好"非粮化"整治，涉及16个村的粮食功能区内耕地非粮化整治工作，完成清理腾退44亩，调整优化1307亩，完成整治任务。

【集镇建设】2021年，继续提升城镇定位，拓展城镇空间，高标准推进美丽城镇建设。以浦阳江、大陈江区域为中心，跨江拓进，建设三

诸暨市涧澜袜业有限公司数字车间(安华镇提供,摄于 2021 年 8 月)

江口商住项目,打造以居住、文教、商贸、生态为主要功能的城镇宜居休闲新区,首宗 7.2 公顷住宅用地挂牌出让,是安华面积最大的住宅用地。推进华新北路美丽街道建设,一期商住楼主体及配套工程建设、二期商住楼主体工程建设完成;推进夜经济配套亮化工程建设,华南路入镇口、悦朗新天地周边区块改造亮化工程完成。控违拆违持续发力,消化存量违建、控制新增违建,拆除各类违章建筑面积约 2.02 万平方米,完成全年任务的 121%,拆后利用率达 91%。

【环境整治】2021 年,常态化抓好"五水共治"工作,推进"污水零直排"建设,开展水环境提升美化。完成红桥溪边环境综合整治,完成大陈江新州桥头、寺姆岭水库出水渠等河道沿岸花卉种植。持续抓好农村人居环境整治,充分运用网格管理方式,助力环境整治,推进全域面貌提升。打好"蓝天保卫战",持续提升位次。

【疫情防控】2021 年,抓紧抓实抓细常态化疫情防控举措,落实重点人群、重点场所、重点环节管控,摸排国内中高风险地区返回诸暨人员 137 人,境外返诸暨人员 23 人。按照"应接尽接,早接快接"的总体要求,做好新冠病毒疫苗免费接种工作,共接种重点人群、一般人群 6.5 万针次。

【社会治理】2021 年,越级上访持续大幅下降,赴京信访零登记,赴省上访 9 人次,同比下降 44%。共受理群众来信来访 1486 件,办结 1478 件,办结率 99.5%。深化开展信访积案化解行动,对遗留积案实施清单销号,国家级重复件治理完成 93%,省级的完成 100%,化解历史疑难积案 2 个,绍兴级积案 13 个。发挥司法调解、安置帮教、社区矫正等职能,调解矛盾纠纷 39 起,提供法律援助 5 例。结合数字化改革,创新在线矛盾纠纷调解,调解成功 5 起。发挥乔可调解室、安心调解室和安家工作室等精品调解室作用,从源头上化解矛盾,调解各类矛盾纠纷 127 起。定期开展安全生产、消防安全、道路交通隐患整治联合执法检查。开展沿街店铺、燃气领域专项整治,排查工业用气单位 43 家、沿街店铺 314 家,整改隐患 194 处;开展"一厂多租"安全整治,排查隐患 286 处、停产整顿 2 家、关停 1 家;完成重大安全隐患市级挂牌单位整治 2 家,完成喷涂场所涉爆粉尘场所隐患整治 65 处。"平安护航建党百年"全市安全隐患大排查大整治中,排查整治隐患 247 处。加大交通安全基础设施建设,投入 70 万元新增修缮警示牌、爆闪灯等交通标志,完成 G235 丰江周段路灯增亮改造和新同安公路口的优化改造。加强出租房日常管理,对全镇 347 家居住出租房共开展 4 轮地毯式排查。开展网络电信诈骗整治活动,专题式宣传 7 次,发放反诈宣传品、传单、手册 2.5 万余份。

【政务服务】2021 年,深化数字化改革,运用浙政钉 2.0 版,倡导"掌上办事""掌上办公"。重点深化"最多跑一次"改革,推进群众、企业全生命周期"一件事"集成改革,加大无差别、容缺受理范围和力度,增加镇村便民服务中心可办事项数,同步配置事项 290 项,提高政务服务事项网上可办率,提高政府办事效能。共受理并办结各类事项业务 3.8 万余件,办结率 100%。

【民生实事】2021 年,继续加大教体事业投入,调整教育资源,优化布局,不断完善教育软硬件环境。

其中安华镇湖头小学全面升级改造，9 月重启办学；规划启动镇中心幼儿园异地新建工程。推进后疫情时代健康安华工作，建设安华发热诊室，增加卫生院 CT 设备，提高医疗服务水平。开展文明实践活动，开展村级关爱基金 2.0 版建设，基金惠及 2427 人；打造“爱心食堂”，完成镇级、五指山村、丰江周村和勾乘山村“爱心食堂”建设；加强镇、村（社区）文化服务中心和文化礼堂管理，丰江周村历史文化村落申报推进。统筹抓好各类困难群体和特殊救助对象帮扶工作，共帮扶低收入人群 343 户，总保障金为 30 万元。推进“四好农村路”建设，其中大中修工程 2 个，新建成联网公路工程 2 个。开展山塘、水库、堤防汛前检查和安全隐患整改工作，投资 124 万元抓好宣何村金家里山塘整治工程。做好农村危旧房应急处置和地质灾害点巡查，摸排调查集体土地上经营性用房 300 多处；开展农村 D 级危房排查，撤离危房人员 13 人，应急启动避灾中心 1 处；改造 C 级危房 8 个，D 级危房 1 个，解危面积达 1150 平方米。（安华镇　王圆）

浬浦镇

【概况】浬浦镇位于诸暨市东南，东邻东和乡，南毗东白湖镇，西连璜山镇，北接暨南街道，距市中心 15 千米，诸永高速、省道诸东线穿镇而过，距璜山、暨南高速出口 10 分钟车程。镇域面积 55.6 平方千米，下辖 11 个行政村、2 个社区，人口 1.98 万。镇人民政府驻地书院路 210 号。2021 年，全镇实现财政收入 6892.92 万元；实现规上工业产值 26049 万元，工业增加值 7108 万元；实现工业固定资产投资 24621 万元，服务业固定资产投资 6252 万元，农业固定资产投资 2605 万元；实现居民可支配收入 33252 元。全镇完成 500 万元以上固定资产投资 24621 万元，新开工 1000 万元以上工业项目 2 个。11 个行政村（社区）集体经济经营性收入达到 50 万元以上。

【产业升级】2021 年，浬浦镇制定科创补助政策，引导企业开展技术革命和数字化改革，诸暨市信孚娱乐设备科技有限公司、嘉美日用化工有限公司、三毛红木工艺品有限公司等 3 家规上企业对现有工艺进行技术性优化，产品竞争力提升。全年完成民间投资 19149 万元，高新技术投资 5797 万元。持续深化“三驻三服务”活动，以解决企业、群众、基层反映的突出问题为导向，开展“人才码”“企业码”等数字帮扶行动，走访企业 260 家次，现场解决、解答企业疑问 83 个，上报解决问题 41 个，满意率 100%。通过《2021 年度浬浦镇一产扶持补助政策》，落实专项财政奖补资金，扶持数字化农业示范基地和粮食生产。邀请 17 家媒体 + 主播志愿者联合为浬浦当地果农带货，通过“我为家乡带个货”公益直播，拓宽农产品销售渠道，提升“浬浦溪”品牌效应。以中药材产业为龙头，完成省级农村产业融合发展示范园申报工作，推进中药材体验中心项目建设，进一步加强浬浦农旅发展的有机融合。开展粮食功能区“非粮化”整治，全镇完成整治 149 亩，调整优化 338 亩。

【乡镇建设】2021 年，浬浦镇巩固“美丽城镇”创建成果，落实集镇常态化、精细化管理，重点抓好道路保洁、垃圾清运、规范经营、交通秩序等日常管理工作，保持集镇面貌整洁有序。深化“五星 3A”创建成果，进一步加大督查力度，强化整改落实，严格奖惩兑现，确保农村人居环境形成常态化管理，加快全域美丽建设进程。建立镇村巡查信息实时共享机制，空气质量保持优良等级坚决打赢蓝天保卫战。按照“水美乡镇”创建要求，全面构建河湖生态健康系统，打赢碧水

禾兮中药材基地浙贝母花田（浬浦镇提供，摄于 2021 年）

保卫战，交界断面出境水质基本保持在Ⅱ类。

【民生实事】2021年，继续推进"四好农村路"建设，完成庙口—盘山（盘山段）公路、庙口—盘山（陶姚段）公路、诸东线—庙口公路大中修工程、浬闹线—廊下公路大中修工程。投资400多万元，对浬浦中学体育场馆进行扩建修缮，建成浬浦文体中心，分时段向全镇开放，实现公共资源利用效益最大化。完成浬浦中学笼式足球场、体艺馆建设。投资270多万元，对浬浦镇中心学校和幼儿园硬件配套设施进行改造。编制《浬浦镇农村宅基地制度改革先行试点实施方案》，确定五美、马郦、梅西、陶姚4个村为试点村。推进五美村宅基地制度改革试点，盘活宅基地和闲置建设用地。11月，上周坞村和枫林村"爱心食堂"建成运行，按照"政府补一点、个人出一点、基金捐一点"的运营模式，吸引广大党员干部、群众和乡贤参与运营，共吸引爱心款项及物资达15万元，形成"全员办好事"的氛围。

【社会治理】2021年，继续创新发展"枫桥经验"，运作"基层治理四平台"和乡镇矛盾纠纷调处化解中心。化解4件国家级、2件省级信访重复件，矛盾纠纷195起，涉案金额共计142.821万元。把反诈宣传作为重大政治任务来抓，调整浬浦镇打击治理电信网络新型违法犯罪工作专班，结合网格化工作开展入户宣传，累计下发各类宣传资料3.1万余份，分层次开展防范电信诈骗专题培训辅导5次。开展平安护航中国共产党成立100周年系列活动，统筹推进安全生产、消防安全、防汛抗洪、森林防火、交通安全等工作，开展全方位、全领域隐患排查，督促整改各类安全隐患160余处，累计发放告知书500余份，违规抄告、立案查办同步推进。持续推进应急管理常态化、规范化建设，实现安全生产宣传教育体验馆进场施工，完成镇级避灾场所规范化建设。

【平安建设】2021年，抗击"6·10"强降雨和"烟花"台风，共巡查山塘水库150余人次，巡查危旧房60余人次，转移群众46人。12月初，绍兴市上虞区发现本地新冠肺炎疫情，浬浦镇村两级严格落实区域协查管控、"1包50"（1个村干部对接50户农户）和"五包一"（村干部、驻村干部、网格员、民警、医生对接1个纳入疫情管控的人员）微网格工作机制，共核查中高风险地区返乡人员7人，自行摸排1人，其中集中隔离管控5人，居家健康监测3人。12月12日，按照市委、市政府要求，进行全民核酸检测，共检测10581人，均为阴性。

（浬浦镇　魏书萌）

东白湖镇

【概况】东白湖镇地处诸暨市东南，东靠嵊州市谷来镇和长乐镇，东南接东阳市虎鹿镇，西临陈宅镇、璜山镇，西北毗浬浦镇、赵家镇和东和乡，距市中心20千米。镇域面积198.38平方千米，镇政府驻新建路97号，下辖18个行政村、1个社区。2021年，全镇共有17046户，常住人口14129人，全年完成财政收入2023万元。

东白湖镇是全国环境优美乡镇、浙江省旅游强镇、省级生态镇、浙江省首批"风情小镇"。境内有诸暨最高峰东白山太白尖、省级大型水库陈蔡水库及东白湖生态旅游区；有国家级文物保护单位斯氏古民居千柱屋发祥居、华国公别墅；国家AAA级旅游景区裕昌号民间艺术馆；有省级文物保护单位上新居和新谭家古民居。2021年，东白湖镇成为浙江省"五水共治"实践窗口，获评绍兴市"闲置农房激活"先进乡镇。创建斯宅休闲村和新东精品村，全镇有10个村社获"浙江省A级景区村庄"称号。

【招商引资】2021年，全镇完成市外境内到位资金7702万元，工业投资1438万元，服务业投资7727万元，农业投资2899万元，自营出口24483万元。引进农业项目2个——斯民现代香榧产业示范园和中茶师茶产业综合开发项目，主要开展香榧新栽培模式、香榧深加工园区建设和茶树品种优选优育种植、茶旅体验中心建设。

【环境治理】2021年，全镇可堆肥生活垃圾处理终端设备摸排整治，3个沼气终端完成安全整改和提升改造。开展农村生活垃圾分类数字化建设，全镇4个村完成垃圾分类智慧村建设，通过智慧收运系统，实现源头分类减量可评估、中端收集运输可计量、末端处理在线可监测。通过"五星达标，3A创建"工作，开展以乱堆乱放、乱搭乱建、家禽散养、旱厕整治为主的农村环境卫生大整治。通过“农村人居环境整治攻坚月”行动,建立卫生自查机制,以“一分两清三化”标准对全镇19个村社区进行全面整治,每月组织开展长效管理综合检查并排位亮牌,制定全镇人居环境长效管理方案,实行村级通报排位亮牌制。

【文化建设】2021年,继续深化文化惠民工程,新建文化礼堂4个,实现19个村(社区)文化礼堂全覆盖。投资20万元,改造提升镇综合文化站,完成文明实践所建设,融入文明实践相关内容,开设志愿活动、移风易俗、关爱基金、时事政策等多个板块的展陈。推进新时代文明实践工作,持续推进关爱基金长效机制,全年累计获捐290.438万元。

【民生实事】2021年,全镇19个村(社区)便民服务中心推行“无差别全科受理”模式,综合窗口业务通办,让“一件事”跑一次办完,有221个民生事项不出村可办,完成“中心”受理事项共计8171件,受理低保救助46户60人,低保边缘户4户12人,因病致贫人员6户6人,困境儿童8户9人,受理残疾人办证60人。全年“一网通办”率(通过政务2.0收件占比)达85%以上。推进惠民工程建设。完成集镇污水管网整治提升工程,推进农村生活污水治理设施运维工作。完成蔡元培广场整治提升工程、东白湖镇镇域水环境整治工程等21个工程项目。完成“四好农村路”建设工程,投资1200万元完成枫谷线(县道)裁弯取直工程,投资3000万元完成32个道路项目的灾毁修复工程,启动浬斯线(县道)裁直取弯工程及东白湖镇陈蔡—璜山镇开三联网公路工程。加强基本保障落实。完成斯民小学操场围墙建设并配备校车。全年新增低保户46户,退出低保、低保边缘户、因病致贫人员、困境儿童62户,镇、村干部走访社会救助对象累计1596户,共救助12户,救助金额2.9114万元。完成131处“空倒房”整治拆除,拆除建筑面积12893平方米。推进农村闲置资源全域激活工作,共实施“闲置农房激活”项目10个,吸纳社会资本1880万元,激活闲置农房面积5842平方米,盘活利用山水林田湖等资源65亩,所辖村集体经济累计增收85万元、农民累计增收179.5万元。完成4户低保户及低保边缘户C、D级危房改造工作,落实农村公路大中修、农村文化礼堂建设、“美丽城镇”创建、饮用水达标提标等民生实事工程建设。

【平安建设】2021年,定期巡查森林防火、消防安全、食品药品安全、道路交通安全等领域,全年没有发生安全生产责任事故。强化矛盾会商协调化解联动机制,信访积案全部化解,其他各类信访矛盾纠纷共419件,成功化解406件,化解率达97%。通过微信公众号、宣讲会等途径,宣传发动扫黑除恶专项斗争。检查复工复产企业、沿街门店、小作坊等800余次,发现一般安全隐患296处,重大消防安全隐患3处,并落实整改。

(东白湖镇　张珊珊)

五泄镇

【概况】五泄镇位于诸暨市西部,距诸暨市中心15千米,是五泄国家AAAA级风景名胜区和国家森林公园所在地。全镇镇域面积44.85平方千米,辖7个行政村和1个社区,常住人口1.54万人,是绍兴市组群中心镇。2021年,全镇实现生产总值11.1亿元,规上工业增加值22424万元,全社会固定资产总投资1.9亿元。公共财政预算收入2972.11万元,同比增长12.94%;全年财政收入5259.16万元,同比增长27.49%。自营出口额47355万元,同比增长12.3%。镇内有省级文物保护单位藏绿马鞍山古建筑群、藏绿周氏宗祠,省级非物质文化遗产青口皮纸。

【双招双引】2021年,新增中小型科技企业1家,净增发明专利6项,完成规上数字经济核心产业制造业产值2741万元。国际人才板挂牌企业1家。落实鼓励民间投资政策措施,全年完成有效信息3条、内资6000万元、引进产业项目1个。做大人才蓄水池,申报省级人才1名,引进绍兴名士之乡1名,申报乡贤回归项目4个。

【镇村建设】2021年,加快构建“一区、一江、一带”(环五泄风景区、五泄江两岸、三乡景观带)全域旅游格局。探索十四都村历史文化村落活化途径,提升打造“三乡”景观带(十四都村、红枫岭村、西皇村打造以乡居、乡景、乡贤为特色的景观带),推进十四都村新时代精品示范村建设,绍兴市“乡村振兴先行村”创建，协助开展五泄旅游度假区提升改造，开展省级AAAA景区镇创建申报工作，启动西皇村主题公园提升改造，10月完成西皇驿站建设。申报“十亩之间”省新时代美丽乡村集成示范带、省休闲乡村创建项目。代表诸暨市申报省财政厅2022年度农村综合改革集成建设示范项目。

【三产融合】2021年，坚持三产融合，发展“体育+”“农业+”“康养+”等“旅游+”产业融合发展路径。建成投用五泄社区文体中心，探索实施“村级公司+第三方团队”运营模式，承接绍兴市级以上体育赛事2场(9月29日至30日的绍兴市第十一届老年运动会气排球交流活动、11月22日至28日的2021年浙江省老年气排球交流活动)，带动村级集体经济增收和本地村民就业。以省农科院为支撑，发展农业观光、休闲采摘等农旅项目。开展民宿提升行动，加大政策扶持，借势做强一批中高端民宿，发展“公司+农户”合作方式。9月18日，举办十四都村乡村振兴先行村招商推介会，招引业态14家。

【民生实事】2021年，推进以十四都村、西皇村为试点的宅基地改革工作。7月，投用综合应急消防救援站，实现消防15分钟救援体系。完成萧山义乌天然气管线焊接，推进西皇村上宅山塘综合整治、五泄社区南渠段隐患治理。严守耕地保护红线，整治和优化调整“非粮化”225亩、“非农化”3亩，核查耕地“非农化”图斑452块。

【平安建设】2021年，推进全科网格建设，受理事件3854件，办理信访案件357件，初信初访办结率达100%。深化“三治融合”，创建省级民主法治村2个(西皇村、十四都村)，绍兴级民主法治村4个。做深做细安全隐患大排查大整治工作，开展燃气安全专项整治行动，守住安全生产、防汛防台、森林防火、食品药品、道路交通等各领域安全底线。

西皇驿站(五泄镇提供，摄于2021年10月)

【十四都村乡村振兴先行村招商推介会】2021年9月18日，五泄镇在十四都村举办乡村振兴先行村招商推介会，全面展示乡村振兴“微场景”，同时发布十四都村品牌形象。招商推介会共招引农村电商直播基地等文化新业态14家。

（五泄镇　罗莹）

岭北镇

【概况】岭北镇位于诸暨、东阳、义乌三市交界点，东邻东阳市巍山镇，南接东阳市江北街道、六石街道，西界义乌市苏溪镇，北靠陈宅镇、璜山镇，距市中心53千米，距诸永高速陈宅出口20分钟车程。镇域面积66平方千米，镇人民政府驻岭北周社区高台门1257号。下辖8个行政村，人口1.28万人。2021年，实现财政收入5384.47万元，同比增长16.49%；完成固定资产投资6075万元，其中完成民间投资5470万元；完成自营出口23094万元，同比增长14.13%。居民人均可支配收入29807元，同比增长10.7%。岭北镇森林覆盖率高达83.16%，是国家级生态乡镇，全域为二级饮用水源保护区，是全市行政村最少、人口最少的乡镇。

【产业升级】2021年，岭北镇推出盐焗鸡产业化发展，成立岭北民生发展基金，推动经济发展提质增效。以盐焗鸡产业化发展加速传统产业提档升级，选址建设生态养殖基地600亩，成立盐焗鸡制作中央厨房累计培育制作工匠108名，与岭北山庄等农家商超达成销售合作，盐焗鸡年销量同比增长35.6%。注册“岭上馋”商标，同步发展火腿、蜂蜜、有机蔬果衍生产品，补齐补强农特产品产业链。以岭北民生发展基金助推村社经济活泉开源。3月，借力乡贤成立民生发展基金，首期募集资金3400万元，创新“8+2”分红机制，20%收益作为基金管理费无偿捐献给出资乡贤所属村社，促进集体经济消薄增收，9月基金首次分红200万元，其中40万元分红福利惠及8个村社。

【三“红”工程】2021年，继续实行“红领巾”“红十字”“夕阳红”工程，加强特殊困难群体兜底保障。“红领巾”聚焦留守儿童教育服务短板，推出留守儿童延学活动和菁英学子培优计划，实现留守儿童全覆盖，“红十字”聚焦重症病残群体照护难题，与卫生院合作推出集中收治的专业看护服务，为10名病残群体提供专业看护。“夕阳红”聚焦空巢老人养老难题，盘活闲置校舍资源新建集起居、餐饮、休闲、医疗等功能于一体现代化养老院，建筑面积近130平方米，可提供28个床位。

【双招双引】2021年，借助乡贤“朋友圈”引进招商、人才、科技等项目6个，引进资金1.2亿元。

【城镇建设】2021年，完成美丽城镇工程建设，总投资约550万元，对小城镇环境综合整治成果进行巩固提升。完成集镇美化工程，累计硬化路面超6000平方米。完成入镇口景观打造和岭北溪河道清淤作业，美丽城镇创建通过省级验收。加强基础设施建设，总投资350万元，完成2个农村公路大中修工程。新建交通安全劝导站、宣传站和公路管理站各1处，加装1只交通信号灯和2只模拟测速探头。推进治危拆违，累计整治空倒房119处，拆除违章建筑面积2982.5平方米。全域提升垃圾分类智能化水平，创成浙江省生活垃圾分类示范片区。持续旅游特色亮点，创成浙江省AAA级景区镇，孚家湖省级休闲乡村创建基本完工。

【民生实事】2021年，筹建智慧养老“线上＋线下”服务新模式，免费分发智能手环1350只，健全老人紧急救援体系。筑牢织密疫情防控“生命线”“防护网”，完成全镇4337名常住居民的全员核酸检测工作，发动居民接种疫苗，构建全民免疫屏障。落实各项惠民补贴政策，共发放各类救助及补贴300余万元。扩大社会保险覆盖面，居民基本医疗保险参保率达99.73%，越惠保参保率达70.19%。

【乡村建设】2021年，为营造“有德者有得”的良好乡风，持续深化“文明实践银行”建设，文明积分制测评覆盖对象7430人，累计评选村级好人72名，不断优化“近邻帮帮团”志愿服务，全年组织开展志愿服务56次，活动覆盖超8000人次。启用关爱基金2.0版，推进移风易俗工作。基金账户累计募集基金321.99万元，使用188.12万元，形成“婚事新办、丧事简办”的长效机制。推进“清廉岭北”建设，累计建设6个“五清”村居。

【社会治理】2021年，继续推动“百事通”平台迭代升级，全年累计受理诉求事项565件，其中线上受理158件，事件办结率达100%，群众满意率达99.82%。激活治理“神经元”。完善“全科网格队伍”建设和村社“微网格”管理模式，办结信息爆料2003件，上门宣传反电信诈骗、燃气使用安全累计超5000户。

（岭北镇　金磊）

陈宅镇

【概况】陈宅镇地处诸暨市东南部，距市中心25千米，东接东白湖镇，南邻岭北镇和东阳市，西北连璜山镇，省道诸东线、诸永高速穿镇而过。镇域面积78.93平方千米，下辖10个行政村，1个社区，户籍人口18387人。境内有以东白山为代表的山林78128余亩，有作为饮用水源的总库量1.1亿立方米的国家大(2)型水库石壁水库。

2021年完成财政收入2639万元，完成民间投资10084万元，其中工业投资5381万元，农业投资3753万元、建安投资8335万元、制造业投资5381万元，规上工业增加值4165万元，同比增长25.2%，主要经济指标均超额完成上级下达的目标任务。获2021年度新时代美丽城镇建设基本达标单位、2021年度全省“五水共治”工作考核优秀乡镇称号。累计刊发284篇有关陈宅的稿件，其中省级以上媒体9条。

【双招双引】2021年，继续优化营商环境，开展驻企服务，引进招商项目6个，实际到位资金5400万元；发展科技创新，成功申报浙江省科技型中小企业1家，完成科技市场交易额2100万元，完成“个转企”5家。以企业需求为导向，加强与开发区、诸暨岛、中韩科技创新中心等平台合作招才引智，共申报省级以上人才4人，其中1人入选，申报绍兴英才计划9人，进入答辩2人。设立产业基金，注册诸暨天问磐盈股权投资合伙基金项目，全年实到资金1.5亿元。

【乡镇建设】2021年，继续培育数字农业。探索“新零售”销售模式，促进与开发区新零售直播基地合作，4月16日举办“首届诸暨陈宅茶艺节”，利用微信、抖音等媒介数字化手段，推介陈宅的茶、景和美食，直播活动总收视率达2.4万余人，被新华社等媒体宣传报道，转载量达百万次，打开陈宅茶叶、藤羹、粉丝、石壁胖头鱼、黄金蟠桃等特色农副产品市场销路，“陈宅味道”系列农副产品实现年销售额约1000万元。推进乡村旅游业态，完成藤羹示范小作坊建设，对接乡贤资源，引进兜兜乐园综合旅游项目。

全年投资55万元开展道路大中修工程（陈宅镇诸东线—吴宅公路）；深化巩固“无违建”创建，完成6200平方米，完成率155%，拆后利用率100%，完成率与拆后利用率均居全市第一。启动宅基地试点改革工作，完成宅基地基础信息摸排、退出意愿调查。开展困难家庭危旧房常态化治理改造工作，全年动态新增12户困难家庭危房，改造完成10户。投资325万元开展瓜子淡水库除险加固工程，并结合推进统筹项目招商工作。投资35万元开展朝南堰坝修复工程；做好耕地“非农化”、“非粮化”修编和清理腾退工作，完成第一批清理腾退任务115亩，梳理库区涉及整治区域的管理权限问题。持续开展全域环境整治，申报“国家卫生镇”并通过浙江省级验收，创成“浙江省美丽城镇达标镇。攻坚集体经济“削薄”，全镇11个村社的经营性收入全部达50万元以上。

【民生实事】2021年，继续深化新时代文明实践工作，全镇11个村社关爱互助协会共募集资金297万余元，惠及2424人次，率先完成镇级爱心食堂全覆盖；常态化落实疫情防控攻坚战，全员核酸检测6600余人次，推进全民疫苗接种。增加教育投入，完成公办学校教室功能提升工程，落实陈宅璜山地区初中办学体制改革。丰富农民群众的精神文化生活，新建巽迪陈村、棠里坞村农村文化礼堂2家，组队参加诸暨市第十二届“舞动诸暨”舞蹈大赛，选送2件作品参加诸暨市第十三届群文创作大赛均获得银奖。社会救助工作实现低保工作动态管理。健康诸暨建设获得绍兴考核组肯定。落实蓝天保卫战，“五水共治”、空气优良率等各项考核指标继续全市领先。

【社会治理】2021年，继续加强镇村矛调中心规范化建设，聘请有较强调解能力的退职村干部充实调解力量，抓严抓实初信初访，开展2次信访办件专题培训，提高信访办理质量。集中治理重复信访专项工作，化解国家级积案14件，省级积案3件，5年以上诸暨市级积案2件，平安护航中国共产党成立100周年。重点人员服务管理工作，抓好社区矫正、吸毒人员帮控。夯实应急管理站工作责任，打胜台风“烟花”防范战，完成陈宅镇综合消防应急救援站建设，进一步完善“1+1+1”陈璜片15分钟应急救援圈体系。完善安全生产责任体系，落实安全生产监管责任，消除和整改各类安全隐患150余处，全年无安全生产事故发生。抓实抓好基

2021年4月16日，首届诸暨陈宅茶艺节陈宅特产展台（朱黎灵摄）

层各项资源管理，坚决打击乱挖、偷挖等损害国家资源行为。

（陈宅镇　王琴丽）

同山镇

【概况】同山镇位于诸暨市西南，距市中心22千米，东邻安华镇，南接金华市浦江县白马镇，西连金华市浦江县中余乡，北邻大唐街道和牌头镇。全镇面积55平方千米，下辖14个行政村社，总人口2.15万人。境内有国家级风景名胜区汤江岩风景区以及景区重要组成部分布谷湖、浙江省重点文物保护单位边氏宗祠，省级非物质文化遗产同山烧酒传统酿造技艺和棕编技艺，绍兴市级非物质文化遗产毛笔制作和板凳龙，以及诸暨市第一个农村党支部成立地丽坞底村。同山镇特产有“同山烧”、樱桃、枇杷、红心李、绿剑茶叶等。2021年，全镇实现财政收入8761.69万元，工业总产值3417.9万元，固定资产投资1.441亿元。

【产业升级】2021年，同山镇获批诸暨市乡村振兴同山烧产业深度融合集成创新示范建设项目，总投资额近2亿元，建设四大类项目9个子项目。锚定打造“浙江白酒核心产区”目标，持续优化同山烧产业布局，推进酒企数字化改革，构建起“5家酒企+59家酒作坊+700余家酿酒散户”生产主体规模。同山烧“勾践王”及“醉美750”分别获2021年美国旧金山国际烈酒比赛双金奖、金奖。越庄酒获评2021年浙江省农博会金奖产品。浙江同山醉美人酒业有限公司被评为2021年省工业旅游示范基地和浙江省级产业融合示范基地。

2021年，继续做大做强樱桃、茶叶等传统种植产业，引进优质品种、延长产业链条、推动农业主体联合，助农增产致富。5月10日，与省农业科学院合作建成同山烧专用品种高脚白藤拐提纯复壮项目展示示范基地。绿剑茶产业化联合体获评第二批省级农业产业化联合体，为诸暨市唯一。绿剑茶业的“古越红”和“西施银芽”在中国茶叶流通协会2021“两展一节”茶叶产品活动上分别获红茶类特别金奖和绿茶类金奖。

【乡镇建设】2021年，继续深化浙江省美丽城镇样板镇和AAAA级景区镇建设，打造“五村一湖”（布谷村、王沙溪村、绿剑村、临江村、吉水坑村和布谷湖）高品质旅游圈，以“布谷湖、同山溪”为核心，综合集成运动休闲、康体养生、智慧农业等于一体，吸引游客20万人次以上。激活闲置农房，吸纳社会资本，引进主题民宿、综合性酒作坊等项目，同山镇和布谷村入选2021年绍兴市“闲置农房激活”先进乡镇和示范村。改善基础设施，持续打好“蓝天碧水净土”保卫战，入选绍兴市“四好农村路”示范乡镇，创建成诸暨市“美丽庭院”示范镇。南源村获评省级森林人家、王沙溪村创建成浙江省“一村万树”示范村，环布谷湖景观绿道获评第二届“绍兴最美绿道”，同山农贸市场被认定为全省放心农贸市场。

【民生实事】2021年，坚持办好民生项目，投入30万元补助费用，完成对4个村消防志愿队消防泵更换工作。中医药普惠服务，在城乡居民医疗保险报销基础上，自费部分给予补助20%，累计惠及镇内群众3285人次，为群众报销中医药治疗费用95384.19元。持续优化公共服务，深化“最多跑一次”改革，强化“一证通办”“一窗受理”，受理并办结事项共计8619件，办结率和满意率均为100%。升级关爱基金2.0版，累计收到捐赠关爱资金约250万元，惠及群众5000余人。维护社会稳定，调处各类矛盾

布谷湖俯瞰（同山镇提供，摄于2021年11月）

纠纷 298 件，化解矛盾 296 件，化解率达 99%。开展平安、法治宣传活动 8 次，发放平安微信宣传卡 1.2 万余份、各类资料 3500 余份，线上线下收集信息 1599 件，事件办结率 100%。

【文化建设】2021 年，强化硬件配套，夯实文化载体，新建 3 家村级文化礼堂，实现村社全覆盖，边村村文化礼堂入选浙江省五星级农村文化礼堂。开展文体活动，扩大宣传范围，组织各文化礼堂开展活动 58 场，超过 2200 人次参与，开设道德讲堂、健康课堂、红色文化课堂等。加大推广力度，保护文化遗产，寿氏粽艺体验基地（粽编）被列入第一批绍兴市乡村非遗体验基地名单，同山烧非物质文化遗产传承展示厅（同山烧酒传统酿造技艺）列入绍兴市乡村非遗体验基地创建名单。（同山镇　张琳）

赵家镇

【概况】赵家镇是“中国香榧之乡”，地处诸暨市东部，会稽山脉西麓，东连绍兴市，南通绍兴嵊州市，西邻枫桥镇，距绍诸高速枫桥南入口 6 千米，距绍兴市和诸暨市中心均为 25 千米，镇域面积 96 平方千米，镇人民政府驻地为赵家镇镇南路 208 号。下辖 1 个居委会、1 个社区、12 个行政村，总人口 3.17 万人。2021 年，全镇财政总收入 2280.62 万元；完成民间投资 1.17 亿元；规上工业增加值 4035 万元；自营出口总额 4880 万美元；引进市外境内资金 6105.47 万元；全镇居民人均年收入 35809 元。赵家镇司法所被绍兴市政法委、绍兴市司法局命名为第四批绍兴市级“枫桥式”司法所。

【双招双引和产业升级】2021 年，继续紧抓特色产业，努力实现资源优势向经济优势转换，坚持绿色发展、创新驱动、主动作为，在产业融合上迈出步伐。项目建设稳扎稳打。推进山口·香溪度假庄园项目，完成设计，进入施工前准备阶段。加快对接项目落地，绍兴市铸脊新材料科技有限公司、绍兴市希希新材料有限公司等 2 家高层次人才创业项目确定落地赵家镇，高端民宿上海嘉良驿园落地，榧林示范店开业运行。依托乡贤回归，引进各类乡贤项目 8 个。产业创新有新突破。诸暨市天宸塑业有限公司被认定为 2021 年度诸暨市第一批数字化车间，实现赵家镇该领域零的突破。申报科技型中小企业完成任务数的 100%；“个转企” 8 家，完成任务数的 100%，完成“下升上”任务 3 家。人才引育。全年共申报国家级人才计划 2 名，申报省级人才计划 2 名，绍兴“名士之乡”人才 3 名。

【香榧产业】2021 年，古树认养有序推进，古树香榧认养机制进一步完善，利用香榧古树认养服务平台，将企业作为“管家”，开展香榧古树流转、认养信息发布、认养古树管护、古树香榧定制服务。“数字 +”助力发展。借力数字化发展东风，探索数字经济与香榧产业的融合，推动数字乡村建设。紧扣全国播商兴农富林行动契机，探索宣家山村首个“全国播商兴农富林行动第一示范村”建设，同步设立中国直播教育培训基地，打造一个乡村人才综合体，助力培养各类家乡产品代言“主播”，实现农村第三产业与数字经济融合发展，培训 1000 人次以上。衍生品不断拓展。在原有香榧精油、香榧面膜、香榧月饼的基础上，开发出香榧纱线，实现香榧衍生品在纺织业的突破，全新“开口”香榧推向市场。

【乡镇建设】2021 年，继续按照保护与开发并举，建设与管理并重的方针，推进全域治理规范化常态化。集镇整治加强。赵家镇深化“五乱”治理，推进集镇面上整治，集中对农贸市场等周边环境开展常态化管控，全年动员志愿者 150 人次文明劝导，联合执法 20 余起，集中整治行动 15 起，立案查处无照经营 7 起，规范店外经营 200 多处，安装油烟净化装置 5 家。人居环境重塑。赵家镇继续开展“五星 3A”提升，农村人居环境整治行动，全镇域开展以乱堆乱放、乱搭乱建、家禽散养、旱厕整治为主的农村环境卫生大整治，累计清理乱堆乱放 450 余处，争创市级美丽庭院示范村 1 个。落实“治危拆违”，共拆除违建面积 5000 平方米，8 个村共计 14 户低保户危旧房补助申请基本完成。生态质量持续改善。赵家镇配合全市系列碧水行动，完成“五水共治”找短板寻盲区查漏洞挖死角专项行动涉及的问题整改工作，投入 20 万元做好农村生活污水运维工作，组织禁渔清网集中整治 12 次。组织山塘水库防汛检查，完成多个安全隐患点的整改工作。推进资源综合利用，完成粮食功能区“非粮化”整改1528亩的清理腾退工作。

【民生实事】2021年，推进交通路网提升改造工程，投资1000多万元实施道路大中修、联网公路建设，5条“四好农村路”完成。完善镇级残疾人之家运行，推进居家养老服务，开办村级爱心食堂1个。新建赵家镇便民服务中心、泉畈村博爱家园，完成黄檀溪游步道、钟家岭饮用水等民生实事工程。持续深化“最多跑一次”改革，共办理行政审批事项7507件，办结率及满意率均达100%。因地制宜开展2个村级（保安新村、潘村）便民服务中心创建工作。加大卫生健康事业投入，深化医共体、智慧医疗平台建设，提前完成疫苗接种任务，依托利用“一中心四平台一网格”资源，摸排疫苗接种13358人次，协助完成全镇核酸检测15913人次，线上累计收集上报有效信息170余条，参与志愿服务730余人次。优化教育资源，全面落实“双减”政策。“越惠保”年参保率63.7%。继续坚持民生优抚为先，发放各类救助资金863.6万元，受惠群众达1542人次；发挥村级关爱互助基金作用，全年累计募集资金250余万元。全年累计开展党史学习教育主题宣讲活动23场，其余形式活动85场。激活农村闲置农房25幢，吸引社会资本1500万元。

【社会治理】2021年，继续围绕“两战硬”“两战赢”做好基层治理工作。

2021年11月25日，首届“西施有礼”网络香榧节“我为家乡带个货”活动现场（赵家镇提供）

全年共办结信访件532件，其中“浙里访”电访（“12345”政务服务热线）363个，平台来访件13件，来信件17件，网信39件；社会服务系统71件，市委市政府和各局办转交转办件29件。组织精干力量集中化解信访积案，化解绍兴市级积案7件，诸暨市积案1件，化解率100%，化解国家信访局重复件交办9件、省级信访局重复件交办6件，化解率100%。共调解矛盾纠纷297起，调解成功率100%。

【首届“西施有礼”网络香榧节】2021年11月25日至26日，诸暨市首届“西施有礼”网络香榧节在赵家镇宣家山村香榧文化会馆和东白湖镇笔架山庄举行。活动主题为“西施有礼，榧你莫属”，旨在推进诸暨市香榧产业绿色、健康、稳定发展，提升诸暨香榧的知名度和市场影响力。此次“西施有礼”网络香榧节暨“我为家乡带个货”活动，共有28家企业、18名主播志愿者参与，推广内容在短视频平台（抖音、淘宝、视频号、小红书等）累计播放量约98.3万人次，点赞数约75.5万人次，评论数8922条，分享数420次，销售单数1710单，销售额27.3万元。（赵家镇　张灵杰）

东和乡

【概况】东和乡位于诸暨市东南，距市区19千米，东邻东白湖镇，西起浣东街道，南毗浬浦镇，北与枫桥镇、赵家镇相接，是诸暨市唯一的建制乡。乡域面积64.32平方千米，乡人民政府驻地王家宅村，下辖12个行政村，户籍人口21234人。东和乡是国家级生态文明乡、浙江省首届我心目中最美生态乡镇，AAA级景区乡镇和国家卫生乡镇。

2021年，全乡实现财政总收入1888.27万元，同比增长38.13%；一般公共预算收入1038.61万元。规上工业完成产值1.56亿元，同比增长 21%；引进税源经济 1752.65 万元，完成自营出口 1.81 亿元。

【项目建设】2021 年，项目建设加速推进，双招双引量质并进。枫和里乡村公园核心区春风十里、尧舜养心谷度假村两个重大旅游项目新增投资 2.26 亿元，春风十里小镇客厅等二期经营性板块全速推进，烧烤露营区、漫茶园等投入使用，尧舜养心谷项目高端民宿开始营业，完成核心区项目政策处理，一期首开项目建设进度加快。引进浙江楷卓科技有限公司，注册资本 1000 万元。

【文旅产业】2021 年 4 月至 5 月，东和乡举办"向往的生活——诸暨东和春季乡村旅游节"活动，开展"春风十里·童玩节""坐着房车去旅行""书法篆刻文化旅游活动""亲近大自然·东和竹笋节""尧珈·养心墅网红十二时辰美好生活体验活动""春风十里·烧烤露营节"六大主题活动，吸引约 8 万名游客。启动"东和乡智慧旅游系统"项目，完成智慧旅游系统建设方案编制工作，通过数字化手段，打响游在东和品牌。注册"东和和美"商标品牌，拓宽农产品销售渠道。

【乡村建设】2021 年，迭代升级五星 3A，投资 600 万元启动实施美丽城镇建设行动，包括投入 100 万元启动王家宅、三坞、十里坪等村垃圾站房的改建和新建工作，投入 60 万元新建 2 个星级厕所，投入 43 万余元新建十里坪村垃圾分类沼气处理终端，投入 4 万元对十里坪、章梅塔、友谊、大林已有沼气处理终端进行安全隐患整改，投入 100 万元开展集镇区域美丽河道提升工程。推进垃圾分类，以垃圾分类达标镇乡街道考核工作为抓手，开展行政村垃圾分类月度督查，季度排位。

【产业升级】2021 年，继续开展市场主体培育攻坚行动，完成产转法 1 家、个转企 5 家，新培育市场主体 103 家。推进十里坪村市级新时代精品示范村建设，和客栈、农耕文化长廊、民宿周边配套设施工程完成建设，10 月"和客栈"试运营。打造智慧农业，浙江省一级种猪场—浙江朝晖种猪有限公司成立 9 人研发团队，包括副教授、硕士生导师 1 人，硕士及以上 4 人，工程师 4 人。新增市场主体 103 家。东和乡超 30 万元经营性收入的行政村有 11 个，超 50 万元的有 9 个，总计经营性收入达 816.60 万元。

【民生实事】2021 年，投资 692.13 万元完成冯吉线—上蔡，廿里牌—邵家坞，枫谷线—高山等公路大中修工程。投资约 100 万元，完成东和乡教育现代化学校创建工程，提升优化校园环境为争创绍兴市教育现代化学校打下基础。投资约 80 万元完成涉及 34 户 90 人的凤联村向阳自然村农村饮用水提升工程。投资约 50 万元完成枫谷线及环建线等重点路段亮化工程。落实"三服务" 2.0 升级版，全年累计上报问题需求 367 个，服务手记 440 篇。城乡居民医保缴纳征缴率 100%，"越惠保"参保人数 14991 人，参保率达 71.06%，完成市目标任务。定期走访服务低保户、留守儿童，入户开展交通、食品、药品安全宣传，累计走访服务 5280 人次，发放宣传单 4300 余份。

【文化建设】2021 年，关注"一老一小"服务重点，完善服务体系。开办友谊、大林、王家宅三家"和润·爱心食堂"，平均每天接纳 200 人次就餐，并为以上 3 个片区以外的老人配送餐，实现配送服务全域覆盖。成立东和教育发展基金，为乡村优秀教师、优秀学生、困难学生发放助学助教基金。教育基金筹集善款共计 66.7 万元，全乡关爱基金累计收到捐款超 200 万元。

【疫情防控】2021 年，东和乡开展多轮中高风险地区返乡人员摸排工作，共核查重点人员信息 4185 人。推进疫苗接种工作，累计完成第一、二针接种 27992 针剂，接种率达 100% 以上，60 周岁以上人员接种覆盖率达 94.33%。12 月 13 日全员核酸检测工作，东和乡共检测 6822 人。完成全乡 7 家工业企业，2 家服务业企业外来员工新冠肺炎疫苗 100% 接种。推行疫苗接种放心标识，对已接种疫苗的商家张贴公示。

【平安建设】2021 年，通过"平安护航建党百年"安全隐患大排查大整治及安全生产月工作，对重点企业长效开展安全生产排查，全年共查处安全隐患 45 处，全部整改。6 月和 7 月做好梅汛期灾害防御工作，对全乡 45 处山塘水库（蓄水 1 万立方米以上）组织实施维修养护，对辖区内危旧房、山塘水库、地质灾害防范区等场所累计进行防汛巡查 500 人次。完成全乡 10 处风险防范区（3 处重点风险区，7 处一般风险区)的警示上报,排查新发现地质灾害隐患点9处,均安全处理。继续坚持和发展新时代"枫桥经验",推动村级矛调中心规范化和"五+X"社会组织标准化全域建设工作。规范建设12个行政村矛盾纠纷调处化解中心,打造2个矛调中心示范村。创建"零上访"乡镇,全年共化解绍兴市级信访积案4件,接受群众来信来电来访264件,信访办结率100%、满意率99.2%。发挥信访代办制,村级受理代办事项76件,乡级受理代办事项18件,调处率达100%。加强和规范专职网格员队伍管理,开展网格员在线率及时长抽查考评共120次,达标率99.93%。完善"110"报警服务台与"基层治理四平台"矛盾纠纷联动处置机制,累计流转警务信息207起。(东和乡　金海琦)

马剑镇

【概况】马剑镇位于诸暨市最西端,东接应店街、五泄两镇,南连金华市浦江县,西至杭州市桐庐县,北邻富阳市,距市中心32千米,境内公路与富阳市、桐庐县、浦江县相连接。镇域面积118平方千米,镇政府驻地马剑社区18号,下辖12个行政村和2个社区,总人口19386人。2021年,规上工业总产值共计20102.9万元,同比增长36%。限上批发业销售额共计181884.9万元,增长173%;限上住餐业营业额共计1128.5万元,增长30%;工业投资1112万元,服务业投资6254万元;完成自营出口2956万美元;完成财政收入1420万。

【双招双引】2021年,马剑镇引入市外资金5000万元,市外税源785万元,引入市外企业29家,其中定点引入杭州税源企业24家(由杭州7个管家财务公司抱团入驻),引入河南税源企业1家,引入福建税源企业1家。产业项目方面,诸暨市苏禾农业开发有限公司开发的田园综合体项目在商务局备案,此项目流转土地180亩,投资2200万元,立足乡村原生态基础创新的系统性产业化项目,将有机农业、原生态种植业、自然风光、休闲旅游、户外拓展、环境保护等融为一体。

【项目建设】2021年,垃圾分类改造研学基地基本完工,美丽城镇项目中的消防室、篮球场工程、马剑停车场提升工程、马剑旅游特色线路沿线景观绿化修补提升工程均完工。推进快递进村试点工作,打通快递寄递最后一公里,共计代投"通达系"到村包裹8.4万件以上,日均达到612件。

【乡镇建设】2021年,进行小城镇常态化整治,完成年度拆违任务,做好8215处农村房屋安全隐患排查工作,加强危旧房动态巡查管理。改善出行条件,完成狮源—双江公路、寺坞—坪顶的2条农村公路提升工程建设。排查交通隐患路段,完成101处隐患点位的整治工作。打好"蓝天保卫战",常态化开展秸秆焚烧督查与整治。"五水共治"常抓不懈,做好巡查工作和河道保洁。建辉村、上和村、狮源村3个村通过"五清"村居建设验收。

【平安建设】2021年,继续开展"平安诸暨"集中宣传活动,通过社区民警、网格员队伍、志愿者等发放平安宣传单、平安宣传问卷调查到各村、各户,共计发放宣传资料7000余份。各类矛盾纠纷排查调处280起,共涉及金额300万元。调处率100%,调处成功率96%。完善矛盾纠纷多元化解机制,人民调解和司法调解无缝对接,共收大唐法庭移送案件24件,化解13件,化解成功率为55%。

【民生实事】2021年,做好民生保障,共发放救助金154万余元,春节共计慰问各类困难对象715户,发放金额39万余元。应对"6·10"强降雨,累计发动党员干部、群众5000余人次,志愿者700余人次,及时转移危险隐患区人员累计600余人次,完成58处地质灾害点隐患点清理。完成10条灾毁道路、2座桥梁修复工程;修复灾毁污水终端12处,修复堰坝13座,疏浚河道144536立方米。发挥党员群众和乡贤的力量,累计收到捐款及物资价值共计25万余元、村级关爱基金22.13万元,关爱基金累计捐款近258万元,使用65万余元,累计受惠3106人次;定向捐赠救护车1辆,定向捐赠金30余万元。依托文化礼堂,开展文明实践活动、好美诸暨文艺演出16场。开展"三为"活动,及时解决村企业和群众的"关键小事",共收集"三服务"问题432条,全部办结,满意率为100%。

(马剑镇　赵丹荣)

人　物

2021年新任市级领导简介

【沈志江】绍兴市委常委、诸暨市委书记。浙江绍兴人，汉族，在职研究生学历，法学博士。1996年7月参加工作，1994年6月加入中国共产党。1992年9月，西安交通大学流体机械专业学习。1996年7月，绍兴市公路管理处办公室工作。1996年8月，绍兴市人才服务中心工作。1999年3月，任绍兴市人才服务中心副主任，兼市人事局就业管理处副处长。2001年3月，任绍兴市人才服务中心副主任（正科），兼市人事局就业管理处副处长。2001年11月，任绍兴市人才服务中心主任、市大中专毕业生就业指导中心主任（2002年3月至2002年6月绍兴市委党校中青年干部培训班学习）。2003年12月，任共青团绍兴市委副书记、党组成员，2004年7月兼市青联副主席（2001年9月至2004年6月西安交通大学电子与通信工程专业学习，获工程硕士学位；2003年2月至2004年2月挂职任绍兴县钱清镇党委副书记）。2007年8月，任绍兴市迎恩门工程建设指挥部副总指挥，2009年5月兼镜湖新区管委会副主任、党工委委员。2009年8月任绍兴市镜湖新区管委会副主任、党工委委员（2007年9月至2012年6月西安交通大学人文学院马克思主义理论专业博士研究生学习，获法学博士学位）。2012年5月，任绍兴市旅游集团公司总经理、党委副书记（2014年4月至2014年7月挂职任上海浦东新区商务委员会主任助理）。2014年7月，任绍兴袍江经济技术开发区（袍江新区）党工委副书记，2014年8月任管委会主任。2015年8月，任绍兴袍江经济技术开发区（袍江新区）管委会主任、党工委书记。2016年11月，任绍兴市柯桥区委副书记、代区长，2017年2月任区长。2017年7月，任绍兴市柯桥区委书记。2021年1月，任绍兴市委常委、诸暨市委书记。

【张昆仑】诸暨市委副书记、市政府代市长、党组书记。安徽亳州人，汉族，研究生学历，工学博士。2015年7月参加工作，2009年5月加入中国共产党。2006年9月，复旦大学环境学院环境科学专业学习。2010年9月，清华大学环境学院环境科学与工程专业博士研究生学习，获工学博士学位。2015年7月，任金华市环保局局长助理。2016年2月，任金华市婺城区白龙桥镇党委副书记。2016年9月，任金华市婺城区莘畈乡党委副书记。2016年12月，任金华市婺城区莘畈乡党委副书记、乡长（2017年7月至2018年11月挂职任金华团市委副书记、党组成员）。2018年

11 月，任金华团市委副书记、党组成员，2019 年 1 月兼市政协社会和法制委员会副主任。2020 年 1 月，任浦江县委常委，2020 年 6 月兼郑宅镇党委书记。2021 年 3 月，任浦江县委常委、县政府常务副县长。2021 年 11 月，任诸暨市委副书记、市政府代市长。2021 年 12 月，任诸暨市委副书记、市政府代市长、党组书记。

【董海潮】诸暨市委常委，兼暨南街道党工委书记、诸暨商贸城建设管理委员会党工委书记。浙江绍兴人，汉族，大学学历，法学学士。2003 年 7 月参加工作，2005 年 8 月加入中国共产党。1999 年 7 月，西南政法大学管理学系行政管理专业学习。2003 年 7 月，浙江省国土资源监察总队工作；2004 年 7 月，任浙江省国土资源监察总队九级职员。2007 年 7 月，任浙江省国土资源监察总队八级职员(2005 年 9 月至 2009 年 3 月借调至省国土资源厅执法监察局工作)。2009 年 5 月，任浙江省国土资源厅执法监察局副主任科员。2010 年 7 月，任浙江省国土资源厅执法监察局主任科员(2012 年 12 月至 2014 年 12 月挂职任桐乡市政府办公室党组成员、副主任，乌镇镇党委副书记)。2016 年 5 月，任浙江省国土资源厅执法监察局副局长。2018 年 10 月，任浙江省自然资源厅副处长级干部(机构改革)。2019 年 1 月，任浙江省自然资源总督察办公室副主任。2021 年 9 月，任诸暨市委常委。2021 年 12 月，任诸暨市委常委，兼暨南街道党工委书记、诸暨商贸城建设管理委员会党工委书记。

【李海裕】诸暨市委常委，纪委书记、市监委代主任。浙江绍兴人，汉族，大学学历，法学硕士。2001 年 8 月参加工作，2003 年 6 月加入中国共产党。1997 年 9 月，华东政法学院经济法专业学习。2001 年 8 月，任绍兴县法院立案庭书记员。2002 年 8 月，绍兴县法院刑庭工作。2003 年 12 月，绍兴县法院执行局工作，2004 年 6 月任助理审判员(2003 年 10 月至 2005 年 7 月中国政法大学民商法专业硕士学位班学习，获法学硕士学位)。2007 年 12 月，绍兴市纪委作风办工作。2008 年 12 月，绍兴市纪委案件审理室工作，2009 年 8 月任副主任科员。2009 年 8 月，绍兴市纪委纪检监察一室工作。2011 年 12 月，任绍兴市纪委纪检监察一室副主任。2014 年 7 月，任绍兴市纪委第五纪检监察室副主任(2015 年 9 月至 2015 年 12 月绍兴市委党校中青年干部培训班学习)。2016 年 6 月，任绍兴市纪委第一纪检监察室主任。2017 年 4 月，任绍兴市纪委第八纪检监察室主任。2019 年 5 月，任绍兴市纪委市监委第八审查调查室主任。2019 年 9 月，任绍兴市纪委市监委第八审查调查室主任(副局长级)。2020 年 4 月，任新昌县委常委、纪委书记，2020 年 5 月任县监委代主任。2021 年 1 月，任新昌县委常委、纪委书记、县监委主任。2021 年 11 月，任诸暨市委常委、纪委书记。2021 年 12 月，任诸暨市委常委、纪委书记、市监委代主任。

【陈益峰】诸暨市政府副市长、党组成员。浙江嵊州人，汉族，大学学历，文学学士。2004 年 9 月参加工作，2010 年 9 月加入中国共产党。2000 年 9 月，绍兴文理学院外国语学院英语专业学习。2004 年 9 月，中国人民财产保险股份有限公司绍兴市分公司办公室工作。2008 年 4 月，任中国人民财产保险股份有限公司绍兴市分公司灵芝营销服务部副经理(主持工作)。2008 年 12 月，任嵊州市剡湖街道办事处副主任。2011 年 4 月，任绍兴市商务局对外经济合作处副处长。2013 年 9 月，任绍兴市商务局公平贸易处处长。2014 年 3 月，任绍兴市商务局公平贸易处(电子商务处)处长。2017 年 8 月，任绍兴市商务局公平贸易处(电子商务处)处长、兼绍兴市电子商务促进中心主任。2017 年 11 月，任绍兴市商务局电子商务处处长、兼绍兴市电子商务促进中心主任。2019 年 10 月，任绍兴市商务局商贸发展处处长。2020 年 12 月，任绍兴市商务局副局长、党委委员。2021 年 12 月，任诸暨市政府副市长、党组成员。

【应国伟】诸暨市政府副市长、党组成员。浙江诸暨人，汉族，在职大学学历。1998 年 8 月参加工作，2003 年 6 月加入中国共产党。1995 年 9 月，上虞师范学校普师专业学习。1998 年 8 月，诸暨市枫桥镇桥择完小工作，任教导主任。2002 年 10 月，诸暨市枫桥镇开先完小工作，任校长(2005 年 10 月至 2006 年 6 月借调至枫桥镇政府工作，2006 年 6 月至 2007 年 3 月借调至市政府办公室工作)。2007年3月,诸暨市政府办公室工作,2007年6月任农业经济科副科长、2008年12月任农业经济科科长(2006年1月至2008年1月中央广播电视大学汉语言文学专业在职本科学习)。2012年1月,任诸暨市江藻镇党委副书记。2014年3月,任诸暨市江藻镇党委副书记、镇长。2016年7月,诸暨市陶朱街道党工委副书记、办事处主任。2018年6月,任诸暨市陶朱街道党工委书记(2019年9月至2019年12绍兴市委党校中青年干部培训班学习)。2021年9月,任诸暨市政府副市长、党组成员。

【童云英】诸暨市政府副市长、党组成员。浙江绍兴人,汉族,大学学历,工学学士。2004年7月参加工作,2003年5月加入中国共产党。2000年9月,浙江工业大学水利水电工程专业学习。2004年7月,绍兴市水利水电勘测设计院工作。2006年12月,绍兴市海塘河湖管理站工作。2007年7月,绍兴市水利管理处工作。2009年11月,任绍兴市水利管理处副主任。2011年11月,任绍兴市水库管理站副站长。2015年1月,任绍兴市农村水利站站长。2015年4月,任绍兴市河道管理站站长。2016年6月,任绍兴市越城区蕺山街道党工委副书记、办事处主任兼区书圣故里旅游开发党工委副书记。2017年12月,任绍兴市越城区蕺山街道党工委书记。2019年1月,任绍兴市越城区府山街道党工委书记。2021年9月,任诸暨市政府副市长、党组成员。

【张　芸】诸暨市检察院代检察长、党组书记。浙江绍兴人,汉族,大学学历,法律硕士。2002年7月参加工作,2000年5月加入中国共产党。1998年9月,浙江工程学院电子与自动化系计算机及应用专业学习。2002年7月,任绍兴市越城区检察院书记员,2003年7月任科员,2005年3月任助理检察员,2007年10月任检察员(2003年3月至2005年12月浙江广播电视大学检察分校法学专业本科班学习)。2008年1月,任绍兴市越城区检察院办公室副主任,2009年1月任副主任科员(2010年12月获浙江大学光华法学院法律硕士学位)。2011年1月,任绍兴市越城区检察院办公室主任,2012年3月任区检察院检察委员会委员,2012年12月兼任未成年人刑事检察科科长。2013年2月,任绍兴市越城区检察院检察委员会专职委员、办公室主任兼未成年人刑事检察科科长。2013年12月,任绍兴市越城区检察院检察委员会专职委员、未成年人刑事检察科科长、侦监科负责人。2017年5月,任绍兴市检察院政策研究室副主任,2017年10月任员额检察官。2017年11月,任绍兴市检察院政策研究部主任、一级检察官。2018年4月,任绍兴市检察院社会治理检察部主任。2019年7月,任绍兴市检察院第五检察部主任,2020年6月任市检察院检委会委员,2020年11月任四级高级检察官(2020年9月至2020年12月绍兴市委党校中青年干部培训班学习)。2021年11月,任诸暨市检察院检察长提名人选、党组书记。2021年12月,任诸暨市检察院代检察长、党组书记,兼市委政法委委员。　（市委组织部提供）

2021年省部级及以上劳动模范简介

【王　飞】男,诸暨市人,中共党员,1995年7月参加工作,任浙江天洁环境科技股份有限公司焊接班长。爱岗敬业、刻苦钻研,努力提高焊接水平,立志成为一名优秀的技术工人。注重发挥团队力量,无私传授自己10多年的宝贵经验,所带徒弟都已成为生产车间的骨干,在企业一线发挥重要作用,所在班组的产品合格率达100%。个人获得国家高级职业资格证书,并先后获“诸暨市劳动模范”“诸暨市职业技能带头人”“浙江省五一劳动奖章”等荣誉称号,2021年被授予“全国五一劳动奖章”。　（市总工会）

享受国务院政府特殊津贴人员简介

【胡薇珊】女,临安人,中共党员,副主任护师,1952年8月浙江省高医护士专业毕业,已退休。长期从事护理工作,中共十一届三中全会后,任诸暨人民医院护理部主任,主持建立各项规章制度,提高护理队伍素质,护理部先后被评为“三八红旗”先进集体、省劳模集体,在全省“四项”护理操作比武中获总分第一。本人先后被评为省优秀护士、全国模范护士、“白求恩式医务工作者”。1991年，享受国务院政府特殊津贴。

【刘孔达】男，湖南人，中共党员，1958年9月长沙工业高等专业学校毕业，曾任诸暨市黄金公司经理、高级工程师。已退休。1991年主持的“氰化黄液直接电积提金新工艺”提高黄金的回收率，并获省政府颁发的科技成果二等奖；“向下分层进路胶结充填采矿法”获省科技成果集体三等奖。荣获“五一”劳动奖章和省劳动模范称号。1992年，享受国务院政府特殊津贴。

【郭承荫】男，诸暨人，中共党员，1952年浙江高级医士职业学校卫生管理专业毕业，曾任诸暨县卫生防疫站副站长，副主任医师。现已退休。从事卫生防疫工作四十余年。1973年起主持“麻疹活疫苗免疫持久性研究”课题，历时15年，获得成功，各项指标达到国家和国内先进水平，1983年获卫生部甲级科技成果奖和省政府优秀科技成果二等奖，1992年又获卫生部科技进步二等奖。发表论文10余篇，其中有2篇在国外发表。1993年，享受国务院政府特殊津贴。

【石培根】男，诸暨人，中共党员，1970年毕业于浙江大学化工机械专业，任浙江电除尘器总厂总工程师，高级工程师。1979年以来，多次承担国家级重点工程电除尘器技术研究工作，为主研制的“天津军粮城电厂102M2电除尘器”获省科技进步二等奖，“450M2烧结系统大型电除尘器”获1993年机械部科技进步一等奖。还担任国家重大技术装备“八五”科技攻关项目“除灰除渣系统关键设备研制”专题负责人，并研制、开发成功。主持电除尘器国家标准及行业标准的规划制订、修订、审查工作。1993年，享受国务院政府特殊津贴。

【郭凡林】男，中共党员，高级工程师，从事机械制造工艺和设备技术工作。历任诸暨水泥厂技术员、诸暨机床厂技术组长、主任工程师、研究所所长，1993年始任浙江凯达集团和诸暨机床厂总工程师。发表《谈数控车床的可靠性试验》《数控车床总体布局的发展趋势》等多篇学术科研论文。主持的CJK6136数控车床的研究与开发项目获省科技进步奖二等奖。先后主持开发省优秀新产品和省优产品各1项，有7种产品获国家出口产品许可证，多次被评为绍兴市优秀专门人才，为绍兴市首批学术技术带头人。1996年，享受国务院政府特殊津贴。

【吴法理】男，诸暨人，中共党员，高级工程师。浙江菲达机电集团有限公司副总经理。1998年华中理工大学毕业，硕士学位，主要从事流体机械开发与研究。1989—1991年从事浓相气力输灰系统的科研开发及试制，任技术负责人；1992年至1996年任国家重大技术装备“八五”科技攻关项目(85-302-05)技术负责人，项目负责人；1995—1997年任国家火炬计划9423305018项目负责人；1998年起任国家技术创新“300MW机组气力”项目负责人。主持编制了机械工业部《正压浓相气力输送系统》行业标准；研制并取得ZL97Z429360实用新型专利一项。主持完成的正压浓相气力输灰系统及关键设备获省政府科技进步二等奖。1999年，享受国务院政府特殊津贴。

【赵林中】男，诸暨人，大学文化，中共党员，高级经济师、高级政工师、副研究员职称。富润控股集团公司党委书记、董事局主席，浙江富润股份有限公司董事长。近5年，富润共创有国家级新产品9个，其中3个为国家级重点新产品。富润集团累计获省部级科技进步奖21项，其中以赵林中为主开发、作为第一排名的有5项(二等奖1项、三等奖4项)。富润集团控股的浙江富润股份有限公司于1997年6月在上海证交所上市，是中国针织行业第一股。赵林中为全国劳动模范，“五一”劳动奖章获得者，浙江省优秀共产党员，浙江省突出贡献企业经营者，第九届、十届全国人大代表。2002年，享受国务院政府特殊津贴。 (人社局提供)

文　存

深入学习贯彻习近平总书记“七一”重要讲话精神 勇扛使命　勇闯新路　勇当先锋 奋力打造浙江高质量发展建设共同富裕示范区诸暨范例

——在市委十六届十三次全体（扩大）会议上的报告

（2021年7月28日）

沈志江

同志们：

这次会议的主要任务是：坚持以习近平新时代中国特色社会主义思想为指导，全面落实党的十九大和十九届二中、三中、四中、五中全会精神，认真学习贯彻习近平总书记在庆祝中国共产党成立100周年大会上的重要讲话精神，按照省委十四届九次全会、绍兴市委八届十次全会决策部署，动员全市上下弘扬伟大建党精神，勇扛使命、勇闯新路、勇当先锋，率先在建设社会主义现代化先行省中走在前列，奋力打造浙江高质量发展建设共同富裕示范区诸暨范例。

下面，我代表市委常委会，向全会报告工作。

一、紧扣“十问”抓开局，交出经济社会发展高分报表

今年是“十四五”开局之年。市委常委会认真贯彻落实习近平总书记考察浙江重要讲话精神，按照中央和省委、绍兴市委部署要求，聚焦忠实践行“八八战略”、奋力打造“重要窗口”、加快实现“四个率先”主题主线，一体推进“解放思想、开放发展、改革争先、创新驱动、整体智治”，经济社会发展呈现出提速争先、提质增效的良好态势。上半年，实现生产总值736.2亿元，同比增长14.9%，增速居绍兴首位；财政总收入92.7亿元，增长14.6%，其中一般公共预算收入62.7亿元，增长25.2%。城乡居民人均可支配收入分别达42834元、24920元，增长12.9%、13.8%，收入倍差为1.72。

——我们聚力答好加快改革破题之问，数字变革有新作为。坚持把数字化改革作为全面深化改革的总抓手，紧扣“152”体系框架，统筹抓好“三张清单”，梳理摸排多跨场景应用63个，五大综合应用门户上线运行，执行全流程数字化协同改革、困难群众救助“一件事”等5个多跨场景入选省级清单，“兴村治社创业榜”得到省委领导亲自领衔和肯定。优化调整改革体制，专门设立改革研究促进中心，全面推进开发区整合提升，国有企业管理体制改革、农村宅基地制度改革有序实施，“县乡一体、条抓块统”改革成为省级试点。

——我们聚力答好深化“枫桥经验”之问，整体智治有新成效。巩固提升坚持发展新时代“枫桥经验”七大行动成果，启动建设“枫桥经验”指数项目，枫桥学院建成投运，“枫桥经验”巡视专项整改工作得到省委主要领导批示肯定。创新开发矛调“枫桥经验”应用场景，深入开展信访积案和重复访专项治理，诉源治理工作得到上级肯定，百万人口走访数退至全省第81位。持续深化平安诸暨、法治诸暨建设，圆满完成平安护航建党百年维稳安保任务，稳妥高效处置独立学院转设引发的舆情问题，统筹抓好疫情防控、安全生产、公共安全等领域治理，实现省平安县市“十六连冠”。

——我们聚力答好畅通“杭绍同城”之问，对接融入有新进展。深化完善长三角一体化发展工作机制，与萧山、柯桥建立战略合作关系，萧诸绿色发展先导区被纳入杭绍一体化建设方案。杭诸市域铁路列入国家长三角多层次轨道交通规划，柯诸高速、235国道诸暨段、绍诸高速浣东互通改扩建工程加快建设，沪杭诸“绿巨人”通勤列车开行，诸杭高速双向免费通行范围扩大。新增沪杭籍企业506家，引进都市区各类项目23个、总投资达199.4亿元。跨区域开展医疗、教育、文化、旅游合作，1521个事项实现“全省通办”。

——我们聚力答好加速开放发展之问，营商环境有新优化。细化出台“党建+营商环境”建设八条，深化开展“百团千员”驻企服务，创设“政企亲清会”服务平台，累计解决问题46个，为企业争取银行授信298亿元。高水平推进对外开放，扩大市场贸易采购、跨境电商等外贸业态份额，大唐袜业成为省首批内外贸一体化改革试点，海关监管场所建成投运，实现出口203.9亿元、增长14.1%，实到外资5761.5万美元。

——我们聚力答好强化创新赋能之问，发展活力有新增强。扎实推进人才强市、创新强市首位战略，举办海内外高层次人才创新创业大赛，全面启动G60创新港建设，欧美同学会海归小镇有望落地。与浙江大学等高校合作共建产业创新研究院，建成袜业、珍珠工程师协同创新中心，中俄联合（诸暨）国际实验室签约落地，上海、西安“诸暨岛”建成投运。规上工业研发费用、高新技术产业增加值等核心指标增速均居绍兴首位。

——我们聚力答好提升招商实效之问，项目投入有新突破。创新完善招商体制机制，设立招商投资促进中心，建队伍、强培训、重联动，构建形成“信息一门清、服务一条龙、管理一盘棋”的大招商格局。新引进亿元以上项目29个、总投资达325.9亿元，新宜中国数字装备智慧产业园、欧意数字化家电家居智造等重大项目签约落地。大力推进项目建设攻坚行动，制造业项目土地出让面积、开工面积分别增长126%、91.6%，累计完成固定资产投资197亿元、增长18.5%。

——我们聚力答好提高转型质效之问，产业动能有新汇聚。扎实推进省制造业高质量发展示范县市创建，加快袜业、珍珠、铜加工等传统产业数字化绿色化服务化改造，新增数字化车间14个、工业机器人319台，上云企业突破8300家，袜业产业集群新智造试点、珍珠产业发展创新示范建设列入省级名单，规上工业增加值、工业投资等六个指标增速均居绍兴首位。实施高成长企业“长高长壮”计划，新增“放水养鱼”企业31家、国家“小巨人”企业3家。农业生产平稳运行，建筑业、房地产市场提质增效，现代服务业稳健发展，宝龙商业广场建成开业，成为省数字生活新服务样板县。

——我们聚力答好突出规划引领之问，城乡建设有新亮点。扎实开展国土空间规划编制，加快推进城西“七大客厅”、城东高湖区块建设，启动实施花园岭“暨阳印象”改造，基本完成“三改”房屋征收签约。扎实推进陈蔡水库加固工程，实施城区内涝综合整治，浦阳江治理二期主体完工，获评省水利“大禹杯”金奖。持续深化乡村振兴，激活闲置农房269幢，146个行政村（社区）年经营性收入达50万元以上。坚决打好生态环境巩固提升持久战，基本完成中央、省生态环保督察反馈问题整改，浦阳江水质和城市空气优良率持续向好，美丽浙江建设考核保持优秀。

——我们聚力答好增强百姓“三感”之问，民生保障有新改善。深入推进新时代文明实践中心建设，迭代升级关爱基金、全城志愿、移风易俗,相关做法先后被中央改革办、中央文明办点赞推广,两次获省委主要领导批示肯定。办实办好十大民生实事,城乡居民养老保险、医保提标扩面,完成适老化改造130户、危旧房治理973户,既有住宅加装电梯52台。持续推进公共服务优质共享,西子小学、枫桥镇中等一批教育设施即将投用,"健康诸暨"获省考核优秀,成为首个承办CBA联赛全赛季比赛的县级市。

——我们聚力答好刷新干部作风之问,党的建设有新加强。市委常委会带头开展党史学习教育,重温入党誓词,进行专题研讨,组织展览打卡,开展"三为"服务,进一步筑牢"红色根脉",有力推动"四个意识""四个自信""两个维护"走深走实。精心举办庆祝建党100周年系列活动,表彰"两优一先""光荣在党50年","学党史、悟思想、办实事、开新局"的氛围持续浓厚。深入开展"解放思想、开放发展"大讨论活动,健全完善立体式综合考评办法,干部队伍的开放意识、专业能力、敬业精神进一步提升。深化"五星"系列创建,推行"支部建在小区上",枫源村获评全国先进基层党组织。探索新业态新就业群体党建工作,成立全省首家直播电商党支部。坚持以"七张问题清单"为抓手,深化推进全面从严治党,健全"四责协同"机制,完善"六位一体"基层监督体系,升级基层公权力监督平台2.0版,实现市级巡察全覆盖。强化正风肃纪反腐,推进重点领域专项治理,点面结合建设清廉单元,顺利完成政法队伍教育整顿,风清气正的政治生态不断巩固。

同志们,以上这些成绩的取得,是以习近平同志为核心的党中央和省委、绍兴市委坚强领导的结果,是全市上下开拓进取、创新实干的结果。回顾上半年工作,我们付出的是艰辛,收获的是喜悦,彰显的是争先创优的精神,凝聚的是团结协作的合力。特别是在抗击"6·10"强降雨和此次台风"烟花"的过程中,我们面对雨量和水位均超历史极值的严峻考验,全市上下众志成城、守望相助,风雨同舟、协同作战,尽最大努力把损失降到了最低,全力确保了人民群众生命财产安全。在此,我代表市委常委会向大家表示衷心的感谢,向战斗在防台抗灾一线的党员干部群众致以诚挚的慰问和崇高的敬意!

二、学深悟透习近平总书记"七一"重要讲话精神,坚定扛起打造浙江高质量发展建设共同富裕示范区诸暨范例的使命担当

习近平总书记在庆祝中国共产党成立100周年大会上发表的重要讲话,贯通我们党的过去、现在和未来,全面回顾了我们党成立一百年来走过的辉煌历程,系统概括了伟大建党精神,深刻总结了我们党百年奋斗的宝贵经验,科学指明了以史为鉴、开创未来的前进航向,向全体党员发出了新的时代号召。习近平总书记的重要讲话高屋建瓴、气势磅礴,思想深刻、内涵丰富,是通篇闪耀着马克思主义真理光芒的光辉文献,是中华民族伟大复兴的战略指引,是推进党的建设新的伟大工程的思想武器,具有重大的政治意义、理论意义、历史意义和实践意义。我们要从习近平总书记的重要讲话精神中感悟真理伟力、汲取奋进力量,发扬伟大建党精神,牢记初心使命,继续为实现人民对美好生活的向往不懈努力,以赶考的姿态朝着"第二个百年"奋斗目标阔步前进。

习近平总书记在"七一"重要讲话中庄严宣告,"我们实现了第一个百年奋斗目标,在中华大地上全面建成了小康社会,历史性地解决了绝对贫困问题。"全面小康之后,我们的"下一站"就是实现共同富裕。习近平总书记亲自谋划、亲自定题、亲自部署、亲自推动,赋予浙江高质量发展建设共同富裕示范区的历史重任,将浙江"重要窗口"之于全国的示范性摆到了新的高度。省委十四届九次全会明确了"四率先三美"主要目标和"七个方面先行示范"主要任务,谋划了八项创新性突破性的重大举措。绍兴市委八届十次全会也围绕这一主题,提出要在"增强三大动能、缩小三大差距、提升三大品质"上先行突破,奋力打造浙江高质量发展建设共同富裕示范区市域范例。

我们要学深悟透、融会贯通,准确把握推进共同富裕的政治逻辑、历史逻辑和实践逻辑,紧扣浙江所需、诸暨所能、群众所盼、未来所向,以先行姿态闯关探路,用高分报表践行使命,努力把诸暨打造成为浙江共同富裕美好社会图景中的亮丽风景。

——这是一项事关使命的政治工程,必须提高站位、坚定坚决。共同富裕是中国特色社会主义制度优越性的集中体现。习近平总书记和党中央赋予浙江高质量发展建设共同富裕示范区的光荣使命，实际上是赋予浙江成为实现“第二个百年”奋斗目标探路者的政治责任。诸暨作为“枫桥经验”发源地、改革开放先行地、文明实践试验地，有基础、有优势、也有责任挑大梁、当先锋、作示范。特别是这次诸暨被列为省高质量发展建设共同富裕示范区打造精神文明高地领域首批试点，更要把共同富裕作为一道必须答好的政治考题，进一步拉高工作标杆、强化使命担当，做到“总书记有号令、中央有部署、省委有要求、诸暨见行动”。

——这是一项事关长远的战略工程，必须找准跑道、聚力聚焦。共同富裕是践行“八八战略”、打造“重要窗口”的核心任务和鲜明标志，是一条抢抓机遇、直面挑战之路，也是一条格局重构、形态重塑之路，充满了无数的机会和无限的可能。我们要面向现代化、面向全局、面向未来，紧扣“解放思想、开放发展、改革争先、创新驱动、整体智治”主线，加快谋划一批突破性举措，打造一批特色性案例，形成一批标志性成果，努力成为共同富裕跑道上的领跑者。

——这是一项事关民生的初心工程，必须矢志不渝、用心用力。人民对美好生活的向往是共同富裕的逻辑起点。就诸暨来看，民生领域依然存在不平衡不充分问题，特别是对照共同富裕标准，就业渠道还不够宽、服务供给还不够优、富民产业还不够强、基础配套还不够全。我们要围绕答好“诸暨改革发展成果如何进一步普遍共享”“诸暨民生福祉如何进一步普遍增加”“诸暨群众三感如何进一步普遍提升”三个问题，真心实意解难题，真金白银强保障，让老百姓真真切切感受到共同富裕看得见、摸得着、真实可感、触手可及。

——这是一项事关全局的系统工程，必须扬长补短、争先率先。共同富裕示范区建设是一场社会变革，其目标是要普遍达到生活富裕富足、精神自信自强、环境宜居宜业、社会和谐和睦、公共服务普及普惠。我们要对标“五种社会形态”，尊重发展规律，树牢系统观念，积极争取以往想争取而难以争取的政策红利，着力解决过去想解决而难以解决的矛盾问题，脚踏实地、久久为功，补齐短板、锻长长板，加快走出一条高质量发展、高品质生活、高效能治理的现代化发展之路。

为此，我们要紧扣打造浙江高质量发展建设共同富裕示范区诸暨范例这一目标，保持奋进者姿态、激发创造性张力，解放思想再出发，创新思维求突破，努力以先行示范的实绩实效，彰显诸暨作为、提升诸暨贡献、展现诸暨风采。

一要坚持做大“蛋糕”与分好“蛋糕”协同推进。做大“蛋糕”是共同富裕的前提和基石，分好“蛋糕”是共同富裕的内涵和本质。共同富裕是在普遍富裕基础上的差别富裕，不是同等富裕、同步富裕，更不是均贫富、杀富济贫。要坚持在共建中共享、在共创中共富，既要做实“家底”，完整、准确、全面贯彻新发展理念，坚定不移推进高质量发展、竞争力提升、现代化先行；也要注重“托底”，全力以赴重普惠、促均衡、保公平，让高质量发展成果更多更好惠及人民群众。

二要坚持物质富裕与精神富有协同推进。共同富裕是物质与精神相统一的全面富裕。要坚持“富口袋”和“富脑袋”并重，聚焦人的全面发展和社会全面进步，一体提升经济硬实力、文化软实力和精神凝聚力，不断增强诸暨人民的财富获得感、文明认同感和生活幸福感，真正过上更具品质、更有尊严、更加自在的美好生活。

三要坚持区域均衡与全域繁荣协同推进。融合就是机遇，统筹才能均衡。对外要“站位全局看诸暨”，打破“县域思维”，放眼长三角、拥抱大上海、融入都市区，坚定不移推进“杭绍同城”战略，在区域一体化发展中增创共同富裕新优势；对内要“强化统筹促均衡”，推动城乡基础设施、产业发展、公共服务相互促进、相得益彰，着力构建“一廊引领、北融赋能、多片联动、全域好美”的城市框架，在市域一盘棋发展中优化共同富裕新格局。

四要坚持党的领导与社会参与协同推进。诸暨要成为共同富裕的先行范例，需要121万诸暨人共同为之奋斗，也需要凝聚起方方面面的力量。要牢固树立“创新致富、勤劳致富、先富帮后富”的理念，深化运用新时代“枫桥经验”党建统领、人民主体、共建共享的丰富内涵，各方携手、各尽所能、各负其责，形成共同富裕人人共建、人人有责、人人共享的生动局面。

三、锚定目标、突出重点，奋力争进浙江高质量发展建设共同富裕示范区“第一梯队”

“十四五”时期是打造浙江高质量发展建设共同富裕示范区诸暨范例的第一程，必须迈好第一步、展现新气象。提交这次全会审议的《奋力打造浙江高质量发展建设共同富裕示范区诸暨范例行动方案(2021—2025年)》，明确了“十四五”时期的总体目标、主要任务、保障措施，提出了41项重大抓手和71项具体指标，是当前和今后一个时期推进共同富裕的任务书、时间表、路线图。各级各部门要对照“每年有新突破、5年有大进展、15年基本建成”的安排，坚持清单化推进，形成组合拳打法，挂图作战，靶向发力，压茬推进，加快实现阶段性成效、形成标志性成果、凝练普遍性经验，做到对内树标杆、对外展形象，努力为全省提供更多实践案例。重点要聚焦“六个先行示范”：

（一）坚持以“打造精神文明高地试点”为动力，在文明共创上先行示范。要高质量推进打造精神文明高地领域试点建设，进一步提升文化软实力、塑造社会新风尚，彰显城市精气神，真正让文明成为诸暨最鲜明的城市标识。一要守好红色根脉。深入开展党史学习教育，大力弘扬社会主义核心价值观，扎实推进铸魂工程、溯源工程、走心工程，活化利用俞秀松纪念馆等72处红色文化资源，传承发扬新时期诸暨优秀人文精神，着力赓续红色血脉、构建精神谱系，激励全市人民不忘初心、牢记使命，以史为鉴、开创未来，在共同富裕道路上奋力前行。二要打响文明品牌。紧扣打造新时代文明实践全国示范区和全国文明典范城市目标，健全完善关爱基金、全城志愿、移风易俗长效落实机制，持续深化“九大越系列行动”，推出“关爱e+”“社区服务工单”等应用场景，打造“24小时不下线”的实践中心。持续创新文明实践载体，创设“爱心驿站”、打造“最美”品牌，大力实施“暖心八件事”等一批志愿惠民项目，力争到2025年关爱基金总规模突破3亿元、惠及群众30万人次以上。三要涵养城市文脉。实施文化基因解码工程，传承弘扬西施文化、“三贤”文化、古越文化、耕读文化，推动传统文化资源系统性保护、创造性转化，全面提升“西施故里、好美诸暨”品牌知名度和文化辨识度。实施公共文化系统提升工程，加快推进市文化中心、篮球中心等一批文体项目，建好用好文化礼堂、浣江书房等一批文化阵地，大力开展文化下乡、文化走亲等一批惠民活动，真正让书香弥漫全城、文化浸润诸暨。四要繁荣文旅产业。大力实施文化产业倍增计划，加强骨干文化企业培育、龙头文化项目招引，进一步做大做强数字出版、游戏动漫、创意设计等新型文化业态，推动文化软实力向现实生产力转化。紧扣省文旅消费试点城市建设契机，用足用好西施、珍珠等标志性IP，加快推进西施故里二期、五泄景区改造、洲际酒店等文旅项目，完善旅游配套，创新市场营销，打造长三角健康文化休闲旅游目的地。

（二）坚持以“争进全国综合实力十强县”为目标，在发展共兴上先行示范。坚持新旧协同、内外并重，打好高质量发展组合拳，不断提高“稳”的质量、增强“进”的效率、催生“新”的动力，着力夯实共同富裕“基本盘”。一要进一步激活工业强市主引擎。对诸暨来说，制造业是富民强市的“压舱石”，工业是共同富裕的“聚宝盆”。要紧扣创成省制造业高质量发展示范县市目标，纵深实施数字经济“一号工程”2.0版，加快推动质量变革、效率变革、动力变革，真正让工业强市的根系扎得更深、脊梁挺得更直。更加突出产业全链条转型，以“产业大脑+未来工厂”为主抓手，推广新技术应用，构建新智造体系，推动袜业、珍珠、铜加工等传统产业数字化智能化改造，全面提升制造业核心竞争力。积极融入全省“十大标志性产业链”，培育壮大数智安防、新材料、生命健康等新产业，着力形成工业经济新增长点。协同推进传统服务业提升和现代服务业培育，加快发展新消费，做大做强数字消费、直播经济、夜经济等新模式新业态，更好发挥服务业在吸纳就业、富民惠民上的“蓄水池”作用。更加突出平台全方位跃升，高标推进国家级开发区创建，深入实施园区全域治理，健全落实亩均效益评价机制，不断提升平台承载力、辐射力和贡献力。更加突出主体全形态升级，深入实施高成长企业“长高长壮”计划，扎实开展“凤凰”“雄鹰”等行动，大力培育专精特新、隐形冠军、单项冠军和链主型企业，全面提升上市公司质量，到2025年力争上市公司总数突破20家。二要进一步提升科技创新动力源。坚定不移实施人才强市、创新强市首位战略，为共同富裕注入更多创新动能。着力推动创新阵地“蓄能”，加快打造以G60创新港为主体的高能级创新平台，谋划建设高湖众创平台，迭代升级科技协同创新中心、科技客厅等平台，不断增强高端要素的催化效应和吸附能力。着力推动创新人才“增量”，联动打好国家和省级引才计划、“乡贤回归”工程等人才引育组合拳，常态化开展招才引智“春秋专列”、海内外高层次人才创新创业大赛等引才活动，加快建设欧美同学会海归小镇，建成投用人力资源产业园。着力推动创新企业“扩容”，大力实施科技型企业“双倍增”行动计划，完善“众创空间—孵化器—加速器—产业园”全链条培育体系，力争到2025年高新技术企业、省科技型中小企业分别达600家、2500家。着力推动创新成果“引流”，深化推广“揭榜挂帅”“赛马制”科技攻关机制，建立科技需求“项目池”，打造企业创新联合体，全面加强与清华大学、浙江大学、上海交大等高校院所产学研合作，实现规上工业企业研发活动、研发机构、发明专利“三个全覆盖”。三要进一步抓牢招商引资生命线。牢固树立“项目为王”理念，坚持“引进来”和“留下来”两手抓，对照项目库、资源库、需求库和招商地图“三库一图”，大力开展数字招商、链式招商、精准招商，加快引进一批规模体量大、科技含量高和竞争能量强的龙头型、链主型项目，努力形成“周周有签约、月月有开工”的火热氛围。深化拓展“政企亲清会”平台，常态化开展驻企服务，构建面对面、实打实解决企业难题的服务闭环。深入实施新一轮扩大有效投资行动，大力推进市县长项目工程和“六个千亿”产业投资工程，加快推进新宜中国数字装备智慧产业园等一批重大项目建设，努力为共同富裕蓄势储能。四要进一步跑出“杭绍同城”加速度。牢固树立“桥头堡”意识，加快打造杭绍一体化合作示范区，持续放大共同富裕的同城效应。强化交通对接，扎实推进柯诸高速、235国道诸暨段、店口港等交通项目，谋划建设杭诸市域铁路等轨道交通，加快形成多维度、无缝式、一体化综合交通网络。强化产业链接，探索跨区域合作开发新机制，加快建设杭绍一体化萧诸绿色发展先导区，推广“诸暨岛”模式，实现产业链、价值链、要素链深度协同。强化服务衔接，健全完善公共服务共享机制，推动文化、教育、医疗、社保等多领域跨区域合作，创设生活同城、服务同质的一体化场景。大力发展开放型经济，扎实推进跨境电商综试区试点平台建设，探索“市场采购+”新模式，推动海关监管场所高水平运营，全力以赴拓市场、保份额，增创开放发展新优势。

（三）坚持以“新型城镇化国家试点”为牵引，在城乡共进上先行示范。牢固树立“城乡一盘棋”的发展思路，注重全市域联动、全方位统筹、全形态提升，着力构建城乡共富共美新格局。一要打造精致生活场景。加快城市有机更新，统筹推进城东高湖、城西“七大客厅”建设和城中旧城改造，联动抓好智慧水利、海绵城市、城区内涝综合整治等工程，探索利用城市地下空间，全面改造交通拥堵点，切实提升城市承载力和抗灾力。高质量推进以“未来社区+未来乡村”为基底的基本单元建设，建好用好邻里交往中心、公共文体空间、美好生活链圈，改造形成多功能、复合型、亲民化生活场景。二要推动乡村全面振兴。以建设“乡村振兴先行村”为突破口，全面打造“五星3A”升级版，推动产业导入、服务延伸、治理迭代，真正让每一个村子都展现独特的风貌、独有的风景。加快推进强村惠民，启动村级集体经济巩固提升三年行动计划，用好“增收十法”，扶持“强村公司”，推进“两进两回”，力争到2023年底前实现行政村（社区）年经营性收入50万元以上全覆盖。积极探索以土地为重点的乡村集成改革，扎实做好宅基地制度改革国家试点工作，建立健全集体经营性建设用地入市配套制度和增值收益分配机制，深化“产权+信用”贷款服务，进一步打开农民权益价值和农业价值的空间。三要构建全域美丽格局。坚持多层级联动、组团式推进，统筹抓好美丽示范带、样板镇、精品村建设，积极创建“绿水青山就是金山银山”实践创新基地，真正让诸暨共同富裕的成色更加亮丽。深化美丽环境治理，全方位打好治水、治气、治土、治废、治塑巩固提升持久战，统筹开展“无废城市”“污水零直排区”创建，坚决守牢生态环境底线。围绕碳达峰、碳中和要求，加快推进生态产业化、产业生态化，推动“农、文、旅、体”融合发展，促进乡村产业从“卖产品”向“卖风景”“卖文化”“卖体验”转型，推动绿色发展成为诸暨共同富裕的新增长点。

（四）坚持以“居民收入十年倍增计划”为抓手，在收入共增上先行示范。共同富裕的核心问题是“收入和分配”,最重要的就是让老百姓的“钱袋子”鼓起来,加快形成以中等收入群体为主体、与共同富裕相匹配的橄榄型社会结构。一要“创业+就业”拓宽增收渠道。坚持以更加充分更高质量就业促增收,做好公共就业服务,重点推进失业人员、高校毕业生、农村富余劳动力等群体创业就业,积极培育新的就业增长点,确保零就业家庭动态清零。深入实施全民创业行动计划,完善促进中小微企业和个体工商户发展的政策体系,培育壮大次坞打面、茶叶、香榧、同山烧等富民农业,持续释放创业带动就业的“倍增效应”。二要“扩中+提低”缩小收入差距。实施中等收入群体规模倍增计划,激发科研人员、技能人才、小微创业者、高素质农民等重点群体增收潜能,减轻教育、医疗、养老、住房等方面的支出压力,推动更多劳动者跨入中等收入群体行列。高度关注“平均数以下”问题,实施低收入群体同步基本实现现代化行动,完善最低工资制度,稳步提高低保标准,绝不让低收入群众“被平均”、特殊困难群体“掉队伍”。三要“输血+造血”优化分配机制。加快探索知识、技术、管理、数据等要素机制的实现形式,创新丰富土地改革、持股分红、财富管理等增值手段,进一步拓展家庭经营性收入、工资性收入、转移性收入、财产性收入等增收渠道。健全工资正常增长机制,促进劳动报酬与劳动生产率同步提升。扎实推进社保制度精准性结构化改革,进一步提高统筹层次,发展补充保险,加快形成多层次、多支柱保险体系。充分发挥慈善的“第三次分配作用”,优化反馈社会的激励机制,推广“日心月益”慈善品牌,营造“人人慈善为人人”的良好风尚。深入推进东西部协作和对口支援工作,打造“山海协作”升级版。

(五)坚持以“创成中国最具幸福感城市”为追求,在服务共享上先行示范。共同富裕的根本目标就是创造美好生活。要围绕人的全生命周期多层次多元化需求,迭代升级为民办实事长效机制,全力以赴补短板、促均衡、兜底线,确保发展指标有更多“幸福指数”、发展成果有更高“民生含量”。一要致力学有优教。紧扣创成全国义务教育优质均衡发展县市和全国学前教育普及普惠城市目标,深入实施教育现代化“五大创建”行动,推进学前教育、义务教育、职业教育、高等教育等高质量协同发展,重塑“学在诸暨”新优势。深化教育领域综合改革,推进“教育大脑+智慧学校”,推广名校集团化办学,打造新时代城乡义务教育共同体,进一步缩小校际差距,破解内卷困境。二要致力病有良医。扎实推进“健康诸暨”行动,深化“三医联动”“六医统筹”改革,创新“健康大脑+智慧医疗”,建成投用新妇幼保健院,推动市人民医院、中医医院创成三甲,打造浙中地区中医(药)中心。全面深化县域医共体建设,扎实推进乡镇卫生院、社区卫生服务中心标准化建设、优质化提升,进一步畅通双向转诊渠道,努力实现“大病不出市、小病不出镇”,确保县域就诊率达90%以上、基层就诊率达70%。加强全民健康管理,实现家庭医生签约服务全覆盖。建成新疾控中心,全面提升应对突发公共卫生事件的能力水平。三要致力老有颐养。实施积极应对人口老龄化战略,大力发展健康养老新业态新模式,推广暖老“e家人”数字养老模式,推动养老服务智慧化发展、公共服务适老化改造、养老机构社会化运营,实现基本养老全面覆盖、优质养老提档升级。四要致力住有宜居。坚持“房住不炒”,创新实施“限房价、限地价、竞品质、竞自持租赁房”土地出让模式,促进房价保持在合理区间。完善多层次住房保障体系,持续扩大公租房、保障性租赁住房和公共产权住房供给,动态消除危房隐患,全面提升群众居住安全和居住品质。

(六)坚持以新时代“枫桥经验”为引领,在社会共治上先行示范。实现共同富裕,稳定是前提、平安是基础。要围绕创成全国基层治理示范区,更好统筹发展与安全、富民与安民的关系,真正让城市更安全、社会更安定、群众更安心。一要把“枫桥经验”金名片擦得更亮。以高质量筹备“枫桥经验”60周年纪念活动为总抓手,深入实施坚持发展新时代“枫桥经验”三年行动计划,率先走出具有诸暨特色、体现时代特点的“四治融合”新路子。坚持以枫桥学院为主阵地,全面深化“枫桥式”品牌创建,创新发展数字“枫桥经验”,加快建设机器视觉与社会治理应用创新平台,探索社会组织参与社会治理新路径,推动“枫桥经验”全域推广、全景提升。健全完善市镇村三级矛调中心联动机制,推广矛调“枫桥经验”应用场景,着力构建“361”化解体系,确保“小事不出村、大事不出镇、矛盾不上交”。认真贯彻落实习近平法治思想，一体推进严格执法、公正司法、全民守法，力争创成全国法治政府示范县。二要把基层基础压舱石筑得更牢。高标准推进“县乡一体、条抓块统”改革省级试点，提升基层治理“一中心四平台一网格”，深化实施“大综合、一体化”行政执法改革，推广应用“兴村治社创业榜”，形成“事项一口归集、监管一竿到底、评价一体联动”的基层工作闭环。健全完善“一肩挑”后村社治理体系，充分发挥基层党组织战斗堡垒作用和党员先锋模范作用，全面激活基层党建的“神经末梢”。三要把平安建设防护网织得更密。突出风险防控争先，构建完善“监测、预警、处置、反馈”闭环管控机制，建好“警企云”平台，打造“雪亮工程”升级版，切实把风险化解在萌芽之初、问题解决在未发之时。深化平安诸暨建设，常态化推进扫黑除恶斗争，持续开展安全生产、道路交通、电信网络诈骗等重点领域整治，坚决遏制重特大事故发生，确保创成平安中国先行示范区。构建“大安全、大应急、大减灾”体系，扩面建设“枫桥式”应急管理站，创新多跨协同应急处置场景，提升应急管理体系和管理能力，确保人民群众生命财产安全。

四、全面加强党的领导，为打造共同富裕示范区诸暨范例提供坚强保证

打造浙江高质量发展建设共同富裕示范区诸暨范例是非常之事，必须下非常之力、担非常之责。要坚持把党的领导贯穿到推进共同富裕的全过程各领域，进一步弘扬伟大建党精神，保持赶考奋进姿态，加快形成破竹之势、展现突破之效，率先绘好共同富裕美好社会的诸暨图景。

（一）提升党建统领、整体智治的领导力。充分发挥党委总揽全局、协调各方的领导核心作用，成立市委社会建设委员会，组建高质量发展推动共同富裕领导小组，统筹协调、清单管理、闭环运行，切实把党的政治优势转化为打造诸暨范例的行动优势。坚持大团结大联合，充分发挥人大、政协以及各民主党派、工商联、无党派人士的积极作用，强化工、青、团、妇等人民团体引领服务联系群众功能，努力寻求最大公约数、画出最大同心圆，形成全市干部群众心往一处想、劲往一处使的生动局面。

（二）提升组织坚强、能力过硬的保障力。围绕打造变革型组织，对标“五强”标准，大力倡导唯实惟先、善作善成的团队文化，巩固形成上下贯通、执行有力的严密组织体系，全方位重塑组织新形态、干部好状态。围绕培育专业化干部，进一步强化实干实绩导向，提升干部专业素养，形成“年轻干部到一线去、优秀干部从一线来”的良性循环，着力锻造一支与推进现代化建设和共同富裕相匹配的高素质干部队伍。围绕强化清单式落实，纵深推进清廉诸暨建设，抓好“七张清单”问题整改，持续放大“三不”一体叠加效应，驰而不息纠“四风”树新风，推动全面从严治党走深走实。推进政治监督常态化具体化，加强各级“一把手”和领导班子监督，深化智慧监督平台建设，打造基层监督治理升级版，保障共同富裕各项政策措施掷地有声、落地见效。

（三）提升数字赋能、改革破题的革新力。把数字化改革放到共同富裕的大场景下来纵深推进，坚持顶层设计、增量开发、迭代升级相结合，以重大需求、多跨场景、重大改革为主要抓手，厘清堵点痛点难点问题，谋划建设“共富大脑”，打造多跨协同的共同富裕应用场景，推动共同富裕赋能增智。聚力破除制约共同富裕的体制机制障碍，深化对“破法”改革的研究和探索，从体制机制的最深处、资源配置的最优解、试点创新的最前沿、百姓民生的最痛点、基层治理的最短板破题，跳出原有的思维定式和路径依赖，为共同富裕注入改革活力。

（四）提升争先创优、大抓落实的执行力。牢固树立“没有走在前列也是一种风险”的意识，进一步创新“擂台”模式、落实“赛马”机制，旗帜鲜明地鼓励各级各部门向好的学、朝高的攀，推动形成全速争先、全域争先、全员争先的良好态势。围绕工作链构建责任链，科学设立共同富裕的指标体系，全面落实重点任务、突破性抓手、重大改革、最佳实践案例“四张清单”，加快构建“动态管理、常态督查、精准反馈、全程亮晒”的落实闭环，确保说一件、干一件、成一件。坚持严管与厚爱结合、激励与约束并重，大力落实“两个担当”良性互动八项措施，一体推进容错裁定、澄清保护、松绑减负，真正让能干者、实干者有舞台有奔头，让平庸者、观望者有压力没市场。

（五）**提升民情通达、社会参与的整合力。**坚持把以人民为中心的发展思想落实到推进共同富裕的全过程，充分尊重民意、汇集民智、凝聚民力，加快建立群众获得感幸福感安全感认同感“四感”评价反馈机制，畅通社情民意反映和表达渠道，以群众监督、群众评价倒逼工作落实，真正把共同富裕写到人民的心坎上。旗帜鲜明鼓励先富帮后富、先富带后富，充分调动百姓勤劳致富、企业创造财富、乡贤引路带富的积极性，让每一个诸暨人都成为共同富裕的直接参与者、积极贡献者、共同受益者，最大限度汇聚起推动共同富裕的强大合力。

同志们，百年风华正茂，奋进正当其时。让我们紧密团结在以习近平同志为核心的党中央周围，在省委、绍兴市委的坚强领导下，不忘初心、牢记使命，勇挑重担、勇立潮头，为打造浙江高质量发展建设共同富裕示范区诸暨范例、推动诸暨现代化建设走在前列而不懈奋斗！

诸暨市人民代表大会常务委员会工作报告

2022年2月22日

在诸暨市第十八届人民代表大会第一次会议上

诸暨市人大常委会主任　姚汉松

各位代表：

我受诸暨市第十七届人民代表大会常务委员会委托，向大会报告工作，请予审议。

过去五年的主要工作

过去五年，是诸暨发展史上极不平凡的五年，也是人大工作传承创新、开拓奋进的五年。五年来，市人大常委会在市委的坚强领导下，坚持以习近平新时代中国特色社会主义思想为指导，全面贯彻落实党的十九大和十九届历次全会精神，紧扣古越大地高质量发展主线，紧贴暨阳儿女美好生活主题，勤勉履职，主动作为，共召开常委会会议 45 次，主任会议 93 次，听取和审议工作报告 64 个，听取专题汇报 25 个，作出决议决定 67 个，组织执法检查、集中视察 38 次，依法任免国家机关工作人员 479 人次、人民陪审员 520 人次，开展宪法宣誓 17 批 92 人次，为圆满收官“十三五”、实现高水平全面小康作出了积极贡献。

——五年来，我们坚持讲政治、强定力，始终把准人大工作方向。坚持党的全面领导是人大工作的根本保证。突出政治建设。落实党组理论学习中心组各项制度，深学笃行习近平法治思想、习近平总书记关于坚持和完善人民代表大会制度重要思想，认真开展“两学一做”学习教育、“不忘初心、牢记使命”主题教育、党史学习教育和“六讲六做”大宣讲活动，以坚定信念筑牢思想根基，争做“两个确立”的忠诚拥护者、“两个维护”的示范引领者。落实政治责任。发挥常委会党组的领导作用，重大事项提前向市委请示，重点工作及时向市委汇报，先后就代表票决民生实事项目、推进街道人大规范化建设等 26 项重大事项向市委请示报告，确保人大工作始终在市委的领导之下。扛起政治担当。做到市委工作重心在哪里，人大工作就跟进到哪里、作用就发挥到哪里。围绕“最多跑一次”改革、数字化改革、“杭绍同城”“发展十问”等目标任务，因事制宜运用调研、视察、审议、督查等监督方式，向市委报送专项监督报告 43 只，有力推动市委决策部署的贯彻落实。

——五年来，我们坚持谋全局、利长远，坚定不移服务改革发展。围绕中心、服务大局是人大义不容辞的责任。聚焦产业发展重点。坚持年中审议全市经济社会发展情况和计划执行情况报告制度，先后审议实体经济、数字经济、民营经济等经济相关议题 33 个，建立审议意见整改落实情况报告制度，支持政府正确识变、科学应变、主动求变，推动经济行稳致远。盯紧政府“钱袋子”，每年听取审议财政决算、预算执行、审计工作等报告，建立审计查出问题整改落实情况报告制度，促进公共财政健康运行。依法审查批准新增地方政府债务限额调整方案，要求政府防范和化解债务风险。审议国有资产管理情况报告，督促政府加强精细化管理，保障国有资产保值增值。聚力城乡统筹发展。关注规划修编和落实情况，听取审议城乡规划实施情况报告，视察高湖蓄滞洪区改造、融杭大通道建设等重大工程，调研开发区、高新区等重大平台，力促城市能级提升。围绕乡村振兴，多层次多形式监督农业现代化、美丽乡村建设、全域旅游、小城镇环境综合整治等工作，推动“三农”工作跃上新台阶。《深化农村宅基地改革的若干建议意见》等调研成果得到市委主要领导批示肯定。着力生态文明建设。连续四年审议环境状况和环境保护目标完成情况报告，开展“剿灭V类水、人大代表在行动”主题活动，检查固废污染防治“一法一条例”贯彻实施情况，监督“无废城市”创建，视察中小河流治理，推动环境热点难点问题解决，群策群力打好蓝天、碧水、净土保卫战。助力新冠疫情防控。第一时间贯彻市委部署，及时发出倡议，动员组织人大干部和在诸各级代表投身疫情防控和复工复产一线，当好“战斗员”“监督员”“服务员”，用实际行动汇聚代表力量，服务防疫大局。

——五年来，我们坚持法治思维、法治方式，努力体现人大工作的特点优势。推进法治建设，人大肩负重要使命。把普法作为推进法治的重要基础。审议“七五”普法实施情况，作出“八五”普法决议，突出普法重点、明确普法责任、创新普法方式，运用人大网站、代表联络站，深入宣传习近平法治思想、人民代表大会制度和宪法法律，举办《民法典》等法治讲座11期，出版《走向法治》宣传册，在全社会大力弘扬社会主义法治精神。把监督作为推进法治的重要环节。组织执法检查22次，开展行政诉讼法、知识产权法等法律法规贯彻实施情况专项监督，促进严格执法、公正司法、全民守法。听取公检法司专项工作报告11个，督促解决执法司法领域的普遍性问题。依法审议整治群众身边不正之风和腐败问题、清廉诸暨建设、城市综合执法等专题报告；对131件规范性文件开展合法性审查，要求制定机关及时纠正1件、清理过期文件384件，促进法治政府建设。认真落实人大任命干部任前法律知识考试、宪法宣誓、颁发任命书等规定，增强任命干部的宪法和法律意识。把坚持发展新时代“枫桥经验”作为推进法治的重要抓手。专题视察“枫桥经验”55周年纪念活动筹备情况和基层社会治理情况，专项审议矛盾纠纷调处化解“最多跑一地”工作，认真办理群众来信来访，调研“枫桥式公安派出所”创建工作，监督信访积案化解攻坚行动，积极助推国家级信访“三无”县市和省信访无积案县市创建，致力营造和谐稳定的社会环境。全国人大信访工作座谈会在诸召开。

——五年来，我们坚持发展民主、保障民生，积极践行以人民为中心的发展思想。履职为民是人大工作的出发点和落脚点。以发展人民民主为己任。积极落实保证人民当家作主的各项制度措施，努力使人大工作更好地体现人民意志。五年来，共邀请1000余人次市人大代表列席常委会会议、参加常委会监督活动，人大工作的公开性民主性不断增强。健全常委会组成人员联系代表、代表联系群众机制，制定《人大代表联络站基本规范》，全面提升镇街代表联络站软硬件水平，加快网上代表联络站建设，落实代表特别是领导干部代表进站接待群众制度，努力使代表更自觉地履行为民代言的职责，浣东街道代表联络站工作得到《人民日报》宣传报道。按照市委统一部署，落实人大组织责任，圆满完成市、镇乡两级人大代表换届选举任务。修订《代表建议、批评和意见工作办法》，抓住建议质量和办理质量两个关键，健全主办、领办、督办机制，建立重点建议集中面商办理制度，“提得好、办得实”已成为代表建议工作的常态。五年来，1321件建议均已办结，代表满意率、问题解决率持续提高。研究出台《市人大常委会街道工作委员会工作规则》等12项制度，建立健全街道人大议政机制，积极探索基层民主政治建设新途径。以改善民生福祉为宗旨。及时回应民生关切，努力让人民群众有更多获得感。实施民生实事项目人大代表票决制，建立“一事一小组”“一月一督查”“一季一专报”的监督机制，市十七届人大二次会议以来的40项民生实事项目全面完成。针对学前教育补短、职业教育发展、义务教育提质，组织执法检查、视察监督，促进教育事业优质均衡发展。先后审议“健康诸暨”建设、医药卫生体制改革、医疗保障工作专项报告，促进公共医疗服务水平提升。视察文化礼堂建设、文化遗产保护工作、文旅融合发展，促进“好美诸暨”品牌建设。听取社会保障体系建设情况汇报，督查养老服务体系建设、新时代文明实践中心工作，主动参与文明城市创建活动，为打造精神文明新高地建言献策。连续三年开展食品安全工作跟踪监督，审议食品药品安全监管工作，督促农产品快速检测体系建成运行，全力守护群众“舌尖上的安全”，在解决群众身边的“关键小事”中体现人大的为民初心。

——五年来，我们坚持聚焦作风、聚力效能，不断凝聚人大工作整体合力。队伍建设是做好人大工作的重要保障。政治上保持定力。认真落实全面从严治党主体责任，严格执行中央八项规定精神，扎实推进省委巡视和市委巡察反馈意见整改，全力支持派驻纪检监察组工作，深入开展“解放思想、开放发展”大讨论活动，切实加强调查研究工作，以务实的理念和作风，出实招、求实效，营造人大常委会机关良好政治生态。履职上精准发力。紧扣市委决策部署，突出重点、聚焦问题，用准用好人大各项职权。与上级人大下好联动监督“一盘棋”，与镇街人大拧成推进重点工作“一股劲”，与广大代表凝聚服务群众“一条心”，人大工作的系统性、针对性不断增强。团队建设上激发活力。依靠市委的重视和支持，设立监察司法、财政经济和社会建设三个专门委员会，增设人大研究中心，设置工委内设科室，机关内部运行机制更加顺畅，专（工）委在常委会工作中的作用日益凸显。一支忠诚事业、干净干事的人大工作者队伍，正以良好的精神风貌担负起新时代人大工作的重任。

各位代表，万木成林，众志成城。本届人大常委会取得的成绩，是市委坚强领导的结果，是历届人大接续奋斗的结果，是常委会组成人员和全体代表共同努力的结果，是“一府一委两院”密切配合的结果，也是镇街人大、全市人民和社会各界大力支持的结果。在此，我谨代表市十七届人大常委会表示衷心的感谢！

回顾五年来的工作，我们清醒地认识到，常委会工作还存在一些问题和不足。主要有：人民群众参与人大工作的渠道需要持续拓展，人大在发展全过程人民民主中的优势有待进一步放大；监督的方式方法需要不断创新，监督工作的实效性有待进一步增强；代表工作机制需要继续完善，代表主体作用有待进一步发挥；人大数字化改革需要加大力度，人大干部的履职能力有待进一步提升。这些问题和不足，有待认真研究、切实改进。

各位代表，市十七届人大任期已满。五年的探索实践，五年的发展前行，让我们对做好新时代人大工作有了更深的感悟：

要旗帜鲜明讲政治。人大是政治机关，坚持党的全面领导是人大的最高政治原则。要自觉把市委的领导贯穿于人大工作的各方面全过程，在处理当前与长远、局部与全局的关系上站高看远。唯有如此，才能确保人大工作始终沿着正确方向阔步前行。

要服务大局有作为。人大是权力机关，推进决策的民主化科学化法治化，是人大的责任使命。要围绕大局大事作出决议决定，紧扣中心重心依法履职行权，在服务改革发展稳定大局中奋发有为。唯有如此，才能彰显制度优势，树立人大形象。

要心系群众顺民意。人大是代表机关，为人民用权、为人民履职、为人民服务，是人大工作的本质要求。要用心听民声，用情解民忧，用力办实事，在不断增进民生福祉中履职尽责。唯有如此，才能使人大工作厚植根基，体现价值。

要千方百计强监督。人大是工作机关，依法监督是县级人大履职行权的最基本、最重要手段。要坚持守正创新，拓展选题思路，丰富问政手段，增强监督刚性，在敢监督、会监督、善监督中求实求效求发展。唯有如此，才能展现人民代表大会制度在地方的生机和活力。

今后工作的建议

市第十七次党代会对诸暨未来五年的发展作出了系统谋划、精心部署，发出了持续擦亮“枫桥经验”金名片、奋力打造新时代共同富裕新高地，高水平谱写社会主义现代化建设诸暨篇章的动员令。围绕新目标新任务，面对时代之问、使命之问、“发展十问”，人大应该有怎样的担当和作为，人大工作如何体现时代特征和地方特色，是必须认真研究思考的重大课题。为此，我们建议新一届人大常委会，要始终坚持以习近平新时代中国特色社会主义思想为指导，把人大工作置于“两个确立”“两个维护”的政治原则中去定向，置于高质量发展的大格局中去谋划，置于共同富裕的大舞台中去推进，聚焦“四大目标”，聚力“五个重点”，更好地促进监督理念、方法向唯实唯效转变，不断强化监督职能，提高监督实效；更好地促进讨论决定重大事项工作常态化长效化，持续提升民主决策、依法决策水平；更好地发挥代表主体作用，让代表工作更加充满活力、富有成效；更好地坚持以政治建设为统领，切实提高依法履职本领，主动适应新时代人大工作的新要求。

今年是市十八届人大常委会履职的开局之年，我们建议重点抓好以下几个方面的具体工作：

第一，全面贯彻中央人大工作会议精神。完善全过程人民民主的方式、程序、机制，推动加强县乡人大工作和建设有关规定的落实，规范人大讨论决定重大事项相关制度，依法任命新一届国家机关负责人，把人民当家作主具体落实到人大工作各方面。

第二，聚焦经济高质量发展。坚持问题导向，选准角度、把握尺度、体现力度，以正确监督、有效监督助推市委决策部署落地落实。强化对预决算的监督，开展全口径审查、全过程监管，加强审计查出问题整改，致力打造“阳光财政”。强化对计划制定和执行情况的监督，审议政府半年度工作、计划执行、国土空间规划编制情况等报告，促进经济提质增效。强化对国有资产和政府性债务的监督，支持政府守好底线、防范风险。

第三，助推共同富裕建设。持续关注强村富民集成改革，组织乡村振兴“一法一条例”执法检查，专项监督农业“双强行动”和宅基地制度改革试点，释放农村发展新活力，注入共同富裕新动能。持续推进生态文明建设，审议生态环境状况报告，督查环境保护“一法一条例”执行情况，让环境更宜人、家园更美好。持续推动民生改善，开展《就业促进法》执法检查，跟踪监督食品药品安全和学生“双减”政策落实情况，健全民生实事项目监督机制，完善代表建议“提好、办好”工作机制，切实解决事关群众切身利益的痛点堵点。

第四，坚持发展新时代“枫桥经验”。着眼全民学法守法用法，加强法治宣传教育。着眼重大决策民主化科学化法治化，推进法治政府建设。着眼县域社会治理现代化，专题监督诉源治理、综合行政执法改革、信访积案化解等工作，促进严格执法、公正司法，维护社会公平正义，为纪念“枫桥经验”60周年献计出力。

第五，对标“四个机关”定位要求。加强思想政治建设，不断提高政治判断力、政治领悟力、政治执行力，坚决守好“红色根脉”。加强纪律作风建设，严格制度执行，深入调查研究，注重监督闭环，进一步增强监督实效。加强队伍建设，提升塑造变革能力，加快人大数字化改革，系统开展人大代表和人大干部培训工作，精心设计闭会期间的主题活动，密切与镇街人大的联系联动，在丰富多彩的履职实践中锤炼一支本领过硬、作风过硬的新时代人大工作队伍。

各位代表，岁月更迭，华章日新。让我们在市委的坚强领导下，继往开来、勇毅前行，为持续擦亮“枫桥经验”金名片、奋力打造共同富裕新高地，尽心尽职尽力，以优异成绩迎接党的二十大胜利召开！

政府工作报告

2022年2月22日

在诸暨市第十八届人民代表大会第一次会议上

诸暨市代市长　张昆仑

各位代表：

现在，我代表市人民政府向大会报告工作，请予审议，并请市政协委员和其他列席的同志提出意见。

一、本届政府工作回顾与总结

市十七届人大一次会议以来的五年，是诸暨发展史上极不平凡的五年。在市委的坚强领导下，在市人大、市政协的监督支持下，市政府与全市人民一道，坚持以习近平新时代中国特色社会主义思想为指导，深入学习贯彻党的十九大和十九届历次全会精神，全面贯彻落实上级各项决策部署，较好完成了“十三五”规划和市十七届人大历次会议确定的主要目标任务。2021年，实现生产总值1546.6亿元，同比增长9.8%，五年年均增长6.9%；实现财政总收入154.8亿元、一般公共预算收入100.2亿元，分别同比增长6.4%和10.9%，五年年均增长6.7%和8.8%；城乡居民人均可支配收入分别达77473元、46535元，收入倍差从2016年的1.77

缩小至 1.66；跻身全国综合实力百强县第 13 位。

五年来，我们抓转型促升级，产业发展跨上新台阶。十项工业领域省级试点取得突破，规上工业亩均增加值提高到 120.9 万元，高新技术产业增加值占规上工业比重从 23.9% 提高到 47.5%，规上数字经济核心产业制造业产值实现翻番，数字车间、工业机器人新增数量居绍兴首位，工业强市综合排位跃居全省第三。绿色建筑和新型建筑工业化加快发展，实现建筑业产值 7598 亿元，获评 14 项国家级优质工程奖。网红经济、社交电商与实体市场加速融合，社会消费品零售总额、网络零售额年均分别增长 7.3%、19.6%。实现旅游总收入 1306.9 亿元，年均增长 12%，创成省全域旅游示范县市。超额完成粮食、生猪增产保供任务，创成 4 个省级特色农业强镇和全省第二个国家现代农业产业园，香榧、同山烧、次坞打面、茶叶等特色农产品实现产业化发展。

五年来，我们抓开放促融入，杭绍同城迈出新步伐。都市圈合作不断深化，“诸暨与杭同城” 纳入浙江省推进长三角区域一体化发展行动，杭州都市高速诸暨段、诸杭城际公交、诸暨至北京始发高铁开通运行，店口港加快建设，教育、医疗、文体、旅游等领域联通共享持续加强，1481 个政务服务事项实现“全省通办”。加快融入“双循环” 新发展格局，诸暨发展大会、世界珍珠大会、国际袜博会、西施文化节等重要节会办实办好，308 个亿元以上项目引进落地，实现固定资产投资近 2000 亿元，诸暨至乍浦集装箱航线、诸暨至舟山港海铁联运国际专线、“义新欧” 诸暨号成功开通，实现外贸出口 2066 亿元，引进外资 11.4 亿美元。国际友城增至 7 个，东西部扶贫、对口支援和山海协作成果显著。

五年来，我们抓改革促创新，发展动能获得新增强。“最多跑一次” 改革走向纵深，市镇村三级便民服务中心实现全覆盖，“一窗受理、集成服务” 全面推行，88 件个人和企业全生命周期事项实现 “一件事” 全流程办理，“一证通办一生事” “标准地 + 承诺制” 等改革经验全省推广。创投改革试验区建设深入推进，“1+5” 国企布局组建形成，“三服务” 活动扎实开展，累计为企业减负 180 亿元，市场主体较 2016 年增长 31.8%。全面落实市委高水平建设人才集聚高地、科技创新强市的决定，引育省级以上领军人才 122 名、省领军型创新创业团队 3 个、绍兴“名士之乡” 英才计划人才（团队）230 个，3 家产业创新服务综合体入选省级创建名单，国家高新技术企业从 110 家增加到 442 家，省科技型中小企业从 658 家增加到 1672 家。

五年来，我们抓统筹促协调，城乡面貌实现新改善。协同推进美丽城市、美丽城镇、美丽乡村三级联创，城西客厅、城东高湖展露雏形，完成“三改” 4624.5 万平方米，创成“五星达标村” 437 个，获评全省新时代美丽城镇建设优秀县市、新时代美丽乡村示范县市，成为县城新型城镇化建设国家试点、部省共建乡村振兴示范省先行创建单位。统筹推进交通、水利、能源、物流、信息“五网” 建设，城市三环线全线贯通，创成全国“四好农村路” 示范县，基本实现城乡供水一体化，新改建电力线路 612.1 公里，天然气长输管道萧义线基本建成，乡镇快递网点和城乡 5G 基站实现全覆盖。联动推进治堵、治违、治乱，新增公交线路 197 条、公共停车泊位 1.3 万个，创成省“无违建县（市、区）”，蝉联全国文明城市和国家卫生城市称号。深入推进“蓝天、碧水、清废、净土” 行动，空气质量优良天数比例从 76.5% 提升至 95.6%，全域完成“污水零直排区” 建设，四次捧获“五水共治” 大禹鼎，实现生活垃圾分类全覆盖，创成国家生态园林城市、国家生态文明建设示范市。

五年来，我们抓共建促共享，民生福祉得到新提升。累计民生支出 410 亿元，全面小康指数居全国县级市第 10 位。民生保障有效加强，城镇新增就业 21.7 万人，全民医疗保险、养老保险基本实现，居家养老服务实现镇村全覆盖，发放社会救助资金 6.3 亿元，完成危旧房治理改造 228.4 万平方米，新增保障性住房 20.5 万平方米。公共服务不断提升，每千人口医疗机构床位数、医生数分别达到 6.22 张、3.79 人，较 2016 年分别增长 23.2% 和 15.2%。新增公办中小学幼儿园学位 1.2 万个，普惠性幼儿园覆盖率达 86.4%，创成省教育基本现代化县市。人均体育场地面积 2.98 平方米，高于全省平均水平 28.4 个百分点，成为首个承办 CBA 全赛季比赛的城市。城区“15 分钟品质文化生活圈” 基本成形，农村文化礼堂实现行政村全覆盖。社会治理卓有成效，“枫桥式” 公安派出所、司法所、综合应急消防救援站、综合行政执法中队等推广创建，形成“15 分钟应急救援圈”，刑事治安警情年均下降 10%。众志成城抗击新冠疫情，慎终如始抓好常态化防控，全力以赴做好“六稳”“六保”，实现平安县市“十六连冠”，荣获全省首批“一星平安金鼎”。

五年来，我们抓作风促效能，自身建设取得新成效。高质量开展“两学一做”学习教育、“不忘初心、牢记使命”主题教育和党史学习教育，全面实施政府“两强三提高”建设行动。顺利完成新一轮政府机构改革、部分镇街行政区划和行政村规模调整，综合行政执法体制改革成为省级试点。实现镇村法律顾问全覆盖，获评法治浙江（法治政府）建设示范县市。坚持向人大报告、与政协协商，办理人大代表建议 1308 件、政协委员提案 1003 件。严格落实中央八项规定精神，认真履行全面从严治党、意识形态主体责任，坚决做好中央生态环保督察、省委巡视、土地督察、经济责任审计等反馈问题整改。全面落实财政预算绩效管理，“三公”经费下降 53.2%。

五年来，我们切实加强国防和后备力量建设，完善退役军人服务保障体系；民族宗教、外事侨务、妇女儿童、工会、统计等领域取得新成效；慈善、扶贫、助残、红十字、地方志等工作实现新发展。

2021 年，是本届政府收官之年。一年来，我们聚焦忠实践行“八八战略”、奋力打造“重要窗口”、加快实现“五个率先”主题主线，一体推进解放思想、开放发展、改革争先、创新驱动、整体智治，以抓落实之功，答“十问”之卷，获得 2021 年度绍兴市工作目标责任制考核第一名，实现了“十四五”发展的良好开局。

一是改革争胜。上线运行数字诸暨门户，15 项数字政府、数字社会领域多跨协同应用列入省厅试点，“浙里兴村共富”登上数字化改革《领跑者》，“县乡一体、条抓块统”县域整体智治改革成为省级试点。完成开发区、高新区整合提升，申报建设“万亩千亿”新产业平台。率先试水国家农村宅基地制度改革。组建建设集团，国企资产总量增长 16.7%。

二是融合争速。开通运行沪杭诸“绿巨人”通勤列车，加快店口高架、G235 诸暨段、绍诸高速浣东互通等工程建设，持续扩面诸杭高速双向免费通行范围。“萧诸绿色发展先导区”纳入杭绍一体化建设方案，杭诸市域铁路列入国家长三角轨道交通发展规划。与杭绍合作办学 4 家，新增结对学校 11 家，新引进名医工作室 21 家。

三是开放争先。积极投身绍兴三大“国字号”开放高地建设，建成投运海关监管场所，市场采购出口申报货值超 3 亿美元，大唐袜业成为省首批内外贸一体化改革试点，获评省外贸综合服务试点企业 1 家、内外贸一体化“领跑者”企业 2 家，实现外贸出口 538 亿元，逆势增长 19.6%。

四是创新争强。实施高新技术企业增量提质行动，新增高新技术企业 87 家，规上高新技术产业增加值增长 22.7%。启动 G60 创新港、海归小镇建设，投运上海、深圳、西安“诸暨岛”和中韩科创中心。建成袜业、珍珠产业工程师协同创新中心。建设人力资源服务产业园，开行招才引智“春秋季专列”，举办海内外高层次人才创新创业大赛，入选国家级领军人才 26 名、省级领军人才 39 名，预计全社会研发投入强度达 2.5% 左右。

五是项目争进。成立招商投资促进中心，开展招商选资竞赛活动，引进亿元以上项目 82 个，其中 10 亿元以上项目 14 个、50 亿元以上项目 2 个，总投资达 432.1 亿元。实行重大项目专班推进机制，优化项目全生命周期服务，完成用地报批 8809 亩，县市长项目落地率达 100%，欧意家电家居智造项目创造了从洽谈到落地仅 30 天的诸暨速度。

六是转型争效。深入实施“凤凰行动”和“长高长壮”计划，新增上市辅导备案企业 2 家、“专精特新”中小企业 41 家、“小巨人”企业 4 家、省“隐形冠军”企业 2 家，4 家建筑企业晋升施工总承包一级资质。加快推动产业数字化和数字产业化，新增省级数字车间 4 个、工业互联网平台 1 个，袜业产业集群入选省级新智造试点，山下湖淡水珍珠区域品牌价值上升至 560 亿元。实施农业“双强”行动和耕地“两非”整治，打造“西施石笕”茶叶公用品牌。创成全省数字生活新服务样板县。

七是城乡争妍。完成 8 个老旧小区改造，开通高湖大桥、茅渚埠大桥。创成 2 个省级美丽城镇样板镇、4 个达标镇。培育五泄—马剑共同富裕新时代美丽乡村示范带和 3 个乡村振兴先行村。建设 29 个“污水零直排小区”，创成4个省级高标准垃圾分类示范村和9个示范小区，投运浬浦垃圾无害化处理中心，实现生活垃圾零填埋，荣获全省水利“大禹杯”金杯奖，成为美丽浙江建设优秀单位。

八是治理争标。扎实推进“遏重大、控较大”攻坚战、“平安护航建党百年”行动，生产安全事故起数、死亡人数同前两年平均相比分别下降25.6%和41.9%。有效防御6·10强降雨和“烟花”台风。建成投用枫桥学院，举办第三届高端峰会，发布新时代“枫桥经验”指数指标体系，荣膺平安中国建设示范县、国家级信访“三无”县市，捧得“长安杯”。新时代“枫桥经验”写入《中共中央关于党的百年奋斗重大成就和历史经验的决议》。

九是民生争优。全年民生投入88.5亿元，开工建设保障房3万平方米，建成市级养老服务中心，创成省食品安全示范市，市人民医院、市中医医院成功晋升“三甲”，“越惠保”参保率达72.5%。认真落实“双减”政策，建成投用6所中小学、幼儿园，成为浙江高质量发展建设共同富裕示范区首批试点。建立完善平战结合联防联控指挥工作体系，有效防范多轮疫情输入风险，累计接种新冠疫苗271.5万剂次，筑牢疫情防控坚固屏障。

十是作风争实。深入开展“解放思想、开放发展”大讨论活动、“六讲六做”大宣讲活动，扎实做好“七张问题清单”整改。搭建“政企亲清会”平台，形成“企业出题、政府答题”服务闭环。积极落实基层减负要求，让干部有更多时间和精力抓落实、优服务。

各位代表，本届政府任期即将结束。回顾五年的风雨兼程，我们深切感受到，政府工作每向前推进一步，各项事业每取得一点成绩，都离不开市委的正确领导、科学决策，离不开市人大、市政协的有效监督、鼎力支持，离不开全市人民的齐心协力、奋勇拼搏。在此，我谨代表市人民政府，向辛勤工作在各行各业的全市人民，向大力支持政府工作的各界人士，向所有为诸暨经济社会发展作出贡献的同志们、朋友们，致以最崇高的敬意和最衷心的感谢！

我们也清醒地看到，前进道路上还有不少困难和挑战：需求收缩、供给冲击、预期转弱三重压力在我市不同程度显现，传统产业改造、新兴产业培育的速度还不够快，破解资源要素制约的办法还不够多，引育重大产业项目的力度还不够大。城乡规划和精细治理水平还需进一步提高，基础设施和公建配套还需进一步完善，人居环境治理还需常抓不懈。优质公共服务供给与群众期待仍有差距，安全生产、防灾减灾等领域仍存在薄弱环节。政府服务产业、服务企业的精准度还需进一步加强，少数干部担当执行意识、攻坚克难能力、依法行政水平还需进一步提升，等等。对此，我们将高度重视，采取有效措施，切实予以解决。

二、新一届政府的目标任务与2022年工作安排

市第十七次党代会客观分析了诸暨发展的机遇挑战，系统部署了未来五年的目标任务，为政府工作指明了方向、提供了遵循。我们将深刻把握诸暨所处的历史方位和自身肩负的历史使命，继往开来，奋勇拼搏，努力答好时代之问、使命考问、发展十问，向市委和全市人民交出优异答卷。

根据市第十七次党代会精神，今后五年政府工作的指导思想是：高举中国特色社会主义伟大旗帜，以习近平新时代中国特色社会主义思想为指导，深入贯彻习近平总书记考察浙江重要讲话精神，忠诚拥护“两个确立”，坚决做到“两个维护”，统筹推进“五位一体”总体布局，协调推进“四个全面”战略布局，立足新发展阶段，完整、准确、全面贯彻新发展理念，服务和融入新发展格局，坚持稳中求进工作总基调，紧扣忠实践行“八八战略”、奋力打造“重要窗口”、加快实现“五个率先”主题主线，聚焦聚力高质量、竞争力、现代化，持续擦亮“枫桥经验”金名片，奋力打造新时代共同富裕新高地，在新的赶考之路上高水平谱写社会主义现代化建设诸暨篇章。

今后五年的奋斗目标是：奋战“十四五”，干好“一四五”，争进“前十强”。实现这个目标，我们必须坚持以发展为中心，以民生为宗旨，以安全为底线，统筹好“四对关系”：

一是统筹好总量与质量的关系，让发展更富效益。诸暨经济总量已步入高位竞进阶段，往后发展既要“绝对的高质量”，又要“相对的高速度”。我们必须坚持“量”“质”并重、以质为先，更加注重创新引领、改造提

升优存量，更加注重招大引强、产业集聚提增量，加快新旧动能接续转换，推动经济实现质的大幅提升和量的合理增长。

二是统筹好守正与创新的关系，让发展更有动力。面对新形势新任务新挑战，我们既要守正不渝践初心，继承发扬“攻山头”的诸暨人精神，又要提高塑造变革能力，激发创造性张力。运用前瞻性思维、市场化机制、创新型方式，发展经济、配置要素、解决难题、推动工作，实现市场活力、社会创造力和政府导控力的协同增效，加快发展优势转化、潜能释放。

三是统筹好整体与局部的关系，让发展更具活力。我们必须充分利用“大树底下好乘凉”的溢出优势，防止“大树底下不长草”的虹吸效应，把准融杭融圈的方向路径，给诸暨争取更多的一体化发展红利；必须处理好市级统筹与平台自主的关系，在全市“一盘棋”的同时，充分发挥平台和镇街的积极性，培育增长点、打响特色牌，形成竞相发展的生动局面。

四是统筹好发展与安全的关系，让发展更有保障。我们必须增强风险意识、强化底线思维，发扬斗争精神，把安全发展贯穿诸暨发展各领域全过程。完善多跨协同的监测、预警、处置、反馈闭环管控大平安机制，一体推进经济、金融、社会、生产、生态等诸多领域安全，实现维稳保平安向法治创平安、静态平安向动态平安、一时一域平安向全程全域平安的根本性转变。

工作上，我们将整合优势资源，集中主要精力，推动四个跨越提升：

（一）聚力打造智造集群地，推动经济实力跨越提升

加快构建以先进制造业为龙头的现代产业体系，是诸暨经济高质量发展的必由之路。我们要坚持“四个强市”战略不动摇，抢抓新一轮科技革命和产业变革机遇，大抓产业，重抓工业，抢占未来发展制高点。

一要打造营商环境标杆市。深入实施改革强市战略，聚力打造最优营商环境，全力增创市场有效、政府有为、企业有利的体制机制新优势。以数字化改革引领撬动全方位改革，推进跨部门跨层级跨领域业务流程优化、制度重塑、系统重构，迭代升级一体化智能化公共数据平台，打造一批接地气、减负担、惠民生的场景应用，形成更多群众叫好、企业点赞的数字化改革成果。纵深推进“放管服”改革，优化市场准入准营机制，提升营商办事便利化水平，畅通市场主体退出渠道，提高服务和监管效能，进一步提升市场透明度、服务优质度和社会包容度，实现政府无事不扰、企业办事无忧。大力弘扬企业家精神，加强企业家协会和新生代企业家联谊会建设，实施新生代企业家“双传承”计划，保障企业产权和企业家合法权益，依法妥善处置涉企经济纠纷，让企业家潜心强创新、安心搞经营、放心办企业。

二要打响“诸暨智造”金字招牌。坚定实施工业强市战略，全力打造全国先进制造业引领集聚区，确保工业强市稳居全省第一方阵。纵深推动传统产业数字化转型，支持企业实施生产车间、机器设备智能化改造和产品智能化升级，推进网络化协同、个性化定制、柔性化生产等智能制造和服务型制造，力争全市规上制造业企业实现数字化改造全覆盖，进一步做强做优铜材精密制造、时尚袜业、美丽珍珠、高端装备制造等标志性产业链集群。加快新兴产业集聚成势，重点培育数智安防、第三代半导体、生命健康、新材料、航天航空等产业，力争形成千亿级、百亿级产业集群，战略性新兴产业增加值占 GDP 比重突破 10%。谋划成立建筑业发展服务中心，推动智能建造与建筑工业化协同发展，培育研发设计、生产加工、施工装配、运营等全产业链融合一体的智能建造产业体系。建设低时延、高可靠、广覆盖的工业互联网基础设施，创建 5 ~ 7 个行业领先的工业互联网平台，确保数字经济核心产业增加值占 GDP 比重超过 7%。

三要联动推进人才、科技和产业创新。深入实施人才强市战略，财政科技投入每年递增 15% 以上，扶持构建“产学研用金、才政介美云”十联动创业创新生态系统，力争全社会研发投入强度达到 3.3%。实施科技人才引流蓄水工程，推广应用“人才码”，健全人才“政银保担投”全周期金融服务体系，力争引育各类领军人才 500 名以上、领军型创新创业团队 15 个以上。实施科技企业倍增提质工程，实现规上工业企业创新活动、研发机构、发明专利全覆盖，力争高新技术企业突破 600 家、科技型中小企业突破 2500 家，高新技术产业增加值占规上工业增加值比重达 60%。实施创新平台能

级提升工程，力争创建省级科技企业孵化器3家以上、省级众创空间20家以上，实现主导产业和新兴产业创新服务综合体全覆盖。实施科技成果转移转化工程，培育市级以上重点实验室3家，共建高校研究院10家以上，实现每年100项成果在诸暨产业化。

四要紧抓招商引资“生命线工程”。深入实施招商强市战略，完善全市“一盘棋”招商体制，编制目标产业链图谱，开展以商招商、精准招商、链式招商、乡贤招商，未来五年力争引进内资500亿元以上、外资11.5亿美元以上，形成“百亿领航、十亿带动、亿元支撑”的项目方阵。千方百计充实财政、资源、金融、能源“四张要素清单”，加强重大项目清单化管理、零距离服务、全要素保障，形成“谋划一批、落地一批、建成一批、投运一批”的滚动推进之势。强化“留商即招商”的理念，实施“稳心留根”计划，在涉企政策、帮企机制等方面做到内外一视同仁，旗帜鲜明支持本土企业扎根诸暨做优做强。

（二）聚力打造融杭品质城，推动城乡发展跨越提升

融入都市区，拥抱长三角，服务双循环，是诸暨破除发展桎梏、争抢发展红利、提升发展位势的必由之路。我们要全面接轨绍兴网络大城市，深入实施“杭绍同城”新三年计划，统筹推进新型城镇化和乡村振兴，实现更高水平的共兴共荣。

一要构建外联内畅大交通。对外构建大通道，实施诸暨站综合枢纽化改造，加快打造“两高一普两市域”轨道网、“一环九射”高速网和“三纵两横”国省道网。深度融入杭州拥江发展战略，复兴内河水运，加快“一主两支”水运网和“两主多点”港口布局。谋划通用航空产业基地建设，建成诸暨东铁路物流基地。对内畅通大循环，推进环线节点畅通、城区堵点改造，推动东三环外移，构建“两环八射”城市快速路网，打造便民利民的“四好农村路”，探索高速市内免费通行，力争实现“镇镇联高速”，构建人悦其行、物畅其流的现代化综合交通体系，促进交通流量更多转化为经济增量，力争创成交通强市示范区。

二要打造产城融合大平台。推进全国新型城镇化示范县创建，滚动实施城市有机更新，扩面建设未来社区等现代化基本单元。加强“两新一重”投资，分步实施全市排水系统综合提升项目，协同建设海绵城市、地下城市、无废城市、低碳城市，增强中心城区、小城市和中心镇集聚辐射能力。推动镇街特色园区与开发区协同发展，争创国家级经济开发区。建成G60创新港和海归小镇，打造长三角海外高层次人才汇聚地、新兴产业新高地。规划建设萧南—诸北板块，谋划高湖和白塔湖创新群落，打造绿色制造与生态旅游融合发展平台，承接沪杭等地企业创新业务溢出。重点培育研发设计、检验检测、信息金融等新业态，加快发展共享经济、赛事经济、会展经济、月光经济，力争服务业增加值突破1000亿元，生产性服务业增加值占服务业比重提高5个百分点以上。抢抓RCEP实施重大机遇，推进外贸优进优出，确保出口占全国份额稳中有升。

三要做好乡村振兴大文章。深化“千万工程”，全面完成全国水系连通及水美乡村试点建设，渐次推进未来乡村建设，加快推动以农村集体经济为核心的乡村集成改革，力争所有村年经营性收入均达50万元以上，打造一批乡村振兴先行村。加快推进农业现代化，落实最严格的耕地保护制度，坚决遏制耕地“非农化”、防止“非粮化”。深化生产供销信用“三位一体”改革，实施科技强农、机械强农、品牌强农行动，打造3个以上农产品区域公用品牌，力争农业亩均产出达1万元以上，百亩以上集中连片适度规模经营占比达20%，主要农作物耕种收综合机械化率达86%以上。

（三）聚力打造文明新高地，推动民生福祉跨越提升

开展精神文明高地试点，为浙江高质量发展建设共同富裕示范区先行探路，是诸暨的重大政治任务。我们要深入实施共同富裕五年行动计划，加快实现人民物质生活和精神生活的双丰富，为全省提供共同富裕诸暨范例。

一要打造就业创富宝地。大力实施居民收入和中等收入群体双倍增计划，力争全体居民人均可支配收入年均增长7%以上，城乡居民收入倍差缩小至1.6以内。扩大就业促增收，推进诸暨籍在外大学生“凤还巢”计划，确保新增就业大学生10万名以上。实施新时代诸暨工匠培育工程，确保新增高技能人才2.5万名。实

施托底就业援助服务，确保零就业家庭动态清零。产业振兴促增收，实施全民创业行动计划，扶持小微企业和个体工商户发展，持续放大块状产业集群、农家特色产品创富带富功能。深化改革促增收，推进农村集体产权制度改革，激活闲置土地农房资源，增加财产性收入。完善政策促增收，健全职工收入与劳动生产率同步增长机制，稳定和提高企业职工收入。加强政府转移支付力度，推广低收入农户综合性保险，提升低收入群众增收能力、生活品质，率先基本形成以中等收入群体为主体的橄榄型社会结构。

二要打造文化文明高地。以开展精神文明高地试点为抓手，深入实施八大“越”系列行动，力争创成全国文明典范城市。深化文明实践，全面提升关爱基金、全程志愿运行质效，巩固深化移风易俗工作，扩面推广爱心食堂、爱心驿站，打响“暖心八件事”志愿品牌，加强家庭家教家风建设，努力创成新时代文明实践全国示范区。厚植文化底蕴，推进文化基因解码工程，强化西施、“三贤”、古越等文化标识，建设具有强大“注意力”的文旅融合项目，构建“一城一廊两环”全域旅游发展格局，打造长三角健康休闲文化旅游目的地。优化文化服务，建成市文化中心、篮球中心，高效运行文化礼堂、文化家园、文化驿站，构建城乡一体“15分钟品质文化生活圈”，继续举办CBA联赛、西施马拉松等重大体育赛事，力争创成新时代文化生活全省样板区、省体育现代化县市。建设生态文明，深化水气土废综合治理，打好生态环境巩固提升持久战，保护好山水林田湖草生态本底。

三要打造民生优享福地。聚焦人的全生命周期公共服务优质共享，打造六张民生金名片。打造“诸有善育”品牌，多渠道降低生育、养育、教育成本，建设生育友好型社会，力争每千人口拥有婴幼儿照护设施托位不少于4.5个。打造“诸有优学”品牌，统筹各类教育协调发展和品质提升，合理布局和规划建设一批中小学幼儿园，创成省教育现代化县市。打造“诸有健康”品牌，深化医联体、医共体建设，建好省基层卫生健康综合试验区、省中医药综合改革先行区，力争每千人口拥有医疗机构床位7.5张、执业（助理）医师4.5人。打造“诸有颐养”品牌，优化居家社区机构相协调、医养康养相结合的养老服务体系，加快公共服务适老化改造，力争每万名老年人拥有持证养老护理员26人。打造“诸有安居”品牌，探索推行共有产权、租购并举，构建多层次广覆盖的住房保障体系。打造“诸有保障”品牌，稳步推进社保、医保、低保提标扩面，推动社会保障、社会救助、社会福利有效衔接，健全多层次社会保障体系。加大双拥工作力度，确保创成新一轮省级双拥模范城。

（四）聚力打造治理排头兵，推动基层治理跨越提升

“枫桥经验”是基层社会治理的中国方案，是诸暨的“传家宝”。我们要以“枫桥经验”60周年纪念大会为契机，深入实施坚持发展新时代“枫桥经验”行动计划，推动治理体系和治理能力现代化，率先建成全国基层治理示范区。

一要在实践运用中丰富发展新时代“枫桥经验”。全面开展“枫桥式”镇街、村社、基层站所创建活动，持续推动“枫桥经验”由乡村治理向城镇、社区治理延伸，由社会治安向各领域扩展。建强枫桥学院、新时代枫桥经验研究院、枫桥经验陈列馆等平台阵地，打造全国政法综治干部学习培训基地、社会治理创新发展理论实践基地、基层社会治理状况研究发布中心。组建全国性的“枫桥经验”研究联盟，定期举办高峰论坛，常态化开展新时代“枫桥经验”指数测评，提升制度性话语权和标准化、精准化、数字化水平，推动全国各地坚持发展、学习推广新时代“枫桥经验”。

二要打造更高水平的平安中国建设示范县。实施群团组织和社会组织“金桥工程”，深化村级社会组织“5+X”标准化建设，到2026年社会工作者、志愿者人数分别达到常住人口的3‰和20%。完善市镇村三级矛调中心体系，健全矛盾纠纷多元预防化解综合机制，确保90%以上的矛盾纠纷在镇村就地化解。扎实推进安全生产、道路交通、消防安全、城市运行、自然灾害等领域系统治理，坚决遏制重特大事故发生。突出“大安全、大应急、大减灾”，构建应急处突重大应用场景，提升防灾减灾救灾水平。保持打击各类违法犯罪高压态势，完善重大疫情防控体系机制，坚决打赢防范化解重大风险攻坚战，构建舒心安心放心的社会环境。

三要在“整体智治”中推动治理能力现代化。加强数字诸暨门户和城市数字孪生建设，建成投用市级社会治理中心，高效运行实有人口全息感知平台，打造智能治理中枢。迭代升级“一中心四平台一网格”，推动“1512”体系与“141”体系贯通，加快公共视频监控建设一体化改革，推行大数据驱动下的现代警务模式，打造智慧城市、未来社区、智安小区。创新发展“网上枫桥经验”，提升“1963 法润”直播平台，完善线上矛调中心建设，深化“浙江解纷码”“枫桥民生”等线上平台推广应用，实现线上线下同步治理，推动社会治理由人力密集向人机交互、由经验判断向数据分析、由被动处置向主动发现转变，打造整体智治示范区。

各位代表，未来五年，是牢牢把握新机遇，顺势而为、乘势而上的五年，是拉满弓使足劲，奋起直追、奋力跨越的五年。

五年看头年。综合分析发展环境和现实条件，建议 2022 年经济社会发展的主要预期目标为：生产总值增长 7.5% 左右；研发投入强度达到 2.7% 以上；全员劳动生产率增长 8%；固定资产投资增长 10% 以上；社会消费品零售总额增长 8%；外贸出口保增长稳份额，自营出口额增长 7.5% 以上；一般公共预算收入增长 7.5% 以上；城乡居民收入增长与经济增长基本同步，收入比持续缩小；城镇登记失业率控制在 3% 以内；完成上级下达的能源和环境计划指标。

为此，我们将紧扣党代会“十问攻坚”要求，重点开展十大行动，确保上述目标实现，赢得开局首胜：

（一）市场主体培育壮大行动。企业有信心，政府才有底气。全面落实减税降费、减负强企政策，力争为市场主体减负 30 亿元以上。深入推进融资畅通工程，新增企业中长期贷款 100 亿元以上，其中制造业贷款 25 亿元以上，普惠型小微企业贷款增速不低于各项贷款增速，综合融资成本稳中有降。精准实施梯队重构提质跃升计划，新增“个转企”500 家、“小升规”100 家、“下升上”50 家。重抓高成长企业“长高长壮”行动，培育单项冠军、小巨人、“专精特新”中小企业 8 家以上。深入实施“凤凰行动”计划，新增上市公司 2 家以上。大力实施外贸主体培育提升工程，提高各项出口政策便利度，推行跨境电商、海外仓等外贸新业态，确保出口占全国份额基本稳定。探索国企混合所有制改革，做大国企主营业务板块，助推国企高质量发展。

（二）杭绍同城提速加码行动。出台“杭绍同城”新三年计划，纵深推进交通设施共联、平台提升共链、产业协同共兴、市场开放共赢、民生互优共享“五大工程”。完成绍诸高速浣东互通和店口高架项目，加快推进 G235 诸暨段和店口港工程，开工建设柯诸高速、S211 绍大线外迁、白大线工程，推进诸义、诸嵊高速以及诸暨至萧山浦阳公路前期。实现 140 个以上政务服务事项“跨省通办”、1500 个以上事项“全省通办”。推动市人民医院与浙医二院建立紧密协作型医联体、市中医医院争创“浙江中医药大学非直属附属医院”，实现杭绍诸二甲以上医疗机构检查检验结果互联互通互认。在杭设立 3 个教体人才孵化基地，新增 5 所结对学校，举办第十届西施文化节，开展多层次文化走亲，推动“跟着西施游诸暨”宣传进杭州高铁地铁、上海热门景点。

（三）三产融合提质增效行动。深化袜业、珍珠等“产业大脑”建设，打造数字车间—智能工厂—未来工厂新智造升级链，力争新增数字车间 70 个，未来工厂实现零的突破，规上工业增加值增长 8.5% 以上。大力发展数智安防、生命健康、新材料等新兴产业，扶持培育第三代半导体、航空航天等前沿产业，确保数字经济核心产业增加值增长 15% 以上。推进制造业与服务业深度融合，建设数字金融产业园，力争生产性服务业增加值占服务业比重提高 2 个百分点。加快传统批发零售业改造提升，创建 1 条绍兴市级高品质步行街、2 个智慧商圈、3 个地标性夜经济生活集聚区，服务业增加值增长 7.5% 以上。开展省级文化和旅游消费试点城市建设，整合提升西施故里省级旅游度假区，推进西施故里“一江两岸”文旅项目、五泄景区提升改造项目，力争旅游业增加值占比达 8%。积极扶持建筑业转型发展，力争建筑业省内产值增长 5%。深化耕地“两非”整治和农业“双强”行动，加快“肥药两制”改革和“数字畜牧”省级统建先行先试应用，新建高标准农田 6200 亩，粮食、生猪稳产保供，确保农业科技进步贡献率达 69% 以上，主要农作物耕种收综合机械化率达 82% 以上。做强“枫桥香榧”“西施石笕”“同山烧”“次坞打面”等公用品牌，推动农业“接二连三”发展。

（四）有效投资攻坚突破行动。滚动实施基础设施和产业项目年度投资计划，力争完成政府（国企）投资178.5亿元，确保5个结构性投资指标增速实现“四高一合理”，县市长项目落地率达100%。构建全市“一盘棋”大招商格局，强化市级层面规划、政策、项目、要素“四个统筹”。开展招商引资竞赛活动，确保引进10亿元以上项目8个，其中20亿元以上4个、50亿元以上2个，力争100亿元以上项目有突破。优化外资促进服务，引导外资投向产业链薄弱环节和关键技术领域，争取实际利用外资2.25亿美元以上。坚持要素跟着项目走，全年完成产业项目用地报批2500亩以上，盘活存量建设用地2500亩以上，争取10个项目进省重点以上笼子。扎实开展专项债券项目储备行动，确保全面覆盖省级重大项目。健全重大项目专班推进机制，确保一季度新建项目开工率达30%以上，上半年达60%以上，力争三季度全部开工。

（五）改革试点竞跑争先行动。纵深推进数字化改革，做好省级重大应用的贯通落地，迭代升级“浙里兴村共富”等标志性应用，谋划建设一批“集成式”场景。深化“县乡一体、条抓块统”改革试点，加快“1512”体系向乡镇以下延伸、与“141”体系贯通，推出15个以上基层治理“一件事”集成改革项目，形成一套可复制可推广的县域治理经验。聚焦共同富裕“1+5+n”重大改革跑道，稳慎推进全国农村宅基地制度改革试点、全省新时代乡村集成改革试点，实现闲置农房激活吸引社会资本4亿元以上，“产权＋信用”贷款余额稳定在15亿元左右，低收入农户人均可支配收入增长10%以上，80%以上村年经营性收入达到50万元以上。

（六）平台园区提档升级行动。深化工业全域治理，推动开发区（园区）二次创业，力争规上工业亩均增加值、亩均税收均增长10%，亩均税收5万元低效企业提前清零。完成经济开发区管理区域和控制性规划调整，力争创成省“万亩千亿”新产业平台。编制科技城概念性总体规划、控制性详细规划及重点区域城市设计，完成970亩先行启动区土地政策处理，出台海归小镇专项招商政策，打造经济发展新增长极。支持袜艺小镇打造全省一流的产业创新服务综合体和袜业工程师协同创新中心，推动珍珠小镇启用全国首个进口珍珠保税仓，办好第二届世界珍珠大会。加强商贸城二次招商，推动一期市场转型发展取得实质性进展。谋划建立B型保税物流中心，力争启动货运东站改扩建工程。整合各地“诸暨岛”，建设“杭州港”二期，探索打造诸杭沪联动发展的离岛科创资源孵化器，加快柔性复制推广。

（七）科技创新蓄势赋能行动。深入实施“诸暨英才计划”“诸才云集伙伴计划”，办好国际创新创业大赛，力争新引育省级以上领军人才（团队）50个。落实好研发费用加计扣除等政策，推动创新主体增量提质、全社会研发投入再提升，确保新增高新技术企业76家以上、科技型中小企业253家以上。推进珍珠、金属加工、碳足迹碳标签创新联合体建设，实现规上工业研发费用50亿元以上，工业战略性新兴产业增加值、规上高新技术产业增加值占规上工业增加值比重分别达39%、47%以上。扶持温医大生物医药研究院、长三角路空一体研究院发展壮大，加快中俄（诸暨）国际实验室、航空航天研究院、集成电路测试公共服务平台落地建设，继续引进一批产业急需的高水平研究院。深化推广“揭榜挂帅”“赛马制”科技攻关机制，确保研发攻关项目推荐立项数不少于10只。

（八）人居环境优化提升行动。完成新一轮国土空间规划修编，创建2个省级城乡风貌样板区、7个省级美丽城镇，推进袁家未来社区建设，改造6个老旧小区，完成城区拆改100万平方米以上。深化“千万工程”，创建2个新时代美丽宜居示范村、74个达标村，培育7个乡村振兴先行村和3个未来乡村试点，启动全国水系连通及水美乡村试点建设。加快“两新一重”建设，启动二环线快速化改造，推进安华水库扩容、浦阳江治理三期和城区电排站新建工程，完成陈蔡水库加固改造、城区重点区域排水管渠改造工程，开通5G基站500个以上。推进清新空气行动，确保全市$PM_{2.5}$平均浓度控制在30微克/立方米以内。深化“五水共治”碧水行动，完成7座城镇污水处理厂提标排放，标准化运维农村生活污水处理设施，确保集中式饮用水水源地水质达标。深化全域“无废城市”建设，实行小区和商业街生活垃圾“定时定点”投放，创成省级高标准分类示范小区10个。有序推进碳达峰碳中和，开展分布式光伏规模化开发，推动抽水蓄能电站项目纳入国家中长期规划，试点建设低碳镇、低碳村。深化实施河湖长制、林长制和田长制，争创省级美丽河湖2个，新增国土绿化3000亩，完善排污权、用能权有偿使用和交易机制，推动经济社会绿色低碳转型。

（九）民生福祉共建共享行动。完善就业创业政策支持体系，力争城镇新增就业3.6万人以上，大学生就业2.75万人以上。实施诸暨工匠培育工程，完成职业技能培训3万人次，培育高技能人才5000人以上。深入实施全民参保计划，实现法定人员应保尽保。完善住房保障体系，新增保障性租赁住房6200套以上。完善“1+8+X”大救助体系，推行困难群众救助“一件事”改革。完成全省集中补领婚姻登记证试点工作，打造国家5A级婚姻登记机关。全面落实三孩生育政策及配套支持措施，加快幼托一体普惠幼儿园建设，力争城镇社区婴幼儿照护服务机构覆盖率达35%。加快建设崇真初中、暨北小学，建成投用西子幼儿园、三江幼儿园，深化“双减”工作、城乡教共体建设和中小学心理健康幸福行动，力争创成全国学前教育普及普惠县、全国义务教育优质均衡发展县市。加快新型少体校建设，做好省运会备战参赛工作，广泛开展全民健身运动。建设市文化中心、三贤馆等文化新地标。全面推进健康诸暨建设，完成妇保院易地新建工程，推进疾控中心、公共卫生临床中心、人民医院二期项目。支持专业型养老机构建设，完善居家养老服务网络，发展康养联合体，确保爱心食堂助餐配送餐服务覆盖全市45%以上村社，每万名老年人拥有持证养老护理员达到20人。推进身后“一件事”改革，完成殡仪馆升级改造。

（十）平安诸暨示范建设行动。慎终如始抓好疫情防控，全面落实常态化防控各项措施，不断完善平战结合、无缝转换、快速响应机制，筑牢“外防输入、内防反弹”严密防线。持续防范化解企业债务风险，依法妥善处置房地产领域风险，稳步化解政府隐性债务风险，确保全市不良贷款率控制在合理范围。深入开展安全生产综合治理三年行动，健全各领域安全隐患排查整改闭环机制，实施城镇燃气安全排查整治工作，启动“气象惠民”工程，推进自然灾害风险普查、基层防汛防台标准化体系建设，确保生产安全事故起数和死亡人数“双下降”，无较大以上事故发生。高质量筹备“枫桥经验”60周年纪念大会，扎实推进“枫桥经验”教育培训基地改造升级，有序实施枫桥古镇提升工程，深入开展“枫桥+”品牌创建，深化“五社联动”试点建设，严厉打击违法犯罪，建成10个以上具有诸暨特色的治理场景，确保平安创建实现连冠。

三、努力建设人民满意政府

各位代表，新一届政府肩负着继往开来的历史重任。我们将更加重视自身建设，以数字化手段推进政府治理全方位、系统性变革，认真行使好人民赋予的权力，努力建设人民满意政府，在以下几方面自觉接受人民监督：

（一）勤学善政，建设学习政府。深悟笃行习近平新时代中国特色社会主义思想，认真贯彻落实习近平总书记对诸暨工作重要指示批示精神“四张清单”，坚定不移做“两个确立”的忠诚拥护者，“两个维护”的示范引领者。健全深入企业、基层听取意见、调查研究制度，不断提高施政的精准度和实效性。深度参与干部专业能力提升计划，坚持生成性学习，以学用相长弥补“能力危机”，用创新实践破解“本领恐慌”，做到学经济懂经济，学产业懂行业，不断提高政府工作人员专业素养。

（二）依法行政，建设法治政府。规范行政决策程序，提升科学民主决策水平。推动政府法律顾问服务从“有形覆盖”向“有效覆盖”转变，政府部门公职律师配备率达100%。自觉接受市人大及其常委会法律监督、工作监督和市政协民主监督，广泛接受社会和舆论监督，高质高效办好人大代表建议、政协委员提案。推进“大综合一体化”行政执法改革，完善行政复议和行政应诉工作机制，畅通多元化行政争议化解渠道。持续加强重点领域政务公开，确保权力在阳光下运行，创成全国法治政府建设示范县。

（三）高效施政，建设效能政府。开展“直面矛盾不回避，攻坚克难我带头”活动，由市政府领导和部门“一把手”领衔，攻克一批制约发展的体制机制障碍、久拖不决的历史遗留问题、群众关切的热点难点事项。完善科学高效的政务督查机制，坚持工作项目化、项目清单化、清单责任化，坚决治理“庸懒散”“中梗阻”“下搁浅”等现象，以“钉钉子”精神推动工作落地见效。深化“两个担当”良性互动，充分保护和调动干部干事创业的积极性。

（四）为民理政，建设服务政府。迭代深化数字政府建设，加快政府体制机制和业务流程系统性重塑，不断优化政务服务和营商环境，提升群众和企业的获得感、满意度。全面推行极简审批许可、便利开办登记，实现商事主体登记“零干预、零材料、零费用、零跑动”。强化市场主体全过程公正监管，维护公平竞争环境。用好“政企清亲会”平台，健全政企沟通机制。构建以实体大厅和政务服务网为支撑的“互联网＋政务”体系，建成掌上办事、掌上办公之城，确保依申请政务服务事项办件“一网通办”率达90%以上，100%企业投资项目事项在开发区可办，100%高频民生事项在基层可办。

（五）从严治政，建设廉洁政府。认真落实全面从严治党主体责任，持续加强政府系统党风廉政建设，营造风清气正的政治生态。坚决防止“四风”问题变异反弹，进一步压降一般性支出和“三公”经费，用政府的“紧日子”换取群众和企业的“好日子”。深化“以案促改”，推进公共资金、国有资产、国有资源和领导干部经济责任审计全覆盖，进一步完善招投标工作规范，从源头上规范权力运行，推动政府工作人员永葆清正廉洁的政治本色。

各位代表，为民办实事是市政府长期坚持的重要工作。今年，我们按照“群众提、代表定、政府办、人大评”的理念，在广泛征询意见建议基础上，梳理形成13个民生实事候选项目，提请本次大会票决选出其中10个。我们将言必信、行必果，切实把民生实事办成群众看得见、摸得着、得实惠的民心工程。

各位代表，上下同欲者胜，风雨共舟者兴。让我们紧密团结在以习近平同志为核心的党中央周围，在中共诸暨市委的坚强领导下，咬住目标不放松，撸起袖子加油干，持续擦亮“枫桥经验”金名片，奋力打造新时代共同富裕新高地，高水平谱写社会主义现代化建设诸暨篇章！以优异成绩迎接党的二十大胜利召开！

中国人民政治协商会议
诸暨市第十四届委员会常务委员会
工作报告

2022年2月21日

在政协诸暨市第十五届委员会第一次会议上

郭浩良

各位委员：

我受政协诸暨市第十四届常务委员会委托，向大会报告工作，请予审议，并请会议列席人员提出意见。

十四届政协工作的回顾与总结

过去五年，恰逢新时代开启，人民政协在中央和国家层面深化了顶层设计、实现了制度定型，政协事业和协商民主迎来了又一“春天”。

习近平总书记关于加强和改进人民政协工作的重要思想，中央召开的首次政协工作会议，出台的《关于新时代加强和改进人民政协工作的意见》，历史性地明确了人民政协作为“社会主义协商民主的重要渠道和专门协商机构、国家治理体系的重要组成部分、具有中国特色的制度安排”这一性质定位；历史性地赋予了政协“把坚持和发展中国特色社会主义作为巩固共同思想政治基础的主轴，把服务实现‘两个一百年’奋斗目标作为工作主线，把加强思想政治引领、广泛凝聚共识作为中心环节，担负起把党中央决策部署和对人民政协工作要求落实下去、把海内外中华儿女智慧和力量凝聚起来”的政治责任；历史性地强化了政协要“努力成为坚持和加强党对各项工作领导的重要阵地、用党的创新理论团结教育引导各族各界代表人士的重要平台、在共同思想政治基础上化解矛盾和凝聚共识的重要渠道”的职责使命；历史性地回答了政协“是什么”“干什么”“怎么干”的问题，为人民政协事业发展指明了方向、提供了遵循。

新修订的《政协章程》，对人民政协的地位作用、职能安排和实现方式进行了更加全面精准的表述，进一步明确了政协履职的行动指南和行为准则；本届省政协提出的“学习新思想、携手新时代、聚焦高质量、服务高水平、画好同心圆”的工作思路与行动纲领，出台的一系列规范性意见，为县市政协履职提供了直接指导。

中央政协工作会议后，省、市、县三级党委也相继召开会议，配套出台了贯彻意见。诸暨市委先后出台了《关于新时代加强和改进人民政协工作的实施意见》《“请你来协商”平台建设实施意见》等一系列规范性文件，对政协工作既领导又指导，既重视又支持，为政协履职提供了重要保障。

面对新时代赋予人民政协的新使命新要求，市十四届政协在工作把握上坚持“一纲”“两目”“三中心”，在履职重点上突出“助推发展”“助力民生”，在实现途径上“依托平台”“依靠委员”，形成了“提质增效”“帮忙不添乱”“不调研不履职”的风格与规矩。

一、关于“一纲”“两目”“三中心”的工作把握

“一纲”——就是全面加强党对人民政协工作的领导，以此作为政协工作的核心灵魂。主要是做到两个“旗帜鲜明”：一是旗帜鲜明讲政治，把“四个自信”“四个意识”毫不含糊、不折不扣地统一到“两个确立”上，落实到“两个维护”上；二是旗帜鲜明讲规矩，恪守党对政协工作领导的一系列制度和纪律，特别是重大事项请示报告制度、年度协商计划与市委市政府协商拟定制度，确保政协一切重要工作都在党的领导下进行、一切重要安排都在报请党委批准后实施。

“两目”——就是体现“专门协商机构”作用、发挥“双向发力”效果，以此作为政协工作的基本职能。始终秉持政协工作的真谛在于“同心同德同步”，在于“合心合力合拍”，始终强调与党委政府走在同一条道上，与中心工作、发展大局、民之所盼处在同一格局上，充分发挥政协作为专门协商机构的建言献策功能和聚力聚识作用，最大程度地把市委、市政府的决策意图转化为社会各界的共识，最大程度地将社会方方面面的智慧和力量凝聚到发展的旗帜下。

“三中心”——就是坚持以发展为中心、以人民为中心、以履职为中心，以此作为政协工作的基本理念。坚持把助推发展作为政协履职的第一要务，聚焦“发展不平衡、不充分”问题，始终把政协工作置于市委、市政府的中心工作和诸暨发展的大局之下；坚持把“为国履职、为民尽责”作为政协工作的价值取向，主动顺应“人民群众对美好生活的向往”，切实把工作做在社会需要之时、落到群众期盼之处；坚持委员主体、协商主业，强调针对性履职、规范化运作，努力提升政协履职的能力与水平。

二、关于“助推发展”“助力民生”的履职重点

助推发展——就是将政治协商、民主监督、参政议政和“双向发力”集中指向于中心工作、发展大局。一是围绕重大决策建言献策。五年来，制度性地就党代会报告、市委全会报告及相关决定开展专题政治协商；全体会议期间，常态化地就“一府两院”工作报告开展集中协商；常委会议和主席会议分别就乡村振兴重点领域，重大设施、美丽城镇、平安建设、基层基础四大专项行动，开放诸暨、活力诸暨、好美诸暨三大建设，以及临杭城市向融杭城市跃迁、传统产业向现代产业跃迁等重大决策开展重点协商。同时，还根据市委、市政府“出题目、交任务”的要求，对“十大会战”推进落实情况、“两手硬两战赢”助推复工复产、行政区划调整、海关监管场所建设、职工疗休养制度完善等议题开展协商调研，为党政决策提供参考。二是聚焦重点工作助力助推。五年来，围绕“杭绍同城”，就规划融合、交通建设、产业对接以及公铁水物流基地项目推进情况、“飞地经济”合作模式等15个议题开展调研协商；围绕产业发展，就传统产业改造提升、数字经济发展、市场主体培育等31个议题开展协商监督；围绕平台建设，就产业平台与产业项目推进、产业服务平台构建、生态高湖建设等14个议题开展专项视察；围绕营商环境，就“最多跑一次”改革、政府数字化转型、金融环境优化等6个议题开展民主监督；围绕社会治理，就“枫桥经验”与枫桥民生、应急管理运行机制、“四治融合”新型基层治理体系等18个议题开展协商议政，为工作推进提供助力。三是根据党政需要尽心尽力。根据制度性安排和市委、市政府统一部署，认真负责地参与责任镇乡、责任领域、联系项目及重要时间节点安保维稳等规定性工作；积极主动地参与“三改一拆”、文明城市创建、小城镇环境综合整治、西施故里维护与西施文化弘扬等阶段性重点工作，为党政分忧、为发展尽力。

助力民生——就是将政协履职更多地聚焦于民生改善，坚持把了解民意、反映诉求、增进民生福祉作为基础性工作。一是资政建言回应民需。五年来，主席会议和专委会根据群众关切，分别就普通高中优质发展、公共卫生服务体系完善、新时代文明实践中心建设、老小区加装电梯、饮用水源地保护等 61 个议题进行了专题调研和视察监督；镇乡（街道）工委、界别活动组、委员会客厅还就医保惠民、养老产业发展、历史文化村居保护、垃圾分类处理、农村法律顾问作用发挥等 76 个议题进行了协商监督。尤其是广大委员的提案，更是对民生问题作了全方位的聚焦和关注，五年来受理交办的 1001 件提案中，涉及民生主题的有 710 件，其中浦阳江治理、食品安全监管、农村危旧房改造、公办幼儿园规划布局、公共卫生应急防控能力提升等一大批提案在承办单位的重视和努力下，得到了解决落实或研究重视，提案办理满意率达 99.4%。二是拓展渠道畅通民意。以协商平台为依托，以“界别活动月”为载体，以社情民意信息为桥梁纽带，促进界别群众有序政治参与，促成各类民意顺畅表达。五年来共受理社情民意信息 657 篇，编报 382 篇，被省、绍兴市录用 73 篇，获绍兴市考核一等奖两次，很好地起到了把党委政府的政策传递下去、把基层的诉求反映上来、把群众的共识凝聚起来的作用。三是深入基层温暖民心。持续开展政协“五送下乡”，根据群众需求，拓展服务领域，丰富服务内容；持续开展“帮困助学”活动，以政协企业家之友社为主体，五年累计捐资 127.7 万元，受惠学生 530 余名。尤其是新冠疫情爆发以来，政协系统主动融入全市防疫“一盘棋”，积极参与疾病救治、卡口值勤、物资筹措等工作，书写了特殊的“履职作业”，彰显了委员的责任担当。

三、关于“依托平台”“依靠委员”的实现途径

依托平台——就是按照政协“主业是协商，主要是搭台”的理念，遵循“规范、务实、管用”的原则，以“建、管、用”为重点，根据省委、省政协的统一部署，以“请你来协商”“民生议事堂”“委员会客厅”为主体，拓展延伸至 23 个镇街工委、10 个界别、3 个提案承办重点单位，通过线上线下联动的方式，形成了覆盖全市的协商平台体系，完成了“建”的任务；研究出台了平台运行《实施意见》《实施规则》和《成果转化办法》，对协商范围、讨论原则、基本程序、交流方式、反馈跟踪等明确操作规程，提升了“管”的水平；注重协商程序向成果转化，不断充实协商内容、增加协商频次，累计开展各类协商 143 次，平台越来越成为各方利益和观点充分表达、真诚倾听，各方关切和想法沟通融通、求同存异的有效载体，发挥了“用”的效果。

依靠委员——就是对标总书记提出的“懂政协、会协商、善议政，守纪律、讲规矩、重品行”的总要求，持之以恒加强政协队伍建设、发挥委员主体作用。一是严要求。明确要求委员念好个体素质“三字经”，即自身“硬”、没私心，处事“公”、不偏心，作风“实”、不烂良心；明确要求委员走好履职活动“三步曲”，即调研要“真”、思考要“深”、表达要“精”，从整体上提高委员队伍的素质标准和履职水准。二是重提升。根据中央要求和政协特色，扎实开展“两学一做”“不忘初心、牢记使命”主题教育和党史学习教育，积极参与“同心向党”六中全会精神网上学习、“书香政协”崇学系列活动和“新时代人民政协新样子”专题讨论，持续开展委员学习培训，严格委员日常管理和量化考核，注重发挥党员委员的模范引领作用，增强了委员的政治定力和履职活力。三是强保障。党政层面，将政治协商和政协协商纳入决策程序，定期通报经济社会发展情况，邀请委员列席政府常务会议，部门镇街也切实加强提案办理的沟通联系，为委员履职创造了知情明政的先决条件；组织层面，切实加强了政协系统党的建设和机关队伍建设，强化了专委会、界别活动组的组织功能，为委员履职提供了有力的组织保障；环境层面，全力营造平等包容、理性有度、商以求同、协以成事的协商氛围和协商文化，努力使政协成为讲真话、讲道理的地方，成为接地气、扬正气的地方，为委员履职实现畅所欲言创设了良好环境。

各位委员，五年来的政协工作，靠的是市委领导、党政支持，靠的是上级政协关心指导，靠的是部门镇街和社会各界支持配合，靠的是全体委员辛勤付出。在此，我谨代表政协常委会表示衷心感谢！

今后工作的建议

根据市第十七次党代会精神和上级政协要求，新一届政协工作的指导思想是：坚持以习近平新时代中国特色社会主义思想为指导，深入贯彻习近平总书记关于加强和改进人民政协工作的重要思想，把“两个确立”作为政协履职的根本遵循，牢牢把握团结民主两大主题，紧紧围绕市十七次党代会决策部署，认真履行政治协商、民主监督、参政议政职能，充分发挥专门协商机构作用，切实在建言资政和凝聚共识上双向发力，为持续擦亮“枫桥经验”金名片，奋力打造新时代共同富裕新高地，高水平谱写社会主义现代化建设诸暨篇章贡献智慧力量。

根据这一指导思想和市党代会确定的“一个指向”“四大目标”“五个抓手”工作部署，对新一届政协的工作，从两个方面提出以下建议：

一、在工作把握上，做到“四个坚持”

一是坚持党的领导。始终恪守党对政协工作全面领导这一根本政治原则，全面加强政协系统党的建设这一根本保障，坚定不移地做“两个确立”的忠诚拥护者、“两个维护”的示范引领者，始终与党中央保持高度一致，与市委保持高度一致，确保政协工作和政协事业正确的政治方向。

二是坚持协商主业。牢牢把握人民政协作为“社会主义协商民主的重要渠道和专门协商机构”这一性质定位和基本职能，围绕打造智造集群地、融杭品质城、文明新高地、治理排头兵等事关发展大局、民生福祉的党政中心工作，拟定协商计划，深化协商内容，完善协商制度，提高协商能力，推动协商民主在诸暨的生动实践。

三是坚持凝聚共识。切实把“加强思想政治引领、广泛凝聚共识”作为中心环节，高举团结和民主两大旗帜，充分发挥人民政协作为最广泛爱国统一战线组织的功能，坚持一致性和多样性相统一，在改革强市、工业强市、人才强市、招商强市等事关长远发展的重大战略上，努力寻求最大公约数、画出最大同心圆、汇聚最强正能量。

四是坚持委员主体。时刻牢记“为国履职、为民尽责”的使命情怀，不断增强全体委员的政治把握能力、调查研究能力、联系群众能力、合作共事能力，努力使每位委员都在履职中唱主角、担主责、当主力。

二、在具体履职中，抓住“四个要点”

一是紧紧抓住议题这个“牛鼻子”。在选题环节，要坚持党政所需、群众所盼、政协所能，广开题源，力求议题与中心工作、民生需求结合得更加紧密。在议题实施环节，既要立足“当年立题、当年议题、当年结题”，实现“短平快”；更要注重长短结合、虚实结合、久久为功，对一些事关全局的议题，如杭绍同城、高湖建设、制造业高质量发展等，以一盯几年的韧劲和耐心，持续加以关注，体现前瞻性。

二是紧紧抓住提案这条“生命线”。委员的提案要坚持“量质并重、以质为要”，努力按照“数量适中、质量提高、降低集中度”的要求，引导委员深入一线、理性思考、精准表达；倡导党派、界别、专委会集体提案和委员联名提案，加大立案协商和同案合并力度，努力做到以提案数量的适中保证办理精力的集中，以提案质量的提高推动办理质量的提升。

三是紧紧抓住调研这项“基本功”。要坚持“不调研不协商、不调研不履职”的规矩，真正把调查研究作为政协一切工作的“压舱石”。广大委员要在摸清民情、掌握实情上下功夫，在发扬民主、集思广益上下功夫，在言之有理、言之有据上下功夫，努力做到以调查研究的“研值”提高建言资政的“言值”，使“没有调查研究就没有发言权”真正成为上下共识和自觉行动。

四是紧紧抓住平台这个“承载体”。要集中力量建好用好“请你来协商”“民生议事堂”“委员会客厅”三大平台体系，持续抓好平台的建设完善和规范运作，努力提升“建”的质量，体现“专”的水平，突出“商”的特色，把政协的主业做得更扎实、更有效，使“有事好商量、众人的事情由众人商量”的协商民主理念更加深入人心。

各位委员、同志们，党赋予政协协商民主的重任和使命，组织赋予委员履职尽责的荣誉和责任。为此，我们要始终牢记政协姓“政”，把讲政治作为政协履职的核心灵魂；始终牢记政协在“协”，把善协商作为政协履职的关键之要；始终牢记政协前面有“人民”，把为民生作为政协履职的根本宗旨——以此作为对“人民政协”的最好诠释，作为对自身履职的终极要求，做到牢记重托、不辱使命！

最后，让我们在中共诸暨市委的坚强领导下，在市党代会决策部署的正确引领下，以新的担当助力诸暨新的发展，以新的作为谱写政协事业新的篇章！

2021年诸暨市国民经济和社会发展统计公报

诸暨市统计局

2021年是“十四五”开局之年，一年来，全市上下在市委市政府的坚强领导下，聚焦忠实践行“八八战略”、奋力打造“重要窗口”、加快实现“五个率先”主题主线，一体推进思想解放、开放发展、改革争先、创新驱动、整体智治，以抓落实之功，答“十问”之卷，实现了“十四五”发展的良好开局。

一、综合

初步核算，2021年全市实现地区生产总值(GDP)1546.62亿元，按可比价格计算，比上年(下同)增长9.8%。其中，第一产业增加值53.59亿元，增长2.5%；第二产业增加值734.51亿元，增长12.2%；第三产业增加值758.53亿元，增长8.2%。按户籍人口计算，全市人均生产总值为143038元，增长10.0%，按2021年平均汇率1:6.4515折算为22171美元。三次产业增加值结构为3.5:47.5:49.0。

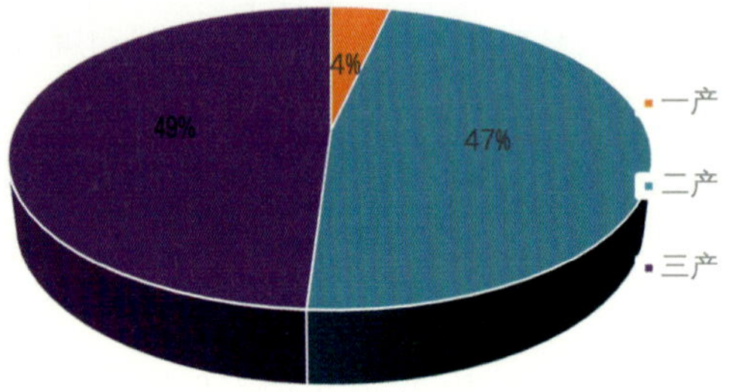

2021年GDP三产结构图

全年实现财政总收入154.83亿元，增长6.4%；其中一般公共预算收入100.2亿元，增长10.9%，占财政总收入的64.7%；税收收入80.19亿元，增长8.9%，占一般公共预算收入的80.0%。全年一般公共预算支出119.11亿元，其中财政八项支出90.88亿元，民生支出88.48亿元，占一般公共预算总支出的74.3%。教育、社会保障和就业等支出分别增长13.4%和8.7%。全市城镇新增就业49930人，帮助就业困难人员实现就业5329人，城镇登记失业率控制在1.78%以内。

二、农业和农村建设

按可比价计算，全年农林牧渔业增加值增长2.6%，农林牧渔服务业增加值增长15.5%。据粮食监测数据推算，全年实现粮食种植面积51.68万亩，粮食总产量23.2万吨，获评省粮食增产保供成绩突出集体。年末生猪存栏14.49万头，同比增长40.7%，出栏15.51万头，同比减少15.7%。家禽存栏185.09万只，同比减少5%；出栏243.69万只，同比增长26.2%。

壮大特色产业，实施农业产业提升“2020”计划升级版，落地同山烧、珍珠两个省级农业产业集成创新示范项目，打响“西施石笕”茶区域公共品牌知名度，创成赵家香榧省级特色农业强镇、短柄樱桃省级农产品优势区，珍珠、蓝莓、香榧、茶叶等特色优势产业蓬勃发展。大力推动科技攻关、“机器换人”和农业数字化改造提升，农业科技贡献率达68%，主要农作物耕种收综合机械化率超81.3%，主要农作物测土配方施肥技术覆盖率达95.2%，农业生产效率不断提升。

三、工业和建筑业

按可比价计算，全年工业增加值增长13.9%，其中规上工业增加值314.87亿元，增长21.4%，居绍兴各区(县、市)第一。全市规上工业装备制造、高新技术、战略性新兴产业和数字经济增加值分别增长29.7%、22.7%、32.5%和33.0%，占规上工业增加值的比重分别为49.9%、47.5%、39.2%和8.1%。规上工业实现利税119.28亿元，同比增长32.3%。规上工业企业新产品产值685.81亿元，增长38.5%。

从工业主导行业看，我市环保新能源、智能装备制造、铜加工及新型材料、纺织服装、袜业和珍珠业等主导行业企业902家，合计产值增长26.4%，占全市规上工业企业总产值的80.5%；六大主导行业合计利润58.5亿元，同比增长55.1%。

全市实现建筑业上缴税收14.5亿元，占全市税收总数的10.4%；宏坤建设、金业建工、金誉建设、建盛建设等4家企业晋升施工总承包一级资质，居绍兴第一；展诚集团、平安交通、全成国鼎等3家企业被认定为国家高新技术企业。全市新开工装配式民用建筑166.52万平方米，占新开工民用建筑比例达63.0%；新签订总投资近 50 亿元装配式产业园项目 2 只；二星级及以上绿色建筑占新建民用建筑比达 39.64%。

四、固定资产投资和房地产业

全市固定资产投资增长 13.4%，分三次产业看，第一产业投资下降 41.4%，第二产业投资增长 29.2%，第三产业投资增长 8.4%；从重点领域看，其中民间投资增长 16.3%，交通投资增长 42.4%，生态环保和公共设施投资下降 4.5%，高新技术投资增长 42.4%。

全年实现房地产开发投资 166.34 亿元，增长 13.0%，其中住宅投资 137.65 亿元，增长 19.6%。全年实现商品房销售面积 231.81 万平方米，下降 11.9%，其中住宅销售 177.04 万平方米，下降 14.8%；商品房销售额 285.22 亿元，增长 0.1%，其中住宅销售 248.18 亿元，下降 0.8%。

五、商贸流通

全年实现社会消费品零售总额 500.54 亿元，增长 8.2%。其中限上社会消费品零售总额 151.24 亿元，增长 22.5%，按经营地统计：城镇市场消费品零售额 138.94 亿元，增长 23.8%；乡村市场消费品零售额 12.30 亿元，增长 9.7%。从限上批零贸易和限上住宿餐饮看：限上批发业实现商品销售额 1036.85 亿元，增长 34.0%；限上零售业实现商品销售额 145.15 亿元，增长 24.3%。限上住宿业营业额 3.61 亿元，增长 30.4%；限上餐饮业营业额 9.84 亿元，增长 27.5%。

全市网络零售额 263.2 亿元，增长 13.2%，总量继续保持绍兴各区（县、市）第一。正式入选全省首批数字生活新服务样板县，为绍兴市唯一。创成 2 个省级数字生活新服务特色镇、2 个特色产业直播间、4 家省级新零售示范企业、3 个社区数字生活服务中心（含农村社区）。华东国际珠宝城有限公司的"'互联网 +' 模式下的珠宝专业交易市场转型升级"案例，成功入选浙江省 2021 年数字赋能促进新业态新模式平台典型案例。"打造'一网两中心三平台'完善县域商业体系"入选全省商务领域共同富裕试点县市项目。打造本地家庭生活服务平台"诸事帮"，被确定为浙江省数字生活新服务 16 个重点场景应用名单之一，入选全省商务领域数字化改革优秀案例，平台注册激活用户已达 3.4 万余人次，社区覆盖率达 94.0% 以上，入驻服务人员达 1800 余人。协同集成 5700 余条诚信记录，智慧化监管效率提高 300% 以上。

六、对外经济

全市完成进出口总值 616.43 亿元，同比增长 16.9%，其中出口 537.97 亿元，同比增长 19.6%，增速位列绍兴第 2；进口 78.5 亿元，同比增长 1.0%。出口总额占全国出口总额的 2.475‰。积极投身绍兴三大"国字号"开放高地建设，建成投运海关监管场所，市场采购出口申报货值超 3 亿美元，大唐袜业成为省首批内外贸一体化改革试点，获评省外贸综合服务试点企业 1 家、内外贸一体化"领跑者"企业 2 家。加快发展海铁联运，"诸暨—宁波舟山港"海铁联运全年累计承运 7436 标箱，同比增长 154%。科学引导企业线上线下融合参展，加大对袜业、水暖五金、绣花机等特色产业展会支持力度，累计组织企业参加线下境内展和线上境外展 150 场次，参展展位 3331 个，参展企业 707 家次。2021 年共组织 171 家单位 414 人参加进口博览会，签订进口订单超过 60 亿元。

2021 年，全市实到外资 13508 万美元，内资到位资金 130.7 亿元。优化招商引资体制机制，单设招商投资促进中心，整合开发区和高新区两大招商平台，着力构建全市"一盘棋"招商大格局。引进亿元以上项目 82 个，其中 10 亿元以上项目 14 个、50 亿元以上项目 2 个，总投资达 432.1 亿元。

七、交通运输和旅游

2021 年全市拥有境内公路总里程 2796.434 千米，其中高速公路 162.53 千米。2021 年客运量 157.48 万人，周转量 14543.94 万千米。全年货运量 2958.46 万吨，同比上 11.3%；货物周转量 243603.46 万吨千米，同比上 12.3%。全年水运客运量 32.3674 万人次，周转量 270.52 万人千米；水运货运量 551.73 万吨，周转量 118959.2 万吨千米。全年累计快递企业业务量累计完成 56727.9 万件，同比增长 42.5%；业务收入累计完成 131235.0 万元，同比增长 40.6%。

完成官弦线、高湖大桥工程建设，重点推进绍诸高速浣东互通改造工程、店口高架、店口综合港区、湄池大桥建设；开工建设 235 国道诸暨段、虎山隧道等。成功创建全国"四好农村路"示范县，新建公交候车亭 60 个，建成 ETC 应用场景 4 个，新建公交电子站牌 10 个，更新公交车 66 辆以上。完成各类行政审批服务事项 10750 件，办理行政处罚 2278 件。

据初步测算，全市旅游总人次（新口径）达457.3万，旅游总收入达63.4亿元。持续推进"万千百"景区化工程。陈宅镇、岭北镇、璜山镇、牌头镇成功创成浙江省AAA级景区镇。深化诸暨十碗、西施宴等特色美食产品，诸暨大酒店等7家酒店成为"百县千碗·绍兴佳肴"美食旗舰（示范、体验）店。成功举办"五彩唤醒·好美诸暨"2021春季旅游节，推出胭脂红、黛瓦青、千岁绿、珍珠白、碧波蓝五彩诸暨游线，视频直播观看人次达16万，线上推广阅读人次超200万。举行"初心之旅 红动诸暨"诸暨市红色旅游启动仪式，推出"红动诸暨"讲解员大赛颁奖、诸暨红色旅游经典线路发布、"浙里红"红色教育基地授牌、"浙里红·潮"红色文旅直播等活动。开展2021年诸暨市金秋惠游季系列活动，推出"沪上域见·好美诸暨"2021诸暨文旅长三角（上海）推介会、"好美诸暨"美团金秋特惠秒杀、"寻美西施故里"万人游等系列活动。

八、金融和证券

年末全市金融机构本外币存款余额2064.03亿元，增长12.4%，其中住户存款余额1214.81亿元，增长10.3%；贷款余额1836.62亿元，增长19.4%，其中住户贷款余额854.41亿元，增长15.8%。全市存贷款增幅逐季回升，创历史新高，不良率为近10年最低。在杭州举办政银企恳谈会，推动8家省级分行与我市签订授信达298亿元合作协议。积极向上对接和宣传，推动省农行、省中行分别与我市签订总计1200亿元的战略合作协议。新增股份公司48家，居绍兴第一。新增报会企业1家，新增辅导备案企业2家，其中帕瓦新能源申请在上海证券交易所科创板上市获受理，为绍兴首家。上市公司质量稳步提升，负面舆情显著减少，股权高质押率风险得到缓解，推动2家股权质押率下降至80%以下。企业风险化解和帮扶工作取得明显成效，帮助企业度过经营资金困难期。不断完善人民调解、行政调解、行业调解联动的金融纠纷非诉讼解决机制，达成金融纠纷调解协议325件，累计调解金额近2.2亿元。人民法院受理金融案件数同比下降49.9%。

九、科学技术和教育

全市一般公共预算支出中用于科学技术支出1.25亿元，占一般公共预算支出的1.1%。全年新增高新技术企业87家，新认定省科技型中小企业242家。实现高新技术产业投资89.89亿元，同比增长42.4%。2021年度省级新产品试制计划立项223项，2022年度省级"尖兵""领雁"研发攻关计划立项6项。举办中国设计红星奖珍珠设计大赛和第六届中国创新挑战赛生物医药现场赛。认定省级众创空间2家、绍兴市级众创空间3家，绍兴市级孵化器1家。新增省高企研发中心、省企业研究院等省级研发机构19家，绍兴市级企业研发机构40家、诸暨市企业研发机构189家，中俄（诸暨）国际实验室签约落地。全年共发放创新券894万元，兑现本级科技政策资金共计1.27亿元、惠及企业900余家。新增入选国家"特支计划"人才2人、科技部"火炬计划"人才2人，入选省领军型创新创业团队1个、省"引才计划"青年项目10人、省"特支计划"人才1人、省"海外工程师"15人，入选绍兴市"特支计划"科技人才5人，柔性引进各类海外工程师62人。与南京航空航天大学共建科技协同创新中心；摸排企业技术需求355项，发布高校院所科技成果829项，达成科技项

2021年末金融机构本外币存贷款情况表

表29

指标	余额（亿元）	比上年末增长（%）
各项存款	2064.03	12.4
住户存款	1214.81	10.3
非金融企业存款	531.49	21.3
各项贷款	1836.62	19.4
住户贷款	854.41	15.8
非金融企业及机关团体贷款	968.90	21.0

目合作意向 183 项。落地授权发明专利产业化项目 40 个,完成技术市场交易额 30.49 亿元。

全市共有中小学(幼儿园)275 所,其中普通高中 17 所、中职学校 4 所、初中 35 所、小学 96 所、幼儿园 122 所、特殊教育学校 1 所。在校中小学生 151296 人,在园幼儿 31853 人,在职教职工 16000 余人。通过全国学前教育普及普惠县(市)和全国义务教育优质均衡发展县(市)省级督导评估,实现绍兴市教育优质均衡示范乡镇"满堂红",市特殊教育学校获评省特殊教育标准化学校,创成省、绍兴市现代化学校 16 所,总数量保持绍兴市领先。建成投用西子小学、和济小学、湄池小学、枫桥镇中和 2 所托幼一体普惠幼儿园。推进教育数字化改革和"杭绍同城",职教中心与杭州朗迅科技集团共建诸暨市集成电路产教融合公共实训基地。实施普通高中高质量发展三年行动计划、初中"提质强校"行动和中小学心理健康"幸福行动",推进 7 个省中职"双高"项目建设,组建首个农村区域初中教育集团——实验初中教育集团。2021 年高考"清北"录取 13 人、重点上线 1405 人、高水平大学录取超 200 人,获"五大学科"竞赛浙江赛区一等奖 43 个(全国金牌 10 枚、银牌 3 枚),获奖人数名列全省县级市第一。新增省中小学教坛新秀 5 名、浙派名师名校长培养对象 8 名、绍兴市名师 16 名,获绍兴市中小学班主任大赛一等奖 7 个,总数量居绍兴市第一。

十、文化、卫生和体育

全市累计建成浣江书房达 15 家,全年接待读者 97.49 万人次,图书借阅 28.51 万册次。全年共开展阅读推广活动 250 余场,举办展览 71 场,参与读者达 19 万余人次。全年文化下乡巡演 100 场次、文化走亲 6 场次、举办潮涌浣江系列展览 10 场。市民学堂、抖音直播课程、微课视频等活动全年免费培训市民超 1 万人次。送电影下乡 7296 场次,观影人次达 18 万;周末剧场演出 24 场。"诸暨市文物局"挂牌成立,持续推进文化遗产保护传承工作。实施文物保护工程 17 只,文物建筑白蚁防治工程被列入省文物局示范项目。推进文化基因解码工程,完成二期 15 个重点文化基因解码工作。西路乱弹小戏《梅花催春》获 2021 第三届华东六省一市现代地方小戏大赛金奖。新增省级非遗传承人 5 位、绍兴市非遗研学游基地 3 个。市博物馆成为绍兴市党员教育培训基地。全年举办"红船从'浙'里起航——中国共产党在浙江主题展览"等展览 19 个。

全市拥有各类医疗卫生机构 902 家(所),其中,三级甲等综合医院 1 家、三级甲等中医医院 1 家、二级甲等综合医院 2 家、二级甲等妇保院 1 家、二级乙等综合医院 3 家、按二级甲等标准建设的精神专科医院 1 家,民营医院 17 家,乡镇卫生院(社区卫生服务中心)17 家,社区卫生服务站 79 家,村卫生室 418 家。全市每千人口医疗机构床位数、医生数分别达到 6.22 张、3.79 人,医疗机构实际开放床位 7575 张,有卫生专技人员 9268 人。建有 30 支应急采样队和 10 支紧急采样队、核酸采样人员 4133 人,建设大规模核酸检测后备基地 2 个,全市日核酸检测能力达 10.2 万管。全力支援上虞抗击疫情,累计派出医护人员 674 人、负压救护车 7 辆;累计接受上虞隔离人员 1593 人,协助检测核酸样本 8314 份。推进疫苗接种工作,设置 14 个临时方舱接种点,累计接种 255.76 剂。推进医疗"杭绍同城",与萧山、柯桥建立全面合作关系,新建名医工作室 21 家。实施卫生健康数字化改革,搭建诸暨市互联网诊疗服务平台,上线隔离人员智能监管平台,开放"浙里办"健康诸暨专区和浙政钉—智慧医生,实现互联网 + 服务 56271 人次。提升院前急救能力,增设市中心医院急救分站,新增入网救护车 8 辆,其中负压救护车 3 辆。完善村一级医疗卫生服务网络建设,新增村卫生室 18 家,建成基层名医工作室 19 家。

完成市体育中心场馆提升改造工程及 31 项基层体育设施升级项目,人均体育场地面积达 2.98 平方米^{2},全省领先。包揽浙江省第十四届中学生篮球联赛初中男子组冠、亚军,勇夺 2020—2021 赛季中国初中篮球联赛(男子组)总冠军。引进高水平教练 1 名、高水平运动员(篮球)13 名,招录退役运动员 3 名。圆满完成 CBA 联赛各项保障工作,成为首个承办 CBA 联赛全赛季比赛的城市。举办诸暨市第十届运动会、第十一届老年人运动会,承办省级以上体育赛事活动 7 项。

十一、城市建设、杭绍同城、特色小镇

加快推进城市有机更新,完成 8 个老旧小区综合改造提升项目,完成既有住宅加装电梯 60 台;实施

“三改”专项行动，累计完成房屋征收签约1757户，完成率98.7%。加强社会民生保障，完成公租房配租317套，实现全市3490套公租房入户门智能锁“全覆盖”；整治完成C、D级农村危房972户，城镇危房148处；发放农村困难家庭危房整治补助资金758.56万元，惠及困难家庭460户。全面推进新时代美丽城镇和城乡风貌区建设，成功创建2个省级样板镇（大唐街道、枫桥镇）和4个基本达标镇（暨南街道、东白湖镇、岭北镇、陈宅镇）；“东揽湖光·盛景浦江”城市新区风貌区和“枫江明珠·榧乡古镇”县域风貌区入选省首批“城乡风貌样板区”试点建设名单；袁家社区、东盛社区列入全省第三批和第四批未来社区创建名单。实施城区内涝综合整治，启动4个电排站新建工程，完成5个电排站改造以及通天渠拓宽工程。抓好雨污水体系建设，累计实施城区重点道路雨水管（渠）清淤450千米，完成供水管网新（改）建10.8千米、污水管网新（改）建15.424千米、雨水管网建设及提标改造27.06千米、雨污分流管网建设13千米；完成污水零直排小区供排水智能化工作和14个封闭小区“污水零直排”改造工作。城区餐厨垃圾实现应收尽收，餐厨废弃物综合处置项目已稳定商业运营；浬浦垃圾无害化处理中心项目建成投运，垃圾日处理能力达350吨；建成运行垃圾分类智慧监管平台，城区所有主次干道实行生活垃圾“定时定点”上门收集模式，60%的城市小区开展生活垃圾“定时定点”投放工作。

成立推进长三角一体化发展工作领导小组，明确“2021年诸暨与萧山区合作事项清单”和“2021年诸暨与柯桥区合作事项清单”。萧山至磐安公路（金浦桥至三江口大桥段）快速化改建工程、店口综合港工程、G235国道改建2021年度分别完成投资7亿元、1.5亿元和16亿元，浦阳快速路工程已通过初步设计审查；杭诸城际铁路被列入国家长三角多层次轨道交通规划远期布局之中；新增6个沪—杭—诸城际班次，沪杭“绿巨人”通勤列车延伸至诸暨站始发终到，提升沪杭诸三地通勤便利度。安华水库扩容提升工程列入水利部、浙江省水安全保障规划及长三角一体化“十四五”规划。完成开发区和高新区功能整合，新引进优质项目33个，总投资超150亿元；成立科技城建设管理委员会办公室，G60创新港开工建设；飞地模式进一步深化，上海、深圳“诸暨岛”落地运行。121个事项实现“跨省通办”，1481项事项实现“全省通办”；与杭中高职合作办学4家，新增结对学校9家，新引进名医工作室21家；扩大诸杭高速通行有条件免费政策受惠群体范围，以政策的力度提升群众的满意度和同城工作的幸福度。

以打造“产业更特、创新更强、功能更全、体制更优、形态更美、辐射更广”的特色小镇2.0版为目标，全力推进产业提质、投资提速、形象提升。三家小镇全年完成固定资产投资约18亿元。袜艺小镇成功举办第十五届中国大唐袜业博览会、第三届“大唐杯”袜艺设计大赛以及第二届“大唐杯”国际袜业机械装备大赛。环保小镇以天洁小微企业园、绿色智慧家居产业园为重点，主动做好智能环保设备制造、环保服务等前沿项目的对接引进工作，全力争取优质产业链项目落户。珍珠小镇创成全国珍珠知名品牌示范区，山下湖淡水珍珠区域品牌价值达560亿元；成功建立珍珠产业工程师协同创新中心，落地国家级学会服务站1个、院士工作站2家、研究机构12家；华东国际珠宝城人流量翻番，600余家市场主体“上云上平台”。

十二、生态环境、社会稳定

以高标准打好蓝天保卫战，全市AQI优良天数比例为95.6%，同比上升2.4个百分点；$PM_{2.5}$平均浓度为26.85微克/立方米，同比下降6.1%；浦阳江诸暨段出境水质保持Ⅲ类及以上水质，17个县控及以上考核断面达标率100%，集中式饮用水源水质达标率100%；国控地下水监测点郑家堰水质全年平均值达到Ⅳ类水质要求；污染地块安全利用率100%，环境质量稳定向好。开展377家企事业单位挥发性有机物治理突出问题排查，完成有机废气收集设施情况统计178家。完成石壁水库全指标分析及“一源一策”方案编制工作，完成浦阳江湄池、街亭断面走航监测分析和“一点一策”报告编制工作，推进浦阳江生态缓冲带划定与生态修复。加固浦阳江堤防27.95千米，创建5条省级美丽河湖，6个水美乡镇，28个美丽池塘，除险加固16座小型水库山塘，成功入选全国水系连通及水美乡村建设试点县、省级幸福河湖试点县，夺得浙江省第22届水利“大禹杯”金杯奖，第四次获得浙江省“五水共治”（河湖长制）

工作“大禹鼎”。全面推进全域“无废城市”建设。建立健全小微企业危险废物收运体系，签约小微产废单位近1000家，收运危险废物570余吨。加大环境执法力度，立案117件，行政处罚95件，处罚金额896.78万元，涉嫌刑事4件12人。深化生态环境损害赔偿制度，完成赔偿6件，赔偿金220.56万元。

以专项行动为抓手，组织开展安全生产综合治理三年行动、“遏重大控较大”生产安全事故攻坚战、“平安护航建党百年”安全隐患大排查大整治、城镇燃气安全专项整治等专项行动20余个，全市各类生产安全事故发生起数、死亡人数同前两年平均数相比分别下降25.6%、41.9%，未发生较大及以上生产安全事故。调整设立17个专业安委会，完成32个重点部门、镇街安全生产巡查，压紧压实三个安全责任。

十三、人口、人民生活和社会保障

年末全市户籍人口107.95万人，其中男性人口53.84万人，女性人口54.11万人；城镇户籍人口46.54万人，乡村户籍人口61.41万人。

2021年我市全体居民人均可支配收入64766元，增长10.2%；城镇常住居民人均可支配收入77473元，增长9.5%，人均生活消费支出41293元，增长17.8%；农村常住居民人均可支配收入46535元，增长10.0%，人均生活消费支出29897元，增长18.7%。

全市共有各类参保人员140.31万人次，其中参加企业职工基本养老保险50.63万人、城乡居民基本养老保险28.29万人、机关事业养老保险3.48万人，实现户籍人口基本养老保险参保率99.86%，位居全绍兴市第一。养老保险待遇大幅提升，企业职工基本养老保险待遇人均增长112.6元，实现“17连涨”，机关事业养老保险待遇人均增长255元，城乡居民养老保险基础养老金由每人每月215元提升至245元。阶段性降低失业保险、工伤保险费率，为企业减负14060.4万元。创新“退休智办、退休智服、退休智享、退休智管”的综合服务机制，“无忧退”系统已经在浙政钉上线，数据仓已有效归集户籍、火化、档案、出行轨迹等信息资源32类、落地数据5亿条、外部数据1700万条。

年末全市共有最低生活保障对象10563人，其中城镇270人，农村10293人；全年最低生活保障资金支出9734.73万元，其中城镇255.00万元，农村9479.73万元。全市共有养老机构35个，床位5241张。

注：1.生产总值、各产业增加值均为年度快报数据，绝对数按现价计算，增长速度按可比价计算。

2.所涉的行业内容分别由农业农村局、发改局、经信局、教育体育局、科技局、公安局、民政局、财政局、人力社保局、交通运输局、水利局、商务局、招商投资促进中心、文广旅游局、自然资源和规划局、卫生健康局、建设局、绍兴市生态环境局诸暨分局、市场监督管理局、统计局、金融办、应急管理局、国家统计局诸暨调查队、综合执法局、人民银行等相关部门提供。

2021年诸暨市环境状况公报

根据《中华人民共和国环境保护法》第54条规定，现发布《2021年诸暨市环境状况公报》。

绍兴市生态环境局诸暨分局

2022年6月5日

综述

2021年以来，诸暨市生态环境保护工作准确把握高质量发展要求，以持续改善生态环境质量为核心，以建设生态环境治理现代化为目标，以解决群众关心关切的环境问题为抓手，全力打好生态环境巩固提升持久战，全面推动绿色低碳高质量发展，勇当生态文明建设“重要窗口”的建设者、维护者、展示者。2021年，全市AQI优良天数比例为95.6%，同比上升2.4个百分点；$PM_{2.5}$平均浓度为27微克/立方米，同比下降6.9%；浦阳江诸暨段出境水质保持Ⅲ类及以上水质，17个县控及以上考核断面达标率100%，集中式饮用水源水质达标率100%；污染地块安全利用率100%，环境质量稳中向好。

水环境状况

地表水环境质量

（一）省控及以上重点断面水质状况

2021年街亭断面、浣纱桥断面、汤家村断面水质均为Ⅱ类水质，安华断面水质为Ⅱ类水质，湄池断面水质为Ⅲ类水质，各断面水质均与2020年持平。2021年浦阳江水质主要污染因子为高锰酸盐指数、总磷、氨氮，与上年相比，高锰酸盐指数年均值浓度与上年持平，总磷、氨氮年均值浓度有所降低。

浦阳江安华断面　Ⅱ类水质　高锰酸盐指数年平均浓度为2.9毫克/升，总磷年平均浓度为0.06毫克/升，氨氮年平均浓度为0.15毫克/升。

浦阳江浣纱大桥断面　Ⅱ类水质　高锰酸盐指数年平均浓度为3.0毫克/升，总磷年平均浓度为0.08毫克/升，氨氮年平均浓度为0.23毫克/升。

浦阳江湄池断面　Ⅲ类水质　高锰酸盐指数年平均浓度为4.0毫克/升，总磷年平均浓度为0.10毫克/升，氨氮年平均浓度为0.27毫克/升。

开化江街亭断面　Ⅱ类水质　高锰酸盐指数年平均浓度为2.1毫克/升，总磷年平均浓度为0.05毫克/升，氨氮年平均浓度为0.12毫克/升。

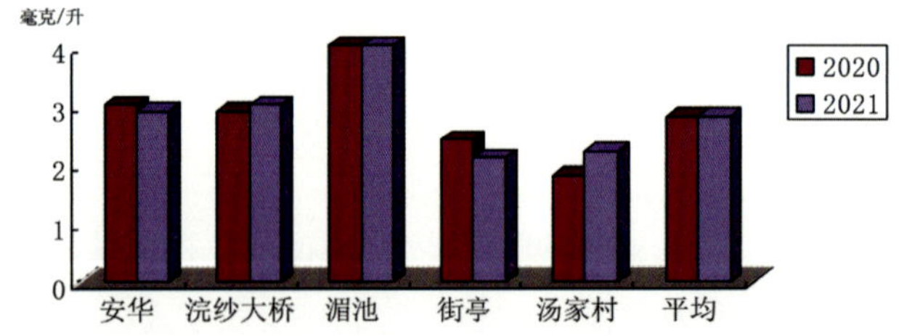

2020年与2021年浦阳江水系各水域水质高锰酸盐指数年平均浓度对比示意图

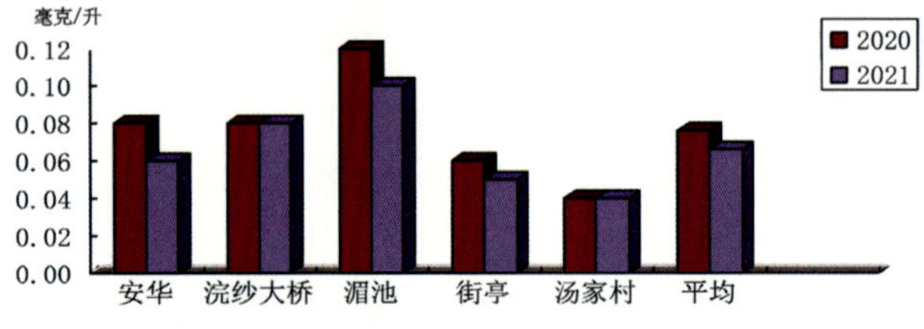

2020年与2021年浦阳江水系各水域水质总磷年平均浓度对比示意图

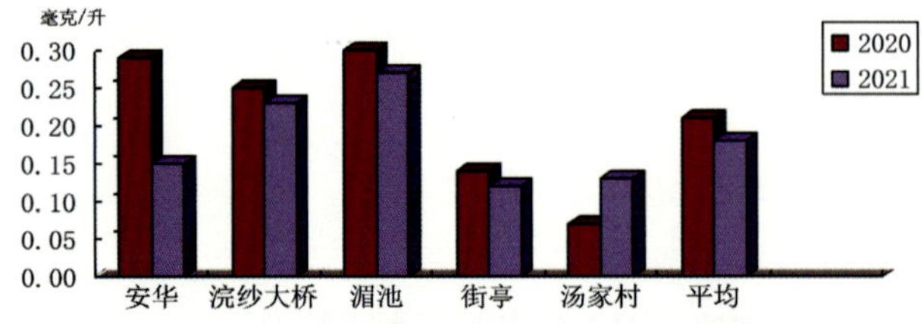

2020年与2021年浦阳江水系各水域水质氨氮年平均浓度对比示意图

壶源江汤家村断面　Ⅱ类水质　高锰酸盐指数年平均浓度为2.2毫克/升，总磷年平均浓度为0.04毫克/升，氨氮年平均浓度为0.13毫克/升。

（二）水库水质状况

根据2021年石壁、五泄、安华、青山、征天等五大水库水质监测统计结果，石壁水库为Ⅱ类水质，青山水库、五泄水库、征天水库为Ⅲ类水质，安华水库为Ⅴ类水质。石壁水库水质达到相应的水功能区划要求，五泄水库、青山水库、安华水库、征天水库水质未达到相应的水功能区划要求，影响水库水质的主要污染因子为总磷。与上年相比，五泄水库水质有所下降，其余水库水质均保持稳定。安华水库营养化状况为轻度富营养，石壁、五泄、征天、青山水库营养化状况均为中营养。陈蔡水库因加固工程不具备监测条件，2021年未监测。

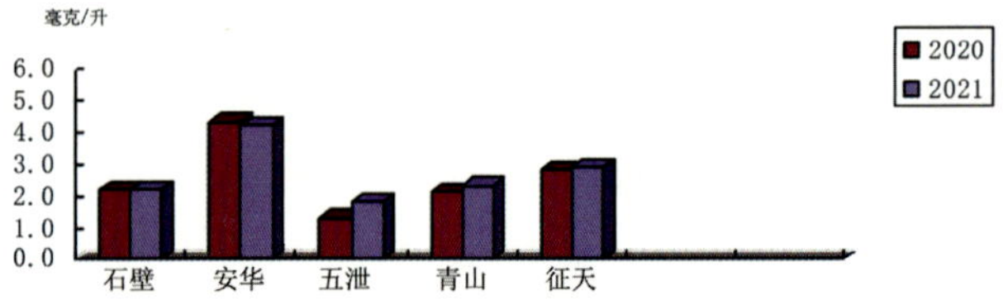

2020年与2021年水库水质高锰酸盐指数年平均浓度对比示意图

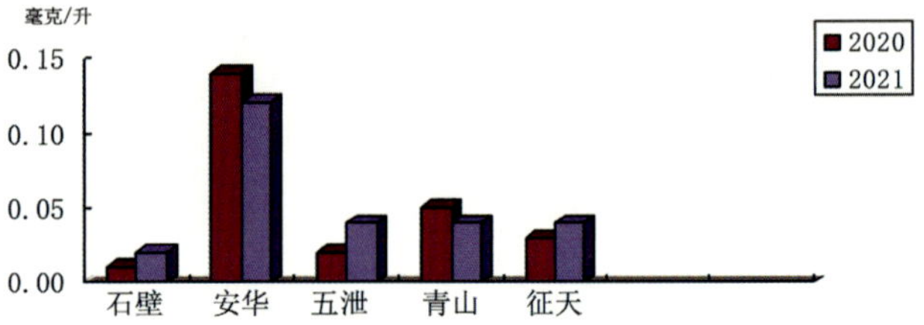

2020年与2021年水库水质总磷年平均浓度对比示意图

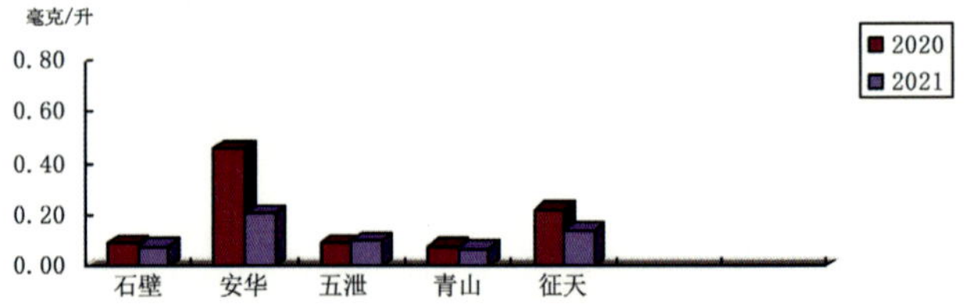

2020年与2021年水库水质氨氮年平均浓度对比示意图

（三）饮用水源水质状况

根据对应店街镇（幸福水库）、应店街镇（上游水库）、岭北镇（岭脚水库）、五泄（里石坞水库）、东和乡（金家湾水库)、东和乡(卫星水库)、青山水库、石壁水库、征天水库等9个饮用水源地水质监测结果，2021年全市饮用水源地水质均满足地表水Ⅲ类水质要求。

措施与行动

严格执行国家产业政策、环保项目审批要求，2021年全年审批备案建设项目环境影响报告书(表)402只，其中报告书15只，报告表387只；申请排污权质押贷款的企业3家次，共涉及银行贷款12163.90万元。

完成强制性企业清洁生产报告编制5家；全面推进工业园区(工业集聚区)“污水零直排区”建设，完成8个工业园区的建设工作；完成《石壁水库“一源一策”保护方案》；完成12个第二轮中央生态环境保护督察整改和饮用水水源地暗访专项行动发现问题整改工作；完成浦阳江湄池、开化江街亭断面走航监测分析报告和“一点一策”报告；完成诸暨市河湖(重点)生态缓冲带划定与生态修复方案编制。

大气环境状况

城市环境空气质量

(一)城市环境空气

2021年，在城东杨树畈和城西运管所分别设有一个环境空气质量自动监测站，对城市环境空气质量进行24小时自动监测，监测项目为SO_2、NO_2、$PM_{2.5}$、PM_{10}、CO、O_3。2021年我市市区环境空气有效监测天数为365天，按照《环境空气质量标准》(GB3095—2012)评价，环境空气质量优良天数为349天(优160天、良189天)，优良天数占95.6%，较2020年提高2.4个百分点；轻度污染天数为15天，占4.1%；中度污染天数为1天，占0.3%；重度污染天数为0天。

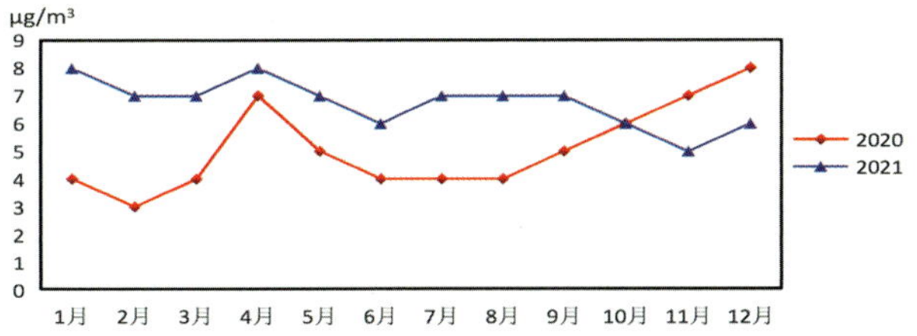

2020年与2021年二氧化硫月均值变化图

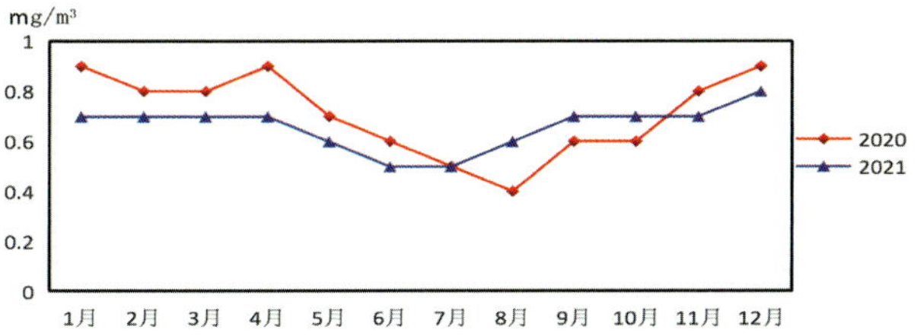

2020年与2021年一氧化碳月均值变化图

(二)大气降尘

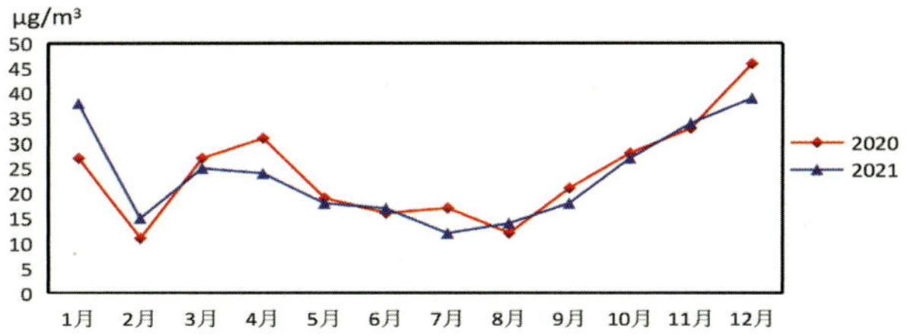

2020年与2021年二氧化氮月均值变化图

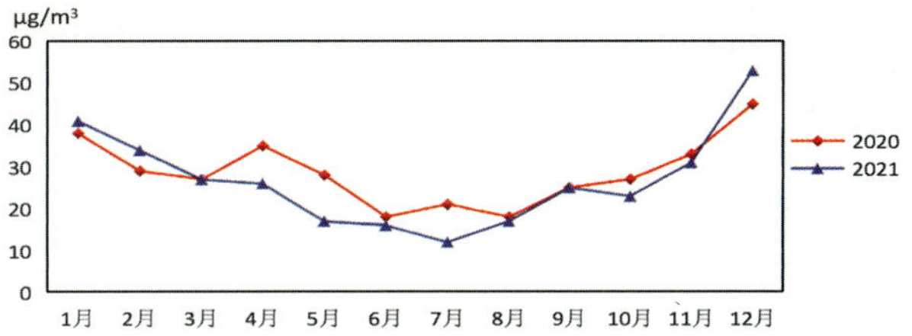

2020年与2021年臭氧月均值变化图

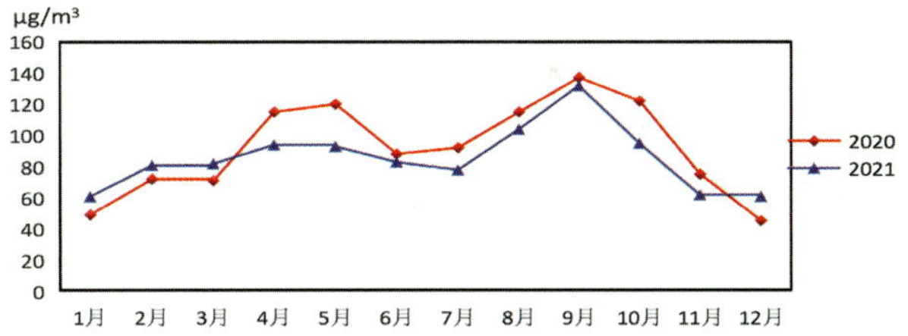

2020年与2021年$PM_{2.5}$月均值变化图

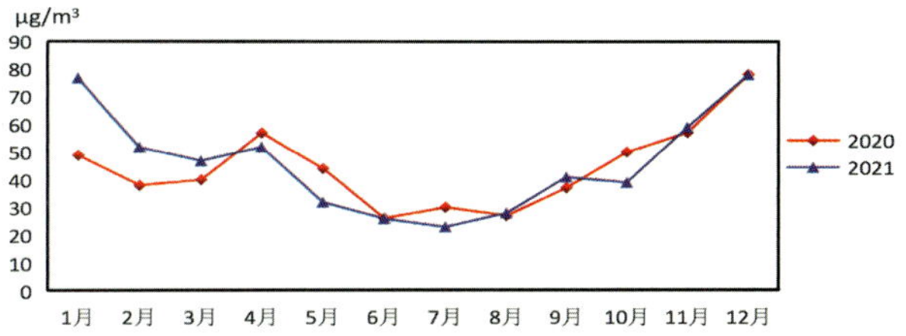

2020年与2021年PM_{10}月均值变化图

2021年城区降尘月均值范围为2.10—3.50吨/平方公里·月，年平均值为2.58吨/平方公里·月，较上年下降0.07吨/平方公里·月，低于浙江省大气降尘控制标准(8吨/平方公里·月)。

(三)大气降水

2021 年大气降水 pH 值范围为 5.80 ～ 6.10，降水

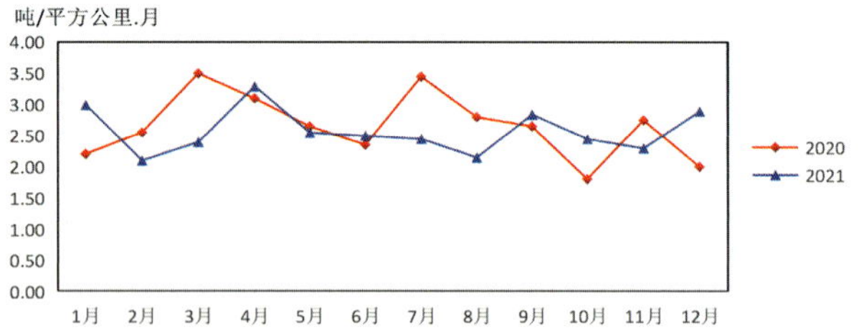

2020 年与 2021 年降尘月均值变化图

pH 年平均值为 5.97，比 2020 年上升 0.24pH 单位。全年酸雨频率为 0%，较 2020 年降低了 3.8 个百分点。

措施与行动

空气质量巩固行动。一是以蓝天办为运作实体，协调推进全市大气污染防治的工作和督查各项管控措施的落实，并充分借助各类“智慧平台”，开展工地扬尘、秸秆禁烧、工业污染源智能化监管。二是实施工业废气治理行动，加快推进重点企业技术改造和绿色转型升级，完成淘汰落后产能项目 38 个，整治提升“低散乱”企业 206 家，燃气锅炉低氮改造 7 台，完成 7 个粉磨站水泥超低排放改造项目。深化 VOCs 深度治理，完成 40 家企业提升整治和淘汰工作，完成 377 家企事业单位 VOCs 治理突出问题排查。三是开展机动车尾气污染防治，推进非道路移动源绿色化工作，加强建设工地柴油移动源排放管理，完成非道路移动源上牌 534 辆，绿色化认定 605 辆，抽查抽测 37 辆次。四是做好应对气候变化工作，完成温室气体清单编制，督促 20 家碳排放重点企业完成温室气体排放报告。开展省级“零碳低碳”试点建设工作，成功申请低碳镇试点 1 个，低碳村试点 5 个。

声环境质量

（一）城市功能区噪声

2021 年城区居民文教区、混合区、工业区、交通干线两侧昼夜等效声级分别为 50.0 分贝、56.5 分贝、61.6 分贝和 62.5 分贝。与 2020 年相比，工业区、交通干线两侧等效声级有所上升，居民文教区、混合区等效声级有所下降。

（二）城市道路交通噪声

2021 年交通噪声有效测点为 50 个，交通噪声等效

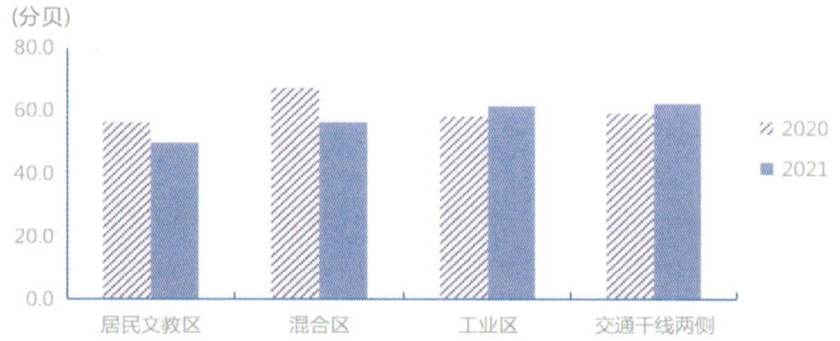

2020 年与 2021 年各功能区昼夜等效声级对比图

声级平均值为 63.4 分贝，比 2020 年下降 0.6 分贝，2021 年道路交通噪声质量等级为好。

（三）城市区域环境噪声

2021 年诸暨市城市区域环境噪声（白天）等效声级为 54.6 分贝，较 2020 年上升了 0.9 个分贝，等级为较好。

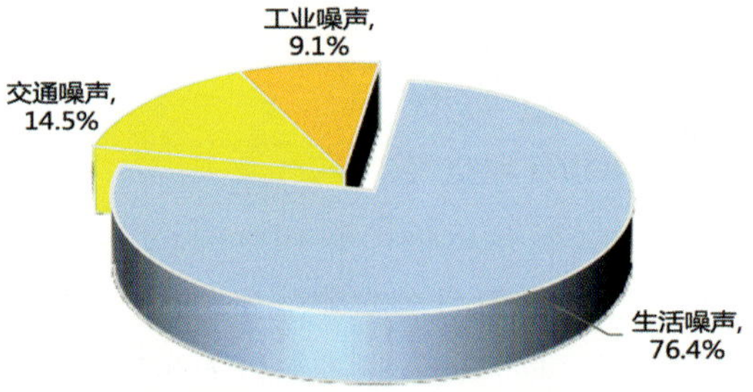

2021 年影响城区噪声主要声源构成图

89% 的面积处于 50 ～ 60 分贝等效声级下，其中分布在 50 分贝等效声级以下的面积占 9.1%，分布在 60 分贝等效声级以上的面积占 1.8%。我市城区噪声源的构成状况和污染程度，五种声源中，影响测点最多，覆盖面积最广的是生活噪声，占 76.4%，其他依次为交通噪声、工业噪声。

措施与行动

严格执行排污申报制度，进一步巩固噪声达标区创建成果。多部门联动加强中高考期间的噪声专项整治；继续实施道路改造降噪工程；继续实行城区禁鸣喇叭和禁止拖拉机进城；划定烟花爆竹禁售禁放区域。

土壤污染防治情况

（一）工业固废污染防治情况

2021 年,我市工业固体废物产生量 29.44 万吨,其中危险废物产生量为 7.23 万吨。工业固体废物利用处置量为 29.48 万吨(含利用处置往年贮存量 0.47 万吨)。全市医疗废物产生量为 1207.8 吨,无害化处置率为 100%。

按照《浙江省工业固体废物治理 2021 年工作计划》《浙江省危险废物治理专项行动方案》《诸暨市创建全域"无废城市"工作方案》等要求,结合我市实际,开展各类固体废物污染防治专项行动。以全域"无废城市"建设为引领,着力完善工业固体废物收运体系,着力提升工业危险废物环境监管能力、利用处置能力、风险防范能力,加快推进清废工作。结合全域"无废城市"建设方案,建立小微企业危险废物统一收运体系并正式运行,2021 年共计收运小微企业危险废物 700 余吨。稳步推进列危险废物利用处置设施项目建设,浙江兆山环保科技有限公司 3 万吨 / 年水泥窑协同处置扩建项目、浙江科超环保有限公司 2 万吨 / 年活性炭利用项目、浙江黑猫神环境科技有限公司 2 万吨 / 年废包装桶(包括废机油滤芯)、废乳化液处置项目均完成浙江省危险废物经营许可证申领工作并投入使用。持续扩大浙江省固体废物管理信息系统覆盖面,实时填报工业固体废物产生、转移、利用和处置等数据,实现信息化监管,截至 2021 年 12 月底,已有 1800 余家企业完成在线申报工作。

(二)农业面源污染防治情况

化肥农药使用量控制情况。全年推广应用配方肥和按方施肥 2.04 万吨,有机肥 1.9 万吨,重点建设化肥定额制示范区 4 个,主要农作物测土配方施肥率 93%,化肥利用率 40.7%,减少化肥不合理施用 349 吨。完成主要农作物病虫害统防统治面积 20.6 万亩,绿色防控推广面积 21.8 万亩,建成省级绿色防控(农药定额)示范区 3 个、绍兴市级 6 个、县级 3 个,培育统防统治服务组织 8 家,农药减量 15.3 吨。

畜禽养殖污染治理情况。2021 创建省级美丽生态牧场 2 家。大力推广节水、节料等清洁养殖工艺和微生物发酵床等健康养殖模式,加快推进规模化畜禽养殖场设施化提升改造和粪污处理能力建设,规范兽药,饲料添加剂的生产和使用,加强养殖臭气治理,实现养殖污染源头减量。全年畜禽养殖资源化利用率 95.25%。

农药废弃包装物及废弃农膜回收处理进展情况。2021 年回收处理废旧农膜 1255.6 吨,回收率达 93.9%,处置率 100%;已收集农药废弃包装物达 122.18 吨,回收率达 90% 以上,处置率 100%。

(三)土壤、地下水污染防治情况

土壤污染重点监管单位责任落实情况。2021 年我市 40 家土壤重点监管单位中,37 家单位完成用地土壤自行监测并主动公开;40 家单位完成有毒有害物质排放情况报告;38 家单位完成污染隐患排查;6 家单位开展设施设备拆除活动,均按要求编制拆除方案,落实拆除污染防治要求;4 家单位申报地下储罐,累计报备 9 个地下储罐(含应急池)。

建设用地土壤污染风险管控和修复制度落实情况。根据我省下发的污染地块安全利用核算方法,2021 年我市污染地块安全利用率为 100%。全年共开展用地性质变更为住宅、公共管理与公共服务地块场调评审 33 场次;不定期更新污染地块名录并在政府网站上主动公开。

重点建设用地地块修复(管控)进展情况。2021 年度我市完成一个建设用地地块修复工程,完成修复污染土壤 0.456 万立方米、地下水治理 19300 吨、为城市建设提供"净地"面积 10 万平方米。

措施与行动

进一步加强固废监督管理工作,对重点固废产生企业开展定期检查,促使相关企业做到规范储存、运输、处置。开展全域"无废城市"建设工作,进一步巩固提升一般工业固废、危险废物、生活垃圾、农业废弃物、建筑垃圾等五大类固体废物管理水平,持续改善环境质量。同时发挥多部门联动作用,持续保持环境执法高压态势,严厉打击各类固废违法犯罪行为,坚决杜绝固废污染环境事件发生,全力保障我市生态环境安全。

动态更新污染地块(含疑似)名录,加强对暂不开发利用污染地块风险管控,强化污染地块安全利用。做好宣传工作,组织《中华人民共和国土壤污防防治法》《中华人民共和国固体废物污染环境防治法》的宣传和培训,落实工矿用地、污染地块土壤环境管理的政策标准。

生态环境建设

坚持以习近平生态文明思想为指导,以"八八战略”、“两山”理念为引领，积极探索生态文明体制机制改革，深入推进美丽诸暨建设，推动生态环境高水平保护、促进经济社会高质量发展。发布实施《诸暨市生态环境保护“十四五”规划》和《深化生态文明示范创建高水平建设新时代美丽诸暨规划纲要(2020—2035)》。与丽水市生态环境局遂昌分局开展“推进两山转化 携手山海共富”战略合作，发挥优势互补，强化交流互助。全面实施市镇两级生态环境状况报告制度。全面深入开展全域生物多样性调查评估，在完成底栖和浮游生物调查评估基础上，扩展调查种类，开展陆生野生动植物、昆虫、大型真菌等8项调查评估。配合做好云南COP15大会展览工作，我市二个产业入选浙江展馆。深入推进生态示范、“绿色细胞”创建，完成编制省级生态文明建设示范市2018—2020年度创建指标自查报告；启动“绿水青山就是金山银山”实践创新基地创建工作；浙江诸暨八方热电责任有限公司被命名为全省第十一批生态文明教育基地；2021年创成省级绿色家庭2户、绍兴市级绿色家庭10户、绍兴市级绿色学校4所。我市荣获2020年度“五水共治”(河长制)工作“大禹鼎”银鼎，2021年度美丽绍兴建设(生态文明示范创建行动)工作考核优秀，推荐为美丽浙江建设(生态文明示范创建行动计划)工作考核优秀单位。

污染事故与经济损失

全年未发生重特大环境污染事故。

环境管理与信访调处

(一)生态环境保护督察

持续开展第二轮中央生态环境保护督察120件信访件后督察工作。做好省委生态环境保护专项督察综合调度、资料调阅、信访办理等各项工作，累计办理督察转办信访14件，均已完成整改。

(二)七张问题清单

严格落实“七张问题清单”工作总体要求，坚持聚焦问题抓整改、补齐短板促提升，2021年14个清单问题全部完成整改办结，“重大生态环境督查问题清单”指数排名绍兴第三位。

(三)环境监管

建立了生态环境领域风险重大隐患问题排查发现预警机制，结合“双随机”抽查制度，全年累计出动执法人员13154人次，检查企业5286家次，立案117件，行政处罚95件，处罚金额896.80735万元；查封扣押等行政强制措施2家次。累计移送公安机关7件16人，其中行政拘留移送3件4人，涉嫌环境犯罪刑事移送4件12人；申请法院强制执行12件。

(四)环境信访

坚持信访处理与行政执法、专项整治工作有机结合，2021年全年共受理环境信访548件，调处率100%。

放射性污染管理

至2021年底，全市有放射性同位素与射线装置的单位共82家，有放射性同位素10枚，射线装置224台。对核技术利用单位实行辐射许可证管理，对辐射单位实施双随机监督管理，确保所有辐射工作单位安全、合法运营，有效遏制辐射事故的发生。

2022年“6·5”世界环境日中国主题：
共建清洁美丽世界

重要文件目录

2021年中共诸暨市委及其办公室重要文件目录

市委

1号　2021年市委市政府工作要点

2号　关于公布2020年度“零上访镇”“零上访村(社区)”的通知

3号　关于明确市委全面深化改革委员会组成人员的通知

4号　关于2020年镇乡(街道)、市级机关工作目标责任制考核结果的通报

5号　关于表彰奖励和通报表扬2020年度诸暨市各类突出贡献单位和个人的决定

6号　关于庆祝中国共产党成立100周年系列活动的通知

7 号　印发《关于开展全市政法队伍教育整顿的实施方案》的通知

8 号　关于开展党史学习教育的通知

9 号　关于纵深推进清廉诸暨建设的意见

10 号　关于表彰市优秀共产党员、优秀党务工作者和先进基层党组织的决定

11 号　关于印发《奋力打造浙江高质量发展建设共同富裕示范区诸暨范例行动方案(2021—2025 年)》的通知

12 号　关于做好乡镇党委换届选举工作的通知

13 号　转发《中共诸暨市人大常委会党组关于做好市、镇乡两级人民代表大会换届选举工作的意见》的通知

14 号　印发《关于在全市公民中开展法治宣传教育的第八个五年规划(2021—2025 年)》的通知

15 号　关于印发《诸暨市贯彻落实第二轮中央生态环境保护督察报告整改方案》的通知

16 号　关于印发《〈2021 年镇乡(街道)工作目标责任制考核办法〉和〈2021 年市级机关工作目标责任制考核办法〉》的通知

18 号　关于召开中国共产党诸暨市第十七次代表大会的决定

市委办

1 号　印发诸暨市《关于全面落实绍兴市创建全国市域社会治理现代化试点合格城市工作任务的方案》的通知

2 号　关于坚持发展新时代“枫桥经验”,进一步加强新时代调解工作的意见

3 号　关于印发《中共诸暨市委诸暨市人民政府政协诸暨市委员会 2021 年度协商工作计划》的通知

4 号　关于当前我市意识形态领域形势的通报

5 号　关于印发《诸暨市党委(党组)理论学习中心组学习巡听旁听制度(试行)》的通知

6 号　关于加强对村(社区)干部监督的意见

9 号　关于成立诸暨市数字化改革领导小组的通知

10 号　关于印发《诸暨市坚决制止餐饮浪费行为行动方案》的通知

11 号　印发《中共诸暨市委关于落实中央巡视反馈问题整改工作方案》的通知

12 号　关于印发《坚决打赢遏重大控较大生产安全事故攻坚战的实施意见》的通知

13 号　关于成立诸暨市农村宅基地制度改革试点工作领导小组的通知

14 号　印发《诸暨市关于科学规范镇乡(街道)“属地管理”的实施意见》的通知

15 号　关于坚持党建统领推进村级组织整体智治的意见

16 号　关于完善领导干部外出请假报告和值班工作的通知

17 号　关于调整完善浙江省诸暨市经济开发区和诸暨现代环保装备高新技术产业园区管理运行体制机制的实施意见

18 号　关于印发《中共浙江省诸暨经济开发区工作委员会、浙江省诸暨经济开发区管理委员会只能配置、内设机构和人员编制规定》的通知

19 号　关于开展 2021 年度“三改”专项行动的实施意见

20 号　关于印发《诸暨市农村宅基地制度改革试点实施方案》的通知

21 号　关于深入开展市领导“十个一”联系服务活动的通知

22 号　关于印发《关于高水平建设人才强市工作的若干政策意见》补充意见的通知

23 号　关于成立诸暨市推进海归小镇申建工作领导小组的通知

25 号　关于印发《诸暨市村级集体经济巩固提升行动计划(2021—2023)》的通知

26 号　印发《关于坚持和发展新时代“枫桥经验”加强基层应急管理体系和能力建设实施意见》的通知

27 号　关于印发诸暨市全国法治政府建设示范创建工作方案的通知

28 号　关于印发《2021 年党风廉政建设和反腐败工作组织领导与责任分工》的通知

29 号　关于下发 2021 年度党政信息考核办法的通知

30 号　关于明确 2021 年绍兴市对我市工作目标责任制考核职责任务的通知

31 号　关于印发《诸暨市 2021 年优化营商环境实施方案》的通知

33 号　关于印发《诸暨市维稳社会风险隐患闭环管控工作机制》的通知

34 号　关于印发《诸暨市 2021 年基层减负工作措施及分工方案》的通知

36 号　印发《关于开展信访“百日攻坚”专项行动实施方案》的通知

37 号　关于公布《部门涉镇事项清单（试行）》的通知

38 号　中共诸暨市委办公室关于落实市委巡察反馈意见的整改方案

39 号　关于重新明确涉村（社区）工作事项清单的通知

41 号　印发《关于加强行政服务中心建设的实施方案》的通知

44 号　印发《关于全面建立林长制的实施方案》的通知（两）

46 号　关于调整“经济发展功臣”“经济发展贡献奖”相关政策的通知

47 号　关于印发贯彻《中国共产党宣传工作条例》和《中共浙江省委贯彻〈中国共产党宣传工作条例〉实施办法》任务清单的通知

48 号　关于印发贯彻落实《党委（党组）意识形态工作责任制实施办法》《浙江省党委（党组）意识形态工作责任制实施细则》和《浙江省委关于高质量全面落实意识形态工作责任制的意见》任务清单的通知

49 号　关于印发《诸暨市高质量发展市长奖评选实施办法》《诸暨市全面深化改革领域突出贡献奖评选实施办法》《诸暨市经济发展领域突出贡献奖评选实施办法》的通知

50 号　关于印发《诸暨市计划生育协会改革实施计划》的通知

2021 诸暨市人民政府及其办公室重要文件目录

诸政发〔2021〕1 号　关于提请免去朱红伟同志职务的议案

诸政发〔2021〕2 号　关于公布第七批市级文物保护单位保护范围和建设控制地带的通知

政府令第 54 号　禁火令

诸政发〔2021〕3 号　关于 2021 年市政府民生实事有关事项的报告

诸政发〔2021〕4 号　关于对诸暨市库伦环保科技有限公司和诸暨市牌头综合等国有土地上房屋实施征收的决定

诸政发〔2021〕5 号　关于重新明确市政府领导分工的通知

诸政发〔2021〕6 号　关于给予杨培军等三位同志记个人三等功的决定

诸政发〔2021〕7 号　关于店口镇人民政府相对集中行使行政处罚权公告

诸政发〔2021〕8 号　关于公布征收集体土地上附着物和青苗补偿标准的通知

诸政发〔2021〕9 号　关于印发诸暨市国民经济和社会发展第十四个五年规划和二〇三五年远景目标纲要的通知

诸政发〔2021〕10 号　关于给予候忠良等 119 名同志记三等功的决定

政府令第 55 号　诸暨市人民政府令（诸暨市国有土地上房屋征收与补偿办法》

诸政发〔2021〕11 号　关于提请免去黄茹同志职务的议案

诸政发〔2021〕12 号　关于对 2021 年度“三改”专项行动征收范围内国有土地上房屋实施征收的决定

诸政发〔2021〕13 号　关于印发诸暨市重大行政决策程序实施规定的通知

诸政发〔2021〕14 号　关于部分市政府领导分工调整的通知

诸政发〔2021〕15 号　关于聘请金顺新等六名同志为市政府法律顾问的通知

诸政发〔2021〕16 号　关于公布县级重要水域名录的通知

诸政发〔2021〕17 号　关于印发浙江诸暨市白塔湖国家湿地公园总体规划(2020—2025)的通知

诸政发〔2021〕18 号　诸暨市人民政府关于印发《诸暨市高水平建设“四好农村路”专项资金管理办法》的通知

诸政发〔2021〕19号　诸暨市人民政府关于批准公布“十四五”期间年森林采伐限额的通知

诸政发〔2021〕20号　诸暨市人民政府关于提请郦小飞等同志职务的议案

诸政发〔2021〕21号　关于给予黄祖茂同志记个人三等功的决定

诸政发〔2021〕22号　关于提请审议2021年财政预算调整方案（草案）的议案

诸政发〔2021〕23号　诸暨市人民政府关于提请寿培松等同志职务的议案

诸政发〔2021〕24号　关于2021年上半年经济社会发展情况和下半年政府重点工作报告的审议意见

诸政发〔2021〕25号　关于给予何新苗、钟海、章昕宁、毛柯锋等四位同志记个人三等功的决定

诸政发〔2021〕26号　关市人大常委会第三十七次会议审议意见完成情况报告

诸政发〔2021〕27号　市十七届人大常委会第三十八次审议意见的报告

政府令第56号　禁火令

诸政发〔2021〕28号　关于提请任免陈益锋等同志职务的议案

诸政发〔2021〕29号　关于将部分市级部门行政处罚权交由店口镇人民政府等9个乡镇行使的公告

诸政发〔2021〕30号　关于公布诸暨市新增综合行政执法事项统一目录(2021年)的通告

诸政办发〔2021〕1号　诸暨市人民政府办公室关于印发《关于进一步加强文化遗产保护的突破意见》的通知

诸政办发〔2021〕2号　关于印发诸暨市自然资源统一确权登记工作方案的通知

诸政办发〔2021〕3号　关于何杰等同志职务任免的通知

诸政办发〔2021〕4号　关于周春燕同志职务任免的通知

诸政办发〔2021〕5号　关于印发2021年政府重点工作责任清单的通知

诸政办发〔2021〕6号　关于陈博文等同志职务任免的通知

诸政办发〔2021〕7号　关于重新明确主任、副主任等分工的通知

诸政办发〔2021〕8号　印发《关于加强行政规范性文件管理的指导意见的通知》

诸政办发〔2021〕9号　开展重大行政决策执行情况后评估工作的通知

诸政办发〔2021〕10号　印发道路交通管理“精治”工程实施方案的通知

诸政办发〔2021〕11号　关于抓好2021年粮食生产工作的意见

诸政办发〔2021〕12号　诸暨市推进政务服务“跨省通办”全省通办工作实施方案的通知

诸政办发〔2021〕13号　关于印发市政府领导领办市人大代表建议和政协提案的通知

诸政办发〔2021〕14号　关于公布2021年市政府重大行政决策事项目录的通知

诸政办发〔2021〕15号　关于印发《诸暨市2021—2024年小型水库系统治理工作方案》的通知

诸政办发〔2021〕16号　关于做好政府信息公开信息处理费收取工作的通知

诸政办发〔2021〕17号　诸暨市人民政府办公室关于认真做好浙江省数字生活新服务标杆县市创建工作的通知

诸政办发〔2021〕18号　关于坚决制止耕地“非农化”防止耕“非粮化”稳定发展粮食生产的实施方案

诸政办发〔2021〕20号　关于杨丹映等同志岗位聘用的通知

诸政办发〔2021〕21号　关于加快推进农村寄递物流体系建设的实施意见

诸政办发〔2021〕22号　关于进一步优化企业投资项目决策机制的通知

诸政办发〔2021〕23号　关于成立诸暨市推进政府职能转变和“放管服”改革协调小组的通知

诸政办发〔2021〕24号　关于进一步加强政府性投资及村级工程项目结算审核管理工作的意见

诸政办发〔2021〕25号　关于印发《关于推进制造业高成企业“长高长壮”的实施意见（试行）》的通知

诸政办发〔2021〕26号　印发《诸暨市集中开展补领婚姻登记证工作实施方案》的通知

诸政办发〔2021〕27号　关于印发《诸暨市政务公

开五年行动计划(2021—2025 年)和 2021 年重点工作责任清单》的通知

诸政办发〔2021〕28 号　诸暨市道路交通管理工作领导小组组建方案》

诸政办发〔2021〕29 号　诸暨市人民政府关于印发《诸暨市高水平建设“四好农村路”专项资金管理办法》的通知

诸政办发〔2021〕30 号　诸暨市人民政府办公室关于进一步加强和规范政策解读工作的通知

诸政办发〔2021〕31 号　诸暨市人民政府办公室关于印发诸暨市生态环境保护“十四五”规划的通知

诸政办发〔2021〕32 号　诸暨市综合交通运输发展“十四五”规划

诸政办发〔2021〕33 号　诸暨市人民政府办公室关于印发诸暨市“十四五”人力资源和社会保障事业发展规划的通知

诸政办发〔2021〕34 号　诸暨市人民政府办公室关于印发诸暨市“十四五”旅游业发展规划的通知

诸政办发〔2021〕35 号　诸暨市人民政府办公室关于印发诸暨市教育事业发展“十四五”规划的通知

诸政办发〔2021〕36 号　诸暨市人民政府办公室关于印发诸暨市小微企业三年成长计划(2021—2023 年)的通知

诸政办发〔2021〕37 号　关于印发《深化生态文明示范创建高水平建设新时代美丽诸暨规划纲要(2020—2035 年)》的通知

诸政办发〔2021〕38 号　关于印发《诸暨市建设集团有限公司组建实施方案的通知

诸政办发〔2021〕39 号　关于印发《诸暨市招商引资项目全生命周期服务机制》的通知

诸政办发〔2021〕40 号　关于印发诸暨市人才发展“十四五”规划的通知

诸政办发〔2021〕41 号　关于印发《诸暨市招商引智“百日攻坚”专项行动实施方案》的通知

诸政办发〔2021〕42 号　关于印诸暨市 3 岁以下婴幼儿照护服务发展工作实施方案的通知

诸政办发〔2021〕43 号　诸暨市卫生健康事业发展“十四五”规划的通知

诸政办发〔2021〕44 号　关于印发诸暨市电网发展“十四五”规划的通知

诸政办发〔2021〕45 号　关于印发《诸暨市科技创发展“十四五”规划的通知

诸政办发〔2021〕46 号　关于印发《诸暨市“十四五”制造业高质量发展规划》的通知

诸政办发〔2021〕47 号　关于加快推进全市“爱心食堂”建设的实施意见

诸政办发〔2021〕48 号　关于印发诸暨市文化产业发展”十四五“规划的通知

诸政办发〔2021〕49 号　关于印发诸暨现代服务业发展“十四五”规划的通知

诸政办发〔2021〕51 号　关于印发《诸暨市基层综合执法体制改革实施方案》的通知

诸政办发〔2021〕52 号　关于印发诸暨市能源发展“十四五”规划的通知

诸政办发〔2021〕53 号　关于进一步规范国有工业用地有机更新的实施办法(试行)的通知

诸政办发〔2021〕54 号　诸暨市人民政府办公室关于加快镇乡街道社会工作站建设的通知

诸政办发〔2021〕55 号　诸暨市城市基础设施配套征收管理办法

诸政办发〔2021〕56 号　关于印发《关于高水平建设科技创新强市的政策意见》的通知

诸政办发〔2021〕57 号　关于印发诸暨市城市基础设施建设“十四五”规划的通知

诸政办发〔2021〕58 号　关于印发诸暨市加快学前教育优质普惠发展第四轮行动计划(2021—2023 年)的通知

诸政办发〔2021〕59 号　关于印发《诸暨市气象防灾减灾能力建设实施方案》的通知

诸政办发〔2021〕60 号　关于印发《诸暨市开发区(园区)工业全域治理行动方案》的通知

诸政办发〔2021〕61 号　关于印发《诸暨市商务高质量发展“十四五”规划》的通知

索引说明

一、本索引有主题索引和图表索引两部分。

二、标目按首字汉语拼音排序，汉语拼音声母韵母声调均相同的，比较首字的总笔画数。

三、标目后的阿拉伯数字为索引地址标示，数字后的字母 a、b、c 表示栏别。

四、索引范围不包括目录、凡例、重要文件目录。

主题索引

A

B

C

D

E

F

G

H

J

K

L

M

N

O

P

Q

R

S

T

W

X

Y

Z

图表索引

A

B

D

E

Y

Z